SERTÕES MAIS AO SUL

Filipe Moreau

SERTÕES MAIS AO SUL

*Romance
histórico-poético*

1ª Edição
São Paulo, 2019

LARANJA ● ORIGINAL

2019 © Filipe Moreau

Todos os direitos desta edição reservados à
Laranja Original Editora e Produtora Ltda.

www.laranjaoriginal.com.br

Produção executiva Gabriel Mayor
Projeto gráfico e arte Yves Ribeiro
Revisão de texto Lessandra Carvalho
Ieda Lebensztayn

Fotografia de capa Edu Mello

```
Dados Internacionais de Catalogação na Publicação (CIP)
           (Câmara Brasileira do Livro, SP, Brasil)

     Moreau, Filipe
        Sertões mais ao sul : romance histórico-poético /
     Filipe Moreau. -- 1. ed. -- São Paulo : Laranja
     Original, 2019.

     ISBN 978-85-92875-52-7

        1. Romance brasileiro 2. Romance histórico
     I. Título.

19-25782                                         CDD-B869.3
                 Índices para catálogo sistemático:

     1. Romances : Literatura brasileira    B869.3

        Cibele Maria Dias - Bibliotecária - CRB-8/9427
```

Agradeço a meu pai Alain
por presentear (a todos os seus filhos e netos)
com o material bibliográfico que deu origem a este livro.

Dedicado aos que apoiaram e de algum modo ajudaram na realização deste projeto: Edu, Pat, Val, Lessandra, Ieda, Gabriel e Yves.

Também dedicado às minhas irmãs, aos meus filhos e sobrinhos, com quem divido a ascendência.

Sumário

Parte introdutória *Um cavaleiro marginal*

    1 Onde estamos   15
    2 Questão maior   21

Parte I *Nascem Rafael, Domitila e Pedro*

    1 Quase uma princesa   29
    2 Pros lados de Sorocaba   33
    3 Nascimento de Rafa   39
    4 As monarquias austríaca, lusitana e brasileira   45
    5 Nascimento de Peu   49
    6 Em meio à história brasileira, da maioria do povo   51
    7 Ocidentalmente acidental   55
    8 Cultura de época   59
    9 Casamento de Domitila   63
   10 Adaptação política: inventa-se o Reino Unido   69

Parte II *Os novos estados civis de Domitila e Pedro*

    1 Início da separação   73
    2 Captando o momento de transformações   77
    3 Quadro político   83
    4 Separação difícil   87
    5 Agravamento do quadro histórico   89
    6 Que país é este?   93
    7 Preparando-se para "ficar"   97
    8 Um tal JB   103
    9 1822 – como pré-instauração do "novo"   107
   10 Política paulista   111

Parte III *O amor (diante das guerras)*

    1 Uma história que apenas começa   117
    2 A ida a Sampa   119
    3 Início de namoro   123
    4 Vai e vem pela serra   127
    5 7 de setembro e o desarranjo intestinal   131
    6 Independência política – como assim?   135
    7 Amor e felicidade   137

Parte IV *Ano de 22: uma meditação*

1 Dia que não termina em um ano que não termina, e depois ainda virão outros 143
2 O "*day after*" 149
3 Mais sobre Bonifácio 151
4 A colocação de Peu (digo, coloração) 155
5 Elite e crítica social 157

Parte V *Peu e Dômi trocam cartas*

1 Infidelidade a rodo 161
2 Cartas e mais cartas 167
3 Mundo animal: de focas em fofocas 171
4 A Sampa de 1823 – uma pré-Constituinte 177
5 Primeira Constituição – março de 1824 181
6 O romance chega ao ápice: nasce uma linda menina 185
7 Novas cartas 187
8 Rafael e as eleições paulistas de 1824 191
9 Discursos e mais discursos 195

Parte VI *Vida na Corte*

1 Desabafos de Leopoldina 203
2 As novas cartas em resposta 205
3 Nomeação a dama camarista 209
4 Segue a correspondência 213
5 Título de viscondessa (em provocação a Bonifácio) 217
6 Tais cartas 219
7 Em dezembro de 25, nascem os filhos Pedro e Pedro 225

Parte VII *Rafael segue na política*

1 Atuação legislativa (vida de deputado) 229
2 Discursos: mais discursos 233
3 Viagem dos reis à Bahia 237
4 O palacete 241
5 Agora sim, a duquesa de Goiás 247
6 Morte de Leopoldina 251
7 Outras amantes e o verdadeiro amor de Peu 255
8 As cartas de 1826 259

Parte VIII *Começo do fim?*

1 Peu volta para o Rio 267
2 Atualização das questões familiares 271
3 Cartas ainda mais passionais 275

4	E Rafael?	283
5	Cartas de 1827	285
6	Amor, amor, amor	293
7	Cartas em 1828	299

Parte IX *Meio do fim*

1	Volta do marquês de Barbacena	307
2	Domitila parte para Sampa	311
3	Acontecimentos paralelos	315
4	Atuação legislativa de Rafa (1828)	317
5	Enquanto isso na Corte	321
6	Campanha contra Domitila	327
7	Questões éticas da separação	331
8	Fim da relação	337
9	Novos fatos	339

Parte X *Segue a vida para Domitila*

1	Embarque da duquesa de Goiás	345
2	Início de uma nova era	349
3	Agora é com Rafael	353
4	Situação política do país	357
5	Ainda os tempos da Regência Trina	361
6	Sobre Rafael na presidência, Pedro em Portugal e Isabel Maria	367
7	Um Brasil brasileiro	369

Parte XI *Sob sol e chuva*

1	A história avança	375
2	Ainda a família real	379
3	Rei morto, rei posto	383
4	Rafael, Domitila e família	387
5	Balanço de sua gestão	391
6	Política do reino	395
7	As histórias familiares mais recentes	399
8	1840: de novo a política	401
9	Volta à presidência da província	405
10	Outros assuntos de sua gestão	411
11	Mais política (e uma notícia de Isabel Maria)	417

Parte XII *A guerra (por falta de amor)*

1	1842 – "ano que também não acabou"	425
2	Revolução em marcha	431
3	Fuga inicial	437

4	Início (e meio) da Coluna	443
5	O Combate	449
6	O barão baiano, um tanto alegre	453
7	Ao vencedor, as batatas	457
8	Casamento com a marquesa	461
9	Caxias na cola	465
10	Invasão da casa e sequestro de bens	471
11	A fuga	475

Parte XIII *Prisão de Rafael*

1	Abra-se cadabra-se	481
2	Preso na ilha e piora na saúde	485
3	Apelo ao novo rei	489
4	Volta à velha política	493
5	Visita do rei a São Paulo	495
6	Novas eleições	501

Parte XIV *Aonde se quer chegar*

1	Escravidão	505
2	Velhice de Rafael	509
3	Manifesto	513
4	Despedindo-se da política	517
5	Orações – missa e funerais	521
6	Homenagem a Rafael – memória de um amigo	527
7	Fim de um ciclo	531
8	Bens e mais bens	537
9	Testamento	541
10	Viuvez da marquesa	547
11	A história continua	548

Créditos das fotografias, publicações de referência	555
Citações específicas	556
Algumas genealogias	570
Árvore	574

Parte introdutória

Um cavaleiro marginal

1

Onde estamos

Pegá-lo a galope

Este negro é agora fugido de todos os engenhos e terá seu próprio animal, mas que não é dele, como nunca foi de seus donos. Será preciso dizer ao amigo tudo que lhe é de direito, e sobre o amigo do que lhe for mais necessário antes de devolver ao curral – mas só depois de capturar outro, como tudo que lhe é de direito. Antes, vai precisar resolver um pequeno problema, para não causar qualquer outro.

Santa claridade, tão mínima que mal se vê o horizonte, por essa janela lateral em seu improvisado quarto feito com os arreios...

Vê-se agora nas ruas de São Vicente que não há vivalma: apenas os ratos mortos na praça do mercado.

Eu, gavião, sobrevoo isso tudo e passo a contar a história do meu jeito, porque não há versão verdadeira sobre o que houve, em meio a tudo que se ouve, nem nunca haverá... Mas se assim me foi dada um dia essa visão para compreendê-la, passá-la adiante aos que por ventura se interessem, é o que também me é de direito. E só lhes peço que deixem de lado qualquer aprendizado que se pretenda ter por esta aventura de lê-la, a história aqui fabricada...

Eu, gavião – sim, sou eu, a ave que voa e apenas observa do alto as histórias,– já sinto que agora é preciso passar a outros bichos o fio narrativo desta vã meada.

Mudando de mãos

Quando ampliamos o imenso território onde se dá esta cena, da região paulista para todo um cenário nacional – pois, queira-se ou não, já se pensa aqui como país –, e da América do Sul para o mundo, vamos dizer que há uma grande população de seres humanos em desenfreada expansão, multiplicando-se e diversificando-se em proprietários de terras (uma ínfima minoria), escravos (quase a maioria do povo) e tantas outras possíveis existências, de características físicas e culturais tão diversas que

seria impossível descrevê-las uma a uma. Mas na essência, e nas paixões somos todos uma mesma espécie (o que pode afirmar este descendente de macacos que acaba de receber o fio narrativo, bastante disposto a desenrolá-lo).

A contar pelo nascimento de Cristo, Deus único dos europeus, diz-se que nos 1500 anos de sua vinda haveria cerca de 500 milhões de humanos em todo o mundo (e entre os índios, os meus antepassados – milhares deles). No ano 2000, calcula-se, serão cerca de 7 bilhões, e nossos descendentes se verão misturados aos povos de diversas origens: europeus, americanos, asiáticos e africanos.

(Sim, talvez já se crie uma polêmica ao dizer que o primeiro narrador desta história não era um gavião de verdade, mas apenas sua metáfora, de algo que está distanciado no tempo, podendo olhar para o passado e também para o futuro, ou ao menos o futuro esperado, pois com uma boa tabela de causas e efeitos, o futuro de ao menos alguns séculos já pode ser previsto.)

Sempre haverá riqueza e felicidade

Alguém que estudasse Matemática e fosse capaz de contar as estrelas poderia fazer o cálculo de que tudo que se produzia no mundo no anos de 1500 valeria cerca de 6 milhões e 250 mil toneladas de ouro. E que no ano 2000 isso saltará para 1,5 bilhões de toneladas. Nesses 500 anos – de épocas em que o Brasil começa a ser ocupado por europeus, até o ano 2000 – a população humana terá aumentado 14 vezes; e a produção em 240 vezes. O consumo de energia, em 115 vezes.

E haverá sempre dois tipos de pobreza: a social (falta de alimento e abrigo) e a biológica (que ameaça a vida). Mas dizem que a social, em mais alguns séculos, já se poderá erradicar.

Também em algum momento, a biológica será controlada: haverá órgãos artificiais que farão prolongar a vida. Nesses 500 anos, a expectativa de vida no mundo inteiro saltará dos 25 a 40 anos para 67 (e em países ricos, para 80).

Mas afinal, o ser humano é animal ou planta? Não dizem que as pessoas têm raízes? O que se leva desta vida, eu não sei, você não sabe, e nem mesmo *ela* sabe. O que sabemos é que estamos vivos e, enquanto isso, vamos guardando coisas do passado, e principalmente bons sentimentos, pelas histórias de amor, por realizações e conquistas profissionais, pelas viagens físicas e mentais que todos fazemos.

Economês da pobreza

No místico ano 2000 já prevemos que ainda haverá cerca de 80 mil girafas no mundo, o que não é nada se comparado ao bilhão e meio de bovinos que comerão os pastos. E apenas 200 mil lobos se comparados aos 400 milhões de cães; apenas 250 mil chimpanzés em um mundo transbordando de seres humanos, na casa dos sete bilhões.

Como será essa escalada? Daqui vos digo, que no começo deste século, ainda havia 700 milhões de humanos, e na virada de que nos aproximamos, o ano de 1800, também não seremos muito mais que 950 milhões. Mas no começo do século XX já haverá quase o dobro de pessoas no mundo, algo como 1,6 bi. E nosso lindo planeta, que um dia já fora verde e azul, irá aos poucos se transformar em um grande mercado de coisas feitas de materiais sintéticos, que hoje sequer foram inventados.

Queiram ou não acreditar, haverá nesses próximos séculos uma série de revoluções. O planeta (ou melhor, a humanidade) estará por fim se unindo em uma única esfera, histórica e ecológica (depois de dezenas de milhares de milênios ainda dispersa). A economia haverá de crescer cada vez mais, acumulando-se uma riqueza que até o século XII só havia nos contos de fada.

Brotará uma fonte real de felicidade humana. Mas para alguns, ela estará apenas na conquista do poder pelos trabalhadores mais pobres (e todos serão felizes assim, mesmo que sob a tirania de um ditador). Para outros, só o livre comércio e o mercado garantirão felicidade para maior número, pelo crescimento econômico e abundância material – cada um poderá aprender a empreender e ser autossuficiente (mas se riqueza e autossuficiência não trouxerem felicidade, qual o benefício dos mercados?).

Sentido da vida

Há milênios, padres, filósofos e poetas se dedicam a pensar no que é a felicidade... Dizem normalmente que, junto às boas condições materiais, ela depende de fatores sociais, éticos e espirituais. Parece que, com o passar dos tempos, cada vez mais se sofrerá com a alienação, com a carência de sentido nas coisas, e tudo apesar da prosperidade maior.

A felicidade pode estar ligada ao prazer imediato ou ao contentamento a longo prazo (dependendo do modo como cada vida se desenrola). Estar feliz é sentir-se satisfeito com a própria maneira de ser, e poder dizer: "a vida é boa". Ah..., e há dogmas também sobre isso: "os casados são mais felizes que os solteiros, que os divorciados e que os viúvos". E sim, "o dinheiro traz felicidade", mas só até certo ponto.

"Família e comunidade" (as amizades) têm "mais impacto na nossa felicidade do que dinheiro e saúde". Ah sim, "o casamento é particularmente importante". Estudos de todos os tipos (religiosos e outros) hão de mostrar uma relação direta entre "bons casamentos e bem-estar subjetivo" e "maus casamentos e sofrimento". Para o homem, nada, mas nada mesmo, substitui o que é mais importante: uma *esposa amorosa*.

Eternos(as) caçadores(as)...

Há quem veja a história humana apenas pela relação entre explorados e exploradores, e que depois da civilização só um "sistema" econômico se daria pela usurpação do trabalho do homem pelo homem (enquanto nos outros ela se daria no sentido inverso), mas que isso teria começado, sobretudo, pela maneira com que dentro da própria unidade de espécie (o casal) o trabalho da mulher teria sido primeiramente usurpado.

Mas aqui onde não há mulher (uma roda masculina formada por este ex-escravo mais dois que se pôde encontrar – outros três dos que fugiram continuam desaparecidos), sabe-se que quando há um homem a dizer isso, trata-se normalmente do que já é bem casado – e assim resolvido sexualmente; por que não dizer? –, em busca da bajulação de solteiras, ao dar mostras de um pensamento não exclusivamente sexista.

O que se poderia dizer da Idade da Pedra, quando o homem tinha o seu comportamento mais próximo ao de um animal? Isto é, quando agia somente por instinto, e fazia o uso consciente da fraqueza feminina na intenção de explorá-la? Ou será que ambos admitiam a convivência daquela maneira, pela divisão de tarefas estabelecida, em prol do interesse comum (de preservação da espécie), tal qual a natureza lhes selecionara sobre outros grupos?

Bem, se vamos falar na exploração do macho sobre a fêmea em espécies animais, e até vegetais, há também o oposto, e poderíamos chegar aos insetos (louva-deus) e aracnídeos (viúvas negras) sem fingir que tudo é acaso, pois como será defendido pela ciência, nenhuma espécie é melhor do que outra, e nenhum gênero é melhor do que outro: são apenas adaptações a um contexto nunca totalmente decifrável, e que alguns virão a chamar de "essa grande porra".

... e coletoras

Também haverá dia em que conceitos como *valentia* e *honra* poderão cair em desuso, mas isso levará tempo. Sim, é verdade que já não estamos numa Idade Média, mas hoje o que ainda manda é a capacidade de compor alianças, e para isso entraria um componente que talvez seja inato: o espírito de liderança. E para convencer a si e aos outros de que é uma boa liderança, o ser humano que se candidate ainda precisa mostrar-se bravo e honrado.

Pode-se prever que por mais dois séculos ainda será explorada (especialmente entre políticos demagogos) a ideia, por exemplo, de um "crime de honra", que não chegará a provocar dor física, mas dor na alma, quando se faz "indevidamente" o uso da injúria, ou da difamação, levando à calúnia.

Mas esses conceitos também serão engolidos à época de uma nova grande imersão no social coletivo, como já acontecia no tempo dos faraós, em que apenas o grande líder se podia ver acima do interesse comum, da grande nação comunitária em que todos deverão ser pobres, igualitariamente, a não ser, como já se disse, o grande líder, faraó, a abelha-rainha dominadora de sua nação como verdadeira *big sister* (que no caso de um zangão seria o *brother*, pois afinal, tudo teria começado na explosão de um *Big Bang*, que com a otimização da agricultura e das horas de trabalho, tornou-se mecanizado e foi preciso inventar um relógio que fosse o seu próprio *Big Ben*, que também determinaria as horas de sossego, e de descanso, quando seria possível se dedicar a atividades de entretenimentos, como assistir a uma *big band*, e isso já a tempo de uma revolução industrial na comida, com seu famoso *Big Mac*).

Estão aí os três negros reunidos de maneira triangular à volta de uma pequena fogueira, e por mais que se esforcem, os animais encarregados de narrar esta parte da história não entendem do que estão falando, ainda mais por ser em língua que aprenderam com os avós vindos d'África, e agora usam só em momentos como este, de recolhimento entre si.

2

Questão maior

A solidão e suas escravidões

Volta agora o gavião como narrador desta história, pois já se disse que só do alto é possível reverter a uma visão de séculos, contemplando-a pela documentação que esses humanos vêm nos deixando, a mostrar de tudo que se diz como acontecimentos em uma região de natureza apenas *imaginária*, que cada um interpreta a sua maneira.

Ao menos não se negue, entre os humanos, que o maior evento de sua história é o encontro que já se deu aqui entre dois tipos de civilização de estilos e vida tão distintos... Porque daqui veio o massacre dos que foram chamados de índios, estando há mais tempo na terra, mas sendo inferiores em sua tecnologia de luta. Só nos séculos seguintes é que passou a haver um novo tipo de guerra e exploração, que é sobre a mão de obra escrava trazida de outro continente.

Porque, dirão os historiadores, o que veio a ser a "força motriz da economia brasileira" durante séculos se deu por desembarcarem nestas terras algo como três milhões de africanos, na maioria homens, para se tornarem escravos de alguém. Sim, e já que estamos a adentrar em informações concretas, podemos dar nomes aos principais portos onde se deu o desembarque: Salvador e Rio de Janeiro.

Escravos que são ainda, não só trabalham, como trazem à tona e fazem valer suas antiquíssimas culturas, influenciando a arte dos portugueses, seja na música, na religião, na fabricação de utensílios e bom uso de metais.

Trazidos d'África sob toda forma de preconceito

Já se encontram por estas bandas uma boa quantidade de negros africanos, chegados desde as primeiras décadas do século XVI e desde lá tornando-se a principal mão de obra nas capitanias do Nordeste, e agora também do Sudeste, ao longo deste século XVIII (e sem contar os atuais muitos bolsões de escravidão na Amazônia e ao sul de São Paulo).

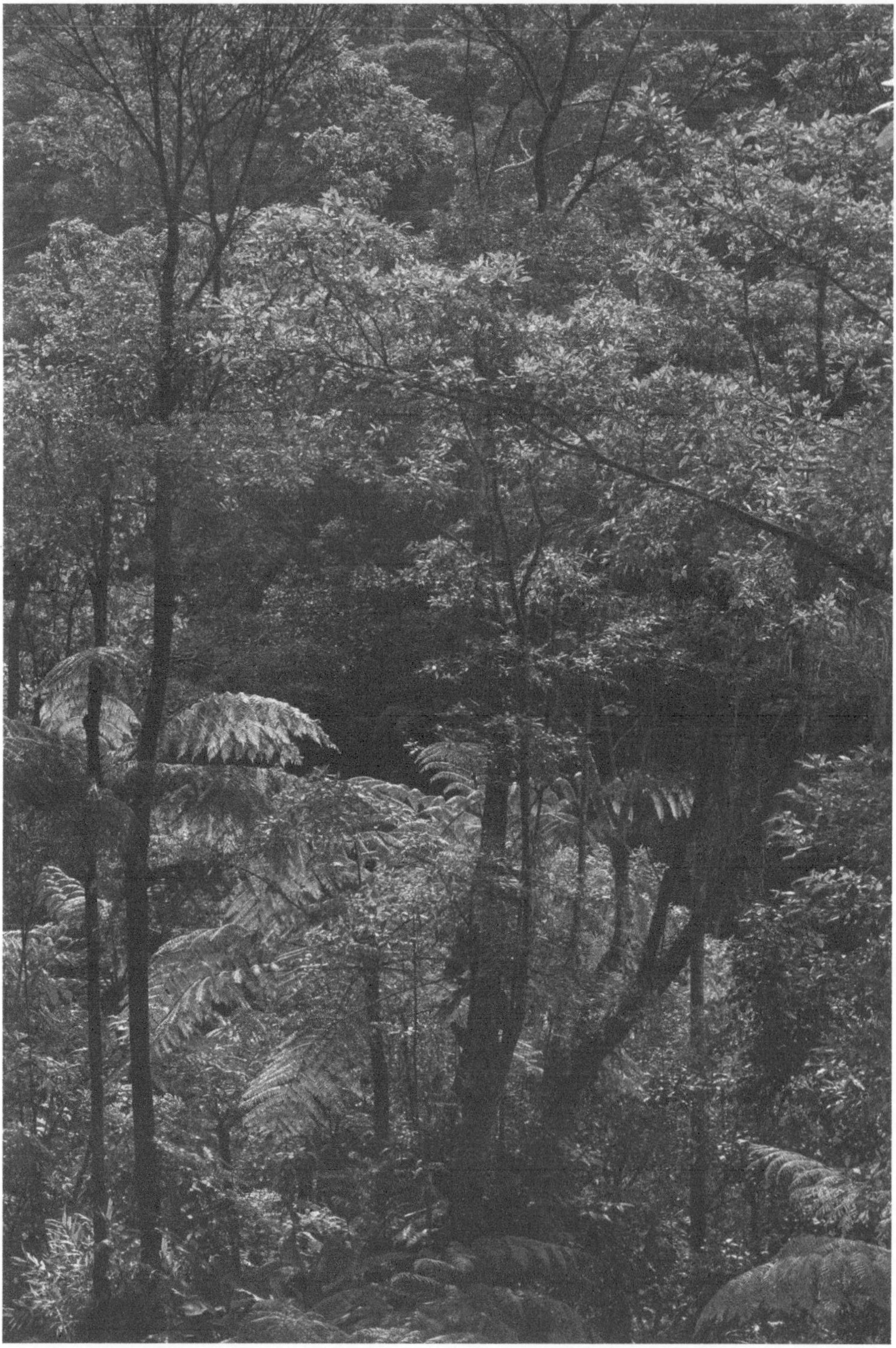

Descendentes de africanos não só movimentam a economia do açúcar (que já se tornou nosso "ouro branco"), como a do ouro (verdadeiro, o "amarelo")... Apenas na província de São Paulo é que mais se "usou e abusou da escravidão de indígenas".

Trazidos d'África pra Américas de Norte e Sul
Tambor de tinto timbre tanto tonto tom tocou
(...)

Vertigem verga, a virgem branca tomba sob o sol
Rachado em mil raios pelo machado de Xangô
E assim gerados a rumba, o mambo, o samba, o rhythm'n'blues
Tornaram-se os ancestrais, os pais do rock and roll

E se já estavam mesmo acostumados a plantar cereais e criar gado à volta de sua capital *Mbanza* (de quase 100 mil pessoas ainda no século XV), era onde se agrupavam as riquezas e residências de elite, de muros cobertos por tecidos esplêndidos, que faziam brilhar os olhos de quem via. Ali ficavam os mercados de pessoas escravizadas, que alimentavam o tráfico. Além de uma organização produtiva complexa, a rede de mercados fazia circular as informações recentes, e inovações técnicas. E ali sim, podia-se falar em uma sociedade de três níveis, fáceis de se identificar: nobreza, camponeses e aldeões, e escravos...

E lá se veio a bula do Papa Nicolau V, que em 1452 autorizou o rei português a subjugar e escravizar todos os tipos de índios – e lembramos aqui o que de melhor se transcreve da *bula* de 1455:

... concedemos ao dito rei Afonso a plena e livre faculdade, entre outras coisas, de invadir, conquistar, subjugar quaisquer sarracenos e pagãos, inimigos de Cristo, suas terras e bens, a todos reduzir à escravidão e tudo aplicar em utilidade própria e dos seus descendentes.

E lá se foram também os anos 1470, quando os portugueses começaram a comercializar africanos como se fossem coisas, máquinas de trabalho, e só lá no futuro é que se verão livres pelo uso de uma tal palavra "abolição", ao menos da prática oficial, e da permissão do Estado para que uma pessoa seja dona de outras como suas escravas, objetos de sua "propriedade". Mas até lá, entre 2,5 e 3 milhões de negros africanos já terão sido explorados nestas terras. E o que se poderá dizer aos filhos e netos desses portugueses?

"Antropologia" ou a questão social: um menor abandonado

Nem é preciso dizer que a essas alturas sequer se pensava em inventar uma tal "Antropologia", quando enfim se apregoará a ideia de que não existe cultura *superior*, mas *diferente* uma de cada outra. E que na verdade todas as culturas formam um simples leque de possibilidades, um repertório que é intrínseco a todas as civilizações: a infinitude de hábitos e construções possíveis dentro de uma mesma espécie, a humana.

Na cabeça desses colonizadores, tudo é terra de ninguém, ou melhor, será de quem tomá-la e puder segurar, fazer dela algo não só digno para si, mas que ajude a construir uma nação, e possa oferecer seus produtos a quem queira comerciar. Na vida humana, como na natureza, o que vale – na cabeça atual, à exceção de alguns padres e outros que só pensam na transcendência – é a lei do mais forte.

Religião

(Nascerá em algum lugar a figura mítica de um tal padre Feijó, do qual deveremos desconfiar pelo que finge entender das leis de Deus, coisa que nenhum estudioso poderá afirmar o que de verdade é certo – seja ele, guru, judeu, de qualquer ramo budista ou outro. Desconfiemos desse Feijó.)

Acreditar em si é perceber o que vemos em uma religião como o mesmo que está em inúmeras outras fábulas, quase todas impossíveis de ter fundamento. Por exemplo, se um macaco ouvir de outro que em troca de uma banana ganhará um monte delas depois de morto, quando chegar ao céu dos que foram generosos, ele poderá desconfiar que é exatamente o mesmo que se passa entre os seres humanos.

Por outro lado, poderá pensar que se alguns padres e pajés são mesmo enganadores, a maioria deles acredita em uma sinceridade possível, e em haver deuses e demônios. São princípios de um *ordem imaginada*, a mesma que aparece nos contos de fadas.

A religião, no fundo, se parece muito com essas crenças nativas e dos negros... Fica-se horas rezando pela proteção de algum espírito que nem se sabe se existe. Vai-se um tempo precioso, em que se poderia conseguir comida, guerrear e, principalmente, copular (seja para aumentar nossa espécie, seja pelo prazer sexual, que é o melhor de todos).

E acreditar no amor é também uma coisa mais ou menos parecida: deixar-se gostar de uma pessoa na crença de que isso aumenta a chance dela também gostar de nós. Talvez não passe de um mito coletivo, como há de haver o mito de uma nova pátria que, mesmo sem controlar o vento sobre sua geografia, uniria o povo contra suas elites – e tantos outros.

Psicologia do afeto e Filosofia de vida

E por pesquisas científicas se mostrará que macacos afastados de seus pais, que não receberam carinho, acabarão emocionalmente abalados mesmo que providos de todos os nutrientes. Já não se adequarão à sociedade, comunicando-se mal, tornando-se agressivos e vítimas de grande ansiedade...

Sim, pois por mais que muitos não admitam, até os macacos sentem necessidades e desejos, muitas vezes psicológicos e espirituais, indo além de suas necessidades físicas. E quando não estão satisfeitos, sofrem muito. Não só os macacos, também outros mamíferos, e as aves em geral, sofrem de vínculo emocional.

Houve época em que

(...) uma pessoa boa evitava luxos, nunca desperdiçava comida e remendava calças rasgadas em vez de comprar novas. Somente reis e rainhas se permitiam renunciar publicamente a tais valores e ostentar suas riquezas.

Hoje há vários extratos sociais, e muitos não se importam em ser solidários de sua riqueza... A possibilidade de novos consumos parece levar as pessoas a quererem "cuidar de si mesmas" e a se "mimarem"... Tudo que há de sobra no mercado, em prazer, saúde, provoca "um verdadeiro deleite com o sabor maravilhoso de 'quero mais'".

("Frugalidade é auto-opressão", diriam os ingleses avançados, com seu eterno lema, "*just do it*".)

Sexo, pecado e salvação

Há muitos sonhos, devaneios, nas células nervosas "intactas da retina". Uma macaca chamada Aurora que se portava como deusa hindu tinha braços que pareciam mecânicos, e eram comandados à distância por seu cérebro. Desde a Pré-História, nos milênios em que começou a se dar a tal mudança de pensamento, e a capacidade de expressá-lo pela linguagem, tudo sempre se resumiu a "contar histórias, e convencer pessoas a acreditarem nelas". Em qualquer narrativa, tudo são "ficções", "construções sociais", "realidades imaginadas".

Dirão os estudiosos que mitos partilhados "possibilitam que milhões de estranhos cooperem de maneira eficaz", em alguns casos acreditando em uma verdade absoluta que jamais será científica: na crença dogmática dos direitos e valor do ser humano (e a própria ciência se apoiará em crenças ideológicas e religiosas para justificar o seu financiamento).

Com essas representações, no século XV já se chegou a comprar o reino de Deus pelo sexo, convertendo-o em salvação (usando-se dinheiro da prostituição na aquisição de indultos). O próprio dinheiro é uma representação, e são tipos ideais os que permitem trocas e, assim, acumular riquezas.

Fidelidade amorosa

Há ainda os defensores de que a vida era mais saudável nas comunidades antigas. Muitas sociedades caminharam para os relacionamentos de infidelidades frequentes, para índices elevados de divórcio e ainda o alastramento de "complexos psicológicos que acometem crianças e adultos".

E tudo resulta de "forçar humanos a viver em famílias nucleares e relações monogâmicas, incompatíveis com nosso programa biológico". Mas, desde há tempos, as relações monogâmicas e famílias nucleares realmente prevalecem na maioria das culturas.

Não existe um estilo único de vida natural para nossa espécie: são escolhas culturais dentro de um imenso leque de possibilidades. Talvez o pouco que se pode dizer que alguém realmente saiba é do seu mundo interno, e das sensações no próprio corpo. Se alguns dizem sobre as épocas do ano que só uma é a estação do amor, para muitos elas são várias.

Vida de jaboti

Há seres que vivem pouco, como as borboletas, e os que vivem muito, como as árvores. Entre os narradores desta história está uma árvore de três mil anos incumbida de falar sobre genealogias e, mais do que isso, de fazer previsões sobre o futuro, uma vez que, quanto mais vivido o ser, mais entende a lógica de haver essa "porra toda", sabendo o que vai acontecer nos próximos tempos.

Mas por não ter a precisão e comunicabilidade de um animal, desses terrestres que vivem até 200 anos, como as tartarugas, achamos mais apta a começar a contar a história esta que acaba de chegar depois de um longo percurso, em velocidade calma...

Passemos, por fim, a palavra a Naná, que mora ao sopé da serra e já tem sua vida ganha, e por isso dá-se a filosofar sobre a origem cosmológica de tudo. Não, Naná não é uma jaboti qualquer, pois vem de excelente linhagem...

(Faz-se aqui a ironia explícita de se pensar como visconde, o de Sabugosa, título tão folclórico como os dados em tupi, por suas toponímias, que ao longo dos capítulos precisarão ser aqui citados. E se acharem estranho um título de nobreza com nome de espiga debulhada, o que dizer de Aracati, Jaguaribe e tantos outros?)

Parte I

Nascem Rafael, Domitila e Pedro

1

Quase uma princesa

Há primatas (e humanos) de diferentes origens?

Antes de contá-la, já sabíamos muita coisa desta história. Como não diríamos de uma tal dama, ou Dômi – de Domitila –, que nunca houve mulher igual? Que nunca ninguém precisou passar por um inferno igual ao dela e que de sua libertação nem o demo calcularia a conta? E que de lá saltará à condição de fazer amor com o rei do Brasil?

Apenas pela mesma condição inicial desta história, a de um "fodido e mal pago" a se perguntar o porquê de milhões de anos de adaptação dos peixes à terra firme, e já quase se acredita no "criacionismo" em que tudo foi feito a uma só leva, em uma semana, seguindo-se as 14 gerações de Adão até Abraão, mais 14 deste até Davi, e outras 14 até o exílio na Babilônia. E dali se têm muito bem documentadas as 14 gerações que precederam o Messias, J. C., e serão mais umas 14 até se estabelecerem na Europa alguns dos ramos de seus descendentes...

... e talvez mais umas 14 para se chegar à Península Ibérica, e vamos contar outras 14 gerações até vir a de uma princesa... bem, não exatamente uma princesa, mas quase isso...

Família nobre (primeiro as damas)

Enfim, se quiséssemos remontar à origem dessa princesa que está para nascer no Brasil, diríamos assim:

– Que pelo lado do pai descenderia "nada mais nada menos" (expressão já nascida gasta e que muito ainda será usada por esta nação, a dizer-se que determinada pessoa é mais *importante* que as outras...).

Agora vai.

– Pois sim, pelo que falávamos de ser uma pessoa descendente *"nada mais nada menos"* que de d. *Fernando* já se quer dizer que era importante, pois deste Fernando se sabe que o filho era pai de *Guterres Rodrigues*, o "Escalavrado"... E este, o pai de *Fernando Guterres* (que dizem ter sido viçoso, de boa vida e batalhador como o pai).

Bem, e de Fernando Guterres veio o filho *Estevam Fernandes* (um bom fidalgo, dos mais honrados de Espanha), que foi o pai de *Pedro Fernandes de Castro*, o "da Guerra". Pedro Fernandes teve dois filhos legítimos, cuja mãe era *d. Isabel Ponce de Leon*: *d. Fernando* e *d. Joana de Castro* (esposa de d. Pedro I da Castela, mas fora antes viúva de d. Diego de Haro, descendente de antigos senhores de Biscaia).

E teve também os bastardos, filhos de *d. Aldonça Valadares*: *d. Inês de Castro* (amante de d. Pedro I, de Portugal) e *d. Álvaro Pires de Castro*.

Esse d. Álvaro foi o pai de *d. Pedro de Castro* (senhor de Cadaval), que foi o pai de (1) *d. Fernando de Castro* e de (2) *d. João de Castro* (também senhor de Cadaval).

Está fácil até aqui?

E esse d. João de Castro (2) foi pai de *d. Joana de Castro*, casada com o 2º duque de Bragança, d. Fernando I. Desce-se cinco gerações e chegamos a *d. João VI*, pai de d. Pedro I, o futuro imperador do Brasil. Já d. Fernando (1), o alcaide-mor de Covilhã, foi pai de *d. Garcia de Castro* e de *d. Álvaro de Castro* (o 1º conde de Monsanto).

Desce-se uma geração e encontramos d. *Francisco de Castro* e de novo *d. Álvaro de Castro*, para na geração seguinte encontrarmos: *d. Garcia de Castro*, *d. Catarina de Castro* (mulher de Antônio Pires do Canto), *d. João de Castro* (capelão da Casa Real) e *d. João de Castro* (vice-rei da Índia).

E dessa Catarina de Castro, seis gerações depois, descenderia o cel. *João de Castro Canto e Melo* (1º visconde de Castro), que será pai de d. *Domitila de Castro*, a futura marquesa de Santos.

Comentário (pois é quase uma ficção)

Diferentemente dos contos de fadas, compreende-se aqui a nobreza como como sendo um grupo de apadrinhados do rei, rei este que descende sempre de um militar, o vencedor de uma guerra sanguinária em que fora capaz de impor-se e implantar sua dinastia.

Não há exceção. Todos os reis descendem de um homem de Exército. Na Antiguidade, pelo menos, todas as civilizações tiveram estas três classes muito bem definidas: os guerreiros, os sacerdotes e trabalhadores (vá lá, e também os comerciantes, escravos e estrangeiros – na Índia, os mais excluídos e com *status* de casta a parte –, mas estes são também variações dentro da grande classe, de maioria populacional, dos trabalhadores). E os chefes de poder, na Antiguidade, talvez fossem também três: o da família, o do território e o da religião.

Primeiro, sim, as damas

Bem, comecemos, enfim, a história.
Esse futuro coronel e brigadeiro João de Castro Canto e Melo está agora a nascer, no ano de 1753, na Ilha Terceira dos Açores. Sim, e enquanto sai da barriga de Isabel Ricketts, muito observa seu pai, João Batista do Canto e Melo, que é descendente de Pedro Anes do Canto, da Ilha Terceira.
Por estratégia narrativa (que não é privilégio deste romance), saltaremos agora ao ano de 1768, quando aos 15 anos ele passará a residir em Portugal, onde assentará praça de cadete neste 1º de janeiro. E cinco anos depois, em 1773 (precisamente no dia 17 de outubro), será nomeado porta-bandeira. Aos 21 anos, em 1774, ele irá para o Rio de Janeiro, de onde, meses depois, seguirá para São Paulo
E será transferido para o regimento de linha de Infantaria de Santos, para então ser promovido a alferes e logo a tenente, no mesmo ano de 1775. E finalmente, em 1778, chegará a ajudante.

Casamento do militar

É no ano de 1784 que está se dando o casamento do militar João de Castro (quiçá um primeiro visconde da família, no futuro) com d. Escolástica Bonifácia de Toledo Ribas, ela natural de *São Sebastião*, no litoral norte de São Paulo. A moça também veio de uma importante e tradicional família paulista, sendo seu pai o tabelião José Bonifácio Ribas, e a mãe, Ana Maria de Toledo e Oliveira (e assim, por genealogistas estudados, sabemos que ela é neta do coronel Carlos José Ribas, e tetraneta de Simão de Toledo Piza, patriarca da família em São Paulo).
(E se por hora ainda não usamos o apelido desta cidade, que é "Sampa", a partir de logo precisaremos distingui-la, a capital, da província de mesmo nome. Pois bem: "Sampa" é uma espécie de trocadilho com a palavra "samba", e há de bem no futuro cair no gosto popular esse nome, depois que a cidade for homenageada por um poeta baiano.)
Note-se uma coisa importante: a esposa é 22 anos mais nova que João de Castro. E outra coisa há de se notar: que ela foi criada na praia, ao sabor de ventos e banhos no mar, e nas horas vagas de suas tarefas caseiras (cuidava da casa para os pais, e agora será para seu marido) certamente andou a curtir muito a natureza e, assim, a tornar-se bela, a mais bela das redondezas, e a cada dia, mais bela.

Filhos

Apesar da diferença de idades, esse será um casamento muito feliz, de variadas alegrias e mesmo uma excelente frequência no campo da sexualidade (haverá linguarudos a querer difamar essa felicidade sexual do casal, mas isso será em vão).

Nasce agora o primeiro filho, João, aquele que poderá tornar-se marechal de campo e Gentil-Homem da Imperial Câmara...

Passam-se então três anos e vemos nascer em Sampa (como dissemos, a capital desta grande província de que também faz parte São Sebastião, ao sul do Rio de Janeiro; e para bem distinguir as duas coisas, como explicamos, passaremos a usar apenas o apelido da cidade) o segundo filho desse casal, que já está sendo chamado de José de Castro Canto e Melo. Em breve ele será devidamente batizado, zelando-se pelo nome de quem no futuro há se tornar, entre outras coisas, *brigadeiro do Exército Brasileiro...*

Nasce agora mais um varão, Francisco, que também poderá tornar-se Gentil-Homem da Imperial Câmara, major reformado do Exército.

Sopro de vento

Passam-se mais alguns anos e finalmente o casal receberá sua primeira filha, e aos 18 de dezembro deste ano de 1792 está sendo batizada Maria Benedita de Castro Canto e Melo

(Ouve-se aqui o sopro de uma árvore, dessas que vivem 3 mil anos, a dizer que ela viverá até 5 de março de 1857, e terá um longo casamento com Boaventura Delfim Pereira – que será o *barão de Sorocaba*, e ela a *baronesa*... E que deixará "descendência ilegítima com d. Pedro I, o amante de sua irmã".)

Pouco depois (por essa relatividade do tempo a que estamos acostumados) nascerá (não se sabe o ano) Ana Cândida de Castro Canto e Melo, na capital da província de São Paulo (ela que se casará com o português – nascido na "terrinha" – Carlos Maria de Oliva, veador da Imperial Câmara e coronel do Exército).

Enquanto isso, o irmão mais velho dessa galera, de apenas cinco anos, já está sendo transformado em soldado, neste 1º dia de julho do ano de 1792.

2

Pros lados de Sorocaba

Enquanto isso, nas cercanias de Sampa

Haverá tempo em que se poderá abrir o mapa da região que quiser e consultá-lo de onde estiver, bastando fazer uso de um aparelho que estará no bolso. Nele estará desenhada toda a superfície do planeta Terra, e ainda será possível escolher-se o grau de aproximação.

Mas uma boa descrição da região em que se passa parte importante deste romance faz-se pelo uso de uma simples abstração matemática: Sorocaba forma um triângulo isósceles com outros vértices nas cidades de Sampa (capital da província) e Campinas, tendo nos lados as vilas de Jundiaí (entre Campinas e Sampa, a meio caminho), Itu e Indaiatuba (entre Sorocaba e Campinas, a um terço de cada polo, com Itu próxima a Sorocaba e Indaiatuba a Campinas).

A vila

Dizem que o caminho aberto por Cristóvão Pereira de Abreu, em 1743, já estava lá antes por obra de Francisco de Souza Faria. E que os nomes dados pelos portugueses a esses percursos são também uma forma de conquista, pois na verdade eles já eram trafegados há muito mais tempo pelos índios, que apenas não deixaram registro escrito.

Importa é que no ano em que estamos, o de 1793, nota-se um pequeno grupo de homens a voltar extenuado de suas longas campanhas realizadas pelas Lagunas e Nova Colônia do Sacramento, passando agora por estes imensos descampados e serras escarpadas, e por pinguelas que mal se seguram sobre os rios agitados e perigosos, e ainda por matas fechadas, cheias de onças, cobras e mosquitos.

E ao chegar a Sorocaba, já em 1794 (agora eles se dão conta), acabam por se desencantar com a pequenez e simplicidade desta vila, de "poucas ruas mal traçadas e pior cuidadas".

Sim, obedece-se aqui ao jargão português de falar em uma vila de "poucas ruas mal traçadas", havendo entre elas a da Direita e também alguns largos (como o pátio das Tropas, e o da Matriz) e becos.

(Para quem não sabe, em todas as cidades portuguesas existe uma rua Direita, que muitas vezes é torta, mas chama-se "Direita" por levar diretamente à praça principal, à Casa da Câmara, ao hospital, à Misericórdia, à Casa dos Governadores.)

Localização

Ela se limita pelo alto, "a cavaleiro do vilarejo", nos terrenos onde acampavam essas tropas vindas do Sul, e de lá saíam estradas para as fazendas Sarutaiá (de Salvador Leme), Ipatinga e Paranapanema. Essa precária ponte de madeira, feita primeiro em 1654 e reformada em 1757, fica ainda mais tosca a cada passagem de novas tropas vindas do Sul.

Passam todos por essa ponte e eles agora se deparam com mais e mais estradas e ruas, com a "de São Paulo", a "dos Morros", onde se mostram em maioria os terrenos malcuidados, as casas abandonadas, mas há também os grandes sobrados, como o do capitão-mor Claudio Calheiros, na rua *Direita*; o de José de Almeida Leme, no *pátio das Tropas*; o de Manuel Madureira, na rua *da Penha*; e pouquíssimos outros.

Também no *pátio das Tropas* fica um casarão importante, de que ainda falaremos mais: o do capitão de ordenanças Antônio Francisco de Aguiar. Há nele um imenso sótão, pois é o seu dono um dos mais ricos comerciantes locais: é ele quem arrecada os impostos pela passagem das tropas da ponte em diante (cargo que arrematara depois do terremoto de Lisboa, quando a Coroa precisou de mais recursos tirados do Brasil).

Quantas pessoas moram nesta vila? Algo em torno de mil, distribuídas em cerca de cem casas espalhadas... À volta dela (incluindo o "sertão" que se há de ocupar como bairro, e terá o nome de Piedade) pode-se chegar a sete mil almas, contando as dos escravos (sim, porque há aqueles que não as incluem nas estimativas).

Esta é a vila que está agora sendo avistada do alto, pelos cavaleiros.

(Depoimentos futuros)

Ainda haverão de dizer que esta vila "*não tinha regularidade alguma*", sequer ruas, "*porque as casas estão aqui e acolá*" (um tal de Martim Afonso, em 1808), e que apesar da má aparência em seu conjunto

(...) de ruas sem calçamento, com profundos buracos aos lados, com casas, de ordinário, pequenas, poucas com um andar, cobertas de telhas, de terra socada, com amplos quintais cheios de laranjeiras e bananeiras (...)

... dá à paisagem de matos e campos "*uma perspectiva encantadora*" (Saint-Hilaire).

Um tal José Bonifácio de Andrada e Silva também enaltecerá a vila, já em 1820, pela "*bondade e hospitalidade*" de seu povo, assim como outros (Spix, Martius) a elogiarão pela honestidade etc., além de considerarem o lugar agradável.

Na verdade, desde 1782, ela já é tida como a vila mais importante da capitania, ao menos na opinião de seus vereadores, pois nela passam as tropas vindas (...) *do Rio Grande do Sul, o ouro de Apiaí e de Paranapanema e as manadas de gado dos sertões de Curitiba.*

Feia ou bonita, é uma vila importante por sua "*indústria das tropas*"...

(...) elo de ligação do sul do país na economia colonial brasileira, contribuindo inclusive para assegurar sua posse definitiva ao domínio português. Em parte, também é responsável pelas lutas travadas entre lusos e castelhanos nas margens do Prata, desde a criação da Colônia do Sacramento, em 1680, que se prolongariam até o Segundo Reinado.

Mercado livre

Há um registro rigoroso de todo o comércio que é feito nesta vila, justificando sua fama pela feira de tropas vindas das "*áreas produtivas*" – os Campos Gerais e o Rio Grande até praticamente toda a capitania das Geraes (de Paracatu e Minas Novas do Norte até Camanducaia e Itajubá do Sul), incluindo as velhas áreas de mineração, como Mariana e Sabará,

passando por toda a área povoada de São Paulo e do caminho para o Rio de Janeiro, interiorizando-se pelo caminho que levava a Goiás, atravessando Franca e Casa Branca.

Sim, toda essa imensa região é influenciada pela Feira de Sorocaba, que atinge até regiões mais longínquas, na Bahia, Pernambuco e Ceará.

Nesta nova virada de século, muitos tropeiros já se destacam na região sorocabana por "posse e haveres" (isto é, riqueza e cargo). Só para citar alguns nomes (e não acharem que estamos inventando), são eles Bento e Francisco de Oliveira, José, Jerônimo (cônego) e Antônio de Almeida, Joaquim Freire, Antônio Machado, Antônio Camelo Jr., Rafael e Luiz Vieira (alferes).

E outros que, antes de se tornarem tropeiros, eram simplesmente caçadores de índios: Brás Teves, Pascoal Moreira, Garcia Lumbria, Leme da Silva, Miguel Sutil...

Seu passado a condena

Porque Sorocaba, feia ou bonita, é ainda neste século XVIII uma *paragem* para onde se dirigem "índios de vários grupos tupis-guaranis, tupiniquins, carijós, guaianases, nascendo na imensidão de terras despovoadas..." E assim, para alguns, a vila foi "obra de sertanistas destemidos, destacando-se o fundador Baltazar Fernandes".

Há muitos que, desde a descoberta de ouro em Goiás (por Manoel Cordeiro), estão tomados pela cobiça (alimentada pelo governador Artur de Meneses). Não que fosse "*indolente*" e "*preguiçoso*", mas antes de dedicar-se ao comércio de tropas com regularidade, a partir de 1750, o povo sorocabano só se dedicava à caça do índio e do ouro.

Talvez não esteja certo chamar de "*preguiçoso*" um caçador de índios como o sorocabano Pascoal Moreira, que levou cinco meses para atingir Cuiabá, saindo de Araritaguaba. Em seu "canoão monóxilo ou de casca", atravessou os rios dos sertões descampados, enfrentou os "terríveis paiaguás e outros mais".

Outro, Cabral Melo, saiu de Sorocaba com 14 escravos índios e três canoas. Chegou a Cuiabá só com uma delas e "*700 oitavas de empréstimo*" (dos negros, vendeu seis que havia comprado fiado em Sorocaba, e quatro dos que recebera do tio, tudo para pagar dívidas; dos que restaram, morreram três, ficou com um. E o mesmo se dava a todos que iam a Cuiabá.

(No futuro ainda haverá ufanistas a defenderem essas caças, que serviram para aumentar em dois terços o território brasileiro).

Não, preguiçosos não o eram. Antes o fossem, vão pensar, à época em que se vai revisar os nossos conceitos históricos para reconhecer que tudo foi feito à base de muita violência, em detrimento principalmente dos povos que habitavam antes a região. E há de se considerar que a "preguiça", embora seja um pecado, é também um dom, a moldar os heróis que já não terão caráter: *ela diminui a incidência dos outros seis pecados*.

Antônio Francisco

Pois bem. Nesta vila de belas vistas, e "*perspectiva encantadora*", "berço de bandeirantes destemidos e de tropeiros cobiçosos", nesta "*importante*" e "*hospitaleira*" vila (feia para alguns, e bonita para outros), habitada por "gente ilustre", como se vê agora nesses últimos 25 anos de século XVIII, mora com a família, no pátio das Tropas, este ilustre capitão de ordenanças, Antônio Francisco de Aguiar, casado com Gertrudes Eufrosina de Aguirre, ela de família tradicional, em que se misturavam antiguidade, nobreza e caráter, e muito "*amanho de casa*" (isto é, arrumação).

De frente para a rua da Ponte, tendo ao lado o largo das Tropas, era "*uma casa baixa, mas nobre, de taipa de pilão, salas enormes de visita e de jantar, dormitórios com janelas para a praça e o rio, acomodações para a escravatura, além de ampla cozinha*" – a residência do cel. Antônio Francisco de Aguiar.

Tinha na sala de visita um oratório, pois a casa fora de seu tio padre, Rafael Tobias (homônimo de alguém que está para nascer).

Doce vida em...

A vida corria doce e tranquila para esta família, cujo ilustre "chefe" (não vamos aqui entrar em questões de gênero e cultura de época), o cavaleiro de Cristo – nobre senhor –, dedicava-se a cuidar de seus bens particulares, quer fossem imóveis, móveis, "semoventes" ou capital humano (sua escravaria), e principalmente da administração de seu *Registro de Tropas*, as que passassem pela ponte a que tinha direito (arrematado em leilão) de cobrar pedágio, a do rio Sorocaba.

Esse cargo administrativo, se não vinha de pai e mãe, era-lhe ao menos familiar, pois fora ocupado pelo capitão-mor Salvador de Oliveira Leme (o *Sarutaiá*) e depois, com a morte deste, passado ao genro dele, Paulino Aires de Aguirre, e agora era só seu, pois fora o genro de Paulino... Futuramente o passará a seu filho, Rafael Tobias de Aguiar.

... Sorocaba: um casarão importante

Essa casa com mirante, e armazém anexo, tem sala ampla, quartos, paredes de taipa e é coberta de telhas. Difere-se das outras à volta do pátio por ter "*quintal na frente, com 277 palmos de largo*", e ser habitada por alguém realmente influente (mais poderoso que todos os vizinhos).

É muito frequentada pelos políticos, celebridades da vila e entorno, personalidades (inclusive intelectuais) de outras províncias e até estrangeiras. E assim, na verdade, são duas as salas amplas, a de jantar e a de visita, esta com janelas para o rio (lá embaixo) e para o pátio.

Os móveis são de jacarandá, as cadeiras de palhinha, todas "forradas com damasco encarnado, mochos com assento de sola com pregadeiras douradas". Na sala de jantar, há na parede um espelho grande, de guarnições douradas; na de visitas, uma marquesa com assento de palhinha.

O tapete é de cor sóbria, e sobre ele uma mesa "*Gonçalves Alves*", em que repousa um relógio valioso. Em quase todas as paredes há quadros de personalidades históricas; e num canto da sala, o oratório da família, com uma vela "sobre cortiça nadando em óleo". Um "reposteiro azul" e as cortinas de chita inglesa dão ao ambiente um "ar requintado de luxo, recolhimento e paz".

A quem interesse saber, os quartos também são luxuosos; o que é curioso, em meio a uma vila tão pacata:

(...) camas de jacarandá com armação, cadeiras de palhinha, mochos cobertos de sola, canastra, catres forrados de sola, cobertos de colchas de chita inglesa enfeitadas de ramos grandes, forradas de cassa, cortinas de chita inglesa (...)

Tudo isso mostra a "pujança financeira e social" de seus donos. E não foi à toa que neste romance mencionamos ter havido um terremoto em Lisboa (1755) de "consequências diretas e importantes nas terras do Brasil": a riqueza desta família muito se deu pelo aumento de impostos impetrado pela Coroa, para que a colônia pagasse a maior parte dessa conta, a da destruição natural de sua metrópole (e como hão de dizer no futuro – todos sabemos –, "our cities were built to be destroyed").

Sobre o terremoto

Diz-se do grande terremoto que assolou Lisboa que teve o seu epicentro na Europa, mas deu-se praticamente em todo o Império Ultramarino...

(Para os brasileiros, fez parte dos fatos ocorrido em uma espécie de centro de decisões sobre nossas vidas ultrapassadas, isto é, a metrópole do que éramos e não éramos, apenas uma periferia, a periférica fazenda que sustentava e dava renda aos senhores e senhoras daquela nobreza e burguesia cada vez mais consolidada, dos verdadeiros donos de tudo, dos quais nós, com nosso futuro país, éramos apenas um braço a ser administrado, com seus vários povos indígenas e negros vindos da África já espalhados por todas as partes, misérias reais e doídas – e não essas misérias que muitos haverão de se queixar no futuro, e de barriga cheia, sobre lugares onde não falta comida, e a justiça chega para punir os criminosos.)

E não vamos aqui é falar da reconstrução de nossa única metrópole, a cargo de esforçadíssimos engenheiros militares (deixemo-la para os estudiosos acadêmicos), mas apenas lembrar que nesta data, o ano de 1755, houve sim o imenso terremoto – uma das maiores tragédias de destruição que já abalou a Europa; e foi mesmo um abalo, de tipo sísmico, abatido sobre Lisboa – e ele teve consequências diretas e importantes nas terras do Brasil, este nosso país de futuro; e por essas consequências é que passaremos agora a contar a história.

3

Nascimento de Rafa

A ordem franciscana

Francisco de Assis, filho de um rico mercador, nascera no século XII, época em que reflorescia o comércio marítimo (e no dizer dos teóricos, era ainda a Baixa Idade Média, de *declínio feudal*, o tempo em que viveu).

Mas também reconhecia o ambiente à volta por seu espírito "cavalheiresco", havendo nele uma dupla vontade: a de se isolar em uma pequena fraternidade e a de percorrer o mundo.

Sensível e com muito lirismo, sua regra se fundava no amor à vida, à natureza e à pobreza (ele, jovem, abandonou a casa e foi viver da maneira que acreditava ser o verdadeiro ensinamento do Evangelho, não compatível com a vida nos monastérios).

À sua época, a principal ordem religiosa era a dos monges beneditinos, provida em geral pela nobreza latifundiária. Ela detinha a cultura e o conforto espiritual, e material, sob o comando do abade. Moravam em grandes mosteiros, pouco diferindo dos senhores feudais, mas tinham a vida dedicada ao trabalho, estudo e culto religioso. As classes mais baixas aceitavam servir como "conversos".

Francisco propunha a pregação em linguagem simples, próxima do povo, ao ar livre. No lugar da opulência, riqueza e rituais extensos, o retorno aos evangelhos, à pobreza e comunhão de bens. O cotidiano dos monges era extremamente rígido, o que se refletia nos espaços utilizados.

Ao contrário do isolamento, iriam se estabelecer em cidades povoadas, no núcleo urbano ou próximo a ele, vivendo do próprio trabalho e recebendo apenas o provimento necessário: nunca o dinheiro. Se o apostolado não permitisse o trabalho, pediriam esmolas, e daí o nome (posterior) de "ordem mendicante". Seguidores de Francisco deveriam não só pregar o Evangelho, mas ser exemplos vivos dele, com atitudes e desprendimento material que traduzissem os ensinamentos cristãos.

Assim, os frades não morariam em grandes edifícios, pois a renúncia individual não levaria a benefícios comuns: até mais importante que a pobreza individual era a da

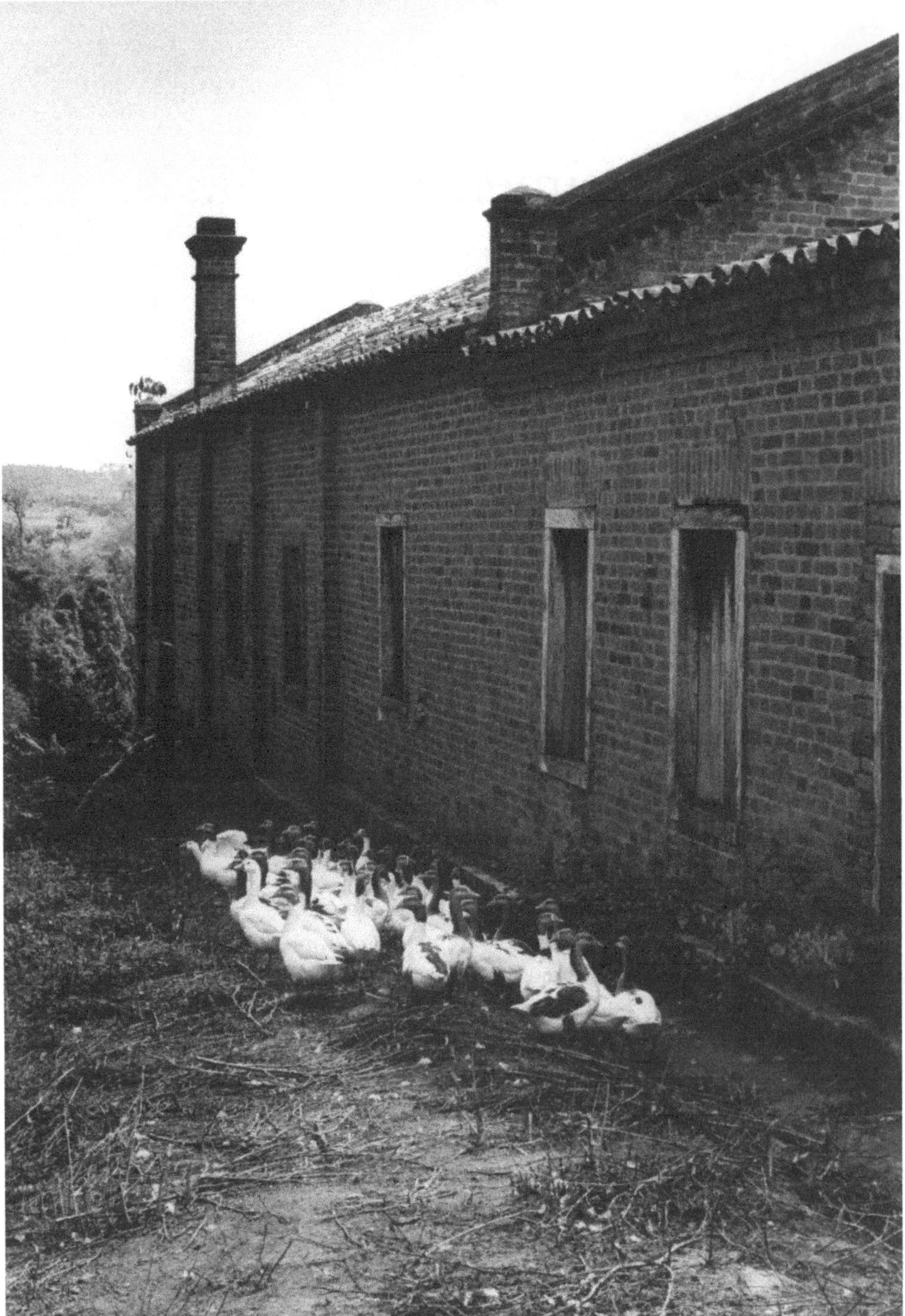

fraternidade (comunidade de frades). E nenhum frade estaria acima dos outros, pois mesmo os de cargo superior deveriam ser humildes, ministros e servos dos irmãos.

Santa Clara e os índios

Em 1212, Santa Clara se uniu aos ideais franciscanos e fundou a ordem feminina das Clarissas, ou Ordem 2ª Franciscana. Francisco também viu necessidade de engajar os leigos dispostos a viver mais intensamente a religião sem sair da família ou se tornar celibatários, criando a Ordem 3ª, ou Ordem Secular de Penitência.

Com o aumento do número de frades, Francisco precisou de casas e regras comuns, mas as moradias deviam diferir dos rígidos mosteiros, passando a se chamar "conventos", e o superior local seria o "guardião". A forma dos edifícios não detalhava os rituais litúrgicos ou as obrigações diárias dos frades. Assim, em muitos aspectos foram absorvidos "valores e esquemas típicos da ordem beneditina".

A fixação da ordem no Brasil ocorreu ainda no século XVI, em 1585, com a fundação do primeiro convento, em Olinda. Nessa época, já havia poucos indígenas no litoral, pois o reagrupamento nos ditos aldeamentos fez com que muitos morressem de fome ou doenças e outros fugissem para o sertão, já que não se adaptavam ao sistema de catequização e exploração do trabalho.

1794

Vai se dar agora em Sorocaba, neste 4 de outubro – dia de S. Francisco –, o nascimento de Rafael (e, pelas informação vindas daquela árvore que vai viver 3 mil anos e narrar, eventualmente, parte desta história, um dia ele estará em viagem de barco para o Rio de Janeiro, tentando socorro médico, mas não resistirá à doença; e assim teríamos contado toda a sua vida, princípio e fim, sem nos preocuparmos com o meio dela, mas não é hora de darmos prioridade a esse tipo de narrativa enxuta, e sim fazer baixar aqui aquele tipo de narrador que, enrole ou não, está atento a mais detalhes de coisas e porquês, causas e efeitos, sentimento e fatos que deram complexidade, e individualidade, à vida de uma pessoa; o seu codinome será brigadeiro Tobias, um dos chefes da Revolução Liberal – 1842 – na província de São Paulo.)

Nasce Rafael

E pronto, depois de alguma apreensão, vemos nascer finalmente, neste 4 de outubro de 1794, na moradia do casal Antônio Francisco e Gertrudes Eufrosina (que fica no pátio das Tropas), o menino Rafael, acontecimento de que todos os habitantes desta vila estão logo vindo a saber, pois trata-se, inclusive, do nascimento de um varão, herdeiro desta casa e dos negócios do capitão Francisco, comandante de uma importante Companhia de Ordenanças.

Passam-se quatro dias e, de acordo com o "costume mosaico" absorvido da tradição cristã, o pequeno Rafael é levado à matriz da Igreja pelo pai e pela mãe, cercado dos demais familiares e amigos íntimos dos pais, para aqui ser batizado pelo padre Antônio Ferreira Prestes (que é "filho de Sorocaba e das mais antigas famílias ilustres da terra").

Os padrinhos são o bisavô Salvador de Oliveira Leme e sua segunda mulher.

E agora, para os que já são adultos, o tempo vai passar rápido e, segundo um historiador dirá no futuro,

De colo em colo, cercado de desvelo dos progenitores, foi crescendo aquela criança linda e forte, na qual todos os da casa depositaram as mais fundadas esperanças de futuro promissor.

Infância – já se tornando militar

E assim o menino acaba de fazer um ano, ou melhor, dois, três, o que importa é que está se desenvolvendo bem, "entre as alegrias da casa do pátio das Tropas e o casarão da Fazenda Passa-Três." E, ao completar quatro anos, seu pai (pela lei, o capitão de Ordenanças, como lembramos), resolve inscrevê-lo no Quadro do Regimento, como cadete. Ah... mas uma coisa dessas só se entende pela cultura de época e local, que é preciso explicar aos menos avisados.

Essa instituição ("cadetes") fora determinada por El-Rei Dom José em 1757... Pelo *"foro de moço fidalgo"*, a princípio entre 5 e 20 anos (regime depois abolido), bastava ao cadete ter *"nobreza conhecida"*.

(Vê-se como critério nos quadros de oficiais de *Milícia* e *Ordenança* que já se tivesse *"prestado serviços militares, quer nas tropas Regulares, como nas Auxiliares e Ordenanças"* – onde já havia *"galardeados com laivos de alguma nobreza"*. Essa nobreza *"não se ganha por via de armas, sem se obter algum posto de Milícia: e de capitão é suficiente para nobilitar."*)

Apelido e amigos

Rafael foi apelidado de Rafa logo nos primeiros anos. Nasceu, assim, dentro de uma família de fazendeiros por parte de pai – Antônio Francisco de Aguiar – e de mãe – dona Gertrudes Eufrosina Aires. Ele agora vai iniciar seus estudos em Sampa, a capital paulista.

E por muitos anos será colega de escola e amigo muito próximo de outro que se tornará figura pública e famoso político liberal, o padre Diogo Antônio Feijó: um menino ensimesmado e com jeito de egoísta, mas que aos poucos vai ganhando a confiança de Rafael (e aliás, isso se explica: a amizade que desenvolverão ao longo da vida será mera consequência dessa, muito mais emocionante – pois ainda em fase de tudo ser descoberto –, começada aqui na infância).

Berço cultural

Já se sabe que, para o momento cultural em que vivemos, ser comerciante, por exemplo, é considerado exercer uma profissão necessária e proveitosa, mas não nobre (e os que vendem panos e retalhos por unidade, nas lojas e botequins, menos ainda se consideram nobres).

O pai de Rafael, Antônio Francisco, é capitão e comerciante. Tem prestígio social, "riqueza opulenta e antiga" em Sorocaba e outras partes da província, e é até *"de grande zelo no serviço real e na Lei de Nobreza, podendo ter cavalos, estrebaria e pajem para acompanhá-lo"*.

Como os demais capitães, ora dedicava-se ao comércio (em obediência à lei) de *"fazenda seca, tropa de animais"*, ora *"subsistia de suas lavouras e de seus engenhos de açúcar"*. Com essas prerrogativas é que fez o filho *"sentar praça de cadete"* no dia em que completou 4 anos (como estará registrado, ainda por séculos, na fl. 8 do *Livro de Guardas Nacionais de Cavalaria*, "Gabinete de Leitura", desta vila de Sorocaba).

Rafael ainda não recebe vencimento de soldo da Fazenda real, mas segundo consta goza *"de todas as honras, privilégios, liberdades, isenções e franquezas que diretamente lhe pertencerem"*.

Passado o batismo, a inscrição como cadete em seu livro próprio, passará agora a receber as noções da doutrina cristã por parte da mãe e do seu tio-avô homônimo, que é padre. E assim vai crescendo o pequeno Rafael.

Mais da infância

Diz-se de tudo que só se afirma por comparação, baseando-se em uma formação dos repertórios que darão luz a cada ato e aprendizado, mas, enfim, descontando-se o que é puramente cultural, pode-se dizer de Rafael que é

... um menino bonito, bem claro, a testa larga, cabelos pretos e finos, os olhos inteligentes e vivos, nariz bem conformado, lábios um tanto grossos, o todo proporcionado e bem feito.

Sim, nota-se por essa consideração uma influência renascentista, que decerto temos na família, de ao menos algum interesse sentido pelos assuntos puramente culturais, uma vez que a parte econômica, a mais imprescindível, lá se vai razoavelmente bem encaminhada.

Admite-se ser esse menino o *"primogênito da gente mais rica de Sorocaba"*. Esse "rico", que os admiradores enaltecem pelos "teres e haveres", refere-se também à gente "rica em prosápia", a competir com as "melhores cepas paulistas" que ainda haverão de ser ditas "quatrocentonas".

O ambiente familiar em que hora ele cresce é cheio de ensinamento moral, patriótico e religioso, pois se pretende moldar o seu caráter de acordo com as coisas que forem consideradas certas. Nesta vila fervilhante de tropeiros, boiadeiros e visitantes (em épocas de feiras), e em que as tropas se reúnem no pátio em frente à sua casa, o menino se alegra a cada agitação e toma consciência da opulência e magnitude de tal comércio, não só para Sorocaba, mas para todo o país.

O pai procura fazê-lo entender o porquê de tanta pressa na rua quando se misturam baianos, cariocas, mineiros, gaúchos, goianos, mato-grossenses, todos querendo lucrar de algum modo, o que provoca todo um vozerio e rebuliço, em que, à parte os negócios de gado, também de tudo o mais se fala.

O pai conta para ele a importância disso tudo: do crescimento urbano e cultural da vila, fazendo de sua Sorocaba o centro aglutinador dessas atividades.

4

As monarquias austríaca, lusitana e brasileira

Como explicar

Diria a árvore que do terceiro ponto de um possível triângulo amoroso, ou quadrado (se considerarmos o primeiro marido da ainda não nascida e futura moça), ou pentágono, ou hexágono (se considerarmos as duas esposas legítimas do nobre imperador que agora apresentaremos), não seria preciso dar muitas referências da história familiar, pois qualquer livro de História as trará, tratando-se do primeiro dos dois únicos imperadores, diga-se, do sistema monárquico que por estes solos (de que estamos a tentar descrever características e narrar eventos) transitou...

Futura família oficialmente dona destas terras

Pertencerá à futura família real brasileira uma criança que acaba de nascer na Áustria, neste dia 20 do primeiro mês de 1797, neném de olhos ternos e azuis, um tanto bonitos, que logo receberá também um bonito nome (que ainda inspirará muitas artes no país de que se tornará rainha): Leopoldina.

E aos 12 de outubro do mesmo ano acaba de nascer Pedro. Pedro, que Pedro? Pedro, ora... Pedro!

Realeza pela tangente, ou o sangue nativo

Enquanto isso, dentro da família que estávamos acompanhando primeiro – o casal cuja mãe nascera em São Sebastião e já está agora com quatro filhos, João, José, Francisco e Ana Cândida –, vê-se próximo o nascimento de alguém que, pode-se dizer, também pertencerá – e de fato pertencerá, por meio de duas de suas filhas, dirá a árvore – a essa dita "futura família real brasileira".

Sim, estamos nos aproximando do dia 27 do último mês deste ano de 1797, e ela agora precisará vir ao mundo, saindo do lugar quentinho onde se encontra, cheio de amor de mãe.

Pois faz parte e agora se aproxima sim a hora do parto, em que pela primeira vez ela sentirá a luz solar, recebida de sua mãe Escolástica, e chegará ao mundo, a talvez principal personagem desta história, *Domitila de Castro Canto e Melo*.

Acaba de nascer essa que já é considerada uma nobre brasileira, e será, no dizer das árvores, a mais célebre amante de Pedro, 1º imperador do Brasil. Ela é filha, portanto, de d. João de Castro Canto e Melo e de d. Escolástica Bonifácia de Oliveira Toledo Ribas.

Batizado

Domitila está sendo batizada no dia 7 de março deste ano seguinte ao de seu nascimento, isto é, o de 1798. Parece estar trazendo muito boa sorte ao pai, que logo se tornará capitão e, ainda este ano, major.

(Apesar de tão bem registrada nos livros da Igreja, de forma a não deixar dúvida sobre a grafia, sempre haverá pessoas que pouco tomarão conhecimento disso, para assim chamá-la de outras formas como Matilda, Demetília e até Dimitília.)

(Mas os que não são preguiçosos, nem estão de má vontade, sabem mesmo como se escreve, como é, e na verdade sempre foi, D-o-m-i-t-i-l-a de Castro Canto e Melo.)

(Aliás, ledo engano o deste narrador, pois consta-se de fato na certidão de nascimento, sobre o ocorrido aos 27 de dezembro de 1797, em Sampa, que o nome da nascida seria mesmo Dimitília. Mas importa é como ela vai preferir se chamar, isto é, de Domitila.)

A neném era a sétima e penúltima filha deste militar dos Açores, João de Castro, e da paulista Escolástica Bonifácia.

Infância de Domitila

Bem nascida que era, a menina teve uma ama de leite de nome Catarina Angélica da Purificação Taques, "prima de sua mãe e filha do genealogista dos bandeirantes" Pedro Taques de Almeida Paes Leme.

Soubemos por um capítulo anterior que por parte de pai ela descenderia de Inês de Castro; e pela da mãe, de Fernão Dias, do cacique Piquerobi, de Anhanguera, e de *Brás Cubas* (não a personagem, criada por um tipo de ferramenta que teria tornado estéril o poeta de sobrenome também Castro, mas Alves, este, sendo o infame comentário não forçado por este narrador, mas vindo da anedota de um tal Queirós, português)...

Tudo isso faz dela, para a pequena cidade de Sampa, que aqui se vive, com cerca de 5 mil almas, "uma filha de elite colonial, com toda a nobreza de sua origem e o desmazelo de seu provincianismo".

Ainda a infância de Rafael (aos 5 anos)

E se ainda não falamos da infância de Domitila (e talvez à de Pedro não precisemos mesmo nos ater muito pois, como dissemos, nos livros de História já há bastante informação), é apenas por uma questão cronológica.

Lembremos que na família de Rafael, o cap. Antônio Francisco acreditava muito no futuro militar do filho e, em 3 de junho de 1799, o inscreveu como cadete no mesmo 36º Batalhão de Caçadores das Ordenanças para seguir a carreira do pai, do avô Paulino e do bisavô Sarutaiá.

Conforme vai crescendo, Rafael se aprimora ainda mais nos estudos. Com seis ou sete anos, começa a ter aulas com os padres beneditinos da vila, e na família já há planos para ele continuar o seu aprendizado em Sampa, com os mais renomados mestres.

Cresce em um ambiente familiar de respeito, costumes rígidos e exemplos dos mais velhos. Divide o seu tempo entre o lazer e esses estudos com os beneditinos. Seu maior lazer são os passeios à Passa-Três, fazenda dos pais, "observando a vida afanosa dos escravos, sob a direção de capatazes humanos, quando não do próprio pai".

Aprender é também uma forma de se divertir.

(Abramos apenas uma janela desta narrativa para observar na família de Domitila que seu irmão mais velho, José de Castro Canto e Melo, decola agora, em 1801, em sua carreira como porta-estandarte, e vai se tornar alferes em 1807, e tenente efetivo em 1815...)

Rafa adolescendo

Neste ano de 1806, o menino completa 12 anos, e será agora enviado à cidade de Sampa (pois sabe-se que, em Sorocaba, pelo menos até 1836, só haverá uma aula de Gramática Latina, para cerca de 22 alunos, e duas escolas de primeiras letras, com cento e poucos – e em outros lugares como Itapetininga, Itapeva, Araraquara e Cananeia, simplesmente não há escolas).

(Segundo um historiador do futuro, Aluísio de Almeida, "a primeira escola régia masculina somente foi instalada em 1815".)

Rafael espera continuar assim, em Sampa, os estudos iniciados em Sorocaba. E vai ter a sorte (ou orientação do pai) de conhecer Martim Francisco (o segundo), que acaba de abrir as suas "*aulas gratuitas de Francês e Filosofia*".

Bem, ele agora já passa a frequentar o local, tendo como colega o pe. Vicente Pires de Mota, José Crispiano Soares e outros, as aulas de Latim do professor régio e mestre da capela da Sé, na catedral, ten.-cel. André da Silva Gomes, residente no pátio da Cadeia (que um dia será a praça João Mendes), esquina com a rua da Esperança.

Do seu novo círculo de amizades na capital fazem parte "homens de prol" como o pe. Diogo Feijó, o ituano Francisco de Paula Souza e Melo e o também ituano Antônio Joaquim de Melo, futuro bispo de São Paulo. E ele agora está conhecendo o santista Martim Francisco Ribeiro de Andrada e Silva, que passara por Sorocaba em viagem de estudos e escreveu a monografia *Jornal de viagem por diferentes vilas até Sorocaba*.

Todos eles são liberais de inspiração pombalina e pretendem substituir "*a tradição religiosa pela ciência, como sustentáculo do poder político*".

(Novas referências futuras)

Vão dizer de Rafael (um tal Davi Carneiro) que

Aprendeu (...) sua língua materna em excelente condições e mais o latim, base do conhecimento etimológico do vernáculo, e logo o francês (...) língua universal e imprescindível. Conheceu Geografia e História (...). Até ciências abstratas (Matemática, Física e Química) (...) teriam sido parte do seu currículo (...).

E pelos manuscritos que algum dia ele mesmo deixará, poder-se-á verificar essa "excelente base em que se firmaram seus conhecimentos", tanto na língua quanto em ciências exatas e abstratas.

Outro historiador, o tal Aluísio de Almeida (que escreverá *A Revolução Liberal de 1842*), encontrará muitos registros saídos do punho de Rafael, "*todos mostrando-o homem inteligente, culto e de fina educação.*"

No constante contato que terá com os irmãos Andradas, Feijó e outros grandes da política, administração pública e ciência (como Saint-Hilaire e Spix), abrir-se-ão as perspectivas e horizontes ligados ao grupo dos liberais, que bebem suas ideias na fonte líquida da Revolução Francesa, "espalhadas em Portugal pelas sociedades secretas e pelos jornais luso-brasileiros", em especial o *Correio Brasiliense*, do maçom que mora em Londres, Hipólito José da Costa.

5

Nascimento de Peu

Infância de quem não era para ser rei

Seu nome é Pedro de Alcântara e, assim como Rafael, está a nascer sob a regência de Vênus, no signo de libra, aos 12 de outubro deste ano de 1798, no mesmo lugar onde possivelmente morrerá aos 35 anos, após uma vida intensa.

No segundo andar deste palácio de Queluz, as janelas dão para um jardim que imita (ou muito lembra) os do palácio de Versalhes... O cômodo tem nome e é chamado de Dom Quixote, estando decorado com cenas dessa personagem, segundo a narrativa de Cervantes.

É aqui, a 15 km de Lisboa, que ele vai morar até os nove anos. O seu ofício de príncipe, em Portugal, exige entre outras coisas um nome longo. E assim será registrado como *Pedro de Alcântara Francisco Antônio João Carlos Xavier de Paula Miguel Rafael Joaquim José Gonzaga Pascoal Cipriano Serafim de Bragança e Bourbon.*

Mas logo sua personalidade se desenvolverá para além do apego às pompas e tradições. Estará muito mais para dom Quixote que para Alexandre Magno, ahahaha...

Infância

Tudo mostra que se trata de um menino impulsivo, de hábitos simples, espécie de "príncipe farrista", que não será rei – ou ao menos não se prepara para ser, e não seria "não fosse a morte de seu irmão mais velho, dom Antônio de Bragança, em 1801".

A morte de d. Antônio já começa a assustar os crentes, que pensam haver uma "maldição dos Bragança", começada ainda no século XVII quando "o rei d. João IV teria agredido um padre franciscano que lhe pedira esmola" (e seria estranho a outras épocas imaginar que um padre franciscano perderia o seu tempo de louvação ao Senhor para amaldiçoar um rei; mas até por esta época ainda há muitos resquícios da Idade Média – isso sabemos –, o que de fato é relativo: afinal, o santo vivera em plena "idade das trevas").

Por essa suposta maldição, "nenhum primogênito da família viveria tempo suficiente par ser coroado rei". Mas isso tudo são lendas, e outra coisa é a história dos fatos corridos. Só que assim como d. Antônio, realmente, nenhum primogênito varão sobrevivera desde aquela época. Mesmo d. Pedro também perderá o seu filho mais velho antes de ele virar adulto.

Dizem essas lendas esquisitas que assim que os Bragança deixarem de reinar sobre Portugal, a maldição terminará (e aqui lembra-se essa quase compulsão portuguesa para criar e acreditar nas lendas, e conscientiza-se de que a partir de agora haverá grande progresso na medicina: Pedro sobreviverá à varíola e crises de epilepsia – seis, ao todo – até fazer 18 anos).

Mais de sua infância

O estilo pessoal do menino não combina com o "fausto" de Lisboa, mas cairá como uma luva quando chegar à simplicidade da vida no Rio, onde crescerá "brincando com escravos e serviçais e imitando os pássaros" que encontrará pelo caminho.

E irá se divertir muito com os oito irmãos, em especial d. Miguel, com quem já começa a montar "pequenos regimentos, formados por amigos, que simulavam batalhas inteiras" (dirá a árvore e outros futurólogos que já é o "prelúdio da futura guerra", de bombardeio real, que haverá entre os dois).

A educação de Peu está delegada a um exército de profissionais. Em Portugal, a primeira professora, d. Maria Genoveva do Rego e Matos, está agora dando vez ao frei Antônio de Salete, que lhe ensinará Latim.

O menino gosta mais de Matemática, aprendida com João Monteiro da Rocha. E Pedro aos poucos já fala, lê e escreve bem em Francês e Latim, compreende o Inglês, mas no fundo detesta os estudos, e acabará tendo uma formação deficiente. Poderá dizer um historiador do futuro (o português Henrique de Marques) que ele "não recebeu instrução nem grandes maneiras", como haverá de reconhecer.

6

Em meio à história brasileira, da maioria do povo

Compare-se à vida de um escravo (vindo a se casar na senzala)

Se vamos mesmo falar de uma história de amor passada no topo da pirâmide social, talvez devêssemos também lembrar das outras tantas e tantas realidades possíveis, como as que se veem nas senzalas. São casos muito mais numerosos que os das elites, e muitas vezes dependentes de questões econômicas ligadas à colônia. Merecem ao menos que se faça um panorama geral de como ocorrem (pois só os que "não têm coração, e não temem a Deus em sua própria religião", pouco se importam em saber como outros seres, de outros grupos – que neste caso estão presos – promovem suas tradições).

Aproximarmo-nos dos cativos (como de outros grupos da sociedade) é ver que eles também organizam suas famílias para cuidar de crianças, honrar os velhos, zelar pelos lares e linhagens e... "*cultivar na senzala uma flor*".

Está à vista deste narrador que nem sempre se consegue casar com alguém de mesma proveniência (por esta época não se usará a palavra "etnia", e importa é que os casamentos e uniões entre escravos podem se dar dentro de uma mesma *origem* ou então misturar os descendentes de africanos vindos de diversos lugares), pois nossos donos e senhores – isto é, os brancos – nos embaralham em suas propriedades, até por medo de revoltas. Mesmo assim, o tipo de casamento proposto pela Igreja deles nos favorece, por evitar a separação de casais (coisa que o Deus católico desaprova). E os nossos casamentos também convêm aos senhores, pois podendo fazer amor depois de casados teremos "menos motivos de queixas", e assim haverá (ao menos na aparência) paz nas senzalas.

Formando um par

Já se sabe que o "concubinato" e as "ligações consensuais estáveis de longa duração" são comuns entre nós, escravos e livres, e especialmente os "roceiros pobres". O casamento "legal", "de papel passado", interessa mais às famílias dos proprietários (como as de Rafael, Domitila e Pedro), "preocupadas com a transmissão do patrimônio" (incluindo os próprios escravos, o seu "patrimônio humano").

Não se vai aqui afirmar quanto "a escolha da companheira teria influenciado uma nova composição social, baseada na mestiçagem". Os índices de ilegitimidade são bem altos (90% para filhos de escravos e 60 para os de forros), tornando-se difícil entender quem casa com quem, pois as uniões acontecem principalmente "nas áreas urbanas, longe da igreja".

A escolha de parceiros certamente segue um critério seletivo (no que toca "à naturalidade"). Aquele naturalista francês, Auguste Saint-Hilaire, perguntou a um escravo se era casado e recebeu esta resposta:

– *Não, mas vou me casar dentro de pouco tempo; quando se está sempre só, o coração fica insatisfeito. Meu senhor ofereceu primeiro uma crioula; mas não a quero mais. As crioulas desprezam os negros da costa. Vou me casar com uma mulher que minha senhora acaba de comprar; essa é da minha terra e fala minha língua.*

"Crioulos" de origens diversas

Quando a importação aumenta, os "crioulos" (escravos nascidos no Brasil) se fecham. A chegada de novos homens é como uma ameaça. Só 20% dos casamentos são entre etnias diferentes – padrão que se vê no Rio e Recôncavo baiano. Mas o aumento do tráfico, neste século XIX, romperá com isso, chegando indivíduos de origens cada vez mais diversas.

Há também diferenças de idade entre os cônjuges: homens velhos se casando com moças – como se faz no Golfo de Benim –; e moços, com mulheres décadas mais velhas.

Os mais velhos, prestigiados na tradição africana, dominavam o mercado de mulheres férteis; os cativos jovens, excluídos do acesso a estas, acabavam com mulheres em idade bem superior.

Cerimônia

Os sistemas de núpcias são variados, e os casamentos livres diferentes dos de escravos. Os livres podem se casar quando querem, ou conseguem. Já os escravos das *plantations* dependem das épocas de semeadura e colheita.

O calendário agrícola também influencia os rituais religiosos: roças com poucos escravos precisam da dedicação de toda a família, incluindo os filhos casadouros, antecipando ou atrasando casamentos.

Casa-se nas capelas das fazendas, e à cerimônia segue-se a comezaina, os batuques e uma "função" musical. Sobre esse rito ser frequente, um observador suíço ainda dirá:

É muito raro haver entre os negros casamentos celebrados na igreja, mas o fazendeiro permite que os pares que se unam, segundo oportunidade ou sorte, vivam juntos, sendo que o pronunciamento do fazendeiro basta para que eles se considerem esposo e esposa, numa união que raras vezes irá perdurar a vida inteira. As pretas em geral possuem filhos de dois ou três homens diferentes.

Virilidade e fertilidade

Muitos, no futuro, poderão ver nas palavras desse suíço nada mais que preconceito racial, mas é por puro desconhecimento das tradições africanas que ele inventa essa espécie de "economia da poligamia". Como para os índios, muitas mulheres e muitos filhos é sobretudo "sinal de riqueza, fecundidade e felicidade". E isso porque todos trabalham juntos na terra do patriarca da família.

A honra de um homem se associa à virilidade. E a fecundidade das mulheres se vê louvada em todas as artes: escultura, dança, pintura... A esterilidade feminina é vista como "maldição", e um provérbio iorubá chega a dizer que "*sem filhos, estás nu*". Os homens lutam "pela esposa mais fecunda".

O casamento na costa voltada para o Brasil tem várias formas. Vai "do rapto da parceira por um indivíduo mais audacioso ao pagamento de dotes como forma de indenização à linhagem familiar da mulher". Assim, os ricos e poderosos podem aumentar muito o número de esposas, "fazendo da poligamia um privilégio". Ter muitas mulheres permite ao marido "respeitar o tabu da abstinência sexual, ligado à amamentação dos pequenos, quando de um nascimento".

É bem provável que essas tradições, um tanto arraigadas, tenham atravessado o Atlântico e incentivado outros tipos de família (diversas das portuguesas). Mas "a possibilidade de recriar hábitos em terra estrangeira foi uma das características de nossos avós africanos". De todo modo, casamentos não duradouros e filhos de pais variados são características da sociedade como um todo, e não só de afrodescendentes.

Escravos de escravos são ainda mais escravos

Hoje, todos os que querem ser ricos e importantes têm seus escravos. E até os escravos, libertos e forros, adquirem seus cativos. Alguns não se importam em ser "comerciantes bem-sucedidos" nesse negócio de tráfico entre África e Brasil. Há escravidão em todas as camadas sociais. Quem não tiver pelo menos um cativo já é tido como pobre...

Mesmo que se considere essa relação desumana (e o é, totalmente, como se reconhecerá ao longo dos próximos séculos), a escravidão de hoje é ainda uma instituição "popular". No campo, é a base de toda *plantation* (ou *agronegócio*, como se há de entender), mas também a maneira dos pequenos proprietários avançarem em novas áreas, e de seus filhos ocuparem as terras vizinhas, aumentando nossa fronteira agrícola.

Também na cidade, essa escravidão "miúda" garante a sobrevivência de muitos, havendo aqueles (inclusive ex-escravos) que economizam para na velhice adquirirem um ou dois escravos e, assim, viverem de seu "ganho", ou aluguel.

Biologia do sexo e relação familiar

Escravos, nobres, ou de classe média, nós humanos somos exatamente iguais na biologia. E porque nos dividimos em gêneros, somos normalmente (mesmo os vários tipos de homossexuais) homens e mulheres. Os de cromossomo XY, como se há de saber, somos de muita testosterona. E os de XX, de muito estrogênio. Os primeiros temos testículos; e elas, útero.

Desde sempre, uma mulher não tem dificuldade em encontrar um homem disposto a engravidá-la. Sempre houve aos montes: homens realmente disponíveis e loucos para trepar, pois a "máquina" masculina permanece sempre em estado de alerta. É quase uma dor, para o homem, essa necessidade de trepar, e está presente o tempo todo.

Na Pré-História não tinha leis, não tinha polícia... Provavelmente o mais violento era quem conseguia o seu intento de trepar mais e mais (e depois da linguagem também não mudou muito: veio a malandragem, o aplique, a enganação).

Lá, a mulher ainda precisava de um homem. Para sobreviver, ela concordava "com quaisquer condições" que o homem impusesse se fosse para ficar "perto e dividir o fardo". Talvez também seja assim entre os elefantes. Nesta gruta em que moro, é um presente para mim a cada vez que ela dorme aqui.

Sociedades matriarcais

Já em uma sociedade matriarcal, aprende-se a cooperar e apaziguar. Constroem-se redes sociais totalmente femininas "que ajudam cada um dos membros a criar seus filhos" (enquanto os machos lutam e competem). Há "fortes redes de fêmeas colaborativas", formando grupos para "subjugar os machos que passam dos limites".

Se os elefantes podem, também os humanos precisam "cooperar em grande escala", com "habilidades sociais superiores" (mas como, em uma espécie que depende sobretudo de cooperação, os menos colaborativos – homens – acabaram se sobrepondo às mais colaborativas – mulheres?).

7

Ocidentalmente acidental

Vinda de d. João VI

Já estamos em março de 1808, e está para chegar ao Rio a família real portuguesa. Dizem que essa vinda e as muitas novas medidas que serão aqui tomadas – criando-se inúmeras instituições – haverão de preparar o cenário de uma possível independência nossa, que um dia realmente virá, a exemplo de nossos países vizinhos.

D. João VI parece ser um dos últimos reis absolutistas. Foi ele quem inventou essa transferência da sede do reino de Lisboa para o Rio, fugindo das tropas de Napoleão com total apoio da Inglaterra.

(E dirá a árvore que esse rei morrerá aos 58 anos, em 1826, quando já estará de volta a Portugal.)

Nada muda

Daqui até meados da década de 1820, haverá poucas variáveis:
– o Brasil continuará agrário, com monocultura voltada à exportação, baseada no trabalho escravo.

Lá na Europa vivem-se as guerras napoleônicas. Pela fragilidade portuguesa e a robustez militar dos franceses, já se previa a invasão. Quando as tropas francesas, vindas da Espanha, avançaram em direção à capital, a ideia de transferir a Corte para o Brasil se mostrou importante.

A França era boa em terra, mas a Inglaterra, que ajudou a Coroa, era melhor no mar. Mesmo o embarque sendo atribulado, a decisão de atravessar o oceano não foi tomada com muito medo ou pânico. Há muito se estudava essa possibilidade... Às vésperas da partida, "a esquadra portuguesa estava pronta, aparelhada com o tesouro e a biblioteca real".

Alguns grupos favoráveis à França tentaram conspirar, mas d. João foi avisado com antecedência da chegada dos franceses. Houve certa confusão, com muitos fidalgos correndo para os navios, já todos lotados.

O povo lisboeta chora de dor e desolação, por ter o seu príncipe ido embora...

Pois é. A vinda do príncipe não só levou a dificuldades econômicas, como causou grande descontentamento em sua terra natal... Agora que o perigo napoleônico se afastou, já pedem que volte. Ele e sua família.

Liberais e maçons portugueses, "que conspiravam nas lojas", unem-se nesta luta com o mesmo objetivo. A maçonaria portuguesa age pelo Sinédrio e outras lojas espanholas, pedindo a volta à Constituição "abandonada pelo rei Fernando VII".

Chegada ao Rio

Pois agora, neste 8 de março, estão a desembarcar na cidade – que se há de dizer *maravilhosa* – os que trazem na bagagem sua "prataria de uso privado" (que por sorte ou prudência não passou às mãos de nenhuma pirataria) e "uma formosa biblioteca *para encher horas mortas*" (grifo colocado aqui por indagação do que se passa na cabeça desses portugueses).

No Rio moram cerca de 60 mil almas, e está-se a promover uma imensa festa popular para celebrar o desembarque. Sim, não se sabe se é enganação, e foi meramente armada, mas o fato é que o príncipe está sendo muito bem recebido pela população, que demonstra enorme entusiasmo com sua chegada.

Veem-se ruas cobertas de areia da praia e ervas aromáticas, tocam-se sinos e nas varandas tremulam colchas da Índia...

Para cada membro da Corte que desce do navio lança-se uma chuva de flores e plantas odoríferas (e, se estivéssemos agora a contar a história do menino Jesus – como no início do romance, ao falarmos das 14 em 14 gerações –, na trilha sonora deste episódio haveria o coro de *Hosana nas alturas*).

À frente da igreja do Rosário os recém-chegados são incensados pelos sacerdotes locais, enquanto há "foguetes soltos no ar" e "matraquear da artilharia". À parte a festa, "uma cidade sujíssima, escravos em toda a parte, pobreza".

"Civilização" tropical

Ainda este ano vai-se baixar um decreto liberando o comércio e permitindo a construção de fábricas por estas terras da colônia. Será criada a primeira escola de ensino superior, surgirá a imprensa brasileira, será fundado o Jardim Botânico e um banco. Bem, vamos com calma...

Logo em 1º de abril, atendendo às aspirações do visconde de Cairu (José da Silva Lisboa – e não se pergunte por que dois nomes tão distintos: títulos são espécies de codinomes, é o que podemos explicar), d. João VI decreta:

– Liberdade de comércio no Brasil (o que depois será lembrado como "abertura de portos").
– A partir de agora fica *proibido proibir* a construção de fábricas.
E no dia 28 cria-se o ensino médico no Rio.

Em 10 de maio, por alvará, eleva-se a *Casa da Relação* a *Casa de Suplicação*, com as mesmas funções da de Lisboa (de Tribunal Superior, de última instância, cabendo ao desembargador do paço "legislar e interpretar leis").

Passados três dias, por decreto, nasce o jornalismo brasileiro pela fundação da Imprensa Régia (que depois se chamará Imprensa Nacional). Ainda em 1808 estará se fundando o Jardim Botânico, e surgirá o primeiro jornal brasileiro, a *Gazeta do Rio de Janeiro*.

Aos 4 de agosto, por alvará, criara-se o Banco Púbico para "trocar barras de ouro ou ouro em pó por moedas". Criara-se também o primeiro estabelecimento de ensino superior – a Escola de Cirurgia da Bahia (1808). No Rio, amplia-se a Academia Militar, e na Bahia e no Maranhão consolidam-se as escolas de artilharia e fortificação. Passam a funcionar as bibliotecas e tipografias, com a Imprensa Régia (no Rio) sendo responsável por imprimir "livros, folhetos e periódicos, nela publicados entre 1808 e 1821".

"Civilização" tropical 2

Dirá um artista que esta terra "*ainda vai cumprir seu ideal*", havendo de "*tornar-se um imenso Portugal*", com seu "*Império Colonial*" etc. e tal. Mas no entender de um historiador do futuro, pai desse mesmo artista, o que parece estar levando o Brasil à independência é a crise que se instala em nossa ainda metrópole (pois, a se levar a sério a tese, um tanto comprometida com o futuro – e passado – posicionamento ideológico de seu autor, os acontecimentos da libertação da colônia se deverão muito mais a "*uma guerra civil entre os portugueses*")...

Para o confronto há razões econômicas e políticas, pois os portugueses que ficaram na "terrinha", depois da Corte fugir para o Rio, perderam para os que vieram ou já moravam aqui "quase todos os privilégios do antigo monopólio do comércio colonial".

Muda-se agora o eixo econômico, e a exemplo disso sabe-se que até o ano passado funcionava em Portugal a antiga real fábrica de pólvora, distribuindo munição para todo o Império Português. Depois que a França invadiu o reino, ela não pôde mais manter lá suas atividades, sendo então reinaugurada no Jardim Botânico do Rio e passando a "distribuir munição, ainda em regime de monopólio, para todo o império, incluindo a metrópole, após a expulsão dos franceses em 1811".

Na caravana há uma criança (com o gênio da mãe e respeito pelo pai)

E em meio a isso tudo, vamos prestar atenção ao menino Pedro, que também chegara ao Brasil, ao 10 anos, nas companhias do pai e da mãe (e mais uma vez parecemos aqui contar a história de Jesus, quando de sua volta da primeira visita a Jerusalém com a família, mas não... não vamos tentar fazer de Pedro alguém que se passe pelo que não é).

Essa sua *preatty face*, o "rostinho bonito", é característica da família Bragança. Ele herdou do pai, João, a paixão pela música (mas não a obesidade, nem o lábio caído; ainda bem...). Herdou da mãe, Carlota Joaquina, não os traços rudes e o buço (o que na verdade não se sabe, pois deixará crescer bigode), mas o *gênio*, o gosto por cavalos e *aventuras sexuais*. E também a impulsividade.

Seu pai João era sempre conciliador: "demorava a tomar decisões e buscava governar pelo consenso". Já Pedro não gostará de delegar poderes e tomará as decisões sozinho. Mas respeitará o pai e seguirá seus conselhos. O maior exemplo será pela Independência, de que Pedro se assegurará de ser o protagonista, para não dar chance a "aventureiros", como alertará seu pai, antes da volta à Europa.

(E o clichê "antes que algum aventureiro o faça" também encontrará antecedentes em outro João, o III de Portugal, preocupado com *"pessoas que têm navios e caravelões e andam neles de umas capitanias para outras"* fazendo o mesmo que os portugueses: roubar e saquear *"os gentios que estão de paz"*).

Sexualidade à flor da pele

Quem olhar para o futuro já sabe que Peu "constrangerá" sua esposa e a Corte com traições "indiscretas" (ao seguir exemplos na própria família). A história do "amor livre" nesse Brasil (que está "do lado de baixo do equador", mas há quem diga que "a monogamia nunca existiu no mundo") talvez comece pela relação de abuso dos portugueses com as índias, incluindo-se padres, passando depois à dominação entre senhores e escravas e mesmo atingindo relações de boemia e venda, como na Salvador de Gregório, em Minas e... Bem, não vamos pisar nesse terreno de que há pouco registro, mas apenas lembrar que houve sempre, também, os casos "apimentados com sentimentos", em que o exemplo vinha de cima...

Desse período que começou com a chegada da Corte ao Rio (1808), é também personagem a princesa Carlota Joaquina Teresa Caetana de Bourbon y Bourbon, dita "malfalada" por ter vivido na Quinta do Ramalhão, palácio em Sintra, longe do marido d. João VI, que morava em Lisboa. Dizia-se ("à boca pequena") do envolvimento dela com Sydney Smith, comandante das tropas navais britânicas. E que teria dado a ele *uma espada* (para simbolizar algo) e um anel de brilhantes.

8

Cultura de época

Conhecimento através dos livros

Já se percebe um crescimento da população e comércio no Rio, com novos membros da Corte, recém-chegados, construindo suas casas e propriedades, e a Coroa subvencionando a ereção de novos edifícios públicos. E também um palácio maior, para o príncipe regente, em São Cristóvão. Quer-se assim "civilizar" a Corte no Brasil e "esconder a presença do cativeiro".

D. João trata de aumentar as escolas régias regionais (que um dia serão chamadas de "ensino médio") e também o ensino de primeiras letras, criando mais cadeiras de artes e ofícios. E só com a vinda da família começam a ser publicados os primeiros livros por estas terras. Por quê? Ora, porque havia todo um histórico de controle sobre ideias, proposições, fés e "bons" costumes.

Pequena história de proibições

Aqui falamos de escravidões, e outra aberração da história luso-brasileira (não só nossa, como de outras nações e humanidades) foram as imposições perpetradas pela *Inquisição*. Desde 1540, o Santo Ofício soube impor sua cultura. Simples: o bispo censurava as publicações de que discordava.

E lá por 1576, d. Sebastião também proibiu a circulação de obras sem aprovação da Mesa do Desembargo do Paço (órgão monárquico). Assim, desde o fim do século XVI, rastreava-se o que se lia em livrarias, bibliotecas e navios.

"Os funcionários do Santo Ofício eram implacáveis, mas por entre seus dedos escorriam as encomendas vindas do exterior". Alguns pediam licença ao rei sobre o que iam ler, e assim "nascia a censura seletiva". Ao mesmo tempo, médicos e físicos alertavam sobre os riscos que a leitura trazia para a saúde: livros *frívolos* fariam perder-se tempo e cansar a vista. Quanto maior a exposição, mais "funestas" as consequências. E para os "pobres", ler era ainda pior...

Como ficou hoje

Há meio século, em 1768 (aos 5 de abril), nascia, por iniciativa do marquês de Pombal, a Real Mesa Censória, que unificava o sistema "dividido" (ou somado) entre o Santo Ofício, o Ordinário e o Desembargo do Paço. Era preciso secularizar a censura e atender ao Estado, fiscalizando a impressão e circulação de livros no reino (mesmo os vindos de outros lugares): "nenhum material impresso deveria entrar na colônia sem antes ser submetido às vistorias..."

O regimento de 18 de maio daquele ano também previa que os censores fossem rígidos "contra livros que disseminassem heresias, superstições, sátiras pessoais e críticas sediciosas ao Estado". Falou-se nos *pervertidos filósofos dos últimos tempos*, dando-se vetos a Voltaire, Montesquieu, Holbach, Mably, Rousseau, Diderot... Coisas como "magia, astrologia, pornografia, o desprezo pelos princípios divinos" eram inadmissíveis (vendo-se aí uma relação imbricada entre Estado e Igreja, que atravessaria séculos).

No início da regência de d. João VI (em 1794, pouco após a Revolução Francesa, vejam só...) a censura voltou às três instâncias: Inquisição, Ordinário e Mesa do Desembargo do Paço (talvez esteja-se por descobrir ainda uma nova lei da Física, a mostrar que quanto mais "moralista" um regime, maior sua tendência à depravação). E com a chegada da Corte ao Rio, a Imprensa Régia passou a publicar aqui, mas só ela, os papéis diplomáticos e textos legislativos. Agora já há novos títulos e assuntos, e começam a se instalar algumas tipografias na Corte e outros locais.

Para comprar um...

Mas, com a censura, livros grandes e pequenos ainda são retidos na alfândega à espera de licença (um regime corrupto e de exploração do Estado sobre o cidadão que vingará por pelo menos mais dois séculos, dirá a árvore). Cada interessado envia à *Mesa do Desembargo do Paço* uma lista de livros que quer liberar.

O escrivão da Câmara envia essa lista aos censores régios, e estes dão pareceres. Se são favoráveis, liberam, e se são proibidos, ou suspeitos, ficam sem licença. Em casos de dúvida, pede-se a avaliação de outro censor, ou que o livro seja enviado à Mesa para ser lido de novo. E por fim o rei libera ou não.

É, portanto, um processo *lento* e *falho*, como continuará a ser a Justiça por estas terras, séculos a fio (dirá a árvore). Normas confusas, listas desorganizadas, listagens incompletas, e por aí vai.

E também são comuns os autores e títulos homônimos, editores que encurtam ou alteram o conteúdo das obras e as vendem "como se fossem originais" (isto é, "*dá-se um jeito*"). A falta de critérios objetivos, a má elaboração de listas e a ausência de um índice de proibições geram dúvidas, desavenças e disputas entre os censores (como haverá de ser, no futuro, em toda a corte jurídica, mais preocupada com o uso de palavreado exótico – "devido a", "perante ou mediante a", "por conta de" – do que em criar regras claras).

A única coisa que se sabe aqui, e ainda se saberá no futuro, é da vontade de se proibir tudo que ameace a religião e a moral (em total hipocrisia com os costumes), o poder instituído e a cultura. E, apesar dos cuidados (ou até por causa deles), serão contrabandeadas da Europa todas as "obras proibidas" (como se contrabandeará o ouro para lá, pelas dificuldades criadas para o comércio "legal").

Mais: quando uma obra é censurada, cresce o seu prestígio. E assim, os novos livreiros fazem de tudo para burlar as leis que dificultam o acesso dos livros aos leitores.

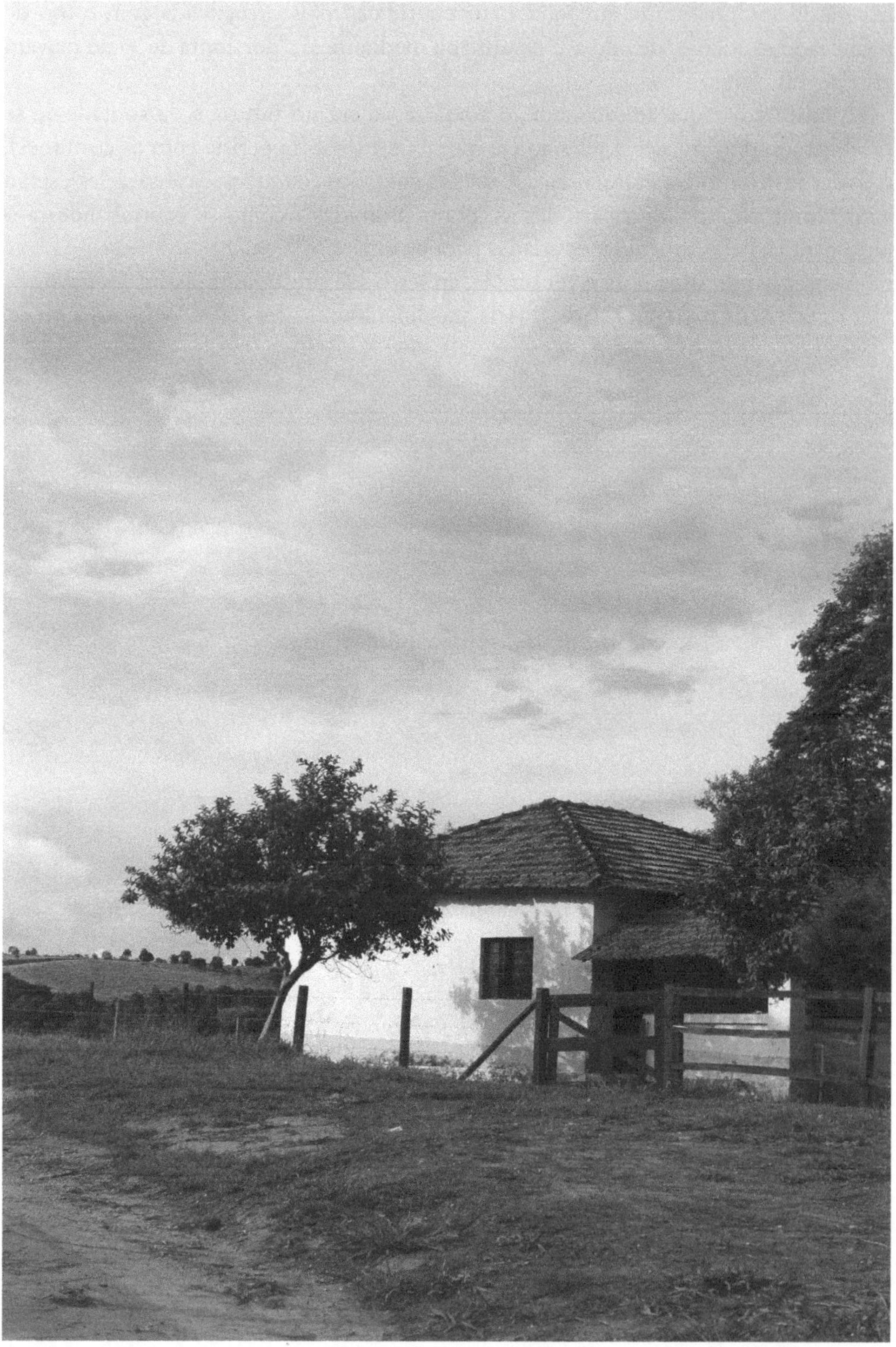

9

Casamento de Domitila

Se casar é um mal necessário, melhor que não seja por obrigação

Neste 13 de janeiro de 1813, Domitila, que acaba de fazer quinze anos (ela é de 27 de dezembro), está se casando com um alferes mineiro de sobrenomes *Pinto Coelho* de Mendonça que está para fazer 24 anos. Felício é oficial do segundo esquadrão do Corpo dos Dragões da cidade de Vila Rica e "tarado" pela própria esposa.

Portanto, ela se casou com *apenas 15 anos* (tratando-se este "apenas" *apenas* de questão meramente cultural, pois já se sabe que na Índia, no Oriente próximo e norte da África as meninas são dadas em casamento com menos de 10). E, se fizermos as contas, veremos que ele é apenas nove anos mais velho, e em boa idade ainda para que de fato desenvolvam essa *performance* amorosa acima da média que ele tanto deseja, talvez para lhe fazer jus a dois dos sobrenomes.

Façam-se já duas observações: no ano em que ele nasceu, vivia-se o verdadeiro tumulto em Vila Rica... E ao longo deste casamento, parece que ele, o sr. Pinto, com e ele mesmo, sr. seu pinto, compartilharão de muitas ideias das quais Domitila será personagem importante apenas na medida em que se submeta. A quê? À reponsabilidade de lhe dar prazer.

Tragédia anunciada

Nestes primeiros meses de matrimônio, ele já é considerado, por diversas pessoas próximas, como homem violento, capaz de espancá-la e violentá-la, ou seja, de índole para lá de suspeita (e dirá a árvore que o divórcio entre eles se dará no dia 21 de maio de 1824, isto é, pouco mais de 11 anos depois do casório; e que Felício morrerá em 1833, próximo à época em que morrerá a pessoa que tomará o lugar dele no coração de Domitila).

O regimento da cavalaria mineira a que Felício pertence aguardava ordens de seguir para o Sul, "aquartelado no convento de São Francisco, em São Paulo", pois iria combater na Primeira Campanha Cisplatina. Mas após o casamento em Sampa, Felício e Domitila partiram para Vila Rica. E, no meio do ano houve mudança de ordens, fazendo com que o regimento também partisse de volta para Minas. Assim, Domitila seguiu seu marido, trocando a pacata Sampa pela terra em que seu sogro, dono de 80 escravos, minerava ouro.

Primeira filha

Agora perto do final do ano, no dia 13 de dezembro, quando Domitila está ainda prestes a fazer 16 anos, é batizada a primeira filha desse casal, Francisca Pinto Coelho de Mendonça e Castro.

(Diz a árvore que esta acabará se casando com o próprio tio, o brigadeiro José de Castro Canto e Melo, e viverá apenas até 1833, assim como Felício. Pelo pouco que viverá esta menina – menos de 20 anos –, imagina-se que haverá mais de sofrer do que se alegrar no casamento dentro da própria família, com um membro de geração acima.)

Adianta-se também (por outro narrador futurista) que do casamento de Domitila com Felício nascerão mais dois filhos.

Narcisista e mimado

E por falar em previsões, daremos agora uma volta pelo mercado de Vila Rica, onde se está a dizer que nos próximos dois séculos a humanidade produzirá muito mais riquezas do que produz hoje, e instalará um padrão de consumo muitas vezes maior no seio das famílias, sem que os mais novos entendam o seu processo de acumulação e passem a achar natural já nascer com inúmeros benefícios que hoje se demora a adquirir e, mesmo lá, nem todos terão.

Essa previsão aparentemente sem pé nem cabeça está sendo feita por um cego que anda por estes mercados e começou a dizer isso depois de ver, ou melhor, sentir, a passagem apressada e arrogante deste tal Felício, homem de Exército, da Cavalaria.

– E esses jovens crescerão em ambiente narcisista...

Bem, e o que tem a ver o narcisismo com isso? Será esse o problema de Felício? Diz-se do narcisista que é irmão do mimado. E este, fruto direto do enriquecimento material (riqueza instalada), é *alguém que considera seus desejos um objetivo cósmico.*

Sua visão de mundo é bastante enfraquecida devido à *constante sensação de que o mundo deve produzir sua felicidade a todo custo.* Sua felicidade é, basicamente, as coisas e "direitos" que ele exige. Seu modelo de sociedade é aquele no qual ele mesmo e todos merecem todas essas coisas e esses direitos. O mimado facilmente se queixa e se sente ressentido.

"(...) o ressentido se move pelo ódio contínuo a quem é melhor do que ele." Também produto da riqueza instalada, o ressentido "sofre muito numa sociedade de mercado pautada pela crescente competição, motor da produção de riqueza (...)", a mesma que produziu seu irmão gêmeo, mais fofo, o mimado.

Enquanto isso, Rafael

Ainda na unidade militar a que serviu em Sorocaba, o Quartel das Ordenanças, Batalhão de Caçadores de Milícia nº 45, Regimento de Infantaria de Milícia e Batalhão de Caçadores nº 36, neste ano de 1813 (aos 19 anos), Rafael está sendo promovido (por carta de d. João VI, como consta no livro de patentes nº 50, p. 142, do Arquivo do Estado), *"por merecimento e mais partes"* (quando já concorria a capitão de granadeiros do mesmo Regimento de Infantaria de Milícia de Sorocaba, com parecer favorável do marquês de Alegrete, presidente da província), a sargento-mor graduado (do dito Regimento). E sabe-se que o decreto de 17 de dezembro de 1813 ainda será registrado no quartel-general de São Paulo e assinado pelo conde da Palma (em 5 de fevereiro de 1816).

Ufa...

Enquanto isso, Pedro: farras e trambiques na juventude

E vemos agora que Peu, em sua adolescência, adquire o hábito de levantar às seis da matina para ir a cavalo de São Cristóvão à igreja da Glória assistir à missa. E não dorme antes das 23h.

Cavalga muito, durante todo o dia (dirá a árvore que ao todo, na vida, cairá 36 vezes e quebrará algumas costelas), caça (sabendo dominar a espada e os revólveres), sabe marcenaria, é bom na sinuca (construiu sua própria mesa de bilhar), toca violão e... envolve-se com uma grande quantidade de mulheres.

Prefere ele mesmo lavar, sangrar e colocar ferraduras nos cavalos, chegando a dar bronca nos funcionários. E também arranja dinheirinho em trambiques: compra cavalos comuns, marca-os com o selo da Fazenda Real de Santa Cruz e vende-os a um bom preço àqueles que querem agradá-lo como futuro rei ou imperador.

Também põe seus escravos a venderem "capim cortado da fazenda do pai" pelas ruas do Rio. Almoça às 9h e janta às 14h, "sempre comendo muito, e depressa". Prefere os pratos simples: "arroz, batata, abóbora", carnes de boi e porco, "tudo misturado no mesmo prato".

Termina as noites pelas tabernas do Rio, mas para isso disfarça-se com chapéus, e não mostra o rosto. Está sempre acompanhado de funcionários do palácio, em revezamento entre deles. Mas é constante a presença de um de seus amigos mais fiéis: o *Chalaça*, Francisco Gomes da Silva. Juntos, os dois causam ciúmes às maiores autoridades do governo de d. João VI.

(Pedro se interessa pela política, mas não aguenta as longas conversas dos ministros, que se interessam ao mesmo tempo em dar formação para governar e exercer influência no futuro.)

O mais necessário é realmente "defender as jovens donzelas". Chalaça chegou a ser pego em um aposento do palácio com as calças arriadas. Pedro é só um pouco mais discreto, e com a ajuda do amigo descobre bons lugares para essas escapadelas: "normalmente quartos escondidos nos fundos das tabernas".

Pedro não bebe, mas fica irritado à toa e se mete em brigas de bar. Quando perde uma partida de sinuca o ambiente fica todo confuso. Diz-se que certa vez "Chalaça salvou o príncipe de uma surra homérica".

O amigo Chalaça (desde a adolescência)

Já se disse aqui que o verdadeiro nome de Chalaça é Francisco da Silva. Do jeito que vai, deverá ser conhecido na *História do Brasil* deste início do século XIX como personagem no mínimo curiosa... Antes de vir para cá, na comitiva do pai de Pedro, ele se safou de uma boa lá em Portugal.

Fosse no futuro e não correria esse risco, afinal tinha só 16 anos... Mas quase morreu na forca quando estudava no seminário de Santarém. E então vieram aqueles sinais, e notícias disfarçadas, de que a família de Pedro atravessaria o Atlântico. Ele foi esperto: primeiro fugiu da escola, tentando chegar a Lisboa. Foi preso pelos militares franceses e condenado como espião. Mas de novo conseguiu fugir, alcançando a comitiva do rei a tempo de vir para o Rio.

No navio, como se tivesse acabado de assaltar um trem (coisa que nem existe ainda, ou nem se sabe por aqui do que se trata), ele dizia para si mesmo:

– Rio, rumo ao Rio! Agora estou verdadeiramente livre! Terra de indígenas atraentes... E com aquelas índias...

Refúgio dos foragidos

E nestas terras ele não perdeu tempo, tornando-se barbeiro, dentista e até sangrador... Mas acabou virando o amigo mais próximo de Pedro, quase inseparável.

Houve outras brigas de bar, mas naquela Chalaça ajudou Peu a fugir de um marido nervoso que estava disposto a matá-lo (sem saber que era o filho do rei). São agora tão amigos que na próxima década (dirá a árvore) chegarão a criar "um grupo paralelo de favores". Só para registro: a ideia de falsificar cavalos de boa genealogia também foi dele, Chalaça.

Sozinho e ao lado de Peu, Chalaça teve "uma vida de aventuras intensas", a ponto de que vai declarar, na sua extrema unção (pois já sabemos que virá a falecer em 1852): "*eu amei demais as mulheres e o dinheiro*".

Aproximação das famílias, ainda sem favoritismos

Já estamos em 1815, e a essas alturas não há uma relação familiar mais íntima entre João de Castro Canto e Melo, o pai de Domitila, e a família real portuguesa, que está acima de todos os políticos e militares brasileiros. Ainda assim, ele segue carreira, e os seus esforços profissionais estão sendo reconhecidos, pois agora vai passar à função de tenente-coronel.

(Não se sabe que tipo de influência, ou ajuda do "quem indica", ele possa ter recebido, mas ainda não é como poderá ser, caso se confirmem os prognósticos desta árvore sobre os amores, mais tarde, de uma de suas filhas com alguém próximo ao imperador, ou com ele próprio, quando este João será feito Gentil-Homem da Imperial Câmara.)

Também neste ano, o irmão da moça de que estamos tentados a falar, José de Castro Canto e Melo, agora com 25 anos, torna-se um tenente efetivo.

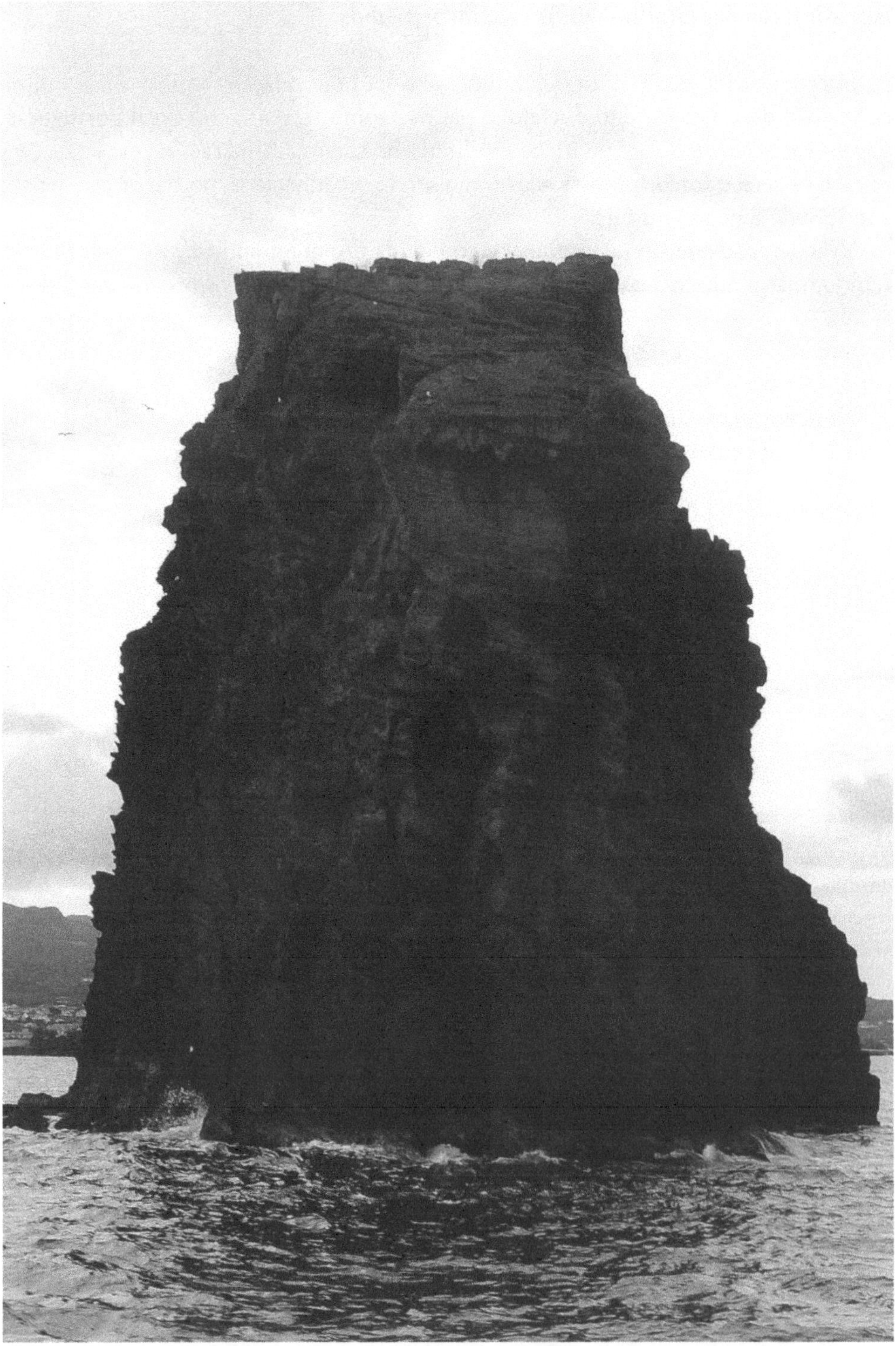

10

Adaptação política: inventa-se o Reino Unido

Somos agora "elevados" (iguais a Portugal e Algarves)

Por meio deste novo "status", as capitanias passam a ser agora chamadas de províncias. Mas há muita insatisfação pelos rincões afora sobre o que representa a nova centralização promovida pela Coroa e os altos impostos – e assim já começam a surgir ideias de movimentos separatistas.

Se isso aqui não fosse um romance, e houvesse a preocupação em narrar a história política destas terras, ainda uma colônia (mas em vias de emancipação), devia-se citar a personagem de Cipriano Barata (do qual descenderá um certo Agildo?), homem formado em Medicina, Filosofia e Matemática pela Universidade de Coimbra... Ele trouxe ao Brasil certos ideais *iluministas* e está sendo um dos mais ativos militantes da Independência. Ele pede *o fim da escravidão* e reformas sociais (e diz a árvore que falecerá em 1838, aos 75 anos).

Pois, de fato, a Revolução Francesa e a derrota de Napoleão estão mudando todo o quadro europeu. Os representantes de vários reinos, antes derrotados, estão agora em Viena, reunidos em um congresso que tenta "reorganizar o mapa das antigas monarquias". Invoca-se um "princípio de legitimidade" dos reis, rainhas, condes, duques e etc.

No fundo, o que se quer é restabelecer a ordem anterior à revolução, e restaurar "as antigas fronteiras embaralhadas pelas conquistas napoleônicas". Algum ufanista poderá inventar que o general francês começou mesmo a perder a guerra foi para o Brasil, quando a Corte ludibriou-o, mas também ela acabou precisando "melhor distribuir as colônias mundo afora".

Lá em Viena

Contra os ideais liberais potencializados pela revolução, quer-se aqui a volta do antigo regime, "a proteção à religião, a paz e a justiça".

São membros deste congresso: Inglaterra, Áustria, França, Rússia e Prússia, uma reunião que se auto intitula "Santa Aliança". E considera-se que a casa real de Bragança instalar-se no Brasil não é uma ocorrência legítima. E então ela, a "Santa Aliança", quer a volta de d. João VI para Portugal.

É quase no fim do reinado de sua mãe, a louca Maria (e não queremos aqui ser exagerados, mas se diz que ela sofre, de fato, de problemas mentais), que d. João eleva agora o Brasil à condição de Reino Unido. E auto intitula-se *"pela graça de Deus, Príncipe Regente de Portugal, Brasil e Algarves, daquém e dalém-mar em África, senhor de Guiné, e da Conquista, Navegação e Comércio da Etiópia, Arábia, Pérsia e Índia"* (o título anterior era o mesmo, mas não tinha "Brasil").

(A ideia foi do representante da França, o príncipe de Talleyrand, para que *"se estreitasse por todos os meios possíveis o nexo entre Portugal e o Brasil, devendo este país, para lisonjear seus povos, para destruir a ideia de colônia que tanto lhes desagrada, receber o título de Reino"*.)

Decreto

Já em 16 de dezembro de 1815, por decreto, forma-se *"um só corpo político"* para este grupo. Pois, na cabeça dos congressistas, é preciso defender a monarquia na América, "onde vários movimentos republicanos detonaram processos de independência nas colônias inglesas e espanholas".

Durante todo o congresso, os portugueses pedem de volta o território de Olivenças (levado pelos espanhóis em uma guerra), a renegociação do tratado comercial com a Inglaterra (1810) e que seja mantida a província da Cisplatina. D. João quer de volta também a Guiana (invadida pelos franceses) e, principalmente, não ser mais incomodado com essas pressões para abolir o comércio de escravos. Mas a influência dos lusos é mínima, e a maioria de suas pretensões está sendo simplesmente ignorada.

Parte II

*Os novos estados civis de
Domitila e Pedro*

1

Início da separação

Nascimento do segundo filho

Felício *Pinto Coelho* de Mendonça e Castro nasce agora em 1816, e diz a árvore que viverá até depois de 1843... Seria este um motivo de comemoração – e é, pois o menino terá participações honrosas na vida da mãe –, não fosse o momento cada vez mais delicado por que passa a jovem (ainda nos seus 18 anos) devido à evidente opressão que sofre dentro da própria casa.

Este segundo filho do casal nasce agora aos 20 de novembro do referido ano, mas note-se que já havia uma série de problemas ligados à relação de seus pais, que por esta época começam a aumentar, e muito.

Por causa dos maus tratos sofridos pelo marido, Domitila conseguiu junto à família em São Paulo uma autorização para retornar à casa paterna, trazendo os dois filhos. E realmente ela chega de volta a Sampa agora, no final de 1816.

Logo se sente bem acolhida, passando a acompanhar mais de perto as novidades de sua família original: o irmão José de Castro fora o comandante do esquadrão de cavalaria da Legião de São Paulo no combate de Itupuraí, na campanha deste ano.

E, em meio a muitas conversas (diferentemente do que ocorria na casa em que estava "confinada"), inteira-se também de algumas novidades do país, como a grande seca por que passa todo o Nordeste brasileiro (motivo de reza em alguns dos jantares).

Ponderações levadas a Domitila ou: o amor – como ser feliz?

Para consolo (ou medo) de Domitila, dirão os que realmente estudaram o assunto que tudo são "padrões mentais", nada mais que elementares:

As pessoas sonham durante anos em encontrar o amor, mas raramente ficam satisfeitas quando o encontram. Algumas temem que o parceiro as deixe; outras sentem que se contentaram com pouco e que poderiam ter encontrado alguém melhor. E todos conhecemos pessoas que conseguem sentir as duas coisas ao mesmo tempo.

Se você vivenciar a tristeza sem desejar que ela desapareça, continuará a senti-la, mas sem sofrer. Pode haver riqueza na tristeza. E se você vivenciar a alegria, mas sem desejar que perdure ou se intensifique, continuará a senti-la sem perder a paz de espírito.

Como fazer com que nossa mente aceite determinados estados, sem desejar? Vêm da Ásia algumas técnicas de meditação – pelo budismo – que alguns juram ter dado certo. Elas ensinam a "focar" mais no que se está sentindo do que no que é preferível sentir. E, sim, o budismo também traz regras éticas, como o cristianismo: evitar-se o crime, o sexo promíscuo (pois este alimenta o *desejo de poder*, do prazer puramente sensual e da riqueza)... Com as chamas extintas, o desejo é substituído por um estado de perfeito contentamento. E serenidade – o nirvana.

Ensina que o sofrimento surge do desejo, e livrar-se totalmente do desejo é ensinar a mente a experimentar a realidade como ela é. Isso (essa lei) é o dharma (ou dhamma).

Doenças psicológicas (de volta à questão do narciso e mimado inconsciente)

Não se disfarça aqui que estamos a falar de Felício, o pai, como poderia ser de um Feliciano qualquer, Félix, ou nomes de outros inícios (quando não de *indícios*). "O narcisista é um miserável do afeto". O narcisismo ainda hoje é considerado patologia, mas haverá tempo em que se fará dele uma "cultura e cidadania". E se fará como "um novo direito entre os direitos humanos tardios".

– Em dois séculos, a pedagogia narcisista estará em voga – dirá, ironicamente, a árvore. Hão de espalhar-se as ideias do tipo: "pense em você, ame você, invista em você". Pois, sem dúvida, a vida cobra um preço alto a quem investe no outro – embora esse investimento seja "o que dá gosto" a ela, a vida: "a vida é uma forma de 'desperdício' de si mesmo"; mas esse "olhar para si mesmo" resulta de uma "insegurança essencial", falta de amor próprio ou autoestima.

No fundo, o narcisista é aquele que ama pouco a si mesmo.

Para Santo Agostinho, uma pessoa é livre porque ama o mundo, e logo escapa da cela asfixiante do amor vaidoso por si mesmo.

E já dissemos que o irmão do narcisista é o mimado, "alguém que considera seus desejos um objetivo cósmico...". Se o narcisista é "um miserável de afeto e autoestima"; o mimado, um "miserável pedinte": sente inveja por tudo que representa "abundância, generosidade, disponibilidade", tudo que representa coragem e sinceridade, isto é, as "virtudes do amor". Em outras palavras, as "condições psíquicas de possibilidades que levam uma pessoa a poder amar".

O falso amor (quando de sua forçada organização no casamento)

Não existe, não se pode "amar sem sofrer, como pensam os retardados defensores do poliamor" – haverá de dizer algum teórico no futuro. Já se disse por aqui que "a vida [em sociedade] é feita de protocolos para conter e organizar os afetos". E, em matéria de sexo, qualquer vida real é maior do que a crítica feita a ela: "não dá para amar e ser feliz, porque a felicidade, na maioria dos casos, é uma felicidade que quer controlar a vida afetiva".

Dura realidade de Domitila

Se saberá por um bisneto de Domitila, o arquiteto José Tobias de Aguiar, que ela em Minas era de fato muito maltratada, até como se fosse um "cavalo", no dizer desses homens de época (e haverá tempo em que tal expressão deixará de fazer sentido, porque os maus tratos a animais também não serão mais justificáveis).

Querendo que se desfizesse do ar aristocrático que tinha, ele obrigava-a a servi-lo à mesa como se fosse "uma serviçal qualquer" (expressão que um dia também deixará de fazer sentido, vendo-se quanto de datado será considerado este depoimento, em época em que não se dirá mais "uma serviçal qualquer" porque sequer haverá serviçais, e isso será em futuro não tão longínquo, se assim o quiser Deus, para que o ser humano tenha chegado ao patamar de real humanidade, em que as pessoas só se sirvam se for por amor, e mutuamente). E "isso em pleno regime escravocrata", acentuará o depoimento, mostrando-se mais ainda que era datado.

Alguns meses depois

Agora que por fim o casal acabou de se separar, chega ao rei d. João VI a notícia do evento, através de um relatório enviado pelo cap.-gen. Oyenhausen (personagem que ainda aparecerá mais nesta história, como presidente da província paulista). Isso porque disputa-se a guarda dos filhos, e o que Oyenhausen mais comenta é sobre "o péssimo gênio de Felício", os seus costumes depravados e as surras que já deu na mulher.

Também, segundo o governador, "Domitila, cansada de sofrer, havia buscado abrigo na casa da avó, Ana Maria de Toledo Ribas", que morava em Vila Rica. Quando escreveu para a casa de seu pai, explicando o que estava acontecendo e o que vinha passando, os pais simplesmente mandaram-na voltar a Sampa.

Cultura de época, pode-se dizer (e um dia deixará de ser assim), a mulher ainda se vê obrigada a servir ao homem.

Papel da mulher

Vivemos em época que meninos e meninas quando saem (isto é, fogem) de casa podem "quando muito, serem os servos de outra família. Ou ir para um exército, ou bordel". Mas haverá tempo em que será possível tornarem-se *indivíduos*: que "casem-se com quem quiserem, sem pedir autorização aos pais". E já não dependerão de família ou comunidade (pois o Estado e o mercado tomarão conta de todos, dando "alimento, abrigo, educação, saúde, bem-estar e emprego... pensões, seguro e proteção").

(Diz a árvore que na futura literatura romântica vão se mostrar indivíduos em luta "contra o Estado e o mercado", e nada é mais irreal: "durante a maior parte da história, mulheres foram vistas como propriedade da família ou comunidade".)

Estados modernos verão as mulheres como indivíduos, com direitos econômicos e legais, independentes das famílias e comunidades. Poderão ter sua própria conta, decidir com quem casar e até "escolher se divorciar ou viver sozinhas".

Poder que Estado, mercado impessoal e tradições exercem em nossas vidas

Diz-se que muitas vezes os "Estados empregam seus Exércitos, forças policiais e burocracias para perseguir indivíduos em vez de defendê-los". Os mercados moldam cada vez mais a maneira de uma pessoa conduzir sua vida romântica e sexual. E se determina preferências românticas e sexuais, também ajuda-nos "a encontrá-las – por uma bela quantia".

Na Europa, o galanteio é feito em bares e cafés, com o dinheiro indo dos amantes às atendentes. Há um *ideal de beleza do mercado*. Um dia haverá a ideia de que o Estado deve impedir os pais de baterem em seus filhos ou humilhá-los (o que hoje é considerado impraticável). Mas houve tempo em que os pais podiam sacrificar bebês, vender filhos como escravos e casar as filhas com homens duplamente mais velhos.

Desde já a autoridade dos pais está em queda: os jovens são cada vez menos obrigados a obedecer, e no futuro os pais serão "culpabilizados" por tudo que der errado na vida da criança. Mãe e pai quase nunca serão absolvidos no tribunal *freudiano* que se instaurará aos poucos, pois serão os réus de uma farsa judicial *stalinista*.

Cada vez mais, no mundo, vão se cumprir as expectativas: estudantes não serão "fustigados" por professores, crianças não serão vendidas como escravas se os pais não puderem pagar suas contas e mulheres saberão que a *"lei proíbe marido de espancá-las e forçá-las a ficar em casa"*.

2

Captando o momento de transformações

Novidades trazidas pelo rei

Desde que se transferiu com a Corte para o Rio (em 1808, não custa lembrar), d. João VI andou criando novidades: escolas militares, Jardim Botânico, Imprensa Régia... E não só abriu os portos do país ao comércio, como começou a dar boas-vindas a cientistas e artistas europeus que viessem para o Brasil.

Debret, integrante do grupo que muitos chamarão de "Missão Francesa" (e outros contestarão esse nome por não haver nada de oficial, nem ser uma missão – apenas uma recepção acolhedora por parte da Coroa –, mas esta é uma discussão puramente retórica), está desde 1816 a fazer os registros em pintura de toda a cidade, e eles se tornarão realmente *históricos*.

Pintando o quadro (pelo discurso solto de um narrador que ainda toma partido)

E, no futuro, alguns historiadores menos criteriosos poderão dizer que o Brasil de 1817 ainda não é lá grande coisa. Mas iremos de pronto contestá-los: "grande coisa" em relação a quê, cara-pálida? Em relação à França e à Inglaterra do século XXI? Em relação a si mesmo quando deixar de ser colônia?

Tudo só se afirma por comparação, é o que verificamos nas ideias de pessoas minimamente sensatas. Por "grande coisa", essa expressão da ignorância em duas palavras (maneira simples de não dizer nada, como responder "talvez", "um pouco", "muito"), subentende-se que antes não havia nada e que depois haverá muito.

Um juízo de valores maldoso é o de que antes da "descoberta", quando só havia índios por aqui, não havia nada de útil para o Brasil. O "Brasil", pela maneira que se pode defini-lo – uma imensidão de terras sob administração única, em mãos lusas até virarmos independentes, daqui a alguns anos –, não nasceu do nada em 1500. Trouxe para o presente daquela época toda uma história indígena (a bagagem cultural e física dos que já habitavam a terra), toda uma história portuguesa (medievalesca e triste) e africana (ainda por se instaurar), e até de outros povos (e mesmo os caçadores-coletores antigos, já extintos, deixaram por aqui a sua parte, ou seja, até hoje são elementos e peças do que chamamos "Brasil").

Pessoas capazes de fazer esse julgamento esperavam mais da economia: que com a vinda da família real ela já não fosse baseada na mão de obra escrava, nem caminhasse para a "obsolescência", se comparada à dos países ricos trilhando firme nos rumos da Revolução Industrial (e historiadores em tamanha desatenção chegam a afirmar que *o mundo* – exceto o Brasil – caminhava nessa direção).

Ora, não é de se esperar que pessoas assim desatentas (como o são e serão muitos dos jornalistas de todas as épocas) deixem de usar palavras meio bobinhas como "mandachuva" para referir-se d. João VI, o príncipe que querendo ou não está preparando a nossa "Independência", ou seja, nossa libertação oficial das ordens portuguesas – que se continua a querer dar, como se fôssemos ainda uma colônia deles.

Visões de um futuro próximo

D. João VI ainda voltará a Lisboa, capital do império que, por acidente de percurso, terá agora o Brasil como um dos montantes de seu "Reino Unido" (que não é o inglês). Por aqui ficará o filho dele, que esse ou outro jornalista desatento preferirá chamar de "garotão, com pouco preparo para governar". À exceção de Minas (e seu desenvolvimento pela extração do ouro), tudo aqui é mesmo (se comparado ao que haverá no início do século XX, e ainda mais ao XXI) "um grande território agrícola e costeiro".

Assim, outros jornalistas e historiadores tendenciosos preferirão acreditar que nosso regime político, imposto pelo que restava de dominação portuguesa, o tal do absolutismo monárquico, esteve sempre "fora de moda". Isso porque d. João VI veio parar aqui "varrido pelo turbilhão revolucionário da Europa", obra de Napoleão, que anda a espalhar "na força das baionetas os ideais da Revolução de 1789".

Os amores de Carlota

Diz-se de Carlota Joaquina que é temperamental e tem apenas um grande projeto político, bastante ousado, por sinal: tornar-se regente da Espanha. A princesa teve *sim* os seus amores – "todos encobertos pela capa da etiqueta e por cartas trocadas com o marido", nas quais o chama de "*meu amor*".

Sua futura nora Leopoldina (nascida em 1797, como acompanhamos – e, ai, diz a árvore que viverá só até 1826), recém-chegada da Áustria (e certamente a mulher mais sofisticada da Corte), acaba de escrever uma carta aos familiares, chocada com o comportamento da sogra:

Sua conduta é vergonhosa, e desgraçadamente já se percebem as consequências tristes nas suas filhas mais novas, que têm uma educação péssima e sabem aos dez anos tanto como as outras que são casadas.

Os casos amorosos de Carlota já são notórios. No mais "rumoroso" deles, soube-se de um "assassinato a facadas, a mando da própria Carlota, de uma rival, a mulher de um funcionário do Banco do Brasil". E fala-se que enquanto isso d. João anda muito sozinho, solidão só atenuada "graças aos cuidados de seu valete de quarto".

Já Pedro, o Peu, parece que nunca saberá esconder seus casos de ninguém. E nem procurará ser discreto com a própria esposa, d. Leopoldina, com quem agora vai se casar.

Alguns casos de Pedro

Dos que não soube esconder de ninguém, o primeiro caso extraoficial que se noticia de Pedro é com a dançarina francesa Noémi Thierry. Eles de fato se apaixonaram. Mas com o acerto de casamento dele com Leopoldina, agora em 1817, a família está fazendo de tudo para "tirar Noémi de cena".

Carlota e João "deram-lhe presentes, arrumaram-lhe um marido, e o próprio Peu entregou-lhe uma grande soma [como se dissesse, 'agora suma'] em dinheiro quando ela foi obrigada a partir, grávida, para Recife". Lá ela está sob a guarda do governador de Pernambuco (Luiz do Rego Barreto, maldosamente alcunhado de "bunda suja"). E ela acabou por ter uma menina natimorta (ou menino, para alguns), que o príncipe "teria mandado embalsamar e transladar para o Rio".

Noiva europeia e, por fim, o casamento

Hoje, 6 de novembro de 1817, estão se casando d. Pedro e d. Leopoldina em uma igreja do Rio.

Mesmo que a família tenha se esforçado e por fim conseguido encontrar para ele uma noiva de origem nobre, Peu manterá sua rotina de vida ao ar livre de dia e farras à noite. Mas ficou encantado com a esposa que lhe arranjaram...

Leopoldina Carolina é filha do imperador Francisco I, que comandava o Império Austro-Húngaro. E amiga pessoal do poeta alemão Johann Goethe, *que lhe dedicou alguns escritos...*

Ela haverá de deixar um registro, como comentário pessoal, desta primeira refeição que está tendo com Pedro:

Conduziu-me ao salão de jantar, puxou a cadeira e, enquanto comíamos, piscou-me o olho e enlaçou--me a perna dele na minha debaixo da mesa.

Os que conhecem Pedro de perto (ou sabem um pouco mais de sua vida íntima) falam de um "apetite sexual" insaciável. E não importa a condição social: pode ser mucama, estrangeira, criada ou dama da Corte. Ser libertino (em sua cultura de época) não significa "apenas seduzir todas" mas, sobretudo, "não se deixar seduzir." E parece que nenhuma mulher se negou ou negará a d. Pedro I, porque será rei, e porque é fogoso.

Fogo de um "Demonão"

Já se brincou em outras épocas com a definição de *tarado*: "aquele considerado normal em seus impulsos sexuais, mas que foi pego em flagrante". Tudo indica que esse hábito se sustentará na fase adulta de Pedro, e ele acumulará – prevê a árvore – 18 filhos reconhecidos, entre as duas esposas e cinco amantes, na conta da história oficial (mas aqui entenderemos que a verdadeira esposa de Pedro será Domitila, esta que, depois de viúva, também encontrará o seu verdadeiro marido, de nome Rafael).
(Não queríamos estragar surpresas, mas para quem entende de horóscopo chinês, e grego, isso já estava na cara. Ah... mas esse é um capítulo à parte, a que ainda voltaremos. Afinal, Rafael é tigre de libra; Domitila, serpente de capricórnio; e Pedro, cavalo-libra.)
(Aliás, toda uma filosofia – meio rala, cá para nós – de certo guru também deverá ser aproveitada nesses romances. Digo, "meio rala" porque há milênios defende-se esse caminho da paz pelos poetas que pregam amor, homens e mulheres, inclusive aquela pela qual o coração deste narrador balança, mas a natureza é diferente do que queremos, e dá razão às guerras: o máximo que podemos fazer é nos safar, pelo que se observa – e "safar" a pessoa amada já é uma grande coisa.)
Também há os exagerados a dizer que Peu poderá ter tido até 120 filhos ao longo da sua vida.

Leopoldina com seu jeito de rainha

A princesa, futura imperatriz, vem de uma dinastia de 350 anos, os Habsburgo, dominadores da Áustria. E só por isso alguns já a consideram a verdadeira "joia" da Corte, e até o próprio Peu se apaixonou por ela logo que a viu (mas vimos que isso também ocorrerá em relação a outras mulheres).
Como moça de família, está cumprindo seu rito de "casar com reis de outros países", a exemplo de sua tia também de nome Leopoldina, de Maria Antonieta (que foi guilhotinada depois da Revolução Francesa – e daí depreende-se que a sorte de Leopoldina com Pedro, por pior que seja, foi melhor que a de outros descendentes da nobreza) e de Maria Luísa, sua irmã mais velha, que se casou com Napoleão (e descasou, depois).

Maria Leopoldina Josefa Carolina tem o requinte e a erudição dos austríacos. Gosta de botânica e, como outra personagem desta história, que ainda não apresentamos (de codinome JB e que ficará próxima a ela), também de mineralogia.

Neste ano de 1817, ela já está no Brasil, e até jantou com seu marido, como chegamos a acompanhar. Sabemos que em dois anos ela dará à luz Maria da Glória, futura rainha Maria II de Portugal. E virão na sequência mais seis filhos.

(Já se falou aqui na "maldição dos Bragança" – e nesta narrativa não vamos desdenhá-la, e tampouco nos impressionar, porque os portugueses são cheios dessas coisas. Miguel, o primeiro homem deste casal, morrerá logo ao nascer. E com um filho a cada ano, o corpo da imperatriz sofrerá consequências: d. Pedro irá se desinteressar dela. E ao mesmo tempo, ela também pisará onde não deve, envolvendo-se "nos bastidores da política brasileira".)

Casamento como organização social

"*Nem sempre se associou o casamento ao amor*" é uma frase que poderia surpreender os menos avisados. Mas, a estas alturas, parece que todos já sabem. Casar-se não se dá apenas entre duas pessoas: dizer quem pode deitar com quem é um modo de organizar a sociedade. Homens sempre se mataram pelo desejo das mulheres, e a recíproca também é verdadeira. Desde sempre, muito da "instabilidade da vida privada (e mesmo púb[l]ica) vem de rupturas no ordenamento do desejo e do amor".

E que bom podermos lembrar de algumas frases para ilustrar isso: "se não tiver dinheiro, pelo menos tenho a mim mesmo e ao amor que sinto" (por Charlotte, em sua intensa e platônica relação com Werther). Em um mundo que desde a Antiguidade foi racionalizado pelo dinheiro, o romantismo (a possibilidade do amor romântico) cria apenas um modo de vida mais passível.

O que se sabe é que há uma imensa "*luta de homens e mulheres para serem fiéis ao amor*", que é contra os interesses de casamentos pautados em acúmulos de bens. O amor também é feito de neurose, doença e risco, apesar de delicioso.

Casamento sem amor

Existem frases capazes de resumir as longas e enroladas elaborações teóricas. Diz-se do casamento que "destruiria o amor e desejo por ser essencialmente protocolar". E, do envelhecimento, que "pode se tornar uma cumplicidade construída pela memória e pelos sofrimentos conjuntos." A confiança mútua é o que faz o casamento sobreviver "ao desastre do encanto afogado no cotidiano".

Há uma "urgência em servir ao próprio amor", o do "olhar masculino sobre a amada" (único capaz de descrevê-la por experiência), que só vê doçura em seus gestos. A beleza escraviza o olhar masculino: exerce enorme poder sobre o homem. "Alma da mulher amada é parte dessa beleza"; e a inteligência, de sua personalidade sedutora.

É preciso tomar cuidado com os fantasmas que vêm junto, e é esta uma virtude entre os que se amam. É preciso haver *gentileza* com as inseguranças de quem ama.

"Perder-se no amor por alguém é encontrar-se como ser humano". A realidade "tem vocação para a dor". A qualidade da rotina é o "poderoso elemento estabilizador na vida", e fiadora da segurança (essa "repetição" cotidiana). É ela que torna o mundo "reconhecível e previsível", a qualidade do que se repete.

O trabalho é importante, e há o risco do cotidiano impor rotinas "deslocadas do desejo, do significado e da esperança". O amor pode ser acolhido na rotina quando responde às suas necessidades: confiança mútua, coragem de brigar (se necessário), "generosidade na partilha do dia a dia", com "sinceridade nas misérias de cada um".

Domitila em separação

No início deste ano de 1817 Felício conseguira transferência, saindo do Regimento de Cavalaria de Vila Rica para se integrar ao de Caçadores de Santos. Assim, ele já está mais próximo à mulher, e quer convencê-la, e a seus pais, de que agora mudou, é outro homem e, acreditem ou não (ou finjam acreditar), conseguirá fazer com que o lar seja refeito.

Mas temos aqui as palavras do futuro presidente da província, Oyehausen, explicando que mesmo com essa tentativa, no final, a paz não durará muito:

Então seus pais e o público conheceram que a suplicante (Domitila) não tinha uma camisa que este (Felício) lhe desse, nem para seus filhos (...). Não há uma pessoa nesta cidade a quem (ele) não pedisse dinheiro, dizendo ser para sustentar a sua família, porém mal dela se não fosse o amparo dos pais da suplicante.

3

Quadro político

Ânimos exaltados

Convém agora sair desta história de vida privada para mais uma vez tentar enxergá-la dentro da sociedade como um todo. Lembramos que a elevação a reino transformou as capitanias do Brasil em províncias.

Vai-se dizer que foi uma alteração "cosmética", e que muito se usou de verdadeira "maquilagem", pois não houve "corpo" político a respaldar essa decisão, e pouco (ou quase nada) mudou na prática; enquanto isso as tensões se multiplicam.

Seca e revolta em Pernambuco

Houve no ano passado uma grande seca por aqui, ao mesmo tempo em que se viram proliferar ideias liberais, sobretudo entre maçons. E isso faz detonar um novo movimento.

Como primeiro levante de uma série que está para acontecer, este de Pernambuco já dura cerca de dois meses, com os revoltosos pedindo independência e proclamando sua República.

Há várias razões para a rebelião, mas a principal são os enormes impostos cobrados do Nordeste, quando se sabe que boa parte disso será usada apenas para manter a vida de alto luxo na Corte do Rio. E também há muitos funcionários portugueses na administração de Recife (e nos postos de comando), que vão continuar privilegiando os interesses de seus conterrâneos. Por exemplo, na carreira militar, todos os melhores postos são deles.

Como uma onda do mar

E dizem que a rebelião também está incendiando os sertões. Passou por Alagoas e vai chegando à Paraíba e ao Rio Grande do Norte... A revolta é alimentada principalmente pelo antilusitanismo, que já agrega diversos grupos.

Para os pobres, o que mais interessa é uma ideia de igualdade que se propaga junto, como se estivesse "subentendida" na de independência política. Já os ricos querem o fim da centralização imposta pela Coroa, a diminuição de impostos e serem *donos do destino nordestino*.

Os revoltosos estão agora tomando Recife para pôr as mãos nos cofres públicos, instaurar um governo provisório e proclamar a República. Mas não questionam a escravidão (ou seja, querem criar um paisinho com os mesmos vícios brasileiros de sempre)...

Na Assembleia Constituinte, com representantes de todas as comarcas, eles resolvem estabelecer os poderes Executivo, Legislativo e Judiciário. É mantida a religião católica (oficial), mas dá-se liberdade de culto às demais (é tanto o ufanismo pernambucano que, para dar identidade local, usa-se nas missas cachaça no lugar de vinho e a hóstia é feita de mandioca em vez de trigo).

E aqui, agora, está sendo declarada a liberdade de imprensa (até então inédita neste "país")...

Acontecimentos "prosaicos"

Chegou a ser enviado aos EUA um emissário com cerca de 800 mil dólares na mala. Pretendia-se comprar armas para reforçar a defesa dos revolucionários, convencer os americanos a apoiá-los e convocar ex-revolucionários franceses (exilados por lá) para libertar Napoleão (agora também exilado, na Ilha de Santa Helena) e levá-lo a Recife para comandar o movimento revolucionário. Mas, claro, nada disso dará certo...

Agora, as forças portuguesas começam a ocupar a capital, depois de vencer alguns combates pelo interior. O movimento durou ao todo pouco mais de dois meses, e por causa do levante, seus líderes vão ser todos fuzilados.

Decidido a manter-se no Brasil, d. João está a coibir com braço de ferro essa e outras tentativas de emancipação política. Mas ao mesmo tempo, não deixa de provocar insatisfações em Portugal, que logo terão também suas consequências.

De volta à vida privada (Domitila em 1818)

Estamos de volta à vida privada porque na casa de Domitila acaba de nascer João Pinto Coelho de Mendonça e Castro, que falecerá ainda na infância. Nunca se pode afirmar que uma morte decorre da falta de amor, ou que por amor se cura uma vida, mas tendemos a acreditar que isso possa ser verdade, por uma questão de pele.

A época é ainda tumultuada, e de extremo conflito doméstico. Diria uma alcoviteira que "haverá muito sofrimento acumulado quando sentir a possibilidade de um novo amor chegando" (e que talvez se chame Pedro).

Como lembramos, Felício conseguira a transferência de seu posto no Exército de Vila Rica para Santos, e estabeleceu-se em Sampa, tentando se reconciliar com a esposa. Neste ano de *1818* eles voltaram a viver juntos. Entretanto, "*dado a bebida e jogos de azar, não demorou para que Felício retornasse com seus velhos hábitos de espancamento e ameaças de morte à esposa*".

Sim, foi nessas "idas e vindas, rompimentos e conciliações" que nasceu esse terceiro e último filho do casal. Mas já sabemos que João falecerá ainda criança. E completando as notícias da família, também em 1818, o segundo irmão mais velho de Domitila, José de Castro Canto e Melo, está sendo promovido a capitão.

Ficção 1

Desde que a humanidade existe...
(Aliás, sabe-se que já foi pior: houve épocas em que, quando o homem se sentia unilateralmente atraído por uma mulher, resolvia isso pegando uma clava e batendo na cabeça dela. Depois levava-a para casa. Só que em seguida vinha outro homem, que era antes casado com aquela, e rolava uma imensa pedra sobre a casa em que os dois iriam morar – e isso só de raiva por o outro ter roubado "sua" mulher).
(Quer-se aqui dizer que as coisas já foram ainda muito mais "trogloditas".)

Ficção 2

Felício não sabe o que será dele se ela não quiser mais namorar mesmo... Se ela aparecer com outro (não, melhor nem pensar nisso)... Mas no fundo ele sabe: há o instinto de sobrevivência, maior que esses sentimentos.
Desde os primórdios da civilização, desde os primeiros arquétipos humanos... Sempre foi assim.
Aliás, o narrador deste livro, onisciente que é, fez bem em usar a palavra "civilização". Porque de antes disso, bem antes disso, de quando ainda éramos animais, não se pode falar... Já foi pior, muito pior.
Mas desde os gregos, dos romanos, da época em que se pensava e legislava sobre as coisas, e até em psicologias mais moderninhas, já se sabe que quando o amor não é correspondido, quando se tenta de todas as formas e a outra pessoa não abre os olhos, não entende que "amar é ser amada", há o limite de sofrimento que um dia chega.
(E nosso herói, ou anti-herói, vilão que é e não é, sabe que no caso dele há um limite bem preciso e é exatamente deste que ele agora tem medo, de ter de se afastar dela porque para outro ela estaria se abrindo mais. Não quer isso e se desespera só de pensar. Tenta entender que é assim, sempre foi, na história de toda a humanidade. Quando um amor é rejeitado, só tem duas saídas: ou a outra pessoa vai reconsiderar – isso que ele tanto quer –, ou precisará ser esquecida – isso que ele ainda não quer.)

Agora, há uma coisa de que é preciso lembrar, e é bom que se faça isso: entre os índios, antes de os portugueses aqui chegarem, o ciúme quase não existia. É o que atestam muitos cronistas e padres que com eles conviveram, nas aldeias. Dizem que os casamentos eram quase sempre consensuais, nos grupos. Também... eram grupos pequenos, em que praticamente todos se conheciam.

(Mas... "o que eu penso já está pensado e decidido. No mais, é agir com frieza" – acha-se ele um imperador? duque?)

Março de 1819

Bem, mas acontece que com todos esses diálogos interiores e considerações feitas pelos amigos a Felício, ele acabou mesmo dando uma de Feliciano.

No dia 6 de março, Domitila foi esfaqueada pelo marido em Sampa. Afora a dor, o perigo de morte, crime injustificável, há também uma questão prática envolvendo os filhos: vai se iniciar uma disputa pela guarda deles.

Foi assim: naquela manhã, Felício *surpreendeu Domitila* junto à fonte de Santa Luiza e *a esfaqueou duas vezes*. Uma facada pegou na coxa e a outra em sua barriga. Felício foi preso e levado para Santos, junto a seu quartel, de onde partiu para o Rio de Janeiro. *Domitila ficará dois meses entre a vida e a morte*.

Ao se restabelecer, precisará brigar juridicamente com o pai de Felício, que quer tomar os filhos do casal para educá-los *em Minas*. Domitila vai pedir a separação de Felício (mas aqui sabemos, com a ajuda da árvore, que ela só será obtida *cinco anos depois*, quando já estará vivendo um novo caso de amor, muito mais feliz...).

Os *detratores* de Domitila ainda tentarão acusá-la, por tempos afora, de ter sido agredida *porque traía Felício*, quando na realidade, pela documentação e testemunhas no processo de divórcio, o alferes havia tentado *matar a mulher para vender as terras que ambos, com a morte da mãe deste, haviam herdado em Minas Gerais.*

Esfaqueamento

Portanto, no dia 6 de março de 1819, por volta das 7h da manhã, quando Domitila estava indo à bica de Santa Luzia buscar água, "ou encontrar-se com um amante, ou indo ver uma prima", conforme o que narra cada cronista, "Felício esfaqueou-a duas vezes, na coxa e na barriga".

Ainda com a arma cheia de sangue, ele quis refugiar-se na casa de parentes, "que lhe recusaram o abrigo". No mesmo dia, ele foi preso e levado para a sede de seu regimento, em Santos.

4

Separação difícil

Pêssego, paz e sossego – que nada...

Falta ainda muito para que o marido de Domitila a deixe em paz. Agora, em janeiro de 1820, começam as disputas pela guarda das crianças, que vão terminar só daqui a quatro anos. Apesar da ordem régia conseguida pelo sogro de Domitila, que tem muito prestígio e fortuna, determinando que os três filhos "fossem entregues a um procurador de Felício" (já que ele mesmo se encontra agora na Corte), "as crianças nunca deixaram a casa materna".

Futuros caluniadores de Domitila vão tentar aumentar tudo o que aconteceu, e muitas vezes distorcer os fatos, dar razão a Felício (e mesmo dali a dois séculos ainda se verão imensas e retardadas demonstrações de machismo, especialmente por aqueles viciosamente dependentes dos arcaicos dogmas religiosos que pregam sempre um Deus macho, paternalista e autoritário). Pois afinal, segundo essa lógica cruel e falsa, de que no futuro ela se tornará amante do imperador, podia muito bem "já ter feito isso antes" – é o que pensam essas bestas.

Já o nome de Felício, que mais soa como de um protestante evangélico, bicha recalcada e pregadora de crimes contra homossexuais, e coisas do gênero – o que ele mesmo seria, segundo este narrador distraído –, também há de ser difamado além da conta e etc.

Quanto ao marido, "um homem lavar a honra com o sangue da mulher adúltera" será ainda uma coisa corriqueira por mais de século, nas cabecinhas tontas dessas de que viemos tecendo comentários...

E assim se dará má fama a Domitila: de que teria sido adúltera, e o marido a esfaqueado "com razão" (por mais absurdo que isso possa parecer).

Mas cá entre nós

O que muitos não sabem – e só uma leitura mais atenta do processo de divórcio fará esclarecer – é que, segundo muitas testemunhas, "além de negar dinheiro, alimentos e roupas para a família, Felício ameaçava constantemente a mulher, chegando a dormir com uma faca na cabeceira da cama".

E, para piorar, teria também "falsificado a assinatura da esposa para poder vender terras em Minas" herdadas pelo casal quando a mãe dele faleceu.

Relacionamentos de vários tipos

Se pudéssemos neste momento consultar um guru indiano, saberíamos que os relacionamentos em geral são os grandes instrumentos de aprendizagem na vida... Com eles, aprende-se sobre *humildade, aceitação, perdão*, e a lidar com frustração: com a *tristeza*, a *raiva*, os *ciúmes* e a *possessividade*. Em uma palavra, com nossos *medos*.

Diria ainda este guru indiano que pelos relacionamentos é que se pode olhar para essas partes de nós, que estão "trancadas em negação" (pois em todos os humanos há partes que estão em desacordo consigo mesmos).

Dessas partes temos vergonha: não as aceitamos e por isso relegamos ao plano da sombra; "e, por estar no plano da sombra, faz de nós o que quer". O amor seria a cura, "o solvente universal para todos os males".

O grande desafio, segundo esse guru que se diz imaginário, é estar em uma relação com quem se ama sem *machucar* ou *ser machucado*. O relacionamento íntimo é na certa a célula da sociedade. E há metas que realmente devemos perseguir, do narrador ao leitor: relações construtivas e verdadeiramente amorosas, até como bem social.

(Isso para não falar na tristeza, quando se veem nascer filhos de relações de competição, guerra, ciúmes e possessividade, o que acaba por se refletir na sociedade – normalmente construída a partir da família, e esta da relação íntima.)

O principal desafio da humanidade sempre foi e será amarmos realmente uns aos outros, *sem machucar* ou *ser machucado*. E a raiz do amor certamente está no berço. Se a astrologia (assim como os estudos de uma escola literária que há de se chamar *Realismo*, diz a árvore) costuma afirmar que o homem é produto do meio e de sua experiência pessoal, também o é de uma "índole", que no mínimo vem de sua "tendência" natural.

Resta ter pena de Felício, a quem tiver interesse, por ser "frio e distante de qualquer relacionamento humano"; possivelmente porque no início de sua vida não foi sequer "tocado" (no sentido físico) pelos pais.

5

Agravamento do quadro histórico

Movimentações e agitos em Portugal

Nas guerras civis que começam a acontecer (como vimos em Pernambuco) há sempre uma natureza política, de pensamentos que se colocam em oposição e conflito. Entre os portugueses, há agora um fosso – ou abismo – a separar monarquistas absolutistas de monarquistas liberais, ou republicanos.

Em meio à Revolução Liberal que ocorre neste ano de 1820, no Porto, exigindo-se a volta de d. João VI para Portugal e a convocação das Cortes Constituintes, o clima de radicalização entre portugueses está pegando os brasileiros de surpresa, e vemo-nos forçados a percorrer uma trilha que, na verdade, nem parece estar aberta: a da completa separação entre nós, colônia, e nossa antiga metrópole.

(Nos jantares e encontros da nobreza, diz-se de nossa Independência como um projeto que tem "tudo para fracassar", a menos que se entregue a liderança ao próprio herdeiro da Coroa portuguesa... Que, neste caso, sabemos... é o príncipe regente, d. Pedro...)

A insurreição do Porto pedindo "restauração"

Neste dia 24 de agosto de 1820, eclode lá, na cidade do Porto, essa tal insurreição militar. Os adeptos invocam a *Constituição*, a *Nação*, o *Rei* e a *Religião* para "restaurar" a nação portuguesa. Os comerciantes descontentes, maçons, liberais afrancesados, e também o Exército nacionalista, estão agora unidos contra a presença inglesa em um só grito: o de *Constituição*. E para elaborar essa Constituição está a se formar uma famosa junta, a das *Cortes Gerais*.

(Será um passo para trás? Uma onda nacionalista que logo estará superada? A burguesia portuguesa, principalmente, quer mesmo expulsar os ingleses, pois desde 1808 um general chegado da Inglaterra é o *bam-bam-bam* governante, que vê Portugal como um "protetorado", ou "reino de segunda classe".)

Quer-se também a volta da Corte e a restauração do comércio com o Brasil. Muitos comerciantes estão insatisfeitos com o fim do monopólio dos produtos vindos de lá... Há indignação com os tratados feitos com a Inglaterra, que ganhara em "todas as frentes, despejando no Brasil seus produtos e comerciantes" (o que já vinha de antes, como bem descreveu o poeta Gregório de Matos em *Triste Bahia* ao falar desses sagazes "*brichotes*").

Exige-se a volta de d. João VI para "*restaurar a dignidade*" da metrópole, assim como "o controle da monarquia por meio de uma Constituição" que garanta "os direitos individuais dos cidadãos".

Reações por cá

No Brasil há muitas reações e o caos parece se instaurar. Precipitam-se agora movimentos no Grão-Pará, na Bahia e Maranhão, com tropas revoltando-se "em apoio aos revolucionários portugueses".

Formam-se juntas governativas que só obedecem às Cortes de Lisboa... Há grande ressentimento com a Corte do Rio, pois o Norte e o Nordeste estão sobrecarregados de impostos para patrocinar essa espécie de "trem da alegria" que é a vida palaciana.

Os acontecimentos pressionam para que o rei se posicione. D. João ou volta para a terrinha lisboeta e tenta controlar as Cortes (mas passando vergonha e precisando fazer altas concessões), ou fica no Rio, "encarnando a monarquia absolutista nos trópicos" e talvez rompendo (o que para ele é temeroso, pois há todo um passado familiar monárquico) com o reino.

E enquanto isso, a escravidão permanece

À época deste rei, o tráfico transatlântico está na verdade sendo intensificado pelo aumento de 40% nas importações, comparando-se à virada do século...

Em São Paulo, em 1810, registraram-se, entre 22.032 pessoas, 2.711 escravos e 2.810 escravas (notando-se um equilíbrio de gênero). Em Minas, os afrodescendentes que eram 149 mil em 1808 estão virando 182 mil em 1821. Os maiores "exportadores" são Congo e Angola, de onde vem 80% dos aqui desembarcados. É triste afirmar isso, mas o tráfico negreiro é o que mais movimenta a economia africana.

Recapitulando certas coisas

D. João foi o príncipe regente de 1808 a 1816. Era quem governava embora sua mãe, d. Maria, tida como "louca" (desde que perdera o marido, em 1786, e o filho mais velho, José, em 1788) fosse ainda a chefe de Estado. Com a derrota de Napoleão um ano antes, a morte da mãe e o Brasil sendo transformado em Reino Unido juntamente com Portugal e Algarve em 1815, o agora rei d. João VI perderia o sossego pelo resto de sua vida.

Portugal passou a ter um rei morando a sete mil km de Lisboa. D. João enrolou e enrolou o quanto pôde, mas agora, em 1820, essa insatisfação desembocou na *Revolução Constitucionalista do Porto*, de que vínhamos falando. Quer-se simplesmente aprovar a primeira Constituição de Portugal.

E enquanto isso, o menino Pedro de Alcântara, "farrista e mulherengo", começa a se interessar por política. Ele se identifica com os rumos liberais dos portugueses e está convencendo o pai a aceitar a Constituição. E d. João vai manter a Coroa, "mas como figura decorativa numa monarquia constitucional".

Mais sobre a revolução do Porto

A convocação das *Cortes Gerais* portuguesas na ausência de d. João VI é uma vitória dos liberais portugueses (em especial dos maçons do Sinédrio). O costume era essas assembleias serem convocadas pelos reis, e em *"momentos culminantes da vida nacional"*, o que já não acontecia em Portugal desde 1698 (com o fim do absolutismo real).

Mas, aproveitando-se do pronunciamento militar-revolucionário da cidade do Porto (naquele 24 de julho de 1820), eles organizaram uma Junta de Governo. Os militares marcharam até Lisboa e destituíram os governadores que o rei ausente nomeara. Assumiu então o poder uma *Junta Provisional* criada ali mesmo.

Do Brasil, d. João VI não pôde aprová-la, e então a Junta convocou as Cortes, decidindo como seriam eleitos os deputados europeus e marcando a data de reunião em Lisboa.

Repercussões

Passam-se três meses e em 20 de outubro a revolução do Porto e de Lisboa já repercute no Brasil. A Capitania do Grão-Pará é a primeira a aderir às Cortes e ao movimento liberal do Porto. A segunda é a Bahia, que está proclamando sua adesão na Câmara, jurando a Constituição a ser feita pelas Cortes.

Com isso, d. João vai precisar retornar à metrópole e deixar Pedro como regente. Mas ele ainda está no Brasil, enquanto:
– a revolução triunfa alicerçada em seus ideais "no Contrato Social, nos ensinamentos dos filósofos enciclopedistas que fizeram a Revolução Francesa";
– cria-se em Lisboa "uma regência liberal";
– o rei se vê obrigado (pelo povo e pela tropa) a jurar, no Rio "as bases da futura Constituição portuguesa", no mesmo dia em que a monarquia absoluta acaba de cair, no Porto.

Caldo

Neste 26 de fevereiro de 1821, Peu está jurando em nome de El-Rei (e depois em nome de si mesmo) "observar, guardar e manter perpetuamente a Constituição, tal como se fizer em Portugal, pelas Cortes". Fez assim *entornar o caldo*, e que os fatos se impusessem...

Fora também por pressão popular que d. João jurara os princípios constitucionais, e agora o filho Pedro vai amenizar a crise, atendendo a "certas reivindicações dos amotinados". A monarquia passa a ser constitucional, e não mais absolutista.

Vão dizer que com essas palavras a revolução está "triunfante". Com d. João e toda a Casa Real sendo obrigados a jurar a Constituição que as Cortes de Lisboa quiserem, a revolução (começada no Porto e culminada no Rio, a nova capital da monarquia) está agora no auge.

(Mas o rei "já não representava a nação", vão dizer alguns, no momento em que as Cortes passam a abolir o Juízo da Inconfidência. Em 31 de maio, um decreto fará com que os crimes de lesa-majestade passem a ser de lesa-pátria, julgados na Vara de Correição dos Crimes.)

Rei volta e príncipe fica: "volta, querido"

Aos 7 de março d. João anuncia por decreto (porque aqui tudo funciona assim) a sua volta para Portugal, ficando Pedro como regente. E mesmo sob protestos populares, o rei agora embarca, aos 26 de abril, deixando caírem lágrimas de seu rosto – *Ó mar salgado, quanto do teu sal....*

A rainha Carlota parece felicíssima, e aproveita para amaldiçoar estas terras: daqui, ela só vai guardar na memória que havia muitos negros (e deles não percebeu o que tinham de melhor)...

A esquadra é composta de duas fragatas e nove navios de transporte, levando *40 mil pessoas* (oh!) e 50 milhões de cruzados. E assim o rei abandona a estrutura de um Reino Unido, que ficará sem dinheiro: deixa vazios os cofres, enquanto parte com a Corte...

E em Portugal só se quer que o Brasil volte a ser colônia. Há mesmo um antibrasileirismo latente. Nas ruas do Rio, distribuem-se panfletos para discutir a questão. *"Devem nas presentes circunstâncias El-Rei e a família real de Bragança voltar a Portugal ou ficar no Brasil?"* Alguns até já gritam: *"Abaixo o absolutismo"*. E neste 26 de abril d. João parte mesmo para Portugal, deixando seu filho Peu como regente, assim nomeado quatro dias antes.

Pulemos agora para o dia 5 de junho, quando Peu começa a renovar como quer o Senado e a Câmara do Rio. Passam-se três dias e ele torna obrigatório um novo juramento para todas as Câmaras e povo, demonstrando repúdio ao regime absoluto (até então o vigente), e tratando de aderir – com todo o Reino do Brasil – ao regime constitucional.

6

Que país é este?

A volta – balanço geral da pobreza

Esta volta de d. João VI a Portugal, no ano de 1821, depois de ser convocado pelas tais Cortes (que em sua revolta também deram fim ao "poder divino do rei" – pelos mesmos valores dos que expulsaram a família real para o Brasil), parece, enfim, não fazer sentido.

Por aqui, como se sabe, o Brasil é um "mar de analfabetismo" (mas já menos do que na época indígena e que nos séculos anteriores, vão dizer os otimistas...). Uma "minúscula elite local", formada em universidades europeias e lapidada pelos "valores da maçonaria", quer seguir o caminho de todo o resto do continente, começado pela independência americana de 1776.

Mas segue-se um caminho muito próprio, já apontado alguns capítulos atrás: não haverá uma república (como em todos os países vizinhos), mas se manterá a monarquia. Comparando-se às guerras de independência dos outros países, haverá muito menos sangria, e os modelos político e econômico mal serão "arranhados". Se nas outras nações se conquistaram novos territórios com guerras, e modernizam-se as formas de governo, por aqui parece que as novidades são para deixar tudo como está...

A vantagem dessa "transição pacífica para a autonomia" será manter-se quase todo o território (perdendo-se, talvez, a Cisplatina, mas ganhando-se o oeste de São Paulo – o que serão as futuras províncias de Santa Catarina e territórios no Mato Grosso –, Amazônia, e ainda onde serão os estados de Roraima e Acre – que só será brasileiro em 1909, dirá a árvore).

E, enquanto o príncipe regente jurava as "*Bases*" liberais-republicanas, também foi criada aqui uma Junta Provisória de nove deputados representando o povo e tropa eleitos pelo Rio, para fiscalizar os atos de Sua Alteza (não deixando que extrapole as "decisões das Cortes lisboetas").

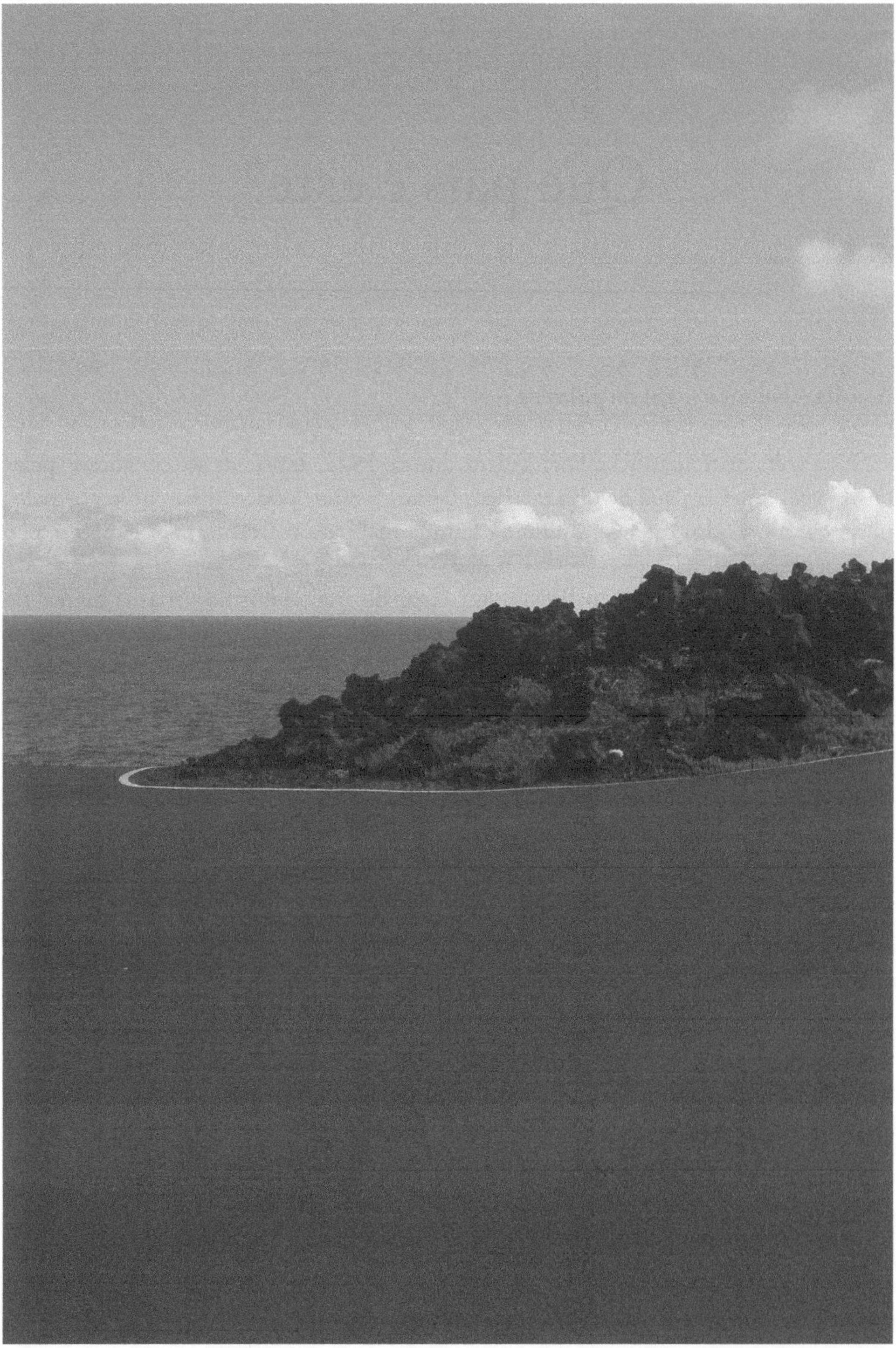

Depois da ida de João VI para a terrinha

Alguns historiadores entenderão que, quando o rei partiu de volta para Portugal (aos 26 de abril), havia no Brasil *três forças alinhadas*: os absolutistas, os monarquistas constitucionais parlamentares, e os republicanos democráticos (ultraliberais e demagogos – de Varnhagen).

Os primeiros se inspiravam nos filósofos Hobbes e Bossuet, pedindo a volta do regime (de monarquia absoluta) derrubado pela revolução (da nobreza) de 26 de abril de 1820. Os segundos representavam uma nova classe, a burguesia (dos comerciantes ricos, parte da nobreza e dos proprietários rurais: a maçonaria). Os terceiros queriam a reforma das instituições e a queda da Monarquia, substituindo-a pela República, o governo do povo (eram os liberais inspirados no Contrato Social de Rousseau, e em Locke).

A luta pela Independência está se dando dentro desses partidos; e antes dela, o príncipe-regente estará de "pés e mãos amarrados às 'Cortes'", sem ter como fazer suas alterações político-administrativas.

Os partidos políticos começam uma luta para "modificar os governos provinciais, desligando-os do antigo regime monárquico absolutista". Trata-se de "uma contrarrevolução em oposição às Cortes".

Um novo príncipe (de tendência autoritária) no poder-liberal

O governo de Peu como príncipe regente começa mal: autorizou seus guardas a usarem baionetas para reprimir manifestações populares contra mudanças em Portugal (estas que eram claramente no sentido de retomar o controle sobre o Brasil).

Morreram pelo menos três pessoas. E logo se viu que as medidas dos portugueses visavam diminuir o poder do regente. Foi quando ele "começou a pender a favor da Independência da colônia". Pois o tempo já começa a mostrar nele uma *identificação muito maior com o Brasil*, onde cresceu e foi educado. Mas seu posicionamento político também está sendo determinado pelas "atitudes agressivas vindas de Lisboa".

Enfim, *Liberdade*

Um decreto de 31 de março deste ano de 1821 está a abolir a Inquisição... A censura passa às mãos agora apenas do Ordinário (da fé cristã) e do Desembargo do Paço (questões políticas). Também na "terrinha", por lei de 4 de julho, será proclamada a *liberdade de imprensa* (por decisão das Cortes de Lisboa).

E assim, proliferam-se as "tipografias" no Brasil, com jornais e folhetos (de "maioria anônima") sendo publicados "periodicamente".

(Por isso, em janeiro do ano que vem, Pedro proibirá a obscuridade das obras e em junho será publicado decreto "contra os abusos da imprensa", o que valerá até o ano seguinte – 1823 –, quando passará a vigorar projeto de lei "sobre a liberdade de imprensa da Assembleia Constituinte". Essa lei vai determinar que nenhum escrito – "de qualquer qualidade, volume ou denominação" – se sujeitará à censura, antes ou depois da impressão. Será permitido, enfim, *"a qualquer pessoa imprimir, publicar, vender e comprar os livros e escritos de qualquer qualidade, sem responsabilidade"*. A não ser quando se quer... *"abusar da liberdade de imprensa"*.)

7

Preparando-se para "ficar"

Rafael de volta à história

Agora em 1821, este político de São Paulo entrará para a vida pública, representando a comarca de Itu. É uma das que integram o Legislativo, e terá voz na comissão de deputados brasileiros que irá às *Cortes Gerais e Constituintes de Lisboa*.

Rafael está com 26 anos. É um homem responsável, maduro, no cargo de administrar os próprios bens, bem como os deixados por seu pai e sua mãe aos demais herdeiros (o pai falecera em abril de 1818, quando ele tinha apenas 23, cabendo-lhe administrar a papelada, as fazendas, a escravaria e os negócios com o sócio João Rodrigues de Almeida – futuro barão de Ubá –, que está na Corte). E por isso precisa viajar várias vezes ao Rio, com todas as dificuldades que existem: são viagens complicadas e trabalhosas, sejam por mar ou terra.

E ele agora, como eleitor paroquial da comarca de Itu (à qual pertence Sorocaba), e sargento-mor desde 1814, vai atender ao chamado de Oeynhausen, presidente da província, para comparecer com outros 34 eleitores paroquiais ao Paço do Conselho da Comarca (sede) de Itu. E lá, diante do desembargador ouvidor-geral, vão todos escolher juntos (por voto secreto) os seis representantes de São Paulo, para elegerem, em terceiro turno, os deputados gerais que vão às *Cortes de Lisboa*, como já havíamos mencionado.

Início vitorioso na vida púbica

Rafael Tobias está obtendo uma vitória expressiva e feliz, ficando abaixo apenas de Nicolau Vergueiro. Daqui em diante, eles serão todos companheiros de luta política, a não ser José de Almeida Leme, que irá para o Partido Conservador.

Concluídas as eleições em Itu, os eleitos se reúnem em Sampa com os representantes de Curitiba e Santana do Paraíba aos 6 de janeiro deste ano de 1821. Vão eleger (nesta *Casa do Conselho* da província paulista) os deputados que representarão a província nas *Cortes Extraordinárias e Gerais*. São eles: Nicolau Vergueiro (coronel),

Rafael (sargento-mor), Antônio Feijó (sacerdote), Antônio de Barros (capitão), José Leme (coronel), Bento de Barros (capitão) e Francisco Melo (substituto).

Já no dia seguinte, 7, lavra-se nos Paços do Conselho de Capital o *Auto de outorga de poderes dos eleitores deputados da província de São Paulo*. Saltamos agora para 18 de janeiro, e a Câmara Municipal de Sorocaba recebe oficialmente o comunicado dos deputados eleitos. "Nesta sessão deu-se conta do ofício remetido pelo Governo da província à edilidade, em 8 de agosto."

Rafael, portanto, está ingressando na política ao lado de nomes já conhecidos: Paula Souza, Vergueiro, Feijó, Antônio Carlos, Martim Francisco ("que morou em Sorocaba, lá por 1818", e teria dado aulas a Rafael), José Bonifácio (que também visitou Sorocaba) e outros políticos que traçarão amizade com ele ao longo do tempo.

Manifesto do príncipe regente (quase uma ficção)

Havia um movimento... português. Quis-se (mesmo a população em geral) a volta da família real e restauração do reino animal, digo, vegetal, ou melhor, humano (o reino como sistema político, entenda-se...). A solução encontrada por d. João VI foi voltar, ele, e aqui deixar seu filho, Pedro, como já narramos... E assim, pressionado, ele ia para a terrinha, e Peu aqui ficava como príncipe regente.

Enquanto lembramos, reconhecemos haver certa confusão no tempo do que vinha sendo narrado, pois é agora, neste 25 de abril de 1821, que d. João VI volta a Portugal "deixando d. Pedro como herdeiro de uma dívida milionária".

E Peu agora, escrevendo ao pai, queixa-se da penúria de nossa economia e dos "apertos para dar conta da folha de pagamento pública" (e se formos olhar para o futuro, o da cidade que deixará de ser capital quando já não houver reino, e sim república, e mais à frente deixará de ser Estado, para então se tornar uma cidade qualquer como as outras, será ainda a mais endividada, e com mais funcionários públicos, proporcionalmente ao seu número de habitantes), chegando-se a "cunhar moedas com o cobre que conseguiam arrancar de velhos navios!", prevendo que logo os soldados reclamarão da falta de soldo.

Com esses fatos que vão se desenrolando ao mesmo tempo (por esta imprecisa narrativa), começam a chegar ordens das Cortes de Lisboa para que o príncipe também volte a Portugal, e imediatamente, estabelecendo-se o fim da regência...

(Por causa disso, os governos de Rio, São Paulo e Minas vão apoiar d. Pedro em seu famoso "fico", que se dará aos 9 de janeiro do próximo ano.)

As excelências do Sul, e suas excrescências

Em breve, "nossos" deputados paulistas, eleitos em agosto deste ano de 1821, começarão a chegar a Lisboa e logo notarão o caos instalado nas Cortes, assim como no próprio país, sem rei desde 1808 (pois mesmo com a volta de d. João VI, são as Cortes que continuam "mandando e desmandando", e sem qualquer tradição parlamentar, após anos e anos de absolutismo...).

O objetivo comum, motivo das reuniões, será o fim do absolutismo. Mas mesmo entre os deputados, há várias correntes liberais defendendo formas diferentes de governo, como a monárquico-constitucional-parlamentar e a simples república, pelo fim da monarquia, como dissemos...

Rotina das Cortes

Agora, aos 29 de setembro, essas Cortes emitem dois importantes decretos: o de nº 124 extingue o Governo-Geral no Brasil (vigente desde 1548) para reorganizar os governos das províncias (o que, para os críticos, só levará o país à fragmentação em "republiquetas" de governos eleitos por povo e tropa). Cada província terá sua Junta Provisória eleita, e não mais os capitães-generais.

O de nº 125, do mesmo dia, pede o *"quanto antes"* a volta de Pedro a Portugal, passando *"incógnito às Cortes e Reinos de Espanha, França e Inglaterra"*.

Enquanto isso, cerca de dez dias depois (já estamos em 10 de outubro), a Junta Provincial em Sampa resolve aprovar as "recomendações" de José Bonifácio de Andrada, antes mesmo que esses decretos cheguem ao Brasil (o que se dará em 9 de dezembro). Ao que se verá, essas "instruções" de JB conflitarão com todas as medidas do decreto nº 124...

Ao que parece, todo esse período, de ordens, novas ordens e mais ordens só trará insurreições e protestos contra os atos legislados nas Cortes. E eles poderão levar mesmo (será isso uma premonição?) à nossa *proclamação de Independência...*

Sim, trata-se de um período tumultuado porque, pelo decreto nº 124, os governos das províncias (antes capitanias), nomeados pelo rei, serão substituídos por Juntas Provisórias de cinco a sete membros, eleitos por paróquia. Parece ser o fim do absolutismo (vigente de 1548 a 1815), e início do liberalismo.

Duas correntes, portanto, de pensamentos opostos (mas não tão opostos como virá a ser no século XX) dominam a política social administrativa no Brasil. Uma "ala" (liderada por um tal Gonçalves Ledo, e apoiada pelo Senado e Câmara do Rio) defende que se acatem os dois decretos; outra, a de José Bonifácio (apoiada pelo Senado e Câmara de São Paulo), repudia o nº 125 e se opõe ao embarque imediato do príncipe para a metrópole.

"Edson Paulo? É, de São Paulo..."

Como estamos vendo, as Cortes de Lisboa discutem muito, e também acabam de aprovar (jurando as Bases da Constituição) uma lei preponderante sobre as terras na América, em que se prevê a eleição de representantes nela mesma.

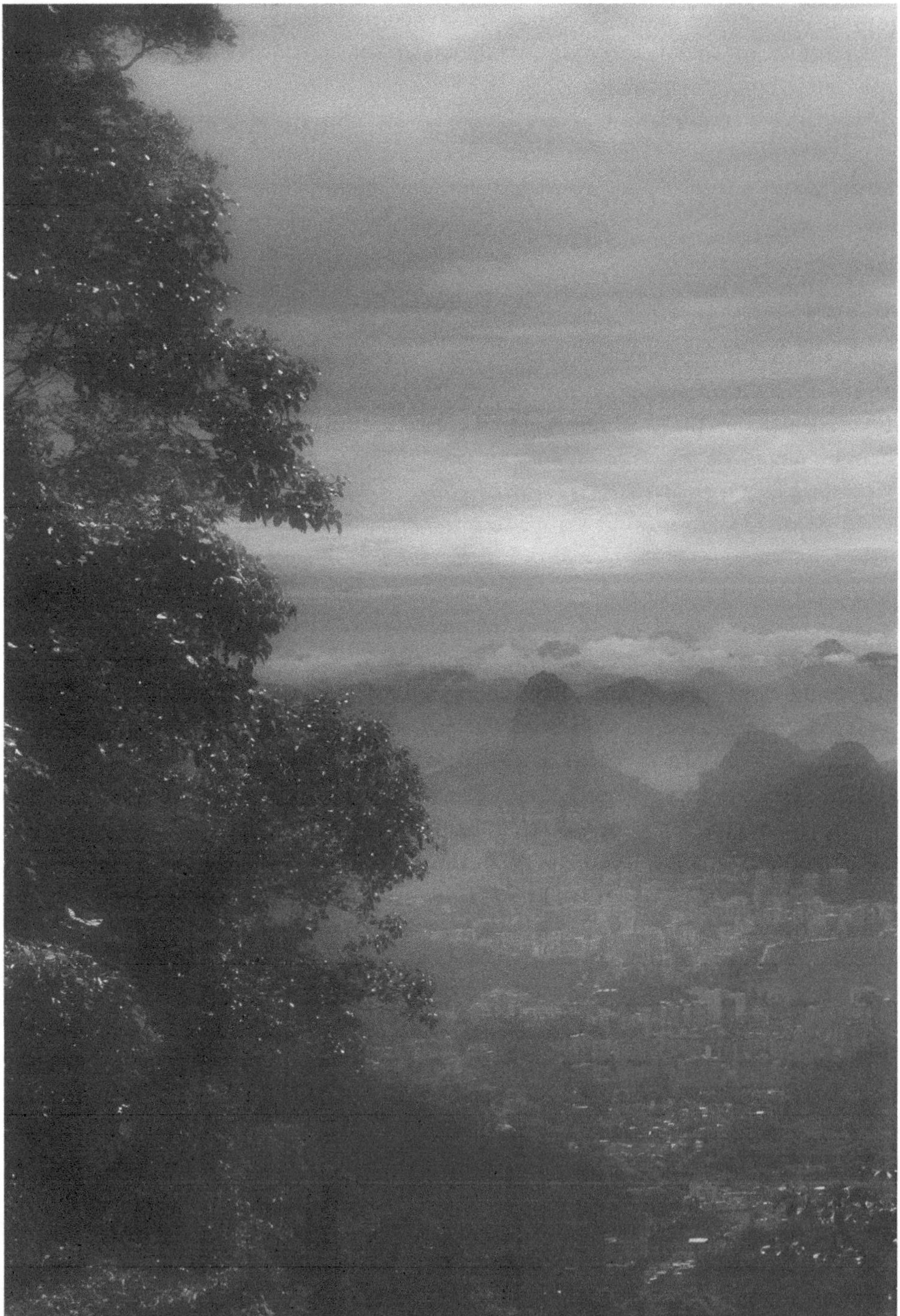

São Paulo está tendo um papel relevante na luta pela autonomia das províncias, que originalmente se submetiam ao governo absolutista (não integrado ao regime liberal, que é aquele escolhido pelo povo e tropa).

As juradas "bases", impostas pela Revolução do Porto (1820), organizaram-se no Brasil por imposição popular, "juntas ou governos provisórios que substituíram a administração dos antigos capitães-generais", aqueles "senhores de baraço e cutelo segundo as práticas do regime colonial".

Vejo o Rio de Janeiro

Diferentemente do "provincianismo" de Sampa (como já vínhamos chamando essa vila, numa espécie de trocadilho com samba – e a ver como certos baianos sotaquejam o nome do santo), o Rio destes tempos é uma metrópole pulsante.

Entre 1799 e 1821, saltamos de 43 para 79 mil o número de nossos habitantes (quase dobrados em 20 anos, agora que nos tornamos capital). Muito desse crescimento se deve à vinda da família real, em sua fuga dos franceses. O Rio virou a capital de um Reino Unido (o "único das Américas", atraindo para a cidade um batalhão de comerciantes, diplomatas e trabalhadores).

Por muitos séculos, a cidade ainda herdará os bonitos conjuntos arquitetônicos deste tempo em que se recebe a Corte portuguesa, como o largo do Paço ou como o chafariz do Mestre Valentim (em homenagem a seu projetista, Valentim da Fonseca e Silva), que neste momento está sendo retratado por Jean-Baptiste Debret em uma belíssima aquarela e no futuro se manterá onde haverá a chamada praça XV, no que será considerado uma espécie de "centro histórico".

(Enquanto em Sampa sobrarão, por ironia, afora o paço do Colégio e o futuro solar da marquesa de Santos, apenas algumas poucas construções desta época, devido à *"força da grana que ergue e destrói coisas belas"*. Essas que serão as duas maiores cidades brasileiras vivem pois, nesta época, realidades bem distintas.)

Como dirá um certo Luiz de Alencastro, o Rio é hoje um *"refúgio da legalidade monárquica no Novo Mundo"*. E é assim, também, o refúgio de setores ligados à monarquia espanhola, que fugiram das colônias revoltosas em vias de se tornarem repúblicas (ou "republiquetas", para sermos mais exatos).

Há também um grande fluxo de africanos, pois o Rio transformou-se no *"maior terminal negreiro da América Latina"*. Por outro lado, o número de habitantes livres mais que dobrou nesses 20 anos (aumentando mais do que o número de habitantes em si), chegando a 46 mil pessoas.

O Rio é, assim, uma cidade cosmopolita, "com ligações com as metrópoles europeias, com a nobreza desalojada da América Latina de língua espanhola e com a África e seus poderosos traficantes de escravos".

Instruções de Bonifácio aos deputados que vão a Lisboa: projeto de país e Constituição

Falta pouco para que esses deputados eleitos por Itu e Sampa (nossos representantes de província) cheguem a Lisboa e se dirijam às Cortes. Levarão, sim, as *"Instruções"* (ou "recomendações") deste José Bonifácio, que estão sendo agora elaboradas (aos 9 de outubro), sobre como deverá (ou deveria) organizar-se o tal *Reino Unido do Brasil e Portugal*.

O que essas instruções representam é o sonho de JB de um *Império Monárquico-Constitucional-Parlamentar*. Nos três capítulos cuida-se dos negócios da União (chamada de Império Lusitano), do reino do Brasil e da província de São Paulo. São recomendadas "a integridade e a individualidade do Reino Unido, a igualdade dos direitos políticos e civis dos cidadãos".

Propõe-se haver quatro poderes: legislativo, executivo, judiciário e moderador: "um Corpo de *Censores* controlando a atribuição dos deputados, dos conselheiros de Estado, dos magistrados e outros". E também que se organize um Governo-Geral Executivo para o reino do Brasil, ao qual se submetam os governos provinciais. Ele cuidará "dos Códigos Civil e Criminal" que serão elaborados pelas Cortes da nação. Cuidará "do ensino primário e secundário", e da criação de uma USP (acredite-se).

O documento das *"Instruções"* também se refere à ereção de *"uma cidade central para a capital, na latitude de, mais ou menos, 15º* (e se houver, no futuro, a cidade de Brasília, ela estará exatamente neste paralelo, aos 15,7801 ou 15º46'48" – talvez em 1960 essa recomendação seja seguida também em resposta aos ideais euclidianos de construir-se *"como melhor meio de povoamento do interior e de circulação do comércio interior no vasto Império do Brasil"*).

8

Um tal JB

O "visionário"

A "Instruções" de JB, que alguns consideram sábio, aparenta ter visões muito "avançadas" para a época em que estamos. Defende os ensinos de Medicina, Veterinária, Mineralogia, Economia, o controle "das terras devolutas, da colonização europeia, das sesmarias" (devendo os sesmeiros *"reservarem a sexta parte do terreno para matas e arvoredos* e não derrubarem e queimarem as florestas sem fazerem novas plantações").

Talvez no futuro venham a dizer que ele fosse "grande", "sábio", "visionário", capaz de ver "os dendroclastas de motosserra em punho, dizimando nossas matas, sob o olhar búdico e indiferente de nossos governantes"...

Bonifácio *versus* Feijó, nas Cortes de Lisboa

Esses dois amigos começam agora a perceber que têm ideias bastante estranhas uma à do outro quando se pensa o futuro do Brasil. E assim começam a travar longos debates nessas Cortes de Lisboa.

Feijó começara a vida política em Itu à mesma época que Rafael (o que os uniu pela vida afora). E nas Cortes está apresentando um projeto alternativo ao de JB. Ele quer a libertação do Brasil, *"reconhecendo a independência de cada uma das províncias"*, enquanto não se fizer a Constituição.

Nasceu assim uma divergência. Rafael, apesar de amigo de Feijó, está do lado de José Bonifácio, "advertindo que se se concedessem liberdade e autonomia às províncias estas se esfacelariam em republiquetas" (como prevê JB). Rafael assim "navegou entre os mares enfurecidos de tão respeitáveis rivais".

A animosidade entre Feijó e os Andradas vai aumentar ainda mais ao longo do tempo.

O desfecho de ano para Peu

Nota-se que no ano que passou, o segundo semestre foi ainda mais tenso. Peu recebeu apoio dos jornais maçônicos, colocando-se favorável à Independência e "sensível à ideia de assumir o trono do Brasil".

Pouco antes de seu aniversário (e lembramos que ele é de 12 de outubro, signo de libra, nascido em ano que no horóscopo chinês corresponde ao do cavalo, e sempre soubemos ser ele um excelente montador, independentemente de tanto cair do cavalo de si mesmo), a cidade foi tomada por panfletos dizendo que ao completar 23 anos ele seria proclamado imperador.

Mas "a cada passo dado à frente", vinha outro "para trás". Peu escreve agora ao pai jurando fidelidade e obediência (já vinha meio esquizofrênico desde lá, não por culpa própria – sendo apenas vítima das inúmeras circunstâncias contraditórias), "assinando com sangue ou tinta vermelha" cartas que atravessarão os mares, e nas Cortes lisboetas as pessoas apenas rirão desses juramentos.

Agora, no começo de dezembro, há um novo "empurrão" que faltava ao "arranjo" dos que não querem que ele parta: um decreto que ordena a volta do príncipe a Portugal.

Não param de chover folhetos.

A resolução das Cortes está sendo chamada de *"ilegal, injuriosa e apolítica"*.

Carta de Bonifácio a Pedro

O diferencial de JB no preparo de um independência política é a carta que ele envia agora a Pedro (que ainda se sente pressionado pelos que pedem a sua volta à Europa). Para convencer o príncipe a ficar, JB escreveu sua biografia de covardia, a de um futuro príncipe fujão, que vê a honra sendo demolida...

Nota-se o poder das palavras:

Além de perder para o mundo a dignidade de homem e de príncipe, terá também de responder, perante o céu, ao rio de sangue que decerto vai correr no Brasil.

É esta a carta que Pedro começa a ler bem na virada do ano, em 1º de janeiro de 1822. E assim, no dia 18, já convoca JB para ministro do Reino e dos Estrangeiros, sendo ele o "primeiro brasileiro a ocupar o posto" (mesmo não sendo tão brasileiro assim).

A baixaria das Cortes

Neste início de *1822*, vemos as Cortes de Lisboa "decepcionando cada vez mais", hostilizando o Brasil, "relegando-o a plano inferior e até colonial", pedindo a volta de d. Pedro (decreto nº 125) e, por causa disso, surgindo a Junta Governativa de SP, a

Câmara Municipal e o Senado... O bispo dom Mateus de Abreu Pereira foi oficiado a S. M., "rogando-lhe permanecesse no Brasil".

Esse apelo tem o apoio da maçonaria e da imprensa, e ainda se colheram 8 mil assinaturas do povo no Rio. Por isso, no dia 9 (de janeiro), o presidente da Câmara e Senado do Rio, José Clemente Pereira, leva o apelo à S. M., querendo obter "sim" como resposta.

E assim o é (dizem):

– *Como é para o bem de todos e felicidade geral da nação, estou pronto: digam ao povo que fico!*

Stay and help me to end the day

Tal "fico" – e que se entenda bem – não se trata de um ficus, *ou figo, mas de uma conjugação, a mais simples – 1ª pessoa do singular do presente do indicativo – do verbo "ficar", que como "ser, estar, permanecer, 'jazer'" e outros trata-se de um verbo de ligação, mas não neste caso, porque, queiramos ou não, "ficar" pode ser considerada também uma ação, embora aparentemente estável mas, diga-se, pela Física Quântica, nada é estável, tudo está em movimento, e inclusive o observador dessas coisas que se locomovem, ou seja, Deus, ou outro nome que se dê, é algo que também se transforma, e não é o mesmo de hoje aquele que mandava matar qualquer povo inteiro que se colocasse metido entre ele e seu povo escolhido, fosse qual fosse, índio ou não índio, mas estávamos a falar que "ficar" é um verbo ativo, uma ação de movimento, diferente de "parar", pois pode-se "ficar em movimento", pela tal inércia inventada por outra física qualquer, mas queríamos dizer da não ação que não necessariamente será uma reação (uma "ação em troca"), algo que já se pregava nas filosofias mais antigas, como o próprio hinduísmo no seu célebre* Bhagavad Gita, *pela voz de Krishna, o avatar de Vishnu que dizia a Arjuna ser devido à sua condição social, de corajoso guerreiro – a mesma em que se vê agora Peu, e por isso traçamos esta comparação –, melhor assumir uma ação do que uma não ação; e por isso, insistimos, esse "ficar" a que foi encorajado d. Pedro, no caso, só num gesto de pura coragem é que seria mesmo possível cometê-lo, este "ficar", sim "ficar", que é o mesmo que "permanecer" – não vamos agora traçar paralelos ao linguajar dos futuros adolescentes –, era muito mais uma ação transformadora do que uma não ação.*

E Rafael, o que tem a ver com isso?

Tudo isso passou a provocar reação nas "ordes" (tropas) portuguesas, aquarteladas na Corte a comando do ten.-gen. Jorge de Avilez Zuzarte de Souza Tavares, encarregadas de "forçar o príncipe a obedecer às Cortes". Até que essa tropa do tenente-general "singrasse de volta os mares" (aos 15 de fevereiro), haveria "choques e distúrbios entre brasileiros e portugueses".

Em São Paulo, abrem-se subscrições para ajudar o príncipe a reunir tropas, vesti-las e armá-las em defesa do "fico" e seu ideal. Sorocaba também faz parte. Faz-se uma relação dos liberais sorocabanos, liderados por Rafael Tobias, que inaugura as doações com 12 contos de réis (ouro). É mais uma prova de seu mais puro nacionalismo.

O próprio presidente Oeynhausen atende ao apelo do príncipe e determina a marcha para a Corte ("para combater as tropas de Avilez") de 1.100 homens, de 1ª e 2ª linhas, comandados pelo cel. Lázaro Gonçalves – esta que está sendo chamada de coluna de *Leais Paulistanos*.

Soldados da cavalaria sorocabana estão sendo armados e recebendo munição de Rafael Tobias para também integrarem-se à coluna. Um dos comandantes, Gavião Peixoto, é amigo próximo de Rafa.

9

1822 – como pré-instauração do "novo"

Por que "fico"?

O ano que ora adentramos talvez passe para a História como aquele em que se proclamou a Independência. Mas na verdade, para o príncipe, haverá questões internas muito mais importantes, como bem veremos. Quando lá por 7 de setembro (dirá a árvore), pouco antes de fazer 24 anos, ele descobrir o que quer da vida, talvez venha a tonar-se o primeiro imperador deste novo país – cargo que ocupará por cerca de nove anos (para os que gostam de adivinhações) –, e ainda poderá ser coroado em Portugal como rei Pedro IV...

Sim, em resposta ao decreto que ordenava sua volta à "terrinha", Pedro anunciou naquele dia que ficava. Era um passo importante para a Independência, que poderá ser proclamada em 8 meses (e se era um homem que "ficava", fazia-o para "ficar" com as mulheres que lhe dessem oportunidade: a de mostrar todo o amor que sentia, seu maior impulso...).

Situação tensa. "As províncias do norte só obedeciam a Lisboa". Na Corte, d. Pedro "estava a mercê de tropas portuguesas que endossavam os protestos populares e os desígnios das Cortes". Estava em um fogo cruzado: obedeceria ao pai e imporia sanções ao Brasil, ou reagiria: manifestaria o desejo pela Independência.

Faz-se a História

Já sabemos que o famoso "fico", que virou depois "o dia do fico", foi em reação a um decreto português recém-aprovado em Portugal: ele exigia a volta do príncipe para a Europa. Em meio a essas pressões e manifestações a seu favor, parece que o regente afrontou mesmo a ordem para poder "ficar". E muitos acham que agora não tem mais jeito, e por isso, por causa do "fico", o país vai mesmo se tornar independente.

(Já se disse que participou desse "fico" um tal José Clemente Pereira, nascido em Portugal, na vila de Castelo Mendo... Ele "lutou contra os militares franceses antes de chegar ao Brasil, em 1815", e em 1822 era presidente do Senado. Foi ele quem entregou a d. Pedro a declaração pedindo sua permanência no Rio – manifestação que culminou neste tal "fico", da qual JB também participou.)

(E, se houver mesmo a Independência, esse José Clemente vai precisar se exilar, pois defende a monarquia constitucional. Mas depois voltará para ser deputado e ministro da Guerra do filho de d. Pedro, dirá a árvore.)

Mais detalhes

Convencia-se os brasileiros a pedirem que Pedro "garantisse a representação de que o país *já gozava*" (e era no que mais ele pensava, vulnerável que era às sugestões de sexo, e juntamente com seu amigo do palácio corria ainda mais atrás das mucamas).

E assim, naquele dia foi feita uma representação "pedindo-lhe que não partisse". Com a decisão de formalizar esse "ficar", aos 9 de janeiro, é que a data passou a ser conhecida como "dia do fico".

"A ficada" passou a ser "um caminho sem volta", e os atos seguintes configurarão ainda mais sua ruptura com Portugal. "As tropas lusas que não lhe juraram fidelidade foram obrigadas a deixar o país".

O seu ministério, ora pois, apesar de composto por ministros portugueses, passou a ter *a chefia de um brasileiro*, José Bonifácio de Andrada e Silva, o Zé Bôni, ou JB.

"A lusofobia aumentava a olhos vistos e preparava o rompimento definitivo".

Pedro e as amantes

Dizem que é por toda essa pressão política que Peu se sente cada vez mais empurrado para os braços das mulheres...

Viagem a Minas – um amor que atravessa gerações

Certo José Carneiro Leão, de cerca de 40 anos, hoje o conde de Vila Nova de São José, fora amante de d. Carlota Joaquina, mãe de Pedro, e tem uma filha de criação, sobrinha de sangue, de nome Adozinda Carneiro Leão, a "Zindinha". Há dois anos ela teve um relacionamento discreto com Peu de Alcântara, mas não tão discreto assim, porque no ano passado acabou nascendo uma menina...

E agora se vê que não era caso único, porque na viagem que faz a Minas o príncipe está se encantando, e deixando-se encantar, por d. Luísa Clara de Menezes, a "Luisinha". Ela depois irá para a Corte e, como resultado dos encontros furtivos que ainda terá com o príncipe, acabará também engravidando. E, para dar alguma ordem ao caso, vai se casar com o militar José Severino de Albuquerque, e assim dar à luz a menina Mariana Amélia.

Ah..., e se é para falar, lembremos que por esta época (o início de 1822), em Minas, o príncipe regente também está conhecendo Gertrudes Meireles de Vasconcelos, a "Tudinha", e diz-se ser deles um filho que será oficial da Marinha, Teotônio da Silva.

Amores de amantes amadas

Vê-se que fora do Rio, em Minas, é onde o príncipe está mais à vontade, e menos vigiado, para pôr sua natureza à prova e seguir os próprios instintos. Já se elabora em sua cabeça (porque daqui podemos olhar os neurônios e toda a química que rege seu cérebro) que o mesmo se poderá dar em São Paulo, na viagem que, já sabemos, deverá acontecer lá por volta de agosto.

Mas aproveitamos também o ensejo (ou temática, sem precisar voltar a ela em meio a tantos outros assuntos – decerto menos importantes para os que se interessam por política, e mais aos que se interessam pelo sexo, pelo amor e pela leitura de novelas literárias –, em especial as fantasiosas) para citar, "apenas", duas novas histórias.

A primeira foi com Ana Sofia Schüch, enteada do bibliotecário particular de d. Leopoldina (e que um dia haverá de ser diretor do Gabinete Mineralógico do segundo rei do Brasil, filho de Pedro e Leopoldina), o austríaco Roque Schüch (que fora antes, também, professor no Museu Nacional de Viena). De Pedro e Ana Sofia nasceu Augusto.

A segunda foi com Régine de Saturville, a esposa do joalheiro judeu Lucien Saturville. O casal morava na rua do Ouvidor, e certa vez Peu estava na loja do marido... Bem, não vamos entrar em detalhes, mas o fato é que depois de Lucien voltar à França, "acusado de contrabando", Régine passou a receber o príncipe no Hotel Pharoux por algum motivo que poucos sabem, e outros bem imaginam...

Pé no chão

Mas voltemos à política...

As tropas portuguesas do Rio são comandadas pelo general Avilez, que por esta época começa a movimentá-las em cumprimento às ordens de Lisboa. Pedro tirou a família da capital e, em carta de 12 de janeiro pedira às províncias de São Paulo e Minas que enviassem tropas para a Corte.

São Paulo foi que atendeu primeiro à solicitação, mas por meio dos "capitalistas" (ainda não há bancos, e os paulistas endinheirados, ricos de fato, emprestam capital ao governo em casos especiais). Eles armaram e despacharam 1.100 homens, os *Leais Paulistanos*, de que já comentamos. Entre eles está o jovem cadete Francisco de Castro do Canto e Melo, caçula de uma família de militares que já bem conhecemos e viemos acompanhando de perto pela história de uma de suas irmãs, Domitila de Castro.

Bonifácio vai à Corte

Na delegação paulista que chega aos 19 de janeiro está este ilustre senhor, e ele é então nomeado nosso ministro do Reino e do Estrangeiro. A partir de agora, será o principal conselheiro político de d. Pedro.

Porém, como temos notado, em São Paulo o governo está rachado entre "andradistas" e dois "capitalistas", Francisco Inácio de Souza Queirós (representante do *comércio* na Assembleia) e José da Costa Carvalho (ouvidor-geral). JB chama então ao Rio o presidente Oyenhausen, que tem um pé em cada lado (mas paralelos, e não virados em contrário). Com os dois fora da província, Martim Francisco assume por este momento a presidência da junta.

Já se sabe pela árvore e uma aranha que, junto a Pedro, Bôni há de urdir por 18 meses "as teias da independência". Dirá certo historiador (um tal Jorge Caldeira) ser JB *"um homem com um projeto de Brasil"*. É ele quem protagonizará a principal das ações de "recusar as ordens que vinham das Cortes portuguesas". E outra importante: "dar forma política e institucional" ao futuro país.

(No futuro hão de ser feitas análises históricas a dizer que *"nenhum outro homem público brasileiro fez tanto em tão pouco tempo"* – Laurentino Gomes.)

Não foi à toa que dedicamos todo um capítulo a ideias e pensamentos desse luso-brasileiro, ou brasileiro de formação europeia.

10

Política paulista

Já estamos em abril

Neste dia 13, o capitão, general e presidente de São Paulo, Oeynhausen, está encomendando ao bispo diocesano os procedimentos da eleição. Como em Portugal, haverá a primeira escolha de deputados na província de São Paulo.

A representação tem como base 30 mil cidadãos, com o excedente de 15 mil dando direito a mais um deputado. Diz-se que no ano da chegada da Corte ao Rio haveria 2.323.386 habitantes – pouco mais, pouco menos, conforme o horário exato –, e assim o Brasil teria direito a 70 deputados (dos quais uns 50 chegarão a exercer mandato), para uns 130 de Portugal.

É um sistema eleitoral complicado. Os moradores de cada freguesia elegem compromissários, que por sua vez designam um eleitor paroquial, "*na razão de 11 votantes e 200 fogos*". Os eleitores paroquiais "*reunidos na cabeça da comarca*" escolhem em voto secreto os últimos eleitores, que na proporção três para um (15 eleitores elegem cinco representantes), também em voto secreto, na capital da província, fazem a seleção final dos deputados.

Início dos tumultos

Vários acontecimentos estão levando à animosidade entre paulistas e portugueses, e entre os paulistanos e os Andradas. Com Oeynhausen na presidência, eclodirá agora o movimento que será chamado de "bernarda", o de Francisco Inácio.

Oyenhausen, como sabemos (ou passamos a saber), é filho de francês com mãe portuguesa, e fez-se oficial da Marinha, geógrafo e notável engenheiro militar.

Vê-se logo que "*povo e tropa reuniram-se em praça pública, impondo o fim do regime de 'baraço e cutelo'*".

Sampa – a habilidade de JB

JB já está sendo aclamado o novo governador da província, mas prefere manter João Carlos Oyenhausen à frente e ser o vice. Há um evidente mal-estar entre os dois grupos, e nem quando JB virou ministro de Pedro (indo para o Rio, em janeiro deste ano) isso chegou a diminuir. "Na verdade, piorou".

Oyenhausen será agora deposto, mas JB, com habilidade para equilibrar os dois partidos (o brasileiro e o português), formará o novo governo que surge colocando um de seus irmãos na presidência, ele mesmo ainda na vice e Martim Afonso como "deputado" (secretário do Interior e da Fazenda). Antônio Carlos será deputado nas Cortes, e haverá também representantes do Clero e das Forças Armadas.

Quer dizer: JB conseguirá fazer com que Pedro destitua Oyenhausen, e aos 23 de maio estourará a tal "bernarda", isto é, a rebelião liderada pelo coronel Francisco Inácio de Souza Queirós. Os rebeldes invadirão a Câmara para pedir "a manutenção do governador – e a demissão de Martim Francisco, irmão de Bonifácio, o secretário do Interior." Haverá perseguições, e a cidade estará em choque...

A Bernarda – maio de 1822

Em meio à relutância da Câmara (SP), parece ter havido manipulação dos inimigos dos Andradas, sobre a tropa e o povo, para que Oyenhausen saísse e Martim assumisse de vez o poder neste 23 de maio. Esta é a "Bernarda de Francisco Inácio", que está levando a muitas coisas (inclusive à prisão de Martim que, já sabemos, será "escoltado para a Corte" e logo depois "nomeado ministro da Fazenda").

Neste dia, fazem-se tocar os tambores, reúnem-se povo e tropa em frente ao Senado da Câmara, no largo de S. Gonçalo (a futura praça João Mendes), forçando a deposição de Martim Francisco e do brigadeiro Jordão.

A Câmara quis resistir, mas curva-se, e no dia 25 as casas estão sendo acesas, o que significa a vitória do movimento (até mesmo Martim e Jordão precisam festejar a própria queda; e Martim, preso, já está sendo mandado para o Rio em uma escolta, como adiantamos).

Os amotinados, no entanto, estavam subestimando a influência de JB sobre d. Pedro, que dias antes mandara chamar Oyenhausen, agora reinstalado na chefia do Governo Provisório.

Mal chega ao Rio e Martim Francisco é nomeado ministro da Fazenda... O marechal José Arouche de Toledo Rendom, nomeado comandante das armas, é encarregado de reestabelecer a ordem. Francisco Inácio mantém o domínio na capital, mas não no interior (e segundo Antônio Quartim, um dos chefes bernardistas, a cada dia se junta mais gente do povo, assim que o sino começa a tocar...).

Mais rebelião, agora em junho

Foi assim que essa sublevação militar em Sampa levou povo e tropa a pedirem que JB presidisse a eleição de um novo governo... E de uma janela da casa da Câmara ele lera a lista de cargos e nomes aclamados pelo povo, que pela primeira vez na história elegeu seus representantes. Ao deposto ex-capitão e general Oyenhausen, fora oferecida a presidência, sendo ele mesmo, JB, o seu vice. Com o irmão, Martim Francisco de Andrada, ficara a pasta do Interior e Fazenda.

Mas agora, na noite de 28 para 29 de junho, o 1º Batalhão de Caçadores, aquartelado em Santos, começa também sua rebelião, por causa de soldos atrasados. Em três dias, os coronéis Lázaro Gonçalves e Daniel Pedro Müller vão sair de Sampa para reprimir esse levante santista...

É dia de S. Pedro, lembram alguns, quando se dá em Santos esta rebelião do 1º Batalhão de Caçadores. A tropa brasileira quer soldo igual ao dos portugueses, sem atrasos. No começo do mês a mesma manifestação já tinha se dado em Sampa, mas sem grandes proporções.

Já em Santos, *"pátria dos Andradas"*, está havendo *"mortes, saques, tropelias, motivo de severa repressão"*. Os líderes, todos inferiores ou praças, serão condenados à morte e enforcados em um navio. Só dois é que virão a Sampa para cumprir pena.

Eventos dramáticos

Um deles, "Chaguinhas", será executado e causará comoção pública. Martim Francisco será acusado pelos *"requintes de selvageria"* no enforcamento feito no largo dos enforcados (que ainda será a praça "da Liberdade").

Como Oyenhausen já caíra em descrédito com Peu, Bonifácio, que está no ministério (e para bem relembrar, ele foi promovido depois de ter liderado o movimento do "fico" em Sampa), é de fato o presidente da Junta. E para os críticos (principalmente os próximos a Feijó), o regime imposto pelos Andradas não é de liberalismo, e sim de *"horror à desordem e ao pensamento da unidade brasileira"*. Fora contra ele a conspiração liderada pelo cel. Francisco Inácio...

Apenas recapitulando, houve a aclamação do Governo Provisório e sua aprovação no Senado da Câmara de Sampa (que lhe dera posse, conforme a lei)... Mas nesse mesmo dia, na Corte, "Gonçalves Ledo, Januário Barbosa e o Senado carioca dirigiram-se ao príncipe" pedindo a convocação de uma Assembleia Constituinte Legislativa, que fora aprovada em 3 de junho (lavrando-se neste dia o decreto de convocação). E parecemos ainda andar para trás, lembrando que em 23 de maio eclodira o motim e quartelada contra Martim Francisco, culminando com a aclamação do Governo Provisório. Mas, como caranguejos, já podemos agora andar de lado...

Enquanto isso, Rafael...

Foi no auge desse motim (ou bernarda), que os liberais oponentes tiveram de recuar para o interior da província, "onde grande número de comarcas se congregou na Confederação de Itu". E diante do "sedicioso" movimento na capital, a Câmara de Sorocaba tomou posição (ata de 22 de julho de 1822).

Com mais de 50 assinaturas (entre elas, a do major graduado Rafael Tobias), lavrou-se o "termo de vereança" e, na presença do presidente da Câmara, Tavares, e outros, decidiu-se "... *enviar um ofício ao Governo Provisório da Província sobre a vereança de ontem e outro ao Desembargador Ouvidor da comarca*".

(É natural que Rafael Tobias, um líder liberal – "talvez até mentor do movimento antibernardista em Sorocaba, como o era Paula Souza em Itu" –, como "major-graduado, amigo de Martim Francisco", tenha sua assinatura na ata da Câmara.)

Tomaram consciência da ata o então governador (Oyenhausen) e o ouvidor de Itu (dr. José de Madeiros Gomes). A Câmara de Sorocaba se lixou para o Ato do Governo Provisório em 4 de julho, responsabilizando-o por atos hostis e rebeldes ao Governo. Recomendava *medidas convenientes à marcha* pela tranquilidade da província, em obediência ao príncipe (daí, em outra ata, conclamar-se camaristas aos chefes locais – que em Sorocaba era o comandante Joaquim Floriano da Costa – em defesa de d. Pedro).

Essa sugestão da Câmara sorocabana teve apoio nas demais coligadas, com a de Porto Feliz dizendo achar excelente sugestão a de instalar-se o Governo Temporário, "como base de todos os movimentos" (a Câmara de Porto Feliz ainda enviará à colega "*duas mil balas e quarenta armas de fogo*", como estará no termo de vereança de 11 agosto deste ano, pelo pedido da Câmara de Sorocaba que será feito no dia 8 do mesmo mês).

Sessão de 14 de julho

Não... Não vamos falar dela.

Pode alguém deter-se apenas a documentos burocráticos de uma casa institucional, e assim manter-se na lógica da história "oficial", dos fatos realmente "comprovados" (ou ao menos "documentados") que reconstituem o que para alguns é a verdadeira História? Pode. E é o que será feito por determinados pesquisadores...

Haverá os interessados na biografia deste chefe local, Rafael Tobias, que aos poucos descobrirão em sua trajetória o casamento que se dará com uma tal marquesa de Santos...

Parte III

O amor (diante das guerras)

1

Uma história que apenas começa

Quase o dia em que o príncipe sairá da Corte, a caminho de Sampa...

Alguns vereadores (e se há quem se interesse pelos nomes, podemos dizer que são eles o juiz ordinário Tavares, mais Batista, Amaral, Arruda e o procurador Canto) "oficiavam" a Rafael Tobias *"agradecendo-lhe o ter-se ele encarregado de ver a hospedagem a S. A. Real"*.

Aparentemente, o príncipe dirige-se à província paulista com cautela, por causa dessa recente abafada "bernarda de Francisco Inácio". E com medo de ficar na capital, Sampa, pediu para hospedar-se em Sorocaba.

"Não foi preciso porque tudo se arranjou", dirá algum historiador, antes de tal sessão. E daí "o agradecimento da Câmara ao chefe liberal". Na verdade, ele vai receber as hospedagens de *"dois dos maiores capitalistas da capital e da Província"*: o brig. Manoel Rodrigues Jordão e o cel. Antônio da Silva Prado (futuro barão de Iguape), *"habitantes dos dois enormes sobradões fronteiros em duas das esquinas dos Quatro Cantos"*.

(Cabe aqui explicar que até 1840, na confluência das ruas São Bento e Direita – bem antes de existir uma tal praça Patriarca –, haverá o Hotel de França, o Café Acadêmico, a Chapelaria João Alfredo e o Magazine *La Ville de Paris*... À hora da Ave-Maria, é este o ponto mais concorrido da cidade.)

As eleições em São Paulo – vitória de Rafael

As eleições de 3 de junho em São Paulo haviam sido adiadas por causa do motim (ou bernarda) de Francisco Inácio. Mas se darão logo, aos 29 de agosto, quando os bernardistas por fim levarão grande vantagem (vingando-se assim do decreto que lhes tirara poder, do dia 25 de junho). Mas no interior haverá vitória estrondosa dos nacionalistas, e também de andradistas e tamoios, o que anulará a vantagem dos paulistanos.

Em Sorocaba, o líder que já um pouco conhecemos, Rafael Tobias, é quem mais sairá vitorioso. E em Itu, Paula Souza (ou Francisco de Paula Souza e Melo, nascido em 1791), que é também amigo de Diogo Feijó. Vão então se formar governos provisórios, como o do marechal Sousa, o de José Pacheco e Silva, o de Manoel de Ornelas, o do vigário João Lima e outros.

Bem, tentando entender melhor, vemos que este novo governo, eleito pelos Colégios Paroquiais (substituindo o criado pela carta de 25 de junho, impedido pelos bernardistas de tomar posse, mas que deve funcionar de 10 de setembro a 8 de janeiro do ano que vem), só tomará posse aos 9 de janeiro de 1823.

Também é preciso lembrar que algumas Câmaras municipais se juntaram ao governo revoltoso de São Paulo e outras não, preferindo a legalidade. Só em 21 de julho, com a chegada do marechal Cândido Xavier a Sampa, Oyenhausen foi mesmo deposto.

Maçonaria

Em meio a esses acontecimentos políticos, outra espécie de fuga de d. Pedro foi tornar-se maçom em 2 de agosto deste mesmo ano de 1822. Ele foi muito bem recebido e agora, em apenas três dias, está passando de iniciante ao (respeitoso) cargo de mestre.

Em dois meses (quando na história que se vai contar já estará coroado), poderia tornar-se até um grão-mestre, cargo máximo que existe no Brasil. Mas ele ocupará o seu "respeitoso" cargo atual por apenas 17 dias, abandonando-o depois de um episódio mal esclarecido que o levará não só a deixá-la (a maçonaria), mas a proibi-la até o fim de seu governo.

(Pode ter a ver com o fato de estar prestes a visitar Sampa, mas o que mais se acredita é ter a ver com a personalidade dele, de não se submeter a regras alheias – na irmandade até os líderes precisavam obedecê-las, podendo ser questionados.)

2

A ida a Sampa

Vinda de Pedro

Os "maléficos distúrbios sociais" (dirão os conservadores) causados pela política paulista (isto é, pela *Bernarda de Francisco Inácio*) trazem também consequências "benéficas"... Algumas personalidades importantes de Sampa escreveram para o príncipe naquele 5 de agosto pedindo a sua vinda para apaziguar rivalidades locais, dispostas a *"assoprar as cinzas da revolta"* (isto é, da "bernarda").

Pedro, com esses e outros tantos e insistentes apelos vindos por cartas da Câmara paulista, e com os fatos já ocorridos, prepara-se agora para sair do Rio neste 14 de agosto rumo à cidade que se dizia sitiada. Virá acompanhado de poucos e fiéis seguidores, entre eles o jovem *Francisco de Castro Canto e Melo* que, como lembramos, havia sido promovido a cadete.

Deixa na presidência do Conselho de Ministros "Sua Augusta Esposa" que, como bem sabemos, não se chama Augusta, e sim Leopoldina – aquela que está prestes a tornar-se rainha.

E sai agora da Corte neste dia 14 de agosto para cobrir as 96 léguas a galope, mas sem atropelo, em 12 dias, e assim atender ao apelo dos paulistas.

(Sem atropelo? Bem, vai-se dizer que ali, neste breve ou longo caminho, fabricará alguns filhos bastardos – e não se dirá isso à toa.)

Garanhão em montaria

Conforme vai passando pelas vilas do Vale do Paraíba, a comitiva aumenta: em Lorena, Guaratinguetá, Taubaté, o príncipe segue tomando medidas para pacificar a província e tecendo alianças importantes, quiçá para um futuro país independente.

(Enquanto isso, em Sampa, nota-se que o novo Governo Provisório – ou Junta, que exerceria mandato até a chegada do príncipe, sem mais o predomínio dos velhos clãs – já estava sendo dissolvido durante a passagem dele por Lorena.)

(São novas personagens, de horizontes mais amplos e talentos diferentes dos antigos patriarcas paulistas. Entre eles: José Bonifácio e Martim Francisco de Andrada – especializados em Ciências Naturais em Coimbra –, Padre Francisco de Paula Oliveira – professor público de Filosofia racional e moral –, Manuel Rodrigues Jordão – filho de um comerciante de panos e ouro em Goiás –, coronel Daniel Pedro Müller – descendente de alemães e educado em Portugal, coordenador de importantes projetos de estatística e engenharia em São Paulo – e mais uma dúzia de outros ilustres talentos.)

Chegada

Naquela esquina faz-se silêncio... Ouve-se no boteco que...
Neste 25 de agosto, Pedro já está nas cercanias de Sampa.

Preocupações de pai

Também ouviu-se que o militar Daniel Pedro Müller, integrante da Junta provisória de governo, esteve a esbravejar com suas filhas poucos dias antes da chegada do príncipe à cidade:
– A primeira de vocês que sair à rua, ou chegar à janela, enquanto d. Pedro estiver em Sampa, há de se haver comigo...
(Não, ele não é como João de Castro, pai de Francisco e Domitila, de Maria Benedita e José. Estava mesmo em outra "vibe".)
Lembra-se de que, vindo do Rio, o príncipe tem também a sua missão político-militar. Mas sobretudo, parece aterrorizar os progenitores zelosos (ou nem todos, como vamos dando a entender), pois logo será o suposto pai de dezenas de crianças nascidas nos próximos 9 meses, depois de sua passagem pelo Vale do Paraíba.
Oficialmente, está chegando para apaziguar São Paulo.
Quanto a Domitila, ela não é mais uma *menina de 14 anos*, e sim a mulher de quase 25, com três filhos, em vias de se divorciar... A irmã mais velha, Maria Benedita, esta sim está ainda casada, e já com seus 30 anos.

Agora sim

Chega o príncipe, que por esta cidade deverá ficar de 26 de agosto a 5 de setembro...
Sim, por 10 dias ele estará passando nesta capital, apaziguando ânimos exaltados (por meio de bebidas e bailes? Bem, algumas línguas, boas e más, entrarão com suas suposições e análises), castigando os que merecem e mandando abrir devassa contra os bernardistas.

Já soube de Domitila?

Dizem que no dia 24, quando ainda estava no "subúrbio" (mais conhecido como "perifa" ou, "os arredores"), ele pernoitou na Penha, despachando com *Francisco de Castro*, que três dias antes ele havia promovido a alferes, e Francisco Gomes da Silva, o "Chalaça", também amigo próximo e futuro secretário (de quem já falamos um pouco mais), para avaliarem o *"espírito"* dos moradores.

Como Francisco de Castro se lembrará no futuro, depois disso "(...) *regressamos à meia-noite, dando notícia da perfeita quietação em que a tínhamos encontrado"*.

Outro Francisco, o de Assis Vieira Bueno, que tem ainda 6 anos, "pouco mais, pouco menos", vai se lembrar bem de quando viu d. Pedro adentrar a cidade em 25 de agosto... Ele atravessou a galope a ponte do Carmo e, no meio da ladeira, foi recebido pelo bispo d. Mateus Pereira, e por alguns políticos.

Esse menino Francisco vai lembrar que se assustou com as "salvas de tiros em honra ao futuro monarca" e começou a chorar, mas mal se podia ouvi-lo. Ele então chorou mais alto e nada; ninguém podia ouvi-lo. Então ele desistiu de ser socorrido e começou a prestar atenção a outra coisa: elaborou (ou achou ter escutado) uma história, que depois ninguém vai saber se é mesmo verdade... Ele contará que, na véspera, d. Pedro teria ido à cidade e na calada da noite, incógnito, na companhia de "Chico" de Castro, *teria conhecido a irmã divorciada do alferes*, D-o-m-i-t-i-l-a *de Castro*...

Pode ser verdade e, como tudo, pode não ser. O que sabemos é o que o próprio príncipe contará, por carta (quando já será o imperador d. Pedro I), a esta que será sua *amante*... A intimidade deles começaria neste 29 de agosto de 1822, às vésperas de um episódio que será depois conhecido como *A Independência*.

Sim, apenas nove dias antes do famoso *Grito do Ipiranga* que se há de dar, talvez uma agonia sexual, ou talvez um amor imenso que já não coubesse dentro dele e assim precisasse atuar, nem que fosse libertando o Brasil da sua condição de colônia.

Dia 29: o da primeira "relação" de Pedro com Domitila

Ao chegar à cidade, d. Pedro foi aclamado, mandando o governador e os líderes da bernarda para o Rio de Janeiro.

E diz-se que

Nessa visita, antes de ir para Santos, d. Pedro conheceu Domitila de Castro Canto e Melo, que passaria à história como marquesa de Santos.

A viagem a Sampa vai ficar mesmo na memória de Peu como uma coisa alegre: primeiro porque vai resolver o impasse político e também pela possibilidade de proclamar a Independência. Mas, mais do que tudo, porque *"encontrou o amor de sua vida"*.

No futuro se dirá de Pedro que

Libertou o Brasil, mas rendeu-se à graça e à beleza da paulista Domitila de Castro – a Titila –, moradora na Chácara dos Ingleses, descendente de *"duas famílias de maior destaque no Reino e no Brasil"*.

3

Início de namoro

4... 3... 2... 1...

O romance de aventura está começando neste dia 29 ou 30 do mês oito ("coito? Ah... desculpe, ouviu-se mal alguma coisa...") do ano de 1822.

(O primeiro coito, ao que parece, depois de o rei estar afoito – com a longa cavalgada –, se deu, sim, no mês oito – no dia 29 ou 30, e não vamos aqui entregar esse segredo. Talvez por causa de trocadilhos bestas desse nível é que se forjará no futuro a gíria "molhar o biscoito".)

O *affair* que se deu após o *flerte* "extravasou a alcova e se refletiu mais tarde na vida política e familiar do príncipe, dentro e fora do país".

Logo que for coroado, Peu já não se importará em ser discreto: vai orgulhar-se da mulher que ama de verdade, e terá como exemplo o rei da França, fazendo do amor sua demonstração de virilidade.

Há de transformar *Titília* (como gostará de chamá-la) numa "*teúda e manteúda*" (ou mais descontraidamente, como se dirá no futuro, de "tesuda"), e ela será apresentada à Corte e instalada em uma casa (que será ainda o museu do Primeiro Reinado, ao lado do palácio de São Cristóvão, no Rio, dirá a árvore...).

Peu e Dômi

Constará nos livros de História que em 1822 Domitila teria conhecido d. Pedro de Alcântara (1798–1834) no dia 29 de agosto, pouco antes da proclamação da Independência do Brasil. De nove dias depois será dito que o príncipe regente, voltando de uma visita a Santos, recebeu "às margens plácidas" do Ipiranga, em Sampa, aquelas três correspondências: duas cartas da imperatriz Leopoldina e uma de José Bonifácio de Andrada e Silva, o "Zé Bôni". Elas informavam as decisões da Corte portuguesa de que Pedro deixaria de ser regente e passaria a apenas acatar ordens vindas de Lisboa.

– Ah... Mas eles estão mexendo comigo... – ele deve ter pensado.

(Indignado por essa "ingerência sobre seus atos como governante", e influenciado por auxiliares que defendiam a pronta rutura com as Cortes, especialmente José Bonifácio – mais influente até do que sua esposa legítima, perceba-se... –, que defendia a separação do reino de Portugal e Algarves, ele teria se decidido ali mesmo e declarado...)

Encontro

Pode-se dizer que nesse primeiro encontro os olhos deles brilharam como nunca, pois não haviam antes sentido algo assim. Embora estivessem sempre (como estamos todos) expostos e à mercê do amor.

O fato de ela ser jovem, bonita, elegante nos gestos apenas completava essa sensação maior do encontro nos olhos com outro par de olhos em que, se não é possível segurar-se sempre o olhar um do outro (e uns olham mais para baixo, outros fogem pelo lado), sabe-se quanto no outro lado há de correspondência: há Amor.

Força da atração

O amor obscurece todo significado da vida que não sirva a si (tira o sentido de tudo que não seja ele mesmo). Já desde a Idade Média se descreve a doença do amor como "o esvaziamento de significado de tudo que não 'servir ao próprio amor'". Diz-se que ela traz um "desordenamento" do afeto – o desejo indubitável por alguém – e que a maneira clássica de reordená-lo é pelo casamento socialmente organizado: quando é possível, "casa-se para organizar o amor", solução já adotada uma primeira vez por Pedro e Domitila, mesmo sem saberem ainda o que seria uma verdadeira atração, como a que sentem agora.

Talvez o amor mais forte seja mesmo aquele que precisa ser sacrificado ("morto e amordaçado" – e mesmo assim volte "a incomodar"), pois trata-se de "uma obsessão nascida da visão da beleza" da pessoa amada; de "uma visão desordenada" por esse sentimento de beleza; de "um desejo intenso de beijar e abraçar, de estar com o objeto desse amor". Ele ataca mais comumente a "pessoas livres, sinceras, generosas".

Amor como doença

Muito já se disse (principalmente por influência dos tempos medievais) que o amor é "doença da alma" e "pode fazer mal a quem não merece". Doença que, como qualquer outra, está ligada a uma desilusão afetiva, à frustração de uma expectativa criada (não foram poucos os que destruíram a própria vida por causa dessa enfermidade – e Felício é apenas um exemplo entre os tantos ocorridos nas diversas classes sociais, que simplesmente não serão documentados e persistirão parcialmente nas histórias orais como crimes não muito bem explicados).

"O medo que a beleza causa não cabe no protocolo dos afetos" (aquele que tenta manter a vida sob controle); "beleza idealizada produz outro sintoma, que pode causar sensação de morte"; "o amor cansa por ter uma *natureza absoluta*"; "nada diante dele faz sentido se não for a serviço dele".

E esse último traço da *personalidade amorosa* "destrói todo o tecido da vida à sua volta", podendo dissolver vínculos sólidos e necessários. Diz-se do amor ser doença da alma (na sua forma mais passional) não à toa: "é, talvez, uma das informações mais dolorosas para quem ama alguém e percebe que esse amor pode destruir a vida para além do próprio amor". E pode-se gerar uma humilhação, decorrente desse sentimento de derrota (como aconteceu a Felício e, futuramente, fará de nossa rainha também uma vítima).

Entende-se como mais saudável a opção "por uma vida sem grandes paixões nem grandes sonhos" (sem nenhuma esperança de mudança, nem nenhum risco mortal de felicidade). Às vezes, é no silêncio do cotidiano que estão "as formas mais sólidas de sanidade".

Curar-se do amor

"Ninguém deve amar nada de forma violenta, pois a vida comum pede a *contenção*" como estrutura organizadora do cotidiano. Pergunta-se: só os "fortes e saudáveis" podem amar? Beleza e dor fazem parte do amor romântico – a beleza do amor trará destruição e desordem: deve-se "*lidar* com essa doença da alma para não 'morrer' dela" (ou chegar-se a destruir a própria vida).

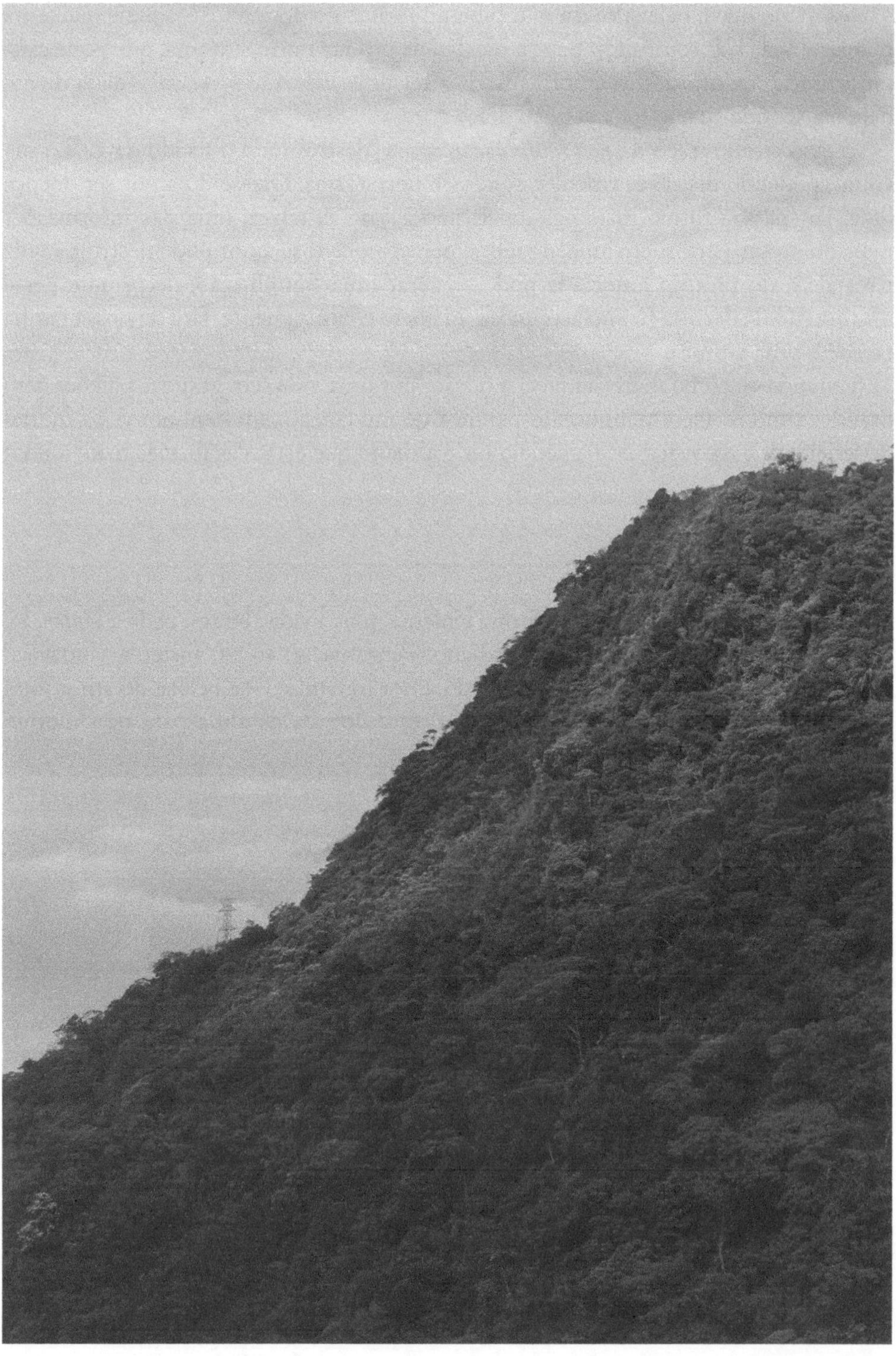

4

Vai e vem pela serra

Ida a Santos

Seguiu então para Santos, no dia 5 de setembro, para inspecionar fortificações e visitar a família de JB. Volta agora, dois dias depois, para proclamar a Independência do Brasil às margens "plácidas" do Ipiranga (como dirá a música – e isso todos que decorarem o futuro hino já saberão, que eram "plácidas" essas margens; que seu grito fora "retumbante", e quem o ouviu foi o povo "herói cobrado" de um local chamado Moinhos).

Diz-se que acabara de chegar uma mensagem da Corte, pelas mãos de Bregaro (ele que entrou para o serviço público em 1813 e talvez, por causa do episódio de hoje, seja elevado à *Cavaleiro da Ordem do Cruzeiro do Sul* em 1825 – e nomeado para a Mesa da Estiva, para se ver como são as coisas...) – sim, Bregaro, o tão fiel amigo de Pedro que o acompanhará a Portugal, quando um dia precisar abdicar (já prevê a árvore).

Diz-se que para chegar a Sampa em cinco dias (saíra no dia 2), passou fome, dormiu no mato, fugiu das estalagens, trocou sete montarias... "Fê-lo" (e a maior pressa talvez fosse em dar razão, ou vazão, a seu falo, depois de conhecer Domitila, e assim expressar da melhor maneira – e mais natural – o tesão que efetivamente sentia e sentirá ainda por ela ao longo de muitos anos) à tardinha do dia 7, diante de 38 pessoas (como no futuro mostrarão as pinturas), guardas de "*capacetes de dragões e botas à* l'écuyère *e cavalgada teatral de cavalaria heroica*" (no quadro de Pedro Américo).

Titília e *Demonão*

Dizem alguns que o primeiro encontro teria acontecido em uma chácara próxima ao largo dos Aflitos (que ainda se tornará o bairro da Liberdade, desta pequena Sampa que um dia, não só nesta narrativa, mas por muitos, assim será chamada).

Quem a aluga é o pai de Domitila, inspetor de reparação das estradas de São Paulo, supervisionado pelo engenheiro militar Daniel Pedro Müller, que se envolvera na

Bernarda de Francisco Inácio. Nosso conhecido João Castro, o pai de Domitila, tem também uma chácara localizada a cerca de 300 metros do riacho do Ipiranga, perto de onde (se esta História correr regularmente, como se espera) estará o *Monumento da Independência*.

Tal propriedade é usada como pasto para as tropas de mula que fazem a ligação Santos-Sampa (e qualquer futurólogo deverá saber que tal casa será demolida apenas em 1941, e depois só poderá ser pesquisada por registros "fotográficos" – espécie de pintura feita por máquina, retratando cientificamente o que estiver à sua frente por contrastes de luz, o que, como se vê, está ainda por ser inventado – e artigos existentes em um futuro Museu Paulista da USP, a tal Universidade de São Paulo, que será idealizada também por Rafael, depois de pensada por Bonifácio...).

Segundo encontro

José de Oliveira (há várias pessoas com este nome – não duvidamos que o próprio leitor conheça algum –, mas estamos nos referindo apenas ao ajudante de ordens do imperador), que era casado com uma prima de Domitila, prepara agora um relato curioso sobre um destes primeiros encontros entre ela e Pedro:

O príncipe regente, encantado em vê-la chegando numa cadeirinha transportada por escravos, dispensou um dos carregadores e assumiu ele próprio um dos varais, afirmando querer ver o peso da ocupante.

(Ao que tudo indica, tratou-se apenas de um gesto humorado, como no futuro ainda cometerão as muitas celebridades artísticas, e até políticas, incluindo-se um futuro presidente dos EUA de nome Barak.)
"Entre risos e flertes, os escravos acabaram sendo substituídos por homens de sua guarda de honra, com d. Pedro brincando que jamais Domitila teria *negrinhos como aqueles*" (algo que de tão politicamente incorreto fará corar os ainda defensores da monarquia).

Diz-se que d. Pedro seria mesmo de um gênio indomável, e a essas alturas já teria levado o tapa de uma bonita escrava em Santos, alguns dias antes (e quanta tensão ele parece estar vivendo com a possível Independência, afora essas longas cavalgadas, que também despertam a libido; ao que parece, está mesmo com "nervos à flor da pele"), por tê-la abordado no meio da rua e tascado-lhe um beijo.

Então, que não se duvide de tudo que estamos agora a narrar, embora saibamos que, no futuro, não se poderá mostrar provas. Das cartas, sim, pois estas ficarão para a História, mostrando de fato "o perfil de um homem apaixonado que seria capaz, imperador ou não, de dirigir tal cena".

Visões do futuro

E não vamos esquecer que Francisco de Castro, o irmão de Domitila, viera junto com o príncipe regente,

... e no caminho, na intimidade que era própria de d. Pedro ter com qualquer um que se acercasse dele, não seria impossível imaginar que "Nhô Xico" tivesse contado a ele sobre os problemas da irmã, sobre a tentativa de assassinato e a briga dela com o ex-marido e com o sogro, que tentavam tirar-lhe os filhos.

Há algo que também dá sentido a esta história, ou hipótese, que estamos a narrar como se fosse verdade, que é um despacho do conde de Gestas que haverá de ser feito em 1826. O conde, um diplomata francês, comentará no governo de d. Pedro que a futura marquesa de Santos "havia se aproveitado da viagem de d. Pedro a São Paulo para relatar seus problemas".

E ainda, quatro anos depois desse encontro, o mercenário alemão Bösche, ao descrever o imperador, "que subira ao navio para cumprimentar os imigrantes", disse algo sobre Pedro de muita "interessância":

(...) *se bem que não fosse bonito, era simpático e bem feito de corpo. Cabelos pretos e anelados cobriam-lhe a fronte; os olhos eram pretos, brilhantes e muito móveis, o nariz aquilino, a boca regular e os dentes bem alvos. Os sinais de bexigas do rosto não eram repugnantes, como acontece com outras pessoas; as suas suíças espessas ocultavam-nos inteiramente. Tinha uma atitude imponente e reconhecia-se logo nele o senhor, não obstante a simplicidade do vestuário.*

"Elucubrações"

Atente-se ao fato de que essa descrição, elogiosa às características físicas do jovem d. Pedro, fora feita por um militar alemão. Ora, mas isso é coisa de época, da cultura refinada deste e qualquer canto do mundo. Não chega a ser uma descrição de índios feita por Colombo, ou por Caminha, e não chega ao pé da descrição visual de Davi concebida por Michelangelo...

A impressão que causou a Domitila não tem nada a ver com isso, na opinião deste narrador (entre os muitos que contam a história, em revezamento). Certamente ele foi brincalhão. Quis segurar-lhe a liteira, quis emprestar-lhe os soldados como carregadores apenas para que ela se sentisse poderosa, como pura expressão de humor.

Foi o humor que a cativou. E sexo é humor. Já era assim entre os índios. Os índios eram muito brincalhões e tinham uma vida sexual saudável, ao contrário dos portugueses...

Se estamos a inventar esse tipo de coisa? Eu diria que não, e agora precisamos ir até o fim na prova do que falamos. Mas vamos ser rápidos.

O cronista Gabriel Soares de Sousa, do século XVI, diz que os índios *"não sabem falar senão dessas sujeidades"*, e riem muito do que eles mesmos falam. E que pais e mães, quando *"veem os filhos com meneios para conhecer mulher, eles lha buscam, e os ensinam como a saberão servir..."*.

E que não são ciumentos:

Os machos destes tupinambás não são ciosos; e ainda que achem outrem com as mulheres, não matam a ninguém por isso, e quando muito espancam a mulher pelo caso. E as que querem bem aos maridos, para os contentarem, buscam-lhe moças...

É como dizia o padre Manuel da Nóbrega, à mesma época: *"é costume até agora entre eles não fazerem caso de adultério, tomarem uma mulher e deixarem outra..."* Não são provas de que as coisas eram assim nos primeiros séculos – nada é –, mas são testemunhos escritos, o que mais se aproxima de um registro científico sobre os costumes daqueles tempos.

Nova visão dos estrangeiros

Outro alemão, Schlichthorst, também viu coisas em Domitila do que pode ter atraído o homem Pedro. Nas memórias que deixará sobre o Rio de Janeiro, dirá sobre a preferida do rei que ela se distinguia "pelo rosto regular e formoso e pela tez clara". E que

... apesar de não lhe faltar gordura, o que corresponderia ao gosto geral dos brasileiros de então, e de não ser mais tão jovem, os olhos nada haviam perdido de seu fulgor, com uma porção de cachos escuros emoldurando sua face".

E segundo ele, Domitila era ainda uma mulher *"verdadeiramente bela"*... *maravilhosamente bela*... fazendo jus à fama que tinham as paulistas. Schlichthorst (ou Schlichth, para facilitar) repetirá assim o que haverá de ser dito na voz de muitos outros viajantes europeus que passarão pela Corte (sim, estamos estragando essa surpresa, propositalmente) e notarão a "beleza das moças de Piratininga".

5

7 de setembro e o desarranjo intestinal

Subida vindo de Santos

Fosse no futuro, com a estrada pavimentada, já haveria uma placa de aviso sobre "água não potável". Pode ter sido ela, ou algo comido na véspera, a causa de um terrível desarranjo que começa a acontecer.

Pois após esta dura subida pela Serra do Mar, percurso que já dura mais de seis horas, chega-se finalmente ao alto e, no planalto, caminha-se ao futuro bairro do Ipiranga.

Galopando, mais uma vez, vem o alferes *Francisco de Castro Canto e Melo* (irmão daquela que...) como parte da comitiva enviada antes a Sampa para se ter notícias...

E as notícias não são das melhores. Vêm atrás do alferes dois emissários do Rio, Paulo Bregaro e o major Antônio Ramos Cordeiro, que depois de percorrerem os 500 km em cinco dias trazem cartas de JB e da princesa Leopoldina.

Essas cartas estão dizendo que d. Pedro não é mais o príncipe regente e, por decisão das Cortes portuguesas, estão anulados "todos os seus atos e decisões".

7/9

Há de se dizer por algum historiador (como o tal Laurentino, de *1822*) que "a declaração da Independência, escrita por JB, foi assinada por ela e enviada a d. Pedro" – ela quem? Ela, Leopoldina –, e que formalmente a Independência teria sido feita por ela e por Bonifácio, cabendo a Pedro o papel teatral de declará-la quando estava no Ipiranga.

– Após essa "relação", ouviram-se fogo, rojões e brados, quando às margens do Ipiranga... – era a tal Independência (e assim bem disfarçavam os barulhos de puns que ainda se soltavam por dentro da calça).

Sertões mais ao Sul

Às "margens plácidas"

Outro decreto chegou às mãos dele às margens do riacho do Ipiranga, próximo a Sampa, naquela tarde de 7 de setembro. Em retaliação à desobediência, a Corte lusa exigia a demoção dos ministros do regente, avisando que todos os seus atos administrativos passariam pelo crivo de Lisboa.

Irritado com essa intromissão, e a tentativa de tirar-lhe o poder, foi que o príncipe *pisoteou os papéis...*

– Ah é? É assim, não é? Pois vejam só o que faço com isso! – e disse ainda que o Brasil, a partir de então, estaria separado de Portugal.

Alea jacta est?

Proclamada a Independência a um grupo restrito que o acompanhava, ele foi ao encontro de sua guarda de honra, grupo que se formara na viagem entre Rio e Santos. "O coronel Manuel Marcondes de Oliveira Melo recebera ordens do príncipe para se adiantar e aguardava, com os guardas, 400 metros adiante, perto de uma venda". Um grupo montava guarda nesse local, e uma pequena comitiva de d. Pedro cavalgou em sua direção, sob o alerta do sentinela.

– *Imediatamente mandei formar a guarda para receber dom Pedro* – registrará Marcondes. *Mas tão apressado vinha o príncipe que chegou antes que alguns soldados tivessem tempo de alcançar as selas.*

(Apressado para ver a amada? Ou – sentimos dizer – talvez para limpar-se logo...)

Recuperação intestinal e a cidade de Sampa

Proclamada a "Independência", Pedro corre agora para o Palácio dos Governadores, precisando descansar e também tratar de seus problemas intestinais.

Pôde um pouco contemplar esta cidade, que tem cerca de 20 mil almas. E se dirá no futuro – por um tal Francisco de Assis Bueno, memorialista – que é *"circundada de campos estéreis, inçados de saúva, apenas matizados de capões e restingas"*.

É pequena e pobre, não indo além de um platô triangular ao redor do pátio do Colégio. E para outro, Saint-Hilaire, nem os trabalhadores daqui, nem os habitantes, em geral, são muito confiáveis:

Parece que nenhum outro lugar a não ser em São Paulo existem artesãos tão preguiçosos, tão incorretos e, talvez mesmo, tão pouco honestos...

Talvez tenha dito isso com uma raiva passageira, de decepção pela mercadoria que acabara de adquirir (uma canastra, espécie de baú). Mas falou ainda pior desta cidade: chamara sua atenção a imensa oferta de sexo pago: "*em nenhum outro lugar vi um número tão grande de prostitutas*". Isso se deveria ao grande número de tropeiros. E afora as "profissionais", para ele são raras as mulheres que saem às ruas, e vão aos eventos sociais.

Como aparecerá em outro depoimento futuro (de um tal Roberto de Toledo, em seu *A capital da solidão*),

... na outra face da cidade, a face recatada como a de um vilarejo muçulmano, as mulheres nem apareciam diante de estranhos

Onde será a praça da República (por enquanto, "um ermo distante do centro da cidade"), ainda há corrida de touros, algo que já é raro no Brasil.

Assistindo a d. Juan no "teatrinho"

Seguindo a programação, ele agora à noite vai ser homenageado pelos paulistanos no teatro Casa da Ópera, ao lado do pátio do Colégio, e aclamado o "*rei brasileiro*" pelo padre Ildefonso Ribeiro. Mas por ironia dos acasos, a peça que vai ver em seguida, *O Convidado de Pedra*, é inspirada nas aventuras de um tal d. Juan.

Um teatro de ópera paulistano? Em pleno 1822? Bem, para justificar isso, explicamos que não era algo tão grandioso assim e, para ao menos tornar verossímil a informação, recorreremos ao que disse o mesmo naturalista francês Saint-Hilaire ao passar por aqui, já faz cinco anos:

O que se via era apenas uma casa pequena, de um só pavimento, baixa, estreita, sem ornamentos, pintada de vermelho. Até mesmo as casas de pessoas de poucas posses tinham melhor aparência.

Bem, mas esse teatro de ópera, na verdade, para que você leitor possa bem visualizar (e assim atingir um grau de compreensão maior para todo o resto da história... talvez), tinha três portas de frente e três janelas no primeiro pavimento, 28 camarotes em três ordens, podendo receber 350 pessoas.

Era "*iluminado a vela de cera e candeias de azeite*" (e, se este texto chegar a algum leitor do futuro, nem adianta querer identificar o tal teatro, pois já estará demolido antes da abolição e da República – mais precisamente em 1870, nos explica a árvore).

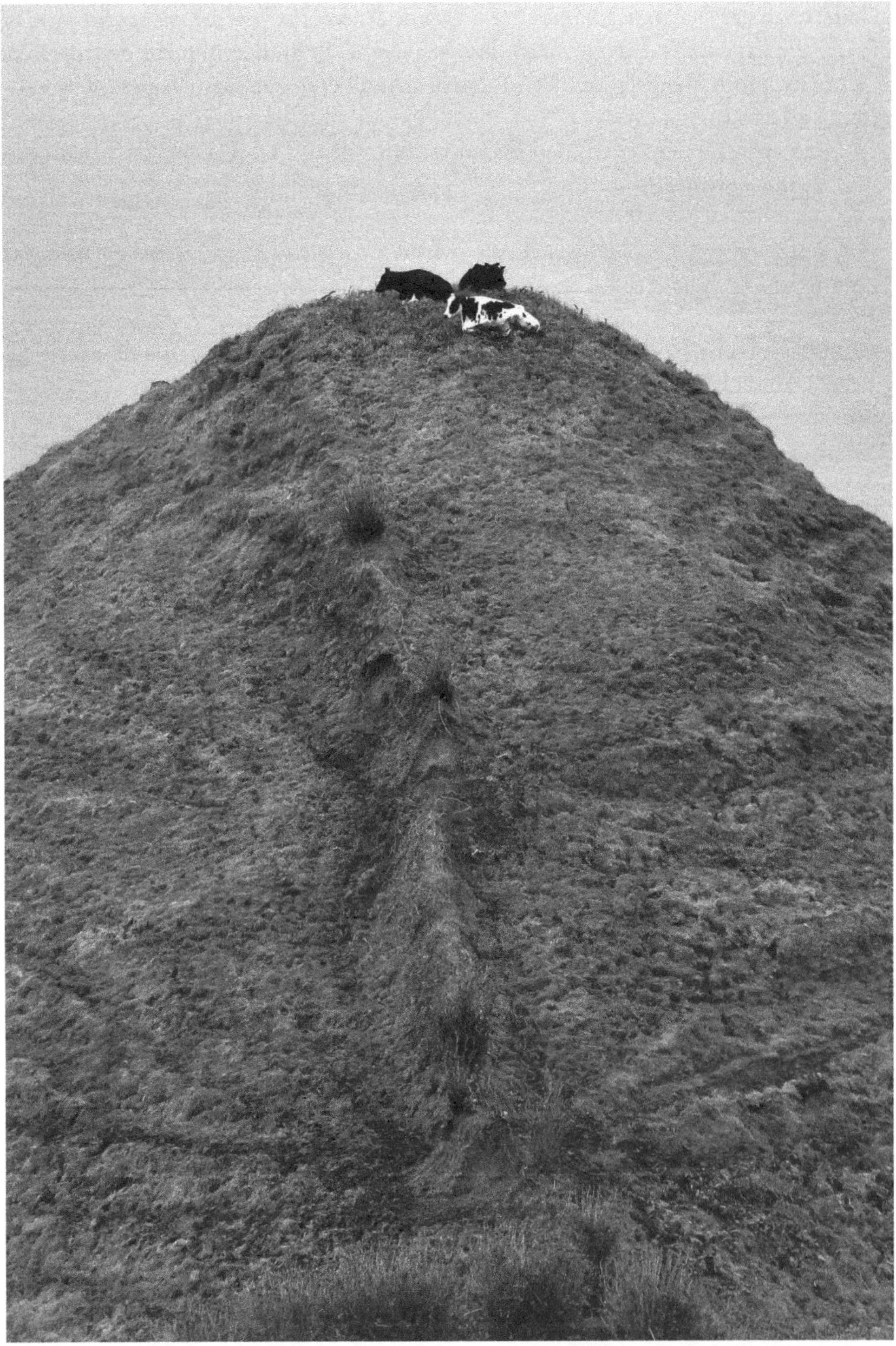

6

Independência política – como assim?

Pendências da não dependência

A nações costumam ser pretensiosas, e se dizem "entidade natural e eterna, criada em alguma época primordial combinando solo da pátria mãe com sangue do povo".

Quando os pequenos agricultores não tinham organização política maior que a comunidade local, estavam expostos à "violência extrema". Só quando os reinos e impérios foram ficando "mais fortes", passando a controlar suas pequenas comunidades, "a violência diminuiu".

Seres humanos

Caçadores-coletores "tinham de se virar apenas com as posses essenciais". Da Oceania à América do Sul, houve muita violência contra os outros animais. As primeiras pegadas até foram apagadas pelas ondas, mas o rastro ficou inconfundível.

Como os cangurus de dois metros e 200 quilos e o leão-marsupial da Oceania, havia um tipo de onça que não existe mais, e era o maior predador do continente. Não se via a extinção desses bichos a olho nu – levava gerações até que essas populações desaparecessem, e não se sabia quantos eram antes... Lagartos que pareciam dragões, cobras imensas, e de umas 25 espécies com mais de 50 quilos, 24 se extinguiram. Mamutes havia aos milhares, por milhões de anos. De dez mil anos para cá, sumiram.

Na América do Sul, os tais tigres-dentes-de-sabre, que floresceram por mais de 30 milhões de anos, simplesmente desapareceram. E também as preguiças-gigantes, que chegavam a ter oito toneladas e seis metros de altura.

Segundo os mestres da mnemônica, a fofoca foi muito importante para esses caçadores-coletores: "se Lucy precisasse da ajuda de um membro do bando para fazer

John parar de molestá-la..." Sim, quando se pensa em abuso e violência, parece que isso tudo também foi assim à época dos caçadores-coletores.

Exploração do trabalho e religião

O Brasil pode não ser um exemplo de harmonia social, mas há casos muito piores na História do mundo. E casos melhores. Houve pastores e agricultores que tiveram afeição por seus animais, e cuidaram bem deles, assim como senhores que amaram verdadeiramente os seus escravos. Padres e reis, não por acaso, se diziam pastores de um Deus e que cuidariam do povo como se rebanho o fosse...

Há aqueles que estiveram "levantando ao amanhecer para uma longa jornada de trabalho no campo". Normalmente os excedentes de produções agrícolas foram parar na mesa de uma minoria da elite, o rei, seus "oficiais do governo, soldados, padres, artistas e pensadores" – que figurarão nos livros de História.

A História é o que algumas poucas pessoas fizeram enquanto todas as outras estavam arando campos e carregando baldes de água.

Importância da religião e do dinheiro ("parece que o narrador perdeu o foco")

Hoje, a religião é normalmente "fonte de discriminação, desavença e desunião". Mas houve tempo em que foi "o terceiro maior unificador da humanidade" (atrás do dinheiro e dos impérios).

Como *todas as hierarquias e ordens sociais são apenas imaginadas*, elas são frágeis, e o papel da religião foi "dar legitimidade sobre-humana a essas estruturas frágeis".

Tentam fazer crer que nossas leis não seriam humanas, mas vindas de uma autoridade suprema e absoluta (o que as tornaria inquestionáveis e garantiria a estabilidade social).

Com padrões gerais de comportamento, ordem sobre-humana "abrangente" e "verdadeira" em toda parte, para ser "universal e missionária", as religiões antigas eram sempre "locais e exclusivas".

Vocação para imperialismo?

(...)

7

Amor e felicidade

Descoberta importante

Hoje já se sabe que "a felicidade não depende de condições objetivas de riqueza, saúde ou mesmo comunidade". Depende é da "correlação entre condições objetivas e expectativas subjetivas". Quando se deseja algo grande e consegue-se o pequeno, sente-se que "algo lhe foi negado".

Não precisaríamos dos psicólogos e seus questionários para entender o que profetas, poetas e filósofos já dizem há milhares de anos, sobre "estar satisfeito" com o que se tem ser "muito mais importante do que obter mais" do que se deseja (e mesmo assim, é bom que se façam novas pesquisas, com números e gráficos, para chegar-se à mesma conclusão).

Hoje não se entende como os camponeses medievais conseguiam ficar meses a fio sem trocar de roupa. Mas parece que a felicidade é determinada por expectativas, não se moldando por parâmetros externos como salário, relações sexuais ou direitos políticos. Diz-se que ninguém fica feliz "por comprar uma casa", por ser promovido ou "*encontrar um amor verdadeiro*" (será mesmo?). As pessoas só ficariam felizes por "sensações agradáveis em seu corpo".

Quem acaba de ganhar um sorteio, ou "*encontrar um novo amor*", ao dar pulos de alegria está apenas reagindo a hormônios que inundam sua corrente sanguínea e à "tempestade de sinais elétricos pipocando em diferentes parte do seu cérebro".

Estar no mundo

Não é preciso consultar o papa, um pajé, guru indiano ou monge budista para acreditar que "cada um de nós tem dentro de si um raio de luz brilhante que dá valor e significado à vida".

Também em outras espécies há grandes sociedades, como a das formigas e abelhas. Elas são "estáveis e resilientes" (como a tira de couro, capaz de voltar à forma

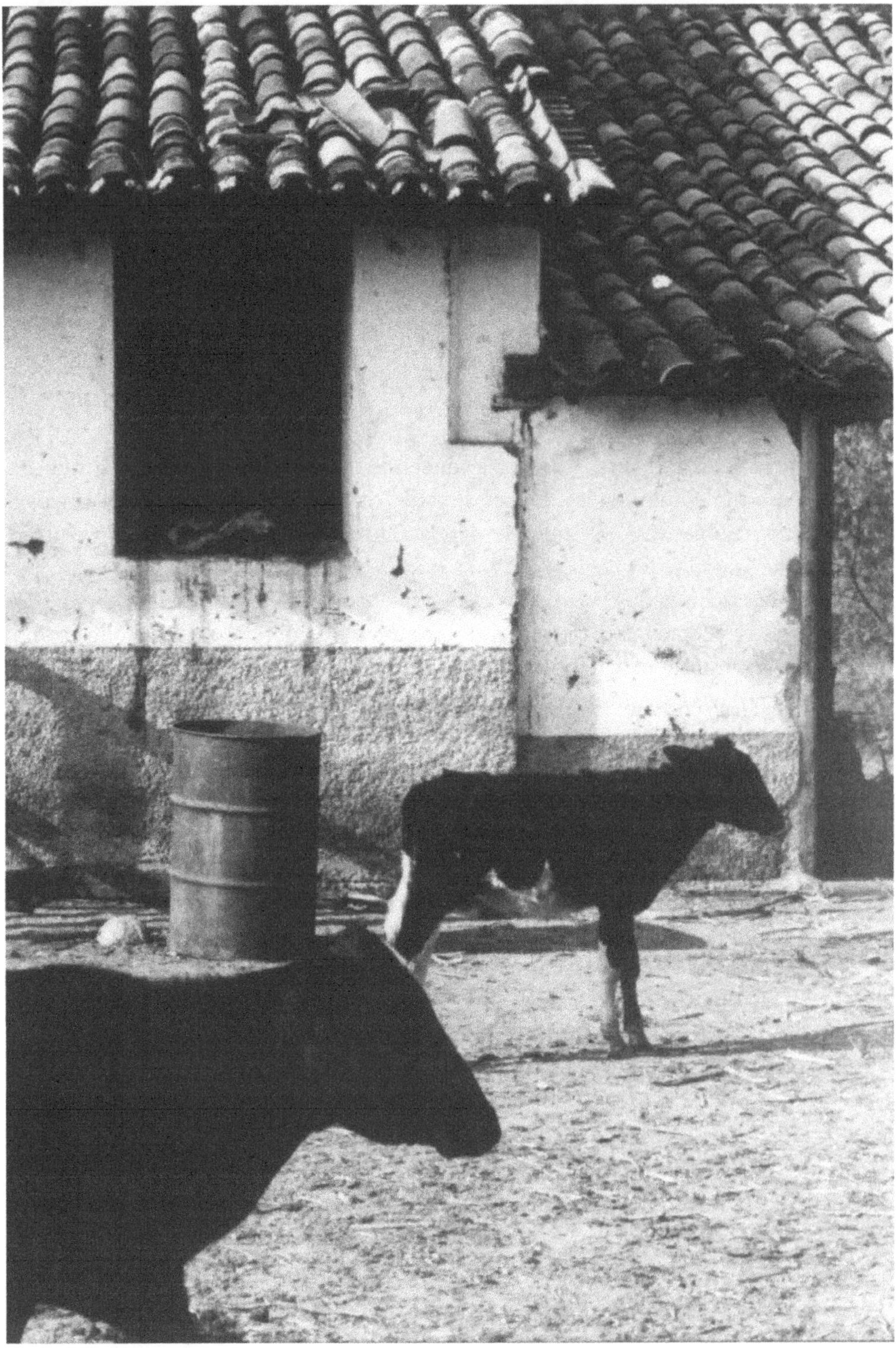

original depois de esticada) porque o principal das informações necessárias ao indivíduo, para sobreviver, "está codificado" em seu genoma (mesmo para as abelhas, as informações sobre a vida na colmeia).

Entre os humanos também se vê isso desde tempos antigos. Ao sul da Mesopotâmia, sob o sol abrasador das planícies lamacentas e férteis, havia colheitas fartas e cidades prósperas entre 3.500 e 3.000 a.C. E de lá vieram os primeiros cálculos matemáticos, as cidades, reinos, impérios e, finalmente, a "*escrita*". A escrita suméria e os sistemas matemáticos de base seis (dia com 24 horas e círculo com 360 graus) e base 10.

Mas para sobreviver, talvez melhor que seus contemporâneos caçadores e coletores, os indivíduos só dependiam fundamentalmente das informações codificadas em seu genoma e é assim desde que a vida existe, há bilhões de anos.

Fêmeas férteis

Para os homens, relações sexuais com fêmeas férteis serão sempre as melhores (frase propositalmente provocativa aos que gostam de contestar qualquer afirmação, por levarem a sério...). Ao nos *casar*, é como se escrevêssemos um belo *romance*.

Muitos dizem que "pessoas casadas são em média mais felizes que as solteiras". Se isso for verdade, pode ser que a felicidade em si é que gere os casamentos, ou vice-versa. Ou será que a *serotonina*, a *dopamina* e a *oxitocina* é que viabilizam e fazem manter os casamentos?

Pessoas felizes são *companhias mais atraentes*. As casadas podem ser mais felizes que as solteiras, em média, mas "uma mulher solteira com tendência à depressão em função de sua bioquímica" não necessariamente ficará feliz com um marido.

Pela medicina se descobrirá que a felicidade é determinada *principalmente* pela bioquímica. Paisagens e casas não determinam nossa felicidade: o casamento e o divórcio podem apenas exercer alguma influência sobre a área que há entre os dois. A *serotonina*, sim, pode...

Budismo

Na comunidade científica, haverá cada vez mais interesse pela filosofia e práticas de meditação budista. A felicidade resultaria de *processos* "que ocorrem em nosso corpo". Qual a importância, afinal, de se conseguir recompensas efêmeras?

Por que se esforçar para conquistar algo que praticamente desaparece quando surge? Pelo budismo, "a raiz do sofrimento não é a sensação de dor nem de tristeza e nem mesmo de falta de sentido". E sim "essa incessante e inútil busca de sensações efêmeras, que nos leva a estar em um constante estado de *tensão*, *inquietude* e insatisfação".

Com a meditação, espera-se da pessoa que "testemunhe o incessante ir e vir de todos os seus sentimentos e perceba como é inútil persegui-los". Só quando cessa essa busca, "a mente fica tranquila, *clara* e satisfeita" (enquanto os sentimentos passam – alegria, raiva, tédio, desejo – sem se ansiar por sentimentos específicos, e apenas os aceitando como são; vive-se assim o presente, sem fantasias sobre o que poderia ter sido – *ondas "boas"*...).

E para o tantrismo, felicidade é conhecer "a verdade sobre si mesmo" (é provável que, nos próximos séculos, algumas religiões se deixem influenciar pelo "liberalismo", e a maioria das pessoas, para se sentirem felizes, prefiram fazer sexo a orar a Deus).

Amor e liberdade

A saudade da amada desperta mesmo os melhores sentimentos. Amor e liberdade parecem contraditórios, mas não são. Tem-se a ideia de "pertencer" a alguma coisa (ao relacionamento), que é onde pode estar o erro.

Entre os muitos lugares-comuns se diz que "em nenhum amor que resistiu ao tempo houve sensação de prisão"; "o amor tem de ficar porque quer" (a partir de um quase "desapego", como tudo na vida).

No amor não há donos. "Se eu o amar de verdade, quero que ele seja o melhor que pode ser" (como marido, filho, amigo etc.). É preciso dar verdadeiramente "raízes para que tenha segurança, e asas para que possa voar".

E esse sentimento verdadeiro é o que vai contra as ideias de *possessão, ciúme, ressentimento, insegurança* (sentimentos falsos e inúteis, que são a "distorção" de tudo; nós os nutrimos e eles simplesmente nos atrasam e atrapalham nossas vidas).

"O amor de verdade quer que você seja o seu melhor", e que o seu melhor "seja inteiro". Devo "desenvolver o meu melhor" para me relacionar com ele e fazermos esse "infinito" (enquanto dure) entre nós, havendo um grande respeito à individualidade (palavras bonitas que também não servem para muita coisa, já que o sentimento é superior à razão).

É preciso "deixar o outro completamente livre, inclusive para não nos amar, caso ele não queira, ou não possa". O relacionamento precisa ser entendido como "instrumento de crescimento", de "expansão da nossa percepção", "da nossa capacidade, em todos os sentidos", principalmente da nossa capacidade de amar. A prova final é: "querer que o outro brilhe", independentemente do que aconteça conosco.

Parte IV

Ano de 22: uma meditação

1

Dia que não termina em um ano que não termina, e depois ainda virão outros

Veni vidi vici, mas sem golpe

Não queremos aqui entender essa história no seu sentido político, no que tange às relações humanas e traumas pessoais de d. Pedro, futuro imperador, vivendo agora o seu maior romance, trocando isso pela análise social que se faria da organização deste novo país, diríamos que... Não, não diríamos nada...

Apenas relacionaremos os mesmos fatos, já tão repetidamente enfatizados pelos analistas. Lembraremos que as ideias liberais da Revolução do Porto obrigaram d. João VI a voltar para Portugal, assumindo "papel simbólico numa monarquia constitucional".

Por esse aspecto, alguns tentarão ver semelhança com a libertação do México, "um movimento conservador e religioso que se opunha aos liberais que haviam chegado ao poder na Espanha (ainda que por um curto período)".

Mas não se pode falar da nossa Independência como um golpe. Ela traz os valores de José Bonifácio e seu grupo político, "com raízes na maçonaria e no liberalismo europeu", brotado na Revolução Francesa, e a "impetuosidade" de um jovem príncipe que, sabe-se lá com que lógica, inspirava-se em... (foi quem o expulsou de Portugal, e quase matou sua família) Napoleão Bonaparte.

Segundo dirá um famoso analista, Laurentino, d. Pedro seria *"um monarca de discurso liberal e prática autoritária"*. Acabará deixando para o novo país uma das constituições mais modernas deste século (sem esquecer que um ano antes dissolverá a Assembleia Constituinte convocada por ele mesmo), tirando-se o fato de instituir um tal poder "Moderador" para ele mesmo exercer, passando por cima dos outros três poderes e dando a palavra final.

(E será mesmo uma figura criativa, "herói em dois continentes", como alguns adoram dizer...)

MDCCCXXII

Já se sabe que esse número, representante do ano em que estamos, dará nome a livros de história que contarão passo a passo os episódios do que ora ocorre politicamente, alterando a denominação e *status* deste grande agrupamento territorial e humano de uma ex-colônia para o agora país independente. Melhor? Pior? Muito se discutirá, porque defeitos aqui é o que não faltam, e a possibilidade também de um bom crescimento econômico, que traga benefícios às pessoas em geral, pelo menos acredita-se que, sim, é maior, pois agora nem tudo que se produz será simplesmente dragado, sangrado e espoliado para gerar lucros em terras europeias. Fala-se até em daqui a 100 anos haver comemorações dos episódios atuais com uma provável semana de arte...

É bem possível que num desses livros de História, o do tal Laurentino Gomes, assim como em outros, se diga que a Independência se deu por um "consenso das elites para preservar o modelo econômico, baseado na escravatura". E que essa personagem que deu o grito, d. Pedro, ainda nos seus 23 anos, mais ou menos *catalisou* "a intenção de manter o território" (que nas regiões da América espanhola retalhou-se em pequenas repúblicas, e até republiquetas) e o *status quo* econômico, e segurar "o poder em mãos da dinastia Bragança em um pedaço do mundo".

Sangue latino

Toda a América vive o seu momento de Independência. Dá-se a (inédita) república democrática nos EUA, a revolta dos escravos no Haiti, as "campanhas de Simón Bolívar e José de San Martin na América do Sul". Em meio a esse estranho "redemoinho", o Brasil ainda vive uma situação "relativamente estável", fazendo parte de um Reino Unido (não sendo um "vice-reinado", como as colônias espanholas) de sede imperial no Rio de Janeiro desde 1808, quando d. João VI aportou. A região também se mantém unida pela língua comum, ao que tudo indica, em oposição ao espanhol dos países vizinhos.

Ainda há portugueses fiéis a Lisboa querendo combater os nacionalistas brasileiros, mas assim mesmo são conflitos apenas pontuais, se comparados às guerras de regiões vizinhas. Os norte-americanos perderam cerca de 20 mil soldados em batalhas contra os ingleses. Na América do Sul, Bolívar (ao norte) e San Martin (ao sul) chegaram ao poder depois de muitas idas e vindas, com vitórias e derrotas contra o Exército espanhol.

E o nosso processo também é original em relação aos outros por este aspecto: o "condutor" da independência nascera na metrópole e, ria-se, "era filho do rei que perdia a colônia". Para os vizinhos da América, a independência foi conseguida com muita luta, até se chegar à vitória (em batalha de campo ou nos órgãos colegiados; no caso americano, o Congresso; e no da América espanhola, os *cabildos* – conselhos de notáveis locais). Mas no Brasil, aqui, a independência veio literalmente "no grito" (hahaha...). E a plateia desse grito (o do posto; digo, Ipiranga) "não representava as forças políticas do país ou seu poder militar".

Dia da Independência

Vão se criar mitos e até fantasias sobre o que está sendo essa "Independência", imaginando-se uma grande mobilização de brasileiros de norte a sul (e isso será até ensinado nas escolas) querendo se ver livres da metrópole: o momento irresistível de uma onda cívica arrasadora, a lavar a alma deste povo (mesmo que não haja ainda uma montagem "televisiva" ajudando a pintar o quadro)...

(Não se duvide que exaltarão esses fatos como se "antes e depois do Grito do Ipiranga" o imperador fosse aclamado nas ruas com "vivas" das multidões, e "pelo badalar dos sinos das igrejas").

Mas o que se vê, na verdade, é que poucos brasileiros desejam de fato "o rompimento dos vínculos com Portugal". Nem os brasileiros, nem d. Pedro, se é para falar a verdade. Ele, como vimos, está agora mais atento às questões de seu coração.

Até poucos momentos antes dessa cena, "a maioria das lideranças nacionais defendia ainda a manutenção do Reino Unido de Portugal, Brasil e Algarve" na forma como fora criado por d. João VI em 1815. E o interesse dos brasileiros pela manutenção do reino era por razões econômicas.

Antes até da família real chegar ao Rio (em 1808), o Brasil já era "a mais rica e influente porção dos domínios portugueses". O que servia principalmente aos traficantes de escravos... Para quem não se interessava pela alma humana, ou em ouvir o Deus dentro de si, este era um grande negócio...

Mas também os comerciantes de açúcar, de "tabaco, algodão, ouro, diamantes e outras riquezas" já estavam bem estabelecidos no Brasil (em especial em Salvador e no Rio) e contando com esse mercado.

Em muitos casos, nem se tinha relações com a metrópole. Só de estarem no Reino Unido, esses comerciantes se davam bem no acesso a outras partes do império colonial e "ao rico mercado europeu".

Assim, nos primeiros meses de 1822, havia nas Cortes Constituintes de Lisboa (nos discursos de deputados brasileiros) um tom de conciliação. Em 21 de maio (há menos de quatro meses desta "Independência"), devemos ter visto o paulista Antônio Carlos de Andrada (deputado e irmão do ministro JB) dizer que não há um partido da Independência, no Brasil:

– *Que haja um bom doido que pense nisso, pode ser, mas digo que não existe um partido da independência. Estou plenamente convencido que Portugal ganha com a união do Brasil, e o Brasil com a de Portugal, por isso pugno pela união.*

História social

É quase uma ironia que tudo tenha sido assim, de modo quase imprevisível... E importa é que o ciclo da "criação portuguesa nos trópicos" vai ganhar novos contornos a partir de agora.

Diga-se: o lugar supostamente "descoberto" em 1500 ("graças ao espírito de aventura do povo lusitano", na mente desses ufanistas) fora transformado há pouco (em 1808, e por fragilidades da Coroa portuguesa, "obrigada a abandonar sua metrópole para não cair refém de Napoleão Bonaparte") para agora tornar-se independente "pelas divergências entre os próprios portugueses".

Estamos vivendo o grande triunfo brasileiro deste ano de 1822 mas, ao que tudo indica, "mais pelas suas fragilidades do que pelas suas virtudes". Por esta época, o projeto de país, nas dimensões em que está se dando, tem muito mais razões para fracassar – como nação soberana, de território integrado em proporções continentais – do que para dar certo.

Há muito isolamento e rivalidade entre as províncias, o que favorece uma guerra civil qualquer que possa levar à divisão do imenso território, como está ocorrendo na América espanhola.

Pobreza, malandragem e ladroagem

Mais de 30% dos brasileiros são escravos. Os negros cativos, os recém-libertos (chamados "forros"), os "mulatos índios e mestiços" formam uma população "pobre e carente de tudo", sem acesso a qualquer oportunidade de se integrar àquela economia agrária e rudimentar, em que se destacam o latifúndio e o tráfico negreiro.

(Não vamos entrar em uma polêmica por demais arriscada, mas seja qual for o arcaísmo conservador e reacionário, aqui se produz, e aos que não se organizam para produzir – não constroem nada nesse sentido – resta atacar o que os outros fazem, para distribuir essa riqueza na marra; isso será defendido, no futuro, falando-se mesmo na dignidade humana como razão para isso, mas toda civilização que se quiser moldar pela destruição dos que produzem estará mesmo fadada à miséria, quer decretar a águia – ave de rapina, predador alado.)

O analfabetismo reina absoluto por estas terras, mas ao menos uns 10% das pessoas já sabem ler e escrever... E aconteceu algo que, se não é pior, ainda dará muito que pensar: quando d. João voltou a Portugal (no ano passado, depois de mais de dez anos morando no Rio, geografia à qual um pouco pareceu ter se apegado...), aproveitou para raspar os cofres nacionais – pois os nobres deviam achar que aquilo era uma riqueza deles.

E assim o Brasil já começou falido. "Faltavam dinheiro, soldados, navios, armas e munições para sustentar a guerra contra os portugueses", que se anuncia agora com a possibilidade de ser longa e sangrenta.

Dando o que pensar

Filosofará um historiador qualquer – possivelmente baseado em sua teoria cristã, ou altruísta (para não dizer "socializante", termo que só aos poucos ganhará força), que a independência brasileira está sendo "uma revolução sem povo". Há um perigo urgente e muito mais assustador para a elite dominadora que todas as demais dificuldades: uma possível (mesmo que improvável) *rebelião escrava*. É esse o principal componente do que divide as opiniões e os interesses em jogo. Para os melhores estabelecidos, é esse "o inimigo comum", o fantasma que paira "no horizonte do jovem país".

Na cabeça desse filósofo, estão unidos contra esse "fantasma da rebelião" portugueses e brasileiros, "monarquistas e republicanos, liberais e absolutistas, federalistas e centralizadores, maçons e católicos, comerciantes e senhores de engenho, civis e militares" (ao menos nesse tipo de leitura, que se for estendido ao século XXI também dará certo: partidos políticos, membros dos poderes Executivo, Legislativo e Judiciário, empresários, fazendeiros, todos mancomunados contra o verdadeiro povo que caminha em marcha rumo ao "triunfo das melhorias sociais").

Por outro lado...

Pela cabeça de outro, que pensa quase o contrário, há previsões de que nos anos 2000 o cenário no Brasil já será bem mais favorável. A alfabetização saltará, só na segunda metade do século XX, de 10 para 85%. E a violência, proporcionalmente, também diminuirá muito por essa época.

Nessa futura virada de milênio, cerca de 137 mil pessoas sairão da pobreza absoluta a cada ano. Isso para não se falar no otimismo em relação a outras partes do mundo, como a futura Coreia do Sul, país que mais investirá em Educação e que, com metade do PIB do Brasil, nos anos 1950, crescerá 600% nos mesmos 50 anos.

No mundo todo a expectativa de vida também dobrará nesses 50 anos, que vão até o final do século XX, graças à melhor medicina e produção de alimentos. E a consciência ecológica (por necessidade, depois de tantos desastres) também será muito maior.

Vaca fria

Para o teórico da revolução, todos esses grupos, a nossa atual "dispersa e desorganizada" elite brasileira, sabem do "enorme fosso de desigualdade" aberto nesses três séculos pela "exploração de mão de obra escrava" (imagem até certo ponto discutível, pois o fosso de desigualdade já existia, se comparados os padrões dessas populações nas diferentes partes do mundo, antes da vinda delas, ao atual).

Na pré-independência já se temia que a situação ficasse "incontrolável" (segundo esse autor) se "novas ideias libertárias que chegavam da Europa e dos EUA animassem os nativos a se rebelar contra seus opressores". E assim, o sentimento de "medo" (será mesmo?) teria aproximado grupos antagônicos no processo de independência.

Havia tanto risco de ruptura com Portugal, que a pequena elite brasileira ("traficantes de escravos, fazendeiros, senhores de engenho, pecuaristas, charqueadores, comerciantes, padres e advogados") resolveu se juntar à volta do imperador Pedro I para evitar "uma guerra civil ou étnica" (será?) que, segundo esse mesmo autor (adepto de um "triunfo revolucionário", como já se disse), parecia "inevitável".

Quis-se assim preservar interesses e "viabilizar um projeto único de país no continente americano". Mesmo cercado de repúblicas por todos os lados, o Brasil conseguirá agora se manter como monarquia por quase 70 anos, *"uma flor exótica na América"*, na expressão que deverá ser usada por muitos historiadores, no Brasil e em Portugal.

Na sequência de mais conversa para boi dormir, acredita-se que durante alguns séculos ainda haverá dúvida sobre a viabilidade de se construir aqui um país coeso e soberano, "capaz de somar os esforços e o talento de todos os seus habitantes, aproveitar suas riquezas naturais e pavimentar seu futuro" (o que nada tem a ver com a Venezuela).

Bem, e uma última informação: nos próximos dias, Pedro I publicará um decreto "contra os abusos da imprensa" que valerá até o próximo ano.

2

O "*day after*"

Voltando para o Rio

Neste 10 de setembro, o príncipe começa sua volta para a Corte. Bem, pulemos logo para o dia 14, em que ele chega a São Cristóvão, sob uma forte chuva... (e aqui já se pode pensar num futuro "casamento da viúva", maneira figurada de se referir àquela que por fim conseguirá o divórcio assim que abrir o sol).

Sim, do nada vieram se infiltrando alguns raios, e a chuva foi abrandando até virar mero chuvisco. Juntando as duas coisas, deu-se um enorme arco-íris (e de Pedro não se poderá dizer ser o "espanhol" da chuva e sol, mas algum parentesco, sim, com as Cortes espanholas os portugueses sempre tiveram).

Voltemos aos fatos: na viagem de ida Pedro levara metade do tempo, em "*proeza hípica assombrosa*". E agora deixara a província paulista "pacificada", com um "triunvirato" no poder (d. Mateus, o ouvidor Pacheco e Marechal, que se manterão no posto do dia em que d. Pedro saíra – aos 10 de setembro, como dissemos – até 9 de janeiro do próximo ano).

Na noite de sua chegada à Corte, Pedro ainda foi à sessão maçônica do Grande Oriente para tomar posse como grão-mestre, sendo muito aclamado ("– oh... mas isso não levará a nada")...

Leopoldina

Já dissemos da princesa que, tendo um filho a cada ano, andou a sofrer consequências em seu corpo. Pedro, que nunca foi muito sensível a ela, e menos ainda fiel, parece estar se desinteressando cada vez mais, pouco a pouco... Mas enquanto isso, pelo menos, ela "se envolvia nos bastidores da política brasileira".

São Paulo por esta época – Rafael aclama o príncipe

Pelas bandas de Sampa, toma posse o segundo Governo Provisório de que falamos, criado por Carta Régia neste mês de setembro. Fazem parte dele o bispo diocesano, d. Mateus de Abreu Pereira (acho que já dissemos isso), o ouvidor da comarca da capital, dr. José Correa Pacheco e Silva, e o marechal de campo Cândido Xavier de Almeida e Souza.

Rafael sempre prestou fidelidade partidária aos amigos Andradas, a Feijó, a Vergueiro, a Paula Souza, e a outros tantos políticos da elite. Ainda mais quando a Câmara de Sorocaba recebe um ofício da do Rio (neste dia 17) pedindo a aclamação do príncipe como Imperador Constitucional do Brasil (ato que está se dando no dia seguinte).

Sim, a Câmara logo se reunirá, a princípio aos 12 de outubro, para jurar fidelidade ao rei. E Rafael não fugirá à demonstração de reverência. Assinará a ata junto ao Clero, ao povo e à tropa, todos postados à frente do paço. E já na sessão de 9 de novembro comunicará à Câmara do Rio sobre essa aclamação (em que também estarão presentes os vereadores Batista, Tavares, Canto etc.).

(Aclamação que também há de se reiterar oito meses depois, na sessão de 26 de junho do ano seguinte.)

3

Mais sobre Bonifácio

Especial JB

Agora teceremos elogio (sem revelar a identidade deste contador de histórias que assume a narrativa no momento) àquele que por 18 meses (de janeiro de 1822 a julho de 1823) viabiliza a seu modo esta Independência, tratando de criar o Estado brasileiro na forma de uma "monarquia constitucional moderada e centralizada".

Zé Bôni nasceu em Santos, em dia de Santo Antônio. Foi dos primeiros a achar que a Independência era inevitável e que só o comando de um príncipe (sim, mas agora sabemos que o príncipe esteve e está ainda embriagado de amor, e o que menos lhe importa é se esta terra irá mesmo se tornar uma nação...) daria ao novo poder "a legitimidade capaz de desarmar resistências e evitar a tragédia de guerras", das que vemos fazer degringolar a unidade da América espanhola.

Discurso monarquista

Sim, mas também por aqui – todo este imenso Portugal das Américas a que chamamos "brasis" (pela diversidade e falta de comunicação entre as partes) –, não tardarão a surgir caudilhos querendo retalhar entre si a herança do que é ainda um patrimônio nacional, muito graças à monarquia e sua continuidade hierárquica, capaz de assegurá-lo por pelo menos mais uma geração além desta.

JB não se fia só na autoridade de Pedro, mas organiza o Exército e agora cria a Marinha para melhor submeter as tropas portuguesas na Bahia, no Maranhão e Pará. E como chanceler, propõe uma "aliança defensiva do continente contra o colonialismo europeu". Visualiza, assim, uma espécie de união latino-americana.

Se dependesse dele, não se pagariam as humilhantes concessões pelo reconhecimento da independência, como ainda fará este rei (subentendendo-se que para beneficiar a própria família...). E sim, ele elabora ao menos em pensamento o que seria o primeiro projeto de um país moderno e funcional... Propõe, principalmente:

– A "extinção do tráfico de escravos e abolição da escravidão";
– "Tratamento humano e integrador" para os índios;
– A "divisão dos latifúndios em pequenas e médias propriedades".

Sonho à frente do tempo?

Em um "continente" comandado principalmente por militares e advogados, ele é um original "cientista", que vê importância em abrir minas, promover a siderurgia e a metalurgia, fomentando a indústria com financiamentos do *Banco do Brasil*.

Nos seus escritos adverte "contra a destruição das matas e os métodos predatórios da agricultura", o que valerá por séculos, e poderia orientar, no futuro, debates sobre um provável "código florestal". Imaginou, nesse nosso futuro, "um povo unificado pela miscigenação e civilizado pelo acesso à Educação".

E nos retrata de tal modo no futuro: "*a maior corrupção se acha onde a maior pobreza está ao lado da maior riqueza*". São ideias muito "avançadas", vão dizer (por vozes como a de J. Nabuco, um abolicionista do futuro), para a época em que estamos, e ele não vai conseguir se manter no poder. "Setores" ligados à propriedade e ao regime escravocrata vão dominar o país nas próximas décadas, e eles abominam essa coerência, de alguém que se orgulha (como mostra uma carta dele mesmo) "de construir sua casa só com trabalho livre e alugado".

Talvez quando fizer 200 anos o país comece a fazer jus ao sonho desse senhor, dando prosseguimento a um projeto que no momento mostra-se quase impraticável.

Estrela de Zé Bôni

No futuro, muitos hão de reparar em Sampa uma "praça do Patriarca", bem próxima ao pátio do Colégio... Será apenas um quadrilátero de concreto com duas pobres árvores, isoladas... E em um de seus cantos, de costas para a praça, ficará a estátua deste José Bonifácio de Andrada e Silva.

Mas, claro, estamos tendo uma visão de séculos. Até lá estas ruas terão passado por muitas reformas, e será difícil identificar o lugar na saída de uma pequena galeria (Prestes Maia?)... E alguns hão de julgar que essa estátua estará muito mal localizada (pois já não será em lugar central, à saída de uma *grande* galeria, em razão de reformas que sofrerá a rua...).

Talvez, até hoje, no Brasil, ele tenha sido a figura de olhar mais estratégico, capaz de pensar em como isto poderia ser um país melhor, e nos caminhos para se chegar até lá.

O cientista de Santos passou boa parte de sua vida na Europa, onde ganhou reputação de intelectual (como era para o português Azevedo Fortes, na Itália). Especializou-se na mineralogia, recebendo na Universidade de Coimbra a cátedra de

Metalurgia, ainda no começo do século. E lá, já era formado em Direito, Filosofia e Matemática.

Teve vários cargos públicos em Portugal, onde entrou para a maçonaria, lutou pelo Exército português na invasão francesa e só voltou para cá aos 56 anos, *"para acabar o resto dos meus cansados dias nos sertões do Brasil, a cultivar o que é meu"*.

Em um Brasil brasileiro

E os dias passados nestes solos, a partir de 1819 (e se um dia alguém inventou a conta absurda de que os anos 1800 correspondem ao século XIX e os 1900, ao século XX, este narrador revoltado garante que seria muito mais fácil, e prático, fazer coincidir o século XVIII com os anos 1800...), acabaram, ao que tudo indica, sendo os mais cansativos.

Ele e os irmãos – Antônio Carlos e Martim Afonso Andrada – vão estar agora ainda mais "no olho do furacão político". E esse "algo seu", que JB pretende cultivar, é simplesmente a nossa Independência – sendo um dos que mais plantou a semente.

Relembrando...

A política já estava mesmo agitada quando em 1820, no dia 24 de agosto, a Revolução do Porto pôs fim à monarquia absolutista no Reino Unido que incluía Portugal, Brasil e Algarve. D João, pressionado, voltou para Lisboa no ano seguinte (aos 24 de abril), já sabendo que se tornaria figura decorativa. Recomendou ao filho que não perdesse o Brasil para aventureiros (*a la* João III, como lembramos – o que são aventureiros? Os também guerreiros e militares que não eles mesmos). Pedro entendeu o recado, mas sentindo que o poder ainda estava "nas mãos das Cortes".

JB então se tornou "o grande articulador dos deputados brasileiros, em especial os paulistas". Presidiu a eleição em que saíram os seis representantes da província de São Paulo, entre eles Antônio Carlos, e foi o principal autor do documento *"Lembranças e apontamentos do Governo Provisório para os Senhores Deputados da Província"*. Nele, pregava-se "o fim do tráfico escravo, a catequização dos índios, a reforma agrária e os incentivos à mineração". E também que se construísse uma nova capital brasileira, em "algum lugar nas cabeceiras do Rio São Francisco" (próximo a onde será Brasília, 140 anos depois, diz a árvore).

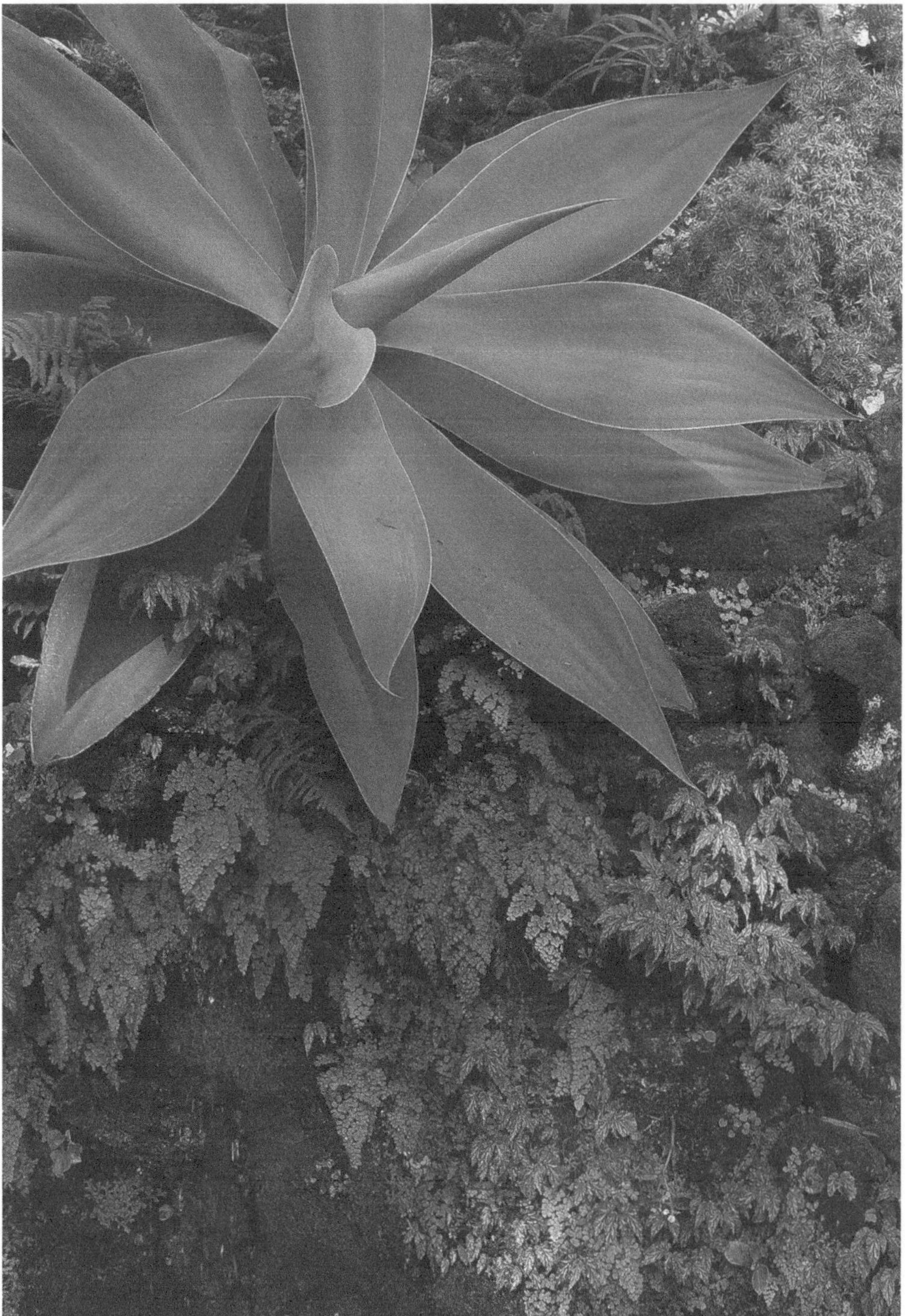

4

A colocação de Peu
(digo, coloração)

Coroação

Houve uma aclamação a d. Pedro, como vimos, em 12 de setembro deste ano de 22. E outra vez ele está sendo aclamado, agora aos 12 de outubro, no Campo de Santana, região central do Rio, depois dos acontecimentos em Sampa: é aplaudido ao se tornar, depois de regente, o Imperador Constitucional e Defensor Perpétuo do Brasil.

(Mas sua coroação – e "sagração" – vai se dar em 1º de dezembro, para dar-se início a um reinado "tumultuado" – mas quem se importa com isso? Ou melhor, ele mesmo é que não é: estará vivendo o ápice de seu amor.)

Vai criar agora, do nada, um Exército (no começo apoiado por mercenários estrangeiros) para garantir a maior parte do território nacional. Mas consolidar o novo país (o que Portugal está tendo de engolir graças à pressão inglesa) não alterará dois fatos: por toda esta década de 1820 não se esquecerão as dores de cabeça vindas de Lisboa; e Pedro manterá seus hábitos, há pouco demonstrados à Corte portuguesa.

Dir-se-á no futuro que "por mais liberal que fosse, jamais aceitaria ordens contrárias a seus desejos". É "um liberal com fortes pendores autoritários".

Coração

Pedro parece ter escolhido a data de sua coroação por uma razão específica: 1º de dezembro é "aniversário da restauração portuguesa de 1640", quando inaugurou-se a dinastia de sua família, com o duque de Bragança.

E diz-se que

O pano de boca usado no teatro da Corte na coroação foi do pintor francês, que dava aulas de pintura e desenho na Real Academia de Belas Artes.

Sim, pois a elite da capital reúne agora mais que os títulos de nobreza de sua Corte. Há também os letrados – escritores, advogados, médicos, jornalistas –, os sacerdotes, os militares e, inclusive, os artistas a discutir política nos espaços públicos.

>Coroação
>Cor ação
>Coração
>Oração
>Ração
>Ação
>
>Conde cor ação
>etc.

(Ops, distraiu-se aqui o narrador a brincar com as palavras.)

Ponderação

Cabe sempre lembrar que o Brasil não é terra isolada: seu processo de independência da Europa é concomitante ao de outras partes do continente. Quase todas as colônias estão em transformação e, em pouco tempo, parece que o sistema colonial todo haverá de entrar em crise.

Mas alguns grupos querem se emancipar sem nem saber direito o que é uma *nação*. Aqui, a Coroa portuguesa está fazendo de tudo para que a ruptura não seja traumática. E a coroação de d. Pedro I colabora com isso.

As províncias ainda mal se comunicam entre si, falando mais diretamente com a metrópole. O comércio é todo concentrado nessa relação com a Europa (entre as províncias praticamente não há). Para formarmos um país unido, vai ser preciso submeter as províncias ao Rio.

(E não é tão óbvio fazer isso. Certamente vai haver resistências e combates, e o governo usará até de mercenários europeus para dominar regiões rebeldes. A construção da unidade será demorada. O império quer se organizar de forma centralizadora, mas essa tensão federalista deverá atravessar todo o século.)

5

Elite e crítica social

Sistema

O que ainda prevalece neste pós-Independência, sabemos, leva o país a ser construído "de cima para baixo". A maior parte dos brasileiros é de escravos, pobres e analfabetos. E essa elite imperial, bem estudada (em Coimbra e outros centros europeus), é que se responsabiliza por erguer um Estado nacional, restringindo a participação ampla da sociedade, porque isso poderia levar ao caos e a rupturas traumáticas.

Neste ano de 1822 são defendidas ideias de sistemas democráticos, republicanos e federalistas, por pessoas como Joaquim Ledo, Cipriano Barata, Frei Caneca (o que sumiu com meu copo de chá e, por favor, devolva-o já...).

– Frei Joaquim do Amor Divino Caneca, muitos ainda não sabem, deverá ser líder e mártir da Confederação do Equador, que ocorrerá em dois anos.

Todas essas alternativas serão "reprimidas e adiadas de forma sistemática". Para organizar o "vasto, complexo e diverso Império brasileiro", está a se formar um "Estado forte e centralizado", que logo sairá a distribuir privilégios e benefícios a aliados e a perseguir os opositores pelas armas, quando necessário.

Sorriso de janeiro

O Rio é uma cidade rica, mesmo com as contas públicas no vermelho (por causa de empréstimos recorrentes, tomados pelo governo imperial já nestes primeiros anos de Independência – e assim diminuindo-se a capacidade de investir).

Este porto concentra metade do comércio com os outros países. Exportam-se *commodities* como o café e importa-se de tudo que é fabricado na Inglaterra: tecidos, lampiões etc.

Há muitos escravos andando pela cidade a vender comida, e nota-se na vestimenta que estão sempre com os pés no chão, pois são proibidos de calçar qualquer coisa. Já a elite, veste-se em acordo com a moda europeia e sabe falar Francês, o que é quase uma obsessão: apesar das desavenças com Napoleão 15 anos atrás, mal nos tornamos independentes e já começam a chegar os últimos lançamentos diretamente de Paris, podendo ser encontrados "em lojas sofisticadas nas ruas do Ouvidor e Direita".

Respeito à Constituição?

Nos atos de "sagração" e coroação, Peu jurou defender sua religião católica e apostólica, assim como as leis e nova Constituição que se faria para o império: a futura Constituição que ele mesmo, ainda aos 3 de junho de 22 (antes da Independência), convocara os deputados a elaborar.

Quando se inaugurou a Assembleia, discutiu-se, na verdade, o anteprojeto de Antônio Carlos, com 272 artigos; mas aprovaram-se apenas 24. E em 12 de novembro a Constituinte foi dissolvida, com d. Pedro prometendo convocar outra com o mesmo fim.

Essa dissolução está a acirrar "os ânimos dos liberais", principalmente dos irmãos Andradas...

(E aqui já sabemos, pela árvore, que isso culminará no exílio de JB, no "desligamento" do trono e fundação de *O Tamoio*, dos Andradas, de oposição.)

("A saída dos irmãos Andradas, e de sua irmã, Maria Flora Ribeiro de Andrada – camareira da imperatriz" – está a se dar pela "sustação da devassa aos partidários da '*Bernarda de Francisco Inácio*', culminando com a dissolução da Constituinte." JB passara a ser "*personagem incômoda e indesejável à camarilha que se formara em torno do Imperador*". Percebia as calúnias que eram plantadas, mas não revidava, pois seria como se a "*lua se enfadasse contra todos os cães que ladram*".)

O príncipe está a criar, em seguida, o Conselho de Estado, de dez membros, para tratar de "*negócios de maior monta*". Esse conselho existirá até 25 de março de 1824 e será incumbido de redigir a Constituição prometida (25 de março será a data de Juramento da Carta, e ele terá durado, portanto, um ano e nove meses, sendo sempre hostilizado pelos liberais; em 17 de novembro de 1823, o imperador convocará as eleições para a nova Assembleia Geral Constituinte e Legislativa; e em 1824 "o projeto da Constituição elaborado pelo Conselho" será "enviado às Câmaras municipais do país" para que se manifestem "como órgãos representativos do povo").

Parte V

Peu e Dômi trocam cartas

1

Infidelidade a rodo

Garanhão signo de cavalo

Sabemos que Pedro, nosso príncipe, é casado há algum tempo com a arquiduquesa da Áustria, Leopoldina. Já fazia cinco anos, na verdade, quando há pouco ele conheceu Domitila.

Está bem, Pedro é jovem e atlético, gosta de escalar morros no Rio, nada nu na praia de Botafogo e também na Ilha do Governador, explora ao máximo o fôlego de seus cavalos fazendo-os galopar pelo dia inteiro nos seus passeios, parecendo "querer viver tudo o que podia a um só tempo, como se suspeitasse que a morte estava à espreita para ceifá-lo jovem".

E é assim também com os amores

Lembramos que mesmo antes de casar Peu já tinha amantes, e chegou a ter um filho com uma delas, mas essa criança morreu ainda na infância (e teria sido "um dos primeiros *espúrios* reais a nascer" – a palavra "espúrio", para os que não sabem, quer dizer "ilegítimo, não genuíno" ou, como muito se usa no Nordeste, "natural").

Ele agora está começando uma história nova e, mesmo que um dia se venha a ler todas as cartas que escreverá a Domitila, e se considere inquestionável o amor que há entre eles, tudo indica que até nesse caso haverá infidelidade.

O relacionamento que começam a ter – e diz a árvore que *durará 7 anos* (em quatro dos quais Pedro ainda estará casado com Leopoldina) – estará também sujeito a abalos, em razão das "diversas aventuras amorosas" que virão à tona e despertarão ciúmes na paulista, como se poderá ver nas respostas de cartas enviadas por ela: *"eu já não namoro a ninguém depois que lhe dei minha palavra de honra"* e, sendo assim, *"não lhe mereço teus ataques"* – uma possível referência à gravidez de Maria Benedita, irmã de Domitila.

Mas à época em que estamos, o início do namoro, como é para qualquer um, as brigas por ciúmes ainda estão "longe de acontecer". "Provavelmente Domitila não

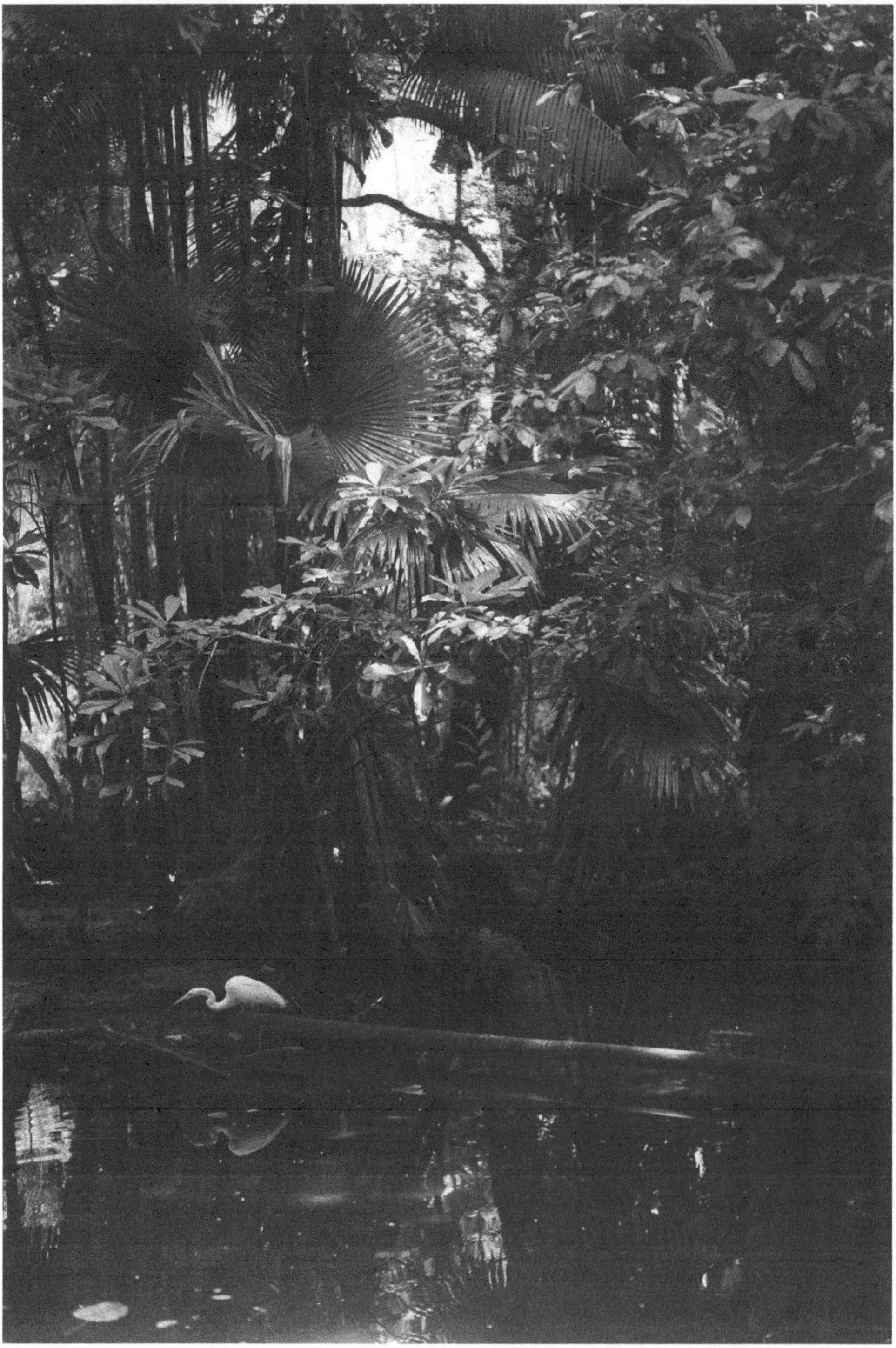

ficara sabendo do tapa que ele levara da escrava santista alguns dias após dormir com ela pela primeira vez".

"A propósito" (há quem goste de usar essa expressão), após proclamar a Independência (às "margens plácidas", como já disseram, e dissemos), Pedro sentiu saudades de casa e voltou à Corte, no Rio.

Mergulhando na intimidade

Agora, aos 17 de novembro deste impressionante 1822, faz-se uso desta condição de narrador onisciente (e "oniocupador" de espaços indiscretos) para dar início à bisbilhotagem nas cartas de Pedro para Domitila, e em algumas dela para ele.

Por esta época, ele está simplesmente encantado com as cartas que ela lhe enviara e passa, então, a escrever-lhe em resposta (pelo que está dizendo, parece ter falado com o pai dela, João de Castro, sobre a gravidez desta filha que é sua amante, Domitila)...

Tive arte de fazer saber a seu pai que estava pejada de mim (mas não lhe fale nisto) e assim persuadi--lo que a fosse buscar e a sua família, que não há de cá morrer de fome, muito especialmente o meu amor, por quem estou pronto a fazer sacrifícios.

E desta maneira, toda a família, exceto os irmãos mais velhos, que são militares (João e José de Castro, hoje aquartelados no Sul do Brasil), vai se transferir para o Rio de Janeiro...

Ida da família de Domitila para o Rio

Não se sabe se Domitila está realmente grávida, nesta que seria a primeira vez, porque não se terá mais notícias disso. Pedro não se cansa de fazer arte e pode estar enganando o velho coronel...

Ou Domitila talvez possa estar enganando aos dois por sentir, mais do que nunca, que o Universo lhe conspira a favor e, dessa maneira, possa manter próximo o homem que tão gentilmente a chama de *meu amor*.

Depois de tantas histórias ruins, de facadas, boatos de infidelidade para abafar a violência doméstica, e a questão da assinatura falsa, do processo de divórcio em que lhe tentaram tirar os filhos, preocupar-se com sua reputação na pequena cidade de Sampa seria o de menos.

Dômi chega à Corte

Vieram os pais, a avó, os irmãos, cunhados, os filhos do primeiro casamento, tios, primas, e quem fosse exagerar (em forma de reclamação) diria parecer um *tsunami* cobrindo a capital do Império Brasileiro, que apenas (e "a penas", alheias) começava a causar estragos.

E ali vão ser todos protegidos pelo rei Pedro, tendo a permanência na Corte mais do que garantida. O imperador realmente se disporá a ajudá-los, porque está apaixonado: dará empregos e promoções... Mas sempre atento à legalidade, e vai recusar alguns favores, precisando dizer:

Sinto infinito quando não posso fazer o que mecê pede; mas é o que acontece a quem como eu deseja manter a justiça e a disciplina militar.

Sim, ele poderá *amá-la* de verdade, mas não esquecerá os negócios de Estado só para atender a caprichos (se assim o entender).

Estamos em fevereiro?

Esquecemos de prestar atenção à data de hoje, para no futuro se saber em que dia, exatamente, Domitila e a família estão se instalando na Corte. Mas deixemos que a *correspondência amorosa* (entre o imperador e sua amante – futura marquesa – de que estamos nos aproximando de bisbilhotar, discretamente, assim como a algumas resoluções e despachos) nos fale, e sirva de referência.

(E para o leitor não ficar perdido, damos esta dica: estamos entre *janeiro* e *março* de 1823 e, como todos sabem, entre janeiro e março só existe um mês...)

A irmã Ana Cândida, que d. Pedro começa a chamar (e a deixar assim o nome registrado nas cartas) de Nhá Cândida, está agora indo com seu marido (o militar Carlos Maria Oliva) morar no Engenho Velho.

O cunhado de Domitila, Boaventura Delfim Pereira, casado com sua irmã mais velha, Maria Benedita, comprou uma chácara na ladeira da Glória, próxima à igreja de N. S. da Glória do Outeiro.

Já Domitila, com seus pais e os filhos do primeiro casamento, ficarão numa casa em Mata-Porcos (que no futuro há de se chamar de bairro do *Estácio*).

(Para quem não conhece estes versos, vale citar: "*Estácio acalma os sentidos dos erros que faço*". Este nome remete ao filho de Mem, que promoveu uma "guerra de libertação" – ou de invasão, para ser mais exato – para tirar os franceses – ainda no século XVI – do que é hoje o Centro da cidade do Rio.)

(Outro verso: "*se alguém quer matar-me de amor, que me mate no Estácio*". Ai, ai, Santa Clara amada e querida... E iria até lá agora mesmo, para morrer de amores.)

Caso a caso

Bem, mas já neste carnaval a futura baronesa de Sorocaba, Maria Benedita de Castro Canto e Melo, irmã mais velha da família, parece estar esquecendo aberta as portas da casa e do quarto em que dorme, para viver uma grande aventura...
E não com um homem qualquer, mas com o mesmo em que sua irmã Domitila já está de olho (e envolvida) faz tempo: sim, o próprio Pedro, imperador do Brasil.
Porém, parece-nos que será mesmo um caso temporário, passageiro e fortuito. Exatamente daqueles em que a ocasião faz o ladrão.
("Esse Pedro não deixava passar uma...")

Disfarce

Mal terminam o ato e já se afastam, para depois mal voltarem a se ver. Afinal, ela é casada com Boaventura Delfim Pereira, dez anos mais velho que o amante (mas ainda bom de cama aos 34). E sim, claro, ficou uma afeição muito grande entre eles. Mais do que a afeição, um ser vivo, produzido ali mesmo.
Benedita engravidou em apenas uma trepada, e pouco depois do carnaval sua barriga já dá sinais, avisando que o novo ente querido nascerá depois de comemorar-se um ano de Independência, lá por 4 de novembro deste ano de 1823, o menino que vai se chamar Rodrigo Delfim Pereira.
(E já se sonha que será pouco antes de uma tal "Noite da Agonia" – assim chamada pela novas questões políticas que virão...)
Vão dizer, em defesa de Pedro, que ele não fez isso por desprezo ao casal sorocabano, e depois ao filho, mas parece que mal vai ver esse menino, o que é bem diferente em relação às filhas que terá com sua verdadeira amante e futura marquesa. Ou porque Domitila será mesmo (e já é) a sua "favorita entre as favoritas", ou porque o novo "bastardo" (que será reconhecido como filho do marido de Maria Benedita, evitando-se assim maiores escândalos) será muito bem amparado pela família...
(E afinal, depois de traído, certamente Boaventura será *recompensado com cargos importantes*, como o de administrador da Real Fazenda de Santa Cruz, e receber o título de *barão de Sorocaba*.)

Domitila

Bem, que o leitor se prepare, pois agora passaremos a falar de a-m-o-r.
Como lembramos, não faz muito tempo – menos de um semestre – que Domitila chegou ao *Rio*. E sim, na sua saída de *Sampa* houve muitas despedidas, sentimentos à flor da pele, nervos tensionados, declarações de outros amores que não foram vividos,

mas a partir de agora precisaremos nos concentrar apenas no que está a acontecer, ou parece acontecer, nos bastidores da Corte.

Carta nº 1: Pedro cai do cavalo

Domitila não foi (no ano passado), não é e não será a única amante de Peu, mas há de se reconhecer, pela História afora, que é a mais importante: a que mais tempo terá se relacionado com ele. Mais do que isso: é aquela com quem ele gostaria de estar de fato casado, e teria realmente como mulher, não fossem as tradições e convenções de uma monarquia que não se sustentará por mais do que dois reinos nestas terras.

Já vimos que mesmo antes de se casar com Leopoldina, o príncipe se envolvera com a bailarina francesa Noémi Thierry a ponto de ter um filho. Em seu relacionamento com Domitila também haverá alguns casos paralelos, como com a esposa do naturalista francês Aimé Bonpland, Adèle Bonpland. Outra francesa será a modista Clemence Saisset, casada com o dono de uma loja na rua do Ouvidor. Clemence também terá filho com d. Pedro. E além das francesas, a própria irmã de Domitila, Maria Bendita de Castro Pereira – já em vias de ser a baronesa de Sorocaba –, sabemos bem, terá esse filho com o imperador.

Domitila passa agora a morar, por iniciativa de Pedro, à rua Barão de Ubá, sua primeira residência no Rio de Janeiro. Aqui é onde no futuro estará o bairro do Estácio, homenagem, como já lembramos, àquele que era filho do 3º governador-geral do Brasil (1558 a 72), Mem.

Talvez porque estivesse grávida. Sim, neste mesmo ano ela perderá o primeiro filho com seu amante imperial: motivo de tristeza dos que estarão à volta, em 1823 ela dará à luz um menino morto – gestado à mesma época em que a irmã também prepara um filho do rei.

(E aqui adianta-se, pela árvore, que ao todo serão cinco os filhos de Domitila com Pedro, que a conhecera em Sampa alguns dias antes da famosa *Independência*.)

2

Cartas e mais cartas

Tomados de ficção

Está agora d. Pedro debruçado sobre a escrivaninha para escrever palavras doces à amada. E sua doçura não poderá ser negada quando, no futuro, se fizerem reunir quilos e mais quilos das cartas que ainda fará.

Digo, essa é apenas a primeira de uma longa série, e de uma maneira ou de outra quase todas serão guardadas, seja por colecionadores particulares, pessoas ligadas à família, arquivos públicos, museus... E como não deixaria de ser, haverá também os jornalistas e editores de visão comercial, que as juntarão em livros para assim facilitar o acesso do cidadão comum (mesmo que descendente de um dos lados desse casal, por exemplo) a toda troca de correspondências que, vê-se, prima sobretudo pelo carinho.

E este narrador diz mais: que a relação entre eles, Pedro e Domitila, por mais que venham a se dar inúmeras brigas, será ainda pautada por esse carinho e superior, para ambas as partes, a outras relações que já tiveram ou virão a ter.

Os dois crescerão juntos nessa relação, e com isso estarão animados a também se melhorarem nas outras, sejam elas comerciais, diplomáticas, culturais ou meramente sociais. Mas como a fonte de grande elevação espiritual é justamente a relação que começam a ter *a dois*, qualquer afastamento fará diminuir a qualidade de vida de cada um em separado. Assim, haverá sempre uma tensão e superação do modo com que precisarão organizar, e estender, o convívio.

Todas elas

Por força do acaso, as primeiras palavras com que nos deparamos, antes de choverem essas cartas, são as de um bilhete de Pedro:

Minha Titília (...) Forte gosto o de ontem (...) Que prazer! Que consolação! É incalculável a disposição física com que estou para lhe ir aos cofres .

E com palavras de Domitila:

Se teus amores para comigo são assim, é porque tua amizade (...) não te borbulha no peito como a minha (...) Está claro que só a tua carne é quem te chama a fazer a coisa (...) que é capaz de dispor--te a fazeres.

Para contrastar, algumas palavras de Leopoldina vindas do futuro – pois aqui dissemos ter acesso a quase tudo:

Por amor de um monstro sedutor, me vejo totalmente esquecida do meu adorado Pedro. (...) acabou de dar-me a prova de seu total esquecimento, maltratando-me.

O que elas dizem

Sim, para alguns, essas cartas haverão de revelar no futuro, sobretudo:
– a "miséria da piedosa imperatriz, pudica, gorda e humilhada publicamente por conta da infidelidade escandalosa do marido; a volúpia do garboso Demonão (...)";
– "o desejo de poder da graciosa e despudorada Titília, a mulher mais influente do império", durante o romance (1822-9).
E se dirá pela Corte só existirem dois tipos de pessoa no Rio de Janeiro: as que agradam e as que desagradam Titília. Dirão, no futuro, que ela "vendia favores" com anuência do rei, teve "filhos bastardos reconhecidos", conseguiu "títulos de nobreza e dinheiro para a família", desfilava imponente por teatros, igrejas e festas com joias e roupas ganhadas de Pedro...
E que Pedro, "o homem mais forte do reino", ficava inseguro, "chorava de saudades quando não podia vê-la" e até "criava versinhos infantis", enviando "bilhetes acompanhados de chumaços de pelos púbicos ou do bigode". Chegava a escrever duas vezes por dia.
Ainda fará dela sua vizinha e mandará construir uma portinha no palácio para vê-la com mais facilidade.
Leopoldina, que é supercatólica (e delicada), vai se ver obrigada a conviver com os ilegítimos, misturando as crianças... E justo ela que já sofria com a diferença de clima e entre a sóbria Corte austríaca e a improvisada no Rio.

As cartas falam de coisas "*que nos interessam: amor, paixão, sexo, solidão, abandono*"

Talvez essas cartas, que ainda de fato leremos, mostrem o que mais se passava na cabeça de quem se fez imperador ao declarar a *Independência* destas terras. Mais: o que se tinha em mente na própria cena do "*Grito*"...
Muitos haverão de concordar com a tese do atual narrador de que nosso rei não estava nem aí para a libertação do Brasil de seu comando central na Europa: a histó-

ria dele com a futura marquesa era e continua sendo muito mais importante para ele do que os chamados fatos históricos.

Claro que já havia uma preocupação em se passar por importante (a pessoa mais importante da nova pátria em formação), por uma pessoa correta, esforçada, mas acima de todas as preocupações estava esta, a de que tudo fluísse bem em sua história de amor, pois sabia que desde que conhecera a marquesa não era mais apenas uma, mas duas almas, e essa soma, com real possibilidade de coerência e dedicação a uma vida comum entre os dois, passou a ser sua grande referência.

(O que ficará mais do que evidente em uma carta de junho deste ano de 1823.)

O amor *visceral*

Muito se vai dizer que o *amor* pede confiança em si e no outro. E mais, que se possa ser generoso, ter coragem etc. E essas são virtudes normalmente associadas a pessoas mais maduras e seguras... Não à toa, alguns medievais aconselhavam que fugíssemos do amor, que exige enorme capacidade de resistência ao sofrimento.

Dizem que em Goethe, nos *Sofrimentos do jovem Werther* (o romance publicado em 1774), o herói passava por "arroubos irreais, que idealizavam sua amada Charlotte" acima de suas qualidades. Pessoas maduras saberiam da "insustentabilidade do amor e de seu caráter efêmero e idealizado".

Também se fala no cinismo em relação ao amor, na proteção dos incapazes como forma de defesa contra o fracasso afetivo (dentro de uma sociedade em que se morre "por acúmulo de métodos de segurança e higiene", dizer que o amor é imaturo protege os infelizes – por inveja do amor correspondido) e no aguçamento dos sentidos e do pensamento por causa do objeto amado.

E também em perder-se o medo pelo desespero em precisar da companhia da amada – *coragem de arriscar tudo para estar com ela*. A proibição do amor gera ampliação das próprias sensações causadas por ele: a "confissão velada de tristeza causada pela perda do amor".

A "cura para o amor seria deixar que ele se realize": "muita conversa com a amada poderia diminuir o amor". O *casamento* com quem se ama "pode ser a rota para a cura do amor". E "curar" o amor é, muitas vezes, matar a beleza – experiência a favor do niilismo e descrença nas coisas.

"Comunicar" seu amor se dá pelo gosto de partilhar com outros "a generosidade e a beleza que o amor pode estimular". "É da natureza de uma paixão alegre ser abundante". A "própria força que sente jorrar de si quando o *amor é correspondido*". A dor do amor proibido é "o desejo de dar ao mundo a prova desse amor e a condenação desse mesmo amor".

"(...) vibrar com as realizações profissionais um do outro", "cuidar em momentos de fraqueza, alimentar em momentos de fome, beijar após pesadelos, dar banho, medicar, *gozar na boca um do outro*" ("e, melhor ainda, engolir esse gozo e pedir mais. A intimidade sexual é uma das rotinas mais poderosas para a manutenção do amor"). "Não existe amor platônico, a não ser em pessoas doentes de alguma forma, pois o amor pede carne." "Pede toque".

Assim,

"... para além das condições materiais óbvias – dinheiro, casa, férias, jantares, joias –, o amor só floresce ali onde se sua com o gosto do sexo na boca de quem ama".

3

Mundo animal: de focas em fofocas

Inépcia dos políticos

No começo, essa relação entre eles não é tão "escancarada", como gostarão de qualificar alguns futuros detratores, caluniadores e difamadores, "principalmente os políticos e cortesãos em queda". Para estes, será "mais fácil acusar Pedro de ter se deixado influenciar pela amante paulista do que assumirem sua inépcia ou sua ganância pelo poder como causa de sua demissão".

Mesmo os diplomatas estrangeiros do Rio vão tentar espalhar uma fama ruim de Domitila, como o embaixador francês, marquês de Gabriac, "que atribuirá os sucessos do embaixador britânico Robert Gordon em tentar pôr um fim ao tráfico negreiro ao fato de este haver enfrentado a marquesa..."

(E aqui caberia mais um comentário geral sobre escravidão e tráfico, citando Castro Alves, Jorge da Cunha Lima – "*Negro sem banho, drogado/ Donde vem tua emoção/ De que altar ancorado/ Do mar negreiro ou do chão* [...]" – um elogio discreto aos ingleses, e renegar alguns historiadores que invertem os papéis dos que estavam verdadeiramente do lado da abolição.)

Ainda a primeira carta

Muito se saberá por essa primeira carta bisbilhotada, escrita em junho de 1823, quando o casal já mantém uma espécie de relacionamento estável. Há pouco nosso imperador sofrera uma queda de cavalo, fraturando algumas costelas e tendo "hematomas e traumas que o prenderam ao leito".

E então mantiveram esses encontros ainda secretamente, mesmo que fosse apenas para ela dar "uma mãozinha" a ele. Com certa discrição, ou "até mesmo com a determinação do imperador de que o irmão dela, Francisco de Castro, a acompanhasse à Corte".

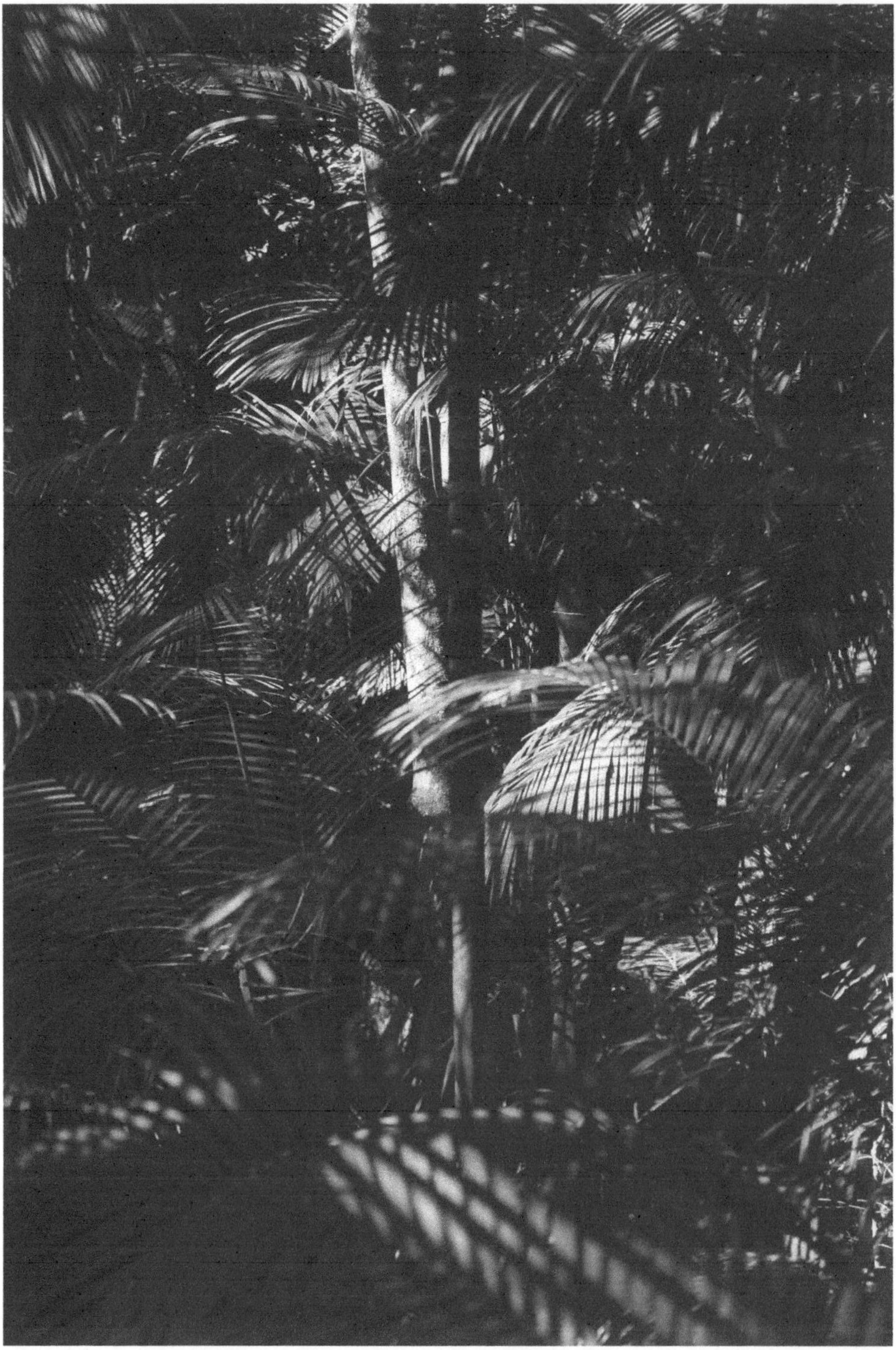

O que ela diz

Na carta, Pedro lamenta a presença dos médicos (tem ainda dores nas costelas, em razão da queda de cavalo, que foi feia, e relatada por um deles), torcendo para que saiam logo, e ela possa visitá-lo com o irmão mais novo, Nhô Xico. Também dá lembranças ao pai, à mãe e a Carlos, casado com a irmã de Domitila, Ana Cândida.

Francisco de Castro (do C. e M.), como lembramos, acompanhou Pedro na viagem do Rio a Sampa e testemunhou a proclamação no Ipiranga.
Tornou-se amigo pessoal de Pedro, e até padrinho de um de seus filhos.

Peu havia fraturado costelas, a clavícula esquerda e machucado o quadril (teria tomado um coice na bunda?). Segundo o médico, levaria nove dias para se curar – informação reforçada em carta de Leopoldina a seu pai, Francisco I.

Por esta época, Pedro ainda não está muito preocupado que a amante, "de escrita irregular e ortografia pobre", pudesse dizer alguma coisa sobre a queda dos Andradas, ou sobre as relações externas. Ele só está interessado em tratá-la bem (e dar continuidade a essas relações sexuais tão bem sucedidas, coisa com que ele sempre sonhou, e fantasiou – como nas duas primeiras noites em que passaram juntos e já houve aquele evento sempre fantasiado e nunca antes ocorrido...). Passa assim a dar-lhe joias e presentes (que ela sempre quer), "cuidando para que frequentasse a modista certa".

"Qualquer novidade despertava nele a lembrança de Domitila"

E é assim que ele começa a desviar presentes que seriam dados à imperatriz ("malandrinho, hein?")... E também passa a remeter a ela outros pequenos mimos, "como um queijo", morangos, flores etc.

As cartas em geral: vocativos e assinaturas

Ao longo do tempo, o tratamento de Pedro com a amante chegará à monotonia, com termos como "fiel amigo, amante, desvelado etc." Mas antes vai assinar como "Demonão", "Fogo Foguinho", "Imperador", "O Imperador" e "Pedro".

As formas como vai chamá-la e assinar as cartas variarão no tempo. Os vocativos serão assim: *Nhá Titília* e *Minha Titília* (em 1823); *Meu bem* (no 1º semestre de 1824 e meados do 2º); *Meu amor* e *Meu encanto, Meu amor* (do 2º semestre de 24 ao 2º do ano seguinte); *Meu amor, Minha Titília* e *Meu amor do meu coração* (do final do 2º semestre de 25 ao ano seguinte); *Minha filha* e *Querida amiga do coração* (em 1827, até outubro); *Filha* (de outubro a dezembro de 27); *Querida Marquesa* (de dezembro de 27 até 29).

No final de 1827, ainda aparecerão algumas cartas com "Marquesa" ou "Querida Marquesa", sendo aquelas formais, pela "tentativa inútil de iludir a quem o visse escrever". E por essa época ele falará de uma mensagem que não escreveu antes porque Chalaça, seu secretário, "estava na mesma sala".

As assinaturas vão ser assim: de 1822 a 25 ele será *O Demonão* (por todo esse período), *Fogo Foguinho* (em 23), o *Imperador* (um pouco em todo o período, mas mais em 25); de 23 a 28, *Imperador* ou *O imperador*, variando nas despedidas de *seu amigo* e *seu amante* ao mais formal (em 27 e 28), *seu amo e senhor*. Em meados de 28 e 29, também usará *Pedro*, que é como como assinará sua abdicação em 1831.

Fechamento da maçonaria – julho de 23

Certo servidor do paço, Plácido de Abreu, recebeu uma carta e a ameaça de que, se não a entregasse ao imperador, poderia morrer. Desesperado, e sem saber a quem comunicar, tratou de publicá-la no dia seguinte, no *Diário do Rio de Janeiro*, que era entregue a d. Pedro.

A mensagem estava em alemão, e foi traduzida por d. Leopoldina. Nós aqui não precisamos entender essa língua, e o que se sabe é da reação de d. Pedro: mandou chamar JB e, enquanto conversava em uma sala com Leopoldina, saiu do palácio acompanhado de soldados armados. Já na cidade, invadiu a sede do "*Apostolado*" (espécie de confraria paramaçônica que era dos irmãos Andradas, da qual o imperador fora intitulado "arconte-rei"). Ordenou o fim da sessão, "apreendeu todos os papéis e fechou definitivamente a sociedade".

De volta ao palácio de São Cristóvão, tratou de peitar e enfrentar JB. No dia seguinte o ministro pediu demissão, assim como seu irmão e a irmã, que era dama da imperatriz.

... e mais fofocas

Os difamadores de Pedro querem passar a ideia de que ele seria apenas uma marionete, às vezes de JB, às vezes da marquesa. Os próprios Andradas querem criar esse mito, ligando a queda de Bôni à marquesa.

Certo Antônio Drummond, "fiel paladino" dos Andradas, dirá em suas "anotações" (38 anos depois) que quem viu não viu, e quem diz que viu "*mente como testemunha ocular*". E que Domitila estava no quarto ao lado quando Pedro demitiu JB por acusá-la de ter recebido suborno dos paulistas (na verdade, era muito mais complicado do que isso, uma verdadeira história de amor) para conseguir o perdão dos envolvidos na "*Bernarda de Francisco Inácio*". Quando soube disso, "e não conseguindo impedir que d. Pedro anistiasse seus inimigos políticos", JB teria se demitido.

Isso tudo podem ser apenas teorias conspiratórias, uma vez que o historiador que as elaborará – o tal Drummond, que será ainda seguido cegamente por outros –, dirá que teria os documentos comprovatórios, mas que estes se foram com um incêndio (fazendo até ampliar "o mito ao redor de Domitila" – e no caso o da "mulher-bruxa", que sempre leva o homem para o mau caminho).

(O autor duvidará que alguém "chegada há menos de cinco meses" de Sampa, e "encontrando-se às escondidas com o imperador", tivesse influência a ponto de demitir o principal homem de confiança e conselheiro. E isso tudo também são conjecturas a partir de uma carta que logo transcreveremos, mostrando que ela só seria bem vinda ao palácio de S. Cristóvão ao lado do irmão, e sem muitas pessoas por perto.)

Na interpretação da dama de companhia – relação com a bernarda

Maria Graham, a inglesa que trabalha com Leopoldina (e é sua amiga íntima), comentou o assunto (como também sobre a carta entregue a Plácido) dizendo acreditar que Pedro, *"durante seu isolamento em razão do acidente, ficara sem ver Mme. Castro"*. E que seria difícil ela aparecer (e ficar por lá) sem que ninguém percebesse.

E fala sobre uma fila em frente ao palácio de pessoas que aguardavam notícias do imperador, "e existem relatos das visitas oficiais que d. Pedro recebia", como as de deputados da Constituinte.

Aos poucos houve disposição para se inteirar do que ocorria no resto do país "sem passar pela filtragem do ministério", e assim entendeu-se o que realmente ocorrera em São Paulo no episódio da bernarda e as duras medidas dos Andradas contra seus inimigos.

Mas é curioso que a mensagem estivesse escrita em alemão.

Oyenhausen, ex-capitão-general de São Paulo, e Daniel Pedro Müller participaram da bernarda e são filhos de alemães servidores da Coroa portuguesa. Ambos à época estavam no Rio, afastados de São Paulo "enquanto o gabinete dos Andradas realizava uma devassa sobre a revolta" de 1822.

Oyenhausen, depois de anistiado, virará visconde de Aracati. Já o marquês, ocupará em 1828 as pastas da Marinha e das Relações Exteriores, e será um dos articuladores do tratado de paz entre Brasil e Argentina, que porá fim à Guerra da Cisplantina.

Müller voltará depois a Sampa, reassumindo as funções de engenheiro militar e ajudando a formar jovens técnicos "no recém-criado Gabinete Topográfico".

Uma segunda carta

Aqui já se evidencia mais amor:

Nhá Titília
Desejando eu que, quando mecê apareça publicamente, apareças bem vestida, e decente: aí lhe mando essa peça de toquinha, mais renda, para que as mande fazer em um vestido com guarnições brancas na última moda, e como mecê o não saberá fazer, bom, será bom que Boaventura a leve à casa da modista

Madame Josefine, para que ela lhe tome a medida, e saia uma obra boa. Espero que isto faça para se apresentar na Glória enervando todas que lá aparecerem.
Para esse dia já terei as ametistas postas em bom adereço completo que fica digna de quem a dá, e de quem a recebe.
Aceite os protestos de estima
Deste seu amante
O Fogo Foguinho

Boaventura, como lembramos, será o barão de Sorocaba, simplesmente por estar casado e assumir o filho da irmã mais velha de Domitila, *dita* Maria Benedita, a *Dita*. Madame Josefine é modista, uma das mais famosas deste Primeiro Reinado (pois já sabemos que haverá um segundo). Ela está estabelecida na rua do Ouvidor, aqui do Rio, nestes anos de 1823 e 24. Tem criado vestidos para a imperatriz e todas as madames da Corte que tenham dinheiro suficiente (seja de pais ou maridos) para pagar por sua habilidade.

E de fato Pedro trará essas *ametistas*, que se destacarão em um lindo colar usado por Domitila (colar que ainda há de parar em um museu, o "Museu Imperial de Petrópolis", quem sabe?).

E se alguns tentam dar a Pedro a fama de "sovina", isso não combina com esses arranjos, vestidos e joias dados de presente, "tudo para que a provinciana paulista por quem se apaixonara não parecesse inferior a qualquer outra dama no teatro", na igreja ou em eventos públicos quaisquer. Ela chegou a parecer "mais bem vestida que a própria imperatriz em certas ocasiões", segundo alguns embaixadores estrangeiros (e até a *enervá-la*, como se mostra aqui o objetivo, na cumplicidade dos dois).

Especialistas em cartas poderão dizer que o linguajar do rei "ao escrever para seus filhos não levava muito em consideração a idade deles", o mesmo ocorrendo em relação à amada. Ele chega a utilizar expressões em Latim e a fazer brincadeiras que ela provavelmente não entenderá bem (ou somente depois da morte dele, talvez, ao reler a carta).

Já as cartas dela serão raras, e mostrando não ser tão instruída. Dir-se-á que "d. Pedro parecia *amá-la a ponto de elevá-la, criá-la, ensiná-la*".

4

A Sampa de 1823 – uma pré-Constituinte

Governo da província e Assembleia Constituinte

Mudemos um pouco de assunto, isto é, saiamos agora da vida na Corte para falar na Sampa deste ano de 1823, a cidade que tão bons momentos proporcionou ao rei e está sendo agora agraciada com o título de "imperial". O que era um velho lugarejo de serra acima, agora é assim "a imperial cidade de São Paulo", como gostarão de dizer alguns.

E na província paulista está a se iniciar agora este que será o último *Governo Provisório*, criado pelas Cortes de Lisboa e eleito pelos Colégios Paroquiais (tomou posse aos 9 de janeiro de 23 e ficará até 1º de abril de 24 – quando tomará posse o primeiro presidente provincial, Lucas Monteiro de Barros).

Em sua equipe estão, entre outros, Cândido Xavier, marechal de campo que é o novo presidente, o secretário dr. José Pacheco e Silva e mais cinco membros deputados (sendo dois coronéis, um capitão-mor e um vigário).

Constituição

E para a Assembleia Constituinte de 1823, São Paulo está elegendo Vergueiro, Antônio Carlos, José Bonifácio, Costa Aguiar, Paula Souza, Fernandes Pinheiro, Veloso de Oliveira, marechal Arouche, Toledo Lara e Ordonhas

Serão suplentes: Martim Francisco, Ornelas, Pacheco e Silva, general Couto Reis, Medeiros Gomes, pe. Feijó, Padre Oliveira Salgado e coronel Antônio José Vaz.

(Supõe-se assim que Rafael continue morando em Sorocaba, para cuidar de seus muitos negócios. Após a morte do pai, é ele quem administra o registro de animais, e não para de ter encontros – em sua casa e fora dela – com os políticos liberais mais atuantes.)

Notamos que neste ano e no próximo, os que se seguem à Independência, os principais debates envolvem a Constituição. E agora os eleitos para essa *Assembleia Nacional Constituinte* estão se reunindo no Rio, neste mês de maio de 1823, e a maioria parece adotar uma postura liberal moderada, disposta a defender a monarquia constitucional que dê direitos individuais e limite o poder do rei.

Mas estamos vendo que o poder Executivo (no caso, o rei) pretende mesmo criar problemas. Não se quer, na visão dos constituintes, que ele possa dissolver a futura assembleia de deputados e forçar eleições quando bem entenda. Ou que tenha poder de veto absoluto. Mas essa posição vai desagradar o rei, que quer um Executivo forte, capaz de enfrentar "*tendências democráticas e desagregadoras*". Pedro ainda acha que precisa concentrar poderes nas próprias mãos, e essa disputa vai acabar levando à "dissolução da Assembleia, com o apoio dos militares".

Os eleitos se reúnem no Rio

Neste caso da Assembleia Constituinte, a negociação será longa, e o desfecho parecerá dar razão aos que falam pejorativamente de um príncipe mimado, amado e odiado ao mesmo tempo.

O início está se dando agora, neste 3 de maio, 8 meses depois da Independência, com os deputados debatendo o texto desta primeira carta.

Andradas contra Feijó

Agora em junho, dia 1, esse Bonifácio pede ao capitão-mor de Itu, Vicente da Costa Taques e Aranha, que escreva às autoridades pedindo uma "ativa vigilância sobre o padre Feijó", pois temia que "a influência e prestígio desse ilustrado sacerdote abalasse a tranquilidade pública, promovendo a desunião dos povos", já que ocultaria "sentimentos anárquicos e sediciosos na mais refinada dissimulação"...

E agora Feijó, ao saber disso – ele que não tem medo de ninguém –, escreve diretamente ao imperador, não se considerando "criminoso" por suas opiniões, e defendendo a sua "liberdade de pensar" e o seu direito de escrever, tantas vezes garantido por d. Pedro. Alega que o seu comportamento não seria em nada "*anárquico, nem subversivo da ordem...*"

Tanto amo o governo monárquico representativo, como abomino a democracia pura e a aristocracia em um país que tem a felicidade de não a possuir...

E com palavras ainda mais dramáticas, está dizendo ao imperador que, se seu comportamento é de fato inadequado, prefere então manter-se em silêncio, pedindo-lhe

... *toda a indulgência pela minha ousadia, e por qualquer indiscrição, que, sem pensar, me haja escapado nesta minha representação.*

Nascimento de Rodrigo

Já estamos no final do ano, e por essa época, aos 4 de novembro, nasce Rodrigo Delfim Pereira, filho de Pedro com Benedita, a irmã de Domitila. Esse evento familiar ocorre pouco antes de uma tal "Noite da Agonia" (assim chamada pelas novas questões políticas que virão... – e culminarão na "dissolução da Assembleia Constituinte", ato que contribuirá para uma imagem negativa de Pedro nos seus 25 anos, imagem de um "déspota, contrário à soberania popular").

Dissolução da Constituinte e ainda os Andradas *versus* Feijó

Voltemos a essas divergências, pois as diferenças entre Feijó e os Andradas estarão ainda mais latentes agora que será dissolvida a Constituinte. Dirá um inspirado autor que "o mundo gira, e a roda da sorte é impiedosa e caprichosa". E que, além disso, ela "às vezes, sem piedade, golpeia aqui e ali..."

Sim, alguns meses depois a Constituinte de 1823 estará fechada, e José Bonifácio e Martim Francisco serão presos e exilados, por ordem do *ministro da Justiça*, pe. Feijó.

Constituinte em novembro

Em 11 de novembro falou-se no alcance do poder do imperador, que para muitos deveria ser limitado ao máximo. Mas Pedro I perdeu a paciência:

– Ai, isso não vai ficar assim...

De madrugada, ordenou ao brigadeiro José Manuel de Morais que invadisse a Assembleia com suas tropas, dissolvendo-a.

Nessa que foi chamada a *Noite da Agonia*, muitas personagens importantes da Independência "romperiam com o imperador e iriam para o exílio na Europa", como JB de Andrada, Gonçalves Ledo e José Clemente Pereira.

Para uma futura historiadora, "apesar de não ser absolutista, muito pelo contrário, dom Pedro I não aceitava perder o controle sobre o país que ainda não estava politicamente estabilizado" (a intenção de Peu será ainda mais reforçada na *Carta Magna* de 1824).

Deportação de Bonifácio

Neste novembro de 1823, quando d. Pedro dissolve a Constituinte, JB está sendo exilado e deportado para a França. Voltando a estudar, ele vai traduzir Virgílio e outros clássicos para o português (e dizem que até já "se arriscou na poesia").

Atuação de Rafael na Câmara sorocabana – em manobras da pré-Constituinte

Neste 25 de janeiro de 1824, o tio de Rafael (e sargento-mor do Exército) Américo Aires, que preside a Câmara de Sorocaba, está pegando as assinaturas de "*todo cidadão que estivesse satisfeito*" (ou ao menos de acordo) com o projeto enviado pela Secretaria dos Negócios do Império.

Todas as Câmaras vão se manifestar a favor do projeto (algumas só apresentarão emendas, e outras não responderão a tempo), e sendo elas "a expressão máxima da vontade popular" (segundo as "excrecências" jurídicas, na opinião deste humilde narrador), o rei desistirá de convocar os súditos para a Assembleia que havia decretado. E aceitará a sugestão da Câmara do Rio para que o projeto seja acatado de pronto como Constituição definitiva.

E assim o estão jurando agora, aos 25 de março deste ano de 1824.

Nomeação de novo presidente em São Paulo

Lucas Monteiro de Barros foi o primeiro presidente nomeado para a província de São Paulo, há alguns meses, aos 15 de novembro de 1823. Mineiro de Congonhas do Campo, foi empossado em 1º de abril deste ano (e, aqui já sabemos, governará até 21 de abril de 1826 – e após a interrupção por cinco meses de seu mandato, voltará de setembro de 1826 a 4 de abril de 27).

Ele agora vai receber as "*instruções e notícias convenientes ao serviço nacional*" enquanto não é eleito o Conselho da província para colocá-las em prática (e obedecendo à Constituição – artigo 13 –, o poder Legislativo é feito de duas câmaras eletivas: senadores e deputados, com legislatura de quatro anos e sessão anual de quatro meses).

Pela carta de 1824, criam-se os conselhos gerais das províncias, com 21 membros, sendo que os conselheiros do governo também podem ser membros e ter atribuições nas assembleias das províncias.

5

Primeira Constituição – março de 1824

A imprensa é livre?

Nossa Constituição parece avançada ao declarar que todos podem *"publicar, vender e comprar"* livros, mas sem *"abusar da liberdade de imprensa"*. E pelo menos enquanto permanecer o sistema monárquico, o projeto dessa nova Constituição deve vigorar.

Entre os dez jornais que vão circular pelo país neste século, o *Correio Braziliense* tem de especial a sua produção em Londres, onde já vive, exilado, o jornalista Hipólito da Costa (talvez o célebre inventor da frase *"je vive du beque"*). Ele fará à distância a "política" que a *Gazeta do Rio de Janeiro* não poderá oficialmente (no Rio, só se preocupará em descrever "estados de saúde e registros sociais dos reis europeus", enquanto o *Correio* atacará diretamente os nossos problemas administrativos).

(Os outros nove são a *Gazeta do Rio de Janeiro*, o *Diário do Rio de Janeiro*, o *Diário de Pernambuco*, *O Farol Paulistano*, o *Jornal do Commercio*, a *Gazeta de Notícias*, *O Estado de S. Paulo*, a *Gazeta de Alegrete* e *O Paiz*. E haverá também uma revista, a *Revista Ilustrada*.)

Nessa Constituição de 1824 (depois de dissolvida a de 23, como lembramos), declara-se, enfim, que *"todos podem comunicar os seus pensamentos, por palavras, escritos e publicá-los pela Imprensa, sem dependência de censura"*. Mas, claro, devendo... *"responder pelos abusos que cometerem no exercício deste Direito, nos casos, e pelas formas que a lei determinar"*.

Projeto de Constituição monárquica: de cima a baixo

Essa primeira Carta Magna resulta de "discussões liberais moderadas" e vigorará ("com pequenas modificações") até o final do Império (o Brasil, agora independente de Portugal, precisa ter sua própria Constituição).

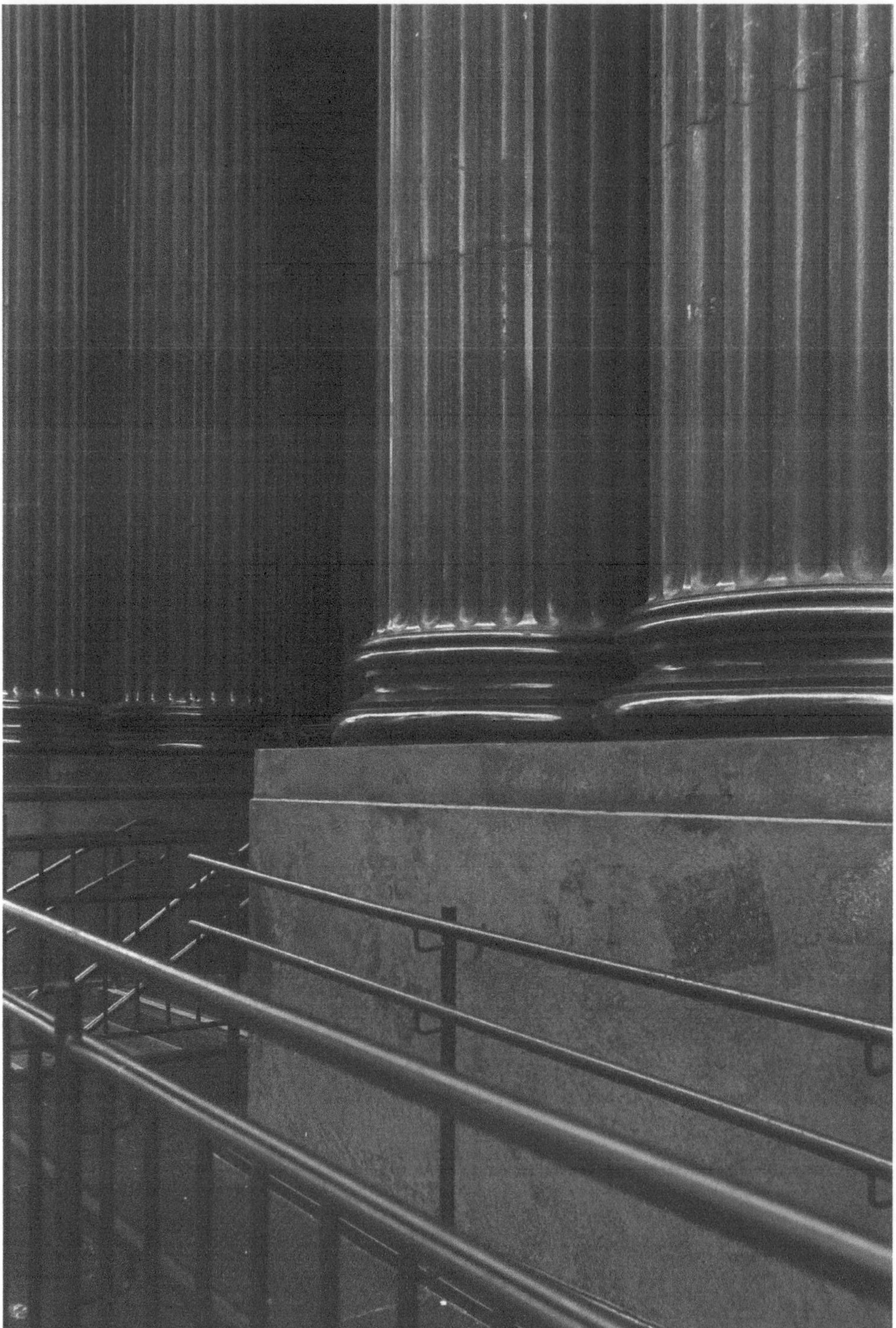

A Constituição de 25 de março 1824 se assemelha ao projeto que lhe dera forma, mas foi feita de cima para baixo, pela "minoria de brancos e mestiços que votava", e assim "imposta '*ao povo*'".

Os escravos foram excluídos dos dispositivos. Embora já haja (em alguns setores) uma grande pressão abolicionista, e até pela reforma agrária, a maioria está "comprometida com a escravidão" (em 1831 ainda se fará uma lei proibindo o tráfico, mas ela não será respeitada).

Há, pois, uma grande distância entre teoria e prática, entre discurso e fábrica, *opus* e *ratiocinatio*... Na hora de organizar poderes, dar direitos individuais e atribuir funções, tudo é perfeito... O problema é a "aplicação" disso numa sociedade em que apenas um pequeno grupo tem poder político, "instrução e tradição autoritária".

Poderes do governo

Já dissemos que essa Constituição de 1824 vai vigorar até praticamente o final do século, com algumas modificações apenas. Já se sabe que o poder é do tipo "monárquico, hereditário e constitucional". E o império vai ter uma "nobreza" de títulos não hereditários (marquês, barão, conde, duque), dados diretamente pelo imperador.

A religião oficial ainda será a católica romana, e as outras podem ter culto apenas privado. O *Conselho de Estado* terá os componentes nomeados pelo imperador, de brasileiros com mais de 40 anos e renda a partir de 800 mil réis: "*pessoas de saber, capacidade e virtude*", a serem ouvidas "*nos negócios graves e medidas gerais de pública administração*".

O poder Moderador nasceu de uma ideia de Benjamin Constant (muito lido por esta época), em que o rei não interfere na política administrativa e cotidiana, mas modera as disputas mais graves, representando a "*vontade*" e o "*interesse nacional*". Ele dá, portanto, o voto diferencial nas eleições, podendo estabelecer ou revogar normas de outros poderes.

Foi difícil separar os poderes Executivo e Moderador. O rei ainda concentra muitas atribuições: nomeia senadores, pode "dissolver ou convocar a Câmara para eleições" e "aprovar as decisões da Câmara" ou do Senado. Sua pessoa é considerada "inviolável e sagrada", não tendo qualquer responsabilidade.

Comparações futuras

Diz a árvore que essa primeira Constituição durará 64 anos – e será a mais duradoura, se compararmos às do próximo século. E acabou sendo aquela elaborada pelo próprio rei e um grupo de dez conselheiros próximos, já estando em vigor desde 25 de março.

Há um trecho que certamente incomoda a maioria "absoluta" dos deputados: esse que criou o poder Moderador, ao lado dos conhecidos Executivo, Legislativo e Judiciário. Pedro é o chefe único tanto do Executivo quanto do Moderador. Mesmo assim, é "uma das Cartas mais modernas de seu tempo e eivada de valores liberais". Pôde-se colocar nela direitos ainda raros no século XIX, como a "liberdade de culto a religiões não cristãs".

Só que a sua aprovação na marra desagradou a maioria (afinal, neste caso, para que serviria aquele bando de políticos bancados com dinheiro público?). A reação foi tão violenta que na mesma noite um grupo de deputados liberais tentou matar d. Pedro I (e o Partido Liberal parece ter sido mesmo o mais violento, ao qual se engajaram políticos "do mal" – ao menos na versão que se confia mais, dos que figuram nas histórias de *Ser tão antigo*)...

Isso se deu em uma peça no Real Teatro de São João... Queriam tacar fogo nas poltronas do teatro e, durante a correria, atirar no imperador. Chegou a haver um começo de incêndio, mas a família real que estava lá conseguiu sair, sem que "tivessem chance" de atacar d. Pedro.

História

Sim, mesmo Pedro I teve boas ideias sobre como organizar e governar a sociedade dos brasileiros. A Constituição outorgada por ele (1824) é das mais inovadoras, mesmo que nascida de "um gesto autoritário" (a dissolução da Constituinte de 1823).

E ele é de fato um abolicionista convicto (no futuro haverá documentos mostrando isso, preservados em um "museu imperial" de Petrópolis). Pouco dessas ideias sairá do papel, principalmente as relacionadas à melhor distribuição de renda e oportunidades ("em uma sociedade absolutamente desigual", como se há de reconhecer).

"O Brasil conseguiu se separar de Portugal sem romper a ordem social vigente".

A economia se vê viciada no tráfico negreiro há quase três séculos, e parece impraticável abolir a escravidão logo de cara, junto com a Independência. Mas também não se pode esperar tanto, e será uma vergonha se demorarmos muito para tomar essa atitude – já defendida por políticos de ponta como JB e d. Pedro – e vermos a escravidão ser abolida só daqui a 75 anos, praticamente junto com a monarquia.

6

O romance chega ao ápice: nasce uma linda menina

Começo do divórcio – primeira sentença

O divórcio de Domitila de seu primeiro marido se iniciara aos 4 de março. Neste 21 de maio (de 1824, para os que estão desatentos) é que sai a sentença, dando a guarda dos filhos à mãe.

Sabe-se que futuramente Francisca será "educada em um colégio da elite carioca", enquanto Felício, o filho, vai completar, mais tarde, os "seus estudos em Paris".

Nasce Isabel Maria, futura duquesa de Goiás

Dois dias depois, neste 23 de maio, nasce *Isabel Maria de Alcântara Brasileira*, a "Belinha", primeira filha viva deste casal de amantes, Peu e Dômi (e para os que gostam de referências históricas, o fato ocorre uns 40 dias antes de se proclamar a *Confederação do Equador* – que será contrária à política imperial, e principalmente à outorga da Carta de 1824).

Isabel Maria, primeira e única duquesa de Goiás, é filha do imperador e de seu amor, Domitila, a futura marquesa de Santos. Será batizada a 31 de maio e um dia se tornará, além de duquesa, a *condessa de Treuberg* e também *baronesa de Holsen*.

Nascida nesta cidade do Rio, ela logo será registrada como filha de pais incógnitos, como se tivesse sido abandonada na casa do coronel João de Castro (na verdade, o seu avô materno).

Batismo

Nessa condição é que está sendo de fato batizada agora, aos 31 de maio, nesta igreja de São Francisco Xavier do Engenho Velho, tendo como padrinhos os pais de sua mãe, Domitila. Toda a atenção nesta igreja do Engenho Velho está sendo agora voltada para ela, a *Isabel*, *Bel*, ou *Belinha*, como aparecerá numa primeira carta de seu pai, Pedro, à mãe...

Como dissemos, no começo será ainda considerada (e assim registrada) filha de pais desconhecidos, e "o imperador afirmaria, em carta para Domitila, que Isabel deveria viver com a mãe, até que tivesse idade para ser educada".

Na família de Domitila, a carreira militar do irmão

Também por esta época, o irmão mais velho de Dômi, José de Castro Canto e Melo, sargento-mor do Regimento de Cavalaria de 2ª Linha da Vila de Curitiba (que ainda é parte da província de São Paulo), está sendo condecorado como *Cavaleiro da Ordem de São Bento de Avis*.

7

Novas cartas

Romantismo

Bem, e a essas alturas talvez nos alegre mais voltar a acompanhar as cartas trocadas entre Pedro, imperador do Brasil, e sua amada-amante, namorada e querida Domitília, ou Domitila.

Pelas mostras que veremos, são verdadeiras *cartas de amor*, do rei à sua musa-amante, e não deixam dúvidas sobre a relação de afeto, de sexo e ternura em que, a cada vez, se deixam mais mergulhar.

Meu bem,
(...)
Ontem mesmo fiz **amor de matrimônio** *para que hoje, se mecê estiver melhor e com disposição, fazer o nosso* **amor por devoção***. Aceite, meu benzinho, meu amor, meu encanto e meu tudo, o coração constante.*
Deste seu fiel amante (...)

(Imagina-se tamanho disparate? Fazer amor por obrigação com uma e por prazer com a outra?)

Já se passaram tempos desde a primeira relação sexual dos dois, em agosto de 1822, e o príncipe ainda se mostra muito apaixonado. Seria impossível não ver isso.

D. Leopoldina é a esposa *oficial* e Domitila, a *carnal*, amante... A rainha é pessoa estudada, conversa com os botânicos, com os naturalistas e intelectuais (como J. Bonifácio). Já Dômi foi capaz de receber a mulher do cônsul inglês, Isabel Burton (que é um tanto idosa), sentada no chão de terra batida de sua cozinha, descalça e fumando cachimbo.

Vê-se que para Pedro, um tanto educado que é, e tendo também o gênio forte, é mais interessante relacionar-se com Domitila do que ter as conversas cultas sobre minerais, plantas raras, conchas ou falar em outros idiomas.

Cartas, cartas, cartas...

Meu bem,
Assento que será melhor (...) com especialidade hoje que é noite de lua (...). Graças a Deus vou bem, e sempre pronto para a servir como quem é
Seu amante
(...)

A conversa é sobre um teatro de sombras ao ar livre, dificultado pela luz da lua. Ele queria era estar na casa dela. Ou que ela viesse. Imaginou que *ela* chegaria em uma carruagem pequena, de um só assento, com "dois varais, cortina de couro na frente", duas rodas e puxada por dois cavalos. Daquelas que, "nas laterais, pequenas vigias permitiam ao passageiro ver a paisagem".

Meu bem,
Faça-me o favor de enviar pelo portador deste o seu fio de pedras brancas e mais os brincos, que é para se arranjar no toucado.
Seu amante
Demonão

Meu bem,
Desejo saber se passou bem a noite. Eu logo que me deitei fui pedra em poço; mas quando me levantei, e agora mesmo, ainda estou sentindo alguma coisa.
Adeus, até a noite,
Seu amante

Meu bem, (...)
À noite lá irei, e o mais cedo que puder, para ter o gosto de gozar da tua tão amável companhia, e que até se faz precisa para a existência.
Deste seu desvelado amante (...)

Vê-se que tudo ocorre em meio a guerras de independência, dessas que se dão até 1824, e tentativas de tratados de paz com Portugal – que só serão realizados no 2º semestre de 1825...

Meu bem e meu tudo
Dormi muito bem de noite, assim lhe acontecesse. Aí vão esses morangos para a nossa ceia, que há de ser mais substancial, mas muito menos saborosa que a de ontem, comida em camarote (...)
Este luxurioso, o seu amante (...)

Meu único bem, (...)

Mais cartas

Meu benzinho,
Desejarei que me mande notícias suas, e da nossa Belinha (...). Peço-lhe, **meu amor**, *perdão se ontem a escandalizei. Eu, meu bem, jamais a desejo escandalizar, antes busco todos os modos de obsequiá-la. Espero,* **meu bem e meu tudo**, *que me perdoe, pois está aflito, enquanto lhe não perdoar, o coração Deste seu constante e fiel amante que todo lhe ofertou*
(...)

Pedro sentiu tê-la ofendido, causado escândalo, talvez pelo uso de palavras ímpias e indecentes, ou ações. De fato, ele não era de sempre ter bons modos e tinha consciência da pouca educação. Em uma futura carta (de 1827, aos 13 de dezembro), ele também vai se desculpar por ter sido rude com ela e dizer que "(...) *a fruta é fina, posto que a casca seja grossa*".

Escândalo no teatro – vexame público

Já estamos agora no dia 22 de setembro de 1824, quando Pedro resolve mandar fechar o teatro depois de barrarem Domitila na entrada.

Bem, foi assim. Quatro meses depois de nascer Isabel, houve um incidente: Domitila ia entrar em uma sessão do *Teatrinho Constitucional São Pedro* (no século XX, hão de se inspirar nessa cena para compor uma música, "Barrados no Baile", que narra ela saindo de casa, depois de se preparar toda...) e foi *barrada*, alegando-se que não tinha sido convidada.

É claro que ficou enfurecidíssima! E Pedro, "irritado ao saber que ela havia sido barrada na porta do prédio", também retirou-se.

E assim, aos 22 de setembro, o teatro está sendo fechado.

Meu bem,
Aí vai o remédio que chegou neste momento da cidade, não me esqueço de nada seu. Já se mandou fechar o teatro, apreender papéis e proceder a devassa do que se sabe para meu esclarecimento. (...)
Hoje já não trabalha o teatro, e estão todos de boca aberta.
Seu amante, fiel e constante
(...)

Há de se contar que esse foi só o primeiro vexame público: ela quis assistir a uma apresentação neste *Teatrinho Constitucional* e lhe pediram na entrada o convite. Quando Pedro soube do incidente, retirou-se do local e, no dia 22, mandou fechar o teatro. Os artistas foram despejados, os figurinos e cenários queimados... ("nossa!")

Mais cartas de 1824

Meu amor do meu coração

(...)
seu amante
Imperador

Meu amor,
(...) Mande-me notícias suas e da Belinha.
Seu amante fiel e constante
(...)

Meu amor
(...)
Vai, também, a água para tomar à noite, como lhe disse, antes de **irmos para o banho**, *o lenço azul para servir de molde (...)*
Deste seu desvelado, verdadeiro, fiel, constante e agradecido amante do coração, (...)

Meu amor
Mande-me notícias suas, e da nossa Belinha.
Remeto as luvas e essa doce pera. Aceita o coração
Deste seu constante e fiel amante
(...)

Meu amor
Mande-me dizer como tem passado a nossa querida Bela, **produto dos nossos sinceros amores.**
Bem sabe quanto se interessa na saúde dela
Este seu fiel, constante, desvelado, agradecido e verdadeiro amante
O Imperador

8

Rafael e as eleições paulistas de 1824

Resultados de outubro

E então... seguindo as instruções baixadas em junho para eleições de primeira legislatura, apurou-se o resultado aos *7 de outubro de 1824*.

Entre os candidatos a senador do império, o mais votado (bem acima dos deputados) foi Nicolau Vergueiro, com 273 votos, seguindo-se Joaquim Ornelas (253), o marechal Chagas Santos (215), Couto Reis (166), o ten.-gen. Cândido Xavier (161), marechal Arouche (154) etc. Mas o imperador não escolheu Vergueiro, preferindo os 7º, 10º, 13º e 14º colocados para representarem São Paulo no Senado Vitalício, que terá 50 membros.

Na Assembleia Geral, nove foram diplomados para representar a província, entre eles Nicolau Vergueiro (dos 273 votos), o des. Costa Aguiar (225), José da Costa Carvalho (218) e, em 9º, o pe. Diogo Feijó (com 83).

Costa Carvalho foi substituído pelo padre João Crisóstomo e Fernandes Pinheiro, pelo padre Feijó (se um dia, no futuro, todos esses nomes aparecem espalhados pelas ruas de Sampa, já se saberá por quê – e quem houver de andar por essas vias ainda se deparará com novas séries de nomes e sobrenomes considerados de pessoas *dignas* de representar a sociedade pelos seus gestos passados de solidariedade, "grandeza", sabedoria, justiça e outros atributos que recebem aqueles que se consideram merecedores desse tipo de homenagem, o de emprestar seus nomes a ruas, praças, largos, avenidas...).

Conselho

Para o Conselho do Governo foram eleitos o marechal Cândido Xavier (em 1º), o tenente Rafael Tobias (em 4º) e mais quatro, além de outros nove como suplentes, entre eles o padre Feijó. A vice-presidência será ocupada por membros do Conselho Geral, na ordem de votação. E vão receber, por sessão, umas três patacas (aquela moeda de prata tão bem conhecida de quem vive por esta época).

(Para ser membro exige-se ter 25 anos, "probidade e decente subsistência". Lima, Feijó e Morais Leme, eleitos, não tomaram posse por motivo de saúde, e Silva Passos faleceu. Rafael Tobias já não comparecerá às sessões em 1826, pois precisará ir à Corte, e será então convocado Vergueiro, que recusará o cargo, sendo substituído por Pacheco.)

O Conselho, instalado na sede do Governo Provincial (*"primeiro esboço de assembleia provincial com algumas atribuições parecidas com as do Conselho de Estado"*), acabará se exaurindo (perdendo a razão de ser) com as Assembleias Legislativas Estaduais.

A atuação de Rafael nesse Conselho – 2ª sessão, em outubro de 24

A primeira tinha se dado aos 20 de outubro. Rafael não comparecera *"por morar distante"*, mas neste dia 27 mostra agora o seu diploma a Lucas de Barros (presidente da província), e é assim verificada a *"legitimidade"* de sua eleição, prestando-se o juramento de cumprir *"bem e fielmente"* os seus deveres.

No Conselho ele vai trabalhar pela província, mostrando espírito combativo nos assuntos ligados ao bem-estar de seus contemporâneos. E nesta sessão do dia 27 ele fará quatro "falas"...

A primeira é sobre a centralização do correio público entre Itu e Sorocaba, com cada vila disputando para ser o centro. Ele parece ter influenciado na decisão, pois o Conselho acaba de deliberar

que o dito correio se dirija à vila de Sorocaba, girando tanto na ida como na volta pelas de Jundiaí, São Carlos e Itu, e que em cada uma delas haja um administrador, que sirva gratuitamente (...)

(E quem ler isto no futuro deve lembrar que somos ainda um país de pouca renda e mínimos recursos, sendo as malas transportadas por arrematação, ou como o correio as conduza, de cada cidade à Corte.)

A segunda fala é sobre a proposta de Manoel Ornelas, que *"mandava explorar a estrada que se projeta abrir de Sorocaba ao rio Juquiá pela paragem denominada fazenda Pinhal, cujo rio é navegável até Ribeira do Iguape."* Rafael explica que já mandara fazer explorações e estudos sobre o melhor trajeto para essa *"interessante estrada"* (e assim o Conselho pede que apresente o seu projeto, indicando os meios para realizá-lo).

A terceira é sobre o conserto da estrada da Mata, que liga São Paulo ao Rio Grande do Sul, sugerindo que bem no meio houvesse um destacamento militar para *"facilitar os recursos aos viajantes"*. Deliberou-se o enxugamento desse projeto.

A favor do ensino público

A quarta, agora, é sobre ensino. Ele pede que em todas as escolas de primeiras letras e no Ensino Mútuo se pratique o método Lancaster. E que dois professores vindos da Corte instruam os de Sampa e o de Santos. Os demais sairiam a ensinar por todas as vilas, porque, *"sendo tão diminutos os seus ordenados, se tornava 'impraticável' viajarem para a Capital, para aprender"*.

(E aqui não vamos fazer futurologias gratuitas, mas sonhando desejar que logo – algo como em dois séculos e meio – os professores já estejam ganhando bem, e acima dos políticos, que poderiam muito bem exercer os seus cargos de poder apenas por idealismo, sem tirar proveito material próprio, mas pensando no bem comum de uma sociedade mais justa – e menos sectária – que seus descendentes poderão herdar.)

Assim, pelo método citado se poderia aprender pelo Ensino Mútuo, sem gasto e comodamente nas vilas. Convencido, o Conselho quer colocar logo em prática essas ideias, pois são *"de reconhecida utilidade"*.

Com essa aprovação, a primeira vila a ser instruída pelo Método Mútuo será Itu (com um mestre de primeiras letras), e depois as demais da província (o que só se deliberará na sessão de 17 de novembro de 1825).

3ª sessão – estradas e pedido de doação aos políticos

Nesta 3ª sessão (em 3 de novembro), leem-se os tais projetos de Rafael sobre a estrada Sorocaba-Juquiá e o conserto da chamada estrada da Mata. Aprova-se a apresentação de aditamentos convenientes aos dois projetos. Ele está à vontade para fazer um de seus melhores discursos, destacando a importância dessas estradas e explicando como seriam aplicados os recursos.

É quando, para a surpresa dos *"ilustres colegas"*, propõe também que eles *"conviessem em ceder a gratificação diária de três mil e duzentos réis em benefício da Fazenda Nacional, para ser aplicado no estabelecimento do referido Seminário de Santa Ana"*.

(Pedir a políticos que abram mão de seus benefícios ainda há de ser considerado ficção científica nos séculos vindouros, pois tudo indica que eles justificarão cada vez mais a fama de oportunistas e ladrões dos cofres públicos. Mas esse "abrirem mão da gratificação diária" se baseava em José Francisco do Livramento ter pedido ao imperador "a consignação de um conto e seiscentos mil réis [1.600$000] para o Seminário de Itu".)

Rafael achou *"mais útil proporcionar-se os meios necessários para o estabelecimento do seminário"*, mandando erguê-lo na Fazenda de Santa Ana, nos subúrbios da cidade, que já tinha consignação de 200 mil réis pela Fazenda Nacional *"e não era possível socorrer-se mais duplamente a ambos ao mesmo tempo, quando o rendimento do subsídio literário muito pouco excede à despesa que se faz com os atuais professores"*, e a Fazenda

Nacional estava em fase de poucos recursos.

("O Subsídio Literário, na verdade, não deveria ser muito rendoso", e fora estabelecido em 1772 em prol da instrução pública em São Paulo. Era um imposto de 12,5 réis *de cada medida de aguardente, a 320 **réis** de cada **rês** que se abatesse no açougue ou fora dele*" – e que ao menos *rezes* por tuas *reses*, diria alguém, tentando fazer graça...)

Rafael foi apoiado pelo presidente mas, como era de se supor, sua proposição não foi aceita, porque outros até mais ricos que ele – como Jordão e Ornelas – se opuseram. Mas fica aqui a memória de sua atitude "desprendida e patriótica, que servirá de exemplo pelos séculos afora".

Responsabilidade fiscal

Nessa terceira sessão houve ainda um pronunciamento, pedindo às Câmaras da província...

– que levantassem "*todos os objetos relativos ao bem público, e cujo conhecimento pertença ao Conselho, na conformidade de suas atribuições*";

– que se pedisse à junta da Fazenda "*uma conta de receita, e despesa, e da dívida ativa e passiva, com a declaração dos devedores à mesma Fazenda*".

9

Discursos e mais discursos

4ª sessão: assentamento para fiscalização de tropas – novembro de 1824

Em 10 de novembro foi deferido:

Discutido o projecto aprezentado pelo Sr. Tenente coronel Rafael Tobias de Aguiar para estabelecimento de huma Povoação na Estrada da Matta, com hum Parocho, e Destacamento Militar de 30 homens, se assentou, que era util, e interessante, porem para esse mesmo fim, se devia quanto antes dar principio á abertura da mencionada Estrada da Matta, na forma determinada pela Carta Regia de 9 de Setembro de 1820 (...)

Para um futuro historiador, o projeto era "de suma importância para o desenvolvimento do comércio de muares, vindos do Sul, e que tornou Sorocaba o centro mais importante dessa atividade", mostrando o interesse patriótico de seu autor.

E para que a ideia fosse sustentável, oficializava-se a cobrança de cem réis por animal ("cabeça") que passasse na Estrada da Mata (a província sozinha não teria meios para empreender tal obra).

"Pediram-se informações às vilas de Curitiba, Castro e Príncipe" sobre o projeto, e elas vieram no ano seguinte (na sessão de 13 de setembro de 25 – e mais na de 1º de outubro de 1829):

(...) se deliberou, que se mandasse pôr em praça nas ditas Villas tanto esta, como aquella obra, á quem por menos fizesse no todo, ou em partes.

Ainda nessa sessão de 10 de novembro de 24:

(...) sobre a abertura da Estrada da Fabrica de Ferro ao Rio Juquiá, foi adoptado, e se rezolveo, que para a melhor execução, se mande primeiro proceder aos precizos exames (...)

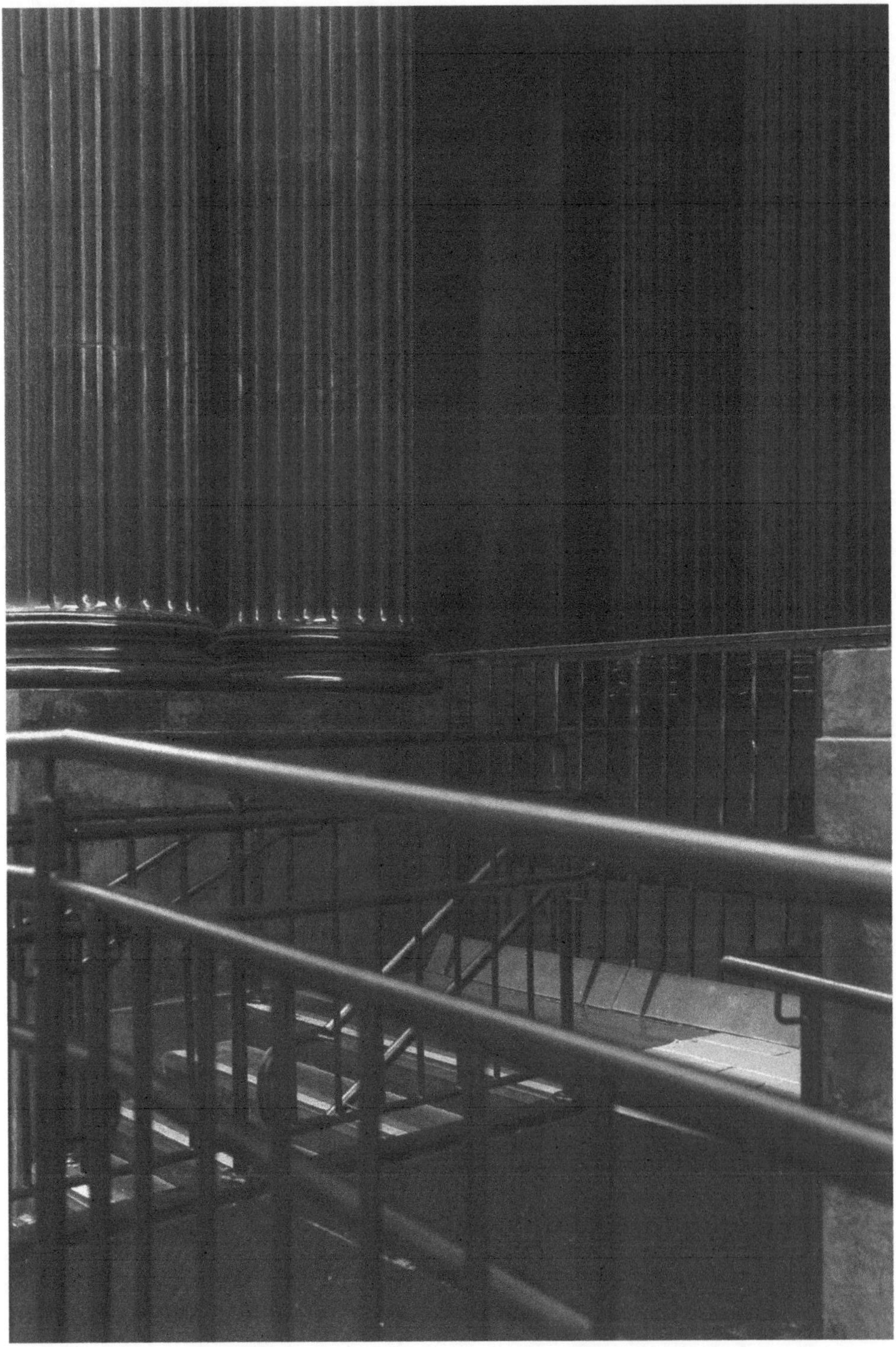

Nessa mesma sessão, o conselheiro de Sorocaba propôs que *"fosse erecta á Freguesia de S. Roque, attenta a distancia, em que se acha da Villa, a que pertence, sua população"*. Expediu-se ordens ao ouvidor.

5ª sessão

Na sessão de 17 de novembro, Rafael está apresentando duas propostas:
– fazer uma ponte sobre o rio Paraíba em Jacareí, na Estrada Real que vai ao Rio, por ser de utilidade pública. Ela fora projetada em 1820 e, em sua realização, propõe convidar o cap.-mor Cláudio José Machado e Manoel Rodrigues Munhós para executar *"esta interessante obra"*. O Conselho aprova a sua proposta.
– convidar o ten.-gen. Cândido Xavier de Almeida e Souza a *"apresentar o Plano de economia Militar, que os seus conhecimentos e prática o habilitarão para organizar"*. O conselho também aprova esta proposta.

Em nova manifestação, ele agora lê *"uma representação do povo da nova freguesia de Tatuí"* (estabelecida por ordem imperial em terras que eram do Hospital do Carmo, na vila de Itu), queixando-se que o presidente havia apenas doado terreno *"para se levantar a igreja"*, ficando *"o povo sem ter lugar, em que pudessem edificar suas casas, tão necessárias"*, e por isso se pede para *"demarcar um quarto de légua para o rocio da Freguesia..."*.

Assim, o povo da "nova" freguesia de Tatuí tem o apoio de Rafael em sua pretensão de edificar casas à volta da igreja, em terras que foram do Hospital do Carmo de Itu. A Câmara da vila de Itapetininga (a que pertencia à freguesia) considera justa a reivindicação, pois o povo não compraria esses terrenos, como queria o presidente do hospital.

Rafael argumenta que a compra pura e simples afastaria muitos moradores, que não teriam como fazê-la, ainda mais se exigirem *"preço exorbitante"* (o que acabaria por extinguir a nova freguesia), e por isso ele votava pelo deferimento. Dornelas contra-argumenta que então se devia pedir o mesmo para todas as freguesias. Mas Rafael argumenta que, "para o caso de Tatuí, as providências deviam atender a esta por *'precisar muito delas'*", para seu crescimento e prosperidade, *"parecendo-lhe que quando se criassem Freguesias se demarcassem logo o terreno para o rocio na ocasião em que fosse erigida a Vila"*.

(Vão então pedir providências à sua Majestade, e na sessão de 2 de dezembro aprovar-se-á a instalação de correio entre a capital e as vilas de Jundiaí – "junde aonde?" –, S. Carlos, Itu e Sorocaba. E o assunto correio ainda voltará à pauta no ano seguinte, aos 13 de outubro.)

(E há quem tenha se dedicado aos estudos de toda a atuação deste e outros parlamentares – porque também ninguém é de ferro para querer ler e entender bem dessas coisas, havendo um artista de declarar, bem no futuro – Lenine ou Leminski – ser o exercício do poder o "sexo dos velhos".)

Na mesma sessão, faz-se o "Plano de Reforma dos Estudos", estabelecendo-se também o de uma "Junta de Gratificação dos Diamantes da Vila de Curitiba", os dois de Rafael.

6ª ou 7ª sessão – incentivo à mineração (de exploração de diamantes)

Já em 9 de dezembro, o seu projeto do plano de gratificação dos diamantes está sendo discutido e considerado *"útil e interessante para esta província (...)"*, levando-se em conta estabelecer uma Junta para melhor proveito dessas pedras.

Aguarda-se a palavra de S. M., o imperador, que a apreciará (junto com o parecer do conselheiro Ornelas) apenas em 13 de outubro do ano seguinte. Nesse dia, quando houver a leitura do parecer, Rafael declarará que, com algumas exceções, *"se conformava com o indicado parecer"*.

(...) por quanto já se tinhão em outro tempo apreziantado alguns diamantes tirados dos mesmos rios, e outros, e até formado hua Companhia denominada Aventureiros do Tibagí por Ordem Regia, e Ouvidor informa ser geralmente afirmada a riqueza, que ali existe (...)

Ensino público e USP

Ainda em 9 de dezembro, discute-se o plano de reforma para os estudos da província. Delibera-se a sua execução pela presidência, exceto a criação da cadeira de Medicina.

Nota-se, mais uma vez, o "alto espírito público" do conselheiro de Sorocaba, "preocupado com o ensino", como mostram as três proposições seguintes apresentadas neste dia, todas aprovadas:

Que para excitar-se a emulação da mocidade, e conseguir-se o seu progresso nas faculdades, à que se aplica, era conveniente, que se pusesse em prática o estilo de exames públicos no fim de cada ano, o que há tempos, se tem deixado de praticar.

Além de aprovada, a medida está sendo considerada *"de reconhecida vantagem"*. Sobre a criação de uma USP, Rafael "não se descurou das suas obrigações como paulista; amante de sua terra", propondo

Que se peça a S. M. o imperador, que se digne sancionar, e mandar executar a lei, pela qual a preterida Assembleia criou uma universidade nesta Província;

E assim, altamente interessado na instalação de uma USP, na sessão seguinte ele pede que ela fosse feita em um dos conventos da capital, que se destinaria, inteiramente, à Universidade, *"quando S. M. I se digne anuir à súplica..."*

Ainda em 15 de dezembro, ele propõe

que a determinação sobre os atos públicos dos estudantes seja geral, devendo nas Vilas presidir a respectiva Câmara, a qual nomeará dois Examinadores para este fim, bem como se recomende aos atuais professores de Gramática Latina das referidas Vilas, que quando não sejam instruídos na Língua Francesa, se apliquem a ela, para ensinarem aos seus discípulos, devendo d'ora em diante concorrer nos professores que se promoverem mais este requisito...

Como se vê, ele sempre se preocupou com a boa compreensão do Latim. Ainda recomendou, ao final, que por não haver negócios importantes que justificassem a reunião do Conselho por mais dois meses, que se *encerrassem as sessões daquele ano no dia 20,* o que foi aprovado.

Sobre envenenamento de escravos, saúde pública, arrecadação de impostos e corrupção

A sessão de encerramento deste ano está sendo proveitosa, estudando-se várias sugestões. Algumas são de Rafael. Em sua *primeira* intervenção, ele fala sobre a constante ocorrência, na Comarca de Itu e outras vilas, de *envenenamentos de escravos,* "praticados por outros, ficando impunes os autores".

Argumenta e propõe haver necessidade do "*devido castigo (...) àqueles que perpetram tão grave delito (...), já escondendo-se, e já passando-se a diversos compradores, residentes em diferentes Freguesias e Termos*". Lembra-se das "*funestas consequências, que podiam resultar da impunidade de semelhante delito*", pedindo que se "*vigiem*" as possíveis vítimas

... com o zelo, que lhes deve merecer a segurança, e saúde dos Cidadãos, sobre este artigo, procedendo na forma da Lei, não só contra os ditos escravos, mas também os Senhores, que procurarem evadi-los às penas, que lhes devem ser impostas; e que escravo algum, que morrer subitamente, e houver indício de ter sido envenenado, seja enterrado sem se proceder ao necessário exame por Facultativos, e corpo de delito direto, a fim de melhor contar da propinação do veneno, [devendo-se] **recomendar, e vigiar sobre o bom tratamento dos escravos...**

Sua *segunda* intervenção é sobre o Hospital de Caridade na vila de Sorocaba, pedindo prestação de contas ao encarregado de construí-lo, ten. cel. Bento Gonçalves de Oliveira.

(...) levantando-se na vila da Sorocaba (...) um edifício, destinado para Hospital de Caridade (...) com donativos (...) não chegando par sua conclusão, deu motivo a encarregar-se ao Ten. e Cel. Bento (...) o mandar à sua custa, indenizando-se depois (...) o que com efeito, pôs em prática há anos, (...)

se exige dele uma exata informação a semelhante respeito, (...) uma conta (...), a fim de que, quando esteja embolsado (...), se possa dar àquele edifício uma aplicação conveniente ao bem público (...).

Na *terceira*, reivindica métodos na arrecadação de rendas nacionais "*nos diversos registros e passagens*" em que houvesse um único coletor "servindo de fiel e cobrador sem dar fiança e sem escrituração".

Para cada registro e passagem, seria estabelecido "um cobrador, um escrivão, enviando-se à Junta da Fazenda o livro para a escrituração", com as rubricas. De óbvio diz que, quando um livro se completasse, enviar-se-ia outro, havendo remessas trimestrais.

A proposta é aprovada pelo Conselho e oficia-se a Junta.

Com essa atitude "desassombrada", Rafael quer evitar o desvio das rendas nacionais, coibir abusos e apropriações do dinheiro público (o que entre os portugueses é tão antigo quanto a Sé de Braga, e comum no Brasil desde a chegada de Cabral).

Nesse mesmo sentido, a *quarta* proposição (desse dia 20) é sobre abusos e fraudes em guias passadas pelos encarregados dos dízimos na vila de Areias.

(...) sobre as guias passadas pelos dizimeiros da vila das Areias, e que acompanharam os cafés remetidos para a Corte, indicasse (...) já para se evitarem os abusos que nela se notavam, e já sobre o que devia praticar com o respectivo tabelião, pelas faltas que cometeu a semelhante respeito; (...)

O Conselho tomará conhecimento da denúncia e obrigará o tabelião a se apresentar ao juiz executivo, explicando a falta. Apurando-se haver malícia e dolo, o tabelião será suspenso e processado na forma da lei. Etc. E assim se deverá agir no Brasil--Império...

Segundo Rafael, "o encarregado de prover e dirigir a cultura das vinhas na vila de Curitiba, cel. Inácio de Sá Souto", deve dar essa informação ao Conselho e mostrar o resultado de seus trabalhos. Sugere, enfim, uma prestação de contas.

Em *quinto* (e último) lugar, ele propõe uma arrecadação mais justa para o comércio.

(...) não tendo ordem na junta da Fazenda para suspender a cobrança das quantias (...) parecia não ter mais lugas [lugar?] *essa prática tão apressiva* [apreensiva?] *ao comércio, por haver diversificado o método de arrecadação do dito rendimento; se deliberou a imediata suspensão daquela cobrança (...)*

A cobrança será suspensa, determinando-se a restituição da arrecadação injusta.

Parte VI

Vida na Corte

1

Desabafos de Leopoldina

Uma interpretação de má-fé

Neste 6 de novembro de 1824, Leopoldina está escrevendo à amiga e confidente Maria Graham, confessando que se sentirá aliviada quando puder enfim se livrar de "certa canalha".

(E no futuro não faltarão falsos historiadores – estes sim os verdadeiros canalhas, "amantes de estudos superficiais" – que enxergarão neste termo, fazendo força para se autoenganarem e a outros, "uma alusão direta a Domitila"...)

(Mas essa viajante inglesa, Maria Graham, que escreverá o seu *Escorço biográfico de dom Pedro I*, haverá de explicar que esse "problema" a que a rainha se refere está na verdade ligado aos funcionários do paço, a "corja" administrada por Plácido, e também às damas portuguesas – e é por isso que Maria Graham acabará sendo demitida do cargo de governanta das princesas.)

Leopoldina, vítima dessas armações da "canalha do paço" (o que é um coletivo), não faz, na verdade, nenhuma menção a Domitila, e também o dirá o próprio d. Pedro na citação que esta mesma Graham fará questão de registrar.

(E não falemos mais nisso, agora que já sabemos que Leopoldina não chamou Domitila de canalha, e sim a outros membros da Corte que neste momento ainda a servem.)

Rainha educada

Se Domitila não teve total educação em seu crescimento, Leopoldina a teve até em excesso, o que, infelizmente, talvez venha a ser a principal razão de seu triste fim.

Homens e mulheres são produtos de seu tempo e meio, como sabemos, e já diziam os teóricos da literatura: que Leopoldina fora "criada para não ver, não ouvir e somente cumprir a função que lhe era destinada" no seu papel de "*arquiduquesa de Habsburgo*", o que "contrastava com sua sede de conhecimento e saber compartilhada com raras pessoas, como José Bonifácio (e não vamos aqui futricar a ponto de achar que JB teria se achegado à princesa para "fofocar", animá-la e tirar proveito próprio das informações privilegiadas; JB e a amiga inglesa acabarão afastados da rainha por problemas políticos – e, "no caso de Graham, pela intriga da camarilha que cercava os imperadores").

Mais notícias deste ano de 1825: o sobrinho também é filho do rei

Mas falemos agora de Domitila. Sabemos que sua vida hoje não é só de "bailes, filhos, vestidos e joias novas". Está sendo um duro golpe para ela saber que o sobrinho Rodrigo Delfim Pereira, o filho de sua irmã Maria Benedita, nascido em novembro de 1823 (antes de ela se divorciar e nascer Isabel Maria, em maio do ano passado), foi "fruto de rápido entrevero amoroso entre ela e d. Pedro".

Ela devia estar mais informada do que julgam as *víboras palacianas*, pelo que se deduz de uma *resposta desesperada* do imperador, escrita agora há pouco: "*eu não fui na casa nem do grande nem do pequeno Boaventura*".

(E aqui já nos permitimos deixar escapar um comentário pejorativo e mesmo de julgamento, coisa que os narradores isentos procuram não fazer, mas aqui somos uma penca deles e podemos muito bem fingir que não sabemos qual deles disse isto: que essa excitação toda de d. Pedro chega a parecer uma doença, e que ele deveria procurar logo um médico para se tratar...)

Também sabemos que, muito antes de Pedro começar o seu caso com Domitila, a imperatriz Leopoldina escrevera para a irmã Maria Luísa falando de sua decepção em relação à fidelidade do marido. E agora é Titília quem parece estar ciente dessas traições.

Mas Domitila, diferentemente da esposa "legítima", é capaz de fazer grandes cenas, e até mesmo atormentá-lo, para que perceba os seus erros. Isto é, está fazendo o que *a esposa oficial nunca foi capaz: ajudá-lo a entrar na linha.*

(Foi o que defendemos ao dizer que o excesso de educação ainda vai crucificar Leopoldina; da mesma maneira que mulheres cobiçadas se deixam mais é seduzir por cafajestes – que por homens educados –, as mulheres duronas, mal educadas, também dominam mais facilmente os homens que buscam suas liberdades.)

2

As novas cartas em resposta

Cartas em 1825

E assim, o rei agora passa a lhe escrever longas cartas só para assegurá-la de que mais nada estava fazendo de mal, e até antecipa as fofocas de que teria se encontrado com a mulher tal e tal...

Meu amor, e meu encanto.
(...). Aceite o meu coração que todo para mecê é amor, sem confeição alguma [= sem mistura, íntegro]. *Estes os votos que lhe consagra*
Este seu amante
(...)

Meu amor,
(...)
Este seu amor fiel e constante
(...)

(E não vamos mais falar do caso com a irmã de Domitila, Maria Benedita de Castro Canto e Melo, que mora à ladeira da Glória, nº 2, "uma chácara com uma casa assombrada, em meio a jardins e uma fonte".)

Cadeirinhas de madame

Manda-me a cadeirinha que eu te dei pois a quero mostrar, e logo te a entregarei.
Teu etc.

As "cadeirinhas" mais simples têm apenas cortinas à volta para ocultar a passageira. As de arruar são mais chiques, "com paredes de madeira, janelas envidraçadas

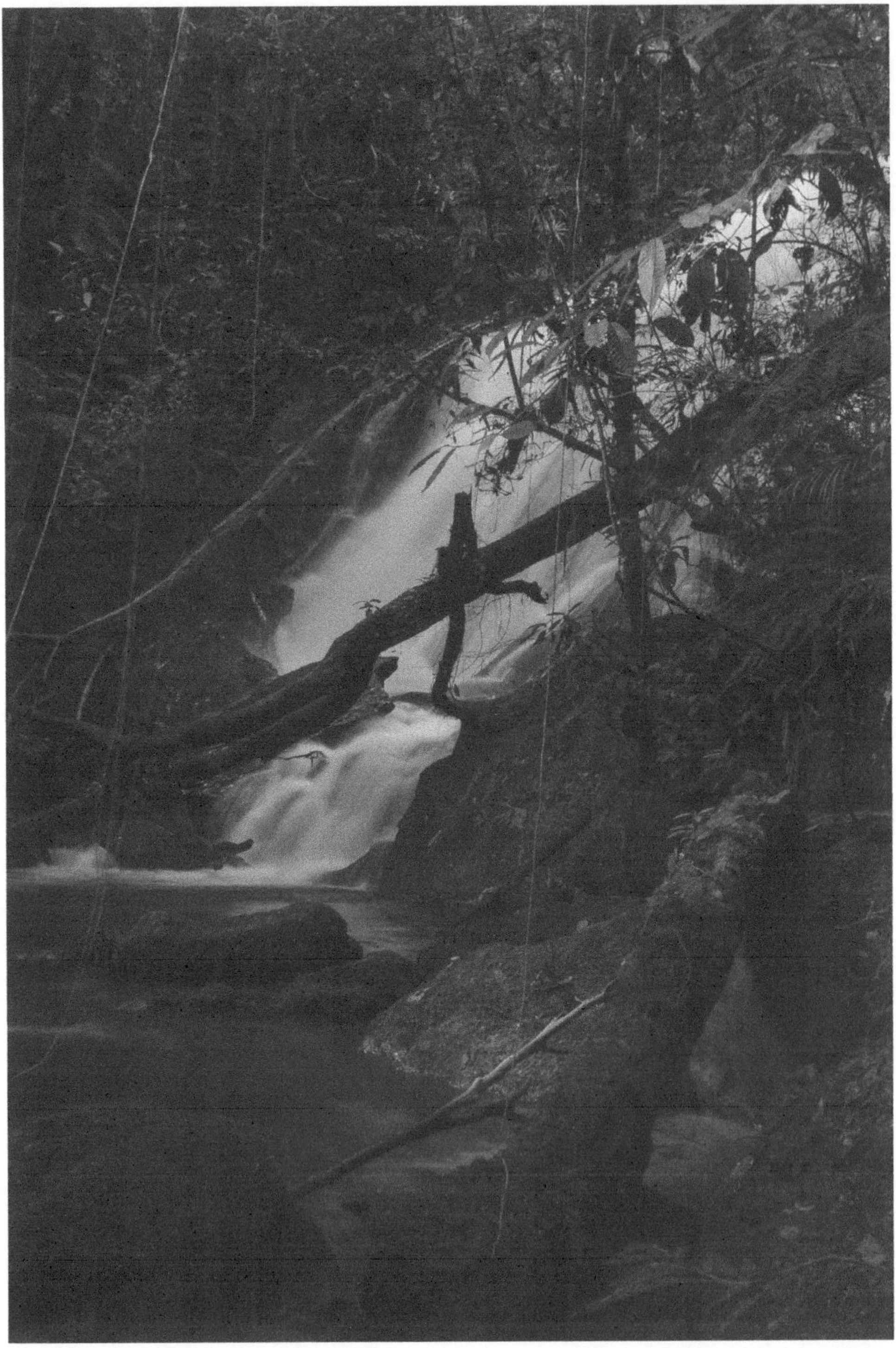

e uma abertura lateral" para a passageira entrar e sentar. A abertura pode ter cortina ou portinhola com vigia.

Escravos robustos sustentam os varais traseiros (pelos ombros) e dianteiros (pelas mãos, com uma padiola). Segundo estudam os sociólogos, esses escravos são vendidos como parelhas de cavalos e são muito bem tratados por seus donos (principalmente os que conduzem cadeirinhas de arruar, muitas vezes usando librés).

(Há aqueles que são peritos e certos na andadura, e uma pessoa sentada pode levar à mão um copo cheio d'água que esta, apesar do movimento cadenciado, não transborda...)

Humor

Pedro, por pura diversão, escreveu uma carta toda formal e pomposa para informar sua amante da nomeação do irmão dela, Pedro de Castro, feito "moço da Câmara" neste ano de 1825.

Ilma e Exma Sa D. Demetília de Castro
Tenho a honra, Excelentíssima senhora, de participar-lhe que sua Majestade Imperial houve por bem despachar o mano de Va. Exa. (...)
Queira Va. Exa. desculpar meu atrevimento de lhe escrever posto que me assine de um modo que não posso ser ou deixar de ser conhecido de Va. Exa. de quem a ventura de ser
Seu afetuoso, e obrigadíssimo...
O Anônimo

Sabia até se fingir de cortesão, mas a prova do "crime" era a letra: não podia disfarçar a caligrafia. Mesmo assim, escreveu várias vezes para a imprensa usando pseudônimos (um lado interessante deste rei...).

Outra carta

Meu amor,
*Estimo passasse bem e a nossa Bela. Eu estou quase bom, e pronto para montar a cavalo. Desejo que em consequência de eu estar melhor ou bom me mande dizer se quer ir ao Depósito (...). Pode mandar dizer que vai pois eu, a mecê não ir ao **Depósito**, vou à Glória a cavalo, e assim não me faz mal, até porque vou ter o gosto de estar com mecê.*
Sou de mecê *seu fiel, constante, desvelado, agradecido, e verdadeiro amante.*
O Imperador

Breve explicação – antes que se entenda mal esse *Depósito*...

Outra coisa que bem se percebe neste Primeiro Reinado brasileiro é um estímulo maior à vinda de imigrantes: chegam ao Rio novos alemães, irlandeses, e gente de outras nacionalidades, "trazidos por contratos celebrados com agentes imperiais na Europa".

Vai dizer quem estudou esses casos que eles são acomodados em edifícios na Ponta da Armação, em Niterói, antes de embarcarem para o Sul. E esses prédios ficaram sendo chamados de *Depósito* dos estrangeiros, sendo que antes eram de uso das atividades ligadas à pesca da baleia na Guanabara.

Outras e mais outras, todas de amor

Meu amor,
(...) [Dr. Francisco] diz que são dentes, que já receitou e que se não façam mais remédios além dos que ele disse, pois, enquanto houvesses dentes a sair, havia de padecer. Que se lhe desse cozimento branco, um caldo, e quando vomitasse, alguns goles de água fria, e que se lhe untassem as gengivas com o que ele mandou, e que não tem febre, e que muitos remédios é mantê-la que ele lhos aplicaria quando fossem necessários. Graças a Deus que está a doença conhecida para sossego seu e deste seu fiel, constante, desvelado, agradecido e verdadeiro amante
O imperador

Pedro se preocupa sempre com a saúde de Isabel Maria, sua primeira filha com Domitila. "Cozimento branco era um remédio manipulado, que poderia ser simples ou composto. O simples era usado para diarreia infantil".

Meu amor
Aí vai a coleira. Se a puder aprontar até amanhã às 10 horas, muito bem, quando não, ficará para outra ocasião (...). Até à noite, que conversaremos, e nos **apalparemos por dentro e por fora***. Não deixe*
Este que é seu verdadeiro constante, fiel e agradecido amante do coração

Meu amor
Remeto esses cravos, posto que do Senhor dos Passos [festa da Quaresma]*, que deveriam ser de ferro, contudo são flores e dignas de quem as vai possuir, e de seu amante Demonão, que tem o gosto de lhas oferecer.* ***É incalculável a disposição física e moral com que estou hoje para lhe ir aos cofres.***

3

Nomeação a dama camarista

Escândalo na Páscoa – Domitila é destratada na Capela Imperial

Nas comemorações desta Semana Santa de 1825, quando Dômi já parece esquecer o nascimento de um sobrinho que é filho de seu namorado, está para acontecer um novo incidente...

Pedro pediu a um servidor do paço que a levasse à tribuna de honra da Capela Imperial para participar das comemorações religiosas. As damas da Corte já estão ali e ouvem rumores de que aquela era a amante do imperador... Ficam indignadas. Estão se levantando acintosamente para deixar o local e expor a namorada de Peu ao vexame.

Passado o episódio, o imperador intercede mais uma vez e logo faz com que nomeiem sua namorada a "dama camarista da imperatriz" (o mais curioso é que, oficialmente, o pedido está sendo feito pela própria rainha – a pedido dele, como é o costume, mas certamente ela não sabe de nada).

Assim, Dômi passa a ter hierarquicamente mais importância, e direitos, que as outras damas do paço...

(E se no futuro muito se falará sobre a intimidade da Corte brasileira, é Pedro quem está deixando uma "saborosa" carta falando dessa vingança, e esmiuçando seu plano: ele agora informa à amante que mandou instalar uma tranca na tribuna para impedir que outra pessoa se sente antes da chegada dela.)

"*Tenho muita glória de punir por ti e pela tua honra*", está ele a dizer por ser ela sua amante, namorada e, mesmo não tendo sido tão fiel a ela, é das poucas que ele sente realmente amar.

Somente para ela, ele seria capaz de escrever o que vimos em outra ocasião: "*ontem mesmo fiz amor de matrimônio para hoje, se mecê estiver melhor e com disposição, fazer o nosso amor por devoção...*".

(E vai-se dizer por algum historiador que a pena com que d. Pedro assina os decretos importantes é agora uma *vara* de condão...)

(Outro, enciumado, dirá que ele transforma "feios patinhos paulistas em belos cisnes dignos de frequentar a Corte".)

Comentário

Assim, agora que se passou meio ano do incidente ocorrido no Teatrinho Constitucional São Pedro (em setembro), vê-se um novo vexame se dar na Capela Imperial (igreja de N. S. do Monte do Carmo) nestas comemorações da Semana Santa.

As tribunas de honra da igreja ficam próximas ao altar e são destinadas à família real e seu séquito. Pedro pedira ao porteiro Joaquim, da Câmara Imperial, que levasse Domitila para assistir à missa na tribuna das damas do paço (sem que houvesse efetivamente esse direito, como não havia o de entrar sem convite no teatro, há seis meses...).

Fora a baronesa de São Salvador dos Campos de Goytacazes que reagira ao ver Domitila sentar-se junto a ela e outras damas de honra da imperatriz: levantou-se e saiu do local, como se tivesse sido afrontada. E diversas senhoras a seguiram.

A baronesa, de nome Ana Francisca da Costa, era viúva do cel. Brás Carneiro Leão, português que enriquecera no comércio brasileiro. Foi das primeiras brasileiras natas agraciadas com o título de nobreza, dado por d. João VI em 1812. Em 1823, recebera Honras de Grandeza do próprio d. Pedro para "usar a coroa de visconde" sobre seu brasão, e assim "seus herdeiros poderiam requerer a continuidade do título na família".

A família Carneiro Leão era das mais ricas do Rio, e ostentava isso (como Maria Graham e outros estrangeiros haverão de anotar, envergonhados com a qualidade das joias usadas por essas mulheres).

Quando agora, com esse gesto, a baronesa de Goytacazes imaginou "colocar Domitila em seu lugar", já faz quatro anos que d. João VI e a Corte portuguesa estão de volta à terrinha.

E compreende-se que "a verdadeira nobreza da metrópole, hereditária, fruto do feudalismo português, não via com bons olhos essa nova nobreza colonial caricata, para a qual o dinheiro assegurava os títulos". Os portugueses "vigiavam-se nos dias de grande gala na Corte", com a "nobreza" ditando as regras, e as antigas famílias (e mercês) se colocando como mais (e)levados que os novos titulados.

Assim, para descontar, a nova nobreza brasileira, que fora tratada com amargura pela antiga, de sangue português, quis fazer o mesmo com Domitila. Mas a resposta foi boa. Logo ao final da Páscoa, em uma segunda-feira (aos 4 de abril de 1825, aniversário de d. Maria da Glória), foi que *Domitila foi nomeada dama camarista da imperatriz.*

Carta sobre a nomeação de Domitila como dama

Sua Majestade A Imperatriz minha Ama me Ordena de participar a V. Exa. que a Mesma Augusta Senhora houve por bem fazê-la Sua Dama Camarista; o que eu lhe faço saber a V. Exa. para sua inteligência. Deus guarde a V. Exa.
Paço de 4 de abril de 1825
Marquesa Camareira-mor
Sra. D. Dometília de Castro Canto e Melo

A camareira-mor era Maria Francisca de Portugal e Castro, marquesa de Aguiar, dama da rainha d. Maria I, "camareira-mor da princesa e depois imperatriz d. Leopoldina", viúva de d. Fernando José de Portugal e Castro, "conde e marquês do mesmo título" (diz a árvore que ela morará no Rio, à rua do Lavradio, até 1831, quando voltará para Lisboa).

E de fato a nomeação ocorreu seguida à afronta a Domitila na Capela Imperial, quando algumas damas se retiraram após sua entrada. E saiu em nome da imperatriz, como era usual (apesar de parecer estranho) – cada rei nomeia os seus cortesãos.

Certamente foi Peu quem solicitou esse favor a Leopoldina, e ela, sem suspeitar de nada, concedeu.

Para que serve?

Neste cargo, Dômi pode agora acompanhar d. Leopoldina a todos os eventos, tendo lugar de honra (só abaixo dos imperadores) em qualquer acontecimento público – como igreja e teatro – acima de outras damas (e no bilhete que se lerá abaixo, Pedro ainda informa sobre a tranca na porta da tribuna, que só seria aberta quando Domitila chegasse).

As principais damas da Corte, pelo que escreverá Maria Graham, não quiseram, num primeiro momento, visitar e cumprimentar Domitila pela nomeação:

(...) *mas em breve fizeram-lhes compreender que a teimosia não resultaria em nenhum bem à imperatriz, mas, com maior probabilidade, arruinar-lhes-ia as famílias. Antes, pelo contrário, sei que o preço exigido pelo perdão de uma Casa foi o sacrifício de uma linda carruagem nova, havia pouco importada de Londres, e que se destinou à cocheira dela.*

É, mas perder a carruagem nem era um grande problema, se comparado ao de outra Carneiro Leão, Ana Francisca, que perdera a vida por causa dos ciúmes que tinha de Carlota Joaquina...

Meu amor,
*Já esta tarde começam os desavergonhados a saber quem eu sou, e quem mecê, e quanto eu a estimo. Mandei pôr uma **fechadura na porta** das tribunas para se **fechar a porta** [bem lusitanicamente falando], que não será aberta venha quem vier enquanto mecê não vier, e assim ficam todos sem lugar. Além disso, hei de tratar os maridos de bonito modo, e eu lhe prometo que mais nada hão de fazer aos amores.*
Deste seu desvelado, constante, fiel, agradecido e verdadeiro amante.
O Imperador
p. s. [na lateral da carta]
*São 3 horas, vou jantar. Mecê venha para a tribuna às 6 horas para que se ponha bem em prática **o plano**.*
Meu amor,
*Com aquela **confiança** que é própria entre amantes, e que entre nós existe, lhe ofereço essa Cutia (...) Mecê me perdoará tanta impertinência; mas mande-me na sua carta um abraço, um beijo e um aperto de mão para consolar a*
Este seu fiel, constante, desvelado, verdadeiro e agradecido amante até a morte
(...)
*p.s. Como a nossa **Belinha** gosta desses bolos, eu lhe peço que de minha parte lho ofereça dando-lhe um beijo.*

(Um dia ainda se publicarão livros sobre comidas típicas do Brasil, trazendo receitas de bolo com carnes de "pacas, tatus e cutias". E os estudiosos falarão desse bolo como iguaria indígena: *"a carne [...] é socada no pilão junto com a farinha de puba e com ela são feitos uns bolos [...] que, colocados no tupé* [= *tupperware?* tapué?], *serão distribuídos por cada moça, no fim das festas, às pessoas mais queridas ou aos convidados especiais...*")

Meu amor,
(...)
Aceita o coração
Deste seu desvelado, verdadeiro, constante, fiel e gradecido amante até a morte [O Demonão, em julho de 25].

4

Segue a correspondência

Amor, meu grande amor

Um diplomata britânico, Sir Charles Stuart (1779-1845), veio mediar o reconhecimento dos portugueses da nossa Independência. Desembarcou no Rio com sua comitiva aos 18 de julho deste ano de 25 – o que se sabe pelo diário do almirante Graham Hamond, que o trouxe.

E logo viram a carruagem de quatro cavalos com uma escolta de guardas, sendo o próprio d. Pedro quem a dirigia. Mostrando destreza, fez a posição de "sentido" e cumprimentou os ingleses sem parar o carro. Depois retornou e perguntou se era ele o embaixador Stuart. Eles então se apresentaram e conversaram por uns cinco minutos.

Os ingleses acharam a atitude de Pedro intempestiva: não digna de um imperador (esperava-se que ele contivesse a ansiedade e curiosidade). Três dias depois, Pedro convidou-o para uma reunião, e é provável que só tenha ido no dia seguinte, quando foi escrita uma carta a Domitila que, entre outras coisas, falava disso...

Meu amor,
(...) estimaria que mecê me viesse acompanhar, e depois de falar ao homem ou saber que ele não vem, **iremos ambos para sua casa***.*
Seu amante etc.
O Imperador
p.s. Estou **munido** *bastante.*

Impondo-se como rei

Em 1819, quando Domitila foi apunhalada por Felício, teve os ferimentos cuidados por um tal médico Tomás Gonçalves Gomide, que depois veio a ser o primeiro cirurgião-mor da Legião das Tropas Ligeiras.

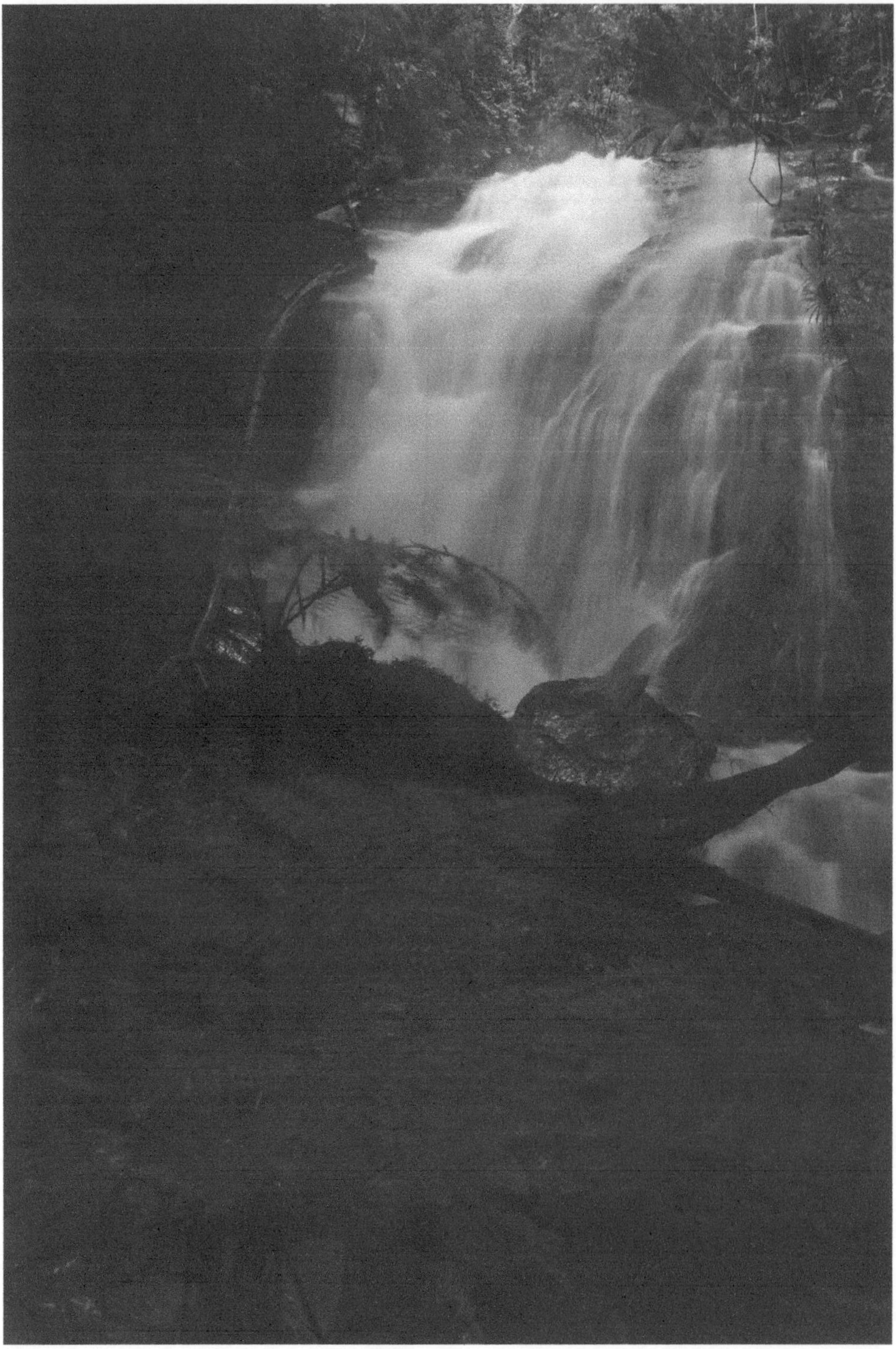

Recentemente Domitila fez um apelo para que o médico não viajasse com essa tropa, e Pedro está parecendo negar-lhe, pondo a disciplina militar acima das vontades pessoais – mostrando que não vai atender a todos os pedidos da "amante".

Meu amor,
(...)
Sinto infinito quando não posso fazer o que mecê pede; mas é o que acontece a quem como eu deseja manter a justiça e a disciplina militar, que muitas vezes tem de dar golpes em sua alma e faltar a quem ama quando lhe pede qualquer coisa.
Pode dispor de todo o que for propriedade
Deste seu desvelado, constante, verdadeiro, fiel, agradecido, e todo amante
(...)

(Outro Tomás, o Aquino de Castro, testemunhara a favor de Domitila no processo de divórcio, e em 1824 era tenente de caçadores no 1º Batalhão de São Paulo, estacionado em São Cristóvão, no Rio. Ele estava na casa de ópera de Sampa na noite de 7 de setembro e recitou um poema seu em homenagem a d. Pedro...)

Muitas cartas

A condessa de Roquefeuil é dona de uma vasta propriedade na Tijuca, onde seu marido, o conde de Gestas "dedicou-se a aclimatar morangos e enxerta de damasqueiros, além do cultivo de café e da criação de gado leiteiro".
Pedro e d. Leopoldina, que são seus amigos, costumam visitar a propriedade para comer morangos frescos com creme batido.

Meu amor,
(...)
Fica sempre pronto para a servir em tudo, e por tudo
Este seu amante fiel, constante, desvelado, verdadeiramente agradecido
O Imperador

Meu amor,
Estimo que passasse bem, e melhor um tanto a nossa Belinha (...).
(...)
Este seu desvelado, constante e fiel amante
(...)

Erotismo

(Veio dizer uma ave treinada a olhar pela janela que Domitila estaria se acostumando cada vez mais às ejaculações de sua majestade, o rei – até mesmo ao gosto do esperma em sua garganta...
Foi para retardar a gravidez seguinte que ela não quis que gozasse tanto em sua vagina e mais em outras partes, quais sejam os seios, o umbigo, e eis que em algumas ocasiões fora se acostumando a recebê-lo na boca – notando ser a maneira de deixá-lo ainda mais excitado para em outras vezes, depois das tantas penetrações, nas diversas posições possíveis, já não poder segurar o gozo...
Era assim quase uma combinação quando ela passava a sugá-lo que, em coisa de segundos, o líquido já começava a vir farto, cheio, quente e, por que não dizer, "prazeroso" para ela que, agora, já sabia quando estava para chegar e era como ele queria...)

5

Título de viscondessa (em provocação a Bonifácio)

Mais um degrau

Pedro a ama de verdade, e vai aos poucos elevando mais a condição de sua amante. Depois de dama camarista da imperatriz (em 4 de abril, como lembramos) ela agora recebe o título de viscondessa de Santos, com grandeza, neste 12 de outubro, que é aniversário de seu amor.

Sim, e já é como imperador que Pedro dá a ela agora este título, havendo uma razão a mais para isso: logo nascerá o seu segundo (ou terceiro) filho com Domitila, que talvez se chame Pedro da Alcântara Brasileiro.

Também o irmão de Domitila, João de Castro Canto e Melo, recebe agora o seu título de nobreza, o de visconde de Castro, neste 12 de outubro de 1825.

(E sobre a escolha do "mano" João como segundo visconde de Castro, diz-se que "... *saiu, por proposta do Vieira, que teve ordem minha para arranjar os oficiais que estarão às ordens do General Abreu, Comandante do Rio Pardo.*")

(Mas na verdade, como diversos outros, ele foi o escolhido de uma lista enviada pelo governador militar do Rio Grande aos 23 de outubro do ano passado – e foi nomeado, nessa ocasião, o comandante de Rio Pardo no Rio Grande do Sul.)

Voltando...

Mas agora, neste 12 de outubro (1825), a Titília de Pedro está a transformar-se em viscondessa de Santos, e não por acaso, no dia de aniversário do seu imperador, em que as anistias são dadas "e mercês distribuídas..."

E assim toda a família vai virando nobre: o pai já é o visconde de Castro, os irmãos receberam comendas e títulos de honra, o cunhado, Boaventura Delfim, "que assumiu Rodrigo como se fosse seu filho", há de ser o barão de Sorocaba.

Provocação a Bonifácio

Mas enquanto isso, eis que surge, do outro lado do Atlântico, uma indignada reação:
– *Quem sonharia que michela* [nome usado para meretrizes] *Domitila seria viscondessa da pátria dos Andradas?*
(Haverá dia – e não tardará mais que dois séculos – em que a sociedade brasileira será dividida à maneira como se viu na italiana imaginada por Shakespeare – entre Montéquios e Capuletos –, e quem se verá sacrificado com isso é o próprio Amor, o deus Eros...)
É o que pergunta agora José Bonifácio, exilado na França com seu fiel escudeiro Vasconcelos Drummond...
Sim, d. Pedro escolheu *Santos* e não foi por acaso: era a cidade natal de seu antigo ministro. Uma provocação bem calculada, que parece ter surtido efeito...

6

Tais cartas

Mais e mais

Meu amor,
Desejo que me mande dizer como passou, assim como também a nossa Belinha (...).
Deste seu amante fiel e constante
(...)

Meu amor,
(...)
Remeto as pulseiras e estimarei que estejam a seu gosto, pois só assim ficará satisfeito
Este seu desvelado, constante, fiel, agradecido e verdadeiro amigo e amante
O imperador

Em uma carta de outubro deste ano (de 1825), o barão de Mareschal informava ao governo austríaco sobre um pequeno "incidente": Felício Pinto Coelho de Mendonça, o ex-marido de Domitila, teria enviado ao ex-cunhado, Boaventura Delfim, uma carta falando mal de sua ex-mulher... Quando d. Pedro soube dessa carta, foi tirar satisfações com Felício e acabou por esbofeteá-lo...

Meu amor, e meu encanto
Vou saber em primeiro lugar da sua saúde, e da da nossa Belinha. Ontem foi tal o sono que nem acabei de rezar (...)
(...) Quanto à goiabada, mandei comprá-la para lha ofertar pois bem sabe o quanto lhe desejo adivinhar os pensamentos, quanto mais aquilo que eu sei me ter dito que gosta.
Seu amante fiel e constante
(...)
P.S.
Hoje estou muito pachola, sinto não lhe poder ir aos cofres; mas amanhã será. Aí vão 50 laranjas das melhores.

Nessa carta também é citada uma Francisca (*"Quanto à Chica..."*) *Pinto Coelho de Mendonça e Castro* que, se pouco falamos dela, é a filha de Domitila e Felício, nascida em 1813 (e como apontou a árvore, falecerá ainda jovem, em 1833, depois de casar-se com o tio materno José de Castro Canto e Melo, em 1828; o seu falecimento se dará em Sampa, antes mesmo de completar 20 anos, podendo-se imaginar a barra pesada que ainda viverá no campo do amor; sobre isso que gostaríamos de alertá-la, mas não podemos fazer nada, simples narradores que somos, para ajudar essa menina que ainda vai se casar aos 15 anos, e tem apenas 12 no momento).

Outro citado é o velho amigo Francisco (*"Chalaça..."*), personagem divertida de que já demos alguma referência, o de sobrenome Gomes da Silva, nascido em Lisboa aos 22 de setembro de 1797 (e que virá a falecer na mesma cidade, aos 30 de setembro de 1852, dirá a árvore).

Ah... mas vamos relembrar isso, porque muitos podem ter pulado aquele capítulo. Chalaça veio ao Brasil com a Corte e fora expulso do paço em 1819, para alguns (porque além de "divertida", é também uma personagem "controvertida") por se envolver com uma dama de companhia...

Ele veio com Pedro para Sampa em 22 e viu o *7 de setembro...* Em 23, foi nomeado oficial maior da Secretaria dos Negócios do Império e agora, em 1825, acaba de virar secretário no gabinete particular do imperador Peu.

Os narradores visionários desta história sabem que ele deixará o Brasil em 1830, por questões políticas... Ele foi e sempre será fiel a Pedro, mesmo quando este morrer, pois continuará servindo à casa de Bragança e será empregado pela futura imperatriz, d. Amélia, e por sua filha, princesa M. Amélia...

Pois bem, neste outubro de 1825, Pedro, através desse seu secretário Francisco Gomes da Silva, o Chalaça, mandou depositar para Francisca quatro contos de réis...

... para tudo render até ela se casar, ir lá ficando em depósito para que logo que complete o total de uma ação ficar com cinco ações e assim progressivamente até casar-se.

Outras cartas

Meu amor,
(...) assim mecê assine a procuração que o Chalaça lhe leva, que é a da Chiquinha.
(...) Sou com todo o amor de mecê.
Seu fiel, constante, desvelado, verdadeiro e agradecido amante
(...)

Meu amor,
Quem ama com verdadeiro amor é franco, sincero, e não teme desavenças quando fala a verdade.
Hoje, meu amor, topei o Alferes Lobo com a mulher. Assuntei logo que lha devia participar antes que as

inzonas [mentiras/intrigas] *fervessem contra mim, e ao mesmo tempo protestar-lhe novamente minha fidelidade, dar-lhe minha palavra de honra, já por mim dada, que não quero nada de mais ninguém. Perdoe se com isto a enfado; mas o meu amor é* [que (trecho rasgado)] *me manda fazer este protesto, ao qual jamais falharei. Aceita o coração amoroso*
Deste seu amante, fiel e constante para sempre
(...)
P.S.
Como lhe conheço seu gênio ciumento que prova amizade, eu lhe peço por todos os santos, pela vida da nossa Isabel, que mecê mande indagar se assim me comporto com ela ou com qualquer outra, porque estou certo que se os [que] *indagarem forem verdadeiros, em mim se não achará mentiroso.*

O que essa carta parece ser mesmo é a defesa prévia contra um possível ataque de ciúmes de Domitila – talvez por causa dessa mulher do alferes. Mesmo que denote inocência, dizem, há quem argumente haver uma "longa lista de amantes, reais ou atribuídas, que o imperador manteve durante o relacionamento com Titília".

Sobre Rodrigo Boaventura (nascido em novembro de 1823)

Meu amor,
Eu não fui na casa nem do grande nem do pequeno Boaventura. (...)
Eu sou incapaz de faltar ao que prometo, de deixar de não cumprir minha palavra(...).
(...) aqui anda mão oculta que nos quer separar. E sou inacessível a intrigas, amo-a, jamais deixarei de amá-la, ainda que você vá para o inferno eu haveria [de] *vê-la, e pela minha parte achará sempre constância à prova de sombra, assim* [como] *achasse da sua.*
(...)
Este seu fiel, triste e desconsolado amante que com lágrimas rega esta carta
(...)

Boaventura Delfim Pereira é o cunhado de Domitila. Parece ter havido uma grande discussão por ciúmes. Pois logo que a família de Domitila chegara ao Rio, como lembramos, Pedro engravidara a irmã dela, Maria Benedita...

Nascera então Rodrigo, em novembro de 23, assumido como filho de Boaventura, que começou a receber cargos e ainda vai receber (em 1826) o seu título de nobreza – o de *barão de Sorocaba* (ele que já é "veador" da Casa Imperial, comendador da Ordem de Cristo e superintendente e administrador-geral das Fazendas e Quintas Imperiais desde 21 de abril 1824).

Rodrigo Delfim Pereira, o filho bastardo de Pedro, haverá de casar-se com Carolina Bregaro, sobrinha de Paulo Emílio, o "patrono dos carteiros brasileiros, que entregou os ofícios das Cortes de Lisboa e as cartas de d. Leopoldina e José Bonifácio para d. Pedro no dia 7 de setembro, na região do Ipiranga, em São Paulo".

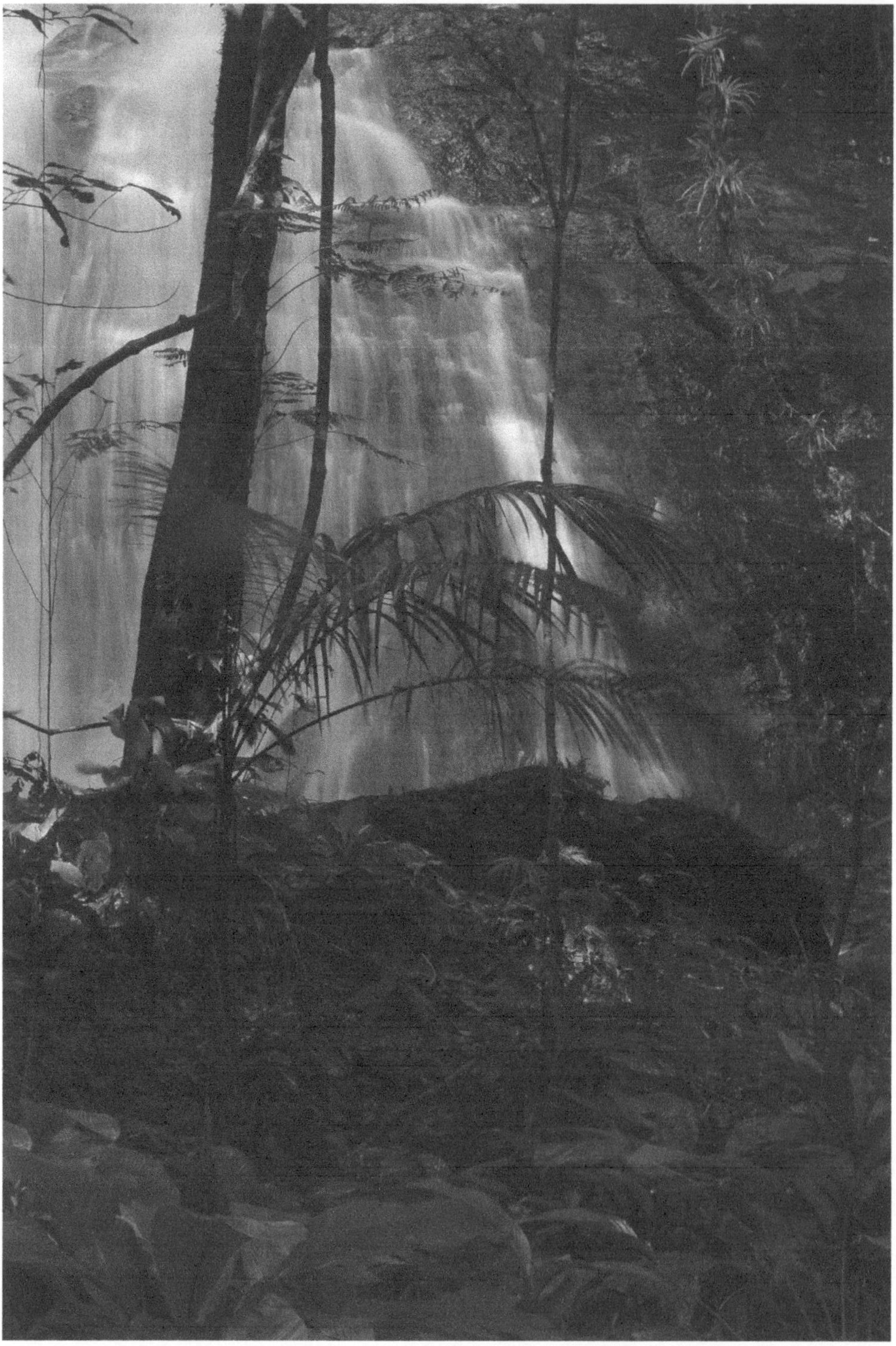

(E para alguns, Carolina ainda será amante de Pedro II, o filho oficial de Pedro e, portanto, meio-irmão de seu marido.)

Deixando isso para lá

Meu amor,
É próprio do homem de bem (...) pedir perdão (...). Eu conheço o mal que ontem fiz, e como honrado, e seu verdadeiro amigo, lhe peço perdão. Se o amor que temos um ao outro é verdadeiro, devemos perdoar suspeitas mal fundadas ou, por outra, ciúmes vagos sem fundamentos. Quem ama deveras não pode deixar de ter estes, e para os curar serve o mesmo amor conjuntamente com o juízo.
Não lhe pareça, meu amor, que esta linguagem é da boca para fora ou filha da astúcia ou da velhacaria própria dos falsos amantes: mas não é. É filha do meu coração arrependido que todo se derrete em amor quando se lembra que de tão longe mecê veio, e que tanto tempo ausente se mostrou constante.
Estes os votos
Deste seu amante
(...)
P.S.
Apesar de lá estarmos sós, eu sempre lá vou esta noite para lhe mostrar em tudo que puder o meu constante amor.

Meu amor,
A minha vista não é para olhar para as mulheres, e (...) por mais que busque de todas as formas agradar-lhe sempre mecê está comigo indisposta. (...) pois julga que falto à minha palavra (...)
Deste seu infeliz amante, mas sempre cada vez mais fiel, constante, desvelado, e agradecido amante
O Imperador
P.S.
É a alma que fala aos olhos, são duas fontes, e a alegria fugiu de meu semblante enquanto esta noite mecê se não compadecer de mim.

Meu amor,
Remeto essas frutas da Alagoa de Freitas [o jardim botânico criado por d. João VI, próximo à lagoa] *(...). Comem-se, são doces, e muito inocentes, não fazem mal algum. Remeto igualmente as flores (...), assim como o pão de ló para a nossa Belinha. Não tendo mais nada que lhe oferecer, lhe oferece a sua vida*
Este seu constante, fiel, desvelado, verdadeiro, e muito agradecido amante do coração.
O Imperador
P.S.
(...) à noite sairemos no carro novo se mecê quiser.
(...)

Vê-se que Peu sempre fez questão de dar a Dômi provas materiais – e das que ela possa mostrar a quem quer que seja – de que realmente a ama.

Sobre as *guarnições de flores de penas da Bahia*

Em alguns conventos (em Salvador), as freiras fazem lindas flores com as penas das aves do país, tão notáveis pela variedade e diversidade de suas cores. Elas mostram esses ramos de flores aos estrangeiros que vêm visitar os conventos.

Meu amor
Minha Titília
Do meu coração
Já tenho o caixão em que vêm as guarnições de flores de penas da Bahia. À noite o levo para que, aberto à sua vista, mecê escolha aquelas que lhe agradar. Fique certa do prazer que tenho quando lhe faço dar provas do quanto me lembro de mecê, e do quanto a estimo. Em mim não há lisonja, é só amor e felicidade. Assim o afirma
Este seu fiel constante desvelado, agradecido, e verdadeiro amante
O Imperador

A carta que acabamos de ler causará dúvidas, no futuro, sobre ter sido escrita no ano seguinte, quando eles voltarão da Bahia... Mas a que vamos ler agora, seguinte e "irmã desta", contradiz essa ideia, por Pedro oferecer a Domitila uma flor "cuja floração não ocorreria no período após o retorno" (veja-se quanta sutileza...).

Meu amor
minha Titília,
(...)
Tenho o gosto de lhe ofertar esses ramos de Minhonette [Resedá odorata, planta de floração entre novembro e fevereiro] (...). Adeus, meu bem, e meu único pensamento até nos vermos, que lhe apertará a mão
Este seu desvelado agradecido, fiel, constante e verdadeiro amante do coração
O Imperador

7

Em dezembro de 25, nascem os filhos Pedro e Pedro

Xarás

Em 2 de dezembro nasce Pedro II.
Logo em seguida, nosso herói, que também é músico, passa a compor um *Te Deum* que será tocado no batismo desse seu primeiro filho varão, legítimo.
Acontece que cinco dias depois nascerá, quem diria, aos 7 de dezembro, o segundo filho vivo de Domitila com Pedro I, *Pedro de Alcântara Brasileiro* – mas que, adianta a árvore, viverá apenas um ano, de 1825 a 1826 (ou mais precisamente, falecerá antes de completar esse um ano; e teorias da conspiração não faltarão, a dizer que os nenês serão trocados e que o sobrevivente seria o outro, mas vamos contar isso melhor...).

Retomando

Em 2 de dezembro de 1825, nasce o futuro d. Pedro II, d. Pedro de Alcântara...
Cinco dias depois, nasce outro Pedro, como fruto do amor entre Pedro I e Domitila, agora no bairro de Mata-Porcos.
Mas vê-se que essa gravidez da marquesa também não fez diminuir o *furor sexual* do rei, pois lembramos que em junho, "enquanto esperava sir Charles Stuart, diplomata britânico, mediador do tratado" (de reconhecimento de Portugal sobre sua ex--colônia), Peu dizia à amante, por aquela carta, que estava "*munido bastante*".

Guerra com os vizinhos

E apenas três dias depois do nascimento desse segundo (ou terceiro, se for considerado o primeiro, natimorto) filho com Domitila, o Brasil agora, aos 10 de dezembro, declara *guerra contra a Argentina*.

Sertões mais ao Sul

Sim, a vida íntima de Pedro parece que vai bem, mas não o destino do país. Nossa Província Oriental do Rio da Prata (que um dia será conhecida por *Uruguai*), está, desde 1680, na verdade, em disputa entre Espanha e Portugal por causa de sua posição estratégica. A metrópole que pudesse controlá-la deteria o domínio do rio da Prata e, assim, os acessos aos rios Paraguai e Paraná.

Em 1821, essa região foi incorporada por d. João VI ao Reino Unido de Portugal, Brasil e Algarves, com o nome de Província de Cisplatina.

Em abril deste ano, quando se organizavam as Províncias Unidas do Prata (que levarão à criação de um Estado argentino), "alguns exilados uruguaios, vindos de Buenos Aires, retornaram à Cisplatina levantando a população espanhola contra o governo brasileiro".
O general Lecor ainda está conseguindo manter Montevidéu e outras cidades, mas o interior já está todo dominado pelos portenhos. E logo que recebeu as tropas vindas do Rio Grande do Sul, ele tentou uma ofensiva contra os rebeldes, "mas essa força expedicionária acabou dizimada na batalha de Sarandi, em 12 de outubro".
Algumas semanas depois, com a moral em alta desses uruguaios dissidentes, o governo argentino resolveu aceitar oficialmente "a petição deles para que a Cisplatina fosse admitida na união".
"Buenos Aires e outras províncias mandaram tropas" na ajuda aos uruguaios contra os brasileiros, e assim, neste 10 de dezembro, Pedro declara guerra à Argentina...

Cenas dos próximos capítulos

Como na época da Independência, em que viajou a Minas e São Paulo, Pedro planeja neste momento ir à Bahia e trazer apoio a seu esforço de guerra. Mas, diferentemente dessas excursões de quando era príncipe regente, e bastava uma pequena comitiva, vai levar agora a esposa Leopoldina, a filha Maria da Glória, "futura rainha de Portugal", e mais 70 convidados, entre os quais a amante Domitila "no cargo de dama da imperatriz".

Parte VII

Rafael segue na política

1

Atuação legislativa (vida de deputado)

Voltando à Assembleia de São Paulo

Aqui voltamos um pouco no tempo, e estamos ainda na reunião de 18 de agosto deste ano de 1825, a 15ª sessão extraordinária. São 10h e fala-se em concluir o Jardim Botânico sobre o terreno demarcado (as principais paredes já foram levantadas e, por economia, fala-se em empregar presos em regime de trabalho forçado)... E outros assuntos também são tratados.

Pula-se agora à abertura da sessão de 3 de outubro, em que o presidente do conselho e da província está falando "*com a erudição, que lhe é própria*" do estado desses negócios públicos.

Rafael toma a palavra e diz ter ouvido tudo "*com especial agrado, as demonstrações de zelo e acerto*" na maneira como o presidente dirigia a província. Propõe, então, que se elogiassem e aprovassem as providências mostradas no discurso (de "reconhecido interesse público"), transmitindo-se assim às Câmaras da província "o inteiro teor da peça literária de Sua Excelência", para que o povo percebesse a solicitude com que o presidente "*promove a felicidade*".

A aprovação foi unânime.

Direitos humanos

Na sessão de 6 de outubro, Rafael toma agora a palavra para *defender os direitos humanos*, no que se refere à liberdade e segurança individual, "sendo o asilo [a casa] do cidadão, atacado de noite e preso sem culpa formada, ao arrepio do artigo 179 da Constituição".

Era preciso que expedissem...

... que se acha garantida a inviolabilidade do asilo dos cidadãos, não se podendo portanto entrar de noite em sua casa...

Trata-se, para ele, de *"flagrante delito"* a *"prisão de alguma pessoa por desobedecer aos mandados da justiça..."*.

Sua proposta não é pura retórica, mas baseia-se em fatos, pois sabe-se que *"em várias partes se tem atropelado os direitos civis e políticos dos cidadãos (...) violando-se assim o artigo 179 da Constituição do Império"*...

E em defesa do povo ele denuncia a exploração dos esmoleres, que dizendo-se cumprir festividades ao Espírito Santo, desviam os tributos de sua verdadeira finalidade – é como passa a acusar Rafael, agora na sessão de 10 de outubro. Há o

... notório abuso praticado pelos esmoleres, que correm os distritos impondo um tributo indireto sobre o povo e título de festividade do Espírito Santo quando as esmolas quase sempre são desviadas da sua verdadeira aplicação, praticando além disso, muitas desordens convinha suspender-se a concessão de tais licenças.

Sol (dados) em Ipanema

Já na sessão de 13 de outubro, também cogita reduzir o destacamento militar na fábrica do Ipanema, à vista de haver poucos escravos, e para subordinar bastariam os feitores, havendo empregados livres e populações na vizinhança.

Permanecer o grande número de militares incomodaria *"aos milicianos distraídos por este motivo da agricultura e comércio"*, e por isso deveria ser reduzido, *"deixando-se apenas às ordens do administrador dois soldados"*.

E na sessão de 24 de outubro (a 22ª), chega a informação (vinda da administração da fábrica) de que o Conselho realmente reduziu o destacamento para seis soldados e um oficial inferior de 1ª linha (e não de 2ª), suprimindo-se o tambor (considerado desnecessário) etc.

A decisão está sendo levada ao governador das Armas e ao administrador da fábrica, trazendo-se economia à Fazenda e livrando-se os soldados de 2ª linha (na maioria agricultores e comerciantes, que podem agora ser mais úteis à sociedade).

Correio – uma importante sessão na Câmara, aos 27 de outubro de 1825

Nesta sessão fala-se agora do correio entre Sampa e a vila de Sorocaba, que Rafael diz estar convencido ser de *"grande interesse aos povos"*. Vê a

... conveniência de restabelecer-se a mala da 7ª estrada, com declaração de que seguiria de Sorocaba até a Vila do Príncipe recebendo as cartas, que desta Cidade se dirigem por via do Correio...

Para Rafael, tudo na política econômica tem sua lógica, Por exemplo: a regularidade do correio é importante para o desenvolvimento do comércio (e até da "civilização"). E assim ele institui a "mala" (o correio) da estrada de Curitiba, indo de Sorocaba à vila do Príncipe (na Lapa), determinando-se o valor de cada transporte.

Educação

E ainda nesta sessão do dia 27 ele apresenta o seu cuidadoso parecer sobre a criação de uma *Cadeira de Gramática Latina* na vila de Mogi Mirim. Diz ser evidente o interesse ao bem público, estabelecendo-se esse ensino *"porque sem luzes jamais poderão os povos serem felizes"* (e aqui poderíamos discutir o conceito de felicidade ligado a expectativas desde os primórdios da espécie *sapiens*, como está em capítulo anterior...).

Indo mais além, ele diz que *as despesas com Educação* são *verdadeiras receitas*, e por isso sugeriu que também se criassem em outras vilas essa Cadeira de Latim.

Depois de suficientemente discutidos todos os artigos deste parecer: aprovou-se a criação da cadeira de Gramática Latina da vila de Mogi Mirim.

Provisões de casamento

Fala agora nas provisões de casamentos nas vilas, exigidas pelo bispado, e também sobre a possibilidade de supressão "em todo o bispado" dessas provisões:

– É espantoso que em um mesmo objeto observe-se práticas diferentes: uma na capital, outra nas vilas e freguesias do mesmo bispado.

Argumenta:

– Pois se é lícito aos cidadãos naturais do país casarem-se nesta cidade por simples despacho, logo que os contraentes se mostrarem livres e desimpedidos; por que não é permitido noutras partes e não por meio de provisões? Será porque moram mais longe? Deverão ser mais onerados que os moradores da cidade?

E acrescenta:

– (...) nada tende mais para o aumento e prosperidade do Estado, do que a facilidade que encontram os povos em contraírem laços legítimos.

– (...) por isso as leis impostas contra os celibatários, as preferências, e isenções concedidas aos pais das famílias.

O vigário capitular, Manoel Gonçalves de Andrade, e o secretário da câmara eclesiástica, Manoel Joaquim de Ornelas, tiveram seus pareceres acolhidos, mas a decisão está sendo adiada, e só será acatada aos 7 de novembro.

Sessão de 31 de outubro

Pelas ocorrências desta sessão, vê-se "a altivez, a lisura de proceder e a independência de atitudes de Rafael Tobias" em suas obrigações no conselho. Até em coisas menos importantes, ele se mostra sério na sua atribuição, mesmo quando é voto vencido.

Como no seguinte caso: em um requerimento dos moradores da freguesia de Batatais, tratando-se de fato praticado pelo juiz ordinário de lá, Hipólito Antônio Pinheiro, quando *"fora preso um escravo fugido pelo juiz seu companheiro, e que sendo o procedimento arbitrário, devia ser repreendido"*, quis o sr. dr. Manoel Joaquim de Ornelas fazer aditamento. Para Rafael, parecia *"não ter lugar o seu aditamento na Ata da sessão preterida"* e que *"a leitura da Ata se limitava unicamente a se observar se estava, ou não conforme ao que se havia assentado."*

Decidiu-se na *"pluralidade dos votos a favor do parecer do sr. Ornelas"*, mas *"Rafael Tobias exigiu que se lançasse em separado o seu voto contrário a qualquer alteração nas determinações"*.

Nesta sessão ainda se leem mais dois pareceres de Rafael, um sobre a Memória "oferecida pelo primeiro escriturário da contadoria da Fazenda Nacional", mostrando diferentes causas para o atraso do expediente, e maneira de remediá-las. *"Aquelas, me parece, capazes de produzir os maiores males na ordem das finanças..."*.

Sendo esse assunto de competência da Junta da Fazenda Nacional, estando a cargo da Contadoria (haja burocracia...), achou-se que a Junta precisa ser ouvida. Assim se decidiu, e Rafael dará seu parecer apenas na sessão de 28 de novembro.

Vinhas em Curitiba

Outro *parecer* de Rafa é sobre a cultura de vinhas em Curitiba (distrito de São Paulo, como fazemos questão de lembrar), que não vai em frente por causa das formigas (e fosse ele um certo Mário de Andrade, poeta que viverá cerca de um século depois, teria dito que ou nos livramos das formigas, ou elas se livrarão de nós...).

Lembra que, sabendo-se usar com diligência e habilidade, a mão do homem *"tudo pode vencer"*, em especial quando o governo a favorece. Propõe haver um encarregado isento a que se façam em Guarapuava as experiências necessárias para impulsionar essa importante cultura.

E que em havendo esta aprovação (aos 31 de outubro deste ano de 1825), que se remetam as melhores mudas à custa da Fazenda Nacional (indicando certo sr. *Manoel* para que dê ordens ao *coronel*).

2

Discursos: mais discursos

Pensamento

(Há quem ache bonitos os discursos de políticos, magistrados e legisladores. Haverá tempo em que as eloquências dessas "excelências" – que muitos tomarão por "excrecências" – se verão tão desmascaradas, que a tentativa de fazê-las grandiosas ressaltará muito mais o aspecto caricato de sua ignorância disfarçada.)

Ouvidores, salteadores e loteria

Nada passava despercebido à observação e crítica de Rafael, que enfrenta até os ouvidores que saem a visitar suas vilas e ficam muito tempo longe das comarcas, com desculpas variadas (causando "*grande embaraço à administração da Justiça*").

Também não deixa de ouvir as queixas do povo, quaisquer que sejam, e vindas de quem vier. Quando soube que no distrito das *Areias*, nos cafundós da província, "uma grande quadrilha de salteadores cometia roubos e até morte", pediu informações ao cap.-mor Gabriel Serafim da Silva para assegurar-se do desmantelamento do grupo e tranquilidade dos moradores. A sugestão foi aprovada.

Já foi dito que no início das atividades do Conselho ele se preocupou com as instituições de caridade (que ainda haverão de ser chamadas ONGs, e da mesma maneira se misturarão interesses públicos e privados, dando mais esta vantagem a quem estiver no poder: a de favorecer apenas grupos de aliados...), "chegando ao ponto de alvitrar [= sugerir] que abrisse mão dos vencimentos a favor do seminário de meninas da Fazenda Santa Ana".

Bem, neste 23 de novembro de 1825 (enquanto o romance de Domitila com Pedro anda a todo vapor), ele propõe que o Conselho leve ao imperador a proposta de dobrar o prêmio da loteria (sim, *loteria*) da Santa Casa de Misericórdia.

(E poderá surpreender-se aquele que não vê nos jogos de azar nada além de um vício, mas se verá não só aqui como em inúmeras republiquetas por estas Américas o

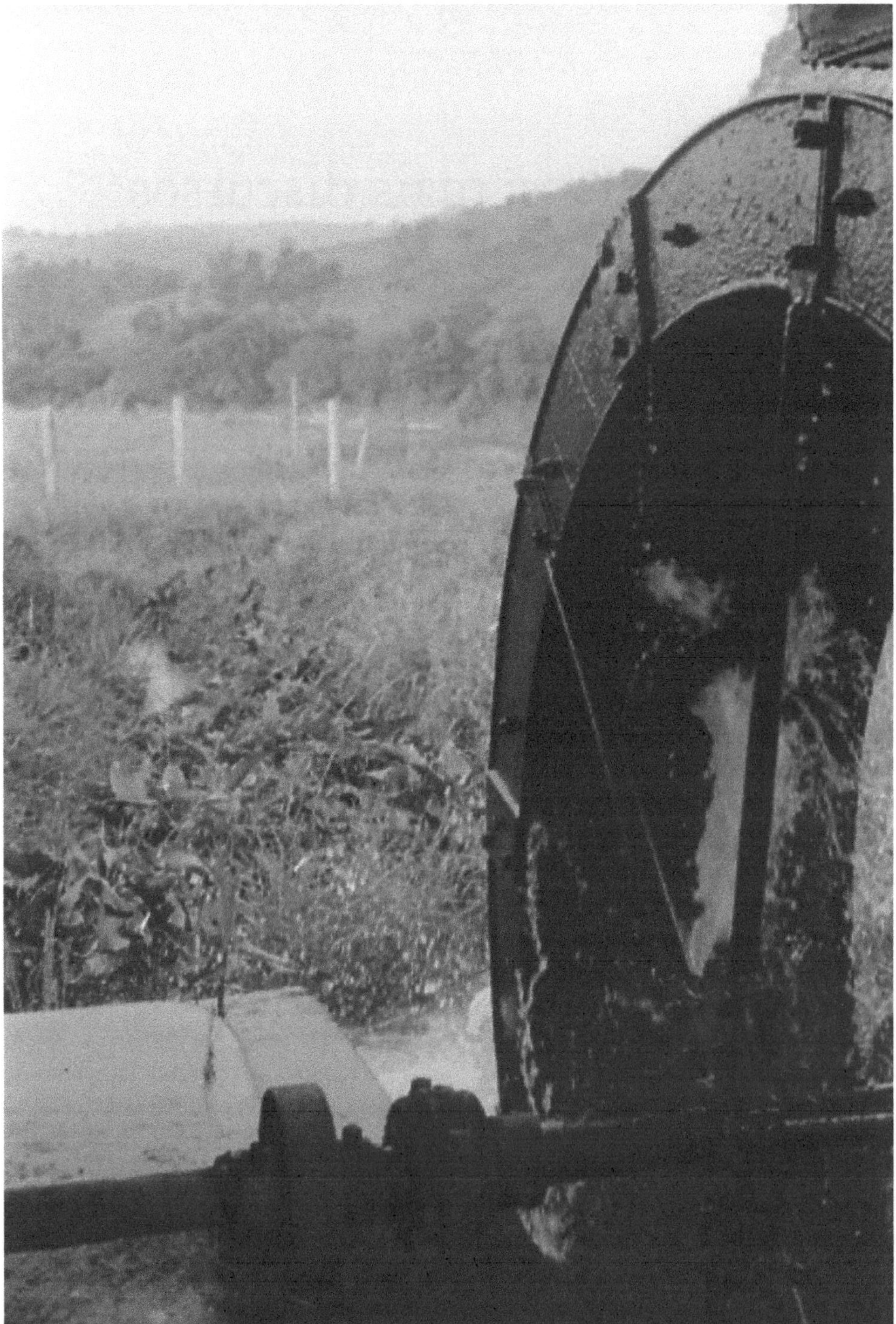

poder público a brincar com os sonhos e necessidades de seus povos, na busca simplesmente de lucrar em cima, e manter-se no poder...)

O fim dessa proposta esdrúxula é, ao menos, nobre, de certa forma: o excesso do lucro será para ajudar o seminário de meninas, na Fazenda Santa Ana, e o de meninos, na Chácara da Glória. A sugestão também está sendo aprovada, recebendo um aditivo (mas não o mesmo tipo de "aditivo" que no futuro se usará para melhorar o desempenho dos carros, que não precisarão mais de cavalos, e serão sim movidos a óleo) do conselheiro Jordão.

Sessão de 28 de novembro – pela melhoria das finanças públicas

Nesta sessão ele faz também um longo parecer sobre aprimorar a *Contadoria da Fazenda Nacional*. Debruça-se sobre a questão "sugerindo medidas de grande alcance técnico e moral" para aperfeiçoar a repartição, peça *"tão importante da pública administração"*.

Pela transcrição da ata (o que a partir de agora deixaremos de fazer, poupando o leitor de linguagem tão pomposa e sectária) se perceberia que Rafael já examinava cuidadosamente o plano do primeiro escriturário, querendo entender os motivos de atraso da Contadoria.

Concorda com o aumento de salário dos funcionários (e não temos aqui como julgar ou apresentar cálculos de sua coerência), para que ganhem "ordenados que lhes permitam suficiente subsistência". Acredita até em haver relação do "desempenho a contento" (*"em dia"*) da escrituração e contabilidade com "o aumento justo de salários".

Afinal, *"todos os objetos para se sustentarem andam pelo duplo"*, considerando-se a utilidade dos serviços prestados naquela repartição.

(Também dirão os corporativistas no futuro que, "ontem, como hoje, os vencimentos não alcançavam o preço das utilidades", não sendo esse preço determinado pela oferta e procura, mas pela exigência de quem lá já está e tem mecanismos de proteção para que não seja demitido.)

Resultado

Na discussão de suas quatro propostas:

– aprovou-se a primeira, que será apresentada a d. Pedro, alertando sobre o número de funcionários existentes, "... *maior do que aquele que se propõe, e sem esta medida se tornaria escusada a Proposta*";

– aprovou-se a segunda (sobre repartição e descontos aos relapsos);

– a terceira (sobre alegação de doença) foi aprovada sem modificação;

– a quarta (que exigia concursos para cargos da Contadoria) também foi aprovada, a não ser a exigência da partida dobrada, pois não há na capital *"Aula de Comércio"*.

E nesta 34ª sessão, Rafael ainda propôs

que sendo de evidente utilidade o estabelecimento de todas as Oficinas nos lugares em que as máquinas possam trabalhar por meio d'água e não a braços, como acontecia no Trem desta cidade (...) deixar alguns artistas para conserto (...)

Na última sessão ordinária, portanto, de várias decisões sobre as propostas e providências para a província, encerram-se os trabalhos, agendando-se a seguinte, a realizar-se apenas em 1º de outubro (e mesmo assim não haverá *quórum*, realizando-se apenas aos 23...)...

Atuação em 1826 – Educação (e menos "juridiquês")

(Embora em nossas poucas intervenções, nós, narradores especialmente convidados, evitemos fazer certos tipos de julgamento, cabe aqui dizer que entre as personagens maiores desta história, enquanto uma reina, dando prioridade muitas vezes às questões pessoais, outra pensa o país, em sua principal necessidade...)

Pois já estamos sim em 1826, e antes da ordinária do dia 23, fizeram-se cinco extraordinárias.

Rafael comparecerá à de 7 de abril propondo a criação de uma *Escola de Primeiras Letras* na freguesia de Santo Amaro, que já tem quatro mil habitantes. Aprovou-se.

(E nessa mesma sessão – a 37ª extraordinária – por haver alguns graves incidentes entre o capitão-mor da vila de Castro e o porta-bandeira de 2ª linha Antônio Joaquim de Santana, Rafael propõe que se oficie ao governador das Armas da província a nomeação de um oficial *"de probidade"* para o comando militar da vila, dando fim a intrigas e trazendo tranquilidade.)

Quando as sessões voltarem (em outubro deste ano), Rafael não comparecerá à primeira: terá ido à Corte do Rio, *"devendo por isso ser substituído pelo respectivo suplente..."*

Assim será...

3

Viagem dos reis à Bahia

Domitila vai como dama da imperatriz

D. Leopoldina não tem mesmo nenhuma afinidade com a comitiva que os acompanha à Bahia, e durante a viagem de navio tranca-se quase sempre na cabine. Mais ainda, ela "comia sozinha, evitando a mesa comum do marido".

E assim, "para compartilhar as refeições", d. Pedro mantém-se quase sempre ao lado de sua querida amante, que é "muitas vezes vista não só na companhia do monarca como na da filha dele".

Chegam a Salvador, este lugar maravilhoso de que se pode encontrar descrições por todas as partes, em especial letras de músicas que são e serão ainda compostas... Mas para a descrição desta vista lindíssima da entrada da baía, faremos uso de um texto singelo, produzido em 1611, por um tal Pyrard:

A cidade de S. Salvador é um sítio muito alto, no topo de uma montanha de difícil acesso e que do lado do mar é talhada a pique. Tudo quanto ali se leva ou dali sai, sobe ou desce somente por meio de um engenho maravilhoso (...)
Nas fraldas da montanha, em extensão de mais de um quarto de légua, há casas bem fabricadas de uma e outra parte, formando uma bela e grande rua, bem povoada de toda a sorte de lojas de misteres e artífices. É ali que estão situadas todas as tercenas e armazéns de carga e descarga de mercadorias, assim de El-Rei como de particulares (...)
É esta cidade cercada por muros e bem edificada. (...) há nela um colégio de jesuítas (...); um convento de franciscanos; um de S. Bento; um de Nossa Senhora do Carmo; que todos são casas e igrejas bem feitas e bem edificadas. Cada dia se converte ali grande número de pessoas (...).

Foram-se esses tempos.

O que se tem de bom para ver, entre outras coisas desta cidade, é o especialíssimo pôr-do-sol, que se indica à rainha destas terras como capaz de fazer "renovar, brilhar de novo o seu sorriso". Mais do que isso, a qualquer horário, dirá um poeta ser esta para se viver a "melhor cidade da América do Sul".

De mal a pior, para Leopoldina

Para piorar tudo, a rainha está sendo levada agora para uma residência diferente daquela em que vão dormir Pedro e Domitila, que é no topo de uma bela colina, com vista para a Ilha de Itaparica.
É difícil de acreditar mas

A tudo ela se resignava até mesmo nos passeios que fazia com o marido. D. Pedro dirigia sua própria carruagem, com a esposa na boleia, levando a amante e d. Maria da Glória sentadas atrás.

Lembramos que quando era ainda viscondessa, o rei elevou Domitila a camarista de sua esposa. E foi nessa condição que "a amante acompanhou o casal numa viagem de dois meses à Bahia", escreverá alguma historiadora sobre estes tempos presentes.
E, neste fevereiro de 1826, o *secretário* de Leopoldina (hum... não vamos fazer comparações ou suspeitar do que não sabemos...) escreve agora para o chanceler austríaco (Klemens Wenzel von Metternich – nome próprio dos que mais deveríamos evitar reproduzir mas, deixemo-lo aqui, pelo tudo de exótico que em si carrega) reprovando a *"fatal publicidade da ligação"* com a marquesa, que leva à *"resignação e introspecção"* da princesa austríaca (país onde o povo desde já acolhe e aceita bem o absolutismo, para em outras épocas identificar-se com a mão destra do espectro político).
E a simples possibilidade de que d. Pedro venha a se casar com Domitila, a *"Pompadour tropical"*, parece que já "horrorizou a aristocracia europeia".

Meio tempo

Já dissemos que a viagem à "boa terra" vai durar dois meses, e de tudo que ocorre nesse período, podemos anunciar duas perdas muito próximas na família de Pedro:
– em 10 de março virá a falecer seu pai, d. João VI;
– três dias depois, o filho que teve com Domitila e estava no Rio.
(E aqui poderíamos desenvolver inúmeras teorias da conspiração, mas vamos evitá-las, por enquanto...)
(Assim como traçar um paralelo com a tal "maldição dos Bragança", pois esse era o primeiro filho varão no "casamento" a que Pedro realmente se dedicava.)

Volta da Bahia – 1º de abril

Neste primeiro dia do mês quatro (estamos em 1826), quando voltam ao Rio, Pedro e Domitila (que andam mais juntos do que o rei e a rainha, já se percebe) ficam sabendo que o filho nascido em dezembro falecera aos 13 de março.

(Era algo que devíamos estar descrevendo melhor, pois, enquanto os pais se distraíam em missões pelas terras baianas, o bebê não apresentava boa saúde, e as cartas não chegavam a tempo de avisar a mãe... Mas por que deixou a criança? Ora, porque era essa uma missão diplomática, e as regras de etiqueta diziam para ser assim: acompanhar o marido nas refeições do navio e torcer para que o filho estivesse sendo bem cuidado – e em teorias conspiratórias que até prometemos evitar, já se diz que havia medo de que o bebê fosse também considerado um herdeiro do trono, sendo por isso sacrificado. Mas, como "contrateoria", argumenta-se que é comum por esta época – faz parte do costume – os recém-nascidos serem deixados com suas amas de leite e muitas mães sequer amamentarem; muitos bebês morrem, realmente...)

E esse, de fato, está sendo um ano de perdas para o imperador, pois diz-se (ao contrário do que já foi aqui informado) que aos 24 de abril é que falecerá seu pai, d. João VI de Portugal... Em Lisboa? Sim, aos 59 anos (o que provocará uma crise dinástica que só se resolverá em 1834).

Tristeza de Leopoldina

D. Leopoldina, em cartas à amiga Maria Graham, depois de ter voltado da Bahia, mostra que sofre de "um travo amargo, depressivo", e reclama da própria saúde.

E segundo Maria, quando visitou a amiga pela última vez antes de partir para a Europa (em junho do ano passado, faltando três meses para nascer Pedro II, aos 2 de setembro de 1825), ela já estava "em depressão e fraca de saúde".

Esse estado piorou ainda com a gravidez, mas sem impedir que d. Pedro a deixasse sob cuidados médicos e partisse para ver de perto a situação em que se encontra o Exército Brasileiro no Sul (são dois pesos e duas medidas em relação à outra amada).

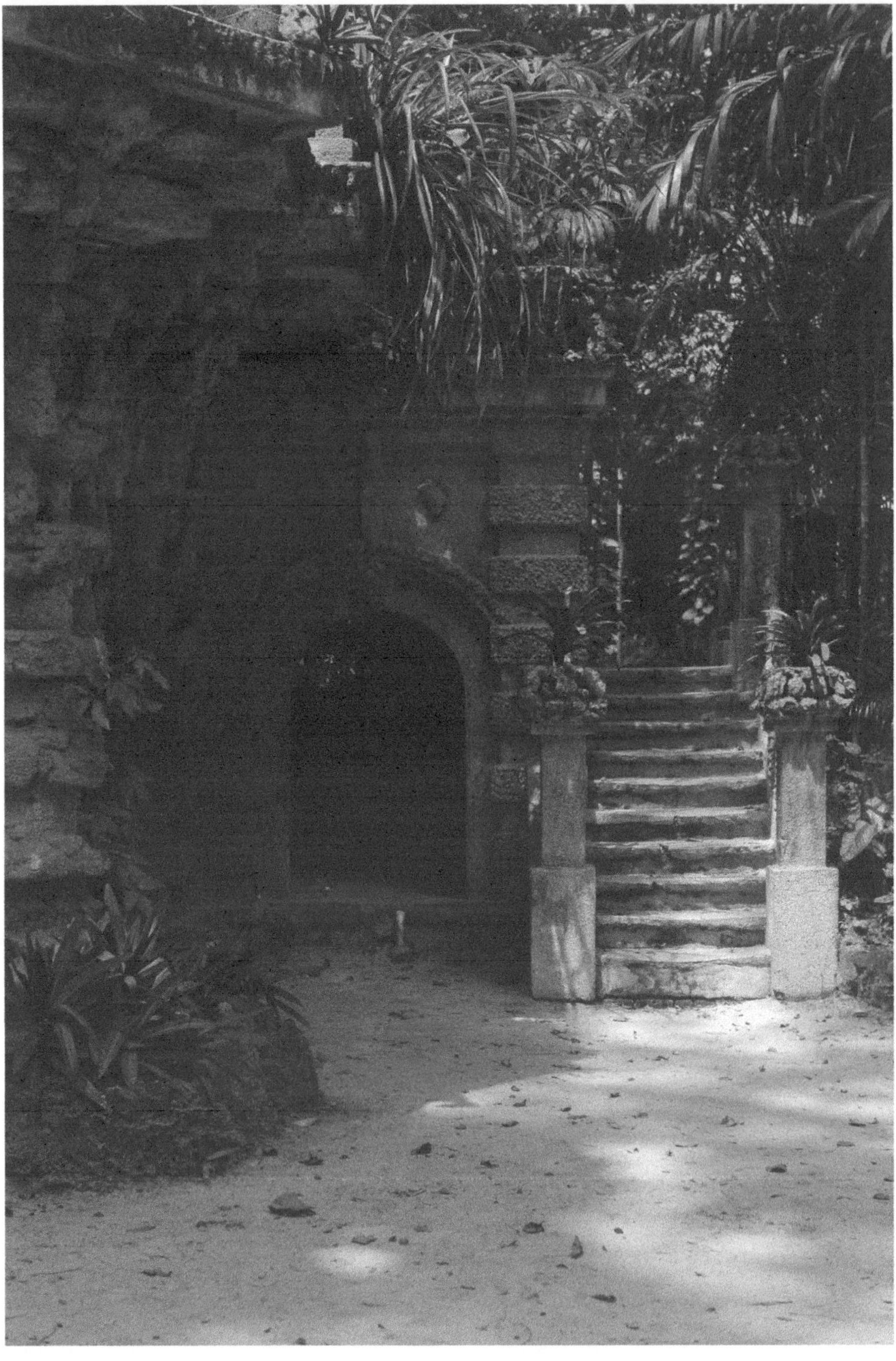

4

O palacete

Carta

Meu amor
Não é porque desconfie de mecê, e aceito a recomendação de viver bem pois eu a não mereço, porque vivo. Foi só a querer saber que me fez escrever pois já há muito tempo que estava de óculo e nada tinha visto, e pela demora já eu desconfiava que fosse a Durocher com os vestidos. Que havemos [de] viver bem não tem dúvida pela parte deste seu amante etc.
O Imperador

E logo neste mês de abril, Domitila muda-se para a chácara de São Cristóvão, de onde d. Pedro poderá vê-la ("espioná-la") das janelas do palácio da Quinta da Boa Vista, onde mora.

Sobre o "óculo" a que se refere na carta, estará escrito no *Diccionario da língua portuguesa* (de Antônio de Moraes e Silva) que é

... instrumento composto de um ou mais canudos, com lentes, que aumentam os ângulos visuais, exceta a objetiva, e a ocular, e que aproximam os objetos.

Com uma "luneta", digamos, o imperador começa a ficar "literalmente" de olho na amante (e dá para imaginar uma bela cena dessa observação dele com as lentes).

Às vezes vai saber que ela está em casa, e ela, de propósito mandará fechar as janelas para que ele não a veja.

E às vezes ele vai mandar bilhetes perguntando de quem seriam todas aquelas carruagens estacionadas na chácara...

O ciúme

Os ciúmes que ele sentia por ela eram tão intensos que, mesmo durante a segunda tentativa de separação, quando ela partiu para São Paulo, em junho de 1828, o imperador deu ordens para descobrir se ela havia encontrado com algum homem durante esse período, talvez devido à correspondência anônima que havia recebido...

(Haverá outra carta – aos 15 de novembro de 1827 – em que Pedro novamente fará referência ao "óculo" para vasculhar a residência de Domitila...)

Sobre possessão

Em certas dimensões psíquicas, há realmente algumas necessidades...
A criança, a seu tempo, desenvolve um *ego* que "tem a necessidade do amor exclusivo". E "é da natureza do ego querer amor exclusivo".
Em algumas teorias existenciais, diz-se que estaríamos aqui (na Terra, este planeta) "justamente evoluindo, em direção à nossa consciência maior" (coisa de que ninguém sabe ao certo).
E que essa expansão requer amadurecimento, superação desta necessidade do amor exclusivo.
É aprender a lidar com a frustração, com a tristeza de não estarmos sendo amados (e de por causa disso precisar *forçar* o outro a nos amar – quando ele pode não estar nessa condição).
Como superar a carência afetiva? Deixar de ser inseguro? Ir além dos ciúmes e da possessividade? Tudo são processos, que se dão pelo autoconhecimento.
Aos poucos percebemos o que realmente existe como "encantamento" com uma história que inventamos dentro de nós mesmos. Nessa história, colocamo-nos como pessoa que sente ciúme, ódio e é insegura (e nós mesmos nos encantamos com a própria história).
A grande descoberta é poder acordar desse *encantamento*, precisando às vezes ouvir: "quem você é de fato?" Essa pessoa da história inventada? Que tem medo, é insegura e precisar amarrar o outro (no pé da cama, de preferência) para se sentir mais confiante?
Na verdade, isso não é você, isso é uma crença (construída, e com a qual você se identificou, encantando-se com a própria história).
Portanto, o primeiro passo é identificar esse "encantamento" (e sentimentos que o fazem perdurar). Assim, pode-se soltar e liberar isso com jeito, até (pouco a pouco) se "des-identificar".

Sobre Maria Durocher

Essa Durocher... Para quem não sabe, ela é...

Modista francesa, dona de loja de tecidos, estabelecida na rua dos Ourives, próximo à rua do Ouvidor.

A filha, Maria Durocher, será uma famosa parteira, no Segundo Reinado. Outra adivinhação: em 1829, quando a futura duquesa de Goiás, Isabel Maria, for levada para Paris, Durocher é quem preparará o enxoval dela...

(E podemos pensar como uma coisa moderna, essa do rei ter uma família em paralelo, usando talvez o pensamento "ninguém tem nada com isso". Embora possa parecer não tão ético – como é melhor pensar –, ter uma segunda família se justifica quando ele realmente ama a nova esposa, mas por conveniências culturais não pode assumi-la oficialmente – e há necessidade de mantê-la como "amante"...)

Mais adivinhações sobre o futuro

Esse famoso palacete em São Cristóvão, da marquesa (ainda viscondessa), terá mais usos: será residência de d. Maria da Glória, na sua volta ao Brasil. Depois, será comprado pelo barão de Mauá, "que faria o inverso de d. Pedro: espionaria das suas janelas o palácio da Quinta da Boa Vista para saber se d. Pedro estava em casa".

E mais no futuro há de abrigar um museu sobre este Primeiro Reinado.

Aproximação das casas

Estamos ainda neste primeiro semestre de 1826, e a viscondessa está alterando o endereço para o bairro de São Cristóvão. Inicialmente ela vai morar em *uma das casas de chácara comprada por ela* (e assim mostrará uma carta de dezembro de 25 do futuro *Arquivo Histórico*: que todas as propriedades adquiridas por Domitila em São Cristóvão foram colocadas sob um mesmo registro).

Concluídas as obras de seu palacete, "praticamente à porta da Quinta da Boa Vista, residência imperial", ela só deverá ir para lá no próximo ano. Mas desde já, de qualquer forma, os dois amantes passarão a viver a uma distância menor que um quilômetro.

(Como sabemos, ele poderá espioná-la do palácio com uma luneta, o que não será raro de acontecer.)

Há pouco ela recebeu de presente a tal *Casa Amarela*, como será conhecida sua mansão (no número 293 da futura avenida d. Pedro II, perto da Quinta da Boa Vista, em São Cristóvão – futuro museu imperial, sobre "o Primeiro Reinado").

Comprou a casa de um certo Teodoro (dr. Ferreira de Aguiar) e mandou contratar uma reforma em estilo neoclássico com o arquiteto Pedro José Pézerat. As pinturas murais internas são obra de Francisco Pedro do Amaral, os baixos-relevos internos e externos, de Marc Ferrez e Zephérine Ferrez.

De pouco em pouco, Domitila vai sendo elevada pelo amante, a patamares cada vez mais altos.

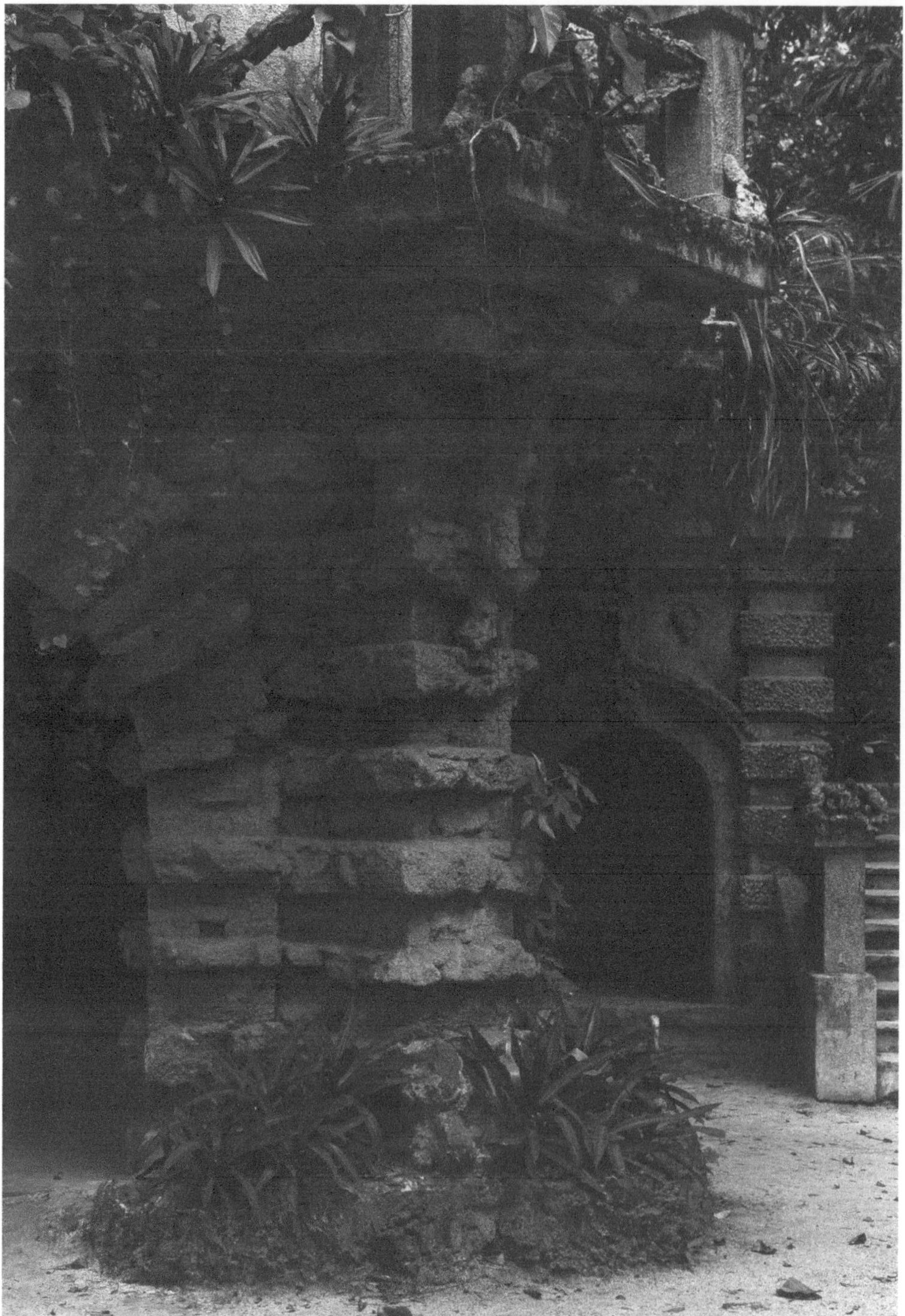

Enquanto isso, em Sampa, diz-se da *Casa da Marquesa de Santos* que Domitila mudou-se para lá em 1826, onde ficou até 1829. Não... isso está muito confuso. Ela mora agora no Rio, vizinha ao rei.

Dia a dia

Falemos agora dos fatos presentes.

Sabe-se que aos 2 de maio "d. Pedro renuncia à Coroa portuguesa em favor de sua filha d. Maria da Glória". E que no dia 20 Isabel está sendo reconhecida oficialmente como sua filha, passando a se chamar Isabel Maria (será para compensar a morte do menino?).

Pois consta que neste dia, "às vésperas do aniversário de Isabel, d. Pedro decidiu reconhecê-la oficialmente como sua filha". Mas houve quem o afrontasse: foi o bispo do Rio, negando-lhe "autorização para mudar o registro do batismo" (o que dá força à teoria de forças conspiratórias, que poderiam ter levado ao sacrifício do menino Pedro, filho de Peu e Dômi).

E isso (a afronta do bispo) "poderia ser um empecilho para outros, *mas não para o imperador*".

Reconhecimento de Isabel Maria (e uma curiosidade histórica...)

O reconhecimento "foi feito via ato ministerial, com os ministros Lages, Inhambupe e José Feliciano Fernandes Pinheiro" atestando que d. Pedro (como ele mesmo fazia questão de reconhecer) era o pai da bela menina.

(Esse José Feliciano Fernandes Pinheiro, visconde de São Leopoldo, diz-se que será o verdadeiro criador da Faculdade de Direito – e não Domitila, como diz a lenda. Pois em 1821, JB, no memorial para os deputados paulistas que iriam para a Corte de Lisboa, propôs a criação de um curso jurídico em Sampa. Um deles, José Feliciano, defendeu essa ideia na Assembleia portuguesa. Seis anos depois, como ministro da Justiça do Brasil, ele concretizará o projeto.)

(E segundo um historiador tal, se em julho do ano que vem d. Pedro já procurará nova esposa, dificilmente honraria a mulher que precisarão afastar da Corte – a lei de criação dos cursos jurídicos no Brasil será de 11 de agosto de 1827, mas vinha de antes: em 1823 já era assunto de discussão na Assembleia Constituinte...)

Feito o decreto, "o secretário do imperador foi à igreja de São Francisco Xavier, no Engenho Velho, e intimou o padre", no sentido de acertar a declaração de batismo e pôr o nome de Pedro como pai.

Como dissemos, pelo decreto a criança também ganhava novo nome: se na certidão de batismo estava apenas Isabel, agora iria chamar-se Isabel Maria, mesmo nome da irmã de d. Pedro, que à época da doença do pai, d. João VI, assumira a regência portuguesa e está agora a governar Portugal em nome do irmão.

Nessa nova certidão de nascimento está apenas o nome do pai, "não havendo qualquer referência à mãe". Mas, oficialmente, fora encarregado de criá-la, por d. Pedro, o avô materno, leal visconde de Castro, e nesse arranjo Maria Isabel ficaria junto a Domitila.

5

Agora sim, a duquesa de Goiás

Novo tratamento

Neste 24 de maio, por fim, ela recebe o título de duquesa de Goiás, *com tratamento de Alteza*. Essa é claramente uma conquista de Domitila, do que estava ao alcance dela há alguns anos, mas com pouca chance de realização...

Aos dois anos, essa menina fora reconhecida como filha de Pedro, "em uma suntuosa festa no solar de Domitila, em São Cristóvão". Agora, no dia 24, ela recebe o título de duquesa de Goiás. "D. Pedro parecia ter uma predileção especial por essa filha", dirão os amigos mais próximos, e ainda este ano ficará pronta uma corveta (ela já está sendo construída) para fazer parte da Marinha Brasileira, tendo como nome o seu título...

Isabel Maria de Alcântara Brasileira

Repetindo, para enfatizar: ela foi legitimada, ou seja, reconhecida como filha do imperador no dia 24 de maio (estamos em 1826), pelo decreto que lhe concedeu o título de duquesa de Goiás e o direito a ser tratada como "*Sua Alteza, a duquesa de Goiás*", tratamento esse que seria inesperado e mesmo irregular pelas tradições monárquicas ibéricas.

Graças a isso, foi enviada ordem ao quartel-general das Forças Armadas do Brasil para prestar continências à menina. E é assim agora, na prática, tratada como uma princesa brasileira para ser considerada, em sua época, uma espécie de protetora da província de Goiás.

Foi pouco antes do aniversário de dois anos que o imperador reconheceu publicamente sua paternidade, exigindo que ela fosse anotada no assento de batismo da criança. E como vimos, essa alteração no assento de batismo foi inicialmente recusada pelo bispo capelão-mor José Caetano, o que gerou atrito com o imperador.

A exigência do monarca só foi atendida aos 28 de maio, após envio da declaração de paternidade à igreja de São Francisco Xavier do Engenho Velho. Assim, foi incluída a seguinte nota no assento de batismo:

Certifico que no dia 28 do corrente mês de maio de 1826, chegou à casa da minha residência, junto à Matriz de São Francisco Xavier do Engenho Velho, o Oficial menor Graduado da Secretaria dos Negócios do Império, o Comendador Francisco Gomes da Silva, dizendo-me que Sua Majestade, o Imperador, ordenava que eu fizesse uma nota no assento do batismo da inocente Isabel, que foi batizada nesta Matriz, em 31 de maio de 1824, declarando-me juntamente que o mesmo Augusto Senhor RECONHECIA por sua filha a mesma sobredita inocente, a Senhora Isabel Maria de Alcântara, e logo me entregou um certificado em que justificava isto mesmo, feito por um Ministro d' Estado e assinado por outros logo abaixo declarados e eram eles: o Visconde de Inhambupe, Ministro dos Estrangeiros; o Barão de Lages, Ministro da Guerra; o Visconde de São Leopoldo, Ministro do Império. (...)

Já se sabe que os atos imperiais costumam causar furor na Corte, e estes foram comemorados numa festa com pompas de grande gala, celebrada no *Palacete do Caminho Novo* – a imponente residência que o imperador construíra para a amante nos arredores do Palácio Imperial de São Cristóvão.

O luto pela morte de d. João VI foi abrandado para o evento, onde estavam presentes ministros e membros da nobreza. Numa tentativa de diminuir o escândalo gerado pelo reconhecimento da paternidade e concessão do título, o secretário Francisco Gomes da Silva publicou um artigo no *Diário Fluminense* onde citava o exemplo de outros monarcas que agiram da mesma forma que d. Pedro I, como os franceses Henrique IV e Luís XIV.

Os títulos de mãe e filha

Neste junho de 1826, precisamente o dia 6 em que estamos, Isabel Maria é apresentada oficialmente à imperatriz Leopoldina, diante de toda a Corte. E a partir de agora, a duquesa passará a frequentar o palácio diariamente, para ser educada junto às irmãs.

(Há informações de que só hoje ela receberá definitivamente o título de *duquesa de Goiás*, e de que o da mãe – que ainda não dissemos qual – só chegará em outubro.)

Isabel está agora com três anos e tudo indica que os próximos aniversários serão também ocasiões de muita celebração. Assim como a mãe, "amante" *favorita* do rei (e nós que acompanhamos a história sabemos que, muito mais do que isso, ela é o verdadeiro amor de Pedro), Isabel será sempre a preferida do pai, ao menos entre os filhos "naturais". Por isso, d. Pedro quer que ela tenha a mesma educação de seus filhos "legítimos".

Mas em pouco tempo a duquesa irá se tornar um incômodo, espécie de *persona non grata* no palácio, principalmente para Leopoldina e para a princesa Maria da Glória (futura Maria II de Portugal), que não engolirão tanto a "bastarda".

Em outubro, Domitila tem o título elevado a *marquesa*

É agora aos 12 de outubro (aniversário de Peu que, como lembramos, é dos signos de Libra e Cavalo) que Domitila tem seu título de nobreza elevado, e assim lhe é conferido o tratamento de *marquesa* de Santos. Ela está próxima dos 29 anos de idade, e já ostenta também a faixa da *Ordem Real de Santa Isabel*.

Possivelmente já comentamos que apesar de Domitila não ser natural de Santos, Pedro quis assim atacar os irmãos Andradas, nascidos nessa cidade (que entre as praianas é a mais próxima de Sampa), e por isso teria dado o título à amante.

Talvez seja desta época o comentário de José Bonifácio de que Domitila seria uma espécie de *michela* (prostituta). Sim, ele está agora em seu exílio na França e escreve ao conselheiro Drummond ao saber dessa elevação ao título de marquesa:

– Mas *"que insulto desmiolado!"* – são suas palavras.

Toda a família de Domitila, como sabemos, vem recebendo diversas benesses imperiais: os pais tornaram-se os viscondes de Castro, o irmão Francisco foi feito ajudante de campo do imperador e os demais receberam foros de fidalguia. O cunhado de Domitila, Boaventura Delfim Pereira, esposo de Maria Benedita, foi feito barão de Sorocaba.

E assim, neste ano de 1826, no aniversário do rei, ela se torna a marquesa de Santos. Haverá então um episódio (bem documentado) em que os diretores do Teatro da Constituição proibirão a entrada dela, alegando não ser "digna da boa sociedade". E no futuro será dito:

(...) baixou-se ordem para que fossem fechadas as portas e presos aqueles diretores. O imperador era um amante zeloso...

Sim, porque na verdade ele a havia escolhido como esposa, e ela a ele como marido, mas as *circunstâncias* sociais não permitiam que se casassem.

Amantes e tomados de *paixão*

As cartas continuam recheadas de suspiros e voluptuosidade: *"Meu amor, (...) meu tudo"*, *"meu benzinho... vou aos seus pés"*, *"aceite o coração deste que é seu verdadeiro, fiel, constante, desvelado e agradecido amigo e amante"*.

Ele é cada vez mais incisivo:

"Forte gosto foi o de ontem à noite que tivemos. Ainda me parece que estou na obra. Que prazer!! Que consolação!!!"

(Pois de fato quando o sexo é bom, parece ainda estar presente muitas horas depois...)

E se despede *"com votos de amor do coração deste seu amante constante e verdadeiro que se derrete de gosto quando... com mecê".*

Às vezes manda *"um beijo para a **minha coisa**"*. Ou ainda *"abraços e beijos e fo..."*.

Depois, mortificado de ciúmes e suspeitas, pergunta: *"será possível que estimes mais a alguém do que a mim?"*. E então assina: do *"seu Imperador"*, *"seu fogo foguinho"*, *"o Demonão"* (para acompanhar o tipo de declaração que no futuro ainda se chamará de "brega").

E algumas vezes, eroticamente, desenha o seu *"real pênis ejaculando em louvor da amante"*. "Tudo cheirando [segundo um futuro biógrafo] a lençóis molhados e em desalinho".

O amor "adúltero" se dá *escancaradamente* à frente de todos, dividindo a Corte. Para os irmãos Andradas (em especial JB), a atitude do rei *compromete a imagem internacional* do novo reino.

Falecimento do pai

O pai de Domitila, João de Castro, faleceu com 85 anos, aos 2 de novembro deste ano. E dizem que "a doença do visconde (...) causou problemas para d. Pedro". Para alguns, ele teria passado um mês longe de casa, cuidando do idoso, "o que teria feito d. Leopoldina revoltar-se e ameaçar pô-lo na rua" ou até partir para a Europa, abandonando-o de vez.

Se isso são só tangerinos, digo, mexericos da criadagem, nunca vamos saber.

Um tal Melo Morais (que será autor de certa *Crônica geral do Brasil...*) andará dizendo que o imperador ficou dois dias e duas noites ao lado do doente – o que é "mais realista do que ter abandonado por 30 dias a família e os negócios do Brasil, incluindo o Tesouro exaurido e a Guerra da Cisplatina, além dos negócios portugueses".

O que se sabe mesmo é que o funeral desse velho militar, de muita pompa, será pago diretamente pelo imperador.

(E lembra-se que, depois dos amores consumidos entre Pedro e sua filha é que João fora feito um *Gentil-Homem da Imperial Câmara*.)

6

Morte de Leopoldina

Pedro embarca para o Rio Grande do Sul

Em 23 de novembro (ou 24, há controvérsias), Pedro parte com uma frota de navios, e "entre eles a corveta duquesa de Goiás, levando 800 oficiais e as tropas mercenárias do 27º Batalhão de Infantaria Ligeira" rumo à Cisplatina.

A frota parou primeiro em Santa Catarina, onde ele está chegando cinco dias depois, e de lá escreve cartas praticamente idênticas para a esposa e para a amante, "descrevendo as particularidades da viagem". Mas para Domitila, ele aumenta o final, "com protestos de saudades e de amor".

Morre Leopoldina – dezembro de 1826

Há muitos estrangeiros, por esta época, que se dedicam a colher comentários feitos nas ruas, e usarão isso para querer explicar (como se encontrassem o principal motivo) a morte de d. Leopoldina: "d. Pedro teria agredido a esposa antes da partida, provocando um aborto e a sua morte".

De fato, "a imperatriz abortaria um feto de três meses", e isso se dá na madrugada de 2 de dezembro, mas mais de uma semana após o embarque do marido. E depois disso ela não consegue mais recuperar totalmente a consciência, e está vindo a falecer no dia 11 de dezembro.

Fofocas sobre o triste evento

Sobre a morte da rainha, o diplomata austríaco no Rio, barão de Mareschal, escreveu a Maria Graham:

Sua moléstia foi curta e dolorosa. Não a perdi de vista durante todo seu curso. Ela desesperou desde o princípio; tendo em vista sua idade, sua constituição e a fatal complicação de uma gravidez, fez-se o que foi possível para salvá-la. Sua morte foi chorada sincera e unanimemente. Ela deixa um vácuo perigoso. Nada até agora indica nem que se pretende preenchê-lo, nem por que pessoa.

Graham vai declarar ser essa a versão "oficial" dos fatos, mas que depois disso "começaram a chegar cartas de outras pessoas, contando outras histórias."

Uma dessas histórias (fictícias) conta que Domitila, por ser dama camarista, teria proibido as crianças de ver a mãe, e precisou "ser retirada à força por um servidor do palácio".

Mesmo Mareschal (e algum historiador do futuro ainda vai chamá-lo de "abelhudo"...), que não era bem visto sequer pela conterrânea d. Leopoldina (e também deixou más impressões quando serviu nos EUA, ficando mais conhecido pelas intrigas e fofocas com que decorava os relatórios para o governo austríaco), estava no palácio de São Cristóvão durante a enfermidade da rainha e não deu nem uma linha sobre ter visto Domitila no quarto da imperatriz.

Isso tudo é pura fofoca, e das maldosas...

Ainda as fofocas

Mareschal era sim bem informado, e no relatório de 13 de dezembro (após o falecimento) diz que a imperatriz não deixou qualquer disposição testamentária, "o que vai contra uma suposta última carta", na argumentação de outros.

No dia 8 (se disse aqui que ela não recuperara "totalmente" a consciência após o aborto do dia 2, mas entende-se que alguma coisa ainda a movia), Leopoldina teria ditado as últimas palavras para a camareira-mor, *marquesa de Aguiar*, contando ("às vésperas da morte") "as agruras por que vinha passando".

Na carta à irmã Maria Luísa, ex-imperatriz da (ou de) França, chama-a de "*minha adorada mana*", de "*minha mana*", e em um trecho descreve a pessoa que passa suas palavras para o papel:

A marquesa de Aguiar, de quem bem conheci o zelo e o amor verdadeiro que por mim tem, como repetidas vezes te escrevi, essa minha única amiga que tenho, é quem lhe escreve em meu lugar.

E termina dando recomendações de que pagassem tudo o que ela devia aos credores, pedindo que os filhos fossem educados pela marquesa de Aguiar, e esperando que "*o meu querido Pedro não disponha em contrário*".

É claro que essa carta, ao longo do tempo, vai se tornar um documento histórico, e vão se passar quase dois séculos sem que os historiadores venham a atentar...

– Que "em nenhuma outra carta conhecida", Leopoldina trata a irmã como "mana". Trata-a como "caríssima", "queridíssima Luísa", e tanto faz se a mensagem ia seguir por correio diplomático ou mensageiro particular.

– Nas mais de 200 cartas conhecidas da imperatriz, em nenhuma outra é mencionada a marquesa de Aguiar.

No futuro há de analisar certo historiador (de nome Melo Morais) que a camareira-mor não morava no paço: teria se mudado para lá apenas quando a imperatriz ficou doente, "por exigência do seu cargo e pela ausência do imperador", mas não teria essa intimidade toda (inclusive de sugerir que os filhos da imperatriz fossem educados por ela, vejam só...).

E para Maria Graham, a marquesa de Aguiar era apenas uma mulher educada e honesta – *"para uma portuguesa"*...

Após a morte da rainha

Desde que Domitila de Castro entrara na vida do imperador, Leopoldina fora relegada a papel secundário, e ao de "traída". Com 27 anos, já era uma mulher envelhecida, deprimida e pouco vaidosa.

Ao falecer agora em 1826, aos 29 anos, estava pobre e devendo dinheiro ao agiota alemão Jorge Antônio Schäffer. Também não faltaram boatos na Corte a dizer que ela sofrera um chute do marido, levando-a a abortar um dos filhos. É uma de suas últimas cartas o que dá margem a esta interpretação:

Faltam-me forças para me lembrar de tão horroroso atentado que será sem dúvida a causa da minha morte.

Culpa de Domitila?

Neste final de 1826, portanto, aos 29 anos, morre Leopoldina, obrigando Pedro a tomar certos cuidados.

Já há manifestações "acusando Domitila de ter envenenado a imperatriz"... Leopoldina havia se queixado, em carta ao pai, que o marido a maltratava *"na presença daquela que é causa de todas as minhas desgraças"* (e no futuro haverá "feministas" a expressar que "sempre a mulher é a bruxa, e o marido não"...).

Os "moradores" vão reagir à presença da amante, insultando-a, ameaçando-a, e haverá até mesmo uma tentativa de linchamento.

Já começam a aumentar os murmúrios contra ela, "que reunia em São Cristóvão uma família bastante característica desses tempos": filhos legítimos e "naturais", sete irmãos, sobrinhos e cunhadas, tio materno (Manuel Alves), tia-avó (d. Flávia), as primas Santana Lopes.

Em seu relatório enviado à Áustria, diz o barão de Mareschal: *"a família aflui de todos os cantos; uma avó, uma irmã e uns primos acabam de chegar"*.

Para muitos, houve mesmo "a conduta imprópria do monarca, que teve tantas amantes" (e pelos documentos de um futuro *Arquivo Nacional*, ele terá ao todo 40 filhos). Ainda, para um opositor, ele seria "*um perjuro, lacaio de estrebaria, borracho cachaceiro, sem educação e sem princípios, sem honra e sem fé*".

Também para *O Guaicuru*, jornal baiano, "*o monarca inviolável e sagrado pode bem ser um miserável cheio de vícios, (...) um devasso e adúltero*".

Já no jornal *Português Brasileiro* (dando em manchete "Para salvar o Brasil da ruína..."), o articulista falara na "*mais cega paixão amorosa de V. M. I. com a Viscondessa de Santos, mulher indigna de tal sorte por sua má conduta.*"

Outro estrangeiro também estampou: "*é puro Luís XIV*", aquele que um século antes "escancarara seus *affairs*". Até o cônsul espanhol chegara a dizer:

A imperatriz tem dissimulado a dita conexão entre seu augusto esposo e a mencionada senhora, tratando-a com amizade em público.

7

Outras amantes e o verdadeiro amor de Peu

As amantes não tão amadas

Se fosse para enumerar mais uma vez, agora por estes tempos, as mulheres de Pedro, lembraríamos...
– da esposa do general Antônio Seara (combatente na Confederação do Equador, em 1824, nessa Guerra da Cisplatina de 1825 a 28 e na "Sabinada", que haverá de 1837 a 38), chamada Maria Joana.
– da "senhorinha" Ana Rita da Cunha, que se casou com um homem próximo a Pedro, o barbeiro Plácido de Abreu, e é filha do marquês de Inhambupe, ministro e senador do império.
O cônsul espanhol Delavat, que está agora no Rio, acusa Peu de ser *"variável em suas conexões com o belo sexo"*. E dizem que não hesita em ter relações variadas com pessoas de uma mesma família, como no caso (além de Domitila e Benedita) da dançarina Noémi Thierry e sua irmã.
Também segundo Delavat, Pedro chega a ter *"um objeto distinto para cada semana"*, sem *"nenhum conseguia fixar sua inclinação"*. Isso talvez possa ter sido verdade algum dia, mas antes de 1822...

Não chegue na hora marcada

Em setembro de 22, como bem sabemos, isso mudou: além de proclamar a Independência, Pedro se tornou homem de uma só mulher, ao menos em pensamento (mesmo que tenha procurado ainda por outras, e afinal o dia tem 24 horas; nem sempre podemos estar com quem mais gostamos).
No final de agosto, em Sampa, ele conhecera Domitila de Castro e Melo, de 25 anos, um a mais do que ele. Dizem que Dômi sequer era belíssima... Mas atraente sim, linda de corpo e muito sensual. Muito sexy, se é para explicitar. Depois de três partos,

estava um pouco acima do peso e tinha cicatrizes, mas... mostrou-se gostosa como uma fruta. De sugar todo o néctar, mastigar e comer. Engolir o caroço, se necessário...

"Rosto fino e comprido, aceso pelo olhar moreno", era mãe de três filhos e acusada de adultério. "Levara uma facada do marido certa manhã em que *voltava, às escondidas, para casa*".

Enigma sedutor

Um dia foi feito um retrato de Domitila, e ela não parece assim tão bonita, mas pode ter sido mesmo essa a intenção do pintor, a de não caracterizá-la como mulher bela.

Já um aventureiro alemão, Carl Seidler, disse de forma direta: "*a marquesa absolutamente não era bonita e tinha uma corpulência fora do comum*".

O encantamento dela sobre Pedro pode ter sido outro (ou não: era bastante jovem quando o conheceu...; e mesmo mais madura, ainda vai seduzir Rafael, de maneira irreversível...). A resposta mais banalizada, e bobalhona, é o que o tratamento dado nas cartas, pelos dois, indica: Pedro assinava como "o Demonão", "o Foguinho" etc.

Nessa história de sete anos (ainda vão ter mais filhos, em um total de cinco, sendo duas as sobreviventes), tudo vai escandalizar a Corte.

Comprometendo a imagem

Via-se...

O apetite sexual de d. Pedro – que não se contentava com a vida dupla, e ainda procurava e fazia filhos com outras amantes –, aliado ao mau desempenho do exército brasileiro (...), o afasta do cargo.

As palavras acima (de uma futura historiadora) caberiam na boca de um general afastado após a independência do Uruguai, na Guerra da Cisplatina, ou pressionado pelas revoltas liberais...

Pedro estaria sendo julgado mais por sua vida privada que pela pública?

Algumas criaturas anônimas, andantes pelas ruas, os chamados transeuntes, já estão a enxovalhá-lo, fazer sátiras, mostrá-lo sendo montado pela amante...

Após a morte de Leopoldina, surgem caricaturas, folhetos e... tentativas de matar Domitila!

Isto é, o "escândalo" conjugal mais a derrota na Cisplatina, e a situação em Portugal forçam Peu a sair do cargo de rei (como se estivesse sendo expulso).

Para os próximos (ele mesmo, e em quem pode confiar), está sendo julgado injustamente, por *hipócritas*, pessoas de *espírito fraco*...

(Segundo uma historiadora do futuro, alguns moralistas o julgam como "rei pândego, sem limites"...)

Legado de Leopoldina e troca de papéis

Haverá no futuro um certo tipo de historiografia a mostrar Leopoldina como "a grande companheira de d. Pedro I na jornada da independência". Muito comprometida com seu pai, Francisco I, ela representava "o antigo regime, contra as revoluções liberais".

Diz-se que hesitava em apoiar o projeto que se mantinha, de garantir a coroa e o trono a seu filho Pedro, e também em apoiar "os princípios do absolutismo total".

Mas a tristeza de Leopoldina mal se podia ouvir... Era figura das mais importantes no império, mas relegada a "um abandono e uma miséria" como poucas vezes se vê em uma partícipe da História oficial. Pior: não conseguira "construir relações com o Brasil".

E Domitila é o oposto: consegue incorporar o papel de mulher submissa, "daquela que borda lenços" e, ao mesmo tempo, sabe "ser voluptuosa".

Os jogos eróticos entre eles são muito importantes. D. Pedro I se derrama. Domitila vem de São Paulo, onde a maioria das casas é chefiada por mulheres.

Domitila, no Rio, sabe usufruir de seu poder, e diz-se que "as Cortes europeias todas tiveram essas figuras que acabavam por ter influência junto aos monarcas."

Futuro próximo

A morte de Leopoldina levará à procura de uma nova rainha, o que acabará por esfriar a relação entre os amantes. Para Peu, a partir de agora, "o sangue, as obrigações do posto, se sobrepõem aos prazeres sexuais". Por que? Nós sabemos? Tem a ver com o momento político?

Como rei, ele precisa privilegiar a genética dinástica: casar-se com uma nobre *de sangue*, "e não com nobres de cama".

Há quatro anos, apaixonara-se cegamente por Domitila... Achou que, como os reis franceses, expor sua vida sexual seria aceitável, e era até dar mostras de virilidade...

Mas a Europa está sendo varrida por revoluções liberais, e essa vida dupla é vista como fraqueza... Pedro foi inábil, politicamente: "não se deu conta do *descompasso*. Estava *atrasado*".

8

As cartas de 1826

Uma a uma

Meu amor
minha Titília
(...)
Não podendo pelo verdadeiro e sincero amor que lhe tenho deixar de procurar **todas as ocasiões de a ver**, *tentei e fiz caminho por esta chácara pela rua das Marrecas, onde eu supunha achá-la, e tão grande é minha ventura que tive o gosto de a ver antes da tarde. Não assente mecê que o que digo é nem o mais levemente ditado pela lisonja ou engano; mas sim pelo* **coração todo seu**, *e que existe dentro.*
Deste seu fiel, constante, desvelado, agradecido, e verdadeiro amante
O Imperador
(...)

Ora... essa rua das Marrecas é a mesma que será ainda descrita pelo padre Perereca (vejam só...), de nome Luiz Gonçalves dos Santos, no livro *Memória para servir à História do Reino do Brasil*, vol. 1, p. 55:

É elegante, em semicírculo, sua figura, cuja corda fica ao correr da rua dos Barbonos (atual Evaristo da Veiga), onde estão dois tanques, para nele beberem as bestas; entre os dois tanques há uma escada de pedra com oito degraus; no plano superior está outro tanque com cinco marrecas de bronze, que nele lançam água pelos bicos; na fachada desta fonte se vê uma grande inscrição lapidar e no alto sobressaem as armas reais; perpendiculares aos tanques e escada estão dois balcões de ferro, (...) sobre os quais estão duas figuras de metal que representam Narciso e a ninfa Eco.

Quanta coincidência...

E essas estátuas de bronze, para os que não sabem, eram de Mestre Valentim, e esse Narciso, descrito pelo pe. Perereca, é na verdade a deusa Diana, e a ninfa, uma náiade. Ah... e isso sabemos bem (não porque estivemos lá, mas porque estará em um quadro, e livro de *antiqualhas*)...

(E esse erro perdurará por séculos nas placas informativas dessas peças, que estarão no Jardim Botânico do Rio. Mas voltemos agora às cartas de Pedro que com isso ganhamos mais, sem nos dispersarmos tanto da história.)

Um homem verdadeiramente apaixonado

Meu amor,
(...) havendo amanhã exercício, (...). Levo a minha também, e se a Imperatriz não for hei de ver se passo por sua casa para ainda ter o gosto de a ver antes da noite. Creia que sou o
Seu fiel, constante, desvelado, agradecido, e verdadeiro amante
O Imperador

Meu amor,
Minha Titília,
(...) Vou fazer a barba para mecê não ser arranhada à noite por
Este seu desvelado, agradecido, fiel, constante e verdadeiro amante
O Imperador
(...)

Meu amor,
Minha Titília
Estimei muito saber (...) que mecê, e a nossa Belinha, haviam passado bem (...).
(...)

Algo nos faz lembrar que a devoção a N. S. da Glória começara com d. João VI. Quando nasceu Maria da Glória, a primeira filha de Pedro e Leopoldina, o avô quis dar o nome em homenagem à Senhora da Glória, e subiu com a neném pela ladeira, até o altar, pedindo proteção.

Essa tradição já está sendo seguida por Pedro, e também a seguirá o filho que herdará o trono, e será ainda assim por outras gerações. Os nomes dos outros filhos de Pedro também terão seu significado próprio: Paula Mariana homenageará São Paulo e Minas (as províncias que logo juraram fidelidade ao príncipe); Januária, o Rio de Janeiro; e Francisca homenageará o rio que corre de Minas ao Nordeste e tem importante papel na unidade nacional.

Carta

Meu amor do meu coração
Estimei muito saber que você e a nossa querida Bela passaram bem. Eu, meu amor, não passei muito bem (...). O tempo chuvoso, o meu incômodo e o despacho me impedem de ir agora pessoalmente saber da sua saúde, e abraçá-la com aquele entusiasmo nascido de um amor cordial que abrasa o coração seu e Deste seu amante, fiel, constante, desvelado, agradecido e verdadeiro, e amigo (...)
O Imperador

Aqui não nos preocupamos em reproduzir tudo que é dito nas cartas, mas mais as suas declarações de carinho, quando se mostram verdadeiras. Peu, ao dizer que não passou "muito bem", também conta da tosse e da dor na sua espádua direita, sobre a costela quebrada com a queda de cavalo em 30 de junho de 23 (a que também se referiu na primeira de todas as cartas encontradas nesta escrivaninha).

Bem, e para que o leitor se localize melhor, ainda estamos a reproduzir as que foram escritas em abril, por ocasião da vinda da amada para o *palacete* vizinho...

Amor – meu grande amor

Meu amor
minha Titília,
Se minha voz, movida pela verdade, e inextinguível a que lhe consagro, alterando-se um pouco a escandalizou, lhe peço perdão; (...)
(...) O que se espera de **amigos como eu** *é o que eu tenho feito, que é estimá-la* **como à minha mulher***, e dizer-lhe sempre a verdade para que seu nome vindo aparecer seja imediatamente elogiado (...).*
Meu amor para com você *é inacabável, pois* **meu coração é seu.**
A lisonja, assim como não mora comigo, não gosto que apareça junto de mim, por isso desmascaro aos lisonjeiros que lhe beijam os pés para verem se assim eu os olho melhor, e deixo de os conhecer como os conheço de [rasgado] *seu Imperador. O seu choro, a sua arrenegação procedida de eu dizer a verdade me consomem muito por ver o quanto mecê assentia enganada e o quanto foi o seu sentimento por tal. Se eu ainda agora visse o que acima digo eu não reputaria o arranjo consigo; mas antes sim,* **o choro***, agradecimento de eu lhe mostrar a verdadeira luz e que estava enganada, e a arrenegação, de vergonha de não haver conhecido tais lisonjas.*
Quando falei de não virem saber de meus filhos cá em cima não foi [para] *incomodá-la de preferirem a mecê, e a minha querida Bela; mas a falta de polidez como de homem para homem, e a essa* **falta de amor, como de súdito** *para seu Monarca.*
A minha **Glória** *e* **Satisfação** *é que mecê conhece a verdade, e quem lhe fala segue-a, e os conselhos de quem a estima e estimará sempre reputando-se*
Seu verdadeiro, fiel, agradecido, constante e desvelado amante do fundo do coração que agora morra se assim não é

Pedro
P.S.
*Assino-me Pedro para que veja que lhe falo unicamente como amigo independente de consideração alguma pública, puramente como um particular que **ama a sua glória e deseja ver seu nome exaltado**.*

Meu amor
minha Titília
Eu já não namoro a ninguém depois que lhe dei minha palavra de honra, e assim não lhe mereço teus ataques. (...) Sinto infinito que depois de tanto tempo de prova mecê ache ainda capaz de lhe fazer traições e infidelidades.
Este que se considera e afirma ser seu amante fiel, constante, desvelado, agradecido e verdadeiro
O Imperador

(E haverá sempre aqueles bobos, dedicados a encontrar defeitos nos outros, que logo vão se lembrar da gravidez de Maria Benedita, irmã de Domitila. Mas por pura desatenção ao texto: Pedro afirma não ter namorado ninguém *"depois que lhe dei minha palavra de honra"*, e isso não sabemos, os que veem de fora esta história, quando se deu, em que conjuntura, se foram colocadas condições e regras do que significa "namorar"...)

Meu amor,
Minha Titília,
Sempre solícito em cumprir religiosa e prontamente suas determinações, tenho o gosto de participar--lhe [entre outras coisas] *(...) que já dei o seu recado ao Ponçadilha para ele dar a Francisca (...)*
Este seu desvelado, constante, fiel, agradecido, e verdadeiro amante do coração
O Imperador
(...)

Bem, e cabem também aqui algumas explicações. Ponçadilha é o ajudante de campo do futuro marquês de Barbacena na Guerra da Cisplatina (e quem deverá encontrar-se com d. Pedro na viagem ao Rio Grande do Sul, neste ano de 1826).

Francisca é filha do primeiro casamento de Domitila, que fora educada no colégio de Madame Mallet, na Corte (e Maria Graham vai contar que, em protesto, muitas famílias tiraram suas filhas da escola...).

Carta de Domitila

Filho,
Eu tinha vontade de ir até aquela chácara do Engenho Velho, mas queria levar a Duquesa e se for do seu gosto que ela vá comigo mande ordens para que venha o carro dela. Adeus, até logo

Tua amiga
E filha
Demetília

A chácara do Engenho Velho era possivelmente da irmã dela, Ana Cândida. E a "duquesa", a filha deles Isabel Maria, que com dois anos, lembramos, virou duquesa de Goiás – aos 24 de maio.

Sobre "o carro dela", sabe-se que quando Pedro partir para Portugal, em 1831, e levantarem-se seus bens, serão 67 veículos, entre os quais um "*carro de cortina pertencente à duquesa de Goiás*".

Resposta de Pedro

Lê-se aqui, na mesma carta, a resposta de Peu:

Nu em pelo respondo. *Como tu quiseres, e* **o que tu quiseres quero Eu.** *Creio ser a de tua avó. Eu também lá irei.*

(E pela necessidade de informar que está "*nu em pelo*", não é demais achar que as simples palavras dela estão provocando uma *ereção* em Pedro.)

Parte VIII

Começo do fim?

1

Peu volta para o Rio

Janeiro de um novo ano

Quando soube da morte da esposa, Pedro voltou correndo para o Rio, chegando aos 15 de janeiro deste novo ano de 1827. Mal desceu do cavalo e já tratou de demitir boa parte do ministério, alguns funcionários da casa imperial e até o frei Antônio de Arrábida, seu confessor e antigo professor.

Alguns entendem que essa fúria do imperador é pelas queixas de Domitila, sobre ter sido barrada pelos servidores no Palácio de São Cristóvão para que não visse Leopoldina pela última vez.

Já outros acham que "a demissão dos ministros foi consequência da desorganização administrativa e logística" encontrada por Pedro no sul do país. Ainda há de se comentar sobre os servidores do paço (mas só na edição de 2 de fevereiro de 1831, deste jornal *Sete de Abril*), que essas demissões (que até lá já serão antigas...) se deveram "à falta de protocolo e pompa que conviria ao velório de uma imperatriz".

Assim mesmo, Domitila seria acusada pela morte da rainha. Teve a casa apedrejada, "e seu cunhado Carlos Oliva", casado com a irmã Ana Cândida, "foi baleado na rua."

Foi de fato uma tragédia

Assim, rompera-se "*o vértice mais fraco*" de um "triângulo amoroso".

(Escreverá sobre casos assim, já no século XXI, uma poeta gaúcha o seguinte verso:

> eu
> tu
> e a terceira pessoa.)

D. Pedro, ainda no Sul, quando soube da morte da esposa pediu o violão de um amigo e começou a escrever um poema totalmente sentido, lamentando a perda. Em um dos trechos ele diz:

Ela me amava com o maior amor
Eu nela admirava a sua honestidade

Sim, Pedro tinha certeza de que a imperatriz o amava, mas ele somente a admirava, ora pois...

Admirava aquela que, além de ser mãe de seus filhos, estivera ao seu lado na Independência do Brasil e apoiava o liberalismo político, mesmo sendo criada com todos os rigores do absolutismo austríaco.

"D. Leopoldina era muito mais culta, educada e preparada que d. Pedro." Trocou correspondência com os naturalistas da Europa, recebia os visitantes estrangeiros que aportavam no Rio, era a intérprete do marido junto a militares alemães que se juntavam a tropas de mercenários estrangeiros...

Teve papel importante na Independência e também junto às Cortes europeias, "no reconhecimento do novo estado americano", e ninguém seria capaz de negar uma coisa dessas.

Esse vértice agora em falta, do tal triângulo amoroso, acabará prejudicando o imperador ao longo deste ano que entra, principalmente em relação à "desacreditada" Guerra da Cisplatina, que se transformará "em um sorvedouro de dinheiro e almas".

Domitila é nomeada dama da Real Ordem de Santa Isabel de Portugal

Primeiro uma notícia familiar: neste ano, o filho Felício de Domitila (Felício *Pinto Coelho* de Mendonça e Castro – primeiro fruto de seu casamento oficial, e que deverá ressurgir nesta história, em algum momento) está a tornar-se *Moço Fidalgo da Casa Imperial, Comendador da Ordem de Cristo, Guarda-Marinha*...

Bem, mas falemos de Domitila. Aos 4 de abril de 1827 ela recebe (e será o seu último título) a *Ordem de Santa Isabel de Portugal* (sempre lembrando que estas datas, 4 de abril e 12 de outubro, comemoram os nascimentos de d. Maria da Glória, filha de Leopoldina e futura rainha de Portugal, e de seu pai Pedro; esses dois natalícios, principalmente, viraram dias de grande gala na Corte do Rio, e comendas, títulos e anistias são distribuídos como parte das comemorações).

Também os irmãos de Domitila ganham novas honrarias: João, que já é *marechal--de-campo e gentil-homem da Imperial Câmara*, está agora sendo agraciado como o *2º visconde de Castro*. Já José, o mais velho (que poderia um dia ser homenageado como "rei da brincadeira", mas deixemos logo de lado esses trocadilhos bobos), antes *Sargento-mor do Regimento de Cavalaria* e *Cavaleiro da Ordem de São Bento de Avis*, é agora promovido a comendador desta mesma ordem, e também (neste ano de 1827) a *Coronel do Estado-Maior do Exército* e *Oficial da Imperial Ordem do Cruzeiro*.

Tantas honrarias, em nome de tantas ordens, e...

Pois bem, dizíamos que agora em 1827, "*gozando* de todas as prerrogativas de marquesa", Domitila foi condecorada pela Real Ordem de Santa Isabel de Portugal, e conseguiu títulos de nobreza para toda a família.

O "excessivo" (só não para o rei) agrado "aguçou desafetos", encorajando alguns a pedirem o fim das honrarias.

Há esse perigo, mas enquanto se espalham notícias de que o rei viúvo poderá casar-se de novo, as cartas de amor, dele à sua querida amante, começam a mudar de tom... Pedro fala agora a Domitila sobre "*gratidão e afeto particular*", passando a tratá-la, surpreendentemente, como "*minha amiga*".

E na sua quarta gravidez deste amante real – da filha Maria Isabel de Alcântara Brasileira, que deverá nascer aos 13 de agosto –, ela começa a entender as intenções dele, quando "pediu que se distanciasse da Corte, com a promessa de uma pensão generosa".

2

Atualização das questões familiares

Tratativas para um novo casamento

Em 3 de maio, no discurso de abertura da Assembleia, os cortesãos e políticos perceberam a comoção de d. Pedro ao falar da morte da esposa. Alguns já espalham a notícia de que neste dia 24, quando se comemora o aniversário de Isabel Maria no palácio de São Cristóvão, ele teria repentinamente sumido. Domitila teria saído para procurá-lo, e ele estava chorando, abraçado a um quadro da esposa morta.

Isso pode ser verdade ou não, boato ou realidade, mas o barão de Mareschal escreverá para Viena falando do esfriamento nas relações deste casal de amantes, a partir do início de junho. E para surpresa do diplomata, neste dia 16 Pedro pede uma ajuda para que consiga, com o apoio (e bênção) do "avô de seus filhos", o imperador Francisco I, "uma noiva para ele na Europa"...

Mareschal, a exemplo dos tiranos de novas republiquetas, prepara agora para ele um dossiê, "listando algumas condições para que a busca de uma nova mãe para as crianças pudesse ter sucesso". Entre essa condições está o afastamento da Corte, puro e simples, de sua amante Domitila e da filha Isabel Maria...

Pedro discorda: não viveria longe da filha. E, quanto à marquesa, "ela estava no sétimo mês de gestação". Não poderia pôr em risco a vida dela, nem da criança.

E no dia 23 os mensageiros partem para Viena, com documentos e cartas a Francisco I, para que se arranjasse nova esposa para d. Pedro.

Nascimento de Maria Isabel – segunda filha de Pedro e Domitila

Esta Maria Isabel de Alcântara Brasileira, nascida em 1827, será homenageada como duquesa do Ceará, mas morrerá com meses de idade, antes de lhe ser lavrado o título.

Pois é...

A história que já trazia fortes emoções passa a ter contornos ainda mais dramáticos quando Domitila deu à luz essa menina Maria Isabel, que será agraciada como duquesa, mas morrerá "de meningite em outubro do ano seguinte". E os últimos capítulos do romance entre Pedro e Domitila prometem ser tensos.

A filha de Pedro e Domitila, nascida aos 13 de agosto, é agora reconhecida pelo imperador, no ato de batismo. E uma semana depois, o marquês de Barbacena viaja para a Europa, para tratar na França, Inglaterra e Áustria, da questão sucessória do trono português, e pedir apoio. Leva na bagagem os presentes em forma de "diamantes e dinheiro para a Corte austríaca e para a futura noiva do imperador".

Mês agitado (agosto de 27) – o marquês de Barbacena parte para a Europa

Neste dia 19, d. Pedro, a filha Maria da *Glória* e muitos cortesãos vão à *Glória* assistir à queima de fogos para N. S. da *Glória*, até então adiada pelo mau tempo. E Pedro vai dormir "na casa da irmã de Domitila, Maria Benedita, baronesa de Sorocaba, que morava com a família nas proximidades da igreja".

Agora, já dia 20, ele sai em cavalgada com seu administrador, o barão de Sorocaba, em direção à fazenda de Santa Cruz.

Dia 23 – atentado à baronesa de Sorocaba

Passam-se três dias, e a história de vida de Domitila sofre agora mais uma peça: a irmã, Maria Benedita, quando voltava para casa, teve sua carruagem *alvejada por tiros*...

Benedita pedira a seus criados que mantivessem segredo sobre o ocorrido, e enviou mensageiro até Santa Cruz, para contar ao marido da tentativa de assassinato. Na carta ela dizia ser vítima de emboscada, e que os culpados eram um dos irmãos dela e um soldado do regimento de São Paulo.

Dia 25 – Pedro retira as filhas de Domitila, levando-as para o palácio

Quando Pedro soube, e foi levado a crer que Domitila estivesse por trás do atentado (devido a seu ciúme pela irmã), ele, com os rompantes que lhe são próprios (para não dizer "arrogância", "altivez", e tendência a uma "reação impetuosa"), voltou à Corte e agora no dia 26 faz chover "uma torrente de ordens", em que o alvo é o palacete da marquesa.

Primeiro demite o intendente de polícia da Corte, que é amigo de Domitila, e em seguida retira a recém-nascida Maria Isabel e a duquesa de Goiás da mãe, "levando-as para morar com ele na Quinta da Boa Vista" (e iríamos aqui ousar a sugestão de uma "culpabilidade" pela futura morte da menina? Vamos com calma...).

Recordando... Dona Leopoldina morrera em dezembro de 1826, e apenas poucos meses depois, neste agosto de 1827, Isabel Maria, a duquesa de Goiás, está sendo retirada da mãe para viver em definitivo no Palácio de São Cristóvão, junto à recém-nascida irmã Maria Isabel...

Dia 26 – Domitila recebe ordem de embarcar para a Europa

Chalaça, o amigo e secretário particular de Peu, "ordenou que a marquesa de Santos embarcasse para a Europa e que seus irmãos a acompanhassem".

O mensageiro acabou sendo o bispo de São Paulo, que estava no Rio. Amigo da família, desde os tempos de Sampa, ele intercederia junto a Pedro "para que Domitila pudesse aguardar o término do resguardo de parturiente".

E vão se passar pelo menos quarenta dias até que ela parta...

Extra – Três documentos sobre a primeira tentativa de banimento de Domitila e irmãos da Corte, no pós-atentando à baronesa de Sorocaba

(Ofício com letra de Francisco Gomes da Silva, secretário de d. Pedro I, pedindo o afastamento dela e dos irmãos da Corte, três dias após o atentado. O bispo de São Paulo vai intermediar a favor de Domitila, lembrando que ela teve há pouco uma filha, e consegue adiar essa partida, "até que finalmente, por volta de 10 de setembro" ela e Pedro vão de novo fazer as pazes).

Ilma. e Exma. Senhora,
... conhecendo (...) o quanto Vossa Excelência se interessa por sua glória particular e felicidade da nossa pátria...
(...) ordena Sua Majestade Imperial que Vossa Excelência, embarcando no bergantim português Treze de Maio, siga para Portugal ou para outro país estrangeiro que vossa Excelência escolha (...) o mais tardar até o dia três ou quatro de setembro próximo (...) levando (...) além de seus dois irmãos, os gentis-homens da Câmara José de Castro e Pedro de Castro, aquelas pessoas que quiser. (...) nada perderá das honras, regalias, pensões e de tudo aquilo que Sua Majestade Imperial lhe mandava dar, bem como a seus irmãos.
(...)
Deus guarde a Vossa Excelência. Paço, 26 de agosto de 1827.
Senhora marquesa de Santos.

(Conspiração)

Diante da ordem para que seguisse a irmã no exílio à Europa, Pedro Castro se nega a partir. É então retirado da Corte e mandado para a Cisplatina...

Ilmo. E Exmo. Sr.
Tendo a Marquesa de Santos de fazer uma viagem à Europa por assim convir aos interesses deste Império Nossa Pátria (...) que V. Exa. acompanhe a dita Marquesa à Europa, e que lá persista com ela (...) o mais tardar até no dia três ou quatro de setembro sem falta.
[ilegível], *26 de agosto de 1827.*
Sr. P. Castro Canto e Melo

(Continua)

Vão se passar séculos e não surgirá nenhuma prova concreta "da participação de Domitila e dos irmãos na tentativa de assassinato da baronesa de Sorocaba" (e é esta portanto uma atitude desequilibrada e injusta de d. Pedro? Uma possível armação?).

Mesmo assim, o imperador continua "expurgando" a família para longe do Rio.

E agora no começo de setembro ele ordena que o 5º Batalhão de Caçadores de Linha, que estava em São Cristóvão, embarque para o Recife. Esse batalhão é em grande parte formado "por moços de famílias paulistas, que tinham na marquesa praticamente uma madrinha".

O comandante dele é o tenente Carlos Maria Oliva, cunhado da marquesa. E para barrar a retaguarda dessa tropa, vai segui-la um batalhão de mercenários alemães.

(E se voltarmos à tese de que tudo não passa de um jogo de encenação, pois haveria uma elite totalmente aliada e voltada principalmente a conter a revolta e invasão do povo empobrecido por sua grande exploração, que estaria atrás da devolução dessas riquezas, vê-se que a estratégia não era assim tão previamente definida: havia de fato lutas internas.)

E lembramos que dois dos irmãos de Domitila, Pedro e José, "receberam ordens de sair do Rio de Janeiro e juntar-se às tropas na Cisplatina".

Setembro de 1827

Acontece que em algum momento, do início de setembro ao dia 10, a "tormenta" do imperador se abrandou. E no dia 12, Domitila comparece novamente ao teatro. Isso gera um grande mal-estar entre os cortesãos: já não sabem se a cumprimentam ou não.

É então que Pedro desfaz o clima, e acena para ela de seu camarote...

O gesto acaba incomodando o barão de Mareschal, e ele agora vai começar a fazer pressão para que o governo austríaco *"arranjasse"* logo uma noiva para o imperador.

Mas como isso tudo ainda vai demorar a acontecer, d. Pedro coloca agora "não só a Corte como a Europa em estado de choque".

3

Cartas ainda mais passionais

A paixão em setembro de 27

Minha querida filha
E minha amiga do coração,
Muito hei de estimar o saber que passaste bem o resto noite. Eu às 7 já estava em pé, mas não te escrevi logo porque tu estavas dormindo, o que fizeste até as nove e meia. É verdade que me demorei a escrever-te, mas foi por não o querer fazer defronte do Chalaça. Nossas filhas estão boas. Minha filha, eu não sei com expressões de peça perdão do quanto te mortifiquei ontem, mas tu melhor que eu sabes **o que custa a roer ciúmes em silêncio**, *e sabes mais que eles fazem desesperar a ponto que se chega até a desejar matar e morrer.* **Eu tenho-te tanto amor** *que não sei até que ponto umas vezes me arrebata de prazer, outras de raiva. Eu* **conheço minhas esquisitices**. *Que hei de fazer? Paciência. Eu, meu bem, não temo de ti nenhuma infidelidade, mas há* **circunstâncias**, *e ocorrências e azares,* **que às vezes fazem perder o juízo**, *excitar o ciúme, gerar-se a raiva, perpetrarem-se loucuras, e até mesmo coisa que só o desespero pode sugerir.* **Tudo isto me tem acontecido**, *e tem (conheço que sem razão nem motivo) dilacerado o coração já quase acabado deste teu filho. Falta (posto que não persiga) uma prova da tua parte (...), eu então poderei ficar dissuadido da desconfiança de tu a estimares mais do que a mim, e da suspeita de inteligência tua com aquele matuto leãozinho ou sagui loiro, e é a prova. Tu hás de mandar-me* **o anel** *que tua prima te deu, e eu to restituirei à noite... Se me fazes isso eu ficarei mais descansado, e poderá gozar mais algum sossego este infeliz, e mais que infeliz*
Teu filho, amigo, e amante, fiel, constante, desvelado agradecido e SEMPRE VERDADEIRO
O Imperador
P.S.
Manda-me dizer se vais à Ópera, que é Timonella, *e a dança de Janij. Não deixes de ir por causa do bandalho do Bremense, pois não são estas as provas que eu quero, que são não fazer tu* **caso de um maroto** *tal que se continuar há de...*
Ainda que vá à ópera ou eu ou tu, eu **lá estarei em tua casa** *o mais tardar até onze horas, pois a ópera é pequena, e a dança não a acabarei de ver para estar contigo, e se possível fosse quereria acabar com minha vida em menos de uma hora se me confessasse de todos os meus pecados* **para gozar a Glória**

eterna, pois deste mundo só a morte é que dá satisfação em circunstâncias como as deste teu desgraçado filho. Sou teu, tu és minha, e peço-te, para que tu vejas o quanto eu te amo, = Que tu me faças todas as infidelidades que eu te fizer =, que então teu coração ficaria descansado dentro deste teu peito que está pronto a receber o golpe dado por ti. Eu já não sei o que digo, estou a modo de maluco, **só quero apertar-te esta noite contra meu peito** *ou decerto acabo ou doido ou não sei como. Eu me estranho a mim mesmo, acho-me de tal modo com a cabeça abatida que ou não falo, ou falando contigo, falo no que não tenho razão alguma. Sou teu, acaba-me com esta triste vida, ela é tua, ela é da Pátria, ela me atormenta, só sou infeliz. À noite direi o que jamais poderei esconder.*

Cabe aqui lembrar a letra de uma música de roda, dessas dos negros, que lutam capoeira:

> Os olhos da cobra verde
> Hoje foi que arreparei
> Se arreparasse há mais tempo
> Não amava quem amei

Sobre medos

Os medos de ser abandonado e ser enganado já existem há milênios, e se repetem. A sensação de exclusão, de traição e abandono... é este o maior medo, de fato. Isso porque fomos mesmo abandonados, rejeitados e humilhados em épocas de nossas vidas. As marcas disso continuam no nosso sistema, todas carregadas de feridas, causadas pelo desamor, pelos choques de exclusão etc.

E por isso simplesmente reproduzimos o que nos veio.

O outro é um espelho que ajuda a ver o próprio lado.

Mas para haver parceria é preciso cumplicidade, intimidade, mãos juntas, transparência: não é possível ter segredos...

É preciso honestidade e autorresponsabilidade (até para superar dificuldades surgidas nas relações), evitando-se o velho jogo de acusações, que surge justamente das inseguranças, e de um vício-crença de que a felicidade depende do outro.

Mantendo-se firmes no amor

Eu fico com essa dor
Ou essa dor tem de morrer
(...)

Estamos em setembro de 1827, e após todo um estremecimento (com a morte de Leopoldina), o casal faz as pazes e reata... Mas d. Pedro já fala na vontade de se casar de novo com uma europeia, e precisa ser discreto – é como se explica o comentário dele, sobre a presença do Chalaça.

Sobre o ataque de ciúmes em Pedro em relação a uma prima-irmã dela (momento em que aqui abreviamos a carta), não foi a primeira vez... Em outra carta da época, ele já se referia a Josefa (a tal prima, da família Santana Lopes), parecendo disfarçar alguma coisa. "Ela e as irmãs solteiras moravam na época na Corte, junto com seus pais. A mãe delas, Engrácia, era irmã de Escolástica, mãe de Domitila."

Lembremos o que disse o barão de Mareschal em um de seus despachos para a Áustria: que *"a família aflui de todos os lugares, avó, tios, primas e primos"*. E

A história do *anel* é uma verdadeira novela. Primeiro ele pede o anel; ela o manda, ele devolve dizendo que não é aquele e depois se convence de que está errado e que é o mesmo que havia visto na casa dela.

Já a ópera *Tominella, ou O tutor logrado*, de Luigi Caruso, que estreou no Rio em 1826, foi representada por esta época (e se Pedro faz referência às "nossas filhas", significa que a carta é posterior ao nascimento de Maria Isabel, em 13 de outubro passado).

O "bandalho do Bremense" pode ser algum desafeto de d. Pedro, que teria dito algo de Domitila. E não era a primeira vez que o imperador a defendia, mesmo que ela não concordasse ou gostasse da atitude. Em outra carta, ele diz: "*Se o motivo (de estar zangada) é o de ter eu ontem xingado o Albino e o João Caetano, tenho muita glória de punir por ti e pela tua honra*".

(E numa carta de 15 de novembro deste ano – o relatório que será enviado à Áustria –, o barão do Mareschal dirá que em 16 de junho d. Pedro recebera delegação estrangeira vinda de Bremen, Alemanha...)

Explicação geral sobre a carta que lemos

Esta terá sido *uma das cartas mais passionais* de d. Pedro (entre todas as que foram escritas antes, as que um dia serão publicadas, e as que aparecerão como "acervo inédito" de algum colecionador...).

De fato, em 1827 ele recebe muita pressão. A Guerra da Cisplatina não vai bem, e está resultando na independência do Uruguai... Há também a questão da sucessão portuguesa, e a procura de uma nova esposa.

Nessa carta, o homem Pedro (não o imperador) é quem lança um "grito de socorro".

Outubro de 1827

No seu aniversário, em 12 de outubro...
(E lembramos mais uma vez ser ele do signo de Libra, assim como Rafael Tobias...

Então resgatemos antes o seu prognóstico astrológico, inclusive pelo horóscopo chinês, que nunca é tarde para acrescentar...)

(Duas das três personagens principais deste romance serão agora caracterizadas astrologicamente – o que faríamos também com o Andrada, mas não, deixemo-lo quieto desde já... Ela sim, Leopoldina, era tão dúbia que até do signo não se saberá ao certo: era de Serpente ou Cavalo? De Capricórnio ou Aquário?)

(Seguem-se, pela ordem, Domitila, a de serpente-capricórnio, Pedro, de libra-cavalo, e Leopoldina, provavelmente de serpente-aquário:

Inteligente e arredia, calma e devotada, magistralmente enganosa na sua maneira de jogar, a Serpente de Capricórnio é um verdadeiro Rochedo de Gibraltar. Uma vez que nenhum destes dois signos é muito extrovertido, as paixões deste nativo serão muito profundas. Com um nível de resistência notavelmente elevado, fica de espreita à espera dos seus inimigos, com a paciência do Pai-Tempo. Estudioso ávido, suas visões grandiosas serão realizadas por meio de cuidadoso planejamento e de uma persistência inabalável. A Serpente de Capricórnio nunca é apanhada pensando duas vezes na mesma coisa.

Nesta combinação, Libra é ainda mais alegre e bem-humorada e se expressará com muita habilidade, quando estiver ligada ao veloz e sempre jovem Cavalo. Este nativo será menos egoísta e mais cooperativo. Contudo, embora o Cavalo de Libra seja um diplomata vacilante nos negócios alheios, poderá ser um negociador perspicaz quando o caso for seu. E a despeito da sua imprevisibilidade e da sua inconstância aparente, será um produtor capacitado, uma vez que sabe onde está o melhor bocado.

... Este nativo é mais jovial e engenhoso, e raramente fica cismando sobre circunstâncias que não pode alterar. Muda de direção quando a situação exige e é jovial em sua maneira de ver. Todavia, se não puder aliviar suas tensões, também estará sujeito a distúrbios nervosos. Com a influência da Serpente, ele também é suscetível ao ciúme e se voltará para si mesmo quando contrariado...)

Bem, no seu aniversário, Pedro concedeu a João (irmão mais velho de Domitila) o título de *Visconde de Castro*, que antes era do pai deles... Também "nobilitou os outros irmãos e diversos parentes com a *Ordem do Cruzeiro*, alguns como dignitários, outros como oficiais".

Segue-se esta carta, de 14 de outubro

Minha querida filha
e minha amiga do coração

Manda-me dizer como passaste o resto da noite, e se não te fez mal o frio do chão nos pés. Igualmente te peço que me prometas, bem como eu te prometi, até, no dia dez, que te importas com ninguém; não te escandalizes, meu bem, com isto, porque tu tão bem me tens feito o mesmo. Tu decerto não terás dúvida, pois o que não tenhas tenção de fazer, não está a prometer. Adeus, minha filha, no **Teatro** *nos veremos, e depois terá o gosto de te abraçar*
Este teu filho, amigo e amante fiel, constante, desvelado, agradecido, e verdadeiro
O Imperador
P.S.
Filha, dá-me uma resposta com que confortes este teu coração despedaçado.

Repare-se que já estamos em 14 de outubro, mas a promessa que ele cita é de 10 de setembro, quando eles reataram o relacionamento, depois do atentado à baronesa. Os ciúmes ainda imperavam.

Ele se refere ao imperial teatro *São Pedro de Alcântara*, que fora incendiado em 1824 e reinaugurado em março de 26, ano em que pegou fogo de novo, para ser reaberto em 18 de abril deste ano. As apresentações começavam às 20 horas (sabe-se pela árvore que em 1838 ele será arrendado por Manoel Maria, o pai de Carolina Bregaro, que estará casada com *Rodrigo Delfim* Pereira, o filho de d. Pedro com a baronesa de Sorocaba; após sucessivas reformas e mudanças de nome, ele será demolido no final dos anos 1920, para dar lugar a um novo teatro, o João Caetano).

Novembro de 1827

Neste mês, Pedro, desesperado, pergunta "diversas vezes sobre a menstruação da amante" (e aí poderíamos narrar cena em que ele ficava no pé dela – "e aí, menstruou? – quando, finalmente, sim, correu o fluxo dela, duas vezes).

Neste momento, o que ele menos quer é mais um filho "natural" (não deixando de ser curioso que para alguns, ter filhos é tudo e, para outros, é preferível não os ter).

Carta do dia 17

Filha,
Eu não vou hoje à ópera porque não quero apanhar ar de noite porque estou com o purgante, e logo que possa (...) terei primeiro que tudo o gosto de ir ver-te. (...) dou-te parte que comprei a casa do Visconde de Vila Nova no Botafogo. Aceite, filha, saudades que de todo o coração te manda
Este teu filho, amigo e amante etc.
Imperador
P.S.
Recebi as flores pela mão da Duquesa, e tas ofereço a ti ***de mimo.***

Uma informação histórica: neste 17 de novembro, o irmão de Domitila, João de Castro, recebeu o título de conselheiro de Estado – e daí a frase *"o teu compadre já está arranjado, e melhor do que estava"*.

Também neste dia foi adquirida a residência em Botafogo (palacete que alguns historiadores acreditarão ter sido herdado da mãe, Carlota Joaquina), como mostra a carta (que irá parar em arquivos diplomáticos da Inglaterra e França, vejam só...), destacando "a luta de d. Pedro para tirar do imóvel recém-adquirido seu antigo inquilino, o embaixador britânico *sir* Robert Gordon" (este resistia a sair, alegando tratativas documentadas com o ex-proprietário, enquanto Pedro alegava precisar instalar lá as filhas Maria da Glória e Paula Mariana, convalescente; e o séquito delas era grande – e talvez Peu tivesse mesmo comprado uma segunda propriedade, só para abrigar os servidores das crianças...).

(O pintor Debret e outros mostrarão que as casas-chácaras de Botafogo eram as mais encantadoras do Rio... Além dos ricos negociantes, brasileiros e ingleses, também os altos funcionários imperiais estão a se instalar por lá.)

Dezembro de 1827

Neste mês, Pedro resolveu chamar Mareschal para uma conversa, e "justificou as nomeações dos parentes" da marquesa como "forma de indenizá-los por terem sido acusados injustamente" no caso da suposta tentativa de assassinato da baronesa de Sorocaba.

Pois de fato, "algo deve ter desfeito o mal-entendido" das irmãs, e assim Maria Benedita já terá o seu lugar reservado no banquete de aniversário de cinco anos da menina Isabel Maria, duquesa de Goiás (como mostrará documento que um dia estará no museu da família – mas isso só se dará em 1829...).

Isso que se dá aos parentes de Domitila são as chamadas mercês, e elas ainda custarão caro ao imperador. Foi "para não piorar a situação" que Pedro ordenou a Francisco Gomes da Silva que despachasse em janeiro do ano seguinte uma carta ao marquês de Barbacena, instruindo-o a mentir, caso fosse questionado na Europa ,"sobre as nomeações dos Castro Canto e Melo e dos Toledo Ribas".

Mas nenhum desses "escrúpulos" (ou a falta de) iriam adiantar. Antes de Mareschal fazer o despacho seguinte, o embaixador britânico Robert Gordon fez chegarem a Pedro as primeiras notícias sobre as dificuldades de se encontrar uma noiva para ele. "Jornais europeus começavam a publicar a respeito de seus amores com a marquesa de Santos"...

– Extra! Extra! O imperador brasileiro...

(Alguns ainda preferem essa notoriedade às avessas: "falem mal mas falem de mim". Para outros, a discrição, passar-se despercebido, é a principal meta.)

Alguns jornais chegam a dar a notícia "de que eles haviam se casado".

As cartas simples desta época, sobre vacinação

Querida Marquesa
Desejo saber como passou e lhe participar que eu e as meninas estamos bem, que a Maria Isabel se vai vacinar *e que a minha* filha Rainha *vai com bastante melhora. Estimamos que se divirta pelo* Caju.
Aceite os protestos da maior consideração com que sou.
Querida Marquesa,
Seu amo que muito a estima
Imperador

Fora lá atrás, em 1811, que o avô da menina (d. João) instituíra a vacina contra a varíola. Ela era realizada às quintas e aos domingos na igreja do Rosário. E a tal "filha Rainha", sabe-se, é a futura rainha de Portugal, d. Maria da Glória (pois o pai, Pedro, um dia renunciará, mas ela só assumirá mesmo em 1834, como d. Maria II).

(E a outra referência que se faz é provavelmente à *ponta do Caju* próxima à futura zona portuária do Rio, mas hoje ainda um local agradável para os *banhos de mar* – e chegou a ser frequentado por d. João VI e d. Leopoldina.)

De tipo *bis* da anterior, em 26 de dezembro (véspera do aniversário dela)

Querida Marquesa. Desejo saber como passou, e participar-lhe que eu e as meninas estamos bem, a Rainha vai assim mesmo. *Já desde hoje lhe começo a dar os parabéns dos seus anos, mostrando-lhe o quanto desejaria que* goze *desses dias mais cem.*
Aceite os protestos *da maior amizade e consideração, com que sou,*
Querida Marquesa,
Seu amo que muito a estima
Imperador

(Novo *bis*)

Querida Marquesa. Desejo que me mande dizer como passou e participar que eu e as meninas estamos bem, que a Rainha minha filha vai assim mesmo.
Aceite os protestos *da mais pura, lícita e sincera amizade, e consideração com que sou,*
Querida Marquesa,
Seu amo que muito a estima
Imperador

4

E Rafael?

Dando notícias

Pouco se fala aqui, mas Rafael já é um dos líderes liberais da primeira metade deste século...
Em 1827 ele foi eleito conselheiro do governo provincial.
E em muitas outras legislaturas também será eleito provincial e geral.

"Sigo digno, digo: signo..."

Rafael é de Tigre e Libra:

Tigre caprichoso, porém bem-humorado, com as maneiras sedutoras de Libra e de Vênus. Ambos os signos tendem a procrastinar, de modo que os circunstantes ficarão suspirando ansiosamente enquanto este indivíduo muda de opinião com frequência, ou se esquece completamente de escolher suas prioridades. Todavia, o potente Tigre tem muito vigor quando resolve fazer alguma coisa, e poderá ser muito difícil mandá-lo embora. Com a graciosidade de Libra, este Tigre espreita sua caça com fascinante habilidade artística.

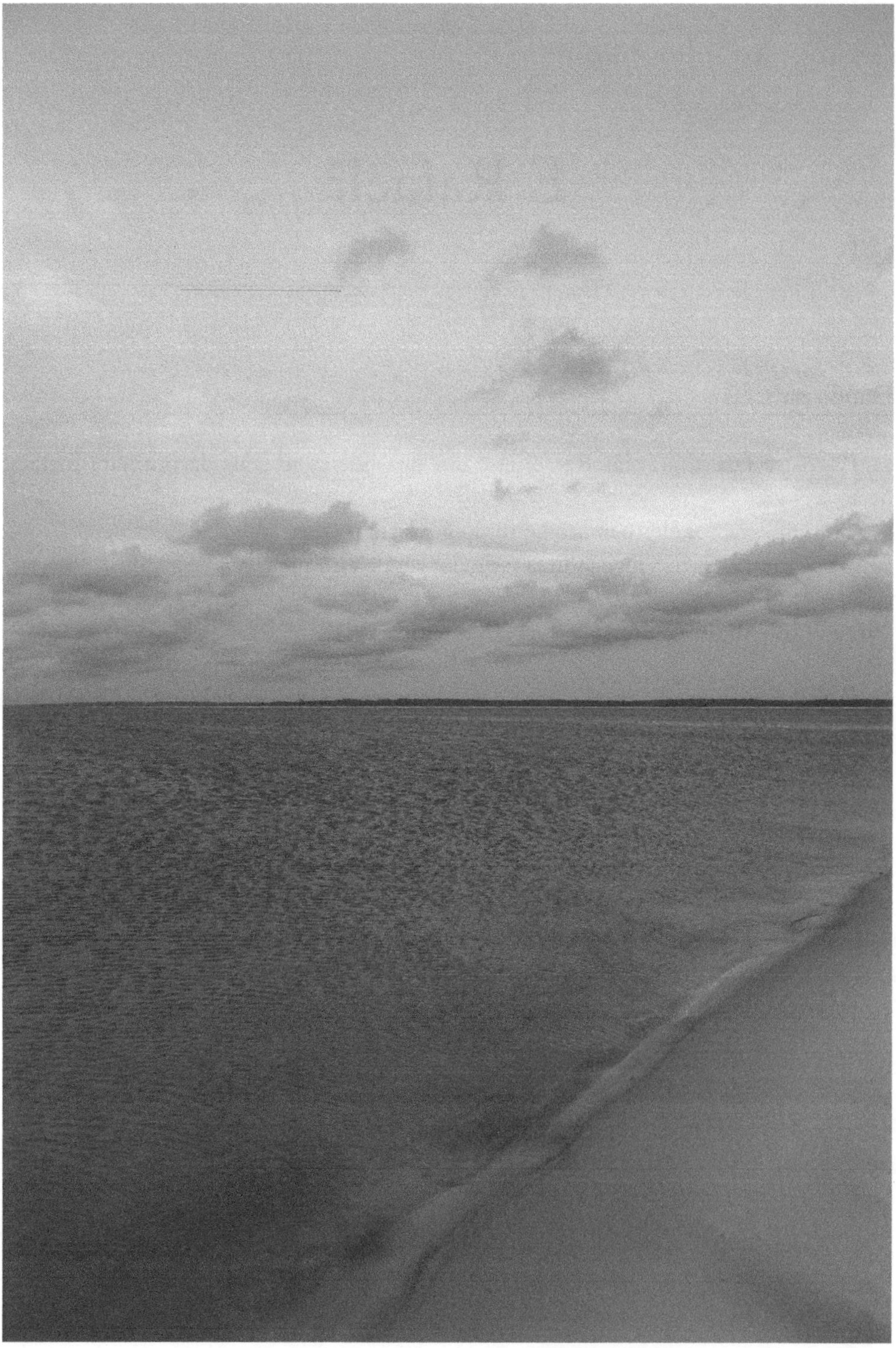

5

Cartas de 1827

Palavras de amor

*Minha querida
filha do meu
coração
Não podendo eu ter nada que contigo não reparta, eis a razão por que te ofereço. É queijo de Pinha, que me parece muito bom (...)
Estimarei sempre, e cada vez mais, ter ocasiões de te patentear a minha lembrança de ti, e o decidido amor, e inextinguível amizade, que sempre te mostrará ainda mesmo no través* [através] *de todos os perigos
Este teu filho amigo, e amante fiel, constante, desvelado, agradecido, e verdadeiro
o Imperador*

(Vê-se que Pedro está caprichando nos presentes, e mandando trazer queijo inglês, no lugar dos fedorentos que vinham antes...)

*Minha querida
Filha e Amiga do C.* [coração]
*(...) não quis deixar de agradecer as expressões de amizade com que me tratas. (...) Adeus, até amanhã às horas da ordem.
Teu filho, amigo e amante fiel etc.
O Imperador
P.S. Não repares na letra nem no torto das regras, pois é feita no canto de uma casa que tem só porta, e por ela o sol que racha e mora aqui o novo Midas = Ponçadilha.*

*Minha filha,
Sinto como mecê o incômodo da nossa querida Bela, que logo irei ver, acabe-se o despacho quando for (...). O meu filho* [futuro Pedro II], *e seu, deu-se muito cuidado antes de me ir para a Glória (mas já está bem). (...)*

(O menino parece ter sentido uma grande dor, mas o pai deu-lhe chá de Macela – ou marcela, a erva brasileira também chamada de falsa camomila, usada na medicina popular para aliviar cólicas –, "fomentou-lhe" a pele – isto é, friccionou-lhe – com um líquido aquecido para fins curativos: fez compressa quente e úmida, deu-lhe a barriga com banha, pôs-lhe um pano quente e deitou-lhe uma "*mezinha*" – líquido medicamentoso aplicado com enema – de azeite puro, "*com que obrou*" e ficou bom.)

(Mas o real "*meu filho, e seu*", também de nome Pedro, único varão nascido vivo de Pedro e Domitila – aos 7 de dezembro de 1825, cinco dias depois de Pedro de Alcântara, o II, e falecido aos 13 de março de 1826, enquanto os imperadores e Domitila estavam em viagem à Bahia – fora o que esteve aos cuidados aparentemente menos atenciosos dos avós maternos.)

(Com a morte de Leopoldina – aos 11 de dezembro de 1826 –, Pedro vai por um tempo se referir aos filhos dele como também de Domitila – o que é *mais um detalhe a se refletir*, pois demonstra que o imperador realmente *ama*, ou *amou*, Domitila.)

A Maria [da Glória, filha de Pedro e Leopoldina, nascida no Rio aos 4 de abril de 1819, e que falecerá em Lisboa aos 15 de novembro de 1853, depois de ser Rainha de Portugal], *que foi à Glória, teve lá enjoo de estômago, mas foi de não comer com apetite de ir.*

(Mas o pai deu-lhe bolo e vinho, e assim ela ficou boa.)

Sobre o que ele disse acima, chegarão a dizer:

Os cuidados e carinhos de d. Pedro como pai são visíveis em vários momentos, inclusive em cartas para Domitila. As atitudes dele chegavam a impressionar, sendo constante a referência, inclusive diplomática, sobre o fato.

(...) *a **única felicidade** que tenho é ser o*
Seu amante fiel, constante, desvelado, agradecido e verdadeiro
Imperador
P.S.
Não sendo o coco que veio da Bahia bom, remeto este, que estimarei lhe agrade.

Minha filha, e
Querida amada
Do coração
Perdoa o não ter escrito primeiro do que tu me escrevesse. Não foi esquecimento, antes desde as 6 e meia, que me levantei sem poder dormir, que estou para te escrever, e a minha cabeça está ainda tão fora dos eixos (...) que agora mesmo pego na pena para te escrever dizendo-te que muito agradeço as uvas, e mais que tudo a tua lembrança (...). Eu já estou morrendo que chegue a hora de ver-te com a nossa filha, que estimo passasse bem assim como tu (...).

Beijando primeiramente as peras, as deitarei fora como me ordenas.
Tenho o gosto de remeter-te a caixa já com o teu nome escrito, duas calças, uma esteira, e uma caixa de flores. O passarinho para a nossa Belinha, eu reservo para lhe dar em mão própria.
Já que tu me não mandaste a tina, faze-me o favor de a mandar lá estar com água esta noite na casa da janta para se banhar à noite.
Este teu filho, amigo, e amante, fiel, constante, desvelado, agradecido e verdadeiro o
Imperador

Minha querida filha
e amiga do coração,
(...) neste momento, que são quase duas horas, acaba o Bicho de me entregar tua para mim estimadíssima carta, e recebo a reprimenda de não ter mandado saber de ti (...)

Bicho é um dos criados amigos de Pedro e Domitila, a quem eram confiadas as mensagens.

(Segue-se a carta em tom áspero, mas amoroso, sempre.)

Eu a aceito como coisa tua, e ta agradeço, pois tu me ensinas, mandando saber de mim, o que eu deveria ter feito, e que não fiz por esquecimento, pois sempre existes em minha lembrança. Hei de estimar que passaste bem, e te divirtas ainda que eu me persuada que te farei falta, e que tu com saudades acharás todos os divertimentos insossos, assim como eu os acho (...)

(Não custa lembrar que Maria Isabel, a segunda filha do casal, nascera aos 13 de agosto de 27 e que, treze dias depois, Pedro mandara tirar da mãe as duas meninas – Maria Isabel e Isabel Maria –, que passaram a viver com ele no Palácio de São Cristóvão. Mas Maria Isabel faleceria de meningite no ano seguinte, aos 25 de outubro.)

No news, good news

(...) Das meninas ainda não tive notícias mas decerto estão boas, pois se houvesse novidade já eu havia de saber; (...)
Este teu filho, amigo e amante, fiel, constante, desvelado, agradecido, e verdadeiro
O imperador
(...)

(E como julgar que ele não tivesse notícia das filhas sem considerar a cultura da época? Qualquer romancista mediano saberia explorar a cena em que ele toma essa decisão – talvez com sentimentos sombrios, de ciúmes – colocando palavras premonitórias no narrador, e dizendo ter sido essa uma decisão insana, tomada de contradições, que levará a uma grande perda por parte dele e dela – irrecuperável:

algo dizendo que ele não deveria tomar essa decisão, de se dar, na prática, a guarda das filhas...)

Vê-se por esta carta que a existência de tanta correspondência era mesmo um pedido dela, pois só assim se sentia mais segura, e tranquila.

Filha, não te escrevi logo de manhã pois que haverão 4 horas que daí tinha vindo, e poderia parecer mangação perguntar-te como passaste, o que agora faço e (...) te apresento as condições que me parecem serem iguais.
1º Mútua confiança de parte a parte.
2º Poder cada um de nós fazer o que lhe parecer uma vez que guarde fidelidade ao outro.
3º Não darmos ouvidos (o que nunca fiz) a ninguém.
4º Não haverem ciúmes desordenados, e só sim os que forem bem fundados, e compatíveis com o bem viver, e conformes a toda condição que os destrói de per si.
5º Podermos sair a passeios, estarmos fora, e conversarmos, contando uma vez que seja sustentada a 2ª.
Teu filho etc.
Imperador
P.S.
Lá vou depois da Ópera e então falamos.

Filha,
(...) julguei mais acertado não jantar na Tijuca. Ao mesmo tempo, tiro a utilidade de saber antes da noite como tu passaste desejando que fosse bem o resto, pois o princípio foi mal para nós ambos. (...)

Alteração hormonal...

*Filha, eu hoje estou **muito terno**, e **muito macio**. Desejo saber se **tu estimarias que este teu grosseiro mas teu muito amigo filho lá fosse**. O meu desejo é este (de ir lá hoje), mas temo que não se encontre a tua vontade, em oposição. Eu espero que tu me mandes dizer que (...). Se isto me fizeres, eu me reputarei mui feliz, e cada vez mais*
Teu filho, amigo e amante etc.
Imperador

*Filha. Remeto para te ser apresentado logo que tu chegares a casa este **ramalhete**, que eu quero que à noite, quando eu for, tu me digas se se lembras **o que significa cada uma dessas flores** de per si; e depois todas juntas. Adeus, até às horas da ordem, e no entretanto recebe o coração saudoso, e que de ti nunca se esquece que te envia*
Este teu filho, amigo e amante etc.
Imperador

O que poderia significar "cada uma", e depois "todas juntas"? Ele parece referir-se à *linguagem das flores*, "que os viajantes ingleses já haviam notado na Turquia", e que os franceses estavam a disseminar pela Europa. "Nessa conversa sem palavras", cada flor tem um significado, e além disso o modo de ofertar e receber são "carregados de simbolismos".

Maria Graham, em 1821, ... dizia que os jovens pernambucanos eram "*tão destros no uso de sinais como os próprios amantes turcos. (...) Um namoro é mantido desta maneira, e termina em casamento sem que as partes tenham sequer ouvido as respectivas vozes*".

Também se desenvolveram códigos pelo manejo de leques, associados ao "descer suave das pálpebras da mulher entre as pestanas, insinuando que houve ali um reconhecimento da fitada", em relação aos "olhares quentes e chamativos, ou sedutores da parte do homem".

Perdendo a hora

"Em 1827, d. Pedro arrumou um parceiro de xadrez: o inglês John Henry Freese, conhecido na casa do barão de Mareschal" (mas não se pode afirmar ser este o jogo a que se refere; pelas datas das cartas, as idas de Pedro à casa dele para esses jogos eram de época em que se tentava aparentar não ter mais relações com a marquesa).

Filha
*Não lembrando que hoje era dia de jogo (pois minha cabeça estava perdida), te mandei dizer que às dez lá estava, mas não querendo que tu repares se chegar às dez e meia te escrevo. Hei de fazer as diligências para acabar (sem que eles desconfiem) o jogo às dez, e **logo te irei abraçar**.*
Teu filho, amigo e amante etc.
Imperador

Alternâncias

Minha boa senhora: não posso entender a razão de me não responder chamando-me de filho como eu chamo a Va. Ea. e espero que Va. Ea., mitigando alguma coisa seu gênio hoje irritado sem razão, me responda pondo do frontispício da carta Filho, na forma porque sempre me escreveu, e E.R.M. [Espera Receber Mercê]

(Esse tratamento mais seco foi talvez por causa de uma briga, mas percebe-se também uma ironia nessa mensagem em que se dirige a ela "imitando linguagem protocolar".)

Filha, com o coração na mão deveras te confesso que não sei o mal que tenho feito em ir a Botafogo. Quero que me mandes dizer ou que à noite me digas. Quanto à Boa Vista, eu não conheço que duas: uma é esta chácara, outra é no alto da Tijuca, aonde não vou desde 10 ou 12 de janeiro, quando lá

estava o barão de Mareschal, e que voltamos ambos. Quanto a Laranjeiras, depois daquelas três vezes que para lá fui em que na segunda entrei na casa da Lagoa do Marquês de Cantagalo, ainda não passei que cá pelo caminho que vai para o Botafogo, e passa pelo largo exatamente aonde eu caí. Portanto, filha, eu muito desejo saber o que é isto, e peço-te que ou me mandes dizer ou à noite mo digas, porque eu ainda que dê com a cabeça pelas paredes decerto não adivinho por quê. Agora, com toda a verdade que é inseparável de mim, te digo que não tenho minha cabeça com sentido em ninguém, nem fiz coisa, por menos que fosse, que pudesse fazer dizer-se nada de mim. Não duvido que houvesse algum bom ofício de algum maroto; mas fazendo-me tu o obséquio de me contar o que te disseram, eu estou pronto com a verdade a rebater e repelir qualquer intriga e motivo. Adeus, filha, até a noite, recebe o coração, abraços e beijos
Deste teu filho, amigo e amante, que tendo sido mau em outros tempos nunca te enganou e por isso se jacta de dizer seu verdadeiro
Imperador

(E nós aqui narradores poderíamos inventar o que foi essa fofoca, mas não...)

A Quinta da Boa Vista é sim, claro, o lugar onde está o Palácio de São Cristóvão e o rei mora – local que fez parte de uma ampla fazenda jesuítica, a de São Cristóvão (e que um dia irá se incendiar, mas nem falemos nisso...).

Quando os jesuítas foram expulsos pelo marquês de Pombal – lá por 1760 – ela foi desapropriada pela Coroa. Ao longo do tempo o terreno foi sendo loteado, "e uma grande área, arborizada e elevada, foi adquirida por Antônio Elias Lopes, um rico comerciante português". Passou a se chamar Quinta da Boa Vista, e de lá era possível avistar o porto e a cidade do Rio. Com a vinda de d. João VI e sua Corte, Elias cedeu-a ao príncipe. D. Pedro se mudou para lá enquanto era príncipe regente, "transferindo ao paço os serviços burocráticos que estavam espalhados por edifícios alugados".

A outra referência é também ao Alto da Boa Vista, na Tijuca.

Revelemos aqui o nome do barão de Mareschal: Philippe Leopold Wnzel (1784-1851), diplomata austríaco, responsável pelos negócios entre os dois países de 1819 a 26, e ministro "plenipotenciário" em 1827. Voltará à Europa em 1830.

O Marquês de Cantagalo (da casa da Lagoa) é João Maria da Gama Freitas Berquó, um dos que acompanharam d. Pedro no 7 de setembro, e fora feito marquês, aos 12 de outubro de 1826.

Filha,
*Jamais receberei os sacrifícios que faz por mim de uma maneira mal entendida. Eu os recebo **como prova do teu amor para comigo**. Que culpa posso eu ter de tu seres desconfiada sem razão? Que precisão tens tu de tomares tanto interesse por mim que não queres que te vá ver hoje? Eu, filha, hei de lá ir hoje, e só deixarei de o fazer se tu assim mo ordenas positivamente, o que eu tomarei como estares mal com este teu filho **que tanto te ama e estima**. (...). Tu não tens que te emendar porque não te enganastes em visitares quem te quer bem. Eu vou lá ainda que me leve o Diabo, pois **morrendo por***

ti, morro contente, *e deixarei os meus inimigos satisfeitos. Adeus, filha, até as dez. Teu filho, amigo e amante*
Imperador
P.S.

Filha, pelo amor que tens a nossas filhas, não me faças por tuas inconsideradas expressões (e por mim não merecidas) atormentar-me eu. Filha, estou (pergunta a teu mano João) com a cara mais abatida, e muito mais ficará se em lugar de receber de ti agradáveis expressões eu na tua carta achar o contrário. Filha, **eu te quero muito, tu bem o sabes, e se não te quisesse nada te diria**, *nem excogitaria todos os dias modos e entradas para te ir ver. Manda, filha,* **fazer a porta**, *e até ela ficar pronta irei entrando pelo portão de costume, por onde hei de visitar* **hoje às dez horas querendo tu**, *o que espero, pois não quererás dar cabo deste teu filho com mais essa provação de me proibir lá ir. E espero que tu te compadeças de quem é teu filho e teu amigo e amante*
O mesmo.

Vê-se que eles ainda tentam dissimular a reconciliação que tiveram. Fingem para os criados e pessoas próximas que não estão mais juntos, para assim não saberem os embaixadores e, por extensão, as Cortes europeias: Barbacena e seus delegados estão, neste momento, "tentando ajustar um novo casamento para d. Pedro".

Peu pede que ela mande fazer (logo) uma porta. Uma das lendas de que se ouvirá dizer é que será construído um túnel ligando o palacete ao Palácio de São Cristóvão, por onde ele entrará escondido. Mas os que melhor atentarem a esse boato notarão ser impossível, pela distância e natureza do terreno (e se quiséssemos aqui inventar uma história sensacionalista, justificar-se-ia até a tuberculose que matará d. Pedro pelas seguidas travessias que estaria a fazer agora pelo suposto túnel, que seria úmido), e ainda outros fatores – não se pode acreditar nisso.

O que há de fato (e não é preciso mais do que isso – e assim passaremos a contar sobre o seu constante uso...) é a construção do portão no muro entre a casa da marquesa e a Quinta da Boa Vista, "por onde d. Pedro poderia entrar discretamente".

Filha. Como começas a sentir os prognósticos da sezão [febre intermitente], *ainda que não sintas mais nada, toma a noite o enxofar* [meia colher de chá de enxofre, em duas colheres de água bem quente – como ensina na carta de 22 de janeiro de 28], *porque ainda que ela venha, virá menor, e continuando a tomá-la não terás mais de duas outras, e se tiver segunda, tomando um vomitório, e remédios, adeus sezãs. Adeus, filha, até as onze.*
T'eu filho, amigo e amante etc.
Imperador

Querida Marquesa,
Acabo de receber uma carta sua na qual me pede parelhas para mandar a fim de ir à fazenda do

Visconde de Gericinó. Nada mais tenho a dizer-lhe senão que com todo o gosto passo já a mandar aprontar tudo, e conte que não terá falta alguma, e ao mesmo tempo lhe participo que as ordens que havia em todas as repartições da Minha Imperial casa estão com todo o seu vigor, portanto não tem mais nada que mandar buscar o que precisar que tudo lhe há de ir.
Aproveito esta ocasião para lhe significar o meu contentamento pelas suas melhoras, as quais acaba de dizer o Barão de Inhomirim, que são verdadeiras e parecem que prometem uma saúde vigorosa. Assim Deus permita. Ao mesmo tempo tenho o prazer de assegurar-lhe o quanto a estimo, e lhe desejo todas as venturas que podes apetecer com quem é
Seu amo e seu
Imperador

(O Visconde Gericinó, Ildefons de Caldeira – já com 54 anos, e que viverá apenas mais um – é um amigo comum dos dois, e será feito o "mensageiro" entre eles, quando Pedro precisar retirar Domitila da Corte, em maio do ano que vem.)

(Já o Barão de Inhomirim é d. Vicente de Andrade, dois anos mais novo – foi feito barão em 12 de outubro de 26 e viverá até 1850 –, conselheiro imperial, "médico da Imperial Câmara" e "amigo de d. Pedro".)

Pelo tom protocolar e oficial, vê-se que ele escreveu a carta na frente de outras pessoas... E em outra carta do mesmo dia, ele diz:

Escrevi-te como imperador, agora escrevo como teu filho
(...)
Adeus, filha, recebe o coração cheio de saudades que, posto que seja teu, contudo tu não me privas que to ofereça, até mesmo **única pessoa a quem o dediquei** *e por quem ela sempre suspirará dentro do peito.*

6

Amor, amor, amor

Essa maldita dor de ouvido

Filha,
Estimarei saber que chegaste bem quanto à viagem, e sinto que o teu ouvido esteja pior, segundo me disse José Bernardes, a quem perguntei pela tua saúde. Deus queira que ele se enganasse no que me disse. Nossas filhas estão de mui boa saúde, a **Maria** *vai melhor e a* **Paula** *também está com febre. Eu sei que* **tenho tido saudades tuas** *e aposto que tu também as terá tido de mim, que é que faz mitigar-mas por me ver retribuído na mesma moeda. Adeus, minha* **querida filha**, *até logo, que terei* **o gosto de te abraçar, beijar, etc.** *Nada mais digo senão que sou, e serei, teu filho, amigo, e amante fiel, constante, desvelado, agradecido, e sempre verdadeiro*
O Imperador
10 / 18-27 / 11

    Bernardes é Moço da Imperial Câmara e tem negócios com ela. Nota-se que ele fala de duas de suas filhas "legítimas", Maria da Glória (futura rainha de Portugal) e Paula.
    Paula Mariana é a sexta filha de Pedro e Leopoldina, nascida aos 17 de fevereiro de 1823 (e falecerá aos 16 de janeiro de 33, com apenas nove anos...). Ela está sempre enferma, sendo muitas as referências ao estado de saúde dela nas cartas para Domitila.
    Neste ano de 1828, Pedro a levou para uma casa recém-comprada em Botafogo, "para tomar melhores ares". No ano seguinte vai levá-la para a serra (futura Petrópolis), sempre tentando melhorar a saúde dela.

Minha querida filha,
Logo que cheguei fui abraçar nossas filhas, que estão boas hoje, apesar que a Bela ontem de uma jabuticaba que comeu vomitou muito, mas está boa. A Paula tem andado constipada, mas vai bem. Eu, esta manhã, que são 15, espremi **tua coisa** *e deitou uma lágrima maior do que ontem, parecendo depois de enxuta na camisa goma de polvilho exatamente; mas não tenho ardor nem inflamação, nem coisa que me faça descoroçoar de todo, apesar de que quando eu andei sossegado, e contigo, nunca tive*

*nada. O Júlio diz que não é nada; mas eu é que tenho esse nada, ainda que nadinha, para cúmulo de toda a minha infelicidade. Hoje vou tomar o **Le Bos**, e ver se posso atalhar uma coisa que, posto que digam não é nada, é escandecência. (...)*

Escandecência (e não incandescência), é bom que se diga: trata-se de um estado doentio generalizado, de febre (alta e forte), dor de cabeça, prisão de ventre (ou ventre duro), urina vermelha, até braços e pernas doloridas...

Filha,
*Nada me dizes de **assistência**? Além disto, quero saber a quem compraste o anel de cadeia e coração ou se to deram, e se assim foi com toda a verdade manda-me dizer quem to deu, e de quem é o cabelo que tem dentro do coração.*

"Assistência" é menstruação atrasada. E se há preocupação, é porque houve alguma imprudência...
(Sobre o "cabelo", é pelo costume que se tem de portar mechas e fios deles espalhados – "pelos pelos"... – de pessoas queridas como lembrança, quando possível transformados em adereços – pulseiras, colares – trançados com fechos de ouro – ou em medalhões – como no caso deste coração usado por Domitila, que gera tantos ciúmes em Pedro...)

Responde sem me enganares, e com aquela verdade com que eu sempre te falo. Até à noite, filha, tira-me da aflição em que estou por causa do anel que tantas tolices tem feito supor a
Este teu filho, amigo e amante etc.
Imperador
P.S.
A Paula está outra vez com febre, Deus queira não seja fatal.

Já sabemos (até por outras cartas) que a menstruação de Domitila atrasou pelo menos uma semana, desta vez (ele se referiu a essa "assistência" no dia 20 de novembro e depois no 22: "*se à noite tiveres algum coisa irei à Glória, primeiro que à tua casa*").
Também fala da Igreja da N. S. da Glória do Outeiro, por causa de uma promessa (inventada ou não) para que "Deus não lhe enviasse outro filho da marquesa" – porque não queria receber uma notícia dessas, agora que estava sendo negociado um casamento na Europa, já com tanta dificuldade...

Filha,
(...) infelizmente recebo a triste notícia do falecimento do nosso amigo Pedro [que não podemos precisar quem seja – o filho deles já havia falecido um ano antes; o irmão dela e seu sobrinho (afilhado do rei) ainda estão vivos; talvez seja alguém do batalhão comandado por Carlos

Maria Oliva, que fora despachado para Recife, mas não se sabe] *e então fechei-me, estando já para sair para a cidade, e te escrevi mal e porcamente, pois eu não soube aonde eu fiquei com tal nova, e agora mesmo estou com uma cara que o Carlota* [João Carlota, funcionário do paço, amigo que também esteve no 7 de setembro] (...) *me perguntou o que eu tinha. Eu sinto ainda muito mais por eu me ter deixado iludir pelo B, de Soca Rabo* [o que só pode ser uma referência, por anagrama, ao barão de Sorocaba] (...). *Filha, até à noite depois que vier do Teatro, pois contigo quero aliviar este teu coração que se sente estalar de dor, remorsos, desesperação em suma, de tudo quanto é neste mundo de mortificante. Então, filha,* **mandas estar a porta aberta que eu lá vou estar contigo**. *Aceita, filha, tudo quanto há de bom em amizade pois te oferece*
Este teu filho, amigo e amante etc.
Imperador

Filha,
Dei o abraço nas nossas filhas, e recebo a tua segunda carta. Sinto não me dizeres = **Podes vir** *= como eu te pedi; e espero que assim me mandes dizer, respondendo-me a esta, que serve para te tornar a pedir que me mandes dizer =* **Podes vir** *=, porque assim fico certo que não é por comprazeres comigo. Fui ver, como ontem te disse, as joias da Duquesa, e achei a peça número 6 que eu lhe não dei, bem como falta da número 2, que é um dos nossos que lhe dei. Eu não falo nisto senão para lhe dizer que cá existe a peça número 6 que, não tendo sido dada por mim, é tua, como ontem te disse. Não me tomes a mal minha franqueza, pois tudo quero fazer claro. (...) Espero me mande dizer =* **Podes vir** *=. Se isto me fizeres, apesar do meu grande incômodo, conta comigo, se não pensarei e darei resposta à resposta desta que te escrevo sem pressa, pois já estou crismado há muito tempo.*
Teu filho, amigo e amante etc.
Imperador
P.S.
Perdoa se me mostro sentido de não me dizeres = **Podes vir** *=, mas tu vês que, assim como tu teimas em não mandares dizer-me =* **Podes vir** *=, também eu sentido posso pedir-te uma, e muitas vezes, este para mim* grandíssimo favor, *pois vejo nele teu* desejo de gozares *da minha grosseira companhia, bem como eu da tua, que sempre me será agradável.*
O mesmo

E em outra carta, do mesmo dia, ainda dirá:

*Não pude conseguir que me mandasses dizer '***podes vir***'. Paciência (...) eu lá vou. (...). Manda-me dizer se posso ir e manda estar a porta aberta, que eu lá vou, e adeus, até as dez horas. Responde-me a esta para ficarmos justos.*

Peu, como rei, pode dar ordens e cobrar obediência mas, como homem, precisa pedir (ao contrário do que pregarão os ideais de certos feminismos). E vê-se que "se ela dissesse não, ou não respondesse, ele não arrombaria a porta":

Filha,

Além de ir saber como passaste o resto da noite, eu vou agradecer-te o modo alhano com que me trates esta noite, e pedir-te que te não esqueças do que me prometes, e é o deixares-me uns dias por outros (às horas do costume) saber da tua saúde pessoalmente.

Eu, minha filha, passei bem, como se ontem nada tivera tido, pois nem ainda nem sequer [sic] vontade de ir à caixa, e dormi bem. Só que sinto é uma displicência, e fraqueza no corpo, mas que em breve será restabelecido. (...)

Deste teu filho, amigo, fiel, constante agradecido e sempre verdadeiro
O Imperador
P.S.
(...) espero que tu não me enganes quanto ao que me prometes, pois então eu me reputarei o homem mais feliz por estar bem com Deus não estando tu mal comigo.

Ele diz que no dia seguinte vai se confessar ao "Monsenhor Fidalgo" (Duarte Fidalgo, monsenhor da Capela Imperial – cônego do Rio e reitor do seminário de N. S. da Lapa – que estava na comissão desde 1822, e foi quem coroou e sagrou Pedro I).

Vê-se, por esta carta agora, que a marquesa finalmente disse o seu "podes vir". E depois de se confessar (como se vê acima) Pedro escreveu para ela aos 8 de dezembro do ano passado (27).

(...) Acabando de confessar-me, não posso por dever de cristão deixar de te ir (pelo modo que posso) pedir **perdão das ofensas** *que tiveres de mim e daquelas que tu supuseres ter. Eu te peço, minha filha, que da minha parte, peças perdão (tão decididamente como eu te peço) à tua mãe e que me respondas. Uma coisa te pediria, mas temo não ser atendido, que era* **queimares todas aquelas cartas** *que te tenho escrito desde 10 de setembro, não porque eu tenha medo que tu as mostres, mas porque pode acontecer (o que Deus não permita) que tu faleças (ainda que eu irei primeiro) e em tal desgraçado caso, minha honra ficar manchada. Se me fizeres isto, eu te remeterei as tuas que cá tenho guardadas.*

Comentário

(Haverá época em que será possível mandar cartas por ondas de rádio, e se saberá que tudo que passa por essas ondas poderá ser interceptado por um serviço de espionagem e inteligência qualquer, dos de grandes potências militares às simples gangues de bairros.

E então se saberá que nada do que dizemos em particular deverá assim permanecer para sempre. Então, das duas uma: ou d. Pedro deverá assumir a realidade de que seu verdadeiro casamento – união cósmica – é com a marquesa, e que todas as cartas que escreve para ela são assumidamente palavras dele, e se outras pessoas lerem, nada delas precisará ser contradito, ou então assume-se logo esta farsa de que só alguns podem sabê-lo, e assim, novamente, das duas uma: ou separa-se ou fica com ela...)

Voltando...

Assim, depois de pedir perdão à mãe e a ela, pede que destrua as cartas desde o "reatamento" até aquela data. Chegava o final do ano, e assim o aniversário de morte da imperatriz Leopoldina... E da Europa vinham notícias de que estava difícil arrumar uma nova esposa para ele.

O que poderia ter dito à mãe de Domitila, para ofendê-la? (e aqui, como narradores fictícios, poderíamos inventar isso...)

Talvez fosse ainda "rebarba" das tentativas de "expurgar" os Castro Canto e Melo da Corte, após o atentado à baronesa de Sorocaba.

Mas prossegue o jogo e a tentativa de não serem vistos juntos, "a farsa", a "*fantasmagoria*" (e fingem que quando vão juntos ao teatro é por acaso...).

Filha,
*Como tu tens estado sem ires (e por muito justo motivo) ao Teatro, e tendo nós muito apetite de assistirmos à Comédia Francesa, e podendo-o não ir eu hoje ao Teatro, e ir depois de amanhã parecer combinação entre nós, (...) assentei de ir esta noite ao Teatro, um pouco para evitar todas as suspeitas e podermos viver sossegados. Eu bem conheço que muitos escrúpulos são maus; mas, neste nosso caso, e posição delicadíssima, convém muito uma perfeita **fantasmagoria*** [para os que não sabem, um tipo de teatro de terror que usava fumaça e lanternas para projetar imagens assustadoras, como esqueletos e fantasmas nas paredes...]. *Manda-me dizer o que te parece, que é impossível que te não pareçam duas coisas: primeira, muito escrúpulo; segunda, muito bom pensamento, para gozarmos um do outro sem que os outros se divirtam à nossa custa. Adeus, filha, recebe o coração saudoso*
Deste seu filho, amigo e amante etc.
Imperador

Filha,
*Como me parece que tu tens alguma coisa que te aflija, e parecendo-me que te poderei **pela minha companhia** ainda que grosseira **consolar-te**, pretendo ir mais cedo (...), e irei às dez, e (...) para esse fim deixo ordem (...) que, não chegando eu até as oito, se retirem, e assim posso com certeza lá chegar a sua casa às dez.*
*Adeus, filha, até então, e espero que estejas mais doce do que mostras pelas tuas cartas, que estão umas um tanto sem amizade, e outra **seca como um pau**. Eu **estimarei** não ser participante (...) das tuas quizílias* [inimizades, antipatias], *pois isso seria uma injustiça sendo eu tão bom (agora) para ti e sendo teu*
Filho, amigo e amante etc.
Imperador

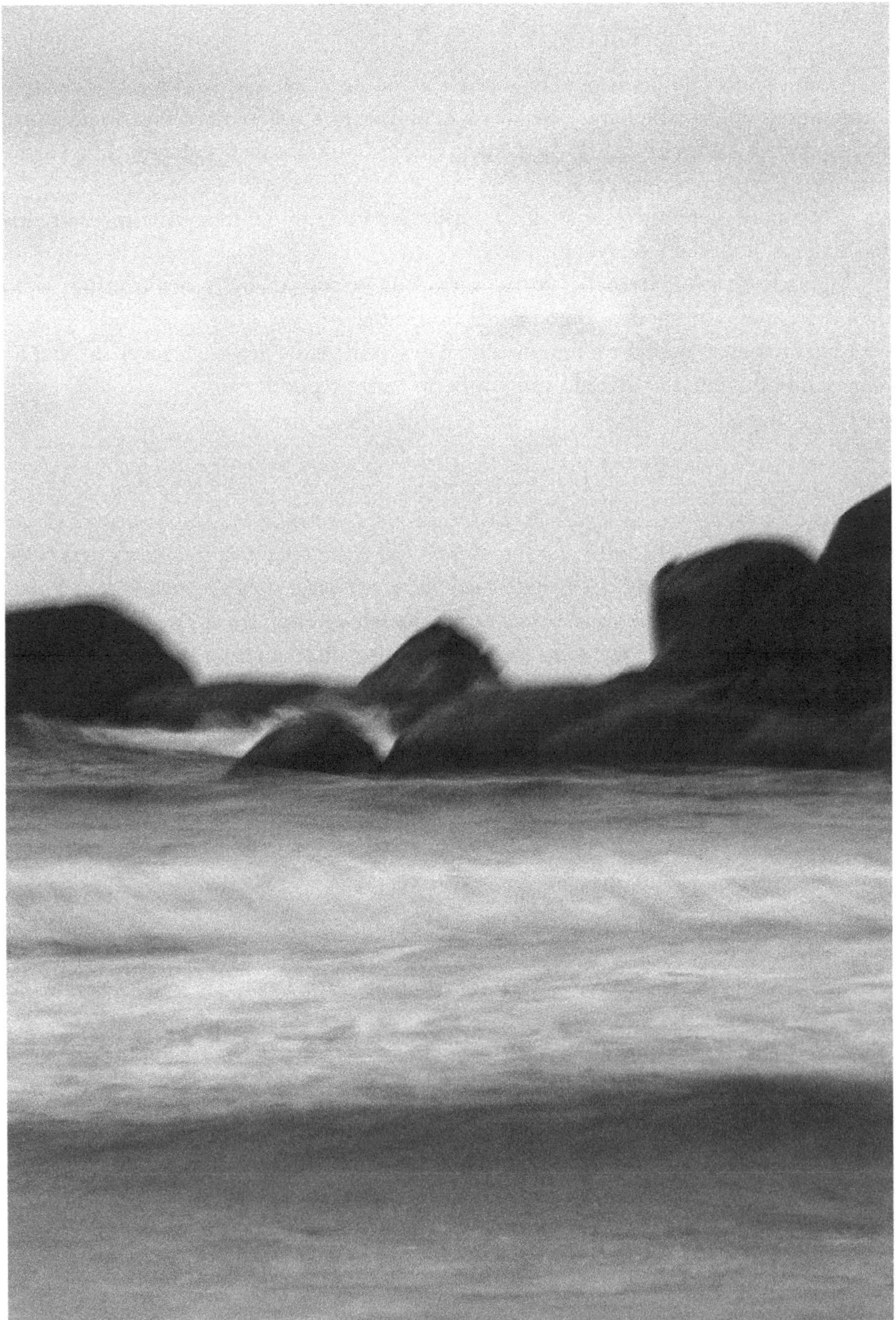

7

Cartas em 1828

1/12 (ainda o final de 27)

Querida Marquesa. Agradeço-lhe (...)
Nada tenho a enviar-lhe senão os protestos da maior amizade e consideração com que sou,
Querida Marquesa,
Seu amo que muito a estima
Imperador

Por esta época esperam-se notícias de Barbacena, ainda sobre negociações diplomáticas para o apoio da Inglaterra, França e Áustria na sucessão do trono português. E logo se têm informações sobre haver dificuldade em conseguir a nova esposa...

14/1

Querida Marquesa. Desejo saber como passou; *eu passei bem, e* as meninas *que lá vão.* A Rainha *já deu três passos segura pelas criadas.* A Chica *está bem.*
Aceite os protestos da maior amizade e consideração com que sou.
Querida Marquesa.
Seu amo que muito a estima e estimará,
Imperador

Para quem não sabe, Chica é Francisca Carolina, a quarta filha de Pedro com Leopoldina. Esta sim, terá a vida mais longa, de 2 de agosto de 1824 a março de 1897, em Paris.

Outra princesa, Januária, viverá ainda mais: de 11 de março de 1822 a 13 de maio de 1901, e ela não é mencionada em nenhuma dessas cartas, talvez porque tenha boa saúde.

15/1

Querida Marquesa. Desejo saber como passou; *eu e* as meninas *estamos bons*. A Rainha *vai indo*, e a Chica *está boa*.
Aceite os protestos da maior amizade, e consideração com que sou,
Querida Marquesa,
Seu amo que muito a estima, e estimará
Imperador

 (Aqui frisamos as repetições, apenas por atenção à retórica.)

17/1

Querida Marquesa. Desejo saber como passou. *Eu passei bem, e* as meninas. A Rainha *vai indo*.
Querida Marquesa,
Seu amo que muito a estima e estimará
Imperador

25/1

Querida Marquesa. Muito sinto que ontem passasse tão incomodada, e lhe afirmo que muito atormentado estive enquanto o Barão [de Inhomirim] *à noite me não assegurou que estava melhor. Agora muito estimo a melhora* (...).
Aceite os protestos de maior amizade e consideração com que sou,
Querida Marquesa,
Seu amo que muito a estima, e estimará
Imperador

28/1/28

Querida Marquesa.
Muito estimei saber ontem quando vim do teatro que continuava a passar bem (...). *Meu prazer será consumado se eu souber que hoje não teve acréscimo* [febre intermitente], *ou que o teve muito menos, pois a Marquesa não pode pensar a aflição com que tenho andado, motivada pelo cuidado que tenho tido. Se eu alguma vez estiver doente é que poderá calcular que tal é uma mortificação, como a minha tem sido.*
Aceite os protestos da maior, *e mais pura, e sincera* amizade e consideração com que sou
Querida Marquesa,
Seu amo que muito a estima e estimará
Imperador

18/2

Querida Marquesa. Desejo saber como passou, e muito estimarei que fosse bem, pois me interesso cordialmente pela sua saúde, que apeteço ser sempre no melhor estado.
Aceite os protestos da maior amizade e consideração com que sou,
Querida Marquesa,
Seu amo que muito a estima e estimará
Imperador

(Ouviu-se o comentário de que "ele era mesmo muito louco e apaixonado por ela", capaz de mandar cartas nos sete dias da semana...)

26/2

Querida Marquesa. Muito desejo saber como tem passado, e como está de saúde, pois me interesso o mais possível por que ela seja a mais perfeita. Eu estou bom, e cheguei bem. As meninas estão boas, todas menos a Paula, que vai melhor. Aceite os protestos da maior amizade e consideração com que sou,
Querida Marquesa,
Seu amo que muito a estima e estimará
Imperador

Muito estimarei, querida Marquesa, saber como passou, e se lhe não fez mal a chuva que apanhou durante o seu passeio, em que estimo se divertisse. Eu estou bom, o Pedro [que será Pedro II] *está quase sem abalo de pulso e muito esperto (...). Quero ver se agora lhas posso mandar, tanto a Duquesa, que já deu ou vai dar lição, como a Maria Isabel. Não posso por ora dar uma resposta cabal a sua pergunta relativa ao nosso Felício* [filho dela] *pois hei de examinar os papéis, tirar algumas informações, para dar um conselho salutar.*
Aceite os protestos da maior amizade e consideração, como sou
Querida Marquesa,
Seu amor que muito a estima e estimará
Imperador

Felício fora enviado a Paris para estudos, no segundo semestre do ano passado (1827), acompanhando o médico imperial Domingos Peixoto que se especializaria na área. Ambos recebiam pensão do governo, mas ela foi cessada no início do ano. Os dois ficaram desamparados, o que só se resolverá em junho.

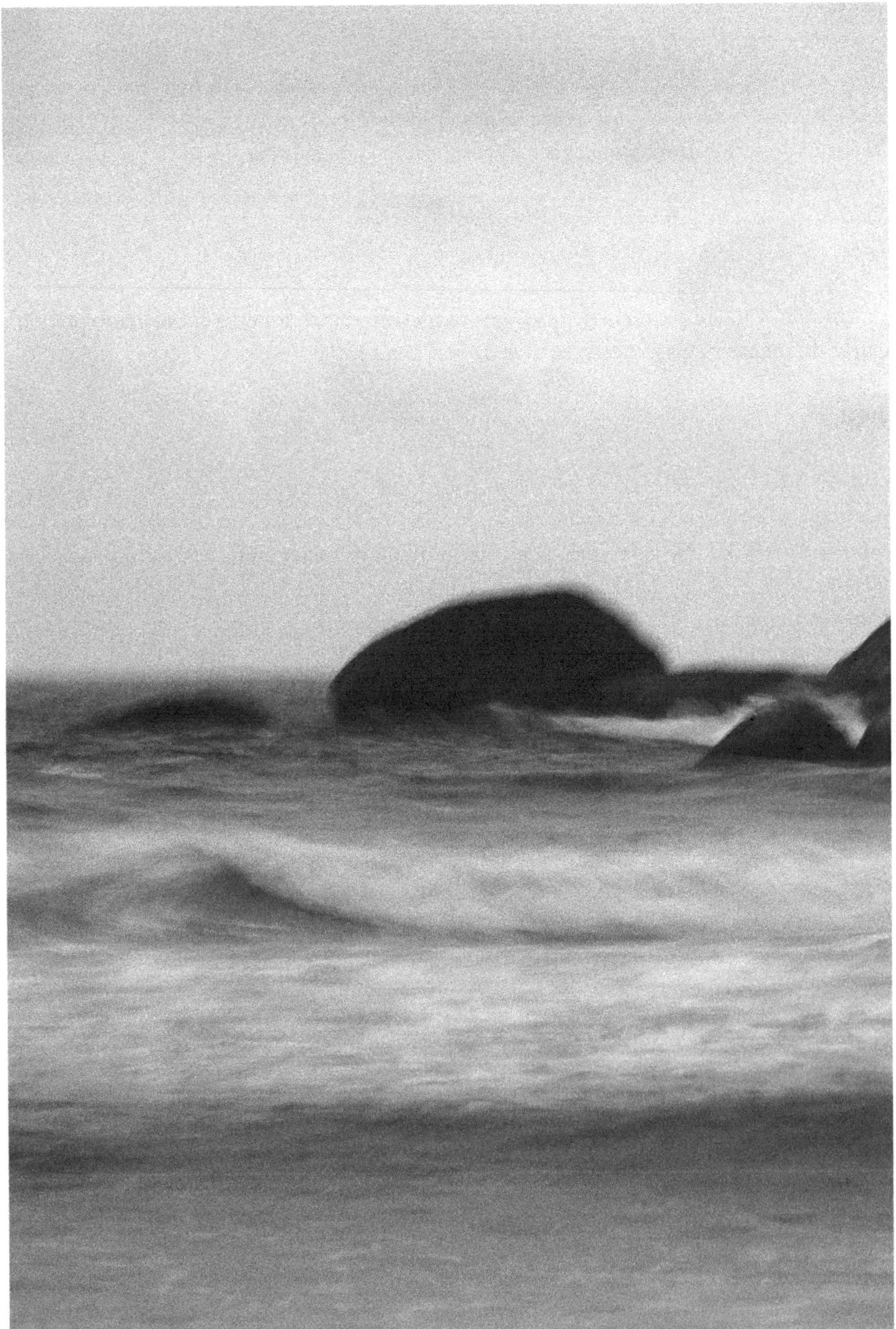

7/3

Querida Marquesa. Mande-me dizer como passou. Eu passei bem. O menino às 3 horas da noite parecia estar melhor, porque dormiu até a essa hora, dos mais nada posso dizer porque agora me levanto da cama, e ainda os não vi.
Aceite os protestos da maior amizade e consideração com que sou,
Querida Marquesa,
Seu amo que muito a estima e estimará
Imperador

28/3/28

Querida Marquesa. Desejo saber como passou. Eu passei bem, e todos os filhos. A Paula vai indo.
Aceite os protestos *da maior, mais sincera e desinteressada amizade com que sou,*
Querida Marquesa,
Seu amo que muito a estima e estimará
Imperador

17/4

Querida Marquesa. Desejo que me mande dizer como passou. Eu passei bem*: mas agora estou com muita pena no fundo do meu coração pela morte inesperada do Ponçadilha* [em poucos minutos soltava sangue pela boca e ouvidos, só houve tempo de chamar o padre Garcia – o José Manuel, irmão de João, que ainda será secretário de Pedro II, e já é coronel] (...). *As filhas vão bem.*
Aceite os protestos *da maior, mais pura, sincera e desinteressada amizade com que sou,*
Querida Marquesa,
Seu amo que muito a estima e estimará,
Imperador

24/4 (de final é *idêntico* à de 17/4)

Querida Marquesa. Desejo saber como passou e mais sua mãe. Eu passei bem, e todos.
Aceite os protestos da maior, mais pura, sincera e desinteressada amizade com que sou,
Querida Marquesa,
Seu amo que muito a estima e estimará,
Imperador

16/5 (com a mesma frieza das anteriores)

Querida Marquesa. Mande-me dizer como está, e mais sua mãe e tia. Eu estou bom, e todos, menos a Paula, que vomitou ontem.
Aceite os protestos da maior mais pura, sincera e desinteressada amizade com que sou,
Seu amo que muito a estima, e estimará
Imperador

Parte IX

Meio do fim

1

Volta do marquês de Barbacena

Expulsão da Corte

O marquês de Barbacena chega de volta à Corte neste maio de 1828. Desde setembro do ano passado, as relações entre o imperador e a marquesa voltaram a ser como eram no começo: mas "tudo escondido para que ninguém percebesse que eles efetivamente estavam juntos outra vez".

E lembramos que Peu chegou a pedir (como está em uma das cartas) que ela fizesse uma porta para ele poder "entrar na casa dela sem ser visto".

A chácara de Domitila, com o acréscimo de outros terrenos, acabou fazendo divisa com a chácara da Boa Vista, e no muro que separava as duas propriedades foi de fato aberta uma passagem.

(E aqui não nos custaria citá-la na íntegra de suas frases, como narrador onisciente que somos, atemporais, sim, mas também com provas documentais do que nos cabe dizer, uma vez que nos capacitamos a atravessar até buracos de fechaduras, a que só as chaves dariam acesso. Sendo invisíveis – e quase onipresentes –, pois até que podemos... Mas também não vamos nos achar no direito de descrever a cor da calcinha de cada dama, mesmo que o saibamos, e devemos confessá-lo bem que muitas coisas não sabemos, ou fingimos não saber, para o bem da lógica desta história...)

Eles passaram a combinar os dias em que cada um iria ao teatro, e assim evitar de serem vistos juntos (como mostra outra carta). Mas depois de se encontrar com Barbacena, "e ouvir de viva voz as notícias a respeito de sua reputação na Europa", comprometendo as negociações de casamento, d. Pedro escreveu para a marquesa aos 13 de maio deste 1828 *pedindo-lhe que deixasse a Corte*.

E esse exílio será ainda cobrado muitas vezes, nas cartas seguintes. Ele pede que ela saia antes da volta de Barbacena à Europa, em julho, "para que os que fossem no navio pudessem divulgar que ela já não se encontrava mais no Rio de Janeiro".

Maio de 1828 – cartas de Domitila, em resposta a Pedro

Quando convidada a se retirar da Corte, Domitila escreveu pelo menos duas cartas ao Rei – e isso poderá ser comprovado ao longo de séculos, pois elas serão guardadas como documento histórico...

Nas duas, Pedro é chamado de "senhor", e ela só deseja que sua majestade e as altezas tivessem muita saúde. No final, despede-se como "criada" que o estima e agradece, assinando como *Marquesa de Santos*.

Meu bom senhor,
Estimo boa saúde de V. M. e de S. Altezas.
Meu Senhor, como V. M. tem sido Meu Pai e de todos os meus Filhos, eu peço licença a V. Majestade para acabar de efetuar o casamento da minha Chiquinha com o mano José [em 24/5] *isto sendo do gosto de V. M., senão, nada farei. Minha mãe ainda passa incomodada, minha tia o mesmo, mano José também amanheceu com muitos tremores de frios e assim está de cama. Eu, graças a Deus, vou passando sem novidade.*
Sou de V. M. criada
Que muito o estima e obrigada
Marquesa de Santos

Senhor.
(...). V. Majestade sabe muito bem que, se eu vou fazer este passeio, é só para lhe fazer a vontade. Não que eu tal tenções tivera de sair daqui para parte alguma. Assim, senhor, não posso ir para o mês que vem, sim nos princípios de julho. **Não sou destas de saco às costas***, já lhe faço esta vontade, e assim* **peço-lhe não me mortifique mais***.*
Sou de V. M. criada
(...)

(Talvez nessa segunda se possa ter sentido melhor sua "braveza"...)
E agora Pedro responde a ela, aos 22 de maio (deste ano de 1828).

Minha filha (d. Maria da Glória) infalivelmente sai até dois do mês de julho, e por isso eu muito desejo que a marquesa saia pelo menos seis dias antes, o que vem a ser 26 de junho, porque muito convém que os que vão possam dizer "a marquesa já saiu", e não "está para sair". Todos acreditarão o que aconteceu e não o que está para ser, que pode não ser, e o negócio é grave e mui grave. Na sua primeira [carta] presta-se a tudo que eu lhe mandar, pede-me instruções, e agora que lhe escrevo diz-me que não pode antes de princípios de julho, tendo convido com o Gericinó até meado de junho. Sustente sempre aquela palavra que uma vez der e não faça rodeios, veja bem a quem a dá e qual é a magnitude do negócio que é dependente do cumprimento de sua palavra.

Vai haver ainda uma sequência de cartas, mas Domitila lhe responderá assim:

Senhor. Perdoe-me que lhe diga isto: **eu não preciso de conselhos**, *não sou como V. M.,* **as minhas respostas são todas nascidas do meu coração.** *Ao Gericinó eu sempre disse que sairia no princípio de julho, e* **se ele disse o contrário disto, mentiu.** *Em torno de novo a fazer esta vontade, sairei até o fim deste mês que vem e Deus permita sejam todas as suas vontades feitas assim como eu as faço. Eu* **tive criação, sei conservar a minha palavra** *e sou*
De V. M. criada
e obrigada
Marquesa de Santos

Providências

No dia 23 de maio, o imperador fora até a fazenda do Visconde de Gericinó, irmão de Barbacena, que iria ajudar Domitila nos "preparativos" da viagem. Vai voltar para a Corte no dia 25, depois de "estrategicamente" escapar de duas comemorações:
– o casamento de Francisca, filha de Domitila (do primeiro casamento, como lembramos);
– o aniversário de sua própria filha, Isabel Maria, ambas as festas dando-se no dia 24.

Nova carta de Pedro e resposta da marquesa

Segue-se a correspondência, e Domitila responde a outra carta de Pedro (em que ele quis novamente apressá-la), enviando suas palavras no dia 26 de maio.

Como em vésperas de jornada não há tempo a perder, lhe participo que em Santa Cruz tem dois cavalos e aqui tem, além do Rabicano, o Tocano, que está bom. Eu desejo saber o que quer para mandar aprontar e de caminho lhe ofereço, se quiser aproveitar-se, de carruagem leve quatro pessoas até Santa Cruz. (...) Espero que se aproveite do que lhe ofereço e que não faça como os marotos, que dizem que a marquesa não sabe, adivinhem.

Aqui ela aparenta ter mais educação do que ele:

Senhor.
Estimo a boa saúde de V. M. e de S. A.
Vejo Vossa Majestade falar-me na minha jornada e nos meus cavalos, e que não há tempo a perder. Sei mui bem isso. Faz esse favor de mandar vir os ditos cavalos para, enquanto eu não for, serem tratados. Esse o fato, irá mesmo por terra. **Porque eu ainda não tenho destino algum, daqui vou mesmo a cavalo.** *Guardo o préstimo de V. M. para outra coisa e também rogava-lhe que me mandas-*

*se dizer por quanto tempo quererá que eu esteja **separada da minha casa, ora nisto pode ter coração**. Enquanto o falarem e dizerem que eu não vou, seria melhor dizerem-lhe outras coisas que devia dizer, não lhe importarem comigo. Eu sairei. **Não se mortifique com a minha jornada, eu tenho paciência** para lhe aturar tudo e **tomava já vê-lo de mulher**, porque **só assim descansarei de sofrer tantos incômodos**. O mano José não vai já beijar a mão de V. M., porque está doente. Eu passo sem novidade. Sou de V. M. sincera criada e obrigada*
Marquesa de Santos

Senhor
Estimo a boa saúde de V. M. e de S. Altezas.
*Não busco pretexto, privilé[gios], para interromper a minha viagem. Sei cumprir o que prometo. Provera Deus que Vossa Majestade assim fosse. Eu hei de sair até o fim do mês e **peço-lhe não me incomode mais**.*
Sou de Vossa Majestade sincera criada
e obrigada
Marquesa de Santos

Esse bilhete provavelmente foi escrito na fazenda do visconde de Gericinó (e quanta emoção, ao olhar para a nova paisagem, dando fim a uma história de tantos assédios...), onde ela parou por quinze dias depois de finalmente sair da capital, agora em junho de 1828.

Acredita-se que, em torno da cidade, ela tenha esperado que Pedro ainda lhe desse ordens para voltar "assim que o marquês de Barbacena e a rainha de Portugal tivessem deixado o Porto a caminho da Europa".

Por essa resposta que deu a alguma mensagem dele, vê-se que Pedro se manteve firme na decisão de que ela deixasse a Corte.

(Talvez por dentro ele esteja arrasado, mas tanto disfarça – ou talvez haja mesmo um entusiasmo pela futura rainha – que não diz mais nada a ninguém sobre isso, ou deixa rastros em registros do que realmente sente. Só ao que pensa – e talvez não "realmente" – é que podemos ter acesso.)

Agora qualquer retorno da favorita do rei (e só por uma bola de cristal poderemos saber se de fato ocorrerá, já no ano seguinte) deveria ser imediatamente mencionado em despachos aos embaixadores estrangeiros.

2

Domitila parte para Sampa

Irritação justa

Domitila está bastante irritada, e diz ter agido muito a contragosto, mas ao mesmo tempo se vê embalada, iludida, aliviada, acreditando na promessa do amante de que logo poderá voltar... Partira então, do Rio de Janeiro, aos 27 de junho.
Foi por estar indisposta que "hospedou-se por quinze dias na fazenda de Gercinó".

Julho – nova ida do marquês de Barbacena à Europa

No início de julho, o marquês vai de fato à Europa. Além de continuar tentando encontrar uma noiva para o imperador, tem também a missão de entregar d. Maria da Glória, a primogênita do rei, ao avô, em Viena, a fim de ser educada, até ter idade suficiente para assumir o *casamento com seu tio d. Miguel*, e o trono de Portugal.

Carta importante

Minha querida Marquesa. Muito desejo que goze de perfeita saúde, e de tão perfeita como eu desejo para mim e para meus filhos. Peço-lhe que acredite que estas minhas expressões são **filhas do Amor que lhe consagro e consagrarei, atentas às relações tão íntimas que tivemos.**
Eu sempre sou o mesmo homem. **Estar longe ou estar perto** *não me faz diferença para mostrar-lhe uma verdadeira, pura, sincera e cordial amizade. Eu não seria homem digno de existir neste mundo se assim não pensasse. Eu estou, Deus louvado,* [bem] *de saúde. A Paula já anda e vai à casa de fora. As mais, e o Pedro, estão bons. A Duquesa mui esperta, e cada vez mais galante, e a Maria* [que há de falecer, três meses depois] *igualmente, e já quer andar só.*
Eu lhe asseguro que jamais me esquecerei, quando for tempo, de lhe mandar dizer que venha **para sua casa gozar** *mui descansada* **do que é seu, e muito seu***, e então, pelo sossego em que há de estar, conhecerá a necessidade que havia desta sua saída* **temporária** *da Corte.*
Vou tratar de mandar começar a arranjar o seu jardim, e espero que ficará muito bom, e a seu gosto.

Aceite o protesto da maior, mais pura, sincera e desinteressada amizade, com que sou,
Querida Marquesa,
Seu amo que muito a estima, e estimará
O Imperador
Boa Vista, 23 de julho de 1828

Desde que o marquês de Barbacena voltara da Europa, Pedro esteve convencido a afastar Domitila da Corte, porque só assim receberia o "sim" de uma "nova noiva", princesa europeia.

Quis pôr em prática o que havia pensado (e ainda adiava) com base no relatório do barão de Mareschal, em julho de 1826. E assim Domitila estava se dirigindo, já no final de junho (de 1828), à cidade de Sampa.

Agosto – fim das hostilidades entre Brasil e Argentina

Agora não dá mais para disfarçar. O Brasil perdeu a guerra e precisará reconhecer a independência da *República Oriental do Uruguai*, neste mesmo mês de agosto em que Domitila ainda viaja para Sampa. E olha que foram três anos de guerra para se manter a Cisplatina...

Mas o resultado foi a perda do território.

Chegada às terras paulistanas

Nesta primeira quinzena de agosto, Domitila chega a Sampa, e assim está sendo registrado o fato pelo advogado (paulista) Antônio Mariano de Azevedo Marques, o "Mestrinho", em carta ao irmão:

A marquesa chegou na tarde de 15, com pouco acompanhamento [descrição de quem parece viciado em comida, ou compara mulher com], *dizem que por querer vir a galope, e, por isso, ficaram atrás os do* encontro [pois, assim como o rei, gostava de apressar o passo].
O Carmo e Santa Teresa repicaram ao passar ela por essas igrejas, dizem que por pedido do bispo, que foi esperá-la em casa e é quem a hospedou, dizem que bem mal acerca dos arranjos a ponto de não ter ela bolinhos para virem com o chá, vendo-se na necessidade de dar satisfação às visitas.
Ela muito tratável, muito queixosa de suas patrícias pela pouca amizade que lhe têm mostrado. Veio também a filha e José de Castro, e diz que está mui prendada... Hoje grande baile do Xico de Castro, em obséquio à irmã.

Setembro de 1828

Domitila vem se adaptando à nova vida em Sampa e, enquanto isso, neste começo de setembro, o marquês de Barbacena mal chega a Gibraltar e fica sabendo de um golpe ocorrido em Portugal, dado por d. Miguel, o que o obriga a alterar todos os seus planos.

Agora, em vez de deixar d. Maria da Glória com a comissão austríaca, em Gênova (como combinado), prefere partir para a Inglaterra. Já um ano antes o marquês desconfiava das intenções austríacas em conseguir uma nova esposa para o rei brasileiro. Se Pedro casasse de novo e tivesse mais filhos homens, caso morresse, o trono do Brasil já não seria herdado pelas filhas de Leopoldina (rezava a Constituição)...

(E lembremos que o filho de Pedro com Domitila pode ter sido assassinado, mas não há elementos suficientes para essa suposição.)

Traído pelo irmão, Pedro também passa a suspeitar desse apoio da Áustria absolutista aos negócios de Portugal. E disfarçando isso é que escreve ao sogro, dizendo ver mais importância nos negócios portugueses do que no projeto de se casar novamente.

Pensamento sobre o amor – romantismo e ponderação racional

A alma romântica vive sem ciência, sem razão, sem civilidade. Já se disse que o afeto é onde mora a verdade de cada sujeito, a sua essência, e é onde não há como calcular a vida. Quando esse sujeito é rico e poderoso, e tem senso prático (voltado à administração de sua riqueza, e das de seus entes queridos), trata de amar apenas por abstrações, que não impliquem mais risco ou sofrimento.

Viveu há pouco tempo (1724-1804) um filósofo de sobrenome Kant, e viverá outro, em breve (1844-1900), de sobrenome Nietzsche. Como ideólogos de certas correntes morais, eles ilustram bem o antagonismo, ou melhor, o *conflito*, existente entre *o amor* e *o ordenamento da vida cotidiana*.

Kant foi filósofo da civilização. Nietzsche será romântico, colocando no centro de tudo a vida estética – as *sensações* de vida, e do coração.

Kant é racionalista e "teme" o amor. Sente deslumbre pela ordem cósmica "nascida da mecânica gravitacional". Nietzsche falará muito no ressentimento que todo racionalista traz dentro de si. E que por ter uma alma seca, seria incapaz de amar, chegando a invejar quem ama.

Para Nietzsche se poderá e deverá ser fiel aos impulsos do desejo (e à sua autenticidade – e assim não seria uma ilusão, uma provação, uma tentação a ser vencida. "Só os fortes [e as flores] seriam capazes de amar verdadeiramente."

Mas, a "vida nietzschiana" produzirá insegurança na maioria das pessoas. "Organizar o comportamento a partir da razão" é "abdicar das apostas afetivas" em favor de alguma rotina qualquer, como ler livros na sala, costurar e bordar, inventar jogos com alguém de que já se conhece os hábitos – e terá junto a segurança das férias, em viagens por este mundão de Deus.

Voltando no tempo filosófico

No *Banquete*, a base da mística criada por Platão está em um diálogo que fala do amor ao conhecimento. Para ele, Eros (Amor) gera beleza, forma, virilidade. Amor é da ordem da saúde psíquica. Costuma dar fé e confiança, mas quando *correspondido*. Ele gera profunda sensação de força e generosidade.

Se não for ferido pelo mundo à volta, leva os amantes a regenerá-lo e torná-lo mais belo (mas o mundo atual, narcisista, certamente extinguirá o Amor). Recupera o "próprio eu", a capacidade de se doar sem pensar em receber nada em troca. É uma forma de *força*, de muita *força*...

Ainda em setembro

Enquanto isso em Sampa, no dia 7, a marquesa dá um baile em homenagem à *Independência brasileira* (que alude à história pessoal dela com o rei). E coloca um de seus vestidos de Corte para "aturdir" a todos os "matutos" paulistas com suas joias...

3

Acontecimentos paralelos

Falece Maria Isabel (I)

Passa-se mais um mês (estamos agora em 25 de outubro) e sabe-se que a segunda filha de Domitila com o imperador, Maria Isabel, que havia sido tomada por ele e tinha agora um ano e dois meses, acaba morrer de meningite...

Para esta, que seria agraciada como a duquesa do Ceará, já estão sendo feitos os rituais e ela será "enterrada na igreja de São Francisco Xavier, no Engenho Velho".

Demais "filhos naturais" por esta época

Há outras menções de reconhecimento por Pedro de seus filhos "naturais" (o que é melhor do que chamá-los de "bastardos", expressão que haverá de finalmente cair em desuso lá pelo século XXI). Ele relacionou ao menos alguns deles (ou serão todos?) em seu testamento.

D. Pedro nunca fez distinção de classe (condição social), ou ao menos entre os que não eram de "sangue azul", e assim desde 1822 (e isso valerá até 1831) pode ter tido *dezenas* de "favoritas"...

Para ele, Domitila não era a única "gostosa". Das que também detinham esse "quesito", e o faziam no mínimo sair do sério, as mais conhecidas são:

– aquela portuguesinha Ludovina Soares, que era uma diva... Lembra-se de quando chegou ao Brasil com seu marido ator, João da Costa: ela virou sucesso nos palcos do Rio, principalmente no Real Teatro de São João, quando encenou *A caçada de Henrique IV*. Todos iam à ópera só para vê-la;

– outra atriz, a uruguaia María del Carmen García, fora também amante do general Juan Lavalleja. Desse suposto caso com Pedro, teria dado a luz a uma menina, neste ano de 1828.

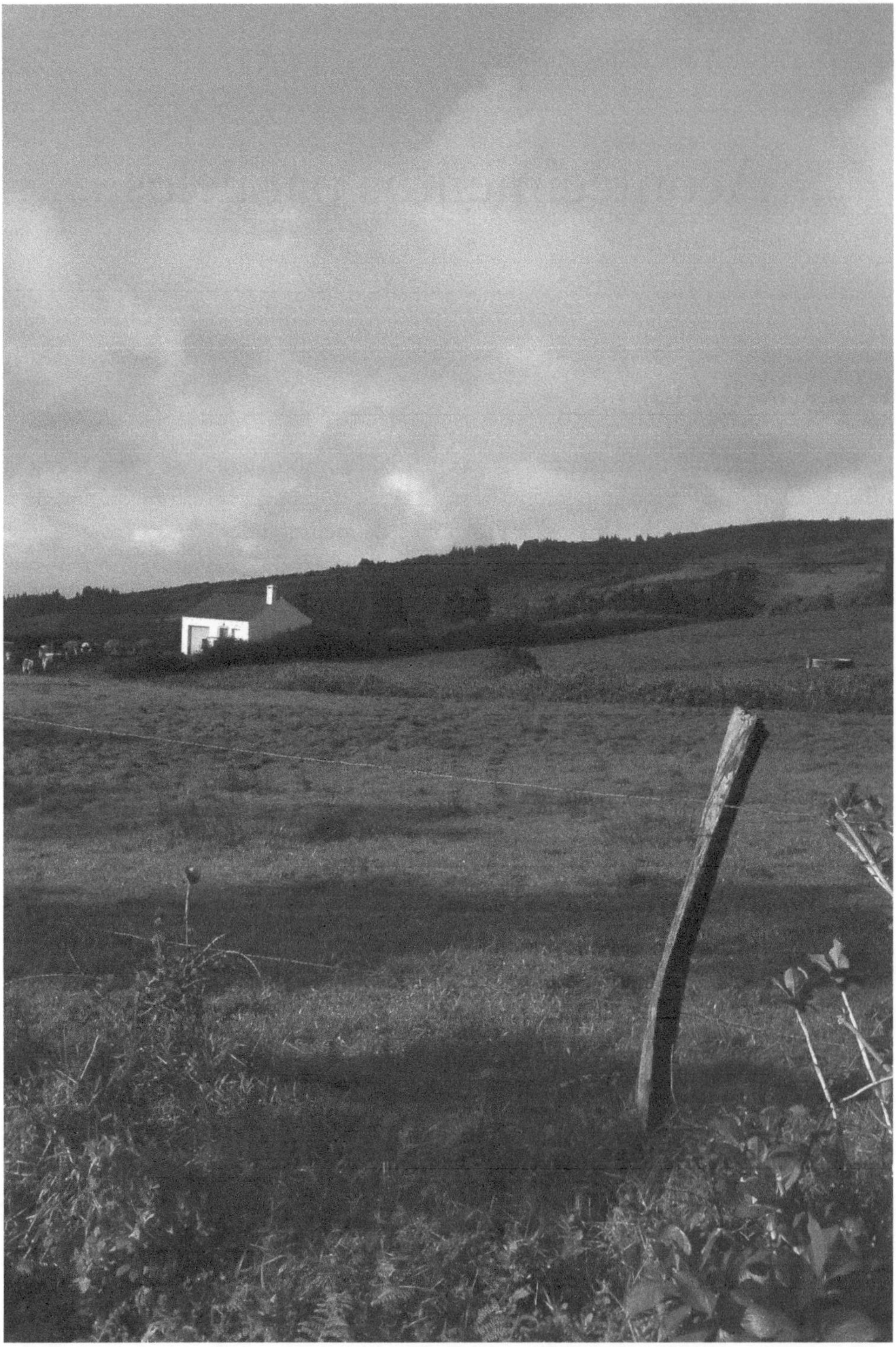

4

Atuação legislativa de Rafa (1828)

Sessão de 11 de outubro – estradas

Por esta época, Rafael está apreciando um longo parecer de Vergueiro, em que se pedem plantas para as estradas de Santos a Sampa, e as que chegam às vilas de Jundiaí ("junde aonde?"), Itu, Constituição, S. Carlos e Curato de S. João. Propõe de sua parte a redução de gastos nos consertos da estrada de Santos (e as curvas dela...).

Esmiuçaram, ele e Vergueiro, a melhor organização possível dessas obras, a responsabilidade do exército, e coisas assim.

Inimigo político

Ainda na sessão do dia 11, ele se declara inimigo do capitão-mor de Sorocaba, Manuel Fabiano de Madureira, entre outras coisas por questões administrativas dessas obras. O dito capitão passou a ser seu inimigo *"em razão de ter ele dado seu parecer sobre abertura de ruas na referida Vila ao que os mesmos se opõem"*.

Eleições e educação

Na mesma sessão, quis-se apreciar a validade das eleições primárias já realizadas nas diversas vilas e freguesias (pelas instruções de 26 de março de 1824).

Ele não fugia aos seus "deveres como conselheiro", nas questões administrativas, jurídicas, e sobretudo "no que se refere ao Ensino público", como se vê pelas anotações e vários depoimentos dos que acompanham sua atuação.

Também lutou contra os "atestados falsos oferecidos pelos professores para receber os seus honorários", sugerindo medidas para "coibir esse vício", e incumbindo juízes de visitar as salas de aula a cada três meses.

Sessões de 16 e 29 de outubro

Nesta sessão do dia 16 ele mostra interesse pela Fábrica do São João do Ipanema, apresentando parecer sobre os inúmeros braços empregados de 1823 a 27, e sobre a quantidade de ferro (em brasa, gusa e modelado) produzida. Mas conclui dizendo que o estabelecimento está em decadência.

Enfim, vai fazer de tudo para resolver as questões trabalhistas dessa fábrica: para que os trabalhadores tenham seus direitos garantidos, para que a empresa possa continuar a gerar empregos e pelo retorno melhorado de seu capital.

E suas exigências *junto* à *Junta* da Fazenda (com perdão da "cacofonia") estão sendo atendidas *plenamente* pelo *plenário* (ops, o que está acontecendo?)

Também na sessão seguinte (do dia 29) ele faz saber ao "Exmo. Conselho" que há "acumulação de cargos de professor de Primeiras Letras nas Freguesias de Batatais e Santa Isabel e o dos Vigários dos locais referidos" (a ponto de um pesquisador de suas ações, no futuro, poder dizer que "nada passava à sua fiscalização e ao seu crivo no cumprimento do dever; doesse a quem doesse").

Índios

Outro tema mereceu seu pronunciamento: as incursões de índios selvagens nas fazendas de criação de Rio Claro e na Vila de Itapetininga (o que pelo nome já se vê serem antes terras indígenas). *Propôs ação violenta contra eles.*

(Como algum antepassado romano talvez tenha se insurgido contra o avanço dos judeus..., e poderá no futuro ter descendentes que lutem justamente pelas causas indígenas. Será por alguma lei de compensação? Do tipo: alguém que tenha perseguido judeus acabará tendo seus descendentes casados com os mesmos?)

Rafa preferia que eles fossem catequizados e civilizados, dando-lhes "objetos de pequeno valor para 'acariciar' os ditos selvagens" (por essas normas é que deveria agir o destacamento militar, "que Sua Majestade o Imperador mandou estacionar naqueles campos").

(...) *quanto ao lugar em que se há de fixar o Destacamento, assentou-se que o Comandante das Ordenanças da Vila de Itapetininga, chamando à sua presença os proprietários das referidas fazendas, lhes proponha a escolha daquele que julgar mais apropriado, não só para dele acudir-se a todos os pontos que forem atacados, como para o estabelecimento de uma Povoação que se deverá formar para o futuro, e que do resultado dê conta: e finalmente pelo que respeita à pessoa a quem se devam confiar os objetos destinados aos índios, foi designado o* **proprietário** *de nome Inácio Batista, visto* **residir** *ali (...)*

E ainda sobre os "*índios*", nesta sessão, lembrou que na Carta Régia de 5 de novembro de 1808 estava disposto considerá-los "*prisioneiros de guerra*", e assim "obrigados a prestar serviços por quinze anos, sendo depois libertados". Mas os juízes órfãos de Itapetininga e Itapeva não teriam "*dado conta de sua execução*", precisando exigir, e até determinar, que ao "*fim de cada ano*" se desse "*parte do que tiverem obrado em cumprimento das ordens*" expedidas, "*enviando uma relação dos índios, que a esse tempo estiverem restituídos ao* gozo *de sua liberdade*".

Conceitos Gerais

Como conselheiro, queria fazer cumprir a lei em todos os "quadrantes da Província". "Não tolerava exorbitância de autoridades, fossem quais fossem" (pois "era dever do Conselho zelar pelo sossego público" – vide o caso com o capitão-mor de Franca, Francisco Dinis Junqueira).

Ensino

Esse Rafael é mesmo um *constante batalhador das causas públicas*, e recebeu muitos votos na "pugna" de 1828 (185, ficando em segundo o vigário João Crisóstomo com 120, Ornellas com 117, o pe. Feijó com 96 e o Barão de Piracicaba com 92).

Quem um dia se der à paciência (e certamente não seremos nós, narradores desta história romanceada e fictícia) de correr olhos nas atas deste conselho não deixará de admirá-lo, por sua atuação.

Já vimos por outras passagens: Rafael Tobias sempre deu atenção especial ao ensino. Fosse nas cadeiras de Retórica e Filosofia, fosse na Primeiras Letras, nas várias cidades e vilas da província. Sabia que eram de "*muita vantagem*" para a instrução pública as aulas de estudos preparatórios nas sedes das comarcas.

Até quando o conselho for extinto (e aqui sabemos, será em 12 de agosto de 1834, pelo artigo 32 do ato adicional), a atividade de Rafael será considerada "sem par", "cuidando de todos os assuntos, apresentando projetos, resoluções, requerimentos pertinentes ao bem público provincial".

Tendo a constituição de 1824 (artigos 71 a 89) criado o conselho geral da província, de 21 membros (eleitos com as assembleias em 13 de agosto), ele foi eleito junto àqueles citados, mais Salgado Bueno, Amaral Gurgel e outros.

(Os conselhos gerais deixaram de existir com a criação da *Assembleia Provincial* – a 1ª sessão preparatória do Conselho Geral é agora aos 29 de novembro de 1828. Rafael propôs reuniões específicas sobre a burocracia desses conselhos, mas principalmente criar as cadeiras de *Retórica* e *Filosofia*, nas Vilas de Curitiba e Itu.)

Revelação

Também apresentou propostas para *"arrematar a iluminação pública"* da capital (de interesse do próprio órgão coletor de impostos...). Propôs um atalho na estrada da vila de Itu (indo da ponte de Cotia à freguesia de São Bernardo, encurtando o trajeto em *"duas léguas, mais ou menos"*) e também votou em leis de promoção da *"salubridade e comodidade geral"* (art. 24 da lei 20, em 1823 – que obrigava a fiscalização das boas águas de uso comum, como a do próprio Ribeirão do Ipiranga, a que já nos referimos nesta história, e que levava água à *"casa que foi convento dos franciscanos"*, não sendo mais preciso que fosse tirada com esmolas, e para a *"comodidade dos frades"*, propôs que fosse franqueada ao povo...)...

Altruísmo

Para o Arouche, não só propôs que se franqueasse a água ao povo, como pediu à Câmara que fizesse uma praça com chafariz junto ao convento, *"deitando-se abaixo para este fim os muros do quintal que fica em frente"* (o que também foi aprovado).

Mais uma vez abria mão de seus vencimentos, e diante da falta de professores,

não receava que mandasse repor pelo exmo. Conselho a quantia que montassem os ordenados dos professores que por semelhante modo foram providos, porém se isto acontecesse, o faria de mui grado, na parte que lhe competisse.

5

Enquanto isso na Corte

Dezembro de 1828 – Barbacena na Europa

Enquanto esteve na Europa, Barbacena ainda passou novos apuros para explicar não apenas a questão do casamento, mas também a das paternidades. Em dezembro, o casal Clemência Saisset e seu marido, que eram comerciantes na rua do Ouvidor, no Rio, embarcou às pressas para a França, quando se soube que ela estava grávida de d. Pedro. O casal nunca teve muito escrúpulo disso, e estará sempre de olho nos cofres particulares do rei, mesmo quando ele estiver às vésperas da morte.

Quando no futuro já estiver bem organizado um tal Arquivo Histórico do Museu Imperial, haverão de ser encontradas diversas minutas mostrando que Pedro, por fim, abatido com as recusas, esteve "indeciso em continuar buscando uma noiva".

(E poderia haver uma razão muito mais séria, vinda do coração: talvez ele não quisesse mesmo se separar de Domitila.)

Discussão entre os dois, sobre a volta dela à Corte

Enquanto isso, Domitila já se vê cansada do degredo, e escreve para Pedro avisando que voltará ao Rio. Sairia agora, às vésperas do Natal, aos *23 de dezembro*.

Meu senhor
Estimo a boa saúde de V. M. e de S. Altezas.
*Creio ter cumprido com o meu degredo e, persuadida de que V. M. já não se lembra de mim, o que prova a falta de cartas suas, tomo a resolução de retirar-me daqui até o dia vinte e três deste mês e creio que não ofendo e nem pretendo incomodar a V. M. Eu o respeitarei sempre como meu soberano e meu amo e nada mais eu lhe sirvo **não me intrometerei com sua vida pois isto em mim não é novo**. Viverei em minha casa como qualquer outra pessoa. Espero isto como mais uma graça, além das muitas feitas a mim e a minha família. Aprove esta minha resolução. Deus lhe dê muita saúde e vida para satisfação de todos que o amam e respeitam, que lhe deseja com todas as veras.*
Sua criada

e obrigada
Marquesa de Santos

A carta fora escrita e enviada de Sampa no começo de dezembro. Vê-se que, cansada de esperar autorização para voltar à Corte, ela resolveu por si mesma que voltaria.

Comunica, então, altivamente, sua decisão de partir para o Rio no dia 23. E Pedro enviará ainda diversas cartas em resposta a ela por essa ousadia, pedindo que não partisse sem ser autorizada.

Se na mensagem ela se queixa "da falta de cartas do amante", elas "não se fizeram esperar". Sim, pois começou ali uma troca de correspondência mais ríspida, em que Pedro pede obediência, e com esse objetivo não poupa sequer a mãe de Domitila, que foi assim advertida:

Uma pessoa que saiu do nada por meu respeito devia, por um reconhecimento eterno, fazer o que eu lhe tenho até pedido. (...) seu fim é inteiramente opor-se ao meu casamento (...), mas eu lhe declaro, mui expressamente, que, se a marquesa se apresentar no Rio sem ordem minha, eu suspendo-lhe as mesadas, a ela e a toda aquela pessoa de sua família que influi para este sucesso, bem como a demito de dama e privo de entrarem no Paço seus parentes.

D. Escolástica Bonifácia, que está com a filha em Sampa, logo ao receber a carta de Pedro notou um tom de ameaça, a de que tomaria medidas contra a marquesa e a família, se eles aparecessem na Corte de surpresa.

(E junto à tentativa de intimidação, havia a de humilhação: "*uma pessoa que saiu do nada...*". Do nada? Como bem lembramos, Escolástica vinha das lindas praias de São Sebastião, e fora criada ao sabor do sol, ventos e banhos de mar.)

(Pedro assim se coloca na ofensiva, mas sabendo que pelo coração que ainda a ama, e que a vida não lhe perdoaria se agisse contra si mesmo – isso é possível de se pensar? Ele está em melhor posição hierárquica e moral, mas ficará sem vida, e até a mãe da marquesa viverá mais que ele. Depois haverá de passar um tempo ainda maior de separação entre eles, até que todos tenham concluído a escritura de suas histórias, e não sabemos – de fato, não sabemos – que lição teremos tirado de tanto sofrimento, cada um em seu caso...)

Resposta da mãe de Domitila

D. Escolástica, apesar de aflita, dignamente lhe respondeu:

Meu senhor,
Com a maior mágoa li a carta de V. Majestade, que me pôs na mais grande perturbação por ver o quanto V. M. se afligiu com o recebimento da carta da Marquesa sobre o que só tenho a dizer a V. M.

I. que ela bem conhece o quanto deve a V. Majde não só pelo lado do que é, como não ignora o muito respeito que em qualquer caso deve tributar à Pessoa de V. Majde. Não é de supor, Senhor, que ela dê um passo tão inconsiderado como diz, talvez por se persuadir que isto fosse do agrado de V. M. I., porque por mim está prevenida, muito de antemão, para não dar um só passo sem positiva determinação de V. M. I. Contudo agora tenho de estranhar-lhe o seu modo de pensar errado. Esteja V. M. I. certo que quem pela sua conduta tem sabido até agora amar e respeitar a V. Majde saberá continuar na mesma. Sinto meu senhor, e sinto n'Alma, que uma produção de meu desgraçado ventre viesse ao mundo para dar motivos de inquietações a V. Majde.
Deus ponha termo a tudo.
Beijo a mão a V. M. I. e sou com toda a submissão e respeito
Súdita e Criada muito obrigada
Viscondessa de Castro

Nova carta da marquesa

Ela agora escreveu em tom bem diferente da carta anterior, imaginando-se a conversa que teve com a mãe, d. Viscondessa de Castro...

Senhor
Que motivo haverá mais forte que me obrigou por algum tempo separar-me de minha casa. Mas senão a respeito e amor que de todo o meu coração consagro à pessoa de V. M. e por isso cheia da maior sensibilidade. Estou resolvida a entregar-me a disposições de V. M. I. qualquer. Sei que o seu magnânimo coração jamais deixará perecer quem por V. M. daria mil vidas e todas as possuísse.
Embora prevaleçam meus inimigos, como eles foram ganhados pelo amor que V. M. me tinha, fico satisfeita porque V. M. saberá defender-me de seus projetos. Depois de V. M. bem ponderar o meu estado, a minha casa e meus parentes. A minha casa me dará todas as insinuações que devo fazer em observância de seu projeto, protestando a V. M. firmemente executar, porque nada haverá neste mundo de maior valor para mim do que dizer que prezo e que sou
de Vossa Majestade criada e obrigada
Marquesa de Santos

Carta de Pedro aos 21/12

Querida Marquesa. O meu amor pela Marquesa é quem me compele a escrever-lhe, e é que me compeliu no protesto que lhe remeti diretamente, e no outro, que por motivo de carta sua em que me dizia coisas que, se não esperava, igualmente o fez.
Eu não desejo que meu casamento seja frustrado por causa da Marquesa, e se a Marquesa estivesse na minha delicada posição decerto com o seu gênio, se ainda o não perdes, faria pior. Agradeço a sua atenciosa e amigável carta, mas permita-me que *lhe peça* que *faça o que eu lhe digo, não pelas ameaças,*

que *só servem para aborrecerem e desvanecerem ideias de inteligências entre mim e a Marquesa, mas sim por convicção. A Duquesa bem e eu bom, e sempre seu verdadeiro e sincero amigo*
Pedro

Vê-se que continua grande a discussão entre Domitila, "exilada em sua cidade natal", e Pedro. Depois de quatro anos vivendo na capital do Império, "em meio ao luxo e ao poder", estar na Sampa "acanhada" desta época não lhe satisfaz, ou é suficiente...

Se na Corte a marquesa já enfrentava situações embaraçosas, seria ainda pior no "provincialismo paulistano". Ela está sendo evitada pelas velhas amigas, fracassam os piqueniques, e mesmo as diversões e festas não passam de "pálida imitação dos faustos da Corte".

Alguns dias atrás, Pedro recebera aquela mensagem de que ela voltaria à Corte aos 23 de dezembro. E foi então que ameaçou: nem mesmo a filha, duquesa de Goiás, ela poderia ver.

*Não espere a Marquesa, de chegar sem expressa ordem minha, que eu a trate como minha amiga prezada que é (como creio). (...) saiba que no caso (que eu não espero) de vir sem ordem minha que a Marquesa a vá ver, pois ela não poderá visitar a quem não quer concorrer para a glória de seu pai, do seu imperador e da sua pátria. Nada mais tenho a dizer, senão que pode estar certa que, imediatamente [, se] eu vir que a sua presença aqui me não influi nada sobre um **negócio de tão grande monta para o Império**, eu serei o primeiro que, enviando-lhe expressamente um soldado como agora faço, lhe mande ordem para se recolher para sua casa, pois bem poderá e deverá supor quanto me custará o meu **imperial coração** vê-la atormentada com incômodos.*

O pedido para que concorra à *"glória de seu pai, do seu imperador e da sua pátria"* representa um em raro momento em que Pedro se dá grande importância histórica (talvez até exagerada), na relação direta que sempre teve com Domitila.

Pergunta-se se não há injustiça em relação aos sentimentos dela, principalmente quando se lembra de que faz poucos meses perdeu uma de suas filhas, que estava sob os cuidados do pai, no Rio. E se não seria legítimo da parte dela poder estar próxima à outra.

Bem, mas diz-se que "essa determinação em mantê-la afastada foi diminuindo" a cada "não" que ele recebe aos pedidos de casamento... E "em abril de 1829, d. Pedro permitiria o retorno de Domitila à Corte".

Mundo das aparências

Tanto as cartas de Domitila quanto as de Pedro serão depois apresentadas por Chalaça ao barão de Mareschal, que é para mostrar ao "bisbilhoteiro-mor" da Corte que o imperador está decidido a "levar uma nova vida e esperar pacientemente pela nova esposa."

E é como se pensasse de Domitila que "daqui pra frente/ tudo vai ser diferente" e "eu só vou gostar de quem gosta de mim". Ou talvez, por versos mais bem elaborados, que ou "sigo enganado/ ou enganando meu viver" – e "tente passar pelo que estou passando/ tente apagar esse seu novo engano".

"Um amor assim delicado/ nenhum homem daria."

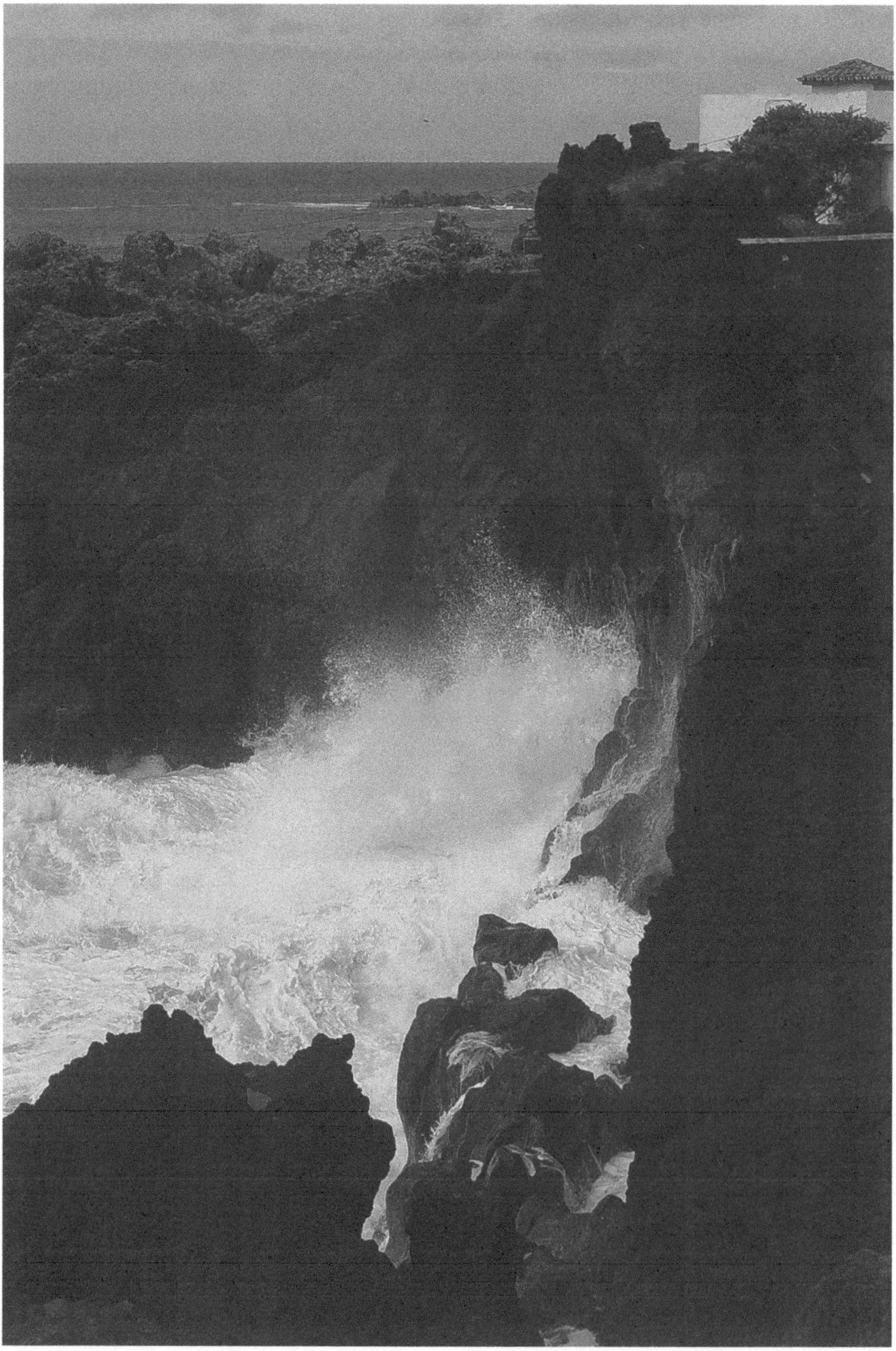

6

Campanha contra Domitila

Cartas anônimas para d. Pedro, no pós-retorno da marquesa à Corte – março de 1829

A consciência de um súdito cuja ascendência tem por timbre fidelidade e amor à augustíssima Casa de Bragança; a consciência, digo, deste súdito fiel a V. M. I. e toda a Imperial Família seria devorada de **cruelíssimos remorsos** *se ele não empunhasse a pena para traçar e depor aos pés do trono de V. M. I. quanto sabe a prol não menos dos interesses mundanos de V. M. I, como ainda dos espirituais. Verdades, senhor, tenho eu por obrigação quanto ante de apresentar a V. M. I. duras verdades (...). Mandou V. M. I. por conduto do tenente Lima, que a Marquesa de Santos regressasse para o seu Palácio de São Cristóvão. Que mandado, Senhor! Sancionou V. M. nesse ato* **a sua perdição e a do Brasil inteiro!!!** *A Marquesa de Santos!! Esse* **monstro de ingratidão e perfídias** *vem acabar com a preciosa vida de S. M. I. Não satisfeita com assoalhar por toda a parte diatribes contra a pessoa sagrada de V. M. I., atribuindo a V. M. defeitos que esta pena repugna escrever, indispondo a quase toda a nação com V. M.; não temendo esta pérfida ferir a mão benfazeja que a* **tirou do nada** *e a toda a família, como todo o Brasil sabe; não se envergonhando essa* **maligna mulher prostituir-se em São Paulo com dois estudantes**; *não envergonhada com sua gravidez resultado de sua devassidão. Ainda mais, senhor (até causa horror a descrição dessa fatal, mas indispensável verdade), ainda, senhor, a mais se abalança esse monstro de perfídia e iniquidade. Convidada pelo republicano Costa Carvalho e seus consócios, que ela finge detestar como aparenta em toda a parte, e de quem por sistema e combinação ajustada, vem dizendo muito mal para melhor adormecer a vigilância de V. M. I., ela se dirige de comum acordo com os inimigos de V. M. I.* **a cortar com mão sacrílega** *a tão necessária quanto preciosa vida de V. M. I., propinando* **veneno em comida ou bebida** *que lhe deve ofertar. E será difícil, senhor, V. M. convencer-se destas verdades? Quem é capaz de* **assassinar seus filhos em seu próprio ventre**, *como agora fez para abortar, também o não será de* **assassinar** *aquele a quem tudo deve? Quem se arroja a* **envenenar a virtuosa imperatriz** *não o fará a V. M. I.? Ah! Senhor, lembre-se V. M. I., pela alma da mesma virtuosa e sempre chorada imperatriz, lembre-se, senhor, por tudo quanto lhe é mais caro, que semelhante mulher vem* **mergulhar o Brasil**, *o augusto inocente herdeiro do trono e os amigos de V. M. I.,* **em amargo** *pranto*. Lembre-se mais, senhor, finalmente, que aquela que sob o nome de V. M. I., tem aceitado dinheiro a Gordon e Stuart, que a procuraram para obterem a ratificação de seus tratados, essa que tem vendido presidências e consulados e que a todos os respeitos tem atraiçoado a V. M. I. para consumação dos atentados, vem disposta agora a vender aos revolucionários **a vida de V. M.** Ah! Senhor, se V. M. não se apercebe do abismo que lhe está preparado, **ai de V. M. I.** e da terna prole tão infeliz que acabará na mais dura orfandade. **Ai do Brasil**, e mais que tudo, ai das contas que V. M. I. tem que dar **perante o ser dos seres** de não curar de tamanhas calamidades. Mas, senhor, um raio de esperança me consola e diz-me que V. M. I. ouvirá este aviso, mas, se for tão desgraçado que V. M. observe o precipício sem desviar-se dele, outra vez será com V. M. I. o fiel Avisador

Nossa... Por onde começar?

Essa carta anônima, e a seguinte (que será também reproduzida), mostram o clima de intrigas na opinião pública sobre a volta de Domitila. O rei pode ter achado graça em algumas dessas "informações", mas não sobre os "estudantes paulistas" (que seriam os primeiros a cursar a faculdade de Direito – e talvez o boato tenha partido de algum recifense enciumado com a dianteira tomada pela faculdade de Sampa, em tempo e qualidade, graças à marquesa), "tanto que ele procurou confirmar esses rumores".

(Sim, na verdade, a única coisa que de alguma maneira abalou S. M. foi a menção ao caso com os estudantes. Imediatamente ele sentiu saudades sexuais dela – e uma ponta mais aguda de ciúme, talvez – motivando-o, realmente, a ter certeza de que o que queria mesmo era a volta dela à Corte. E pôde ver que tal longa acusação viria dos interessados em que se desse prioridade à faculdade de Recife, pelos privilégios que se pudesse conseguir junto à Coroa, sem que nada fosse dado a São Paulo.)

Sobre *Costa Carvalho*, trata-se do barão e visconde de Monte Alegre, hoje aos 33 anos (ele que viverá até os 73, e quando Pedro abdicar integrará a regência trina permanente, dirigirá a academia de Direito de Sampa e presidirá depois a província). Já *Gordon e Stuart* (Robert Gordon e Sir Charles Stuart) são diplomatas britânicos, e supostamente tentaram contatar Domitila para tirarem partido da sua influência sobre o imperador.

Sobre "*assassinar seus filhos em seu próprio ventre*", nota-se aí um tipo de apelo horripilante e insano, e que a carta não tem mesmo nenhum comprometimento moral. Ainda assim pode ter feito mal a Peu, e espera-se que ele ao menos não a tenha mostrado a Dômi. No mesmo nível pode-se perguntar sobre se "*quem se arroja a envenenar a virtuosa imperatriz não o fará a V. M. I.*" Imaginamos que Pedro não cairia nessa, ou comprometeria até a moral que tem consigo mesmo. Diz que Domitila estaria disposta a "*vender aos revolucionários a vida de V. M.*", e dá-lhe teoria conspiratória...: o autor da carta já podia estar preso (com base em boatos assim, correntes doutrinárias da futura política inventarão teorias para fazer suas novas e novas revisões de qualquer história, algo baseadas em fofocas e "provas" fraudulentas, como se houvesse uma verdadeira ocorrência de tais fatos).

Mais esta

A acusação de que teriam envenenado a imperatriz correra pela boca do povo (vinda de quem maldosamente espalhou o boato), assim como a teoria da troca dos "Pedros". Dizia-se que o verdadeiro herdeiro tinha falecido na viagem dos três à Bahia, e sido substituído pelo filho de Domitila, por manobras de algum servidor do paço e dos pais da marquesa.

Senhor
*Do velho e sempre amigo fiel e vassalo honrado de V. M. I. e do senhor d. João VI desde os seus primeiros anos, não posso ser indiferente **à ingratidão e à infâmia**. (...) a pessoa que V. M. tanto honrou, a qual teve ventura de contar já três augustos filhos de monarca tão excelso, esqueceu-se de tudo, a uma **escandalosa prostituição: companhia de rapazes e estudantes em público, em particular, pela roça**... Senhor, perante meu soberano, não posso dizer tudo, mas digo somente que ela, se ela não está, esteve pejada. Vossa Majestade por quem é para salvar a sua honra, procura indagar o procedimento desta **mulher ingrata**, então saberá o que não convém dizer.*
Deus guarde a Vossa Majestade Imperial meu amo. São Paulo.

Sexo

Algumas definições:
– "tempo de encontro consigo mesmo e com a pessoa amada";
– "patrimônio do homem e reputação da mulher";
O amor "sendo belo, torna a vida bela de alguma forma" (mesmo para os que sofrem); "abandonar os outros em nome do que você quer é quase um imperativo *kantiano* perverso" (sobrou para Leopoldina?)
"Por causa do amor, alguém pode agir de modo cruel aos olhos de quem está fora do amor" (idem).
– Há um conflito ético no amor: "uma pessoa virtuosa sofreria por trair alguém que não merece"; decisões morais acabam se submetendo ao desejo de estar com a pessoa amada.
"Alegria dos amantes é veneno para quem foi abandonado em nome dessa alegria" (idem). Isso é justo?
Oscila-se entre a vida cheia de sentido e generosidade e a loucura de um desejo novo; "posso eu, entre tantos, ser um dos poucos que amam e são amados?"; como "negar o milagre" do seu sorriso? (num enredo em que você tem direito a ser feliz, a "vítima 'nunca' é a culpada na relação"); a verdade depende de cada um.

Mulheres de pouca roupa são "mulheres livres exercendo sua liberdade", se forem suas amigas. Se forem amigas *dele* (ou *dela*), são vagabundas. O homem está em busca de sua devida felicidade, se for amigo, mas para o amigo ou irmão da esposa abandonada, trata-se apenas de um canalha.

"Já os medievais diziam que o amor causa inveja"; "os mais jovens são os mais caretas". Ela é do tipo que "se entregará ao primeiro canalha que a tratar 'mal'?"; quando podem, recusam homens acuados pela obrigação de serem bons, "diante do olhar poderoso do diabo"; "e da atitude completamente entregue de sua mulher, ele recua"; "o bem pode ser uma das maiores formas de abuso, para homens e mulheres". O homem acuado pelo bem (a insegurança nascida por essa opção) vê a "diaba" do homem entediado que seria uma... no(i)vinha...

29 de abril – Volta de Domitila ao Rio (e notícia do novo casamento)

(Se ainda no futuro os casamentos vão existir, é para "organizar-se" o amor...)
Quando soube que recebera o "não" de uma filha do rei da Dinamarca (o que já representava a oitava negativa, incluindo-se a de uma princesa que sequer havia sido pedida em casamento), o imperador autorizou a volta de Domitila à Corte (e seria demais achar que isso era parte do poder *dela*, digamos, de pensamento?).

Aos 20 de abril, ele mesmo partiu até a fazenda de Santa Cruz, para esperá-la ainda no caminho (imagina-se como já estaria de saudade do corpo dela, ou da maneira correta de fazer amor, que só ela tinha).

E já no dia 29, "ela entraria novamente em seu palacete de São Cristóvão".

Comemoram juntos o aniversário da duquesa de Goiás, aos 24 de maio

O apogeu desta "volta gloriosa" está sendo o aniversário da duquesa de Goiás, "duplamente comemorado", porque "d. Pedro ofereceu uma recepção no Palácio de São Cristóvão" e "Domitila preparou um banquete para sessenta pessoas, ao qual o imperador compareceu".

Assim, Pedro e Domitila já reatam publicamente, mais eis que, na Europa, o marquês de Barbacena continua em suas negociações para conseguir uma noiva para o imperador.

E em 30 de maio (um dia depois do aniversário), é assinado, sim, um contrato de casamento, e este diz que será realizado com *Amélia de Leuchtenberg*, a noiva (vê-se que, se tantas outras recusaram, e algumas sequer aceitaram receber o pedido, parece que esta Amélia era mesmo do tipo "mulher de verdade").

Tranqueira? Não, não julguemos. Ela é uma "princesa bávara, neta da imperatriz Josefina, primeira esposa de Napoleão". Provavelmente tão fina quanto Leopoldina. E nova, muito nova...

7

Questões éticas da separação

Pedro e Domitila, *Peu* e *Tília*

O desejo da mulher foi "até muito recentemente esmagado pela sociedade patriarcal, por milhares de anos". Um homem casado pode ter amantes, mas ao se apaixonar por uma "mais novinha" e abandonar mulher e filhos, não dirão que "se emancipou contra o esmagamento de seu desejo" (como dizem das mulheres), e sim será chamado de canalha.

Quando você vive com uma pessoa, não pode abandoná-la pelo simples fato de que se todos fizessem isso, ninguém poderia confiar em ninguém.

Deve-se pensar sempre "no ordenamento do convívio coletivo e *não nos delírios do seu desejo*" (estamos também sem entender o que é esta conversa, mas parece ser com um dos santos do casal...). Há o tema das compensações para as falhas morais humanas, a "condução racional do afeto implica controle do amor a serviço do convívio social".
Principalmente faz-se a crítica moral de padrões "ultrapassados", por mulheres maduras, e justamente as que foram trocadas por "novinhas" (e o amor pelas "novinhas" também não é compreendido por homossexuais; o dizer-se "gosto mais de mim mesmo com ela"...).

Pedro e Amélia – *o porquê de preferir as jovens*

"*Homens não perdem tanto a libido com o passar dos anos*"
"Mulheres maduras conseguem viver sem sexo com mais facilidade e elegância"
Quando uma mulher se apaixona fora do casamento ouve-se muito falar na "emancipação contra a opressão do desejo feminino pela estrutura patriarcal". Mas um homem na mesma situação é sempre um canalha, e não um "emancipado do es-

magamento dos sonhos masculinos por uma mulher que o deseje acima de tudo, e o faça se sentir como nunca antes".

Uma revolução na vida afetiva do homem da era moderna é encontrar mulher que não compita com ele em tudo, não cobre, não seja vítima de sua masculinidade, mas que "deseje essa mesma masculinidade" como "forma de diferença irredutível" de sua natureza feminina.

Mulher mais jovem mantém vivo o desejo sexual, vão dizer, pois o desejo sexual masculino é "esmagado pelo dia a dia sem libido da esposa". O encantamento resgata a "sensação de que ele pode ser", novamente, "o centro da vida de uma mulher".

Um homem precisa, quase sempre, de uma mulher "para se sentir plenamente vivo". E como no primeiro encontro entre Dômi e Peu,

Esse amor trará para esse homem a sensação de que ele está vivo de novo. *A felicidade inundará seu dia a dia,* como o amor correspondido (...)

O homem ativo afetivamente prefere dizer "gosto mais de mim quando estou com ela": escolher a si mesmo contra uma vida de reponsabilidades – e uma mulher mais jovem é quem "traz essa realidade".

Cartas de Domitila a d. Pedro sobre precisar sair definitivamente da Corte – julho de 1829

Filho,
Não é pelos seus conselhos que buscamos ambos separarmos, sim porque vejo sem que haja uma coisa certa V. M. me tenha aborrecido tanto e me tenha dito tantas coisas que eu não sou merecedora. Assim, senhor, a minha presença não lhe há de ser mais fastidiosa nem V. M. casando e nem deixando de casar, e só desta maneira terão sossego meus inimigos.
Fique V. M. na certeza que serei eternamente grata a tantos benefícios que lhe devo.
Sou de V. M. amiga
E criada
Demetília

Nesta carta escrita entre junho e agosto de 1829, Pedro já sabia que as tratativas de casamento na Europa tinham enfim triunfado. Mas a marquesa ainda duvidava, ou não queria acreditar, que depois de seu retorno ele ainda a faria partir de novo.

Senhor,
Recebi ao meio-dia a carta de V. M. e não respondi logo como devia por causa de uma grande dor de cabeça que me acompanhava. Agora que me acho melhor agradeço a V. M. a honra que me fez, pois se V. M. tivesse feito isto há mais dias já estava tudo decidido. Eu, senhor, largo todas as minhas

chácaras, com bem custo do meu coração. Assim espero em V. M. que me dê outras propriedades iguais em tudo às que deixo. Eu não quero viver mais em chácaras, sim quero uma boa chácara na cidade e julgo que o Plácido não porá dúvida de ceder as suas casas para este fim. Restam só duas chácaras, da escolha de V. M., que igualem as três que deixo.
Beija a augusta e benfeitora
Mão de V. Majestade
A Marquesa de Santos

No verso está a data de recebimento, com a letra de Pedro – 10 de julho de 1829.

Resistência

Entre a carta e o recebimento, aconteceu o seguinte: no dia 24 de julho chegara o contrato de casamento e, "intempestivamente", o imperador transferiu-se para a residência de Botafogo, distanciando-se da vizinhança da marquesa... E assim começaram as medidas duras ("necessárias") "para o banimento definitivo da amante" de dentro da Corte.

Só que, desta vez, Domitila resolveu resistir:

Fincou o pé: já havia sido exilada uma vez e, *depois de se acostumar com a vida na Corte, ser amada publicamente pelo imperador, ter as filhas reconhecidas por ele, São Paulo não mais lhe bastava.*

Ela imaginava conhecer Pedro, "*o homem com quem tivera relações durante sete anos e a quem dera quatro filhos*", mas acontece que o imperador já se via "*enfeitiçado pela imagem da jovem virgem bávara*", uma moça de dezessete anos, "cujo retrato levava consigo", e ele agora está decidido a "se livrar da amante".

Domitila está perdendo o amor de Pedro para uma *jovem e linda* princesa, que poderá ser aqui bem descrita, em algum momento...

Como tudo aconteceu rápido

Agora entendemos que a "dor de cabeça" não foi à toa. Alguns dias depois da festa da duquesinha de Goiás, Pedro soube-se casado na Europa, e mais do que isso: "a noiva era linda e jovem".

"Neste ponto, a marquesa acreditava que bastava sair de perto do Palácio de São Cristóvão para que tudo ficasse bem", mas com o tempo, "e outras dores de cabeça", saberia o que tinha mesmo pela frente: o retorno definitivo (e sofrido: grávida – ainda entenderemos) a Sampa.

No início de julho já chegavam ao Rio as notícias desse noivado, com alguém que atendia a pelo menos "três das quatro qualidades exigidas": *virtude, cultura* e *beleza*.

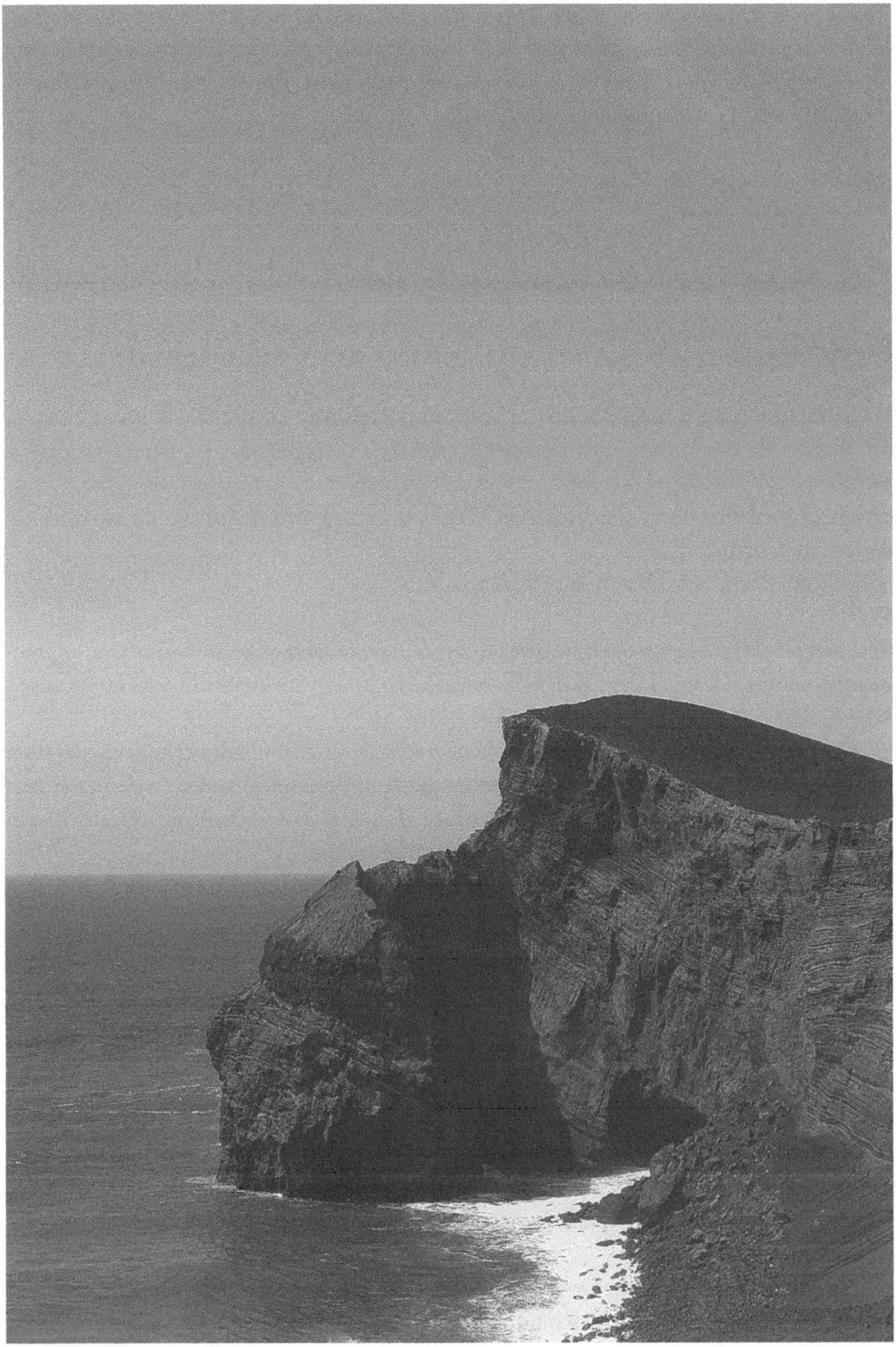

Depois de tantas recusas de "princesas de casas reinantes", a quarta exigência, "nascimento", já se tornara secundária.

Uma luta de gigantes

Parece que só de ver o quadro de Amélia, Pedro já começara a pensar com a cabeça de baixo – e se falará em um "monstro de duas cabeças", sendo uma "a que não tem pescoço", o famoso priapo, ou pinto...
Para conseguir a retirada de Domitila, ele chegou a enviar o ministro José Clemente Pereira para que negociasse com ela. O fim do relacionamento já se torna agora um *negócio de Estado*.

Nem mesmo apelando para a intercessão e o bom senso dos parentes d. Pedro conseguiu demovê-la.

A maneira prática de fazê-lo (com certo requinte de crueldade – apesar dos aparentes bons modos do imperador, que se notam nas cartas) está sendo, enfim, retirar todos os criados e escravos do palacete de sua "antiga favorita", e Domitila, em sua moradia vazia, será "intimada oficialmente pelo ajudante de ordens do imperador para que *se retirasse da Corte em uma semana*".

Carta de despedida, de Domitila a Pedro

Veja-se agora esta super-honrosa e bonita carta, que serve de exemplo aos muitos amantes que somos, sofridos por coisas menores: uma história de amor tão *visceral*, que assim se interrompe para nunca mais ter volta; como são menores os nossos problemas com nossos vizinhos, e os nossos sofrimentos por separações que jamais serão assim de tanta dramaticidade.

Senhor,
Eu parto esta madrugada e seja-me permitido ainda esta vez beijar as mãos de V. Majestade por meio desta, já que os meus infortúnios, e a minha má estrela, me roubaram o prazer de o fazer pessoalmente. Pedirei constantemente ao céu que prospere e faça venturoso ao meu Imperador enquanto a Marquesa de Santos, Senhor, pede por último a V. M. que, esquecendo com ela tantos desgostos, se lembre só mesmo, a despeito das intrigas, que ela em qualquer parte que esteja saberá conservar dignamente o lugar a que V. M. a elevou assim como ela só se lembrará do muito que deve a V. M. Que Deus vigie e proteja como todos precisamos.
De V. Majestade
Súdita muito obrigada
Marquesa de Santos

Provavelmente esta é a última carta escrita a ele por Domitila, que partirá em breve do Rio (na madrugada de 26 para 27 de agosto de 1829), definitivamente.

O amanhecer será dos mais bonitos, apesar de tudo. O tempo bom, com o sol nascendo nessas paisagens, parece trazer junto uma mensagem divina: tudo é transcendente, na história que se modifica, mas são as variações de um mesmo padrão natural, passado pela reação dos átomos no centro do sol, nas nuvens que carregam água e voam livres para a zona equatorial, pertencendo ao mesmo ciclo das brisas marinhas que agora trazem a maresia sentida no balanço das árvores com o vento... E assim vamos.

Saída para a esquerda do mapa

Neste 28 de agosto, o *Diário Fluminense* noticia a partida de Domitila, na véspera.

Em 6 de setembro, os móveis dela serão despachados para Santos, no navio *União Feliz* – e que triste ironia esta, até de mau (a)gosto...

Mas além da família, alguém mais acompanha Domitila na viagem para São Paulo. É o filho que ela carrega na barriga. Mais um filho de d. Pedro, e é o último dele com ela (e que sina esta, a de passar pela separação definitiva de maneira tão humilhante, em plena gestação...).

8

Fim da relação

Casam-se, por procuração, d. Pedro e Amélia – a mulher de verdade?

O casamento se deu no dia 2 deste mês de agosto de 1829, e já no dia 23 nasce Pedro de Alcântara Brasileiro II, mas que não é filho de Domitila (ela espera uma menina; o filho, como lembramos, vivera só alguns meses, de dezembro de 1825 a março de 26). Trata-se de mais um rebento "natural"... Enfim, o "fruto de um rápido *affair* com a modista francesa Clémence Saisset".

Ela, como outros franceses que chegaram ao Rio por essa época, estabelecera-se com o marido, em 1822, na rua do Ouvidor – "principal endereço da moda no Império". Por volta de 1830 os Saisset voltarão à França, levando o filho.

E um dia depois de nascer esse Pedro Brasileiro II, aos 24 de agosto, deu-se um jeito para que a marquesa de Santos fosse "definitivamente afastada da Corte", junto com a família, derrotada pelas exigências do segundo casamento do rei, viúvo de Leopoldina.

Sobre a partida definitiva de Dômi para Sampa (aos 27 de agosto)

Só em meados de agosto, portanto, "exaurida", a marquesa "capitulou". Concordava, assim, "em vender suas propriedades para o imperador e retirar-se com a família para São Paulo".

Dom Pedro e Domitila por fim rompem neste ano de 1829, em razão das segundas núpcias de Pedro I, agora com Amélia de Leuchtenberg (e desde 1827 ele – ou o sistema monárquico – procurava por uma noiva nobre de sangue; seu relacionamento com Domitila, e os sofrimentos que isso causava a Leopoldina, eram vistos com horror pelas Cortes europeias, sendo que várias princesas recusaram casar-se com ele).

O embaixador da Áustria no Rio, barão Wenzel de Mareschal, escrevera a Viena a respeito do futuro casamento de Pedro e do banimento de sua favorita:

O Imperador D. Pedro acabou por se convencer de que a presença da Senhora de Santos seria sempre inoportuna e que uma simples mudança de residência não satisfaria ninguém; ele insistiu na venda de suas propriedades, o que segundo soube já foi providenciado e na sua partida para São Paulo em oito ou dez dias.

Pedro comprou as propriedades da marquesa no Rio por 240 contos (240 apólices da Dívida Pública – da Caixa de Amortização – de um conto de réis), devolvendo a ela *"em bilhetes de São Paulo"* catorze contos de réis, dois contos pelo camarote com que a tinha presenteado, mesada de um conto de réis por mês posto à sua ordem, *"ao par ou em bilhetes"*.

A respeito do palacete, diz Mareschal que *"servirá à jovem Rainha e sua Corte"*. Trata-se de d. Maria da Glória, futura rainha Maria II de Portugal. Por isso ele será depois conhecido por Palacete da Rainha, já que, efetivamente, d. Maria da Glória ali se instalará, embora por curto período.

Isabel Maria

Vemos que agora Pedro se casou de novo, neste ano de 1829, rompendo definitivamente com a marquesa de Santos, que está sendo enviada de volta a Sampa. E a nova imperatriz, d. Amélia, já deixara claro que não permitiria a permanência da pequena duquesa em São Cristóvão. Antes mesmo de chegar ao Brasil, está tomando providências para que Isabel Maria seja transferida para o Palacete Imperial da Praia Grande – a residência oficial de verão deste reinado, em Niterói.

9

Novos fatos

Amélia desembarca no Rio

É dia 16 de outubro e desembarca nesta cidade do Rio a princesa Amélia de Leuchtenberg, agora uma jovem imperatriz.

Todos se lembram de que, quando ficou viúvo, Pedro enviou emissários à Europa para encontrar uma nova esposa. Antes de ser encontrada Amélia, ouviu-se dez vezes um sonoro "*não*".

E apesar da "sensacional" encomenda por "*uma princesa que por seu nascimento, formosura, virtude, instrução venha a fazer a minha felicidade e a do império*", acabou-se por ser flexível...

Se fosse difícil reunir tantas qualidades, bastaria que ela fosse "*formosa* e virtuosa", segundo Pedro. E isso ele encontra agora na figura da "belíssima" Amélia Augusta Eugênia Napoleão de Beauharnais, chegada ao Rio neste ano de 1829.

Deu-se o inimaginável. Ainda que com algumas raras puladas de cerca, d. Pedro se manteve fiel à mulher até a morte.

Bem, e nenhuma dessas puladas de cerca teria sido com Domitila, ao que se sabe. E a morte de Pedro não levará tanto tempo a acontecer, depois de não haver mais relações com a amante: cerca de dois anos.

Como vimos, a "concubina" foi afastada pouco antes da noiva chegar: foi assinado o contrato de casamento do rei e a nova rainha sem ainda se conhecerem pessoalmente, mas ela fora bem retratada por um artista (ou verdadeiro "*spoiler*"), como princesa alemã, d. Amélia de Leuchtenberg, o que pôs fim ao mais longo caso de amor de d. Pedro.

Ele, nosso rei, em breve também perderá a vida, como Leopoldina, enquanto Dômi se casará pela terceira vez, até novamente enviuvar. E o marido, parece que já sabemos quem será.

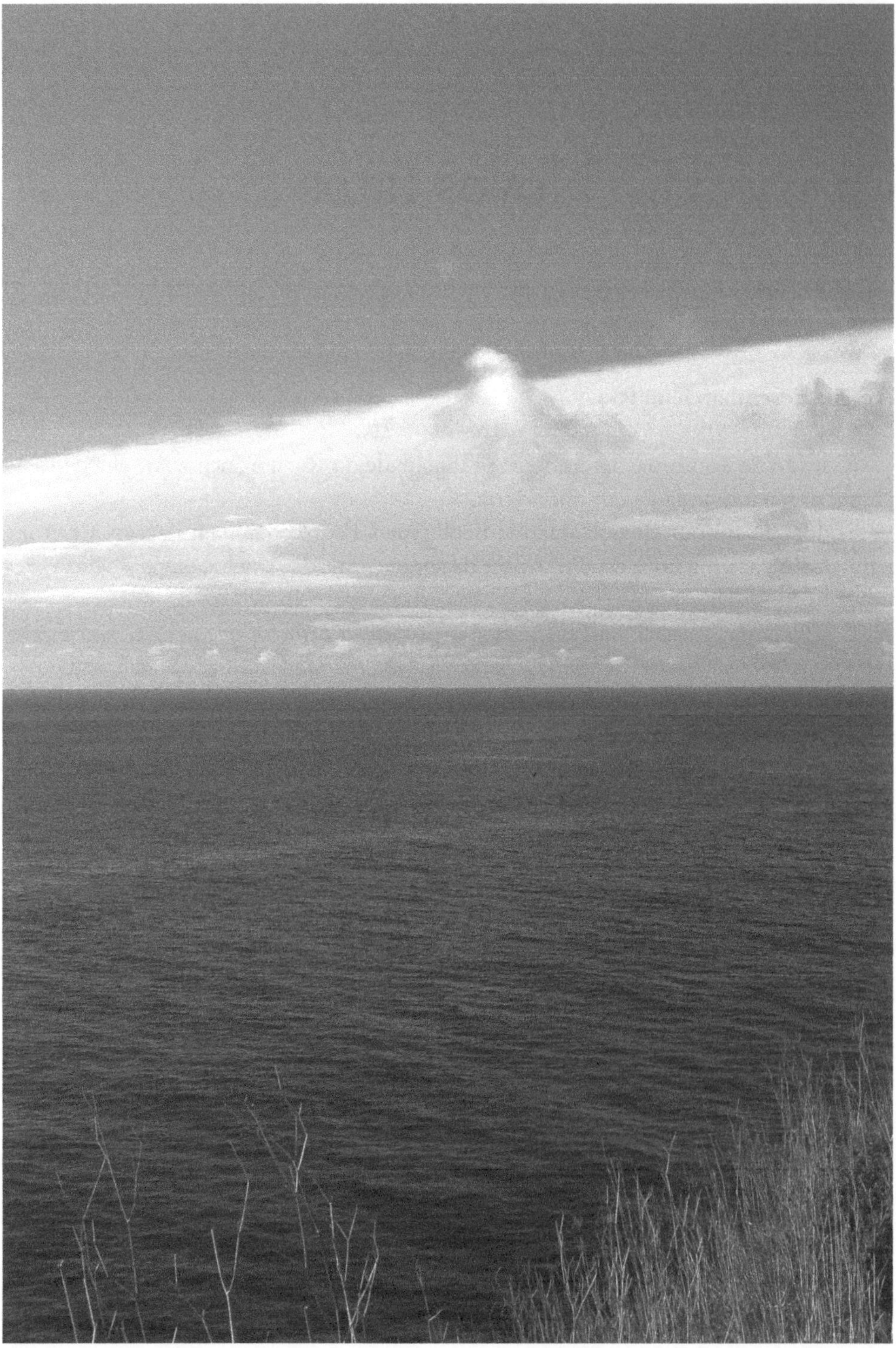

Ainda o desembarque

A princesa Amélia, assim como Leopoldina, doze anos antes, desembarcava no Rio no Arsenal da Marinha, no dia 16 de outubro deste ano, para casar-se com d. Pedro no dia 17. "Vinha acompanhada do irmão, Augusto, futuro genro do imperador."

(E não podemos deixar de lembrar a história de Domitila com seus três maridos: o primeiro foi um pai, no sentido da autoridade e possessão sobre ela; o segundo como um irmão; e haverá o terceiro de ser aquele a quem ela de fato dará a mão. Pode-se dizer que o que era para ser Deus virou "demo", seguindo-se depois o rei e o verdadeiro, mesmo que no papel ela venha a se casar em apenas dois casos. Porque do marido que é ainda o atual, Pedro, ela engravidou *cinco vezes*. E agora, d. Pedro também terá as suas três esposas, sendo que duas no papel.)

Além de todo o enxoval, a nova esposa trouxe "brinquedos para os filhos de d. Leopoldina", e também uma carta escrita por sua mãe, duquesa Augusta de Leuchtenberg, dirigida a Pedro, imperador do Brasil. Era datada de 3 de agosto, e dizia:

(...) *meu filho, porque ouso agora, vos dar este doce nome, afastai dela o que lhe possa dar a ideia de uma falta passada, a fim de não aterrorizar no futuro esse jovem coração, que é a própria pureza.*

Em 17 de outubro casam-se Pedro e Amélia

(Há um pensamento que prevalece em toda a igreja: o mínimo que se pode garantir é que ela terá um bom "homem de cama".)

Negócio de Estado

Os conceitos de amor, casamento e família se transformam ao longo do tempo acompanhando as modificações culturais, de sentimentos e de instituições sociais. Na mesma sociedade também assumem feições diversas, conforme o grupo. O "adultério" (e outros costumes afetivo-sexuais), conforme os séculos e lugares, recebe diferentes concepções.

"Adultério pressupõe casamento", coisa que faz unir representantes de grupos políticos diferentes e, principalmente nas monarquias, é considerado "negócio de Estado". Quando se juntam um príncipe a uma princesa, o afeto e a amizade não são os elementos mais importantes. Às vezes eles só se conhecem depois de assinar o "contrato nupcial".

E por isso, alguns relacionamentos fora do casamento são até bem aceitos. Na Europa, atualmente são comuns as "*favoritas*" dos reis, "amantes notórias", frequentadoras das Cortes e recebedoras de regalias...

Algumas tiveram destaque nos contextos políticos, atuando como intermediárias entre governantes e candidatos a favores. Na Europa e no Brasil, "afetos reais transbordaram os limites das bênçãos da igreja e se desdobraram em fatos da vida política".

"Orgulho bastardo"

Um dia haverão de inventar as notícias de namoro:

rapaz extremamente simpático, de olhos negros e brilhantes, cabelos fartos e encaracolados, belo porte, (...) cuja presença inclinava à confiança e ao abandono.

Muitas mulheres terão cedido aos "atributos" de um monarca galanteador, que precisou ser "hábil para conciliar os negócios públicos com as aventuras amorosas" e seus muitos frutos.

Terá tido os filhos legítimos com duas esposas: d. Leopoldina (*sete*, e entre eles Pedro II – nascido em 1825, e que viverá até os 65 ou 66 anos) e d. Amélia, de dezessete anos (deverá viver até os 60), com quem acaba de casar (e vão ter apenas uma filha, a linda Maria Amélia, que falecerá de tuberculose aos 21 anos).

Já os "naturais", serão em número bem maior.

Mesmo independente, o Brasil segue os dispositivos jurídicos das Ordenações Filipinas (lei de 1823, em que o livro IV regula "os direitos e a condição dos bastardos de nobres e plebeus").

Parte X

Segue a vida para Domitila

1

Embarque da duquesa de Goiás

Estudos na Europa

Neste mesmo ano, d. Pedro decide enviar Isabel Maria para se educar na Europa. A menina, que só tem cinco anos, embarca neste 25 de novembro para a França, e leva uma carta do secretário Francisco Gomes ao visconde de Pedra Branca, recomendando que sua instrução seja

... a melhor possível para fazer uma freira, com a menor despesa possível, sem contudo faltar à decência devida a uma filha de S.M.I., posto que bastarda.

Assim, essa *menina de cinco anos*, que poderia "*dar a ideia de uma falta passada*", vai agora para a Europa virar aluna do Sacré Coeur, em Paris. E é muito triste saber: "*Domitila nunca mais veria essa filha*".
E para não pensarmos tanto nisso, damos também notícia do irmão mais velho de Domitila (tio dessa menina), José de Castro, que por essa época teve licença para tratar da saúde. Ele é agora brigadeiro reformado do Exército, Gentil Homem da Imperial Câmara (e só será demitido dessa função em 1842...).

Viagem de Isabel Maria

Estamos em fevereiro de 1830. A viagem teve inúmeros percalços: uma tempestade danificou as velas do navio, seus ocupantes foram acometidos por um surto de febre e a duquesa passou a queixar-se de dores no peito. Diante dessa situação, o responsável pela menina, Visconde Paulo Martins de Almeida, ordenou que o comandante mudasse o curso para Plymouth, onde agora estão aportando, aos 8 de fevereiro.
A comitiva instala-se em Londres enquanto os viscondes de Itabaiana e de Resende procuram, em Paris, um colégio adequado à educação da duquesa.

Algum tempo depois

Isabel Maria finalmente é levada a Paris, e passará a estudar em regime de internato na *Ecole du Sacré-Coeur*, onde as filhas da aristocracia católica francesa são educadas.

(Alguns anos depois ela terá como colega a condessa de Teba, futura imperatriz dos franceses Eugênia de Montijo, a esposa de Napoleão III).

No Brasil, d. Pedro passa a receber mensalmente os relatórios médicos e informações sobre o desenvolvimento da filha. As freiras responsáveis pela escola relatarão que a duquesa é extremamente dócil e, à exceção do piano, irá se sair bem em todas as disciplinas. Mas também comentarão o fato de ela ser dada a *variações de humor*, quando obrigada a estudar.

Pedro introspetivo

Sempre envolvido em tantos acontecimentos políticos e pessoais, Pedro agora vê que "o destino de sua [filha] predileta, a duquesa de Goiás, foi traçado"... No futuro haverá diferentes hipóteses, mas Isabel Maria poderia ter seguido para Paris ainda em 1829 "onde foi matriculada no Colégio Sacré Coeur" (ou então teria ido para a mesma cidade que o pai depois da abdicação em 1831, mas é mais provável a primeira hipótese).

Enquanto isso, Domitila

Lembramos que ela partiu grávida para São Paulo, onde agora, aos 28 de fevereiro de 1830, nasce a pequena Maria Isabel.

Correrão rumores de que ainda haverá outros, mas certamente, ao menos entre os nascidos no Brasil, esta é a última filha "natural" de Pedro.

Nascimento da futura condessa de Iguaçu, Maria Isabel, filha de Domitila e Pedro

Aos 28 de fevereiro deste ano de 1830, portanto, nasce em Sampa essa menina que, dentro da barriga da mãe, fora expulsa da Corte portuguesa que se instalara no Rio de Janeiro, precisando cavalgar mais de 400 km para ver-se em terras paulistas, livre de novas perseguições. Brava é sua mãe!!!

E ela recebe então o mesmo nome da irmã que falecera ainda criança (e seria a duquesa do Ceará), tornando-se a última filha de d. Pedro e da marquesa, *que nunca mais se encontrarão*.

Uma minuta de Pedro, em que aborda a questão dos filhos "naturais"

Estamos ainda em 1830, e Pedro agora escreve uma carta mostrando bastante desprezo pelos filhos ilegítimos que não fossem os da marquesa (e usa inclusive o termo "feito" para referir-se ao ato sexual, sem levar em conta a gestação...).

Rio de Janeiro, 22 de abril de 1830
Meu Resende. Esta vai (...) fazer-lhe conhecer que sou aquele mesmo que sempre fui (...). – A estas horas já tens visto minha filha Duquesa [1], *e mesmo o pequeno Pedro* [2] *que lá nasceu em 7 de junho. (...) aquele que foi feito naquela noite de 27 de janeiro de 1823, e nasceu a 5 de setembro (...), por um motivo bem simples, que a mãe não era burra, e se chama Rodrigo* [3], *e que lhe morreu o Pai putativo, está na Inglaterra. Em São Paulo existe também uma, feita* [4] *enquanto os senhores levaram tempo a me arranjarem casamento. (...) em breve darei cópia de mim, e farei a Imperatriz dar cópia de si, se ela me não emprenhar a mim, que é a única desgraça que me falta a sofrer. Se eu me estivesse como o Gagis (...) nem teria filhos, nem incômodos por consequência (...), nem teria feito metade das despesas que tenho feito; mas, enfim, que quer que lhe faça? Já não há remédio. Agora já* [há] *propósito firme de não... se não em casa, não só por motivos de religião, mas até por que para o pôr assim* [desenho de um pênis ereto] *já não é pouco dificultoso. (...); a Sto Amaro* [5] *vai, creio que por causa deste; forte tola! Como se em França não houvesse milhares de putas melhores do que ela. Acabou-se o papel e a carta. Seu amo e amigo. Pedro*

Sim, vê-se que não é verdadeiramente uma carta, mas uma minuta, com a letra de Francisco Gomes da Silva. E nela, o rei informa ao marquês de Resende (Antônio Teles e Meneses) a nomeação do marquês de Maceió para a embaixada na Rússia em seu lugar. Também discorre sobre o câmbio brasileiro e faz outras considerações...

Mas a parte interessante é de fato esta mesma, o levantamento de seus filhos: [1] Isabel Maria, a duquesa de Goiás; [2] Pedro de Alcântara Brasileiro, filho de Clemência Saisset (ela e o marido eram comerciantes e moravam na rua do Ouvidor, no Rio, até partirem para a França estando ela grávida de d. Pedro, e a criança nascera em 1829); [3] Rodrigo Delfim Pereira, o filho dele com a baronesa de Sorocaba (e o marido dela, Boaventura Delfim Pereira, que assumiu a criança, já falecera um ano antes, aos 20 de março de 1829); e [4] Maria Isabel, futura condessa de Iguaçu.

(Já Santo Amaro [5] seria Maria Benedita Papança – nascida em 1787 e que viverá até 1846 –, segunda esposa de José Egídio Álvares de Almeida – vinte anos mais velho, e que viverá mais dois anos –, o barão, visconde e marquês de Santo Amaro, que fora ministro das relações exteriores e embaixador em Paris e Londres. Ele se casaram em 1802.)

Será mesmo?

E hão de se encontrar algumas (ou muitas) incongruências nesta carta (ou minuta, como preferirão alguns).

Para um tal Silva Leme (*Genealogia Paulistana* – seguido por outros historiadores), Rodrigo Delfim teria nascido aos 4 de novembro de 1823. E para outro futuro estudioso, Alberto Rangel (*Textos e pretextos*), Pedro de Alcântara Brasileiro teria nascido em Paris, em 23 de agosto de1829.

A carta foi escrita quando João da Rocha Pinto (homem de confiança de d. Pedro, veador das duas imperatrizes e encarregado de questões diplomáticas) e Francisco Gomes da Silva (o "Chalaça", que escreveu a carta) partiam para a Europa pressionados pelo marquês de Barbacena "que, assumindo o governo e em alta popularidade, conseguiu o afastamento dos cortesãos portugueses".

"Mas a boa estrela do marquês não brilharia para sempre", e ele foi demitido por decreto imperial de 30 de setembro deste ano de 1830, para

... tomarem-se as contas da Caixa de Londres, examinando-se as grandes despesas feitas pelo marquês de Barbacena, do Meu Conselho de Estado, tanto com sua Majestade Fidelíssima, Minha Augusta Filha, como com os emigrados portugueses na Inglaterra, e especialmente com o Meu Casamento.

2

Início de uma nova era

Os marquesistas

Domitila conviveu por sete anos com o homem mais poderoso do Brasil, e *nunca* se curvou a ele. Foi capaz de mandar nele. Ela "aprendeu muito mais do que se vestir e se enfeitar".

Convivendo com o amante, ela passou a entender de política e de diplomacia como ninguém. Quando agora precisou voltar definitivamente para Sampa, acabou fazendo a cidade se dividir em dois grupos bem distintos, os "marquesistas" e os "antimarquesistas".

Entre os marquesistas, o seu cunhado Carlos Oliva é o comandante de Armas da cidade. Outro amigo pessoal é o bispo de São Paulo.

Mas para mostrar "a têmpera de que era feita", a marquesa vai preferir seduzir e se deixar conquistar justamente por um dos líderes antimarquesistas, o brigadeiro Tobias de Aguiar...

Encontro com Rafael (o terceiro, aquele a quem ela dará a mão)

Rafael é o líder do partido liberal e será "duas vezes eleito presidente da província de São Paulo" (o que um dia equivalerá ao cargo de governador de Estado). É um tropeiro muito rico, de origem sorocabana, sendo lá, ainda, a sede de sua fazenda e dos negócios particulares.

Nascimento de uma nova princesa

Vimos que aos 28 de fevereiro de 1830 nascera em Sampa (e diz a árvore que também morrerá em Sampa, aos 5 de setembro de1896) esta que terá sido a quinta e última filha de Pedro com Domitila. Maria Isabel II será ainda a condessa (consorte) de Iguaçu.

Maria Isabel recebeu, portanto, o mesmo nome de sua quarta e falecida irmã, a duquesa do Ceará, morta com em 1828. Já a irmã Isabel Maria, também filha de Domitila e Pedro, é que tem o título de duquesa de Goiás, e está agora na Europa.

Vai predizer a árvore que esta menina, ainda um bebê, receberá de seu meio-irmão Pedro II vastas terras deste reinado, em que se destacarão os pastos variados e suas muitas cabeças de gado, principalmente em Juiz de Fora e Ouro Preto, nos distritos de Antônio Pereira, Cachoeira do Campo, Lavras Novas e Amarantina. Além de terras em Congonhas, Moeda e Mariana.

Batismo da menina

Muitos estão vindo para o batismo, que ocorre mais de um ano depois, neste dia 24 de maio de 1831, comandado pelo bispo da província paulista. Na certidão consta que ela "foi exposta na casa de sua avó, a viscondessa de Castro, mãe de Domitila" (e segundo ela mesma, por carta que escreverá quando estiver idosa – a uma grande amiga –, sua mãe tomou essa decisão "para facilitar um futuro reconhecimento de d. Pedro".

Sempre haverá os que se interessarão em afirmar que Maria Isabel não é filha de d. Pedro, mas o próprio imperador sabe de sua paternidade, e a assumirá em diversas ocasiões. Por exemplo, em uma carta que enviará do exílio, ainda neste ano de 1831, pedindo a Domitila que mande a neném à Europa, para que tivesse melhor educação. Acontece que a marquesa vai saber recusar de maneira até bastante diplomática, "afirmando que, se a filha fosse, ela, como mãe, iria acompanhá-la".

Atleta sexual

Toda essa história mostra que Pedro tem espírito esportivo (até porque até aqui foi um grande "desportista", como se notou desde o início de sua participação nesta história – e haverá no futuro profissionais a cuidar justamente da parte atlética de pessoas "importantes", vindo a dizer que o sexo traz condicionamento, e "uma boa trepada equivale a 5 km de corrida") e deve ter achado graça nessa resposta irônica: ou seja, de que se ele quisesse, ela também iria para a Europa, e assim os dois continuariam trepando, trepando, trepando e trepando. E quiçá, tendo mais e mais levas de filhos nobres, deixando também a nova rainha (que fora princesa) de escanteio, o que não representaria talvez um grande problema, sendo ela "mulher de verdade".

Se a presença de Domitila na Corte, como bem ela tinha consciência, já havia sido um estorvo para os planos do imperador de casar-se novamente, imagine-se o que aconteceria se ela desembarcasse na Europa carregando mais uma filha dele.

União discreta (e mais importante)

Como quem não quer nada, entra agora pela tangente a outra principal personagem desta história, a quem a marquesa finalmente "dará a mão". Como quem não quer nada, Rafael deixa agora o governo e paFssa a cuidar com mais zelo dos próprios negócios, e também *dos da marquesa*, com quem *começará a conviver* em maio (de 1834?).

(E aqui podemos dizer que na verdade ele estava de olho nela – e não só na butique e outros pertences, isso podemos afirmar porque, afinal, sempre foi muito mais rico – desde que voltara definitivamente da Corte, em 1829.)

Rafael e a marquesa: não há regra sobre relacionamentos felizes

O que se sabe, na verdade, é que Rafael, para aliviar suas andanças, as idas e vindas de Sorocaba para Sampa, já havia comprado o palacete da Ladeira de Santa Efigênia (antiga rua Alegre), aos 16 de abril de1830, e agora eles estão juntos.

Se são felizes? Ora, sabemos que na espécie humana as experiências são variadas. Algumas informações de sentimentos mesquinhos podem estar dentro de um tal DNA, que passa de pai para filho (medo de abandono etc. – estes que seriam os sentimentos primordiais)...

Porque a paixão – o mundo leve e bonito, de quando se quer de verdade estar com a pessoa amada – é apenas uma página de todo romance... E por que nos permitimos que depois esse momento se destrua?

Os momentos de ciúme, de dificuldade, de cargas e acusações, diriam os profetas, são grandes sinais dados pelo Universo: sinais de evolução... As grandes encruzilhadas seriam uma espécie de provação, e é onde se para para fazer escolhas: o abandono e o "que se dane"; o "vou agora trabalhar profundamente para entender tudo isso e me melhorar como ser humano" (mas até aí, por que querer que o outro faça o mesmo? Porque estar junto é, "absolutamente", crescer junto, como filho, marido, amante...).

Cada problema é sempre novo, e a primeira vez para os dois lados. Exige estudo, trabalho, compreensão. É mais fácil ir direto para os "sentimentos difíceis" (ou mesmo tomar um vinho: alegrar-se e adiar o problema).

O importante é saber melhorar-se sempre, nas relações, como ser humano? Um e outro, sendo melhores (em relação ao momento, e à relação atual), fazem com que a relação seja melhor? O grande teste do amor, dirão esses grandes profetas, é: "independente de estar comigo, quero que esta pessoa seja feliz"?

Sim, este é o nosso desafio. E como conseguir chegar a esse patamar de altruísmo? Só é possível estar bem com uma pessoa se formos capazes de estar bem conosco.

(Às vezes queremos que o outro nos suporte mais do que nós mesmos nos suportamos; às vezes a cura é estar só, para lidar com determinados sentimentos – superar medos e carências.)

Sexo é um impulso instintivo e biológico, do animal-homem, em busca da fusão pelo encontro corporal. *Eros*, o deus grego, é puro impulso psíquico, de paixão; depende de sexo e de amor para sobreviver: é quando temos arrebatamento e experimentamos as primeiras notas do amor...

(Sua distorção é a luxúria, quando se utiliza da energia sexual para ter domínio sobre o outro: fazer do outro um escravo que atenda a seus caprichos e exigências. Muitas vezes não se vê o outro e quer-se apenas satisfazer as próprias necessidades, o que é uma distorção individualista, e narcisista.)

Bem, mas deixemos de pensar nessas coisas e voltemos logo à história...

3

Agora é com Rafael

Neste ano de 1831

Rafael é agora o escolhido a presidir esta Província de São Paulo, pela primeira vez (ao todo serão duas) neste período que se estenderá do dia 17 de novembro ao ano de 1835, aos 11 de maio.

Sua atuação legislativa (de 1829 a 33)

Recapitulemos, pois, o que os políticos consideram importante, as principais sessões de que participara o homem agora marido (não formalmente mas, ainda assim, marido) de Domitila, que fora o verdadeiro amor de Pedro I, imperador do Brasil.

Seguiram-se lá de trás algumas sessões extraordinárias, e na de 27 de junho de 1829 foi lido o ofício do comandante de armas da província, incluindo a representação de *"Tobias de Aguiar a quem como comandante do Batalhão de Caçadores nº 36"* se encarregara de engajar milicianos. Era o batalhão encarregado de "combater os índios selvagens que infestavam os tais sertões", referidos na sessão de 24 de outubro de 1828.

Rafael propunha-se a custear as despesas de organização da tropa, que a seguir "sua majestade o Imperador" pagaria (elas *"serão depois satisfeitas"*, dizia a ata). Aos soldados que comporiam o destacamento (estacionado para defender as fazendas das incursões de índios bárbaros) "se repartiriam as terras para o cultivo da lavoura, da criação de gados etc."

E seriam assim os povoadores dos Campos do Rio Claro.

Sessões e mais sessões

Já em 28 de novembro daquele ano de 1829, Rafael era do conselho que dava ordens ao comandante das armas. E no 13 de janeiro seguinte (do ano passado, 1830), ele mandou estacionar o batalhão de caçadores nos Campos do Rio Claro.

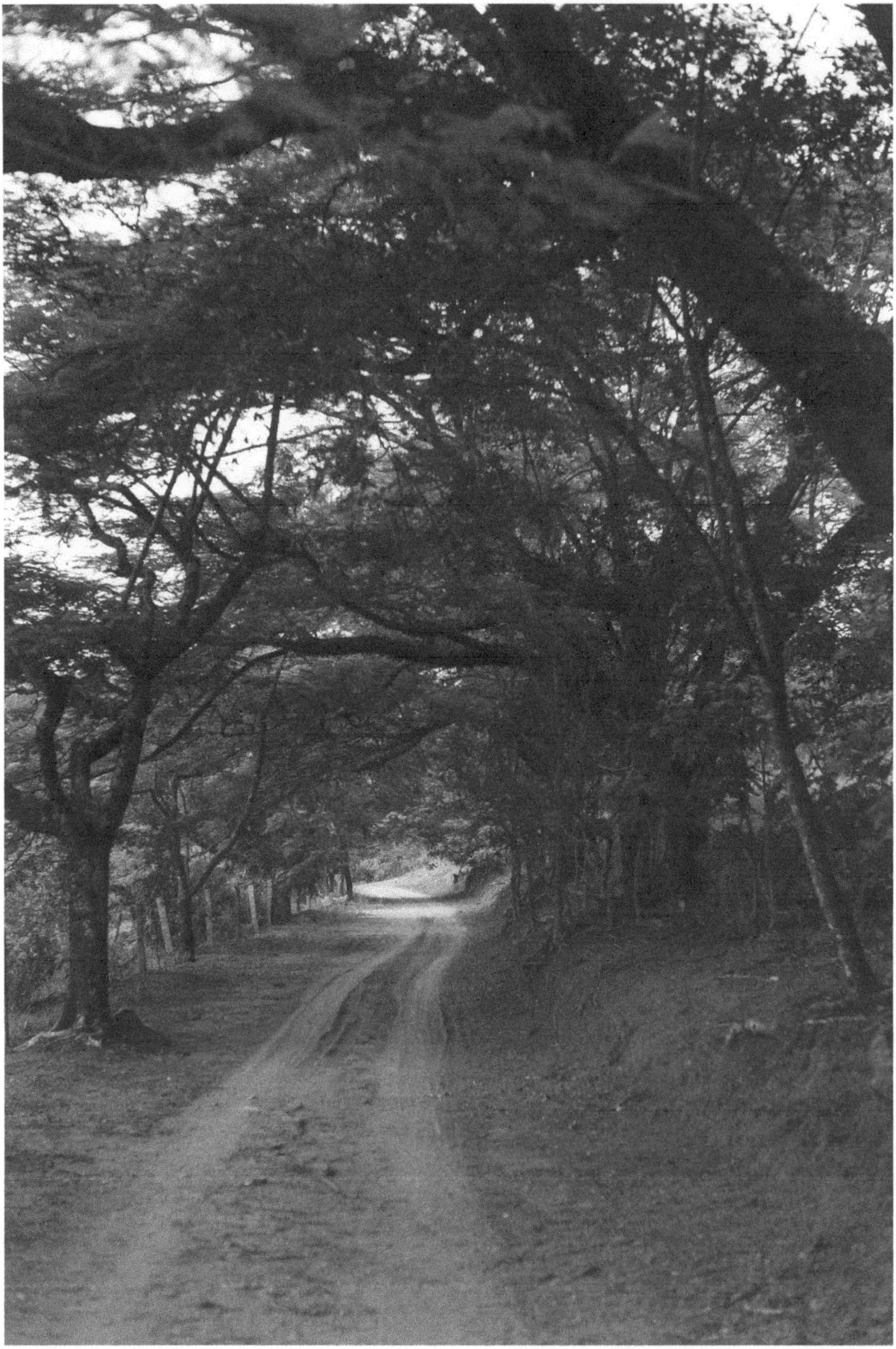

Como um dos objetivos do conselho era catequizar índios, mesmo o Juiz de Paz da vila de Itapetininga tendo comunicado os roubos praticados por bugres selvagens "*com os quais se reuniram alguns dos que existiam na fazenda do ajudante Manoel* (...) *com atitude hostil*", o conselho recomendou ao juiz empregar (mas isso na sessão de 23 de fevereiro de 1833...?)

(...) *todos os meios de persuasão, e brandura enviando emissários para os trazer a sentimentos mais pacíficos, enviando-lhes emissários capazes com alguns índios que sirvam de intérpretes para que estabeleçam relações de amizade e comércio conosco* (...)

Porém, se isso não desse certo e eles continuassem a praticar "*roubos e outras desordens*", devia-se empregar a força, mas

(...) *para* **somente repelir suas agressões e afugentá-los**, *dando inteira liberdade aos que ficaram e por sua ordem foram recolhidos à Vila para que se retirem quando queiram reunir-se àqueles ou voltar ao lugar de sua antiga habitação, a fim de que conheçam que da nossa parte não há desejo ou interesse algum em retê-los contra a sua vontade.*

"Mansuetude"

Alguns entenderão que assim os índios seriam tratados com "mansuetude", e outros entenderão (no futuro, principalmente) que na verdade os descendentes de portugueses não tinham nada de avançar sobre as terras indígenas, e que tudo era de direito deles, inclusive apropriarem-se das riquezas construídas por esses colonos da civilização portuguesa, uma vez que as terras seriam "naturalmente" deles.

E assim se pensará também – essa duplicidade, essa bipolaridade, por esse antagonismo – pela história afora, e tanto mais quando se aprofundarem os milhares de conflitos, em especial os que envolverem os judeus e as suas (ou não suas) terras.

Mas a tal tese da "mansuetude" se confirmará, para certos historiadores, pelo *1º relatório do presidente da Província, Rafael Tobias* (1832): ao falar do estabelecimento de Guarapuava, com catequese e civilização dos indígenas aldeados, 118, observará já se gastarem 70 contos de réis, atribuindo-se

(...) *o atraso à decadência do método empregado de querer-se fazer aqueles indígenas homens religiosos antes de homens sociais, tendo dado alguma providência para introduzir entre eles o amor ao trabalho, o espírito da indústria* [queimando-se muitas etapas] *e determinado que se cortem todas as despesas supérfluas obrigando-os a sustentarem-se do próprio Trabalho.*

Por isso foi dado um "pito" (ouviu-se apito?) no conselheiro pe. Feijó, ao ter ido a Itu sem justificar sua ausência na 120ª ordinária, ainda em novembro de 1829, quando Rafael também estava presente.

As muitas estradas da vida

Na sessão de 14 de outubro de 1829 cogitara-se da estrada da Mata (que liga Sampa ao – S. Pedro do – Rio Grande do Sul, recém-concluída, como informara o ten.-cel. João da Silva Machado ao conselho, para fazer "*cessar a consignação que pela Fazenda Pública se tem fornecido para aquela obra*") receber agora (pelo mesmo tenente-coronel...) informações sobre a verba necessária à sua manutenção.

E assim ele o fez, apresentando o cálculo de quanto se gastaria nessa conservação, mas também apresentou ao conselho (aos 28 de abril de 1830) "as despesas feitas com os colonos alemães na conclusão da obra".

Depois disso, seguiram-se muitas sessões sem a presença de Rafael. Mas aos 12 de outubro de 1831, já como presidente da província (nomeado por ato de 3 de abril "ao tempo do Ministério de 19 de março a 5 de abril, com Souza França no Ministério da Justiça, fazendo parte do penúltimo gabinete do Primeiro Império, criado para aplacar a grave crise política que avassalava o país"), ele presidiu a sessão.

"Só o prestígio político de Rafael Tobias guiou o Ministério a escolhê-lo."

(O Imperador mandara chamar, aos 6 de abril, Vergueiro para integrar o novo ministério, mas ele não foi encontrado.)

4

Situação política do país

Embarque do imperador

No dia 7, o Imperador abdica e embarca, de madrugada, no *Warspite*. Por carta, ele nomeia JB o tutor de seu filho.

Por volta das 10 horas, o Senado (com Lima e Silva) toma ciência dessa abdicação e renúncia – oficializa o recebimento da carta...

Com as duas câmaras reunidas, nomeia-se uma *Regência Provisória* até que se estabeleça e instale a que for *Permanente*.

"Elegeram o marquês de Caravelas (40 votos), o gen. Francisco de Lima e Silva (35) e o senador Campos Vergueiro (30)" – sendo este companheiro político e dos ideais liberais de Rafael.

Essa regência Trina Provisória vai durar apenas de 7 de abril a 17 de junho deste ano de 1831, quando será substituída pela *Trina Definitiva* (que governará de 12 de junho de 31 a 12 de outubro de 35).

Pedro em Portugal (ou melhor, ainda não)

(E aqui contaríamos resumidamente a história de Pedro no "estrangeiro" – espécie de exílio, porque ele sempre se identificou com o Brasil, onde pintou e bordou várias histórias de amor, afora ter vivido no centro das atenções políticas...)

(Desta *Trina Definitiva* em que adentramos agora fará parte Diogo Feijó, o amigo e parceiro político de Rafael, como Ministro da Justiça – eram chamados pelos adversários de "chimangos", em tom depreciativo...)

Voltando...

Rafael fora nomeado aos 3 de abril e só tomou posse em 11 de outubro de 1831, em plena Regência Trina Definitiva, com Feijó no Ministério da Justiça desde 6 de março.

Na visão dos organizadores do novo reinado, havia motins e "badernas" por todos os lados disto que se pretendia ser um "país". Feijó precisou criar um sistema repressivo centralizado no seu ministério, com caráter de *"verdadeira ditadura militar"*, fosse pela criação da Guarda Nacional (em 35?), das Guardas Municipais ou fortalecimento dos Juizados de Paz.

Como dirá o hino, serão os chamados "braços fortes".

Período de conturbações

Toda esta década em que estamos, de 1831 a 40, vê-se que será um período de grandes transformações políticas, com o Ato Adicional descentralizando o poder e criando-se uma autonomia provincial (pela formação das Assembleias Legislativas).

Pela Regência Una eletiva, "suprimiu-se o Conselho de Estado (órgão conservador)". Economicamente, nota-se uma grande expansão no Sudeste com a lavoura cafeeira, trazendo equilíbrio financeiro ao país...

Rafael e Feijó

Além de amigo e correligionário, Rafael era a extensão do braço forte de Feijó em São Paulo. Ele faltou a várias sessões do Conselho, fosse por negócios particulares e políticos, fosse por *"estar na Corte*, atuando na 2ª Legislatura (1830-1833*)"*.

Elegeram-se nove deputados paulistas, mas só dois (no entender de Taunay) sobressaíam: Paula Souza e Diogo Feijó. *"Em terceiro destacava-se pela inteligência* Rafael Tobias de Aguiar, *mas toda a bancada era de ótima escolha"* (Taunay).

Rafael presidiu a reunião do Conselho, já como presidente da província, em 12 de setembro de 1831. Mandou expedir diplomas a alguns suplentes de conselheiros que quisessem tomar assento no Conselho Geral (não era permitido acumular as duas funções). Foram para esse conselho geral: o bispo Manoel Joaquim, Bueno da Veiga, Gavião Peixoto e o pe. Amaral Gurgel.

Vê-se criado aos 15 de dezembro de 31 (em sessão ordinária) o Corpo das Guardas Municipais, pela remodelação das Forças Armadas (remodelação que tomou impulso após o "Fico", com os distúrbios no Rio e demais províncias, e fora concretizada por lei de 18 de agosto 1831).

A mesma Lei criou no Império as Guardas Nacionais e seu Regulamento: extinguiram-se todos os corpos de Milícias, Guardas Municipais e Ordenanças.

As novas guardas

O corpo de Guardas Municipais Voluntários, a pé e a cavalo, *"verdadeiro baluarte da legalidade"*, terá cem praças e oficiais, e uma Cavalaria de trinta soldados. É a *Guarda Municipal Permanente*, que originará a Força Pública da Província de São Paulo.

(A pedido de Rafael, desde 1831 o pároco do Convento do Carmo cedeu a esse Corpo de Permanentes a parte pavimentada de seu convento, que servirá de quartel até 1906.)

Aos poucos, vão sendo preenchidas as fileiras dessa guarda. Rafael nomeou interinamente o 2º comandante da Companhia de Infantaria, escolhendo o alferes-ajudante do 6º Batalhão de Caçadores, Gomes de Almeida, comissionado a capitão.

Como o soldo era baixo, para os oficiais e soldados, Rafael propôs o aumento (que foi aprovado) para 30 mil réis mensais. Com essa aprovação, completou-se a organização da Seção de Cavalaria, aos 5 de julho deste novo ano de 1832, nomeando-se Pedro Alves o segundo comandante desta Arma (ele que fora capitão no extinto Corpo de Voluntários de Milícia a Cavalo).

(Um decreto de 29 de dezembro de 31 – assinado pelos membros da Regência – ditou-lhe o uniforme.)

Vila de Sampa e interior

Com esta vila de Sampa chegando aos *20 mil habitantes*, em 1832 (e uma população de 306 mil "almas" em toda a província), os 130 homens que compunham as duas armas da Guarda Municipal Permanente (Corpo Policial Permanente) eram insuficientes. E assim foi acolhida a proposta de Rafa, aumentando-se em vinte praças o efetivo da Cavalaria.

O comandante João Gomes de Almeida ficou poucos meses no posto, e foi substituído por Boaventura do Amaral Camargo, capitão reformado.

Era preciso uma milícia que cuidasse só do interior de São Paulo, e assim está sendo criada a Guarda Policial, aos 12 de outubro 1834, auxiliar do Corpo Policial Permanente.

Ela é composta de pessoas sem renda própria, ou qualquer vínculo com a Guarda Nacional. *"Todos os cidadãos considerados isentos do serviço das armas"* são agora *"incluídos na Guarda policial"*. E assim,

as Companhias eram tantas quantas as necessárias para acolher os indivíduos que não faziam parte da Guarda Nacional.

Competirá ao delegado de Polícia, em cada termo, a direção da Guarda Nacional.

Com o tempo, o efetivo do Corpo Policial Permanente irá aumentando, até ser criada, para auxiliá-lo, a Companhia de Pedestres, dirigida pelo Chefe de Polícia, que tomará conta dos sentenciados que cumprirem pena em serviços públicos. E também da prisão de escravos fugitivos, e o socorro em locais de incêndios. Mas essa companhia, dirigida por um sargento, durará apenas dois anos.

Mais sobre as polícias

O Corpo Policial Permanente acabará indo para a Guerra do Paraguai, com seus 265 praças, criando-se então o Corpo Policial Provisório para manter a ordem pública, com oitenta praças vindos da Guarda Nacional, mas que também, pouco depois, seguirá para o combate em Solano Lopes.

E por isso foi criada a Guarda Municipal da província, para policiar o interior, comandada por um alferes (em 1868 ela será extinta, restabelecendo-se o Corpo Policial Permanente, que voltará da Guerra).

O corpo terá várias fases, e outros que o ajudarão em seus deveres, que serão estabelecidos pelo Regulamento de 17 de junho de 1840 (e subsequentes).

Tudo isso é só para mostrar o alcance da Milícia criada por Rafael Tobias, em 1831 (e depois da Guerra do Paraguai ainda haverá, segundo a árvore, a Revolução de 1932 a "última manifestação do paulistanismo puro"). Seria mesmo um "*modelo* de organização militar", para o autor de quem se extraíram essas informações, e não para menos ela receberia as "inúmeras visitas honrosas").

O povo paulista passava a contemplar sua força pública com carinho, fazendo questão de vê-la desfilar, e exibir formaturas nas demonstrações das paradas militares, ao som da marcha *Défiler*, "sob a clarinada da banda festiva ao som estrídulo das cornetas e repiques de caixas", o que despertava patriotismo e orgulho nos paulistas.

Por isso o presidente Jorge Tibiriçá contratará a *Missão Militar Francesa* para instruir os batalhões e tê-la como modelo de organização. Pelos ensinamentos da Escola de *Saint-Cyr* e de *Saumur* imprimir-se-á *em nós* "o selo da cultura francesa", não só pela estética da farda, mas na disciplina e técnica, na dignidade militar e instrução geral (tudo extraído do próprio exército francês).

Pelas tantas visitas ilustres que no futuro ainda receberá esta guarda (como uns tais Hermes da Fonseca e Washington Luís...), dir-se-á "honra e glória ao ten-cel. Rafael Tobias"...

(Mas estamos na regência trina.)

5

Ainda os tempos da Regência Trina

Sinais de alerta

Rafael chegou a alertar o Conselho sobre o perigo das forças que trabalhavam pela Restauração. Disse que devia estar alerta às tentativas de atingi-lo.

(...) à vista dos boatos que se têm espalhado de pretender esse infame partido escravizar outra vez o Brasil (...)
(...) muitos barcos foram tomados dentro mesmo dos nossos portos (...)
(...) tirando a madeira para conclusão da fragata que se acha no estaleiro, que devem vir trabalhar nas estradas da província conforme as ordens do Governo Central (...).

(Isso tudo fora dito na sessão de 15 de setembro de 1832.)

Ele temia pela reviravolta que reporia d. Pedro no trono. Em carta a Costa Carvalho, um dos principais membros da regência trina, diz: *"pior será se vier esse diabo, o duque de Bragança"*.

Preocupação com os negros

Na sessão de 15 de novembro, Feijó falaria sobre o perigo do *"jogo vulgarmente chamado – capoeira – entre os escravos, quando vão às fontes"* e *"outros lugares em que costumam juntar-se, e sendo a origem de muitas desordens entre gente tão bárbara e imorigerada"*. Recomendava à câmara municipal que proibisse esse jogo, e baixou postura a respeito, que foi aprovada.

Relatório

Mas estamos ainda em 1º de outubro de 1832, quando Rafael, hoje presidente da província, apresenta relatório sobre seu primeiro ano de governo (começado aos 17 de novembro de 31), na presença do pe. Feijó, Manuel de França e outros.

Falou das arbitrariedades dos juízes de paz nos diversos cantos da província, das punições sofridas e das que estavam em andamento. "Falou do número de aulas de primeiras Letras; das Cadeiras providas; do número de meninos e meninas; das aulas de Gramática Latina" – enfim, de toda a situação do ensino na província.

Também falou da situação decadente em Guarapuava, na catequese e civilização dos indígenas, na Casa de Educação de Santa Ana, na situação da fábrica de São João do Ipanema (no mais "*decadente estado que se possa imaginar*"), na continuidade dos consertos na estrada de Santos, na estrada Curitiba-Paranaguá, no Canal de Iguape (de obras já adiantadas), na piora das contas da Fazenda pública (na queda de receita por falta de cobrança do Ativo), na dificuldade de organização da Guarda Nacional etc.

Ao término, pediu ajuda das luzes e do patriotismo dos conselheiros, assegurando que de sua parte poderiam contar com "*a mais pronta e franca cooperação*".

(E numa análise mais detalhada do relatório, sobressairiam o seu "firme desejo de acertar", e a humildade de pedir a cooperação do conselho, ao final do documento.)

Correi-os

Em algumas sessões seguintes (como a de 27 de janeiro de 1833) recebeu e atendeu a reivindicação dos sorocabanos de que o correio chegasse até lá, "*cessando o giro que faz por Itu e Jundiaí, a fim de tornar-se mais pronta e regular a marcha*".

Disso também se aproveitarão as freguesias de Cotia e Nova Vila de São Roque. O pedido foi aceito "sem ônus para os requerentes, que se propuseram a arcar com as despesas".

(O Correio do Brasil fora criado em 25 de janeiro de 1663, pelo Regimento de Afonso VI. Chegou a ser passado a uma firma particular, que o arruinou, e em 1797 passou à União.)

Mais discursos

Em outra fala, agradeceu ao Conselho que, com "*luzes e experiência*", lhe deu forças e alento à carreira administrativa. Sem falsa modéstia, disse só não ter feito "*quanto ela merece, mas sim quanto têm permitido as circunstâncias, e falta de meios nos tempos difíceis em que nos achamos*" (tipo de desculpa que deverá ser enfaticamente repetido ao longo do século XX, prevê a árvore, e até do XXI – assemelhando-se assim a uma espécie de vanguarda da retórica da desculpa).

E assim foi falando sobre as tramas do *"gênio do mal"*, que plantava discórdias e anarquias nas várias partes (separatistas) do Império (e a tentativa de restauração a que se referira na sessão de 15 de julho de 1832).

(A tentativa portuguesa de restauração, vejam só, e nem todos sabiam, era dos que queriam a volta de d. Pedro – que abdicara e combatia em Portugal, tentando repor d. Maria II no trono português. E a restauração implicava pôr em risco "*o Trono Constitucional de d. Pedro II*".)

Também louvou a paz e prosperidade da Província...

(São Paulo ficara alheia a todos os movimentos revoltosos de "desordeiros" que pipocavam de Norte a Sul do novo reino...)

Rafael, no início de 1833, previnira a Câmara de que estava com

sua firmeza de caráter e decidido aferro à Liberdade se sentia Solidário com os sentimentos das municipalidades paulistas (...) para que o império da Lei e a causa da Liberdade triunfassem sempre no Solo Paulistano (...)

A Câmara respondeu que o acompanharia e ao Conselho Geral da Província nas medidas que se tomariam "*se na Corte*" triunfasse "*o partido infame inimigo das liberdades brasileiras instalando um Governo intruso e nulo*".

Discursos...

Citou o aumento populacional – 306.588, com o acréscimo de 22.905 no recenseamento de 1830 – e "cuidou da instrução nas vilas e nas Casas de Educação da capital"...

Falou na justiça, no atraso da Guarda Nacional...

Mostrou a receita da província (220 contos e 607.497 réis, ou 220:607$497), disse que cuidou das estradas em vários pontos da província. Etc.

Terminou dizendo que apenas delineara os "negócios" da província, agradecendo o "*testemunho de benevolência*" com que tinha sido honrado pelos cidadãos, "prometendo contribuir, espontaneamente" com o pouco que podia fazer a serviço da pátria.

Aos 14 de maio de 1834, na presença dos conselheiros ditos importantes (só não estavam Feijó, França e o major da Silva), também abriu a sessão extraordinária com um relatório, como presidente.

Depois de todas as formalidades em sua oratória, de enaltecimento aos colegas, adentrou o assunto da "reedificação das cadeias das Cabeças dos Termos; da assistência aos presos...". Para ele, a Justiça, como instituição, era "*uma das que mais garantia a liberdade dos povos*", e sem ela "*não dando garantia alguma ao acusado era um dos maiores males da antiga e carunchosa administração...*".

Falou "da transferência do Trem para a Fábrica do Ipanema; do regulamento para as prisões...." (e diz-se até que do combate à prostituição, mas sem correr o risco de haver moralismo, pois entendeu-se como questão relacionada à saúde pública, e às condições humanas, contra a exploração do corpo etc.).

Falou na investigação da falsificação de moedas; de sua vontade de se mudarem as educandas de Santa Ana para a Chácara da Glória; "da provisão de cadeiras de latim e de primeiras Letras"; "da expedição de Guarapuava" (atrasada, em razão dos erros de se pretender "*fazer primeiramente, homens religiosos de que sociais*"); da esperança de recuperar a fábrica do Ipanema, pelas medidas tomadas; "da estrada de Santos" (e pode-se entrar aqui uma música, para suavizar o discurso: *se você pretende/ saber quem eu sou/... entre em minha charrete* – para lembrar que no romance com a marquesa, nos primeiros dias de paixão, Pedro subia por aquela serra só pensando nela – e talvez viesse daí a razão de seu desarranjo)...

E lembrou que os trabalhos prosseguiam dentro das condições possíveis, como o "da estrada de Paranaguá e da Mata" (em prosseguimento e estagnação), o "da Guarda Nacional" (em letargia, sem frutos positivos), o "da Guarda Municipal Permanente" (que já tinha os quadros quase completos), o do estado financeiro da Província (agora promissor).

Conclusão?

Rafael conclui agora o discurso, apelando às luzes e talentos dos Conselheiros para as melhoras que "*devemos ao nosso País, dever sempre grato aos filhos da Pátria*".

Já agora na sessão de 30 de outubro (1834), ele lê seu relatório diante das eminentes excelências, como Amaral Gurgel, José Manoel da Luz (e no futuro haverá movimentos feministas em que se há de perguntar: onde estavam *nosotras*?).

Defendeu as reformas de necessidade pública, e aprovadas pelos "amigos da Liberdade" (o que ainda não é um bairro), referindo-se, de viés, ao Ato Adicional que ajudou a desenvolver as províncias, congratulando-se de antemão pelas vantagens e prosperidade de São Paulo, "*uma das que têm marchado à frente na carreira da liberdade*", devendo "*colher desta nova organização*".

Falou das providências necessárias, e que não fossem vãs (como até então) para que *não mais se escravizassem os africanos* levados furtivamente às praias, "*seja pela conivência, e omissão das autoridades, ou seja pela ineficácia das leis...*".

Considerou "*assaz desproporcionada Lei que regula os ordenados dos Professores de 1as Letras (...)*"...

(E também falou daqueles assuntos de sempre: melhoramentos na fábrica de São João do Ipanema, com a ajuda do Governo Imperial – impulsionando a indústria fabril; estradas da província – com plano sobre as que deviam ser atendidas, enquanto as outras teriam apenas os consertos e reparos indispensáveis; o estado decadente da Expedição de Guarapuava etc. etc.)

E pôs-se à disposição do Conselho para ajudar no cumprimento das leis.

Sessões e sessões – e triste notícia de Pedro

Houve novas reuniões em outubro (dias 7, 9, 11, 14, 16, 18, 21, 23 e 30) e novembro (3, 6, 11 e 15). Nesta última do ano, deram-se instruções para fiscalizar a arrecadação dos direitos sobre a pinga, e Rafael estava presente ao lado de Manoel da Luz e outros.

Mas em nenhuma dessas sessões se falou na *morte de d. Pedro I* (ou Pedro IV de Portugal), ocorrida aos 24 de setembro de 1834: "*homem fora do comum mas um incômodo chefe de estado*", segundo Taunay. Também se disse que era "desafogo para os chimangos (R. T. e seus correligionários) e para a nação nascente"...

Resumindo...

Pelas atas das sessões que acompanhamos (e por outras a que felizmente não precisamos ter acesso), sabe-se que Rafael "se preocupava com a prosperidade" de sua província. "Nas altas esferas políticas" contou com o prestígio de poderosos como o pe. Feijó, Vergueiro, Andradas, Costa Carvalho (até 1842), Paula Souza, Evaristo da Veiga e muitos mais.

Tinha amigos dedicados na Igreja e na Maçonaria, e na política, sem nunca ter sido maçom ou vereador.

Neste ano de 1834, Rafael compareceu a catorze sessões como Deputado Geral, com seus votos e pareceres. Na de 7 de agosto, fez parte da Comissão nomeada pelo presidente da casa "para a deputação que apresentaria à Regência a lei de reforma da Constituição", uma lista das "eminentes excelências" que participaram, e aqui não precisamos reproduzir.

Elogios a Rafael

Diz-se que mal saído da adolescência, ele já seria de uma "*vivíssima inteligência*" (Saint-Hilaire)... Possuiria "*excepcionais dotes de condutor de homens*", e desde 1831 era dos de maior projeção em São Paulo, e ainda mais como "*grande chefe da zona meridional paulista, onde dispunha de extraordinária influência irradiada para o resto da Província*" (Taunay).

(E para os que o apoiam, essas "excepcionais qualidades de inteligência" se comprovaram "nas Atas do Conselho e no Governo da Província".)

(Aqui se admite de tudo, e mesmo esse "rasgar de seda", desde que não seja pelas mãos de um "baba ovo"...)

Interessava-se pelo bom andamento da administração pública, que em todos os tempos parece estar "emperrada pelos maus escriturários".

E assim propôs medidas de reorganização da Tesouraria, cuidados da Guarda Municipal Permanente – propondo o aumento do número de soldados, "quer pleiteando aumento do soldo", sempre visando à causa nacional "contra as arremetidas dos restauradores" (do governo português).

Dedicou-se com afinco à organização da Guarda Nacional "como sustentáculo do Trono de Pedro II"; apoiou a criação do Banco Provincial "como sustentáculo do comércio e da agricultura".

(E tantos "sustentáculos", tantos setores de atuação – algo como oito – nos remetem à ideia de um "polvo" que toma conta de tudo...)

Dedicou-se... à abertura das estradas da Mata e de Serra Acima, e a sua conservação; à cunhagem de moeda para "fugir dos cunhos da antiga moeda nacional"; à colonização de alemães em Rio Negro etc. etc.

Além de tudo...

... conseguiu, com medidas legais, garantir "o império da Lei em toda a Província" (coisa que se tenta consagrar desde a belíssima civilização grega, com o νομος παντων βασιλευς – a lei governa a todos –, de Píndaros; mas infelizmente em quase nenhuma civilização isso se confirmou plenamente, e na maioria dos casos a grande confusão foi de ordem religiosa – como em nosso querido Brasil, a nação e nacionalidade implantada pelos portugueses, que mal se importaram em invadir e expulsar – ou simplesmente matar – os povos que antes aqui habitavam – quando Estado e Igreja eram praticamente uma coisa única, em sua península Ibérica, e de que adiantaria haver uma Lei para todos, se para alguns – principalmente os membros deste Estado-Igreja – ela era "mais igual" que para outros? e o que dizer daqueles proverbiozinhos bestas, coisa de verdadeira malandragem, do tipo "para os amigos tudo, e para os inimigos a lei"?).

Assim, a província pôde *gozar* "de paz, ordem e prosperidade" nos anos seguintes à sua posse (em 1831). De 27 de maio de 1834 a 13 de setembro, deixou o governo com o vice Pires da Mota, para assumir como Deputado Geral *"tomando* [vinho? não...] *parte nos debates"* para criar-se o *Ato Adicional*. E cumprindo seu dever (na Assembleia), reassumiu o governo da província até 11 de maio de 1835.

6

Sobre Rafael na presidência, Pedro em Portugal e Isabel Maria

Rafa

Pois sim, depois de licenciado para participar da Assembleia Geral (votando o Ato Adicional), Rafael reassumiu agora a presidência, onde deverá estar até maio de 1835.

Sendo um ato do Governo Central, não haverá prazo fixo para entregar o governo. Mas é quem ficará mais tempo na presidência: três anos e meio.

No período político de 1822-31 nota-se que houve luta sem trégua, dentro dessa minoria dominadora, entre monárquicos e democratas. Certo historiador (J. da Rocha) falará dos próximos anos (e décadas) em uma "fase de experiência", sendo

de 1831 a 1836, triunfo democrático incontestado; de 1836 a 1840, reação monárquica, acabando pela Maioridade; 1840 a 1852 domínio do princípio monárquico contra a obra social dos democráticos. De 1852 a 1855, arrefecimento das paixões, transição.

(E é tudo talvez um pacto, em que os dois lados se importam na verdade em impedir mudanças estruturais, que seriam implantadas se as revoltas prosperassem.)

Isabel Maria

Lembrando um pouco de como andava esta história nas Cortes, aos 7 de abril de 1831, Pedro abdicara do trono brasileiro e havia partido com d. Amélia e a rainha Maria II para a Europa. Após alguns meses como hóspede do rei Luís Filipe, o agora duque de Bragança adquiriu uma casa e Isabel Maria começou a passar os finais de semana com a família.

Dessa vez, d. Amélia a aceitara e acabou adotando-a como filha (e fosse uma criança que pudesse ela mesma escolher, o que preferiria? Pertencer à família real? À de "nobres" agregados? Muito possivelmente à família real).

Em 1831, o rei abrira mão do trono e fora a Portugal (e sendo assim, "perdeu o lugar", que fora herdado por Pedro II, aos cinco anos)

Pedro fora acusado de tirano e absolutista, tanto por outorgar a carta de 1824, quanto por reprimir a Confederação do Equador e perder a Cisplatina, entre outros acontecimentos. Teve sua imagem tão desgastada, que acabara abdicando do trono, aos 7 de abril de 1831.

Ou... talvez tivesse outros interesses. Pois quando morreu seu pai (1826), ele renunciara à Coroa portuguesa em favor da filha Maria da Glória. Mas como esta era menor de idade (ou "de menor", como se diz no Brasil), o *tio*, d. Miguel (nascido em 1802, e que viverá até 1866), acabou ficando com a regência. "Mas, a partir de um levante apoiado pelos absolutistas, ele usurpou o trono e tornou-se rei de Portugal."

Esse fato mobilizara d. Pedro, que quis lutar pelos direitos dinásticos da filha... Deixando o Brasil, foi primeiro a Paris, preparar a ofensiva para destronar o irmão mais novo, Miguel.

Volta de Bonifácio

JB voltara em 1829, e em 1831 se tornou tutor dos filhos de Pedro, quando este abdicou do trono e voltou a Portugal. Bôni ficou no *posto* por dois anos, até ser *deposto* pelo gabinete. Recolheu-se então à ilha de Paquetá, onde viverá "modestamente até os 75 anos". Morrerá em Niterói, em 1838 (seu corpo irá para Santos, e a estátua permanecerá de costas para a praça do Patriarca, algum dia, em Sampa...).

7

Um Brasil brasileiro

Ainda 1831

Fez-se ali uma lei proibindo o tráfico de escravos, mas ela não foi respeitada...

Por que não falar também da amante de Napoleão III?

Há inúmeros casos de amor envolvendo monarcas de outros países, e vamos exemplificar apenas pelo de Virginia Oldoini, a condessa de Castiglione.
Ela fora enviada pelo primo Camilo Cavour, primeiro-ministro do pequeno reino de Piemonte, ao imperador francês Napoleão III. Era uma missão "mais do que diplomática": usaria seu fascínio para conquistá-lo, e trazê-lo à causa da unificação italiana.

De grande beleza aos dezoito anos, torna-se por um ano a amante quase oficial do imperador, mesmo estando casada.

O Piemonte conseguirá o apoio da França, mas a musa do *Risorgimento* italiano sofrerá o pedido de divórcio do marido e "terminará seus dias sozinha, aos 62 anos, num modesto apartamento parisiense". Em compensação, "no caixão estará vestida com a fina camisola que usava para aguardar Napoleão III em seu leito de amor".
Tudo isso estamos contando para dizer que naquele ano de 1831 também nascera uma menina em consequência dos encontros furtivos do rei com Andreza dos Santos, a "negra quituteira" (especialista em quindins), escrava do Convento da Ajuda, no Rio.

1832 – Isabel Maria

Em 25 de janeiro daquele novo ano, d. Pedro seguirá para Portugal a fim de retomar o trono usurpado por seu irmão, d. Miguel, deixando Isabel Maria aos cuidados da esposa e da sogra, a duquesa Augusta. Logo após as forças constitucionais conquistarem Lisboa, Pedro enviou a Paris seu cunhado marquês Lelé, digo, de Loulé, para trazer d. Amélia e d. Maria II para o território português. A duquesa de Goiás, nessa ocasião, voltou ao internato.

D. Pedro e mais filhos

Há cartas de Pedro I aos filhos deixados no Brasil, de quando ele voltou a Portugal. Elas mostram a face mais *carinhosa* do imperador – como aquelas escritas à amante.
Pedro II – o mais famoso –, já sabemos, vai reinar por 58 anos. Muitos acreditam que graças a ele o Brasil se tornará uma potência na América do Sul (haverá estabilidade política e crescimento econômico em seu reinado, destoando das regiões vizinhas)... Um dia há de ser proclamada a República e ele ficará exilado na Europa, para morrer em Paris, aos 66 anos, em 1891.

Meu amado filho e adoradas filhas
recebei a bênção que de todo o coração vos deita vosso saudoso pai que muito vos ama.

Pai extremoso, Pedro fora homem de muitas amantes, e "personagem de eventos políticos" decisivos para o Brasil.
As cartas que ainda escreve são "repletas de carinho e preocupação com os filhos" (e afinal, os filhos estavam sendo deixados no Brasil naquele mês de abril de 1831, quando ele abdicara do trono e ia para Portugal – e assim, "perdia o lugar", como já dissemos...).
Fala-se que há nelas um chamado de "paternidade" (um "estado ou qualidade do pai") bastante presente nesses últimos tempos, quando Pedro cuidava mais dos filhos...
(Enquanto isso, outros homens perambulavam pela América portuguesa à procura de trabalho ou a cumprir obrigações: eram os lavradores, donos de engenho, mineradores, cativos trazidos d'África, "artesãos, condutores de tropas, donos de pequeno comércio, milicianos etc.")

Pai de família

Por esses tempos, o pai costuma ser ausente fisicamente, mas *goza* "de uma imagem fortíssima", que domina a "precária" vida privada.
Na teoria, é quem vela por tudo, comanda o trabalho, distribui "comida e castigos". É a lei da casa.
Tipo um "chefe grave e austero", responsável pela transmissão de valores – patrimoniais, culturais e patronímicos (assegurando às crianças a passagem e posterior inclusão na sociedade – e daí a decisão de tirar os filhos da mãe, no caso da marquesa).

É um poder sem "freios". Conserva algo (há "resquícios") do sistema romano, tem o direito "pré-codificado" que não se interrompe nem com a maioridade do filho, aos 25 anos (como será também no Japão?).

Vem desde o Renascimento essa preocupação de não só engendrar (criar), mas principalmente educar os filhos.

"Doutrinar, castigar, encaminhar, solucionar problemas" são mandamentos de um bom pai. Mas há, nos melhores casos, essa "dimensão sentimental", momentos em que se registra a afeição paterna (e no caso de d. Pedro não era só paterna, era a de um homem sensível) – "momentos em que um rosto se cobria de lágrimas de alegria ou de dor".

Exemplo de homem

... d. Pedro batizava seus filhos com a imperatriz Leopoldina ou com sua *favorita*, Domitila, a marquesa de Santos, com exuberância.

Por exemplo, Pedro II teve o seu batismo na igreja de N. S. do Outeiro da Glória em dezembro de 1825. Na ocasião, seu pai compôs um *Te Deum* "em homenagem à cerimônia".

Isabel Maria, nossa duquesa de Goiás, teve o seu um pouco antes, na igreja de São Francisco Xavier do Engenho Velho, em maio de 1824, como lembramos.

Mesmo que fosse um pai ausente, nunca deixou de se manifestar nos aniversários (ou "natalícios", como dizem na terrinha).

E assim, "*nossa Belinha*", a filha mais velha de Domitila, teve título de nobreza, "festança com ceia" e "direito de ser chamada 'vossa alteza'" num dos aniversários.

Mesmo ao voltar para Portugal, ela escreve aos filhos no Brasil:

Meu querido filho. Estando a sair um navio para esta Corte, não quis deixar de te escrever e te dar os parabéns do dia do teu nome, como o fiz o ano passado em Paris.

E acompanha os estudos e progressos:

Vejo pelas tuas cartinhas (...) e me convenço que tu fazes progressos. Duas cartas já escritas sem lápis e com tão linda letra.

Pai carinhoso e preocupado

Pedro escreveu muitas cartas revelando sua "intensidade dos sentimentos", sua "saudade" e, de praxe, também dando suas "orientações". Chama os filhos por apelidos carinhosos: Pedro II é agora o "Nhonhô", e o pai atenta à avaliação nos estudos, escrevendo (do Porto, aos 4 de dezembro de 1832)...

Meu querido filho e amadas filhas. Muito vos agradeço a vossa carta de 4 de agosto pela certeza que me dais de que felizmente gozais de perfeita saúde e porque me pedis notícias minhas (...). Muito sinto que não me digais alguma coisa relativa aos vossos estudos, mas penso que o motivo de assim não o fazerdes, não foi por outro senão a pressa com que me escrevestes. É mister que dê os meus louvores à Januária pela boa escrita, e a Nhonhô e à Paula por terem feito seus nomes muito bem, tendo a desconsolação de ver que a Chiquinha não escreveu o seu também, como era para desejar. Espero que empregueis bem o tempo em que vos apliqueis aos vossos estudos como convém a pessoas tais que a Providência colocou em tão alta hierarquia (...). Recebei, meu querido filho e amadas filhas, a bênção que de todo o coração vos deita, vosso saudoso pai.

Se Pedro era sempre um "bom pai", poderão dizer que "sim, pois o sentido da paternidade estava visivelmente em transformação".

Foi-se de "pai tirano" a "pai amante", e o jovem imperador se inspira claramente neste novo princípio.

Se no antigo regime muitos pais tratavam seus filhos com brutalidade e ignorância, sua época já era a dos "laços de afeto e cuidados com os filhos".

A paternidade já não se pautava só no sangue e linhagem, mas mostrava-se como resultado de um desejo e vontade. O homem não era mais só genitor, mas responsabilizava-se "pelo amor à criança e o bem da família".

Leopoldina, lembramos, falecera no Rio, em 1826.

Parte XI

Sob sol e chuva

1

A história avança

Explicação pela música

Já se dizia que (1) o primeiro lembrava seu pai; (2) o rei, seu irmão; e (3) ela agora vai dar a mão.

A marquesa (segundo marido)

Domitila já conhece agora o brigadeiro Rafael Tobias de Aguiar (1794-1857) com quem se unira em 1833.

Tobias e Domitila também trocaram correspondências amorosas, antes de morarem juntos. Algumas faziam referência a músicas populares, e poemas antigos:

Coisas que a gente se esquece de dizer
Frases que o vento vem às vezes me lembrar
Coisas que ficaram muito tempo por dizer
Na canção do vento, não se cansam de voar

Outras diziam coisas ainda mais românticas:

Vento solar e estrelas do mar
A terra azul da cor do seu vestido (...)
Sol, girassol, vejo o vento solar,
Você ainda quer morar comigo

(...) um girassol da cor de seu cabelo
(...) Ainda moro nesta mesma rua, como vai você?
Você vem? Ou será que é tarde demais?

Previsão meteorológica

E naquele ano, casaram-se, a viúva e o espanhol, sob muito sol e chuva.

Não vamos fingir que não sabíamos nada de Tobias de Aguiar, que é um político e rico fazendeiro sorocabano. A base de sua fortuna era o comércio de muares, mas com o tempo pôde diversificar seus negócios com fazendas de açúcar, gado e criação de equinos. A pelagem tobiana foi criada por ele.

Apelidado de "Reizinho de São Paulo", pela sua fortuna, exercerá o cargo de Presidente da Província por mais uma gestão, e também já foi eleito deputado... Concorrerá duas vezes ao cargo de Senador do Império, e se elegerá, mas não terá o nome escolhido pelo imperador Pedro II.

O Solar da Marquesa (1834)

Em seu retorno a Sampa, depois de terminado o relacionamento com Pedro I, Domitila adquiriu em 1834 um vasto casarão na Rua do Carmo (que ainda se chamará Roberto Simonsen) no centro da cidade.

(Segundo documentação de 1802, o primeiro proprietário do imóvel fora o brigadeiro José Pinto de Morais Leme, e anteriormente eram duas casas, que depois de reformadas viraram uma só.)

Domitila será a proprietária do solar de 1834 até o seu falecimento, em 1867, e o imóvel entrará para a crônica da cidade em razão das festas dadas pela *marquesa de Santos*.

(E sua importância histórica será grande. Além de ter pertencido à marquesa, será o último remanescente como imóvel urbano, no centro histórico da cidade, construído pela técnica da taipa de pilão.)

Localização

O solar nesta bem futura rua Roberto Simonsen (hoje "do Carmo") é próximo ao Pátio do Colégio (neste centro de Sampa, que ainda será "histórico"). É uma construção do século XVIII, alterada em épocas seguintes (e no século XXI ainda conservará algumas características originais e marcas de todas as fases).

Sempre, mesmo na época da Colônia, foi residência particular, e a marquesa morou aí com a família de 1834 a 1867 (diz-se que em 1880 o solar será comprado pela Mitra Diocesana para virar sede e residência do Bispado de São Paulo – sendo no mínimo curioso o bispo querer morar na casa da marquesa, que tinha fama de dar festas e ser pouco recatada).

Haverá dia em que passará para a prefeitura de Sampa (diz-se que em 1975, depois de estar com a companhia de gás) para virar sede da Secretaria Municipal da

Cultura, que a destinará ao *Museu da Cidade de Sampa* (o conjunto de casas históricas que serão administradas pela secretaria).

Sobre Domitila: "uma mulher, um tempo, um lugar"

(Dizem que quem construiu o canal do Panamá era um homem que tinha um plano... Mas voltemos a Domitila:)
Dômi tem a complexidade e força

(...) de uma mulher arrojada para seu tempo mas que, justamente, aquele contexto de tempo e lugar permitiu existir. Vítima de violência doméstica (ainda muito jovem foi esfaqueada pelo primeiro marido), mulher divorciada (o divórcio era admitido pela Igreja como proteção a mulheres em situação de risco) e amante do Imperador do Brasil, teve catorze filhos (só oito chegaram à fase adulta) e, na segunda metade da vida, destacou-se como *grande dama paulista*, sediada no velho solar da rua do Carmo.

"Figura romântica, mulher de negócios, militante política, paulista de raiz...", é sem dúvida uma "... grande personagem feminina e de São Paulo no século XIX".

Sobre Pedro: "*a man, a plan, but he's dead*"

Depois da guerra contra seu irmão Miguel (que curiosamente reproduzia as brincadeiras dos dois na infância), sendo apoiado pela França, Inglaterra e Espanha (enquanto Miguel recebera apoio só dos EUA e Vaticano), e de entrar vitorioso em Lisboa, ele chegou a ser coroado d. Pedro IV de Portugal. Mas além de abatido pela guerra, tornou-se vítima de tuberculose.

"Morreu no quarto onde nasceu", aos 24 de setembro de 1834, ao lado de Amélia e de d. Maria II, sua filha, "que dias antes havia sido aclamada rainha" (e se mostraria um tanto "avançada para seu tempo", defendendo a monarquia constitucional; mas também morreria jovem, aos 34 anos, em 1853).

Guerra entre os irmãos herdeiros

Nessa guerra, travada de 1831 a 34, "foi formada na Ilha Terceira a Regência de Angra, símbolo da resistência liberal ao miguelismo". E foi lá também a última (até prova em contrário – algo escondido que ainda possa ser revelado no futuro) "aventura amorosa de d. Pedro".

Envolveu-se sim com Ana Augusta Peregrino Faleiro Toste (1809-96), "monja Clarissa do Convento da Esperança".

(E nove meses depois da "aventura no claustro" nasceu – em 1833 – o menino Pedro, que viveu só quatro ou cinco anos – e se saberá pouca coisa dele, que teria sido deixado na "roda dos expostos", ou então ficado aos cuidados de um empregado de Luís Albuquerque, "militar que lutou contra os miguelistas". O menino receberá um rico funeral – para que serve isso? – patrocinado pelos liberais.)

Encantamento amoroso: nascimento do primeiro filho

Rafael Tobias de Aguiar e Castro, nascido em 1834, viverá até 1891.
É fruto do *Encantamento* (Eros), ou força de sedução, que atinge os mais fortes e "capazes de enfrentar dramas cotidianos sem perder a confiança nas coisas".
Para amar é preciso restituir o amor-próprio, a autoconfiança.
"Pessoas que se apaixonam e são correspondidas tendem a ter mais força para tomar decisões difíceis" e, mais do que isso, se tornam mais criativas e ousadas.
Há suspeita de que o amor seja um enlouquecimento: a pessoa "se sente mais forte para se arriscar e sair da banalidade cotidiana"; para arriscar-se "a provar coisas há muito estabelecidas pelo seu cotidiano"; para "ousar contra uma vida medíocre" (e mais segura). Pelo amor ela "regenera a vida e a põe em risco com relação à ordem do mundo". Resta a mesma ambivalência em relação à ética: "transgredir vida kantiana em nome de vida nietzschiana".
Os medíocres e regrados tendem a ser mais longevos, estando protegidos das forças de rompimento com o medo – e entende-se assim por que Pedro morreria jovem.

2

Ainda a família real

Morte de Pedro e criação de Isabel Maria

Pedro morreu aos 24 de setembro de 1834, e a tarefa de criar Isabel Maria foi assumida por d. Amélia e sua mãe. A duquesa fora separada da marquesa de Santos com tão pouca idade que já não tinha qualquer recordação da mãe biológica. E por isso tinha Amélia e a duquesa Augusta como a mãe e a avó naturais.

Morte de d. Pedro e a mais nova, Maria Isabel (II)

Sim, Pedro faleceu neste ano de 1834.
Sua viúva, d. Amélia, quis que se cumprisse a vontade do falecido (lavrada em testamento), que era:

Aquela menina (...) que nasceu na cidade de São Paulo, no Império do Brasil, no dia 28 de fevereiro de 1830, e desejo que esta menina seja chamada à Europa para receber igual educação a que se está dando a minha sobredita filha, a duquesa de Goiás.

E mais uma vez Domitila se recusaria a cedê-la, alegando principalmente que sua filha não era "nenhum fardo", e além disso, estaria doente, precisando de cuidados (não custa lembrar do trauma que deve ter sido para a marquesa arrancarem-lhe outras duas crianças que acabaram não sobrevivendo...).

(E imagine-se o trauma – ou instinto de sobrevivência aflorado – de quem foi expulsa da Corte e precisou cavalgar por dias com uma filha na barriga, para finalmente chegar a Sampa e providenciar o parto sozinha.)

Maria Isabel teria "herdado a epilepsia do pai".

Ficção

Esta parte parece ter sido redigida em pensamento, como espécie de autobiografia de um músico etc. Não se sabe. Mas o narrador quis se passar por Pedro, a começar pela seguinte frase, que teria sido proferida pelo falecido Imperador:
– "Desculpe-me por invadir sua narrativa" (Pedro)
(Sim, quem agora pede desculpas por invadir a narrativa sou eu, o próprio Pedro, que desde já, depois de morto, quero ainda botar alguns pingos nos "is".)

O Rei do Brasil

Nem todos sabem, mas quando declarei a Independência do país, estava na verdade tomado por um sentimento muito maior e profundo do que o reles patriotismo, que é o *Amor*, e em especial, o desejo por uma mulher.

Hoje já todos sabem, e ela recebeu a alcunha de amante, mas sempre foi, pelo tempo em que estivemos juntos, minha verdadeira esposa, mãe dos meus filhos (os que tivemos à época, dos quais duas sobreviveram e terão descendência, sendo também agraciadas com títulos de nobreza, as donzelas "de Goiás" e "do Iguaçu")...

Muito maior que o patriotismo, o sentimento que me levou a gritar "independência ou morte" foi o Amor.

Andei depois disso a estudar filosofia hindu e encontrar respostas não totalmente satisfatórias, mas ao menos respostas, às inquietações por saber que estando em pleno domínio dos meus sentimentos amorosos, principalmente, isto é, recebendo a correspondência da mulher amada, mais firme eu estaria nas minhas decisões e atos.

E passaria daqui à filosofia indiana, das ações que puxam para baixo, e das não ações que ajudam a ir para cima. Do risco de um narrador no futuro vir a me analisar e sem querer julgar esses fatos e pessoas que, na maioria das crenças, hoje seriam espíritos, a se desenvolverem também com seus altos e baixos (mas caso contrário, não irão se preocupar com o que é dito e não dito sobre eles neste planeta).

Passo a palavra a um historiador do futuro sobre estes meus tempos, de nome Laurentino. Dirá ele que fui um rei que lutou contra tudo e todos, fez a independência do país, reconquistou outro nos campos de batalha, esforçou-se para modernizar as leis e as sociedades que governou, amou muitas mulheres, dedicou-se à política com paixão, foi bom soldado e chefe carismático.

Morte de Pedro e exploração política da tragédia de Leopoldina

Já faz oito anos do falecimento de d. Leopoldina (ocorrido em dezembro de 1826), e por agora se comenta que haveria uma carta misteriosa, dando motivação a comentários do povo, e às fofocas em geral, de que d. Pedro teria maltratado a esposa...

Sim, uma carta que parece ter sido escrita por Mareschal, em que ela mesma teria dito:

(...) *maltratando-me na presença daquela mesma que é a causa de todas as minhas desgraças. Muito e muito tinha a dizer-te, mas faltam-me forças para me lembrar de tão horroroso atentado que será sem dúvida a causa de minha morte.*

(Trecho que em parte já foi até citado, por ocasião do falecimento da rainha, mas agora explicaremos melhor o contexto.)

Aqui nos perguntamos se, mal tendo forças para se lembrar desse "*horroroso atentado*", como ela continuaria ditando mais da metade desta longa carta, para falar de credores e dívidas dos que queriam ajudá-la financeiramente?

Mareschal deu a entender que ela perdera os sentidos depois do aborto, e ao voltar a si já não estava tão consciente. Mas agora vamos trazer luz a essa questão: a tal carta nunca foi nem será encontrada em nenhum arquivo do Brasil (ou de fora dele, em Portugal ou na Áustria).

E há aqueles que se ocuparão do estudo dela, servindo-se de uma cópia que bem no futuro haverá de estar em um *Arquivo Histórico do Museu Imperial* (mas... ainda mais triste do que parece hoje, este país ainda deixará pegar fogo em uma grande parte de seus museus – e pior, em todas as matas, e daí o nome "Brasil", de "brasa" – inclusive este que acaba de ser citado).

E haverá ainda uma cópia em Petrópolis, toda escrita em português (com apenas uma frase em francês, dizendo ser a transcrição da original, datada de 12 dezembro de 1826).

Só que agora, aos 5 de agosto de 1834 (quase oito anos depois do falecimento da rainha) aparecem na cidade do Rio, para registro junto ao tabelião Joaquim José de Castro, as testemunhas César Cadolino, Flach, Buvelot e Carlos Heindricks (e dois deles, Cadolino e Flach, comprovadamente credores das dívidas de d. Leopoldina).

Bem, e deve ser porque já chegou ao Rio a informação de que d. Pedro, há pouco mais de dois meses "tossira sangue, manchando seu lenço diante de todo o teatro São Carlos, em Lisboa", e tudo "sob os apupos de uma plateia furiosa com a anistia dos absolutistas portugueses".

A tuberculose haveria, ou houve, de matá-lo exatamente no dia 24 de setembro deste ano,

É conveniente, portanto, que se tenha prova das dívidas da imperatriz, e "melhor ainda se confessada pela própria".

Mesmo com o decreto de 11 de outubro 1827 criando uma "dotação" de 80 contos de réis para pagar os credores da falecida, em 1828 as dívidas ainda foram mencionadas nos anais da Câmara dos deputados.

Quanto à marquesa de Aguiar, pessoa a quem a carta teria sido ditada, ela voltou para Portugal junto com "diversos cortesãos portugueses", assim que o imperador abdicou, "desembarcando no cais de Belém" aos 5 de agosto de 1831. Em 1834 ela já estava convenientemente longe do Brasil "para confirmar ou negar a autenticidade do documento". E o barão de Mareschal, "também citado na carta", partiu do Brasil quatro anos antes de o documento aparecer.

Tudo indica que, entre 1833 e meados de 1834, "alguns políticos veriam com bons olhos um documento público que demonizasse o ex-imperador". E isso porque o partido Caramuru, comandado pelos Andradas, mantinha esperança de que Pedro, pacificando Portugal e colocando a filha no trono, voltasse ao Brasil como regente do filho varão, Pedro II.

(E não queríamos ser pessimistas, mas vê-se que nos próximos dois séculos, no Brasil, "a produção de escândalo para denegrir a imagem pública de alguém" será uma prática ainda mais corriqueira.)

3

Rei morto, rei posto

Agora é com Rafael

Aqui vamos falar de sua ascensão, da questão educacional, da questão moral etc. Além de questões civilizatórias (construir estradas etc.). Mas antes...

Discurso em defesa do feminino

Haverá tempo em que as mulheres poderão enfim lutar por seus direitos, e conseguir suas emancipações e poderes de decisão em uma sociedade que, com base no que se vê agora, tão brasileira, há de ser considerada simplesmente "machista".

Sim, e haverá tempo em que se entenderá o passado da humanidade como algo realmente tosco, em que alguns grupos de macacos protegerão suas mulheres e crianças brigando apenas entre os homens, com os territórios sendo delimitados por essas lutas (pois assim a natureza nos determinou, que lutássemos entre nós, em todas essas idades de trevas que foram os primeiros duzentos mil anos de seleção genética antes que as civilizações – a grega, em especial – pudessem discutir os direitos e deveres dos cidadãos de cada gênero, de cada origem – a dos estrangeiros, por exemplo –, da seguridade social e coisas assim).

Mais das sessões legislativas (Sampa)

Rafael, sabemos, terá sido duas vezes presidente da província de São Paulo, a primeira de novembro de 1831 a maio de 35, e a segunda de agosto de 1840 a julho de 41.

Quando terminaram os trabalhos do conselho (homologando-se o Ato Adicional, em que atuou como deputado geral), Rafael reassumiu a presidência da província, que estava então, como lembramos, nas mãos do vice, Pires Costa.

Ele então tratou de instalar a Assembleia Legislativa, o que ocorreria aos 2 de fevereiro de 35, sendo marcada antes a reunião dos colégios eleitorais para a escolha dos deputados (em 9 de novembro de 34, apurando-se o resultado em 8 de dezembro).

Com essas eleições, e tudo dentro da lei, estavam na junta apuradora o bispo d. Manoel Joaquim, Gonçalves de Andrade e outros (como o cap. Jaime da Silva Teles – não havia impedimento para membros dessa junta que, candidatos, foram eleitos e proclamados).

(Haverá dia em que se perguntará por que tantos homens e nenhuma mulher. E se poderá devolver essa pergunta lembrando de coisas ainda piores, para melhor entender-se todo o processo civilizatório, de decisões políticas quase sempre nas mãos de homens – com algumas exceções, na Antiguidade e outras épocas – até um belo dia a coisa caminhar no sentido de haver chances iguais.)

Apurados os votos pela convocação, a mesa definitiva foi eleita às 11h após missa do 2 de fevereiro...

Na primeira sessão (dos 31 de janeiro) aclamou-se o presidente, secretários e suplentes e, "enquanto isso, suas excelências aclamavam-se umas às outras...", dirá um sarcástico humorista desta cena caricata... – falando-se também de brincadeiras esportivas, cantos de roda etc.

Passou-se à eleição da comissão de poderes "que daria parecer sobre o valor dos diplomas" – elegeram-se aqueles que verificariam as atas (a comissão examinou os diplomas, considerando-os legais)...

A arquitetura do Paço e...

Cada um a seu modo, mas Rafael, como presidente, quis que a instalação da Assembleia fosse um ato de muita pompa. E como não havia um palácio público, cedeu a sala mais ampla de seu próprio palácio, que ficava no primeiro andar (e talvez, como diria o poeta, para que *"passo a passo"* se pudesse *"chegar ao paço"*).

Muitos não gostavam desse prédio (chegou-se a falar em um *"aspecto sinistro"*, por causa das *"mesmas janelas mesquinhas, e ridículas"* da época em que fora o palácio-convento dos jesuítas). Mas com alguns pequenos reparos, nesse andar de cima, instalou-se lá o "Paço da Assembleia", *"junto da torre da antiga igreja do Senhor Bom Jesus do Colégio"* (que, aqui já se sabe, será demolido antes do final do século, aos 13 de março de 1896).

Percebe-se a pobreza do local até pelo ofício enviado pelo presidente (Rafael, em 1º de fevereiro de 35), comunicando ter reservado para as autoridades constituídas a galeria menor, por *"não haver tribunas"*.

Há de se dizer que

No andar térreo da parte ocupada pela assembleia existia um salão ou portaria do antigo convento, no qual aquartelava a guarda de pessoa do presidente da Província, lugar este em que até hoje se conserva mesma guarda. Ao lado direito desse salão havia uma velha escada de degraus largos e bastante estragados que dava acesso para o recinto, secretaria e galerias da Assembleia e para o Coro e torre da Igreja e Colégio.

Tudo nesta Assembleia é escuro: as galerias, corredores... Dizem que as pessoas chegam a dar trombadas, "caindo nos corredores mal iluminados por vela de cera". Mas é aí que vai funcionar a Assembleia, até 1897, "um dos fatos de maior relevo" no governo de Rafael.

... o urbanismo de Sampa

Não só o prédio do Palácio é mal iluminado: as 33 ruas (mais os cinco pátios, nove travessas e cinco ladeiras) também. Mas é bom lembrar que em 1829 só havia 24 lampiões a óleo de peixe, "de luz pálida e mortiça", e em 1839 eles já serão cinquenta, para uma população de pouco mais de 20 mil habitantes.

(Em um recenseamento que se está agora a fazer – a ser divulgado no ano que vem –, só 1009 pessoas sabem ler e escrever, e estão *"aptas para serem empregadas"*.)

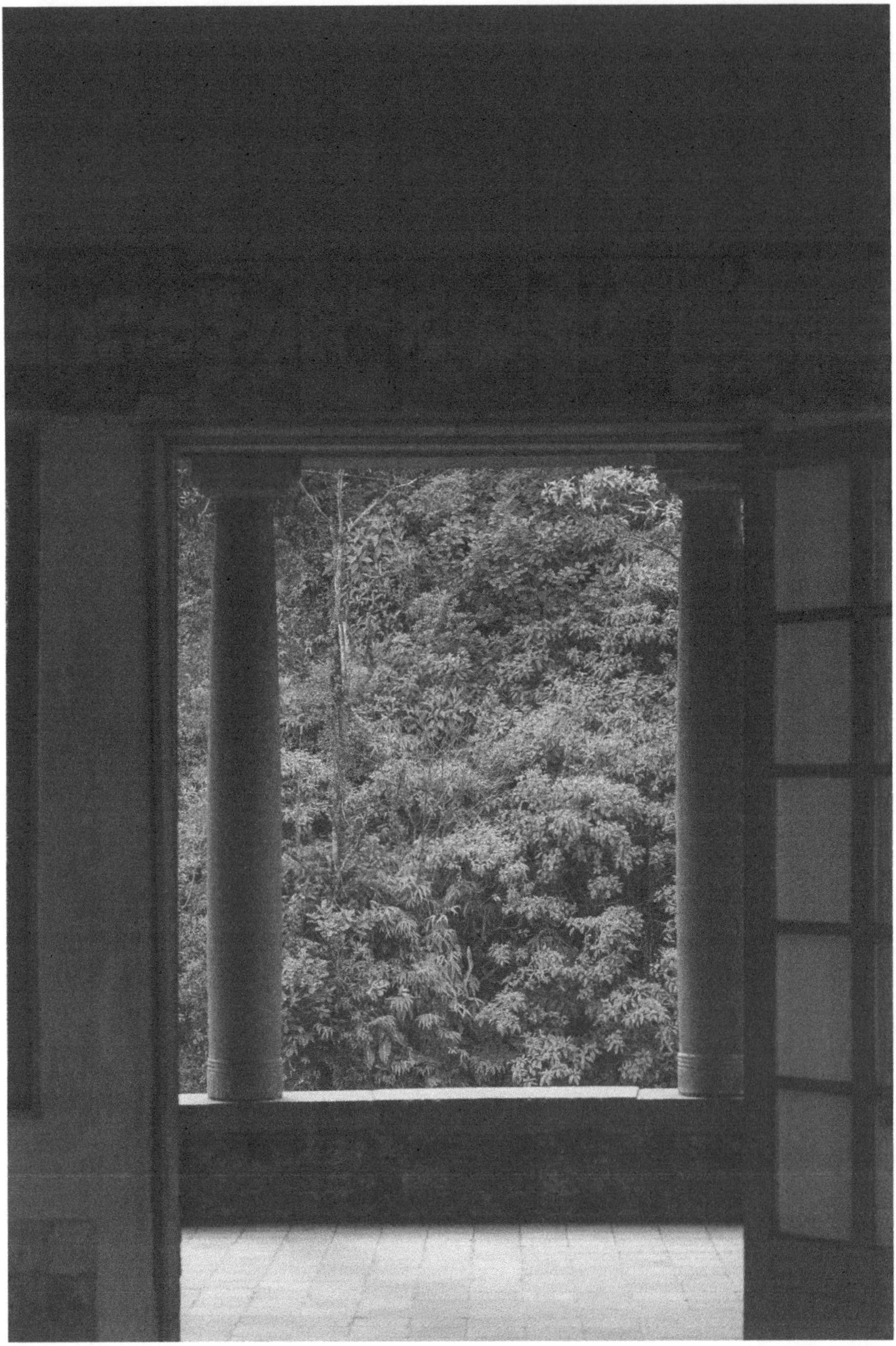

4

Rafael, Domitila e família

Nascimento de João

Rafael e Domitila estão comemorando o nascimento de um segundo filho: João Tobias de Aguiar e Castro nasce agora em 1835 (e viverá até 1901).

Por que deixar a presidência?

Talvez tenha a ver com o nascimento de seu segundo filho... Mas retomemos um pouco a história de Rafael, em sua vida pública. Bem, comecemos pela política nacional.

Ele fora nomeado pelo *1º gabinete* da regência trina permanente (que durou de 16 de julho de 1831 a 3 de agosto de 32), quando o pe. Feijó estava na Justiça. Não se demitiu nem foi demitido pelo *2º gabinete* (que foi curto, de 3 de agosto a 13 de setembro de 32).

O *3º gabinete* (de 13 de setembro de 1832 a 16 de janeiro de 35) teve Vergueiro como ministro do Império, mas ele fora substituído em maio de 33.

Era tanta a pressão política que, mesmo apoiado por Vergueiro, a queda do gabinete em 13 de setembro tornou insustentável sua permanência na *presidência* da província, e sem respaldo no *4º* e último *gabinete* da regência trina (de Manoel Alves Branco como ministro da Justiça).

Vergueiro parece ter interpretado o pensamento de Rafael quando escreveu sobre o ministério:

Andava o ministério muito desmoralizado, com franqueza vizinha do desabrimento. Contava três membros que "envergonhavam".
O menos mau era o Vieira (...)
Ainda não lhe falara mas "diziam-lhe ser ignorante da chapa", mentorizado pelo respectivo oficial do gabinete (...)

O pior dos três era Pinto, Ministro da Marinha (...)

Etc.

Saída pela tangente

Rafael saiu em 11 de maio de 1835, e em 12 de outubro seu amigo Feijó assumiu o cargo de *regente uno*, nomeando seu 1º gabinete em 14 de outubro (houve mais três gabinetes, e durante o quarto e último, Feijó renunciaria, aos 18 de setembro de 37).

Com Araújo Lima (e um dia isso tudo virará nome de rua...), eleito regente único, formou-se o *1º gabinete* (o que um dia se entenderá por *ministério*), a funcionar de 19 de agosto de 1837 a 16 de abril de 39, surgindo com ele "o Partido Conservador formado da fusão de uma ala ponderável do Partido Liberal-Moderado com o Reacionário, chamado Restaurador" (e, infelizmente, qualquer semelhança com a política dos séculos XX e XXI não será mera coincidência...), começado em 1831 e indo até 34 (Rio Branco).

Mas o que se pode dizer é que a partir da regência una de Feijó, com a fundação dos dois partidos (o Progressista, de Feijó, e o Regressista, dos opositores), *começa a vida política no Brasil.*

(Feijó-feijão-beijão-feijoada-beijo-queijo.)

Está dando para entender?

Rafael, portanto, deixou a presidência aos 11 de maio de 1835, após administrar por quatro anos sua província natal.

Em 25 de novembro foi empossado o visconde de Uberaba e senador José Cesário de Ribeiro, novo mandatário imperial. E após muitos desgastes da governança, Rafael precisou de repouso. Apesar de eleito para a 3ª legislatura (1834 a 37) foi substituído pelo suplente Rodrigo de Barros.

No ano seguinte (aos 16 de junho de 36) ele vai oficiar a Câmara que não mais comparecerá por *"estar incomodado"*, e só voltará à atuação como deputado geral, em 1845.

Evento da possível transferência da presidência

Diz-se que quando terminou a cerimônia religiosa na Sé, e o juramento, os deputados voltaram à sessão "reaberta pelo presidente", que agendou para o dia seguinte a instalação, passando a eleger a mesa definitiva (como já foi dito).

A cerimônia de instalação foi de grande pompa, e só terminou no pôr do sol, "com salva de 21 tiros, e bateria de canhões", comandada pelo tenente Inácio Leme. Taunay descreveu essa cerimônia oficial, mas não vamos aqui reproduzir suas palavras, e sim poupar o leitor.

Exatamente à hora programada, 11, Rafael "foi recebido à porta da Assembleia pela Comissão Especial", designada antes por Vergueiro, "que o acompanhou ao salão", onde estavam todos "os deputados, vereadores, militares graduados, autoridades eclesiásticas e povo"...

Havia espaço para tanta gente?

Ele sentou-se à mesa ao lado do presidente Vergueiro, companheiro de velhas lutas, e fez um discurso minuciosamente estudado, dirigindo-se a todos os presentes.

Início do discurso

Começou a fala congratulando-se por ter ajudado com suas "*débeis forças na confecção das Reformas Constitucionais*", uma obra "*verdadeiramente brasileira*".

Oferecendo sua honesta e pronta ajuda ao cumprimento das leis, falou da importância das medidas legislativas, sobre a divisão civil, judiciária e eclesiástica. Mais:
– dos impostos (os que deviam ser abolidos, modificados ou aumentados);
– expôs a divisão judiciária de São Paulo (6 comarcas, 20 termos e 170 distritos);
– apontou falhas na justiça;
– falou das prisões com trabalho (observando o modelo norte-americano);
– mostrou serem 65 as escolas de primeiras letras, 10 de gramática latina, umas providas e outras não;
– falou das "casas de educação de meninos e meninas" e do seu destino, "terminando o prazo de internamento";
– falou da expedição de Guarapuava (já tantas vezes citada, em relatórios anteriores), ainda muito atrasada, "mesmo porque o governo imperial" quis "estabelecer ali uma colônia de degredados".
– queixou-se das câmaras municipais pelo mau funcionamento, falou da guarda permanente (de quadro completo, 150) e da guarda municipal nacional (em "*estado de inação*"); falou das estradas (o objeto que "*mais perto toca a prosperidade da província*")...

porquanto sem meio fácil e barato de transporte, debalde a natureza nos mimoseou com as terras mais fecundas, e todas as produções equinociais [o que se entendeu não serem aquelas feitas "a cavalo"], *pois estas virão a perecer nos celeiros* [o que se entendeu não serem os montadores "a cela"], *e o agricultor a abandonar sua fábrica com perda de utensílio, deslocação de capitais e um novo tirocínio em outro qualquer emprego, e sempre em prejuízo da prosperidade pública.*

Estradas?

Rafael enumerou todas, falando dos estados de conservação:
– Santos, Rio de Janeiro, *S. Luís-Ubatuba*, São Sebastião, Sorocaba-Rio Negro, Morretes, Graciosa, Curitiba-Antonina, Da Mata etc.;

– mostrou o orçamento de acordo com o extinto Conselho Geral, por lhe *"parecer o mais seguro"*...

Terminado o discurso, foi muito aplaudido. Então passou a tropa em revista e depois se recolheu ao palácio, para ser cumprimentado pelo *"corpo legislativo, Câmara Municipal, altas autoridades civis, militares, eclesiásticas, além de grande concurso de pessoas gradas"*.

Seguiu-se a isso a eleição pela Assembleia de diversas Comissões (e não vamos aqui reproduzir o nome das pessoas agraciadas, porque afinal, ao leitor, distanciado no tempo e nas ideias, não é isso o que mais interessa nesta história).

Encerramento

Escolhidas as comissões, o presidente Vergueiro encerrou a sessão e marcou outra para o dia seguinte (3).

(Sente-se o abuso de poder na sugestão de um deputado para que a assembleia legislasse sobre o dobrar dos sinos:

assim deviam eles se cingir a um toque ao anunciar a morte de homem ou mulher, e um outro, ao sair o enterro. Pena: multa de dois mil-réis ao sineiro que transgredir a proibição; quatro mil-réis pagarão aos fabriqueiros e os que inspecionarem as igrejas. A multa em dobro, em caso de reincidência, reverteria aos municípios e cobrados pelos fiscais

Essa índole abusiva e corrupta atravessará os tempos, em novos pareceres sobre como parasitar quem produz, em nome da ordem pública... E para não se dizer que é caso isolado, os arquitetos dos próximos tempos passarão a desenhar, junto com as casas, as roupas que seus clientes precisarão vestir em cada ambiente...)

Rafael aprovou, com entusiasmo, um projeto de Vergueiro que versava sobre a criação de um Gabinete Topográfico em São Paulo, com sua escola de estradas. Previam-se instrumentos próprios para tirar plantas e nivelamentos das vias, *"onde se arquivassem os mapas observações e memórias topográficas a província, podendo passar cartas de 'Engenheiros de Estradas', quando o merecesse*m" (art. 7º).

(Adianta-se que o gabinete ainda será melhorado em seu segundo governo, a partir de 1840.)

5

Balanço de sua gestão

Poli

E quem for capaz de olhar para o futuro saberá que deste gabinete, uma semente bem plantada, brotará a Escola Politécnica de São Paulo (mas lá por 1892). Ela de fato funcionará, em seu começo, numa das salas deste Palácio Presidencial (e o primeiro diretor será Antônio Francisco, neto do senador Paula Souza, companheiro das lutas políticas de Rafael).

Outras leis

Para não dizer que apenas elogiamos o que está sendo feito e proposto por Rafael, achamos absurda a lei (de 9 de março de 31) que criou uma folha diária de publicidade dos atos governamentais em todas as esferas de sua administração, "*necessidade do sistema representativo*"...).

E pela lei 9, de 24 de março, criou-se outra "*folha diária*" para impressão, redação e distribuição, em que se transcreviam "*atos oficiais do Governo, da Assembleia Provincial, das Câmaras Municipais, dos Jurados; as participações das Autoridades Policiais, as decisões das Juntas de Paz; as leis, e os atos do Governo Geral*" (ou seja, tudo que dissesse respeito à província, e se considerasse importante em parte, e no todo).

A folha chegaria aos deputados (provinciais e gerais), juízes (de paz e municipais – com perdão da cacofonia) pelo correio – gratuitamente (só que, bem sabemos, não existe almoço de graça – o pagamento de mais essa regalia às ilustres excelências sairia dos impostos, isto é, do bolso de todos).

A assinatura só seria paga pelas câmaras municipais.

A lei 11 (24/3) "criou barreiras, direito de postagem (pedágio)":

em todas as estradas existentes ou que se abrirem em atravessando a Serra do Mar nesta Província, ou seguindo para a Província do Rio de Janeiro.

Ou seja, para a "estrada respetiva" e suas ramificações... O rendimento jamais poderia ser desviado para outra estrada, ou outro objetivo (como discorre o artigo de nº 2, aqui não reproduzido – e a quem realmente tiver interesse em esmiuçar isso, ou duvide da informação, que procure ler, e saber, o que se deixará escrito no artigo de nº 2 – "*a taxa será...*").

Inovações

Uma inovação de seu governo foi a lei 18, de 9 de abril, criando os cargos de prefeito e sub, na capital e vilas de São Paulo.

A duração do mandato será "enquanto bem servir", mas depois de quatro anos se *"poderá escusar-se do emprego, e só depois de outros quatro poderá ser* **constrangido** *a tornar a servir"*.

Como lembrou o presidente Vergueiro, o prefeito era o agente entre a presidência da província e as autoridades municipais – e também um executor das deliberações das câmaras municipais ("elo que faltava na cadeia administrativa provincial", ou o "elo de energia e perenidade, que não existia na ação administrativa municipal").

A instituição das prefeituras teve uma boa repercussão nas vilas, mas não na capital (por essa lei, Rafael dava autonomia administrativa à capital e às vilas interioranas; os serviços urbanos eram antes realizados pela própria presidência, auxiliada pela Câmara Municipal; essa lei 18, de 1838, acabará sendo revogada e restabelecida em 1898, chegando até o século XXI).

Último dos interesses

Ninguém queria a prefeitura de Sampa, depois que o primeiro prefeito Luiz Antônio de Barros (filho do brig. Luiz Antônio) renunciou a ela (aos 21 de novembro de 1835, quando tinha assumido em 5 de maio).

O desconforto parecia estar no artigo 4, em que se atribuíam ao prefeito funções policiais (incisos 5 e 6) e as disposições sobre nomeação de subprefeito (artigos 6 e 7). A lei será revogada em 1838, e o cargo de prefeito restabelecido (pela lei municipal 374).

Depois desse Luiz Antônio, a cidade teve prefeitos interinos, de mandato bem curto.

Em São Paulo, em razão do Ato Adicional, o controle dos municípios pela Assembleia era feito por prefeitos e subprefeitos, que *"eram mandados às câmaras à semelhança dos corregedores espanhóis, como agentes do governo provincial, com poderes executivos e de investigação"*.

Outra lei merece ser citada, a de nº 16, do levantamento estatístico na província (de longo alcance e o mais completo possível, por esta época). Mostra que a sua visão de governo era mesmo avançada, e não só para os negócios.

Mais sobre educação

E claro, não custa reforçar que Rafael cuidou com especial carinho da instrução pública: tanto que "no ano financeiro de julho de 1835 a junho de 1836 reservou no Orçamento Provincial a quantia de trinta e dois contos de réis para esse fim".

Estradas

E isso só foi maior em relação às estradas provinciais (e algum louco ainda dirá, lá pelo século XX, que *"governar é abrir estradas"*, como à época dos romanos...). Só para a de Santos e suas ramificações, reservou 36 contos de réis. Com a do Rio e ramificações, 12.

Pela lei orçamentária se vê a preocupação do governo com o *"engajamento de colonos estrangeiros contratados para trabalhar nas estradas, com as condições mais vantajosas à Província"*. O governo podia aplicar parte dos rendimentos das estradas com isso, mas sem passar de um terço do líquido total arrecadado.

De modo geral, pode-se dizer que a primeira sessão legislativa da província foi proveitosa, sendo que o orçamento de receitas e despesas desse ano fiscal (julho de 1835 a junho de 36), fixado na "lei nº 11 de abril", deu verba de 6 contos e 400 mil-réis para a "tipografia oficial", *podendo Rafael ser considerado o criador da Imprensa Oficial do Estado*.

Também consignou 8 contos e 800 mil-réis para a Assembleia (provincial) e *32 contos de réis para a Instrução pública (a maior do orçamento)*.

E assim, a receita atingiu 135 contos e 500 mil-réis.

"Para seu governo" – ainda um balanço

Nesse primeiro mandato de Rafael, de três anos e cinco meses (e quatro dias), além das leis citadas, outras, e atos, *cuidou da saúde pública e da assistência social* (Hospital de Lázaros, Roda dos Enjeitados etc.).

Tratou da reorganização da máquina fazendária criando a Tesouraria Geral, que substituía a inoperante Junta Fazendária (de que tanto se reclamava no Conselho de Governo, emperrando a administração e causando evasão de renda, para servir "de valhacouto a funcionários desonestos").

Cuidou da fábrica do Ipanema (dedicando-se especialmente e pedindo ao rei medidas salvadoras), da Guarda Nacional (aumentando e incrementando-a), dos trabalhadores rurais, "do elemento servil" (pedindo "benevolência dos senhores que os exploravam etc. etc.").

Nesse primeiro mandato, seu maior feito foi apaziguar a província com firmeza e tranquilidade (em meio ao caos que assolava o resto do país). Foi sempre "hábil, destemido e capaz", visando à justiça de acordo com a consciência.

Recusou ordens até de Feijó, seu amigo próximo. Não se dizia inteligente (por modéstia), mas de caráter independente, e vontade autônoma.

6

Política do reino

Proposta de golpe

Em 1835 começam a aparecer as ideias de antecipação da maioridade.

Tentativa em andamento

Em 1836, discute-se se a princesa Januária, irmã, poderia assumir se Pedro II (agora com catorze anos) faltasse. Decide-se que não: o parente mais próximo que ocupasse o lugar precisaria ter 25 anos.

Em 1837 Feijó renuncia à regência. E também neste ano, o irmão João, de Domitila (um dos militares, nascido em 1786, e que viverá até 1853), recebe a patente de brigadeiro.

Eleições de 1838

Em 7 de abril, Feijó vence as eleições (presididas pelo ministro da justiça Alves Branco, em meio a uma luta renhida entre *Chimangos* e *Jurujubas*) para regente único, o que deixou bastante alegre o amigo Rafael.

Sim, votos apurados, Feijó obteve 2826 em 6000. Um dos apoios decisivos foi o de Evaristo da Veiga (um *chimango* roxo, ortodoxo e também amigo de Rafael). Entre os derrotados estavam *Costa Carvalho* (só 629 votos), Araújo Lima (760), Paes de Andrade (605) e Holando (1981). Outro derrotado foi Antônio Carlos, que ao voltar da Europa tinha se filiado ao Partido Conservador, levando os irmãos (Francisco e Antônio) a irem para o Liberal.

Mas como nenhum obteve *"suficiente maioria para se intitular eleito pela nação"*, pensou-se em colocar a princesa Januária (se declarada maior) como concorrente de Feijó, o que se decidiria pela regência. Os Caramurus antigos (a chamada "facção holandesa" – nome que vinha de Holanda Cavalcanti) não quiseram participar da regência de Feijó.

Clube da Maioridade

E então ressurge a ideia de 1835, de *dar maioridade a Pedro II*. Fez-se o "Clube da Maioridade" (dos liberais querendo voltar ao poder – alijados *desde a renúncia de Feijó à regência, em 37*), presidido por Antônio Carlos.

Restabeleceu-se, na sequência, o rito do *beija-mão*, de reconhecimento do monarca pelos súditos... (uau!)

Foi na festa da Santa Cruz, quando o regente Araújo Lima, na porta da igreja, inclinou-se para o imperador e beijou-lhe a mão ostensivamente (o que é uma cena um pouco avançada para a época, a se pensar nos movimentos de liberdade sexual que só vão começar a pipocar no século XX), para surpresa (*e calor*) dos presentes (uns *alegres* e outros repudiando).

Nessa nova era, o imperador foi ficando inacessível...

Comentário (disfarçado)

Haverá tempo em que ganhará força uma tendência ao narcisismo de homens e mulheres (e estas, já se prevê, ocuparão cada vez mais espaços, até se libertarem do poder opressivo dos machos), podendo-se imaginar que o amor heterossexual decairá cada vez mais sob um cenário de vaidade crescente, de demonização do homem pela mulher e vice-versa.

E com a "demonização dos homens pelo feminismo" se verá nascer uma "população chata, arrogante e solitária, de ambos os sexos" (comentário de um provocador, que horrorizará os adeptos desses novos costumes).

Pedro II e o golpe da maioridade

No período das regências, muitas agitações vieram a chacoalhar o país, mostrando a fragilidade do regime:

– A Cabanagem (revolta rural no Pará);

– A Sabinada (por médicos, advogados e militares da Bahia);

– A Balaiada (por intelectuais, vaqueiros, agricultores e índios do Maranhão e Piauí);

– A Farroupilha (por gaúchos revoltados com os impostos, vindo a proclamar a República do Piratini).

As questões políticas parecem ter respaldo nas tensões sociais. Donos de terras e de escravos receiam a descentralização do poder, ao se distribuírem por autarquias locais algumas atribuições da administração pública.

Para um grupo de deputados, só o retorno da monarquia centralizada vai pacificar o país. Para os progressistas – liberais – e regressistas – conservadores –, é preciso reestabelecer a ordem pelo fortalecimento do poder central – autoritário –, para assim se verem cessar os "movimentos que conduziram pessoas às ruas, nem sempre conscientes de por que estavam lutando".

O primeiro projeto foi de 1835, do deputado Luís Cavalcanti, que pareceu inconstitucional à Câmara, e "morreu" ali mesmo.

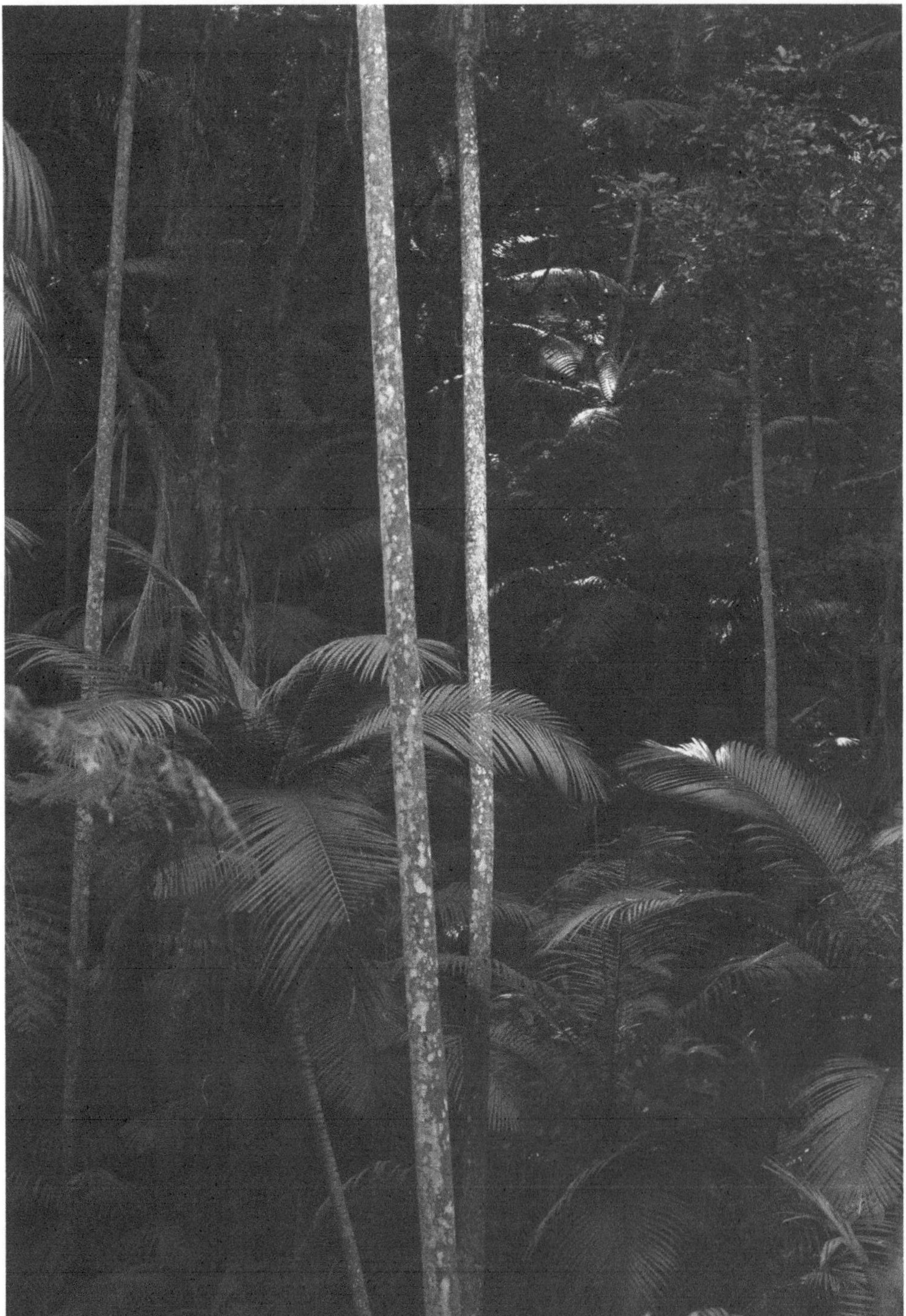

7

As histórias familiares mais recentes

Nascimento de Gertrudes, neta

Em 1837 nasceu Gertrudes de Aguiar e Castro, que viverá até 1841 (o nome homenageia a avó por parte de mãe, que fora criada na praia).

Educação de Isabel Maria

... porque em 1837, em viagem à Baviera, d. Amélia (1812-1876) quis cumprir o desejo expresso pelo marido antes de morrer: "que ela cuidasse pessoalmente da educação das suas filhas com a marquesa de Santos".

A duquesa de Goiás (estudando em Paris desde 1830) "foi chamada pela viúva, e antes de ser apresentada à sociedade, foi matriculada no *Royal Institute of Munich Girls* (Instituto Real de Moças de Munique), que reproduzia padrões de formação bem conhecidos por d. Amélia".

Ela queria casar Isabel Maria na Alemanha, e quando voltou a Lisboa, onde morava, Amélia deixou a duquesa com sua mãe, a princesa Augusta da Baviera.

O plano dará certo.

A "enteada" se casará com o barão de Holzen (e conde de Treuberg) Ernst Fischler von Treuberg (1816-67), e irá morar no castelo de Murnau. A primeira filha se chamará Amélia, em homenagem à "madrasta", madrinha e viúva de seu pai imperador.

Isabel Maria de Alcântara Brasileira – duquesa de Goiás

Como vimos, é d. Amélia quem está patrocinando o casamento de Isabel dentro da nobreza alemã (contra a vontade inicial de Pedro, que queria que ela fosse freira).

Também é por iniciativa da ex-imperatriz que "a menina conseguiu um bom dote", e para esta "vaquinha" (ops...) contribuirão, além da madrasta, os meios-irmãos dela, d. Pedro II e d. Maria II (rainha de Portugal).

Assim, o sangue de Domitila passará logo a correr junto ao sangue de seus descendentes bávaros (ou germanos, alemães) – e se pode garantir que pelo menos até o século XXI ainda correrá...

Mais um filho de Domitila e Rafael

Nasceu também, já no ano de 1838, o menino Antônio Francisco de Aguiar e Castro (que viverá até 1905).

Sobre Rafael

Ao todo ele será eleito em dez legislaturas, entre 1838 e 1861, todas pela província de São Paulo, sendo em quatro delas como suplente. Os paulistas de fato se identificam com ele.

Maria Isabel com Rafael e Domitila em um navio

Em 1839, enquanto a irmã Isabel Maria seguia para Munique, sob tutoria do marquês de Resende (para ingressar no Real Instituto de Moças e concluir os estudos), a educação de Maria Isabel também precisava ser definida.

E aos 12 de julho daquele ano,

Rafael Tobias acompanhou a marquesa, filhos [um deles ainda bebê], irmã e escravos no navio *Paquete do Sul* arrostando 40 horas de viagem e uma tempestade, de Santos ao Rio de Janeiro, para onde ela se dirigiu a fim de internar a filha, Maria Isabel, no Colégio Hitchings, em Botafogo, acompanhada da negra Vivência para que *"na reclusão e estado escolares não faltassem à menina os cuidados carinhosos da mãe-preta e amá"*.

8

1840: de novo a política

Ainda o Clube da Maioridade

Em meio a tantas discussões, vê-se agora fundado (em 1840) o *Clube da Maioridade*, composto de "notáveis" do Partido Liberal que estão afastados do poder, e tendo como líder Antônio Carlos de Andrada e Silva, irmão de JB (ele é juiz de fora, desembargador e político).

Defendem que a *antecipação* da maioridade é a única forma de "salvar a pátria".

A opinião pública apoia o movimento por meio da imprensa (pequenos jornais e pasquins) e versos populares. A corrente "maiorista" aumenta cada vez mais, e a atuação do clube vai levar a essa antecipação.

Proposta de antecipação

A ideia está sendo reiterada algumas vezes, até que, ainda em 1840, após nova rejeição do projeto, os maioristas levam a questão ao Senado. O movimento "metamorfoseou-se em uma oscilação palaciana", levando à derrota dos conservadores e à ascensão dos liberais.

(Para a autora que nos embasa nessas explicações, trata-se de "um genuíno golpe político que destronou os conservadores". Mas para outros, está havendo "assentimento de Pedro II", que se sente "pronto e ansioso" para assumir o que lhe é de direito.)

Golpe

Alguns meses depois, a Assembleia já declara Pedro II maior de idade, aos catorze anos. Está sendo aclamado, coroado e consagrado imperador.

Para consolidar o "golpe", enviou-se antes ao adolescente uma comissão recomendando que entrasse "*desde já*" no cargo. Ele teria respondido em tupi: "*quero já*" (e se é para fazer brincadeira com nossas sonoridades linguísticas, diz-se que isso se deu logo ao nascer do sol, e que a pergunta seria: "café da manhã?").

Aos catorze anos e sete meses (e já "no trono" desde os cinco anos), Pedro começa agora a governar, após assinar compromisso constitucional.

Inicia-se então a gestão do segundo e último monarca brasileiro (o período vai durar até a chamada proclamação da República, em 1889).

Em 24 de julho deste ano de 1840 ele já forma um novo ministério com os liberais, dando início ao "revezamento" partidário característico do que será este segundo reinado.

É o fim do tumultuado e tormentoso período das regências.

Eleições de 1840: antecedentes

Nessas eleições gerais para a 3ª legislatura, realizada aos 16 de outubro, só um dos Andradas saiu-se vitorioso e, ainda assim, como suplente: o cel. Martim Francisco.

Talvez porque desde 1833 havia perturbações ligadas aos restauradores, e Antônio Carlos chegou mesmo a ir a Portugal, para conversar com o "abdicatório" d. Pedro. E é talvez por isso que "as eleições para a 3ª legislatura deram grande maioria parlamentar à regência".

Com as manobras de JB pela restauração, apoiadas pela Sociedade Militar (hostil à regência, a ponto de fazer um levante aos 3 de dezembro de 33, e arruaças na Corte), a regência proibira que novos oficiais entrassem para essa sociedade, e suspendera a tutoria de JB ao menino Imperador – cargo que passou ao marquês de Itanhaém.

Quando JB reagiu à ordem de Feijó, "foi preso e exilado para a ilha de Paquetá, com aprovação da Câmara".

Enquanto os partidos se digladiavam pelo poder na Corte, Rafael se elegera para a 3ª legislativa provincial (1833-39), junto com o também sorocabano, ten.-cel. José de Almeida Leme, mais Martim Francisco, Antônio Carlos e outros.

Os conservadores se manteriam no poder, até o fim da regência Araújo Lima, em 1842.

Mas os liberais se movimentavam, e lá em 15 de abril de 1840 fundaram o tal Clube da Maioridade, querendo rasgar a Constituição, ao declarar *"apto para governar a nação um menino de catorze anos de idade"*.

Os "maioristas" eram chefiados pelos Andradas, José Bento, Limpo de Abreu etc., *"clube ao jeito maçônico"*, como queria um antigo membro do apostolado, o pe. Martiniano de Alencar.

Foram apresentados muitos projetos sobre a maioridade.

O jovem imperador recebeu os liberais Cavalcanti, Vergueiro, Martim Francisco etc.

E a chantagem emocional foi grande:

– Suplicamos-lhe: salve o país e o trono!... *aceitando, apesar dos verdes anos, o exercício do poder...* (e esqueça que, pela constituinte, você só deve assumir daqui a três anos)

Mas claro, o golpe vem sendo habilmente planejado pelo "*Clube da Joana*".

Quando esses liberais lhe perguntaram se queria assumir o governo, a resposta foi a já citada aqui, e conhecida:

– *Quero Já!* (esse "já" ainda vai virar a moda de movimentos por diretas, e coisas assim...).

Sim, e essa resposta facilitou para que houvesse a votação do projeto liberal (inconstitucional) na Câmara.

Passo a passo

São 10 e meia do dia 23 de julho de 1840, e a assembleia está reunida (mas reparem nesta redundância de linguagem: toda assembleia é uma reunião de pessoas) no paço do Senado. Pronto! O presidente Vilela Barbosa, marquês de Paranaguá, dá maioridade a Pedro II. Ponto.

Agora às 15h30 ele presta juramento (pelo artigo 103 da Constituição) e assim vence o golpe branco: "*golpe de mestre, vibrado na Regência Conservadora pela oposição liberal*".

Taunay falou das consequências dessa maioridade: "*... trouxe um período de verdadeira trégua entre os partidos porque estavam findas as lutas regenciais...*", abrindo-se "*horizontes cheios das melhores esperanças à Nação*".

Os conservadores foram assim derrotados em 1840, e o chamado golpe da maioridade "*compunha-se exclusivamente de liberais*".

No dia seguinte, 24 de julho, d. Pedro II organiza o 1º gabinete – *da Maioridade* –, formado pelo partido liberal, que vai governar até 23 de maio de 1841. O chamado "gabinete dos irmãos".

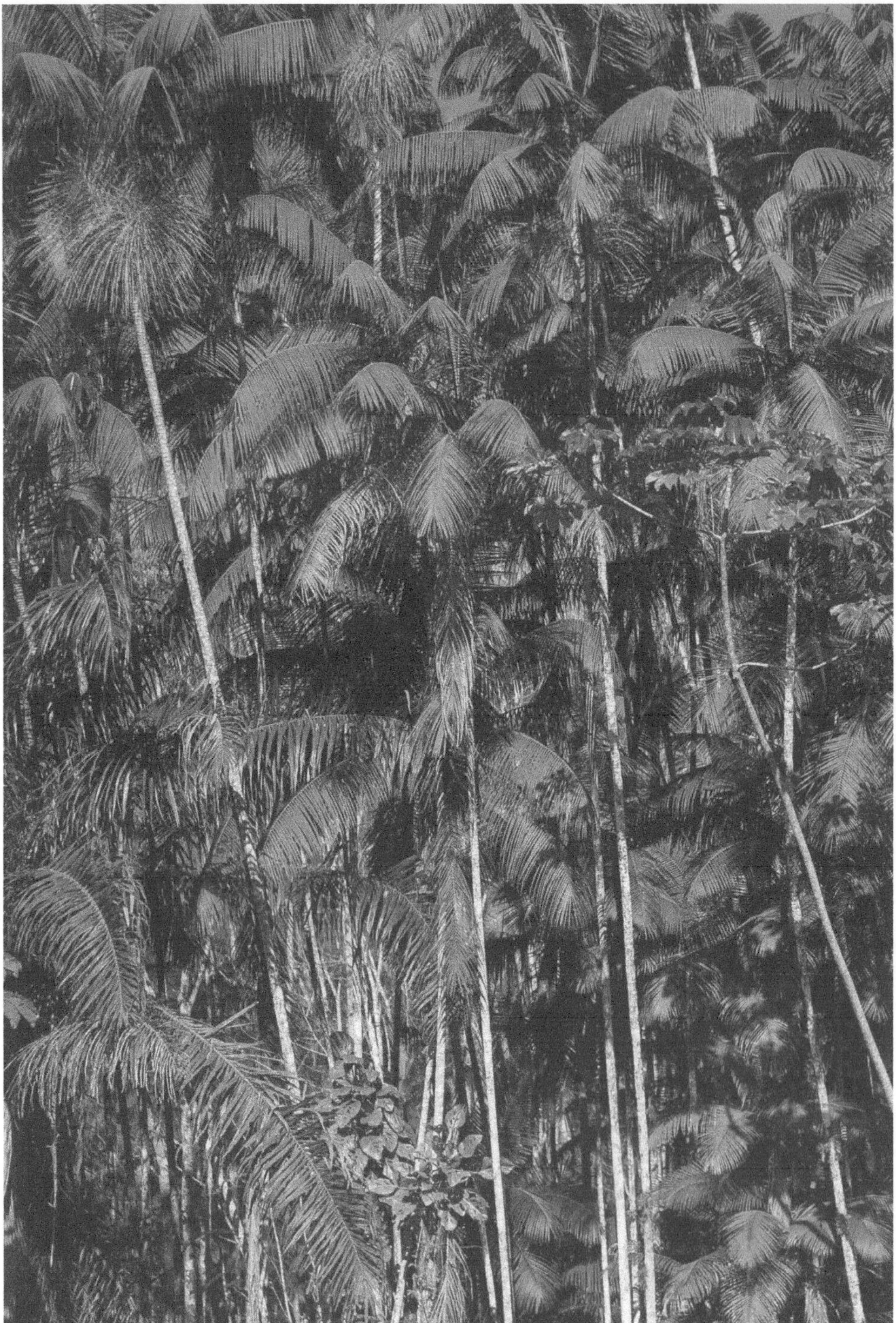

9

Volta à presidência da província

A rebelião provocada pela volta dos conservadores ao poder (3º gabinete)

Estamos ainda (novamente) em 1840, já com os liberais no poder desde que se instaurou o "gabinete dos irmãos" (Andradas e Cavalcantis) em 24 de julho.

Rafael fora nomeado pelo gabinete liberal dos Andradas (aos 29 de junho), assumindo pela segunda vez a presidência aos 6 de agosto.

Rafael na presidência de SP

Fora escolhido pela segunda vez, portanto, para comandar a província, agora no período de 6 de agosto de 1840 a 15 de julho de 1841. E nesse segundo mandato ele acumula os cargos de presidente e deputado paulista.

(Nas rodas populares, canta-se agora um samba: "Paulista sem pau é lista/ Paulista sem lista é pau/ Tirando o pau do paulista/ Fica só lista sem pau".)

Coincidentemente, tomou posse no ano de nascimento de mais um filho com Domitila, o quarto deles: Brasílico de Aguiar e Castro, que viverá até 1891.

Juramento e rivais políticos

A posse se seguira ao dia das "eleições do cacete" (em que se elegeram dois Andradas, "e outros próceres liberais...").

Vemos o juramento, a posse na Câmara Municipal paulistana, a exaltação com honras na entrada e na saída do Paço Municipal...

Rivais

Como era de se esperar, as nomeações estão sendo mal recebidas pelos conservadores. Ele seria *"reacionário"*, chefe de um partido *"inimigo dos filhos de outras pro-*

víncias, dos arribados, como se eles não fossem brasileiros", chega a dizer Joaquim José Pacheco, do partido conservador. Joaquim e seu grupo já tinham combatido Rafael no primeiro mandato, daí a aversão.

Mas as cartas de Rafael e Costa Carvalho (quando amigos, em 1832 – a amizade só fora desfeita porque Rafael apoiou Feijó como regente) os desmentem. E na posse, ele proferiu (habilmente) um discurso de apoio à monarquia:

(...) *Paulistas!* (...) *Vossos sentimentos monárquicos são conhecidos no mundo inteiro. Eia, rodeemos seu trono; formemos uma antemuralha com nossos corações; sacrifiquemos no altar da pátria nossas divergências. Um só fim: uma só vontade* (...). *Monarquia, Constituição. Viva S. M. o Imperador Constitucional e Defensor Perpétuo do Brasil* (...). *Viva a Assembleia Legislativa do Império. Viva a Assembleia Legislativa Provincial.*

(O que foi assinado no palácio do governo de São Paulo por Rafael Tobias em 6 de agosto de 1840.)

Prestígio

Deve-se admitir que a nomeação de Rafael se deu pelo seu prestígio de "liberal" da Província, e amizade dos Andradas – os dois, ministros do Gabinete da Maioridade (e sabe-se que iniciou sua carreira política já pela cultura, e foi reconhecido como bom orador...).

Como lembramos, as eleições de outubro coincidiram com a posse de Rafael. Para essa vitória uniram-se os liberais Andradas e ministros conservadores desse ministério citado, os irmãos Cavalcanti (Guerra e Marinha)

A vitória fora estrondosa, fazendo-se *maioria na Câmara*.

Apoio

E na Assembleia elegeram-se 32 colégios eleitorais provinciais – capital, Santos e mais 32 vilas – 36 deputados e dois suplentes. Rafael foi o mais votado, com 544 votos; teve mais de dois terços do eleitorado total de São Paulo.

Aproveitando a vitória nas urnas, os liberais demitiram autoridades e funcionários em geral, todos conservadores. Afastaram catorze presidentes provinciais e juízes de direito. Substituíram chefes de polícia, suspenderam oficiais da Guarda Nacional.

Já Aureliano Coutinho, ministro dos estrangeiros, juntou-se aos reacionários (e assim continuou na mesma pasta, neste 2º gabinete, aliando-se à velha guarda conservadora).

(Pouparemos aqui o leitor de uma lista de nomes do novo governo: os membros da mesa desta assembleia provincial – com "*a fina* [nata] *do liberalismo*" – dois Andradas, Feijó etc.)

Posse

Instalou-se a assembleia em 7 de janeiro de 1841, sendo que Rafael fora nomeado aos 29 de julho de 1840 (como lembramos) e tomado posse como presidente da província aos 6 de agosto (substituindo o desembargador Machado Nunes), com o juramento de "bem servir".

À saída da solenidade, retirou-se (hábito já bastante adotado pela humanidade em geral mas, perguntam-se muitos, até hoje, se isso é de fato agradável – e não mais cansa do que alegra) "*acompanhado pela Câmara até o topo da escada de seu Paço*".

E neste mesmo 7 de janeiro de 1841, vai à instalação dos trabalhos na Assembleia legislativa, falando, e expressando seu "firme desejo patriótico de acertar na condução dos negócios públicos".

Congratula-se com o movimento que culminou na proclamação da Maioridade do menino, pondo fim às regências.

(Haverá também no século XXI alianças que desembocarão em ódio profundo entre as partes, "fora este", "fora aquele"... E como ao longo do tempo, o seu discurso será copiado, creditando-se todos os males e as causas de um estado lastimável do tempo presente às ideias da oposição, e creditando-se a si todas as virtudes e bem--estares atuais.)

Vós conheceis o lastimoso estado em que se achava o Brasil, e os abismos horrorosos que por toda a parte o cercavam (...).
O dia 23 de julho de 1840 assinalou uma nova época nos fastos do Brasil e de dia em dia vão se realizando as esperanças de paz e prosperidade, que nasceram neste dia faustoso e memorável.
(...) *Os paulistas que em todos os tempos têm marchado à frente em tudo quanto é glorioso para o Império não cederão o passo* (...).

E então pôs-se a falar de todas as questões administrativas, começando pela segurança (e tranquilidade) pública.

Tranquilidade

A província está em paz, pacificada...
Superaram-se os acontecimentos de Franca ("os responsáveis pelas tristes ocorrências haviam sido julgados").

Após um longo relatório sobre esses acontecimentos, afirma que seu governo castigará com rigor, pela lei, os que ousarem comprometer a ordem pública, lá, ou em qualquer parte de São Paulo.

Justiça (e sua administração)

Mesmo reconhecendo haver exagero nas críticas, defende uma revisão estrutural da Justiça, pelo tanto que deixa a desejar.

A impunidade que dá alento para a prática do mal era o maior fator do estado decadente da Justiça, porque os crimes aumentavam e os jurados não cumpriam seus deveres.

Parece não haver um mapa geral da criminalidade na província – apenas o dos trabalhos do "*Jury*" em 1840 (com o número de julgamentos – sendo as absolvições quase o dobro das condenações, mas indicando que a população, "melhor orientada, começava a punir os criminosos"). Os poderes provinciais, na Justiça, são pequenos, esperando-se uma determinação maior a nível nacional.

Rafael pede a criação de promotores de comarca, que acompanhem os juízes de direito e acusem os réus diante do Júri.

Seria preciso alterar os limites de sete comarcas para distribuir melhor a justiça (a divisão atual já não "satisfaz"). Mas é preferível "aguardar as reformas do Código do Processo para cuidar das comarcas, e pôr a legislação provincial de acordo com a geral".

Os Termos Judiciários se mantiveram, aumentando-se com apenas dois: Ubatuba e Pindamonhangaba.

A província hoje tem: 2 cidades, 46 vilas, 43 freguesias, 20 capelas curadas.

A supressão do Juízo do Cível da Capital foi medida econômica de bons resultados porque, não excedendo, em média anual, a 60 o número de processos, era dispensável, sem prejuízo da Justiça, o cargo de Juiz de Direito Privativo do Cível.

Catedral da Sé

Proveu-se de "dois canonicatos" e surgiram "concorrentes para as cadeiras magistrais" que serviriam ao "ensino de moços destinados à carreira sacerdotal". Mas as nomeações não estavam definidas (pairam dúvidas...).

É necessário remunerar melhor os cônegos, porque os víveres e objetos de primeira necessidade são mais caros na capital que no interior, e os vigários de freguesia estão sendo melhor remunerados que os da Sé.

Ensino – a instrução pública

Havia dez aulas de gramática latina, "das quais cinco providas, com 87 alunos frequentes". Cinquenta e duas escolas primárias, com 2.385 alunos e dezesseis vagas; escolas para moças eram nove, das quais oito com 322 alunas.

"O método de ensino, a capacidade dos professores e a fiscalização muito deixavam a desejar."

A fiscalização se dava pelas municipalidades, o que estava adequado (lembrando que era confiada a uma autoridade competente de cada comarca).

Gabinete Topográfico

Ainda não estava em funcionamento, apesar da nomeação de seu diretor, o marechal Daniel Müller. Precisaria ainda de um ajudante e servente (que não podiam ser nomeados pelo Governo, então pediu que a assembleia o fizesse).

Tipografia do Governo

Estava arrendada até 25 de abril de 1841. Era preciso resolver isso, caso o arrendatário não renovasse o serviço (evitando-se a contingência de não se poderem publicar atos oficiais).

(Lembra-se da enorme riqueza – milhões e milhões – envolvida na administração pública, e imagina-se a proporção que ela atingirá no futuro...)

Saúde – diretório de vacinas

Continuava a haver bons resultados na Província, com a vacinação proveitosa de 1.793 pessoas.

Em muitas vilas o serviço era relativamente regular, mas em outras estava tudo por fazer.

Em Sorocaba, o número de vacinados aumentou para 734. Certo seria remunerar alguém em cada comarca "para dirigir o Instituto filial" dedicando-se não só à vacinação, mas à fiscalização do serviço, e fazendo propaganda (espalhando informação) sobre sua utilidade.

Iluminação

Entrara recém em vigor a lei de 9 de março de 1840, estabelecendo a iluminação das cidades com depósitos alimentados a azeite. Encomendaram-se lampiões "de reverbero" para a Capital e Santos, "e o serviço de iluminação pública em breve seria regularizado".

Força pública – segurança

A Guarda Nacional tinha 22.203 praças, divididas em 24 batalhões de infantaria, 11 esquadrões de cavalaria e 3 companhias de artilharia, mais as companhias e seções avulsas. E "prestava bons serviços em toda a Província".

Mais especial era a força de Curitiba, que guarnecia o sul de São Paulo, ameaçado de invasão pelos insurgentes do Rio Grande do Sul. Dela, era "digno comandante" o cel. João Machado, que cumpria "rigorosamente os seus árduos deveres". Ofereceu-se a ir até o Rio Grande do Sul com seus soldados para combater os rebeldes.

Melhoram-se agora a instrução e disciplina dos Corpos.

"Convinha tirar a ingerência das Câmaras municipais nas propostas dos oficiais", que deviam ser feitas "pelos oficiais dos Corpos sobre a presidência dos chefes".

"O Corpo de Municipais Permanentes estava quase completo", mas precisando "dar destacamentos para vários pontos, o número de praças para guarnecer a Capital, e fazer diligências extraordinárias era insuficiente".

O destacamento do Campo de Palmas continuava ali estacionado, e cumprindo suas ordens. Mas devia ser aumentado, caso o governo imperial não o fizesse com elementos da 1ª linha do exército.

Faziam muita falta: capelão, médico, farmacêutico e mestre ferreiro. Esse destacamento deveria estar "completamente subordinado aos regulamentos militares".

A Guarda Policial praticamente só existia no nome: estava atrasada por defeitos orgânicos que a paralisavam, mas com algumas modificações "ditadas pela prática dos negócios" já seria possível reerguê-la.

Casas de educação

Na capital, o seminário de Sant'Ana, de 21 alunos, recebia sustento, vestuário e instrução primária a cargo da Província. Também o colégio das Educandas, de trinta alunas e doze pensionistas. Havia dezesseis alunas com mais de catorze anos, sendo necessárias medidas para dar segurança às que sairiam para dar lugar a outras.

Em Itu, o Seminário "era sustentado mais pelo apoio público" que pela pequena verba dada pela província. Durante dezesseis anos fora dirigido pelo frei Inácio de Justina que, muito idoso, e com achaques, precisaria sair. Também a Casa das Educandas de lá recebia pouco auxílio.

Rafael defendia que esses estabelecimentos recebessem "melhor doação para poderem dar resultados".

10

Outros assuntos de sua gestão

Novos descobrimentos

Duas companhias de Curitiba, chefiadas por Joaquim Bandeira (sargento-mor) e Manoel de Leira saíram a desvendar novos campos à margem do Iguaçu (sim, o rio das cataratas).

Após inúmeras tentativas frustradas, chegaram a uma extensão de campos entre os rumos sudoeste e oeste, com possíveis mais de trezentas léguas quadradas, e capacidade de se instalarem *cem fazendas de criação*, bem repartidas.

Essas descobertas trarão ótimas vantagens, mas os exploradores são de pouco discernimento em suas disputas de preferência de posse, alegando cada um ter pisado primeiro (e quem somos nós para dizer que isso não faz diferença, mas faz, ou faria, afinal, os índios pisaram lá primeiro...), e que tiveram despesas, e que o outro se valeu do conhecimento, ou informação, que um deles teria passado primeiro.

Então é certo que essas diferenças poderão trazer conflitos perigosos, por ser em lugar deserto de leis e de autoridade do Estado... E o presidente não confiando nas terminantes recomendações ao comandante do Campo das Palmas para que se contenha, e evite por todos os meios ao alcance *"um apelo à força, e recrute para a 1ª linha os turbulentos"* que puderem servir, teme que a disputa atinja proporções graves, *"temerosas"*.

Assim, sem autoridade para fazer a divisão daqueles campos, e meios de conciliar, talvez ajudasse a conter os ânimos a certeza de haver representação no Poder Legislativo Geral *"sobre a necessidade de concederem-se sesmarias"*, ao menos nestes e nas novas descobertas, dando-se preferência aos *"descobridores"*.

O interesse que devemos tomar pela segurança de todos os habitantes da Província, faz-se esperar que não perdereis de vista este importante objeto.

Comentário inadiável

(É este um excelente exemplo para se entender, no futuro, como se dava a ocupação de terra pela colonização portuguesa, e expulsão dos indígenas para oeste.

Uma vez conseguido legalmente o registro de uma dessas fazendas – que costumavam medir "três léguas dispostas ao longo de um rio, e uma légua mediando e servindo de divisa entre as propriedades" – o homem casado passava a depender exclusivamente de si, de sua capacidade de trabalho – "constrói-se uma casa rústica, coberta de folhas" –, de defesa – "sendo preciso também uma arma para defendê-la" –, da cessão das tarefas e serviço a outros – outras famílias – em quem pudesse confiar, formando-se assim sociedades agrárias altamente hierarquizadas – e de maior diferença social quando mais distanciadas no tempo? –, ao mesmo tempo geradoras de cultura e religião, isto é, alianças de grupos que se davam na ocupação de uma determinada quantidade de terras – geralmente grande, ainda mais em comparação com as propriedades europeias –, juridicamente nas mãos de um único e poderoso dono, que poderia, se quisesse, instalar lá uma sociedade artística ou o que fosse, contanto que soubesse defendê-la pelas armas...)

Catequese e civilização dos índios

Não se estava correspondendo aos sacrifícios realizados, não só por falta de pessoal apto à catequese, como também porque os índios não totalmente "domesticados" fugiam para os matos.

Rafa declarou que nessa segunda presidência encontrava o serviço exatamente como deixara ao término da primeira (1835). Para melhorar, era preciso substituir o chefe do serviço, e manter no Campo das Palmas (de qualquer modo) um serviço regular de catequese. Mas seria difícil manter lá um pároco com tão pouco rendimento. Era assunto relevante e digno dos legisladores paulistas, precisando ser resolvido.

Rendas das províncias

O Governo seria inexorável com os funcionários da fazenda que fossem negligentes e omissos. Era imprescindível fiscalizarem-se as rendas com rigor.

Pensou-se que os superintendentes ambulantes melhorariam a arrecadação, mas mostrou-se haver dificuldade nessa nova função a eles confiada.

Em Guaratinguetá, Pindamonhangaba, Taubaté, São José e Jundiaí houve oposição aos "impostos de 6$400 réis sobre tabernas e botequins de serra acima".

A receita do exercício 1841-2 foi orçada em 539:670$848 réis, e a despesa em 554:077$744. Esse déficit precisaria ser coberto com o aumento da renda.

Obras públicas, estradas e pontes

A estrada que liga Santos à capital está toda ela em bom estado, mas requer ainda atenção.

Rafael relatou as infrutíferas tentativas de se construir uma estrada de carro na Serra do Cubatão (e era espantoso que se começasse uma obra assim sem maiores estudos e projetos).

Chegou a ir pessoalmente examinar essa estrada, junto ao sargento-mor João Bloem. Concluíram ser impossível construí-la para carros, ao menos no percurso adotado, ou seja, a "orla da estrada velha". E assim os trabalhos foram temporariamente suspensos.

Discursou:

Sendo esta obra de vital interesse para a Província (...) mandei fazer na mesma ocasião novas explorações para ver se se descobre uma vereda própria, (...) que não se afaste muito das obras (...) abaixo da Serra, a fim de se não perder o que ali se tem despendido em pontes, aterrados e calçadas. (...) Está se fazendo uma picada por essa vereda para facilitar os exames (...).

(E é onde passará, de fato, a futura Estrada da Maioridade, própria para carros.)

Deu notícias sobre as obras que se seguem na ponte de Santana (em Sampa), e devem custar ao todo 9 contos de réis.

Consertaram-se as estradas para as vilas de Atibaia, Sorocaba, Mogi das Cruzes, Porto Feliz, Itu e Constituição.

A estrada de Sorocaba, que segue até o extremo sul da província, recebeu melhorias, continuando-se a construir a ponte dentro da vila.

As demais estradas do interior também receberam melhorias, dentro do possível.

Para melhorar o mau estado da "estrada geral" que leva à Corte, o governo fez alguns reparos urgentes.

A estrada de Cachoeira a Mambucaba já estava quase concluída. Lembra que a estrada da Onça precisa de melhorias e de uma ponte.

No geral, as estradas estão em mau estado, principalmente em razão de chuvas torrenciais caindo sobre toda a província.

Também se trabalhará nas importantes estradas que ligam a capital a Curitiba e Paranaguá. Prosseguem obras no canal de Iguape (e as de abertura de "novos furados" no rio Ribeira), para encurtar distâncias, evitando-se as grandes curvas dele.

Examinou-se a barra de Ubatuba, vendo-se possíveis melhorias.

As estradas Itapetininga-Juquiá e Paranapanema-Xiririca avançaram bastante.

Concluiu-se a picada para a estrada de Cuiabá.

Desde 1835 Rafael defendia enfaticamente o aumento e conserto de estradas:

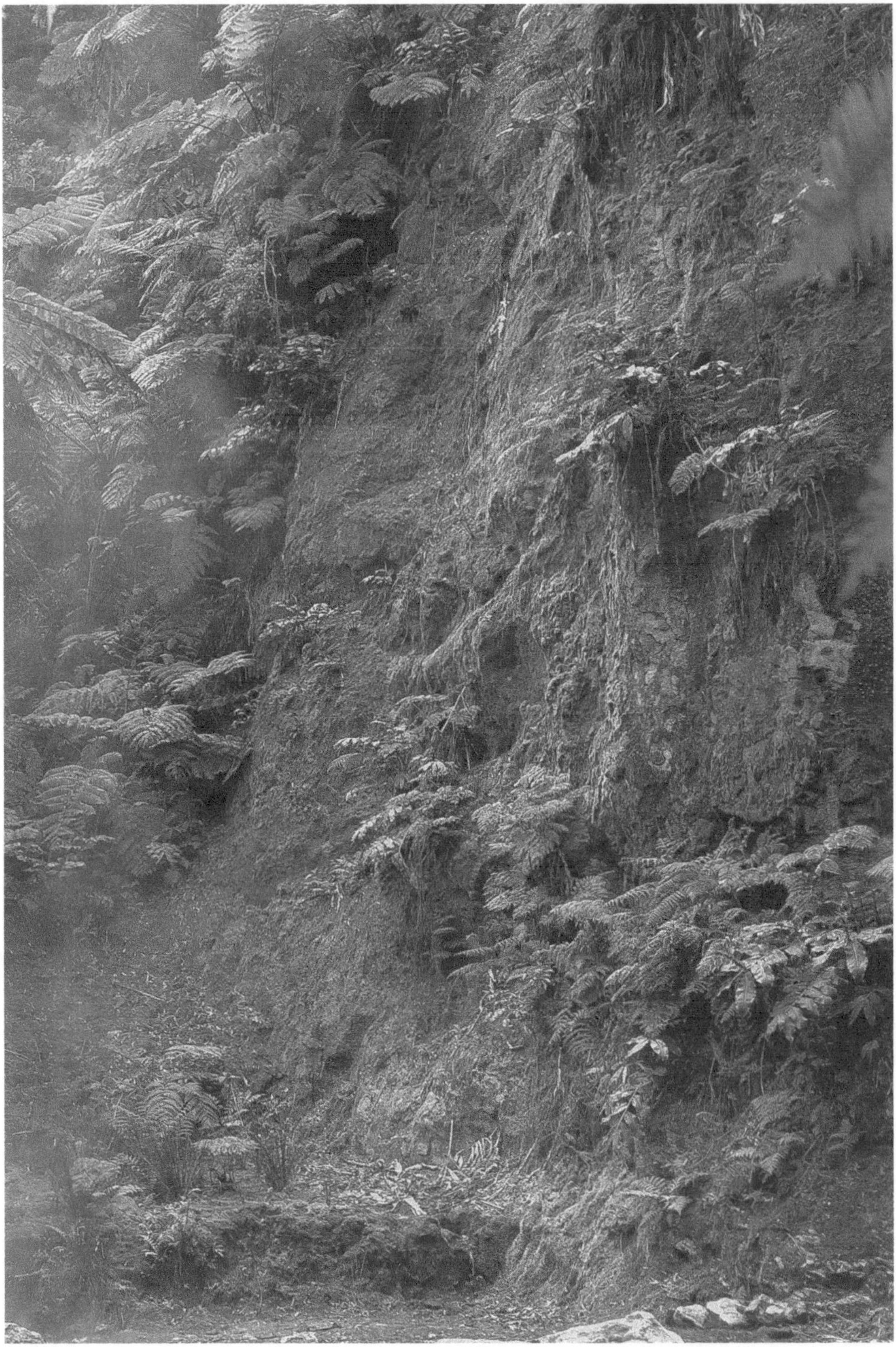

(...) relacionando expressamente ao problema dos caminhos a queda geral nas exportações de açúcar, comparada à ascensão do café;
(...) um dos objetos que toca mais de perto a prosperidade da Província é o melhoramento das estradas, (...) meio fácil e barato de transporte (...)

Cadeias e casas de correção

As obras da casa de correção prosseguiam na capital, com verbas suficientes. A província não podia construir cadeias em todas as vilas ao mesmo tempo, nem mesmo só nas que fossem centro ou sede de cada comarca, mas eram feitas conforme a verba.

Algumas estavam em construção, sobretudo a de Santos, que será ampla e bem construída.

Igrejas e matrizes

O governo atendera a muitos pedidos de construção e reparo dos templos, e era justo que se continuasse a fazê-lo, atendendo a vários pontos do interior.

Empenhava-se em ajudar com eficácia essas obras, necessárias aos locais, como na criação de uma Diretoria de Obras Públicas, para que as construções a cargo da Província obedecessem a normas de fiscalização técnica. Essa repartição representa "progresso e verdadeira economia".

Conclusão

Encerrou agora o seu relatório com palavras de elogio a todos:

(...) Confio, pois, que vossas luzes e patriotismo suprirão aquilo em que tiver sido omisso (...). (...) partilharei sempre os vossos desejos pela prosperidade da Província, empregando a bem dela tudo quanto minhas faculdades me permitirem. Palácio do Governo de São Paulo, 7 de janeiro de 1841 – Raphael Tobias d'Aguiar.

Leis, leis e mais leis

Quando começaram os trabalhos da Assembleia, Rafael cobrou relatório às câmaras municipais um mês antes da abertura da sessão ordinária, com o demonstrativo das necessidades do município e até sugestões para a província.

Devia-se contar o estado das estradas locais, da educação primária (com o número de aulas e alunos), das prisões (número de presos recolhidos no ano), igreja e dos órfãos pobres.

Se as Câmaras não cumprissem as determinações seriam punidas (pelo artigo 8º do decreto de 31 de outubro de 31).

As leis 3 e 4 tratavam das estradas e pontes, a 5 dos subsídios a deputados na legislatura de 42-3, à base de 3,2 mil réis ao dia (e para os que moravam fora da capital ainda uma "*indenização*" de 2 mil por légua, na ida e na volta).

(Seria chover no molhado falarmos agora de políticos oportunistas que não pensam em outra coisa além do próprio salário e conforto por outros meios e regalias, coisa que um dia se há de comparar a países mais sérios, como os nórdicos, e verificar uma enorme discrepância...)

A lei 7 era sobre o aumento dos professores de latim, e a 8 "da côngrua do pároco colado de MBoy", que se igualava ao dos demais párocos da província.

A 8 obrigou a câmara de Caraguatatuba a dar canoas e canoeiros para transportar pessoas e alimentos na travessia dos dois rios do município. A lei 9, de 12 de fevereiro de 1841, criou uma Caixa Econômica, por meio de seis artigos.

Outras leis, na sequência, mandaram erguer freguesias e vilas, fixar força policial, incorporar Cubatão a Santos...

A 18, de 4 de março de 41, no 1º artigo, de 47 parágrafos, falou da Despesa (Tít. I), e no 2º, de 44, da Receita Municipal das Câmaras provinciais.

A primeira lei de 1841 "criou uma escola de primeiras letras em Tatuí" (L. 151). A segunda (L. 152) falou na arrecadação do direito de passagem pelo Registro de Sorocaba:

> ... *os negociantes que com guias de outras pessoas, ou por meio de qualquer outro artifício passarem suas tropas pelo registro de Sorocaba serão obrigados a pagar à vista os direitos estabelecidos.*

Sonegar impostos sobre animais nos registros de Sorocaba e Rio Negro receberia punição de mais 20% de impostos (e nada além disso).

Pela lei 163 fez-se o serviço do Corpo Municipal Permanente para "assistir a qualquer cidadão que reclamasse auxílio, em momento de perigo, e o de prender os que se achassem em flagrante delito", e também recolher bêbados e loucos nas ruas, "*dando parte à autoridade policial*".

Pela 174, "fixou a Côngrua dos cônegos da Sé Catedral"...

Pela 175, o presidente da província é obrigado a gastar neste ano financeiro (1º de julho de 1841 a 1 abril de 42) 10.052$200 com a Assembleia provincial, 6.050$000 com a secretaria do governo, 41.826$000 com a instrução pública, 6.000$000 com a conservação e melhora da estrada de Sorocaba à "*extrema meridional da província*", e 40.000$000 com a estrada de Santos.

"Na receita, o registro de Sorocaba renderia 8.000$000".

Essas leis foram editadas até março de 1841.

11

Mais política
(e uma notícia de Isabel Maria)

Esfera federal

Enquanto isso, na Corte, estando a equipe dividida sobre *"uma questão administrativa do Rio Grande do Sul"*, o novo imperador substituía o gabinete (que no futuro se entenderá por ministério) liberal por um conservador, ainda com Aureliano Coutinho na Pasta de Negócios Estrangeiros (como foi dito). O primeiro gabinete durou pouco (de 24 de julho de 1840 a 23 de março de 41), e assim a vitória dos Andradas foi efêmera:

Aureliano Coutinho (...) aliado a Miguel Calmon (Marquês de Abrantes), Paulino de Souza (Visconde do Uruguai) (...) promoveram a queda do Ministério da Maioridade, substituído a 23 de março de 1841 pelo segundo gabinete de d. Pedro II (...)

Houve "alvoroço nos arraiais dos chefes liberais, que perdiam o poder".
(Os nomes do novo gabinete, para quem quiser saber, estão nos livros de História, e não vamos aqui relacionar...)

Isabel Maria

Em 1841, d. Amélia enviou notícias de seu progresso ao enteado, o imperador Pedro II:

Todos estão muito contentes com Isabel Maria no instituto, e minha mãe escreveu que ela cresce e se embeleza todos os dias.

2º gabinete – conservador (o 1º era liberal)

Começa o 2º gabinete que atuará de 23 de março de 1841 a 20 de janeiro de 43. Ele é formado pelo partido conservador, que voltou ao poder. É o chamado gabinete palaciano.

Já se propõe (entre outros atos e leis) "a dissolução da câmara por ter sido eleita de modo indireto, em dois graus, de maneira irregular".

Em 1º de maio de 1842, o ministério fez grande ataque, "acusando os liberais de roubo de urnas, substituição de lista de eleitores" etc. Foram as chamadas *"eleições do cacete"* (sim, é sério...), que marcaram o *"primeiro precedente de vitória sistemática do partido situacionista"*.

Na leitura do decreto de dissolução *"estarreceram os deputados, no pasmo do 'desafio'"*.

As denúncias de fraude diminuíram o prestígio do gabinete liberal, "precipitando sua dissolução e a queda de Rafael Tobias".

O gabinete conservador passou a editar os seguintes atos (de repercussões importantes, que servirão de pretexto à revolução que está para se dar, em 1842):

– em 23 de novembro foi criado um Conselho de Estado – depois abolido pelo ato Adicional;

– em 3 de dezembro reformou-se o código de processo criminal, reforçando a autoridade (os liberais achavam o Conselho de Estado inconstitucional; para Joaquim Nabuco, era o que manteria a solidez do Império, a "arca da tradição").

A lei de 3 de dezembro era *"eminentemente liberal"* e, junto com as nomeações do judiciário, facilitaria a remoção de muitos partidários (e para Feijó, isso levaria ao absolutismo).

Boatos, pressões sobre Rafael, no Rio e em Sampa

Fervem boatos...

Com o ministério conservador, Rafael deve deixar o governo? Uns acham que sim (por fidelidade partidária), e outros que não.

(Ele sempre foi do Partido Liberal. Em 1855, quando for chamado à comissão angariadora de fundos para o monumento sobre o 7 de setembro, no Ipiranga, dirá em carta a Antônio de Almeida, presidente da província, não aceitar a missão, uma vez que *"honro-me de professar os princípios do partido liberal, o qual tem sido excluído de representar a província nas duas últimas legislaturas..."*).

Com algo de vaidade (o que é difícil discernir de amor-próprio), algo de confiança em seu prestígio e em conselhos de amigos, ele não se demite logo após o 23 de março, mesmo não tendo apoio nem amigos naquele gabinete, que dissessem para permanecer.

(E mais tarde irá revelar ele mesmo – fiel às crenças monárquicas – que *"talvez devesse"* renunciar.)

Sabe-se que:
– José Clemente Pereira, uma pessoa influente e moradora do Rio (com quem Rafael manteria "*relações amistosas*"), fora instado por políticos paulistas a saber por um amigo no gabinete se o governo substituiria ou demitiria o presidente de São Paulo (esse José Clemente fora ministro do império de 15 de junho de 1828 a 4 de dezembro de 29, participara do "fico" e agira junto a Pedro I nas "*negociações de ruptura entre ele e a favorita e houvera-se com grande tato...*");
– Clemente explicou os fatos na tribuna da Câmara dos deputados, dizendo ser sua opinião pessoal, e que "se houvesse motivo para Rafael Tobias pedir demissão", pediria ao amigo no governo que avisasse Rafael do perigo da permanência. E assim fez...
– Intimamente, o amigo disse a Clemente que, até aquele momento, o gabinete não havia cogitado isso. Entendia assim não haver inconveniência na continuidade, nem por que Rafa se demitir. Mas se o contrário fosse decidido, avisaria ao amigo.
– E tratava-se apenas de "opinião individual de um ministro, em conversa íntima com pessoa de amizade".

Quando em São Paulo se soube dessa confidência, Rafael quis permanecer no cargo, "apoiando-se nos mais ferrenhos adversários da nova situação", como Feijó, Martim Francisco e Antônio Carlos.

A demora em substituir Rafael trouxe violentas reclamações do Partido Conservador, tanto o paulista quanto o de outras províncias. O governo não podia desatendê-las, decidindo-se pela demissão. O amigo do Rio foi avisado e preveniu Rafael, sugerindo a renúncia. Ele assim narrou:

> (...) *novas cartas exigiram de mim que pedisse minha demissão, ao que não pude anuir por ter a minha palavra empenhada para com a Província e declarei categoricamente que obedeceria à demissão,* (...) *mas não a pediria em obediência a insinuações de homens que profundamente desprezava por seus precedentes e vis manejos.*

Por fim a demissão

Quando os amigos receberam a notícia da saída (eles que já o haviam levado a cometer dois erros, por orgulho e ambição), aconselharam-no a não entregar o governo ao substituto chefe-de-esquadra Miguel de Melo e Alvim.

Os exaltados queriam que Rafael seguisse o exemplo do presidente do Piauí, Manoel de Martins (então barão e depois visconde de Parnaíba), que se mantinha no poder fazia nove anos (desde 11 de agosto de 1832), o "*Francia do Piauí*" (segundo o botânico Gerdner, e "*homem de nome mais afamado... no Norte do Brasil*" – sempre chamado a deixar o cargo e mantendo-se lá mesmo que intimado, ficando até os 76 anos, quando consentiu em abandonar o poder).

Mas havia uma grande diferença, sobretudo de mentalidade, entre os dois. Rafael explicou ter fechado os ouvidos "*às vozes dos amigos meus, que embora fiéis súditos de S. M. I., e amantes do país, me aconselhavam desobedecesse ao ministério*", pelo "*bem da província e do serviço*", só entregando a presidência se "*S. M. I., melhor informado, de novo ordenasse*".

Para alguns, ele saiu pela pressão sobre o Gabinete de Costa Carvalho, que dominava o cenário governamental da província e sobre o Trono, ligado que era a famílias importantes de São Paulo. Ele fora do partido Moderado, que com os Caramurus sustentavam o Partido Conservador.

Esse Costa Carvalho (ou CC) perdera a eleição para Feijó, amicíssimo de Rafael. Fora amigo dos dois em 1832, depois de anos de inimizade. E em seguida voltou a ser inimigo, por vários anos. E era casado com um *riquíssima viúva* de Sampa.

A câmara, toda liberal (com as eleições de outubro de 40), reuniu-se extraordinariamente aos 6 de abril (a pedido de seu presidente dr. João Soares – notável professor de Direito), enviando-se dois ofícios unânimes: um a S. M. I., pedindo para que Rafael permanecesse na presidência, e outro ao próprio Rafael, pedindo que não se demitisse.

(Taunay chegou a transcrever esse apelo ao rei: "*A Câmara... que soubera atravessar em paz a... calamitosa época da minoridade de Sua Majestade Imperial queria ser atendida por Aquele que pela ordem pública mais se interessara.*")

(Outros, além dele, também farão suas análises. Um tal Crispiniano Soares sugeriu que o próprio Rafael expediu ofício pedindo que não se demitisse, sendo a mensagem enviada ao rei por Estevão de Resende, conde de Valença. O governo dos *conservadores*, que não eram assim tão *conversadores*, fingiu não ouvir nada.)

Substituição na presidência – julho de 41

Aos 15 de julho deste ano de 1841 a Câmara recebeu a carta do rei substituindo Rafael por Miguel de Alvim, o conservador oficial-general da marinha e ex-ministro, empossando-o no mesmo dia (e ele ficará na chefia até 13 de janeiro do ano seguinte).

Com a Câmara, fez-se o solene *Te Deum*, na Sé (vivemos épocas de Estado *religioso*, que um dia poderá deixar de ser).

Melo Alvim, cordial, pacífico, tinha ordens para agir com tolerância, ficando no governo só até a aprovação das leis de reformas do Gabinete (as de 23 de julho, já mencionadas, mas ele vai ficar até 13 de janeiro, como dissemos, quando passará o cargo a seu vice, Vicente da Mota).

Com seu jeito cordial, "conseguiu cativar os liberais paulistas", recebendo até elogios, e "parecendo ser um deles..."

Dirigindo-se à assembleia, leu o relatório expondo os negócios públicos, reconhecendo que recebia a província "em completa paz":

... de modo que o trabalho e a riqueza dos paulistas não encontravam obstáculos em sua marcha e desenvolvimento.

Novos elogios a Rafael

Muito elogiou ao governador Tobias, sobre a administração das rendas, pois (segundo do futuro historiador Eugênio Egas)

... não escondia a satisfação de anunciar que as rendas provinciais eram bem administradas. As despesas faziam-se escrupulosamente. Os cofres da Província encontravam-se em estado de prosperidade e São Paulo talvez fosse a única Província que via se acumularem anualmente grandes saldos depois de satisfeitos todos os seus encargos. As despesas eram todas produtivas, não havendo as que se chama de luxo.

E entre tantos elogios ao governo de Rafael Tobias, falou:
– sobre as estradas, principalmente a de Santos, facilitando-se toda "espécie de transporte".

(...) esta dificuldade (...) acha-se afinal vencida com a abertura de um trilho descoberto o ano passado, mediante os incessantes, e bem dirigidos esforços de meu antecessor, que o denominou "Estrada da maioridade".

Poucos dias antes de deixar o cargo, ele respondeu publicamente à Câmara Municipal, que em 6 de abril havia apelado para que não se demitisse. Assegurou (em ofício de 10 de julho de 1841) "*... aos amigos e correligionários que não pediria demissão (...) enquanto merecesse a confiança do Governo Imperial*".
Mas a Câmara já recebera Carta Imperial substituindo a presidência por Melo Alvim, que nesse dia tomou posse.
Assim, Rafael em seu manifesto-ofício, disse, modestamente, não ter sido capaz de "dar poderoso impulso à prosperidade de sua terra natal", lamentando que

seus desejos pelo bem do país excedessem sempre os meio de que dispunha. No entanto, retirava-se com a satisfação de que a Província soubera fazer justiça aos seus sentimentos, a mais valiosa recompensa dos sacrifícios que lhe custara o desempenho do mandato.

Em atitude de perdão, disse não alimentar rancores. Como cidadão, dedicaria "*no âmbito de suas forças para que se mantivessem ilesas a Independência e a Integridade do Império e se consolidasse a Monarquia Constitucional*", mas se conservariam imaculados "*a glória e renome da heroica província paulista*", para que a nova geração tivesse a mesma herança dos antepassados, sempre maiores que as promessas.

Foi realmente um belo manifesto, de um autêntico paulista (diriam os admiradores dessas famílias que ocupam a terra há quase trezentos anos...).

Renúncia e substituição

E assim, "na assembleia provincial, a comissão de Justiça emitiu longo parecer sobre o presidente Miguel de Souza e Melo", cidadão *"probo e ilustrado"* que veio substituir Rafael. Além de probo, seria independente, pensando sobretudo no bem da província *"fazendo desaparecer qualquer infundada suspeita de subserviência"* etc. etc.

A comissão achava que a assembleia satisfaria os votos paulistas, parabenizando-o pelo bem que teria feito em pouco tempo de governança.

Sobre Rafael, *"cidadão estimável por todos os títulos, digno representante dos sentimentos da lealdade franca"*, da altivez dos paulistas, disse ter administrado São Paulo com *"rara probidade"*, dedicando-se apenas a melhorá-la e engrandecê-la, e fora agora sacrificado *"à sanha ministerial e do seu infernal círculo"*, quando menos se esperava.

Tudo em

acintoso ato pelo qual o Ministério quererá covardemente manifestar o pouco apreço pela opinião da província tão enérgica e nobremente manifestada ao monarca a favor do ilustre paulista.

Praticamente todas as câmaras da província e as guardas nacionais das vilas oficiaram a Rafael, desejando que continuasse no governo, elogiando-o, às vezes com singeleza, outras rebuscadamente, exaltando sua personalidade e os feitos das duas administrações.

Parte XII

A guerra (por falta de amor)

1

1842 – "ano que também não acabou"

Janeiro: início de uma rebelião (concebida por Feijó)

Aos 4 de janeiro (deste ano de 1842), logo ao começar a sessão ordinária inaugural da 4ª legislatura, ouve-se "*o primeiro grito de guerra*" de Diogo Feijó, talvez o mais prestigiado parlamentar...

Ele renuncia ao mandato com um ataque violento aos "*governadores do Império*", seus inimigos, os "conservadores do gabinete de março de 1841".

Por causa da doença, iria ceder o lugar "*a quem dignamente representasse o caráter paulistano*", pois "*a marcha da assembleia geral mostrava-se muito desagradável aos que amavam e respeitavam as instituições juradas*".

Com a "*capciosa interpretação do Ato Adicional*", as assembleias provinciais perdiam suas verdadeiras contribuições por meio de "*simulacros de representação*". Caberia aos paulistas "despertarem *o antigo pundonor e coragem*".

Muito emocionado, diz que, mesmo doente, se achar o seu voto necessário, vai se esforçar em atender ao chamado da assembleia.

(...) *conheço a necessidade de acordardes as Autoridades Supremas, para que estas retrocedam, ou pelo menos parem na marcha encetada.*

Espécie de delírio

Com o discurso inflamado, de exaltação regionalista, ele diz:

(...) *desta Província em poucos dias partiram centenas de paulistas para defrontarem o príncipe regente da tropa lusitana;*

(...) nas Cortes constituintes portuguesas se ouviu pela primeira vez expressões enérgicas e decididas dos Paulistas, que recusaram ser vilipendiados por aquele congresso;
(...) nas margens do Ipiranga, em São Paulo, se proclamou a Independência do Brasil;
(...) os paulistas se distinguiam sempre pelo amor da Liberdade e (...) há mais de vinte anos gozam dela (...).

Mesmo assim, os "pedidos e protestos contra o gabinete de 23 de março" de nada valeram (não foram atendidos).

Nove dias depois, Melo e Alvim resolve passar o cargo ao *vice Vicente* (ops) da Mota, enquanto a política ferve na Assembleia.

Chovem mensagens das comarcas interioranas (Taubaté, São Carlos, oficiais da Guarda Nacional de Guaratinguetá) *"congratulando-se com a Assembleia pelas enérgicas expressões de seu protesto (...)".*

A Câmara paulistana, *que é toda liberal*, não comparece à posse de Pires da Mota, enquanto a Assembleia agradece a Melo e Alvim:

... procurando em todos os atos de sua administração ostentar a maior imparcialidade, e empregando quantas forças tinha para lhe promover a prosperidade...

Frigir dos acontecimentos

Aos 18 de janeiro, submete-se uma longa mensagem à apreciação dos 21 deputados. Ela será remetida a S. M., depois de assinada pelo "ferido" Antônio Carlos, mais Manoel de Todelo e Crispiano Soares. É *contra o gabinete de 23 de março.*
Pede:
– "*a demissão de um ministério traidor*";
– suspender as duas leis de reforma do código (pelo tempo que a nova assembleia a revogasse, admitindo inconstitucionalidade);

(...) nenhum benefício poderá penhorar tanto a gratidão do povo, como a demissão de tão inepto, quanto atroz ministério. Nunca abutres tão esfomeados prearam as entranhas do Brasil (...). A província inteira se levanta (...) contra as denominadas Leis.

Na assembleia, discute-se essa representação ao rei, fazem-se retificações (passa-se à 3ª delas), enquanto de todas as partes chegam *"representações liberais em reforço às atitudes da Assembleia"* (vindas das Câmaras municipais de Bragança, Atibaia, Sorocaba, Porto Feliz, Tatuí, São Carlos, Bananal, Amparo, Itapetininga, Faxina, Limeira, Piracicaba etc.).

Elegem-se três deputados para irem em comissão à Corte: Vergueiro (chefe), cel. Souza Queiro e brig. Bernardo Peixoto (ex-presidente de São Paulo).

A representação chega ao rei

A comissão é recebida pelo rei, e a Representação considerada (pelos conservadores, como o ministro Cândido Viana) de "*linguagem descomedida, e a maneira descomposta, e criminosa*", sendo repelida (*in limine*, segundo ele).

Mas esse ofício (do ministro Viana) teve também uma resposta corajosa da assembleia, aos 3 de março, aprovada por 24 deputados.

Ânimos acirrados, em março de 42

Viana queixara-se do constrangimento causado pela representação, mas a resposta da assembleia foi que a província "*não deixaria, por muito tempo, que o crime e a corrupção nela culminassem e brevemente faria justiça, pelas próprias mãos*".

Ameaçava-se revidar pelas armas a humilhação sofrida pela assembleia na representação feita ao trono.

A essa altura, quem já está no cargo é o barão de Monte Alegre (empossado aos 20 de janeiro – quando, acompanhado do vice, Pires da Mota, fora ao plenário da assembleia...).

(Lera-se a carta imperial de sua nomeação e ele prestara juramento, assinando o termo e se retirando solenemente.)

Aos 4 de fevereiro, Rafael enviara ofício de agradecimento à assembleia pelas palavras solidárias que recebera:

Tendo o nobre orgulho de ser paulista estava bem satisfeito quando desci da cadeira presidencial pela convicção de ter contribuído (...) para o bem da província, e as demonstrações que a província inteira me deu de estima (...)

(...) conservaria indelével o padrão de glória com que se vira honrado consagrando à pátria comum o mesmo amor e respeito pelos filhos devidos a uma mãe carinhosa.

Por que nomearam Costa Carvalho?

O gabinete de 23 de março pensava que as leis da reforma seriam colocadas com calma, ordeiramente (já que ele era ligado, pelo casamento, às mais ilustres famílias liberais, além de calmo e cavalheiro).

Era casado com dona Genebra de Barros, quinze anos mais velha do que ele. Amargurava a viúva por ser infiel (a esta mui rica senhora...), e eram seus irmãos os futuros barões de Itu e Piracicaba, prestigiados entre os liberais, e cunhados de Rafael.

Assim, não era apreciado na família.

A marquesa de Santos não o perdoava por ter sido oponente terrível de d. Pedro, no Parlamento.

Vergueiro e seu genro (futuro barão de Souza Queiroz) não o toleravam.

A sessão encerra-se neste 7 de março de 1842, ouvindo-se a voz de Martim Francisco revoltada, até com palavrões e injúrias contra o Gabinete Imperial e seu Delegado Provincial. Chegou a dizer:

> (...) vísseis inibidos de apelar para a reunião da Assembleia Geral, sobrestando na execução das duas alcunhadas leis das reformas do código do processo, e do conselho de estado, que deram o garrote de morte à constituição do império, à monarquia, e às liberdades públicas, e ameaçam submergir o Brasil em abismo insondável de desgraças. (...)
> Virá tempo, em que o país se veja desassombrado de governos antinacionais e traidores (...); então os delegados do poder serão menos exatores da lei (...).

O ânimo exaltado contra as reformas incendiou quase toda a província (à exceção dos Conservadores).

Casamento de Isabel Maria

Mudemos por ora de cenário para falar de uma "princesa", a filha mais velha de Domitila com Pedro. A essas alturas ela já é enteada de Rafael, embora não se vejam.

Lembramos que d. Amélia, a pedido de Pedro, procurou um marido adequado para a enteada. Embora tivesse recebido uma considerável herança do pai, lembramos que o *dote* de Isabel Maria fora provido por Pedro II, sua irmã d. Maria II e pela própria madrasta, que se encarregou pessoalmente do enxoval.

É agora, em 1842, que d. Amélia comunica ao novo imperador do Brasil ter acertado o casamento da duquesa de Goiás com Ernesto José de Treuberg, conde de Treuberg, e barão de Holsen. O conde é treze anos mais velho que ela: um rico proprietário de terras, aparentado com a família real da Prússia.

Em novembro, d. Amélia pedirá a Pedro II que conceda ao futuro cunhado a Ordem da Rosa. A cerimônia de casamento ocorrerá no Palácio Leuchtenberg, em Munique, aos 17 de abril de 1843.

Descendência e irmã

E aqui já sabemos (por indicação da árvore) que com Ernesto Fischler, o segundo conde de Treuberg, e barão de Holsen, Isabel Maria, duquesa de Goiás, terá os seguintes descendentes: Maria Amélia (em 1844), Fernando (em 45), Augusta Maria (em 46) e Francisco Xavier (em 55).

E que Fernando Fischler, o 3º conde de Treuberg, se casará em 1873, com Rosina Maria Teresa de Poschinger, e terão seis filhos: Ernesto, Luís, Humberto, Isabela, Henriqueta e Ferdinando.

Já a caçula de d. Pedro com Domitila se casará com um homem de nome Pedro Caldeira Brandt, o conde de Iguaçu. E esta não será mais que uma "ironia do destino", pois Pedro é filho do marquês de Barbacena – o "Santo Antônio do Paço de São Cristóvão", apelido dado a quem fez de tudo para separar os pais de Maria Isabel... O casamento da condessa do Iguaçu infelizmente não será tão tranquilo quanto o da irmã (haverão de admitir). Mas em compensação, ela deixará "marca profunda no coração do jovem poeta *Álvares de Azevedo*".

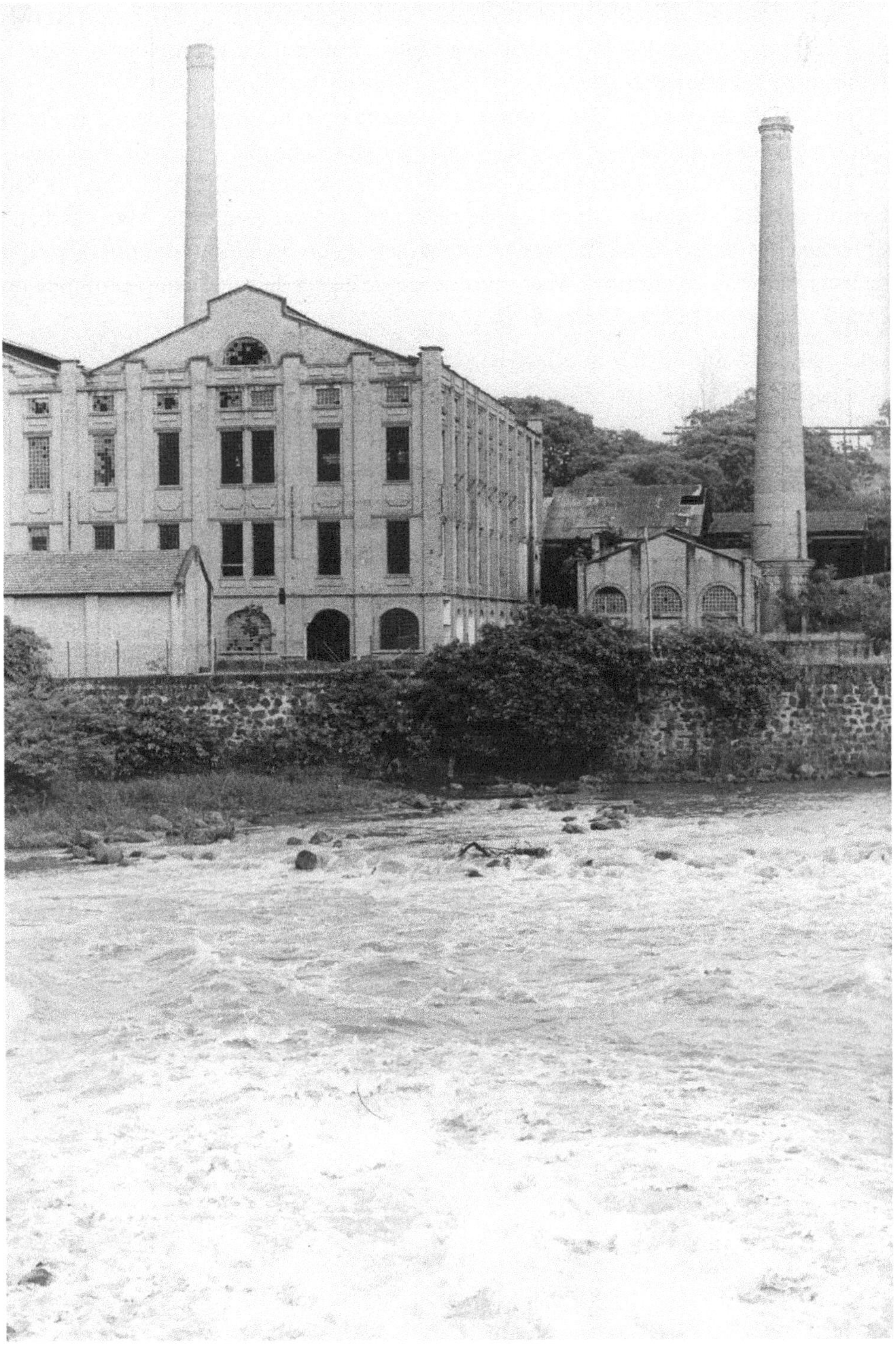

2

Revolução em marcha

(Início do trecho que vai até a prisão de Rafael na Fortaleza da Laje)

Neste ano de 1842, Rafael vai comandar a revolução liberal ao lado de seu amigo, o padre Diogo Feijó. Eles estão combatendo o grande espaço ocupado pelos "conservadores" durante todo o início do reinado de Pedro II.

Antecedentes

Em Sampa, os conservadores subiram ao poder na figura de seu presidente empossado, barão de Monte Alegre – o Costa Carvalho –, e fervilham boatos... Veio a notícia de que dissolveriam a Câmara por causa das eleições viciosas ("eleições do cacete") comandadas pelos liberais.

(Com essas eleições de 7 de janeiro de 41, como vimos, empossou-se a câmara paulistana toda formada por liberais, que logo aos 6 de abril enviou representações a S. M. pedindo que Rafael não fosse demitido – o conde de Valença, Estêvão de Resende, levara a súplica).

(E aos 17 de janeiro a Câmara de Sorocaba *"como órgão de Província"* pedira ao imperador que dissolvesse o ministério de 23 de março, e revogasse as leis de 13 de dezembro – do Conselho de Estado e Reformas do Código – de maneira violenta. E também pediu ao presidente da província que não se demitisse.)

Em fevereiro fizera-se a Sociedade dos Patriarcas Invisíveis (Alencar e mais uma plêiade de maçons), *"para defender a independência e a Constituição"* com conselhos provinciais e círculos municipais. O chefe em São Paulo era Antônio de Melo, que ordenou aos conselhos e círculos rebeliões e arruaças contra o gabinete, fornecendo-lhes munição.

Encontrou-se terreno fértil na capital, pela notícia de tropas vindo de Santa Catarina para São Paulo.

Segmentos da *"Loja Patriarcas Invisíveis"* e dos *"170 exaltados"* instigaram todos a sair pelas ruas e promover desordens, quebrar vidraças das casas dos conservadores, espancar e arrancar chumbo das escadas para fazer balas.

Começando por Sorocaba...

"Madrugada alta, Rafael Tobias foi à rua e acalmou os ânimos" dos exaltados, dizendo que desse jeito prejudicariam os próprios liberais. E assim marcaram para 1º de maio a deflagração do movimento, ou mesmo 1º de novembro, dependendo dos acontecimentos.

Em Sampa e no interior, os liberais começam a fazer ataques cada vez mais violentos ao barão de M.A., para ridicularizá-lo... Juntaram-se todos, formando um grupo coeso contra as reformas instituídas pelas leis do ministério de 23 de março (fingindo esquecer que eles próprios, desde 7 de abril de 1831, pediam essas leis *"como meio indispensável de reprimir a licença, o desrespeito e a anarquia que se alastraram do Rio de Janeiro a todo o império"* – nos dias agitados do pós-"fico", Vergueiro, Feijó e Alves Branco clamavam pelas reformas).

(Muitos ardorosos liberais – Aureliano Coutinho, Paula Souza etc. – acompanharam os argumentos e votaram pelas leis das reformas. Mas agora, contradizendo-se, renegam o passado a favor das leis...)

(Vê-se que a paixão política molda a razão dos cidadãos. Ou: que o poder exerce fascínio sobre a vontade e razão dos homens.)

Boato

Surgira então o boato, realçado por uma carta do *Jornal do Commercio* (de 15 de fevereiro), de que o chefe liberal, cel. Rafael Tobias, procurara o barão de M.A. propondo "concordata", para evitar que tropas de outras províncias desembarcassem ou já marchassem na capital, "para sufocar o movimento rebelde que se esboçava em São Paulo".

Atuação de um jornal

Já o jornal *O Tibiriçá* quis trazer a verdade dos liberais. Não foi Rafael quem procurou o "barão das Alegrias", diante da movimentação de tropas legais e munição "em carreta" pela cidade, como demonstração de força.

Não.

O jornal, no seu suplemento de nº 14, resolveu dizer para quem quisesse ouvir ou saber, ao simplesmente ler.

"... *estavam as coisas neste ponto quando* (...) *Pimenta Bueno, amigo íntimo*" (de Rafael), procurou-o pedindo pelo bem e salvação da província que falasse com Pires da Mota, que estava, *"não sabemos se autorizado"* a tratar de como acalmar o espírito público, e se evitasse o rompimento que era preeminente...

Rafael respondeu, como se esperava, que faria de tudo para tranquilizar a província, *"contanto que a sua honra não fosse sacrificada"*, que houvesse verdadeiras garantias e mostras de intenções realmente pacíficas no governo.

Houve essa conferência e Rafael aceitou como boas as intenções do governo. Assim se conservaria a ordem pública, e ele se disporia de fato a impedir esse rompimento (até então inevitável), comprometendo-se a intervir ante os amigos e o povo paulistano.

O ferino *Tibiriçá*

Surgira, assim, esse jornal *O Tibiriçá*, atacando o governo e a "baianada" instalada em São Paulo. E nada mais iria deter a marcha dos acontecimentos, que culminarão no *"protexto* [sic] *desesperado e sem perspectivas de triunfo"*.

O *Tibiriçá* (ou *Tebyereçá*), dirigido por liberais, não vai durar muito: uns 21 números, talvez. Está sendo editado à rua nova de São José 41, pela tipografia Imparcial de Silva Sobral.

(Sim, foi por esse jornal que Rafael passou a escrever ao deixar a presidência da província. Suas páginas fazem relatos sob o ponto de vista liberal, dos fatos que levarão à Revolução de 1842.)

Diz-se no cabeçalho: *"Publica-se indeterminadamente"*.

Tudo ali é *contra o gabinete de 23 de março*, malhando-se, sem pena, o presidente barão de Monte Alegre, que é chamado de barão da Ribeira, para lembrar sua infância na Bahia...

Diz sobre essa infância humilde:

... sem dúvida conheceis bem a um mestre José, o carpinteiro da Ribeira das Naus, na capital da Bahia; recordareis de um filho do mestre José, brincando com os cavacos lançados pela "enchó" (...) de seu bom pai; também vos lembrareis que este menino levava à noite para a sua pobre casa todos os cavacos que seus débeis ombros podiam suportar, a fim de com eles alumiar o triste casebre; este menino cresceu; a fortuna deu-lhe fortuna (...) foi democrata furioso, e depois por um título virou fidalgo!!!

Essa fidalguia de sangue de Costa Carvalho – *barão de Monte Alegre* – está agora descrita no nº 21.

O jornal está sendo processado. Defendem-no oito figuras do mundo jurídico-liberal: Antônio de Melo, Pinto Jr. etc.

A acusação cai sobre o impressor, Silva Cabral, incriminando-se um artigo do jornal de nº 18 (o juiz é o brigadeiro Joaquim de Abreu, e o promotor – ou acusador de Polícia – o baiano Francisco de Lima).

Rebelião e tentativa de Costa Carvalho (o barão de M. A., novo presidente da província) de sufocá-la

Com a notícia desse acordo, acirraram-se os ânimos, e o barão de M. A., como prova de sinceridade, rogou a Rafael que intercedesse junto aos irmãos Vergueiro, diretores da Cia de Navegação Santista, para que fretassem a barca *Ipiranga* e assim voltassem logo ao Rio, "levando participação ao Governo Imperial", o que se deu de imediato, e os irmãos declararam que só aceitaram modificar a rota da barca *"em atenção ao sr. Tobias"*.

"O jornal prosseguiu nos ataques ao Gabinete, de modo virulento e destemido, defendendo a atitude de *'rei Tobias'*". Deduz-se que, com a chegadas de forças, e o iminente choque em Sampa entre liberais e conservadores, tentou-se um acordo para revogar as leis de 3 de dezembro, "acalmando-se, destarte, os ânimos".

Isso vai ser confirmado no manifesto do cel. Rafael, pós-anistia: *"não hesitei em aceder ao pedido do dr. Vicente Pires da Mota..."* que em nome do visconde de Monte Alegre pedia seu auxílio para conter um rompimento que se avizinhava, *"e o esfriava de susto"*, oferecendo as condições mostradas nos periódicos da época.

Rafael sabia do *"caráter insidioso do visconde"*, e *"o rancor que me votava o antigo redator do* Pharol Paulistano", que temia pela memória de Rafael e capacidade de comparar as antigas *"doutrinas exageradas"* com as atuais *"retrógradas"*.

O seu interesse acima de qualquer outro era de

(...) *conservar a paz na província; e não arremessá-la a comoções semelhantes às de Panelas, Pará e Maranhão; certo de ser enganado pelo visconde, preferi antes isto, e cair inerme nas mãos dos meus inimigos do que segurar-me, reduzindo São Paulo ao estado das já mencionadas províncias. Seguro o visconde* (...) *largou a máscara, passou a demitir a torto e a direito a gente honesta que ocupava os lugares da administração e polícia, e nomear para elas as mais detestadas e desacreditadas das povoações em que deviam funcionar* (...).

"Uma fermentação surda..." A tentativa de evitar o rompimento acabou levando à revolução, dando em "água de barrela", como calculara M. A., para ganhar tempo, porque na verdade o Gabinete não queria o acordo. A dissolução da assembleia deu novo "combustível" ao "incêndio".

M. A. "licenciou-se no *começo de maio*, passando o governo ao vice Pires da Mota". Supõe-se que foi para o Rio, relatar ao Gabinete "a situação da Província – em pé de guerra".

Teria recebido orientação e garantia de reforço nas tropas. Soube da exposição do Gabinete quando pediu a dissolução da assembleia, para a qual tinha sido eleito o próprio Rafael.

Ordem de prisão para Rafael

Os liberais tinham marcado para o dia 11 a deflagração da Revolução em Sampa (pois já gorara o 1º de maio), com a tomada do quartel pelo major Francisco de Castro e alguma força que reuniria. M. A. frustrou esse plano, reunindo forças e impossibilitando o ataque surpresa ao quartel. Até mandou prender Rafael.

Mas se o movimento falhava na capital, restava o interior. "Rafael Tobias foi caçado na capital, conseguindo despistar os esbirros" de M. A. Foi procurado e não encontrado na "casa da rua do Carmo, *onde vivia com a marquesa de Santos*".

Em 5 de julho, o chefe de polícia, dr. Rodrigo de Barros, cumpriu portaria de M. A. e determinou (também por portaria) que uma escolta militar (comandada por Antônio Antunes, oficial da secretaria) fosse à casa de Rafael, na ladeira de Santa Efigênia, e o prendesse.

A escolta encontrou lá o brigadeiro José de Castro Canto e Melo que lhe deu entrada. Vistoriaram tudo: quartos, salas, forro, cozinha, despensa. Além do brigadeiro, só estavam a viscondessa de Castro, d. Maria, mulher de João Oliva, e Domingos Machado. Não havia armas.

Enquanto procuravam Rafael na ladeira de Santa Efigênia, "ele estava homiziado no domicílio do amigo, comendador José Manoel de França, na rua da Imperatriz" (que um dia se chamará 15 de Novembro).

Como confessaria (*"bem que me repugne"*), a *"demasiada prudência mundana, que me clamara surdamente em salvar-me"*.

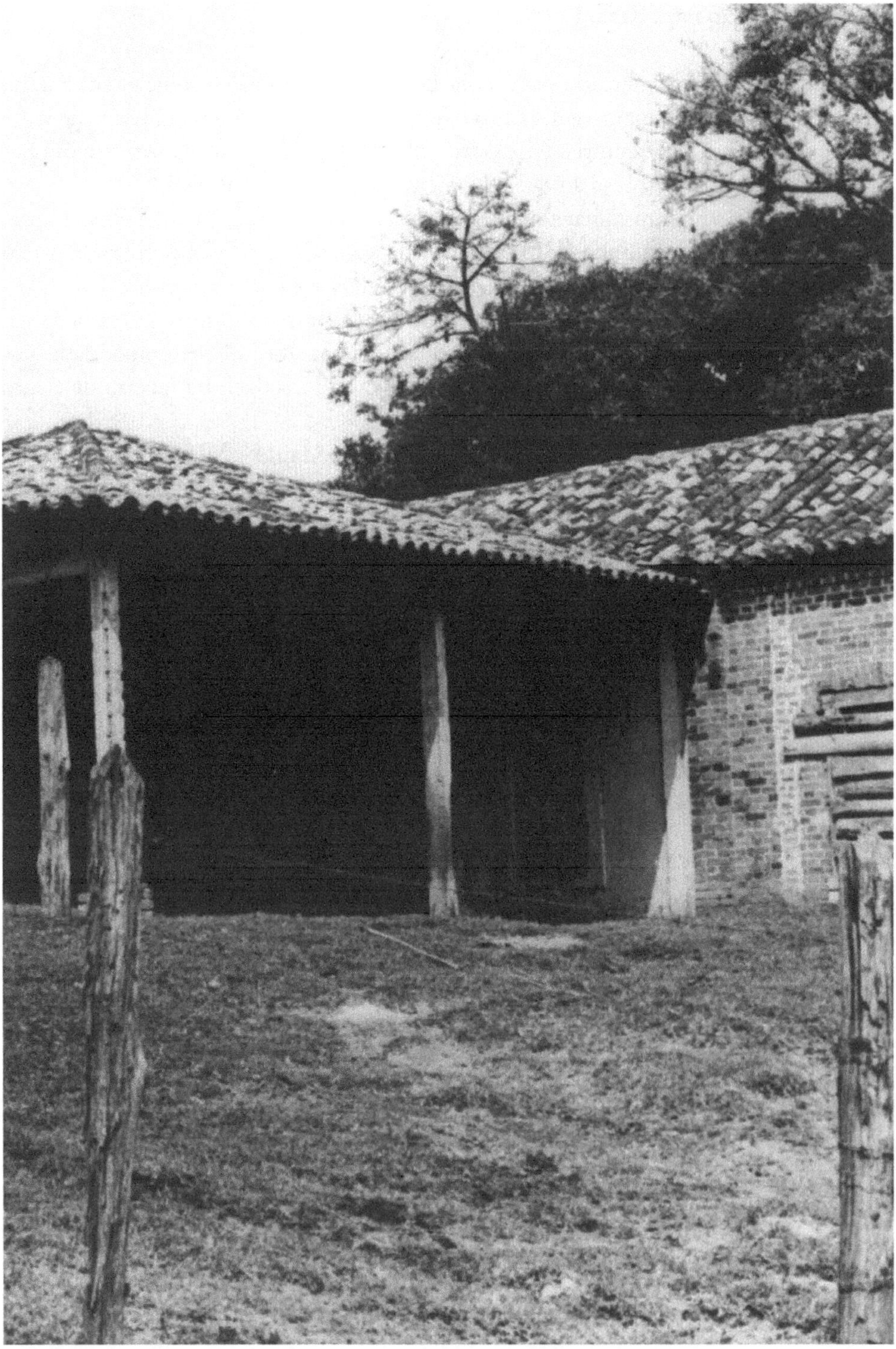

3

Fuga inicial

De Sorocaba a Itu

Nada ilustra melhor sua fuga do que uma partitura de Bach. Ela começa agora...
Disfarçado (e disfarçados também estavam os hipócritas, "rondando ao redor"), Rafael refugiou-se em sua fazenda de Paranapitanga, de onde saiu também escondido para Itu, na companhia de seu enteado Felício de Castro.

Chegando à cidade, ele e Felício pararam em frente à casa do "prócer" liberal Antônio Paes de Barros, cunhado de Tobias. E lá se hospedaram.

Depois de uma breve refeição e descanso, deram início a reuniões com os "grandes ituanos", que prosseguiram no dia seguinte.

Enquanto isso, "Sorocaba fervia de gente que para ali acorria", para formarem tropas sob comando de Jerônimo Isidoro de Abreu, "soldado de linha, reformado, antigo Instrutor da Guarda Nacional", e agora comandante dessa mesma Guarda local.

São pessoas despreparadas para a guerra, e portando pouquíssima munição: "armas velhas, descalibradas como trabucos, bacamartes, garruchas, lanças, facões". E fardas velhas, "puído muito, desbotado, calçados poucos". E pouca munição de boca.

Requisitaram-se tropas arreadas e encheram-se de comestíveis os cargueiros. Feijão e toucinho a valer. Aves, aves, incluindo perus.

E de onde tirar dinheiro para preparar, alimentar e pôr em marcha para a capital o contingente de gente vinda de toda parte?

Visita

O presidente deposto está em Itu. Eis que chega lá o vereador liberal Campolim, amigo e compadre de Rafael ("compadrio depois comprovado no testamento de

1855": "... *à comadre Guilhermina, viúva do falecido Campolim*"... "*essa quantia que me deve, deixo a sua filha, minha afilhada...*").

Sua missão é animá-lo a assumir o comando da tropa em Sorocaba, mesmo porque, se não aceitasse, "*a vida lhe corria perigo por parte dos liberais extremados*".

"A empolgação e o entusiasmo bélico tomaram conta da antiga vila", recém-elevada a cidade (aos 5 de fevereiro de 1842), de onde fugiam os líderes dos conservadores, João Correia, o ten.-cel. José de Leme e outros (Leme foi para Una, mandando essas notícias ao presidente M. A. por alguém de confiança).

Depois de ouvir Campolim, Rafael decide-se e parte com ele para Sorocaba, na companhia de outros liberais e "*com a morte no coração*" (Aluísio de Almeida).

"Era homem mais de paz" que de guerra, "mais de composição" que de atrito.

Homem atilado. Enxergava longe. Via o despreparo da arregimentação. Avaliava a desproporção da luta. Não desanimava os correligionários, mas muita coisa lhes escondia para não desanimá-los.

Marcha

Saiu de Sorocaba cercado de homens esperançosos, mas sabendo que "não tinha apoio *nem da mãe, nem da marquesa*". Seu cavalo marchava entusiasmado, e Rafael, introspectivo, lembrava "o que sucedera com a revolta de Francisco Inácio", ocorrida vinte anos antes, "também contra a autoridade provincial constituída".

No caso da Bernarda, a autoridade estava sem apoio; o golpe foi bem sucedido na capital e a oposição retirou-se para o interior.

A Corte tentou *regularizar a situação*, mas a Câmara não recebeu seus emissários, *apelando para o Príncipe, que veio a São Paulo*, e acomodou a situação acabando por *proclamar a Independência*, punindo os rebelados.

Rafael continua "cismando, pesando mais os contras do que os prós", quando se aproxima da casa da mãe na noite de 16 de maio. Mal chega ao largo das Tropas, e começam a "afluir" os chefes liberais locais: José de Lacerda (sócio de Rafael na compra de muares, e presidente da câmara), José da Costa, Vicente Eufrásio, o ten.-cel. Jerônimo de Abreu, Elias de Leme e outros....

Já não cabe mais quase ninguém na sala de jantar.

Decisões partidárias

Muitas conversas e rodadas de café se sucedem até chegarem a um consenso: Rafael será nomeado pela câmara na manhã seguinte, levado ao recinto e "acolitado por uma comissão de vereadores".

Com tudo acertado nessa reunião da noite, os chefes rebeldes se retiram. Pensando na marquesa, Rafael toma um bom banho (que lhe é "reparador"), ouve as admoestações da mãe e vai dormir. "Dormiu nada"...

Logo cedo se levanta, faz a barba, põe a farda (ou como dizem, "bota a calça, calça a bota") e toma café na companhia da mãe, conversando sobre os prós e contras da aventura. Vai lhe explicando que, àquela altura, não pode mais recuar ou decepcionar os amigos e correligionários.

(Sente-se como César às margens do Rubicão: *"alea jacta est"*.)

Sessão histórica da Câmara de Sorocaba: ele é proclamado o presidente interino

Pouco antes das 10, chega a comissão de vereadores para levá-lo à Câmara, a poucos metros dali.

"Lá dentro, o presidente Lacerda abrira a sessão" falando na finalidade dessa reunião, a de salvar o trono de Pedro II e a Constituição, "nomeando um presidente interino para a província", em substituição ao "procônsul" que a vinha oprimindo. E que essa nomeação recai sobre Rafael...

Ele deveria administrar a província em nome de S. M., até que esta se livrasse da coação imposta por um "Ministério sem confiança nacional", e "outro derrogasse as leis inconstitucionais do atual gabinete" etc.

Na sequência, "nomeou três vereadores para irem à casa de Rafael", chamando-os ao plenário. Todo o pequeno espaço triangular em frente ao paço está "apinhado de povo e tropa". A comissão e o cel. Rafael sobem as escadarias "rangentes" do velho prédio.

No salão nobre, lotado de homens, está o presidente Lacerda, de pé, ao lado do secretário Oliveira Leme, e demais presentes, com a sessão momentaneamente interrompida, aguardando a chegada de Rafael. E "logo que o viram assomar à porta prorromperam em palmas"...

Convidado a sentar-se do lado direito de Lacerda, Rafa foi comunicado por este sobre o porquê da sessão extraordinária, comprometendo-se, como presidente interino, a defender o império e a Constituição, "zelando pela paz e bem-estar da província".

(Tudo era solenidade, e parecia-se gostar desse tipo de vida.)

Sob palmas ensurdecedoras, ele assina a ata, até encerrar-se a sessão, convidando-se os presentes a também assinarem a ata.

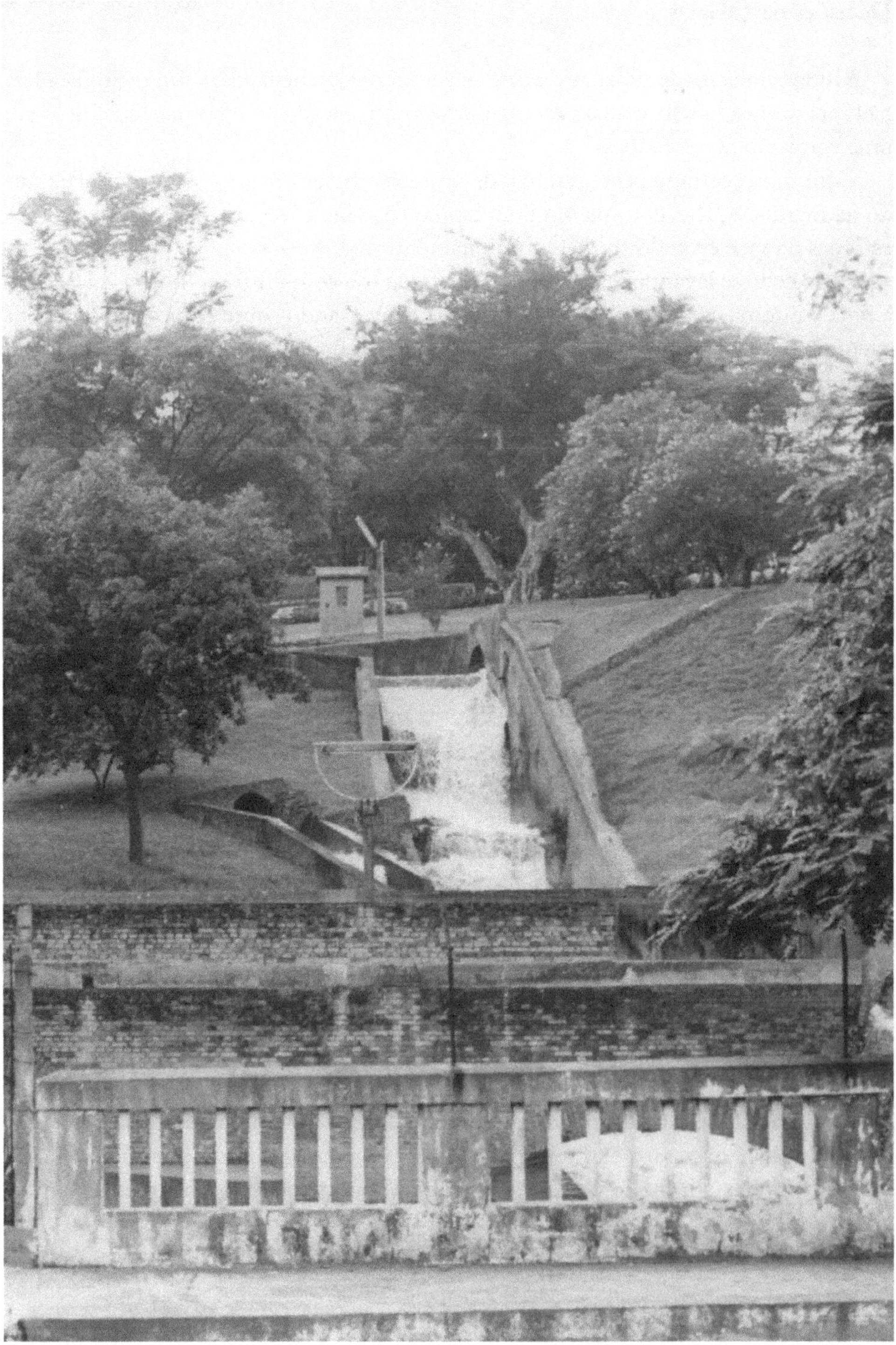

Proclamação aos paulistas

"Paulista sem (...)"

(Não se diriam agora as abobrinhas com o nome "lista", pois para agrado da marquesa, ele manteria o seu, como legítimo "paulista".)

Nesse mesmo dia, lançou-se à população local e das cidades vizinhas o manifesto assinado por Rafael:

Paulistas! Os fidelíssimos sorocabanos vendo o estado de coação a que se acha reduzido o nosso augusto imperador (...) por esta oligarquia sedenta de mando e riqueza, acabam de levantar a voz, elegendo--me presidente interino da província para debelar essa hidra de trinta cabeças, que por mais de uma vez tem levado o Brasil à borda do abismo, e libertar a província desse procônsul, que postergando os deveres mais sagrados veio comissionado para reduzi-la ao [mísero] *estado (...).*
Fiel aos princípios que hei adotado constantemente na carreira pública, não pude hesitar em dedicar mais uma vez minhas débeis forças na sustentação do trono constitucional.
Paulistas! O vosso patriotismo já deu o primeiro passo precedendo, e seguindo os vossos representantes, quando fiéis intérpretes de vossos sentimentos, clamaram contra essas leis que cerceando as prerrogativas da Coroa, e as liberdades públicas deitaram por terra a Constituição: O vosso valor e firmeza fará o resto.
Mostremos ao mundo inteiro que as palmas colhidas nas campinas do rio da Prata não podem definhar nas do Ipiranga. Os descendentes do ilustre Amador Bueno sabem defender os seus direitos a par da fidelidade que devem ao Trono.
União, e a Pátria será salva (...). Viva S. M. o Imperador. Viva a Constituição.
Rafael Tobias de Aguiar.

(E "paulista sem pau é lista, paulista sem lista é pau...")

Nesse mesmo dia, umas 6 da manhã, no Rio, o batalhão nº 12 (de seiscentos a setecentos homens, embarcando no *Paquete do Sul*), saía para, passando por Santos, combater os rebeldes (de uma rebelião que ainda nem começara): *"um levante, cuja repressão se prepara ao mesmo momento em que surge"* – um movimento *"natimorto"* (Aluísio de Almeida).

(Nota-se que a espionagem de M. A. acompanhava o dia a dia, vigiava a "evolução do movimento sedicioso que se articulava". Não houve o elemento surpresa. O restante do nº 12 veio no dia seguinte, no *Japiassu*.)

Valeria mesmo a pena?

Mais cético e pessimista em relação aos ânimos paulistas, Taunay já acreditava na filosofia de que "cachorro que late não morde".

Nunca se viu movimento revolucionário mais levianamente levado a cabo do que a revolução liberal paulista de 1842. Sem a menor avaliação de recursos militares em homens e armamento, sem a menor organização para uma deflagração simultânea e concatenada, sem o menor segredismo, sem a menor discrição, até nos preparativos do pronunciamento. Como bem disse um autor, procedeu a rebelião de um ato de sugestão coletiva que assumiu ares de história contagiosa em seu otimismo injustificado. Nem sequer, no que era primordial, houve o indispensável entrosamento com os mineiros liberais. Recorreram estes às armas quando os seus correligionários paulistas acabaram de sofrer as fragorosas derrotas de Venda Grande e dispersar-se com o pânico de Pirajuçara.

Vai-se ver agora que muitos soldados – mais de dois terços – estarão nas fileiras "*constrangidos por meios violentos*"...

Não tem como dar certo.

4

Início (e meio) da Coluna Libertadora

Maio de 1842

Neste dia 17, os rebeldes proclamam Rafael o presidente interino, na vila de Sorocaba, agora "declarada capital provisória da Província" pelos revolucionários.

Ele é o encarregado de reunir a chamada *Coluna Libertadora*, de 1.500 homens, que tentará invadir Sampa para depor o barão de Monte Alegre, presidente da província.

Retomando

Terminada a sessão, o presidente interino expede, no mesmo dia, "mensagens às cidades e vilas vizinhas comunicando ter-se empossado no cargo".

Ao mesmo tempo, pede ao Administrador de Registro, e Coletor da cidade, Elias do Amaral, que lhe desse *"conta do que existe presentemente em caixa e das letras a vencer, a fim de se poder ocorrer às despesas que se tem de fazer com as tropas em movimento para o dito fim"*.

E suspendeu as remessas para a tesouraria de Sampa.

Mas Elias (que é primo de Rafael) hesitou em cumprir as ordens, que eram contrárias às instruções que tinha. Assim, no dia 18, abriu suas dúvidas ao presidente interino, receando ficar, *"além de criminoso, prejudicado"*.

Rafael respondeu a esse ofício, primeiramente considerando que ele deveria *"cumprir imediatamente e sem hesitar as ordens que lhe têm sido dirigidas e lhes houveram a ser dirigidas, para pagar com os respectivos dinheiros despesas ordenadas por este Governo"*, pois do contrário lhe seriam *"confiscados todos os seus bens e vendidos em hasta pública para com o seu produto fazerem-se as despesas necessárias para a sustentação da causa"* etc.

No dia seguinte (19), o presidente interino ordenou ao ten. Elesbão da Costa e Silva que se dirigisse a Elias Aires com ordem escrita para que dispusesse ao pagador "*das forças que estão aquarteladas nesta cidade a quantia de quatro contos de réis para fazer o pagamento dos soldados*".

Requisitou também o dinheiro do registro de animais, e retirou cerca de 17 contos de réis para sustentar a revolução.

(Ao fim da revolução, será responsabilizado pelo Tesouro o primo Elias Aires, simplesmente porque... "*a corda rebenta pelo lado mais fraco*" – Aluísio de Almeida.)

Além desse dinheiro público "requisitado" pelos partidários, os liberais ricos de Sorocaba também tiveram de contribuir (com "tudo pela pausa", digo, "pela causa").

Mobilização

O governo interino adotou medidas urgentes, "*nomeando empregados públicos, oficiais e comandantes militares, franquia das comunicações de terra com o Rio Grande do Sul, suspensão das leis de reforma*" do gabinete de 23 de março.

Formou-se a Coluna Libertadora, querendo tomar a capital...

(Libertadora porque queria tirar o trono e a Constituição dos que submetiam o Brasil ao gabinete de 23 de março, e das reformas impostas por ele.)

Como cuidar da convocação de voluntários, das armas, munição, víveres? Podemos aqui adotar a visão do futuro historiador Aluísio de Almeida, que assim descreverá, pitorescamente:

– "*Foi um 'Deus nos acuda'*".

– Havia "*armas de todo calibre, antigas e modernas*", todas misturadas (o que lembrará, ainda mais no futuro, o chamado "incrível exército de Brancaleone").

– Usaram-se "*fardas*" que "*há muito*" estavam "*guardadas nos quartéis da Guarda Nacional*".

(...) *é de crer que as senhoras sorocabanas, tão bem prendadas, e cuja perícia na confecção de redes era celebrada além dos limites da província e do país,* **não se recusassem a velar noite adentro, costurando os panos que lhes vinham das lojas dos Lopes, dos Aires, dos Mascarenhas.**

Sobre munição e pólvora, "*catou-se o que havia na cidade*":

(...) *encheram-se de comestíveis os cargueiros. Feijão e toucinho a valer. Aves, até aves, inclusive perus! Que aquela gente não ia a São Paulo só para padecer!*

E a coluna do ten.-cel Jerônimo de Abreu só aumentava:

... *aos trezentos e poucos homens que assinaram a ata no Paço Municipal a 17 de maio acresceram outros tantos dos bairros vizinhos e de Campo Largo.*
Houve até algum entusiasmo. Estavam todos convencidos de que se tratava de um passeio militar.

"*Cerca de cem homens*", atendendo pessoas influentes, "*vieram um belo dia de fins de maio apontar na praça da Independência*", acompanhados de um vigário.

Os caipiras habituados a comparecer às festas cívicas e religiosas da Guarda...
Todos os dias faziam-se exercícios militares na praça fronteira ao 'Palácio do Governo de São Paulo' em Sorocaba.
O coronel João Floriano da Costa, sogro de Jerônimo, (...) descia trôpego a rua Direita da matriz, onde morava, e vinha arregalar os olhos já cansados, diante daquela novidade. Por vezes abanava a cabeça, murmurando: **esta gente anda louca***. Ele era pela autoridade.*

Esse cel. João Floriano era um legalista, já desde maio de 1822, quando comandava a Guarda Nacional. E embora contra a Bernarda de Francisco Inácio, não foi guerreá-la.

"Reprovou as agitações, porque a 12 de outubro de 1822 jurara com sua tropa (tendo como sargento-mor graduado Rafael Tobias), obediência ao fundador do Império". Era legalista por tradição. E não se conformava de ver o genro Jerônimo como rebelde. Balançava a cabeça, vendo os exercícios, e dizia: "*eita gente loca*"; "*eita gente doida*".

Tudo levado a sério

Os três canhõezinhos fundidos em 1841 pelo diretor da Fábrica Ipanema foram puxados em carro de boi até Sorocaba e incorporados à Coluna Libertadora, sob chefia do major Francisco de França, oficial de 1ª linha e do Estado Maior do Exército.

Francisco Galvão era de Itu e trouxera duzentos homens à Coluna. Vinham "soldados" das vilas vizinhas de Porto Feliz, Itu e outras.

O cel. José de Lacerda "assumiu o comando de trezentos homens". Subiu a serra do Pirajibu, chegando a São Roque e seguindo para Cotia.

Paulino de Aguirre, primo de Rafael, veio de Itapetininga, e com trezentos homens andou pelos morros das redondezas, subiu a serra de São Francisco, seguiu pelo Una, e juntou-se aos demais em Cotia e Pirajuçara. "Ao todo, 88 homens *mal armados, mal vestidos e sem instrução militar*" (ou ao menos alguma que fosse razoavelmente adequada).

A Coluna ia "entusiasmada e crente de que seria apenas um passeio ou parada na capital, suficiente para expulsar o 'procônsul baiano'" da presidência de São Paulo. Os três exércitos, como massas (de manobra e bolo), reuniram-se no Pirajuçara, "*na encruzilhada da estrada de Itu, e nas imediações do atual Butantã*".

Partiram aos 21 de maio, "sob ruidosas manifestações".

Solidão e coragem

Rafael ficou no palácio, para cuidar do que ajudasse no êxito da empreita.
Na véspera, chegou Feijó: "entusiasmado, violento, paulista até a medula dos ossos. Falava e gesticulava, transmitindo ardor e coragem".
Mas não podia andar, e arrastava sua cadeira de rodas.
Pouco antes da chegada de Feijó *veio a Sorocaba a marquesa de Santos*, que o filho Felício fora buscar em São Paulo.

Novo jornal

Com ele (Feijó), veio Hércules Florence (genro do ultraliberal Álvares Machado), trazendo uma "impressora" (o que se acopla à máquina de escrever?) para editar o jornal oficial do governo, *O Paulista*.
Seu redator é o próprio Feijó.
(No primeiro número, aos 27 de maio, o ex-regente – agora editor – afirma ser o jornal um fervoroso defensor da Constituição. E atacará "apenas as reformas do gabinete de 23 de março".)
Essa "Tipografia do Governo" se instalou no largo das tropas, em armazém anexo à residência de Gertrudes Eufrosina.
(Durará quatro números, medindo 21 cm de comprimento e 15 largura – e composição de 16 cm de comprimento por 15,3 de largura; colunas de 14,5 "quadratins", com 45 de comprimento...)
Trata-se do primeiro jornal de Sorocaba e do interior paulista.
Feijó, então

passou-se para a casa dos fundos, que também era de Tobias, mas alugada a Lacerda, e onde se organizou o Palácio do Governo, secretariado por Rodrigues dos Santos.

Rafael mandou mensageiros às cidades vizinhas: Itu, Capivari, Porto Feliz, Piracicaba, Itapetininga, Itapeva etc. "animando os correligionários e acudindo com dinheiro".
Em uma das cartas em que pedia reforços, ele dizia:

Bem sei que isso dá incômodos e trabalhos; mas hoje é tempo de os Paulistas sujeitarem-se a tudo isto; e eu conto tanto com o seu patriotismo, que estou certo, de que essa consideração não há de embaraçar.

"Vai indo..."

E enfim a Coluna Libertadora marchou para São Paulo, chegando ao Pirajuçara no dia 24 de maio, próximo à ponte... Não a atravessou porque do outro lado estava o barão de Caxias, com suas tropas.

(Nesse dia 24, Caxias vira a guarda avançada do "inimigo" depois de subir a serra de Santos, no dia 21, com 87 homens entre oficiais e praças. E soube que no dia seguinte chegaria o alferes José Lopes, com vinte homens.)

(Também no dia 25, o alferes José Anselmo traria mais onze praças, e dirigiria a artilharia – a bagagem da tropa seria transportada em dezenove animais. No dia 26 subirão 66 animais com bagagens, e depois mais 21.)

(Finalmente, em 30 de maio, chegará o resto das bagagens a Sampa, em dezesseis animais. Ao todo, 138 homens, 122 animais. São praças do 12º batalhão de infantaria.)

E agora?

(Infelizmente, essa guerra parece ter saído da cabeça de Feijó, o "padre").

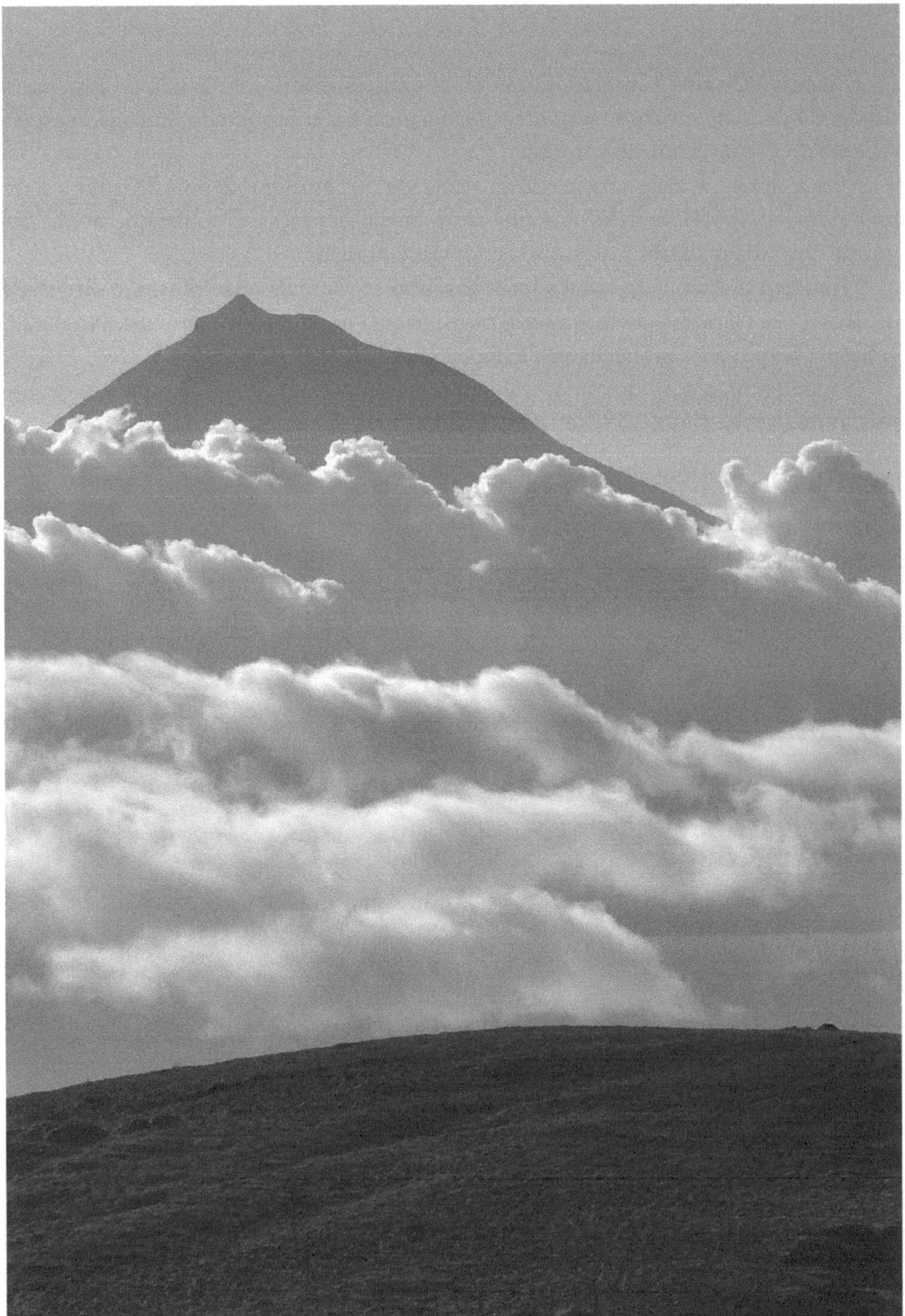

5

O Combate

```
         u m
            m o v i
           mento
          compondo
          além
                  da
         nuvem
            um
            campo
                  de
          combate

                mira
          gem
                ira
                  de
            um
                      horizonte
            puro
            num
               mo
             mento
            vivo
```

(Décio Pignatari)

Espécie de Bhagavad Gita

Foi por ofício de José Pereira a M. A., de 17 de maio de 1842, que às 6 da manhã embarcara do Rio para Santos "*o Batalhão nº 12 com seiscentos a setecentos praças de gente bem disciplinada em quatro barcos de vapor*", comandado pelo ten.-cel. Francisco da Silva, mas "(...) *se as coisas tomarem caráter mais sério irá tomar o comando das armas o barão de Caxias e a província será declarada em estado de guerra*".

O batalhão foi se achegando ao navio *Paquete do Sul* e no dia 20 já estava todo desembarcado. José Pereira havia reconsiderado o ofício, e no próprio dia 17 designara o barão de Caxias como comandante da operação.

No dia 22, Caxias desembarcava em Santos como Comandante do Exército Pacificador da Província de São Paulo, instruído a que "*sedição que acaba de aparecer na província de São Paulo seja sufocada no seu princípio, antes que tome maior força*".

Com esses elementos, o barão de Caxias concentrou o que havia em Sampa, organizou e fez com que suas forças combatessem enérgica e rapidamente os rebeldes de 1842. Era esta a "***fina flor do exército brasileiro***, *aguerrida pelas lutas titânicas do Norte do Império...*".

E assim, a Coluna Libertadora, de mil homens, chegando ao Pirajuçara (Butantã) encontrou a ponte do rio Pinheiros bloqueada.

Os barões de Caxias e M. A. – contra Rafael

Costa Carvalho já organizara a resistência, substituindo o comandante da guarnição em Sampa. Avisara o comandante do porto de Santos, Olinto, que o considerava de confiança, mas que obedecesse ao chefe de esquadra, Freire. Cortou-se assim a comunicação dos rebeldes por terra e mar.

Rafael sabia da chegada de Caxias e suas tropas a Sampa, às quais se uniram as outras, chamadas por M. A. Sabia mas não contou aos companheiros, para não desmotivá-los. Falou só de algumas tropas vindas de fora.

Usou da "*boa prática em ocasiões de guerra*" (como em jogos de futebol, ou debates políticos pelo mundo afora) de dizer que as tropas de Caxias tinham pouca força, e que a Coluna Libertadora contaria com um efetivo bem maior. Teria 1400 homens que já estariam sitiando Sampa, "*reforçados por gente de Atibaia*".

E disse que "*Monte Alegre, assustado, se retirara para lugar incerto; que os liberais de São Bernardo, comandados por Bonilha, se haviam apoderado do Alto da Serra; que as deserções entre os soldados de Caxias eram vultosas*" (em especial os duzentos hábeis lanceiros de Curitiba, vencidos por Bonilha).

Espalhava-se até que os "*corcundas legalistas negociavam composição*".

Mas a verdade era totalmente (e tortuosamente) outra.

Em fins de maio, os liberais de Mogi Mirim já haviam comunicado a Rafael que não tinham como reagir a João Xavier, que ocupava a região com uns trezentos ou quatrocentos homens. E também marchava por Campinas "*avultada força organizada em Franca*".

(No manuscrito da proclamação de Feijó, dizia-se à população que Rafael ausentara-se da cidade "*a tratar de negócios tendentes à causa que defende*".)

Final da luta em Sorocaba: recuo da Coluna, perseguições e derrubada

Naquele dia 24 de maio, Caxias tentara contato com a Coluna (o "inimigo", nas palavras dele). "Não conhecendo bem o terreno, pediu reforço de cem homens", e então avistou "*as guardas avançadas do inimigo*".

No dia seguinte, enviou espiões para saber o número de rebeldes. Os liberais não eram tantos (segundo um futuro historiador, Aluísio de Almeida, o grosso da tropa ainda não devia ter se juntado, o que ocorreria aos 31 de maio).

E assim, Caxias provocou a Coluna para um combate em 2 de junho, em lugar que seria pouco depois de Buçocaba. Logo "*os caipiras paulistas deram pela coisa e se retiraram para a ponte de Cotia*".

Tristeza no Butantã

No futuro, haverá grandes avenidas neste que é hoje um campo de combate. Para dar caráter de universalidade aos estudos científicos (como é hoje nas nações mais desenvolvidas), há de se criar um *campus* de arquiteturas e paisagismos inovadores, até que se caia no lugar comum das instituições públicas em que nada (ou quase nada) funciona direito.

E lá neste futuro, de tempos em tempos haverá jovens estudantes instalados em barracas ultramoderninhas, em apoio às greves quase anuais, de professores e funcionários.

Serão coloridas barracas de praia, garantindo a eles o conforto de umas férias atemporais que, de tão relaxantes, haverão também de provocar tédio, e assim, seja pela saudade de casa, da mesa de jantar com o pai, ou de outras saudades da vida comum, vai se dar de algum modo o final de cada greve.

E dirá o historiador: "já não se fazem mais revolucionários como antigamente", aqueles que "morriam por uma causa", referindo-se ao que estamos vendo hoje, a Revolução Liberal de maio de 1842, em que oito ou nove soldados tombarão, propriamente, no campo de batalha.

Ficção: sobre esta Guerra

Haverá nesta guerra também um diálogo imitando Krishna e Arjuna: "Por que devo lutar contra meus próprios parentes?" (ou concidadãos?).

E haverá também citações explícitas à Ilíada: cavalos de Troia, blefes (como o que citamos, de Caxias). Heróis de um lado que para o outro são vilões (como o próprio Caxias, que não vamos nem lembrar, ou especular, de tantos massacres que serão cometidos a pessoas inocentes, em especial às de sangue índio, no Paraguai).

Passa-se agora a um diálogo sobre o enfrentamento final, de cultura comunitária *versus* capitalismo (como se fossem contraditórios, mas muitos já sabem que não são).

Um lado é a cultura – o sistema humano, de dono da terra, o fazendeiro que tudo planeja e é autoridade máxima no território sob seu domínio.

Outro é a natureza – o capitalismo "selvagem", as várias forças que vão compondo um sistema amplo de livre mercado, sem nenhum comando central específico.

A religião também se encaixaria no primeiro grupo.

Quem vai vencer? A história mostra que um dos lados ficará mais forte, e o outro encolherá. Faz parte das estratégias de guerra – como bem estamos a acompanhar neste caso – dizer-se estar ainda em vantagem, e o outro lado sim, fragilizado.

E assim as propagandas se espalharão por todos os meios dos novos veículos de comunicação que ainda estão por se inventar, a dizer que uma simples ilha poderá vencer todo um continente, porque no campo das ideias estaria mais adiantada e blá, blá, blá, blá.

E neste caso o lado mais forte não precisará sequer ir à guerra, esperando apenas que o lado mais fraco termine de viver o seu processo de encolhimento até render-se àquilo de "quando terá sido o óbvio".

6

O barão baiano, um tanto alegre

Explicações sobre M. A.

Como sucessor de Rafael, do Partido Liberal, está agora no poder (ou governo, da província de São Paulo), por designação do gabinete conservador, o baiano José da Costa Carvalho, nascido em 1796 (e espera-se que viva até 1860, diz a árvore), também chamado de barão de M. A.

M. A. chegara como juiz de fora, ocupando a direção da faculdade de Direito, e fizera parte da regência trina.

Com a antecipação da maioridade de Pedro II, os conservadores criaram um Conselho de Estado de membros vitalícios, instituindo-se uma "tutela" sobre o jovem rei. O governo também reformou o Código de Processo Criminal, anulando as inovações dos liberais. "Criava-se um quadro de *dominação reacionária sobre o País*" (José de S. M.).

Os conservadores falavam por "tendências absolutistas e centralizadoras herdadas de Portugal" (como haverá de ser uma tal de Arena, nos anos 1970).

Deposição e governo paralelo

Rafael vivia em Sorocaba com sua afetuosa e grande família: a esposa, marquesa de Santos, os filhos que teve com ela, e também os enteados.

Apoiado pela Câmara Municipal, ele tornara-se aos 17 de maio, como lembramos, o presidente provisório da província: começava assim a revolução liberal.

Convocaram-se voluntários e organizou-se uma tropa para marchar sobre Sampa e depor M. A. Até o padre Feijó (1784-1843), como lembramos, fora de Itu a Sorocaba, *levando a impressora* com que se lançaria o jornal da Revolução, *O Paulista*, que chegou a ter quatro números.

A "tropa de Sorocaba", a serviço de Rafael, "fez alto" no morro do Butantã, antes de atravessar o rio Pinheiros, e lá ficou, acampando por duas semanas.

Uma tropa auxiliar de cavalaria, vinda de Itu, desceu o morro do Jaguaré (onde um dia haverá uma favela de mesmo nome, abrigando classes menos favorecidas) e ajuntou-se a ela.

Eram ao todo oitocentos combatentes.

E vindo do Rio, desembarcado em Santos, vinha um exército também de oitocentos homens, a mando do barão de Caxias, que acampou na *outra margem do rio*, impedindo que os revoltosos atravessassem a ponte.

Essas tropas, as legalistas, instalaram-se próximas ao lugar que um dia será chamado de praça Pan-Americana (um círculo por onde passarão três ou mais grandes avenidas, e que não se assemelhará em nada a uma praça, por falta de planejamento, por sua periculosidade, por estar rodeada de enorme trânsito, por ter à volta postos de combustíveis, supermercados, bancos, senzalas, docerias, farmácias e até papelarias...).

Localização geográfica

O caminho de Sorocaba a Sampa acompanhava o Pirajuçara (ribeirão que um dia será retificado, passando entre uma academia de polícia e uma faculdade de pedagogia, próximo a outra, de ginástica...).

(Muita história ocorrerá, já se vê: o rio Pinheiros ainda correrá em sentido oposto, depois de ser também retificado, e passará pelo outro lado da Casa do Bandeirante. O encontro do Pirajuçara com o Pinheiros é agora, sim, próximo a onde será a entrada da grande universidade.)

Ai, ai

Aos 28 de maio deu-se *o primeiro combate*. Os liberais começaram a ser perseguidos e há uma nova luta "na altura do Ribeirão Buçocaba" (que depois de retificado passará em frente à prefeitura de Osasco).

"Uma semana depois, as tropas de Caxias entraram na cidade". Os revoltosos serão anistiados em 1844, mas Feijó morrerá antes.

(Rafael será preso no Sul e levado ao Rio, já se sabe. Feijó, aleijado e dependendo de quem o carregue para poder andar, é dos poucos que ficaram e também será preso, e levado para o Rio.)

"Ali onde" será lugar de bate-papos amenos ou ríspidos, mas tendo em pauta sempre o tema da *revolução* ("you say you wanna a revolution..."), a revolução, na verdade, já se terá ido para longe.

A *História*, semeando seus esquecimentos, tratará de apagar da memória pública esse confronto (e seus acontecimentos)...: o "episódio sangrento do grande embate ideológico e político, entre conservadores e liberais, que marcou toda a história do Império".

Ficará uma estátua de Caxias, de pedra, perto da Luz, enquanto *novos rebeldes* poderão "devanear em paz", e "curtir numa boa".

Ui

Aos 5 de junho, Caxias soube que os rebeldes estavam na Candelária e não os atacou: esperou chegarem mais forças de Santos. Ao mesmo tempo, escreveu a M. A. pedindo

... uma caixa militar, que deverá conter cem contos de réis em papel moeda, representados por bilhetes de pequeno valor, e um empregado da Fazenda que ficando às minhas ordens seja encarregado de fazer pagamento às tropas e demais despesas provenientes da guerra.

Rafael, sabendo das dificuldades dos correligionários na região campineira, quis socorrê-los "pondo-se à frente", mesmo que tardiamente, neste início de junho.
E como deixaria a capital provisória? Quem ficaria em seu lugar, se fosse à frente de batalha? E assim proclamou seu vice-presidente o padre Feijó, que declarou:

(...) O Exmo. Presidente, sendo obrigado a ausentar-se (...) a tratar de negócios tendentes à causa (...), mas tendo de voltar brevemente, (...) nomeou-me seu Delegado com o nome de vice-presidente para dar todas as providências convenientes ao estado atual da província.
Meus patrícios, confiai em mim (...), tende patriotismo e coragem, e breve sereis cobertos de glória.

Desespero

Em Campinas e arredores (Jundiaí, Mogi Mirim), a situação já é de desespero. Lá se mostra o destino da Revolução. Rafael precisa se colocar à frente, para dar ânimo aos combatentes.
Mas vamos examinar isso...

1. A situação bélica na região

Os campineiros, conservadores-legalistas, obedeciam ao enviado de Caxias, ten.--cel. Bezerra, que era experiente e vencera a Balaiada (era tido até como herói, por lá). Seu contingente era de 120 soldados.
Os rebeldes-liberais, cerca de trezentos, obedeciam a Manoel Antônio e ao cap. Boaventura do Amaral.
Entre os conservadores-legalistas, havia "soldados de linha e cavalaria", compondo o batalhão nº 12, que, em 7 de junho, na Venda Grande, "atacou os rebeldes" de surpresa.

Morreram dezessete rebeldes (entre eles o cap. Boaventura), e 15 foram presos. Os demais fugiram.

(Caxias teria estado no sepultamento do cap. Boaventura – que fora comandante do Corpo Policial Permanente – e dito: "*Foi um herói. Pena que o Brasil perca homem desse feitio.*")

Morreram três legalistas, e dez foram feridos.

Esses fatos representaram perigo para a Revolução (esta que fora planejada entre rebeldes paulistas e mineiros, para derrubar o gabinete de 23 de março).

2. O convênio mineiro-paulista que levou à revolta contra o gabinete de 23 de março

Sobre o acordo entre Minas e São Paulo, para dar início à Revolução, percebemos que Sorocaba tomara a dianteira, elegendo o presidente interino aos 17 de maio (e é fácil lembrar seu nome).

Isso desagradou aos mineiros, mas "alguns próceres", já comprometidos no convênio, procuraram o ten.-cel. José Coelho em Barbacena.

Alguns políticos a favor e ex-deputados se reuniram com eles em 4 de junho: Teófilo Otoni, Lemos, Alvarenga e outros.

Apesar do despreparo bélico, *ante o que fora consumado em Sorocaba*, concordaram ser urgente *"acudir os paulistas, que sem o apoio de Minas poderiam sucumbir e, então, desgraçados uns e outros"*.

Marcou-se o rompimento com o gabinete para o dia 10 de junho.

Em frente à Casa da Câmara de Barbacena, nesse dia, a Guarda Nacional proclamou Feliciano Coelho o presidente interino da província, partindo-se para a luta.

7

Ao vencedor, as batatas

Continuidade no vale do Paraíba e Minas até... – fim de papo

Seguiram-se novos "recontros" com as tropas legalistas: em Queluz, São João Del Rey, Lagoa Santa, Sabará etc., sem a presença de Caxias.

Aos 10 de julho, Caxias foi nomeado comandante, chegando ao Rio, após deixar "completamente pacificada" a província de São Paulo.

Aos 25 de julho foi combater a revolta em Minas. Entrou por Brumado, "lançando edital", como fez em Sorocaba. Enfrentaria cerca de 3 mil rebeldes.

Quatro colunas legalistas se abraçariam em Minas:

– a primeira comandada por Pacheco (à qual se juntou Caxias pelo caminho de Barbacena, com setecentos homens);

– a segunda, indo de Rio Preto para São João Del Rey, era comandada por Silva Freitas, compondo-se de provisórios e de tropas de linha;

– a terceira, comandada por Manoel da Silva ("vitorioso de Silveira"), "subiu por Baependi, pela Mantiqueira, no Picu", tinha fuzileiros permanentes e guardas nacionais;

– a quarta, comandada por Vicente Bezerra ("vitorioso de Venda Grande, de Campinas, Mogi-Mirim"), entrou em Caldas (comarca de Sapucaí) com a parte do 12º batalhão de caçadores que não ficara em Sorocaba, e ainda guardas nacionais do Oeste de São Paulo.

E havia ainda a coluna do presidente legal de Minas, Bernardo da Veiga.

Combate em Santa Luzia

Antes dos combates decisivos entre legalistas e rebeldes (de Baependi, Oliveira, Pouso Alto, Araxá, Barbacena e outros) não se chegava a uma solução.

Com a chegada de Caxias (saído do Rio aos 25 de julho), desfere-se então uma luta decisiva – a batalha de Santa Luzia – a uma légua e meia de Sabará. Os rebeldes, desalojados de outras posições pelas diferentes colunas, esperavam o comandante-chefe entre o córrego e o alto do Tamanduá.

E neste 20 de agosto houve seguidos combates. Entre as 8h30 e 15 horas não se sabia o vencedor. "Caxias fingiu retirar-se, e os rebeldes desceram o morro para persegui-lo." Mas ao mando de silenciar as baionetas, os legalistas cresceram sobre os inimigos, que agora fogem.

O ten.-cel. Joaquim e Silva, sentindo o risco que corriam as tropas de Caxias, "socorre-o e entra no arraial da Santa Luzia". Caxias vence e termina a Revolução em Minas.

Moral da história

"O combate de Santa Luzia acabou (...) com a revolução de Minas", não porque os insurgentes foram massacrados e não poderiam mais se organizar, mas porque "a revolução estava acabada desde a vila de Queluz" (o que será dito por um tal Marinho, em *A revolução de 1842*).

Com a vitória dos legalistas, Caxias entrou na capital Ouro Preto em 1º de setembro, onde ouviu música em ação de Graças na Igreja do Carmo, tendo atado ao braço esquerdo uma "*capela de flores*".

No dia 16, ao chegar à província fluminense, ele dissolve o Exército Pacificador.

Aos 29 de setembro, estará sendo promovido a marechal-de-campo-graduado, "*pelos relevantes serviços prestados na pacificação das províncias de São Paulo e Minas Gerais*".

Mais sobre Campinas

Minas sofreu com a desolação do pós-guerra: prejuízos nos campos, vilas e cidades, ódio e luto, inimizades causadas pela luta fratricida. São Paulo idem.

Voltando à 1ª guerra, a situação em Campinas estava perigosa para os rebeldes. E assim nomearam Feijó vice-presidente e Rafael partiu para lá, com uma guarda de cinquenta homens.

No meio da viagem ele soube da derrota em Venda Grande. Desviou-se para Barueri, e quis se colocar à frente da Coluna. Mas era tarde, a Coluna retrocedia.

Caxias avançava e o desânimo tomava conta dos rebeldes, que na maioria acreditavam estar indo para um simples passeio. Com isso, Rafael e alguns correligionários, e soldados, voltaram para Sorocaba, onde estavam Feijó, a marquesa e os filhos.

(E isso que estamos narrando imita o relato feito pelo coronel à própria esposa, que o ouvia, lembrando da época em que namorava o rei, e este partia para a guerra no Sul... Não. As guerras nunca foram uma boa coisa, na opinião dela.)

Deve ter chegado entre os dias 8 e 9, porque no dia 10 Caxias anotou ter sabido chegar a Barueri o "*inculcado presidente*", levando peças de artilharia.

A guerra em Sampa

Segundo João de Morais (*A Revolução de 1842*)

... na madrugada de 6 de junho as vedetas da Coluna chegaram a um ponto próximo ao rio Pinheiros, onde até então não se haviam aventurado. Dias antes havia sido queimada uma roça nas proximidades.

Ao amanhecer, os batedores avistaram em meio à neblina matutina os paus e a fumaça da queimada, achando que fossem "*os terríveis caçadores de Caxias*", e soltaram as rédeas, indo a galope, em desespero, atravessando "*o campo onde se achava a Coluna Libertadora*" aos gritos, "*Os periquitos! Os periquitos!*".
Tamanho pânico se apoderou da coluna, "*que toda ela debandou na mais vertiginosa carreira*". Com todos os esforços do comandante, só dali a 2 léguas, em Barueri, conseguiu-se deter uma pequena parte da infantaria, "*já desfalcada pelas deserções*".

A cavalaria, porém, só estacou nas localidades de origem...

Caxias não esperava por essa fuga. Achou que fosse uma manobra (chegou a ter medo: seria uma tática?) Mas foi avançando, pela ponte do rio Pinheiros, e anotando: "*contramarcharei, se for necessário*".
Os rebeldes fugiam. Trezentos homens ficaram, garantindo a retirada. Em Cotia, Caxias se apoderou do único canhão usado pelos rebeldes. Era dia 13.

Seria um falcão, trazido por Rafael Tobias quando ia a caminho de Venda Grande? Parece que sim.

Como relatou Caxias

No dia 10, ele anotara:

Ontem pus em prática a primeira parte do plano de campanha, fazendo avançar e emboscar-se na fazenda dos César uma força de quatrocentos homens, porém constando-me hoje que o inimigo existe em número de 1.200 combatentes, e que o seu inculcado presidente viera ao seu campo trazendo duas peças de artilharia, calculei que podia comprometer os referidos quatrocentos homens em um combate tão desigual e por isso ordenei ao coronel José Leite Pacheco que os foi comandando, que aproveitando-se da marcha feita e emboscando-se na fazenda do prado, aquém do lugar denominado Passagem, *trate de surpreender suas guardas com cerca de cem homens que os rebeldes têm muito para cá do citado lugar e hoje à meia-noite projeto pôr-me em marcha com seiscentos soldados, para apoiar o movimento que tem de praticar o sobredito Coronel, e receber combate uma vez que o inimigo o ofe-*

reça, no qual todas as possibilidades de triunfos estão da nossa parte, quer pela bravura e disciplina dos soldados que comando, quer pela natureza do terreno. Assim pode, pois V. Exa. ficar tranquilo, porque não pretendo passar além da fazenda do Prado e deixo as pontes dos Pinheiros a Anastácio guarnecidas, e esta última com o pavimento arrancado, e amanhã por noite espero retirar-me para este acampamento.

Fim para Rafael (e preocupação seguinte)

Percebendo o esfacelamento da Coluna, Rafael e alguns amigos a deixaram...

Ele então volta para Sorocaba, chegando no dia 12 ou 13, "com um pensamento preestabelecido: *casar-se com a marquesa* e legitimar os filhos com ela".

"Para isso, tinha a portaria do bispo diocesano e amigo Manuel de Andrade, que autorizava o casamento", dispensando as formalidades da Igreja.

8

Casamento com a marquesa

Cerimônia e filho que não vingou

Sim, antes do que seria uma espécie de batalha final ele se casara com a marquesa de Santos, Domitila de Castro Canto e Melo, a ex-"amante" do primeiro imperador, com quem já tinha seis filhos (com d. Pedro ela havia tido cinco filhos, como lembramos, dos quais, duas meninas sobreviveram).

E sim, dissemos *seis* filhos, porque neste mesmo ano nasce Heitor de Aguiar e Castro, mas que viverá apenas quatro anos, até 1846 (e embora as causas médicas nem sempre estejam relacionadas às psicológicas, vê-se, pelo momento tão grave em que vivia essa família, que talvez não houvesse mesmo condições de dedicação plena à criança, nem do amor verdadeiro que se pode transmitir, quando há um mínimo de *paz* espiritual).

Este casamento oficial estava agora se dando, na cidade de Sorocaba, aos 14 de junho de 1842.

Casamento oficial

O casamento de Rafael Tobias com a marquesa de Santos se deu poucos dias antes da retirada... Rafael *casou-se formalmente*, em Sorocaba, com a *marquesa de Santos*, com quem já vivia *desde 1833*, e *tinha filhos*.

O dr. Gabriel Rodrigues, secretário e amigo fiel de Rafa, ficou de procurar o escrivão Procópio Leitão "e ditar-lhe os termos de escritura antenupcial", em que declaram não ser o dito casamento com comunhão de bens, mantendo-se cada um com o que já lhe pertencia, mas que o "nubente" fazia um dote de 80 contos de réis, metade à marquesa e aos filhos de ambos e outra metade para Maria Isabel, caso a "nubente" morresse.

Assim, aos 14 de julho, chamado pelo pe. Romualdo Paes, e à frente do senador pe. Diogo Feijó e também Xavier Barros (o "Quinzinho"), no oratório particular de d. Gertrudes, ao meio-dia, *casaram-se Rafael e a marquesa de Santos,* "sua prima em 8º grau, de nobreza comprovada, e ambos descendentes de Lourenço Castanho Taques...".

No mesmo local, em seguida, e diante das testemunhas (dr. Gabriel Rodrigues dos Santos e o sarg.-mor Joaquim de Santana), o escrivão Procópio Freire "colheu as assinaturas dos nubentes e das testemunhas da escritura antenupcial".

Com o casamento, legitimaram-se os *quatro filhos* que já tinham, "graças à grandeza da alma e da hombridade sem jaça de Rafael Tobias" (ou ao menos à honestidade que tinha para consigo mesmo).

Depois da cerimônia, na manhã seguinte, logo cedo, em meio à tristeza que reinava, de abraços chorosos, Rafael montou em seu valoroso "tobiano" e parte agora para o Sul, ao lado de um escravo, "procurando chegar à sua fazenda Paranapitanga", *para de lá seguir em fuga* "até os campos de Vacaria".

A *Certidão de Casamento* (que une, oficialmente, Rafael e Domitila)

Ano do nascimento de N. S. Jesus Cristo de 1842 aos 14 dias do mês de junho (...) nesta cidade de Sorocaba, sendo chamado à casa onde reside o excelentíssimo sr. cel. Rafael Tobias de Aguiar, e estando aí presente a excelentíssima marquesa de Santos com as testemunhas abaixo nomeadas, e assinadas, disseram-me os mesmos (...), que haviam muito de suas livres vontade[s] contratado casarem-se na forma da Lei; e como determina a Religião Católica Apostólica Romana, que ambos professam; mas que pelo que respeita aos bens, que ambos possuem, tinham estipulado que não houvesse comunhão, ficando cada um com o que atualmente tem, e com o que para o futuro possam adquirir; fazendo porém o excelentíssimo cel. Rafael Tobias de Aguiar um dote à excelentíssima marquesa de Santos da quantia de 80 contos de réis tirados de seus bens, dos quais 40 contos se repartirão igualmente por morte dela pelos filhos que ela atualmente tem do mesmo excelentíssimo coronel, que são Rafael Tobias d'Aguiar Jr., João d'Aguiar e Castro, Antônio Francisco d'Aguiar, Brasílio d'Aguiar a Castro, e Heitor d'Aguiar e Castro, e pelos que ainda vier a ter, e pelos seus herdeiros do primeiro matrimônio que são seu filho Felício Pinto Coelho de Castro, e sua neta Dona Escolástica Pinto de Castro e outros 40 pertencerão por sua morte exclusivamente à sua filha d. Maria Isabel d'Alcântara e Bourbon; e no caso que esta faleça antes da morte de sua mãe, pertencerão os 40 contos aos herdeiros referidos, e aos demais filhos, que venha a ter do mesmo excelentíssimo coronel, bem como depois caso não tenha filhos. Poderá além disto a excelentíssima marquesa de Santos deixar em sua terça a referida sua filha dona Maria Isabel o que puder, e lhe parecer na forma das leis. E por assim se haverem contratado me requereram lhes lavrasse a presente escritura, que lendo-lhes aceitaram e assinam com as testemunhas a tudo presente o dr. Gabriel José Rodrigues dos Santos, e o sargento-mor José Joaquim de Sant'Anna, reconhecidos de mim Procópio (...) escrivão serventuário do tabelião vitalício que a escrevi – RTA., M de S., dr. GJR dos S, JJ de S.

Comentário elogioso de um historiador que se ufana

"O gesto do homem de envergadura espartana não é demais que o louve (...) uma indenização de arrebate em desacatar a velhos preconceitos." Foi um "ato generoso e altivo" (Alberto Rangel).

"O rebelde-mor, segundo as notícias chegadas, casou-se! (...) É um ato honrado entre tanta insensatez" (do inimigo político José de Leme, em carta citada pelo mesmo Rangel).

Os filhos anteriores da marquesa

Do primeiro casamento, ela teve: Felício, Francisca e João (morto em criança).

Com Pedro I ela teve: uma criança natimorta, a duquesa de Goiás (Isabel Maria), Pedro (morto em criança), Maria Isabel (a duquesa do Ceará, morta em criança) e Maria Isabel Alcântara Brasileira (ou Maria Isabel II, a condessa de Iguaçu).

Domitila não era aventureira como tantas que a História nos relata. Sua nobreza era das mais antigas de Portugal.

Casados agora no papel

Domitila e Rafael tiveram seis filhos. O relacionamento durará mais de vinte anos, bem mais do que o que ela teve com d. Pedro.

Estavam juntos desde meados dos anos 1830 (quando ela já era "viúva" de d. Pedro, portanto). Mas se casaram somente ao término da *Revolução Liberal*, em 14 de junho de 1842.

A cerimônia se dera no oratório da casa da mãe de Rafael, d. Gertrudes, em Sorocaba. Entre as testemunhas estava o padre senador Diogo Antônio Feijó.

Novo comentário

Só gente muito estúpida poderia achar que Rafael se envergonhava de Domitila. Essa espera até o último momento, para que enfim se casassem, era porque ela mesma "não queria unir-se novamente em matrimônio".

Nunca mais se esquecera das facadas de Felício, o primeiro marido, espécie de possuído do demônio, de tão enciumado que era, de tudo dela (do corpo e mais um pouco...).

Fidelidade

Rafael Tobias, por onde andasse, levava consigo

uma portaria assinada pelo bispo de São Paulo, com autorização para se casarem em qualquer paróquia paulista, dispensadas as formalidades de estilo.

Mas era a marquesa quem não queria, e só acabou aceitando oficializar o relacionamento "por necessidade".

Agora como esposa (em 1842), ela poderia seguir o brigadeiro aonde quer que ele fosse – nas festividades e percalços.

E ele cumpria "seu dever de homem", como estava preparando, desde 1841.

Imaginou que pudesse morrer nessa "fuga louca", depois de uma guerra malsucedida (por desigualdade de forças), na qual "sacrificou tudo", restando para trás... "o ódio, depois de conviver com tanta traição".

Esse dr. Gabriel Rodrigues ficara em Sorocaba por alguns dias, "dissimulando entre os revoltosos a fuga do amigo". *Mas depois partiu também para o Sul...*

E na fazenda do barão de Tibagi (Caetano de Oliveira) reuniram-se Rafael, Rodrigues dos Santos, Felício Pinto e o ten. Daniel de Freitas.

D. Gertrudes, a marquesa e os filhos pediram asilo no *Convento de Santa Clara*, "fundado por seus parentes Aires, onde aguardavam a entrada do vencedor na cidade". O ouro e a prata que levavam foram ali enterrados.

9

Caxias na cola

O algoz

Enquanto aconteciam essas coisas na capital (ainda sob revolta), à espera dos legalistas, Caxias continuou perseguindo o que restava da Coluna. E foi para Cotia. Chegou a Vargem Grande aos 17 de junho, e ordenou ao cel. Amorim Bezerra que atacasse Sorocaba. "Se os rebeldes resistissem, ele acudiria."

Também escreveu ao diretor da fábrica, major Bloem, avisando que haveria "a reação", e mandou para lá as forças legalistas de Tatuí. Enviou um mensageiro a M. A. pedindo com urgência o *"obus e a peça calibre 6 existentes em São Paulo"*.

Caxias parecia esperar grande resistência em Sorocaba. Aos 18 de junho, o Exército Pacificador entrava em São Roque: era uma vila abandonada, com "legalistas pelos matos ou fugidos para São Paulo".

Escreveu então para M. A.:

(...) *que V. Exa. faça seguir para esta vila os habitantes dela que se acham refugiados nessa capital,* (...) [especialmente] *o cap. Manoel F. Rosa,* (...) *pessoa de influência nestes lugares e assim sirva de centro de reunião dos legalistas.*

"No dia 19 os rebeldes debandaram." Nem o cel. Galvão pôde detê-los, nem *"ordenou a resistência por conhecer a fraqueza dos seus e não os expor à morte"*. Reuniu o que restou da Coluna Libertadora "além Sorocaba, nas proximidades de Campo Largo", e "desmobilizou a tropa".

Escreveu então para Caxias, aos 20 de julho de 1842:

(...) *desejando poupar o sangue brasileiro* (...) *despedi as forças que compunham o exército do meu comando* (...)

Quis comunicar isso logo para evitar que

indivíduos mal-intencionados se não aproveitem da ocasião para saciar suas vinganças particulares contra cidadãos pacíficos.

Pois afinal, esperavam-se represálias contra "*indivíduos que tão espontaneamente acabam de depor as armas*".

O audaz – término da Coluna

Depunham-se armas pedindo clemência aos "*cidadãos pacíficos*", expostos às vinganças particulares (e com essa atitude, o cel. Galvão "cresceu e se agigantou nas páginas do movimento de 1842").

A Coluna falhou demais em seus cálculos: achou que ocuparia a capital em um "golpe de audácia", trazendo o povo para o lado dos rebeldes. Mas M. A. sabia do movimento, e Caxias embarcara no Rio no mesmo dia (17 de maio) da proclamação de Sorocaba.

O cel. Galvão depôs as armas e ainda demorou alguns dias antes de seguir para o Sul. "Caxias, tomando Sorocaba, enviou escolta militar para prender Galvão, prometendo até recompensa pela sua prisão".

Como em outras histórias, houve um traidor que ajudou nessa prisão (e sequer mencionaremos seu nome). Depois de "preso, remetido a M. A.", ele foi enviado à Corte para responder processo, com os demais chefes da Revolução.

E nesse mesmo dia de rendição da Coluna (27 de julho) o comandante do exército pacificador, de seu QG na fazenda Passa-Três (que tinha Rafael como um dos condôminos) levantara acampamento às 8 da manhã para avançar sobre Sorocaba, a cerca de duas léguas de lá. Terminava.

Mas, como última tentativa, Feijó lhe escrevera no dia 14:

Quem diria que em qualquer tempo o sr. Luís Alves de Lima seria obrigado a combater o padre Feijó? Tais são as coisas deste mundo.

Caxias respondeu com a mesma ironia:

Quando pensaria eu em algum tempo que teria de usar da força para chamar à ordem o sr. Diogo Antônio Feijó? Tais são as coisas deste mundo.

Feijó propusera três termos à rendição, sendo o terceiro uma "*anistia geral, sobre todos os acontecimentos que tiveram lugar e sem exceção*", e aproveitou o portador para enviar a Caxias alguns exemplares do periódico que redigia, *O Paulista*.

Caxias anotou, quando se preparava para atacar a capital dos rebeldes:

Sorocaba, 20 de junho. Hoje pelas oito horas da manhã levantei o meu acampamento de Passa-Três e pus-me em marcha na direção desta cidade, projetando fazer alto na Boa Vista, a fim de praticar a junção com as colunas do cel. Leite Pacheco e do tenente-coronel Amorim Bezerra para cercar os rebeldes; porém, não encontrando nenhuma guarda avançada dos mesmos, desconfiei de que a cidade se achava abandonada dos mesmos e ordenei ao capitão Montenegro, da minha vanguarda, que avançasse. O mais é conhecido. Ele, mais Albergaria e Coelho passaram a galope a ponte, seguindo-se Caxias e o grosso do exército, recebido diz ele – entre vivas e repique de sinos. Deu umas voltas pelos subúrbios, enviou em perseguição de Tobias o capitão Butia a Itapetininga com 80 homens do 12, e aquartelou-se no chamado palácio do Presidente.

Lembrando:
– Caxias já avança sobre o último reduto – a capital (ou "cabeça", como ainda se diz entre os militares, pois são palavras de mesmo significado – e daí o verbo "decapitar") rebelde...;
– notando pouca resistência (ânimos e agitações refreadas), "manda à frente as forças de Montenegro e Albergaria". Vê, do Alto da Boa Vista

... o avanço das tropas margeando o rio à procura da entrada da ponte com o barracão do Registro ao lado. Nenhuma reação. Caxias observa, montado no ginete fogoso, que escarvava o chão pedindo rédea. Dá de espora e incorpora-se à vanguarda. Chega à ponte; atravessa-a como general vitorioso.

O mesmo futuro escritor, Aluísio de Almeida há de narrar assim, calorosamente:

No dia 20, mais duas léguas e pouco e era o fim. A uma légua de distância da cidade abria-se de repente, ante os olhos admirados de todos, o imenso descampado que propiciou a pecuária e as feiras de Sorocaba, com o Ipanema ao fundo e, além, muito além, a sumir-se em fuga para o sertão, as linhas vagas das serranias de Botucatu e Piracicaba. A cidade revoltosa ali estava junto à colina, à beira-rio. Meia-légua. Mais um degrau que, à esquerda, o Sorocaba vence, nos saltos altíssimos do Itupararanga e do Votorantim. O sítio é deliciosamente chamado de Boa Vista. Ali tem sua fazenda o alferes João Nepomuceno de Souza. Mas Caxias o que quer é chegar. Eis que, de repente, a névoa de levanta, se esgarça, desaparece e a cidade aparece de súbito com o seu casario branco em volta da grandiosa matriz de torre excelsa, de São Bento, de Santa Clara, de Santa Cruz, de Santo Antônio... Agora as forças atravessaram o Taquarivaí e quase que a marche-marche, beirando o rio Sorocaba, veem a cidade, silenciosa crescer-lhes à frente. O primeiro largo de parada das tropas. O infalível Lava-pés. Estão na rua larga de São Paulo. Nem viva alma. Os da vanguarda e batedores trazem boas notícias. Ali está a ponte velha de madeira, com ao lado a alvenaria à mostra da ponte em construção. À direita um barracão colonial, um grande portão na cabeça da ponte: é o célebre Registro de animais. Caxias atravessa a ponte a galope, detém-se um momento ante as trincheiras improvisadas e os canhões abandonados. Está subindo o largo das Tropas e olhando fixo as duas casas de Tobias. Raros cidadãos na rua para o aclamarem: todos se haviam retirado. Pouco adiante é o pátio dos Lopes com o seu solar. Ali está o Hospital, a descida para o Piques. Caxias, com a sua guarda, passou à frente do chamado Palácio do Governo.

Saltou do cavalo "e deu as rédeas ao ajudante-de-ordens". Com seus oficiais, adentrou o palácio e se instalou nele.

Em seguida:

– sabendo que Feijó estava em uma casa de parente na rua das Flores, mandou um escolta não só para prendê-lo, mas também para protegê-lo de eventual linchamento;

(Em carta a M. A., do dia 23, Caxias diz que Feijó estava preso, sob guarda de um oficial. Já o visitara e, *"pelos disparates que diz estou capacitado que sofre desarranjo mental, tanto que me declarou que projeta declarar na assembleia provincial que não é mais paulista nem representante de semelhantes canalhas"*.)

(Cena a que se deveria atentar: Feijó delirando e se dizendo contrário à causa da qual foi praticamente o criador, e motivador desta "guerra suicida" – além de fratricida.)

– mandou uma escolta às matas, até a fazenda de Paranapitanga, para trazer o chefe rebelde;

– mandou recrutar homens para seguir na luta contra os rebeldes mineiros, que ainda iria enfrentar;

– escolheu o oficial que iria ao convento de *Santa Clara*, para encontrar e prender o chefe rebelde;

– "determinou busca e apreensão de armamentos em casas do chefe rebelde" e na do cel. Joaquim de Lacerda;

– o major Carlos de Oliveira passou a ser o Comandante Militar da Cidade;

– "publicou edital, conciliador e genial" dando prazo de dez dias aos que tivessem participado da revolta *"por sugestões desses ambiciosos de mando"* e *"que abusaram da boa-fé desses habitantes pacíficos, desta cidade e seus contornos"*, para se apresentarem entregando as armas, podendo depois voltar às suas casas e *"continuar na sua vida doméstica"*.

Consequências

Os que não atendessem ao edital seriam presos e levados a Sampa, onde seriam processados com *"todo o rigor das leis"*.

Na carta do dia 23, Caxias dizia a M. A. que quatrocentos homens já haviam se rendido e apresentado. Sobre Feijó, mandou que ficasse detido no QG à rua do Hospital, com guardas na porta. De lá ele iria com o próprio Caxias para Itu, e então remetido à Corte, via Sampa.

(Sobre a versão de que Caxias visitara Feijó em Sorocaba, após a detenção, não há provas. Mas "talvez, por grandeza d'alma, o general, tendo em conta a figura exponencial do ex-regente o tenha feito" – comentário que é quase uma declaração afetiva, aos "homens de bem".)

Feijó e Vergueiro, da Corte ainda serão exilados para Jucuquara, o *Solar dos Monjardins*, no Espírito Santo.

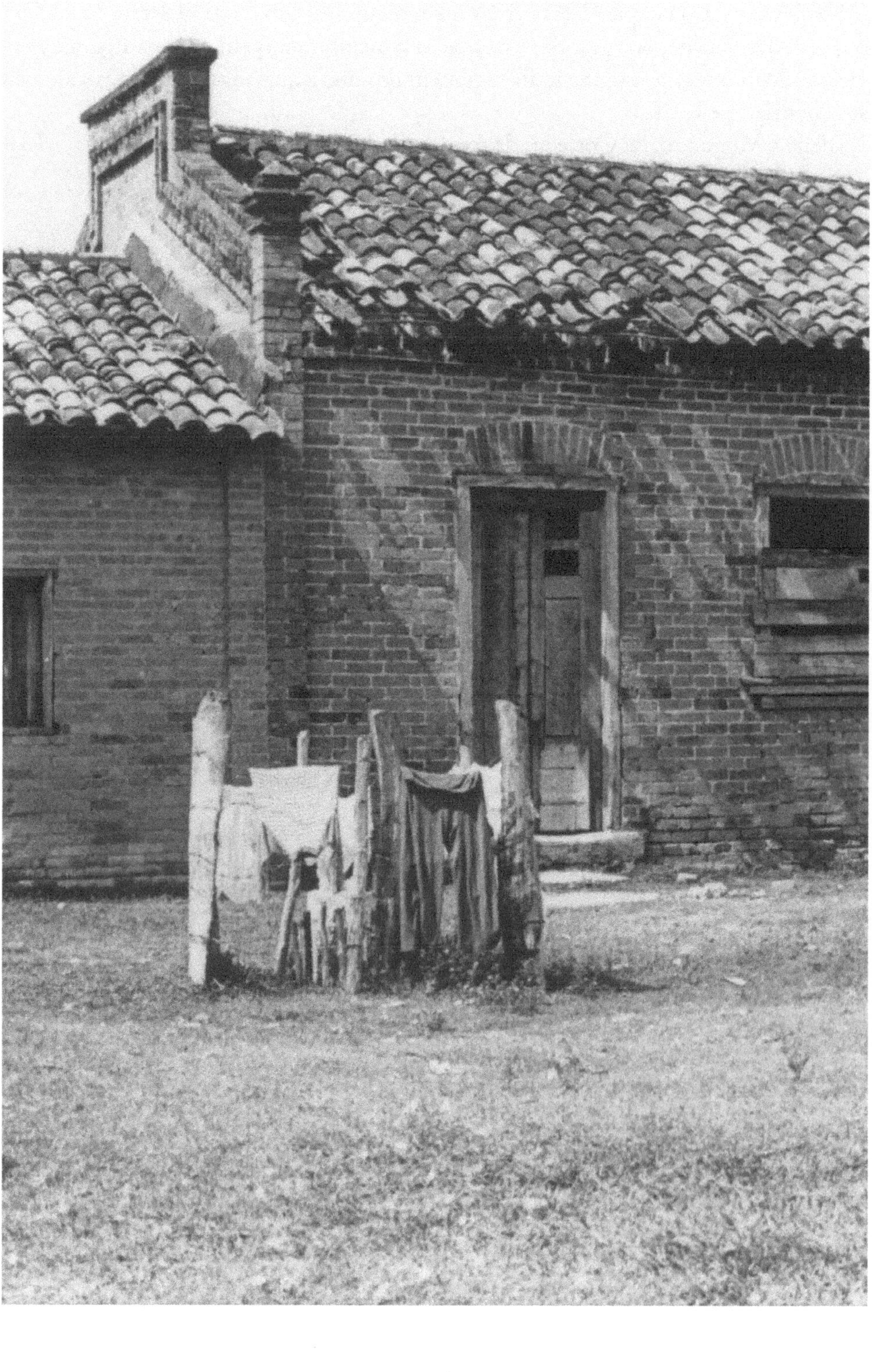

10

Invasão da casa e sequestro de bens

Porta forçada

Portanto, aos 20 de junho, o general em chefe Caxias mandara fazer buscas e apreensões nas casas dos líderes da rebelião.

No dia 21, o juiz mais o delegado, Joaquim de Andrade e o major Oliveira, incumbidos das *"buscas nos cabeças da rebelião e objetos bélicos foram à casa do cel. Rafael Tobias"*. O quarteirão da casa se viu *"cercado de sentinelas"*.

Entraram na casa, abriram as salas da direita e não havia nada. Na da esquerda, ocupada por José Joaquim de Lacera, havia

299 fardas de diversas armas; uma corneta de metal; dez patronas com correias; nove cinturões novos e um arruinado; sete bandoleiras; diversas relações e oficiais; 32 lombilhos com loros, rabichos e travessões, 2 barrigueiras, 33 caronas, um serigote usado com carona e estribos, um selim novo ordinário sem cilha, rabichos e loros e estribos, 14 ferros de limpar cavalos, com escovas e almofadas.

Foram então às outras casas do quarteirão, sem arrombar nem encontrar nada.

Método

Havia o escrivão e a testemunha oficial (Francisco Penteado), que rubricou a folha dos objetos encontrados, anexa ao auto de Manoel Soares (*"encarregado da comissária sob rubrica do major Oliveira – 1º ofício"*) com mínimas variações do total encontrado (trezentos?).

O sequestro dos bens do cel. Rafael Tobias foi feito por "precatória" vinda de Sampa, a *Imperial Cidade de São Paulo*, cumprindo portaria do barão de M. A. (e acostumemo-nos, mais uma vez, aos "por conta de", "devido a", "perante", "mediante a" e outros formalismos bestas da linguagem jurídica que tenta impressionar os ignorantes, não vendo o quanto se autorridiculariza), que recebera aviso do Rei (S. M.

Imperial) para que se pusesse *"em arrecadação e boa guarda todos os bens pertencentes aos rebelados que empenhados na revolta se tiverem se ausentado dos seus domicílios para oportunamente terem o destino legal na conformidade das leis"*.

O aviso, assinado pelo visconde de Abrantes, quis ressarcir a Fazenda Nacional dos prejuízos da guerra, e da apreensão do dinheiro público pelos rebeldes, "de edifícios e outros bens da Fazenda etc." E mais bens de Rafael foram sequestrados.

Sequestro dos bens de Rafael

Deu-se junto aos de Bento José de Morais e Francisco de Castro Couto e Melo, neste mês de julho, em 1842... Precisamente no dia 15, pelo Juiz Municipal e Delegado da Cidade de Sorocaba, fez-se o sequestro dos bens

(...) do cel. Rafael Tobias de Aguiar, existentes na cidade em virtude de precatória vinda da Imperial Cidade de São Paulo, expedida pelo juiz de direito cível (...), em cumprimento à portaria do barão de Monte Alegre (...), que por sua vez recebera um aviso de S. M. o imperador, de 23 de junho de 1842, expedido pela secretaria dos negócios da fazenda (...)
(...) havendo em diferentes propriedades cel. Rafael Tobias de Aguiar, onde ele escrivão foi em companhia do meirinho Domingos José de Andrade, *"e das testemunhas nomeadas, procedido ao sequestro seguinte: 6 quadros ordinários, 37 cadeiras de palhinha, 2 mesas pequenas, 4 catres, 1 mesa com 2 gavetas, 1 sofá deteriorado, 1 marquesa tecido de palhinha, 2 mesas com gavetas, 1 cama de armação, 1 'morada de casa', sita no pátio do comércio, dividindo-se por todos os lados com casas de quintais de d. Gertrudes Eufrosina Ayres de Aguiar, 1 casa pequena, sita na rua Boa Vista, dividindo-se por um lado com a de Joaquim Xavier de Oliveira, cuja propriedade se acha alugada a Francisco Xavier de Moura, a quem notificaram para daí em diante fazer o pagamento dos aluguéis ao depositário em cujo poder ficariam depositados os bens; 1 chácara com casa de morada, paiol etc. e as terras que se dividem pela frente com o estradão dos Morros, depois com terras de d. Maria Floriana de Madureira e aí vai ao Caputera, segue a dividir-se com terrenos de Francisco Xavier de Moutra e outros.*

Nos mesmos autos se fez o sequestro dos campos de Guarapiranga,

(...) dividindo pela frente com Itaruçu, pelo lado direito com o ribeirão do Iperó, subindo pela barra até o Sarapuí, e daí até chegar em uma vertente que vem de Itaruçu, cujos campos se achavam ocupados com propriedades, monjolo, plantações etc. do alferes Bernardino José de Barros, que declarou terem sido *"doadas pelo coronel Rafael Tobias de Aguiar a si e sua mulher, durante suas vidas, como em tempo oportuno notificará; não convido por isso a que fossem incluídas nos sequestros dos bens do dito coronel, visto acharem-se na posse deles por doação (...) há mais de catorze anos"*.

Ainda o fim da revolta em Sorocaba, e sua continuidade no vale do Paraíba

Foi o fim da revolta liberal em Sorocaba. Mas no Vale do Paraíba ela continuava. Liderados pelo pe. Teotônio de Castro, dr. Cláudio Guimarães, os capitães Manoel e Anacleto, os rebeldes elegeram Lorena a capital da revolta. Houve a adesão de Taubaté, Guaratinguetá, Queluz, Bananal, Cunha e Areias.

Organizou-se lá (em Lorena) uma junta provisória de governo. Decretou-se que nenhuma autoridade nomeada pelo gabinete de 23 de março tomasse posse no cargo. E o pe. Teotônio fora nomeado comandante.

Em Silveiras, o delegado nomeado pelo gabinete não respeitou o decreto da junta, e tomou posse. "Lorena enviou uma expedição punitiva" e o delegado, resistindo, foi morto por não abandonar o cargo.

O Governo Central mandou destacamento militar a mando do cel. Antônio da Silva e do major Pedro de Rego, para combater os rebeldes do Vale. E mais: desmembrou, provisoriamente, da Província de São Paulo, incorporando à do Rio, os municípios de Bananal, Areias, Queluz, Cunha, Silveiras, Lorena e Guaratinguetá.

Abriu-se inquérito sobre as causas da revolta, a cargo do chefe de polícia da Corte.

O primeiro confronto entre rebeldes e legalistas foi em Areias, na fazenda Salto, do cel. João Moreira da Silva. Os rebeldes, sob o comando do cap. Anacleto Pinto, foram derrotados. Mas voltaram e se concentraram em Silveiras, onde se entrincheiraram.

12 de julho – combate de Silveiras

Neste dia 12, houve combate sangrento em Silveiras. Os legalistas, chefiados pelo cel. Antônio da Silva, derrotaram mais uma vez as tropas de Anacleto. Prenderam cinquenta homens e "houve número copiosos de feridos". Dos legalistas, morreram nove, e dezoito foram feridos.

E na luta morreu Anacleto, que chefiava quinhentos rebeldes. Os legalistas entraram na cidade e saquearam tudo, "em atitudes revoltantes e mostras de vandalismo".

E assim também se pôs fim à revolução no Vale.

Balanço

Em resumo, as datas "nefastas" desta revolução de 1842 foram, por ordem:
– aos 7 de junho houve o combate de Venda Grande;
– aos 20 de junho deu-se o fim da coluna libertadora;
– em 12 de julho deu-se o combate de Silveiras, no Vale do Paraíba, a que acabamos de nos referir;
– em 20 de agosto se dará o combate de Santa Luzia;
– e em 8 de novembro se dará a prisão do chefe da rebelião (Rafael), em Gorita.

Desfecho

Com o fim da rebelião, começaram as perseguições e "revanches".

Muitas patentes, soldados da Cavalaria, da Infantaria e o próprio promotor da Guarda Nacional, em Sorocaba, sofreram as consequências da derrota.

Em 9 de julho deste ano de 1842 é que foi enviada à Câmara (pelo chefe da Legião, comandante superior-interino Batista Correia) uma lista de oficiais da Guarda Nacional demitidos (por portaria do 1º presidente da província) em 21 de junho.
A Câmara por sua vez apresentou novos nomes para preencher os vazios de oficiais deixados nos corpos de Cavalaria e Infantaria da Guarda Nacional. E muitos vereadores foram "*suspeitos*" de indicar parentes.

Os grandes rebeldes da política liberal foram pronunciados, deportados, exilados ou apeados dos seus cargos elevados.

Aparte

Deixa-se esta página negra para representar todo um capítulo de denúncias, adesões de última hora, traições.... Entre elas o pedido "sabujo" do vereador Lima (João Leite e Almeida), da sessão anterior, ao 4 de julho:

... o primeiro cuidado desta câmara devia ser em felicitar a sua Majestade Imperial o senhor dom Pedro Segundo pelas sábias e prontas providências que deu para nos salvar da anarquia, opressão e último extremo de calamidades a que se viram reduzidos seus fiéis súditos desta cidade e município pelos faciosos rebeldes sendo (...) felizmente restaurados. E assim mais ao excelentíssimo barão de Monte Alegre presidente desta província.

Foi instaurada uma "*comissão ad hoc*" para opinar, com Almeida Paes na presidência e o vereador Lima (o voto do vereador "afinava com a moção ao imperador", que será proposta pela assembleia provincial em 7 de janeiro de 1844).
A assim, a derrota dos liberais passa a influir na eleição da Câmara Provincial.
Se a de 1842 e 43 era toda liberal (luzia), a de 1844 e 55 será "toda saquarema".
Os grandes nomes da política liberal foram agora derrotados, ficando apenas como suplentes: Paula Souza, Martim Francisco, Pimenta Bueno, Amaral Gurgel, Antônio Carlos, Vergueiro, Gavião Peixoto. Outros, nem chegaram a suplentes: Carrão, Ramalho, Campos Melo...
O novo presidente, Manuel *Felizardo* de Souza Melo, era um "*conservador dos quatro costados*".

11

A fuga

O chefe da revolta corre para o Sul, após o casamento

Rafael Tobias era contrário à rebelião, que resultara de "*combinações planejadas na Corte pelos chefes do Partido Liberal*", mas "*a ela o arrastaram amigos*".

Fugiu para o Sul evitando as forças de João da Silva Machado (o futuro barão de Antonina) que, ao que se sabe, "impediam a passagem de rebeldes pela estrada de Itararé".

E assim conseguiu atravessar o território que ainda há de ser uma nova província, ou melhor, Estado, o paranaense, mas hoje é a 5ª comarca de São Paulo (para A. Marques, ao aderir à revolução Rafael assumiu todas as consequências, sendo mais sensíveis "*as traições de poucos, os temores de alguns e o egoísmo de muitos, que na hora do perigo o abandonaram*").

Deserção dos curitibanos à causa liberal – razões para isso

M. A. "prometerá transformar essa comarca em província", desde que os liberais locais não se alinhem aos revolucionários de São Paulo. A ponta de lança dele eram os Silva Machado, como mostram as *cartas*.

(Para os liberais paulistas, o cel. João Machado os teria abandonado por um título honorífico do governo imperial, "e uma senatoria pela nova província". De fato, ele recebera o título de Grão de Oficial da Ordem do Cruzeiro. E foi barão "com honras de grandeza", além de senador pela província do Paraná em 1841. Era amigo de Rafael e seguiu a política liberal até 1842. Na revolução, tornou-se conservador, mandando às favas a antiga ideologia...)

– *Tenho empenhado minha palavra de que Curitiba há de ser elevada a província e portanto V. Exa. não me deixe ficar em falta.*

– (de 29 de junho de1842) *Os curitibanos estão firmes como uma rocha, nada a temer, porém minha palavra está empenhada; tendo lhes prometido (debaixo da proteção de V.Exa.) que esta comarca em breve será separada por um decreto.*

Vê-se, assim, uma província criada por conveniência de apadrinhamentos políticos...

Separação entre São Paulo e Paraná

Aos 30 de julho, M. A. recomendava a Cândido Viana, ministro do império, a separação da comarca, invocando, entre os argumentos, "*a fidelidade dos povos de Curitiba ante a rebelião que se verificara na província... merecedores do benefício que desde anos imploravam*".

"Depois de muitas formalidades", pedidos de informação sobre as finanças, o número de habitantes etc., em abril de 1843 um deputado paulista (Carneiro de Campos) apresentou o 1º projeto de elevação da comarca (curitibana) a província. Houve emenda e, em 1844, com a troca de gabinete, o projeto encalhou.

Só em 1850 o assunto voltaria à pauta: "o senador Vergueiro pôs uma pedra no caminho, opinando que Santa Catarina e Paraná formassem uma só província".

Em 1853 voltará a ser a ordem do dia, com deputados paulistas se digladiando e esmiuçando o assunto pelos dois lados. E será aprovado aos 20 de agosto, virando a lei 204 do dia 19 de agosto. E aos 19 de dezembro, Zacarias de Góes será nomeado 1º presidente.

Rafa (esqueceu?)

Mas voltemos ao tempo presente de nossa dura realidade, em que Rafa é agora um fugitivo, e "não podia contar com a adesão dos paranaenses para se unir aos revolucionários do Sul" – como suporão alguns historiadores.

Já não conta com seu amigo Jesuíno Machado (o liberal, filho de Caetano de Oliveira, barão de Tibagi), nem com Alves de Araújo, e menos ainda com os demais liberais, Agostinho de Leão, Joaquim Alves e outros.

Atravessando o Paraná, ele conta com a solidariedade de Francisco Fontoura (o pai de Ubaldino do Amaral – e bisavô do historiador Antônio do Amaral), que agora o acompanha até a divisa com o Rio Grande do Sul.

De fuga em fuga, querendo chegar ao Uruguai, ele vai "passando por florestas e ribeiros", pernoitando aqui e ali com o fiel amigo (como se fosse escudeiro, e ele o d. Quixote, a ler Dante), "vadeando rios e monte; passando sede e fome" (como se dá aos velejadores, e até transeuntes urbanos), fugindo dos índios e suas setas, ou flechas, mas não das "traições envenenadas", e muitas vezes podendo contar com a ajuda de amigos tropeiros, para por fim chegar à "região missioneira".

Será que ele "queria proteção do chefe farroupilha?"

Pela visão do algoz

Caxias era agora o presidente da província sulista (a rio-grandense), e narra assim, ao ministério da Guerra, a prisão deste que seria "chefe revoltoso de São Paulo".

(O mesmo Caxias que aos 63 anos, em 1866, comandará a guerra do Paraguai, criticada pela imprensa como "açougue", e em que "a maioria recrutada era negra"...)

*Apenas cheguei à província de Santa Catarina, fui informado de que Rafael Tobias de Aguiar, presidente dos rebeldes da província de São Paulo, tendo tomado a direção de Missões, havia requisitado a Bento Gonçalves da Silva, chefe dos revoltosos nesta província, algum auxílio a fim de poder reunir--se-lhe. Nesta capital recebi um ofício do comandante da polícia da Vacaria, no qual me participava ter tido denúncia de que o mesmo Tobias acompanhado apenas por quatro ou cinco indivíduos passaria por Guarapuava em caminho a Campos Novos e dali para Missões; imediatamente (apesar de reiteradas denúncias) ordenei ao brigadeiro José Maria da Silva Bittencourt, que se achava à testa das forças acampadas junto ao Arroio da Santa Bárbara, que fizesse seguir uma partida comandada por um oficial de confiança com destino ao Passo-Fundo, **a fim de prender** o referido Tobias, como verá V. Exa. da inclusa cópia do ofício que enderecei ao citado Benedito Martins França comandante da partida desempenhou tão bem a comissão de que havia sido encarregado, que sabendo já haver o mencionado Tobias passado o predito Passo, e seguindo a estrada da Palmeira, não obstante a proximidade do inimigo, fazendo marchas forçadas durante a noite, **conseguiu prender o mesmo Rafael Tobias** bem como seu enteado Felício Pinto de Castro, os quais foram recolhidos a bordo do brigue-barca – Sete de Setembro – e ora os faço seguir para essa Corte à disposição de V. Exa. (...).*

O capitão teria rejeitado (e parecendo assim dar o "preço" de sua façanha):

oitocentas onças espanholas oferecidas pelo supradito Tobias, duzentas ao Sargento Joaquim Rodrigues da Silva que o acompanhava, e cem a um cabo de esquadra, (...), a fim de o soltarem, mostrando--se assim dignos de pertencerem ao exército imperial. (...)
Barão de Caxias [12/12/1842]

Resumo

Diz-se que assim o herói acabou derrotado de vez pelas tropas imperiais, depois da fuga para o Rio Grande do Sul em que iria juntar-se aos rebeldes da Guerra dos Farrapos.

(Alguns veem importância na informação que se dará a seguir; e, embora aqui a consideremos irrelevante, é parte das tradições da História que informações irrelevantes ganhem peso e entrem como detalhes a serem sempre lembrados ao longo de uma narrativa: que foi ele o primeiro a levar um cavalo malhado para o Rio Grande do Sul, e assim dar origem à tão famosa "raça" dos pampas. Não fosse ele, é claro, outro teria sido o primeiro, e certamente foram muitos os que fizeram a mesma coisa. Mas passa que por essa razão, na região, esse tipo de pelo é chamado de "tobiano".)

Futuro que já se sabe

O lugar onde ele foi preso se chama *Palmeira das Missões*, e de lá ele será levado ao Rio de Janeiro, ficando preso na Fortaleza da Laje.

Assim, em 1842, como um dos principais líderes da Revolução Liberal, após o seu casamento com a marquesa de Santos e a eminente invasão de Sorocaba pelas tropas do então Barão de Caxias, futuro duque, ele fugira para o sul, onde foi preso. Levado para o Rio de Janeiro, será encarcerado na Fortaleza de Laje, localizada em uma rocha no meio da Baía da Guanabara.

A marquesa de Santos, quando souber de sua prisão, partirá para a Corte onde, por meio de um procurador, rogará ao imperador Pedro II para que possa viver com o marido na Fortaleza da Laje, e cuidar da saúde dele, o que lhe será concedido...

Parte XIII

Prisão de Rafael

1

Abra-se cadabra-se

Detenção em Gorita, seguindo-se à Fortaleza da Laje

Lembramos o que Caxias relatou de seu capitão, que

*... fazendo marchas forçadas durante a noite, **conseguiu prender o mesmo Rafael Tobias** bem como seu enteado Felício Pinto de Castro, os quais foram recolhidos a bordo do brigue-barca...*

A escolta enviada pelo presidente do Rio Grande do Sul tinha vinte homens. Ela prendeu Rafael na estrada da Palmeira, estância de Gorita. Rafael estava doente, e foi levado em carreta até a presença do chefe legalista, brig. da Silva Bittencourt.

Da vila do Príncipe à fronteira do Rio Grande do Sul, a caravana – Rafael, Felício, Gabriel dos Santos, Francisco do Amaral – fora guiada pelo vaqueiro Davi dos Santos, especialmente contratado. E lá a deixou Francisco do Amaral.

Caxias, presidente de São Pedro do Rio Grande do Sul (sim, o próprio narrador desconfiou dessa informação, mas viu que aos 28 de setembro deste 1842 ele fora nomeado o presidente e comandante das armas de lá, assim como fora o vice-presidente e comandante das armas em São Paulo), soube da entrada de Rafael em terras da província... Despachou várias diligências para prendê-lo, e uma, comandada pelo capitão Benedito de França, o fez em 1º de dezembro de 1842, assim como a Felício, no sítio Gorita, estrada da Palmeira, em Passo-Fundo. Gabriel dos Santos havia se afastado do local para observar os arredores e não foi capturado. Mas foi processado, como os demais "cabeças".

Rafael e seu enteado foram presos e remetidos ao Rio, acompanhados de um *oficial* que levava o *ofício* ao ministro, dizendo:

(...) *suba ao conhecimento de S. M. o Imperador, que, dois dias depois de minha posse, tive denúncia de que o chefe dos rebeldes de São Paulo, Rafael Tobias de Aguiar, tentava atravessar os campos de Vacaria, e unir-se aos rebeldes desta província; pelo que mandei logo uma escolta para o Passo-Fundo,*

e tão felizmente que daí perto, na estrada da Palmeira, foi preso o dito Rafael Tobias e seu enteado Felício Pinto de Castro.
Ambos vão remetidos às ordens de V. Exa. e acompanhados pelo oficial que deste mesmo ofício é portador (...)
(...) Cidade Porto Alegre, 12 de dezembro de 1842.
Barão de Caxias

Episódio em que Rafael foi aprisionado, após a revolução liberal, na Fortaleza da Laje, com a marquesa de Santos obtendo audiência com Pedro II e conseguindo dele autorização para lá ser recolhida, juntamente com o marido, então bastante doente

Quando preso no Rio Grande do Sul, Rafael já estava doente, e por isso foi conduzido *de carreta* da região de Passo Fundo (Gorita) à capital. De lá foi levado de navio até a Corte, em companhia do enteado Felício.

Da janela lateral do quarto de dormir
Vejo uma igreja, um sinal de glória
Vejo um muro branco e um voo, pássaro
Vejo uma grade, um velho sinal

Mensageiro natural de coisas naturais
Quando eu falava dessas cores mórbidas
Quando eu falava desses homens sórdidos
Quando eu falava desse temporal
Você não escutou

Você não quer acreditar
Mas isso é tão normal
Você não quer acreditar
E eu apenas era

Cavaleiro marginal lavado em ribeirão
Cavaleiro negro que viveu mistérios
Cavaleiro e senhor de casa e árvores
Sem querer descanso nem dominical

Cavaleiro marginal banhado em ribeirão
Conheci as torres e os cemitérios
Conheci os homens e os seus velórios

Quando olhava da janela lateral
Do quarto de dormir

Você não quer acreditar
Mas isso é tão normal
Um cavaleiro marginal
Banhado em ribeirão
Você não quer acreditar

Viagem de navio

Assim, a bordo do brigue-barca *Sete de Setembro*, na companhia de seu escravo, negro cavaleiro que viveu mistérios, Rafael seguiu para o Rio aos 12 de dezembro de 1842, "vigiado" e de "censurada correspondência", "doente mas temido".

Aos 3 de janeiro ele foi encarcerado na Fortaleza da Laje, que fica em uma ilha, na entrada da baía da Guanabara. Ouvia sem parar as batidas fortes das ondas bravas "e encapeladas na rigidez da pedra *milenar*", de natureza *mineral*...

Ilha em que quase não se pode atracar nas épocas de ressaca, lembrando a mediterrânea *If* (já que as referências literárias mais conhecidas são ainda as europeias), "onde purgou o abade Faria os seus tristes dias".

Rafael precisou de auxílio médico para abrandar a gravidade do mal que o atacava "agravado com a algidez do local". E será salvo, principalmente "por obra e graça daquela mulher" a lhe restituir a glória, e quem sabe "mudando como um Deus o curso da história", por ser uma mulher...

Por estar a seu lado "nas horas mais amargas e tristes". No futuro saberemos que

a marquesa foi admitida na Fortaleza acompanhada de um filho, de um sobrinho, do irmão (...), de um amigo de Rafael Tobias, (...) e mais quatro escravos

Vê-se que ela ainda tinha muito prestígio na Corte...

(E aqui poderíamos ter acompanhado mais de perto para desenvolver esse fato, desde a decisão dela de viajar, e falar alguma coisa sobre o trajeto e a surpresa do marido ao vê-la chegar à ilha...)

Mulher admirável, protótipo de esposa e mãe – vilipendiada por inimigos na Corte de Pedro I –, abandonou tudo: tranquilidade, conforto, paz, pois ciente de que o marido se recolhera à fortaleza, parte para o Rio de Janeiro e consegue ali se aprisionar, com algum escravo, vivendo vida de prisioneira, para lhe prestar solidariedade em horas tão amargas, assistindo-o dia e noite na solidão tenebrosa, minorando-lhe a dor física que lhe corroía o corpo, e a dor moral advinda da situação humilhante em que se encontrava.

Adiantando sobre Domitila e o "enteado"

O *Requerimento* da marquesa a Pedro II ainda será digno de nota, "retratando a ação humana e piedosa da mulher que tivera tudo aos seus pés ao tempo do Imperador, pai do algoz do seu marido de hoje".

"Moveu céus e terras" (por "*abra-se cadabra-se...*"), dizem, e "valeu-se de amigos agradecidos" de épocas passadas. Fará chorar, tocando a parte mais sensível do filho de seu segundo marido, com quem quase se casou oficialmente...

Conseguirá a transferência de Rafael para uma prisão menos agressiva, apresentando atestado médico de um "lente substituto da Faculdade de Medicina" que diagnosticou o mal: "*gastrite crônica*" (o que alguns médicos alternativos de plantão poderiam acrescentar: "de fundo nervoso", advinda "da vida atribulada, angustiada, cheia de sobressaltos").

Rafael vai requerer ao rei ser transferido de prisão, alegando (por seu procurador, Francisco Garcia) "uma série de argumentos ponderáveis", em especial o seu estado de saúde, que "*tem degenerado muito nesta fortaleza*", e "*sua vida periga*" etc.

No mesmo requerimento, alegará a incompetência de foro em seu julgamento, e que se foi "*cabeça da revolta de Sorocaba, não foi como militar, mas como simples cidadão*".

Em 13 de fevereiro de 1843, no despacho do imperador ainda se dirá que "*não tem lugar*". Mas no dia seguinte Rafael será transferido para o forte de Villegagnon, "mais próximo de terra, com mais conforto e médico e farmácia à mão".

Haverá saída

No futuro próximo, vai se iniciar uma batalha pela anistia dos envolvidos na revolução, tanto os presos quanto os exilados. Na tribuna, nas assembleias, nos jornais, nas esquinas, vai se falar sempre de anistia.

E em meio aos muitos movimentos populares pró-anistia, vai se cuidar, nas altas esferas políticas, de substituir o gabinete de 23 de março.

2

Preso na ilha e piora na saúde

Momento mais difícil

Rafael foi trazido a esta fortaleza da Laje onde seu estado de saúde só piora. O médico Bento da Rosa o examinara no dia 17 de janeiro (estamos em 1843) e colocou no atestado:

... observei que o dito sr. Aguiar sofre uma gastrite crônica... piorada pelos incômodos da viagem que acaba de fazer, pela umidade do lugar que ora habita etc. (...) atesto que o referido sr. (...) não pode, sem grave prejuízo de sua saúde, continuar a habitar no lugar em que está, 1º (...) as circunstâncias de posição da mencionada fortaleza (...)

Rafael fora lá preso aos 3 de janeiro, e no dia 28 desse mês a marquesa pedirá a S. M. I. (*"irmão de suas filhas"*)

a graça de poder residir na fortaleza onde está ou estiver preso seu marido Rafael Tobias de Aguiar, como até há pouco lhe tinha sido facultado e ao depois lhe foi proibido. O marido da suplicante, senhor, acha-se gravemente enfermo, e depende, portanto, seriamente dos cuidados e zelo da suplicante; não é possível que seja das paternais e retas intenções de V. M. I. ficar ele, embora indiciado de crimes, falto dos socorros que prescreve a humanidade e que ela como um legítima esposa tem dever restrito de prestar-lhe.

Amor familiar

Para alguns, é este o único tipo de amor que realmente existe (haverá dia em que o conceito de "construção social" será apenas um fetiche, assim como o de "luta de classes", que ainda sequer foi formulado).

À medida que o mundo enriquece, o amor desaparece – um pouco de bens materiais e já faz preferir "serviços a vínculos". O mercado é muito mais eficaz que os afetos, até para as mulheres, à medida que se emancipam.

Amor pela vida

Há virtudes envolvidas no amor, mesmo que não sejam propriamente a causa dele. Para os medievais, o amor era tido como aleatório e fortuito, e por isso ainda mais enlouquecedor.

"A dinâmica cultural da espécie é de mistura e dominação de algumas culturas" (embora no futuro os antropólogos venham a conseguir poder institucional e verba para alguns parques temáticos).

– O amor universal cristão muitas vezes serviu de desculpa para "a destruição de tecidos sociais inteiros";

– "Quem diz amar a todos não ama ninguém em concreto" – é esse o "amor religioso".

Amor livre

Pessoas "autônomas" fariam sexo livremente e "atividades saudáveis com parceiros legais e leves". Haverá um tipo de "poliamor", capaz de fazer crescer a "ficada", em sua carreira e lazer?

Por que algumas pessoas se sentem "submetidas à expectativa de amor correspondido constantemente?" O fracasso amoroso gera ceticismo em relação ao afeto. E "ceticismo é uma forma triste de amadurecimento".

A maior força do amor é exatamente esta: nos libertar de nossos fantasmas, mesmo que à custa de alguma forma de morte ou aniquilamento do eu que conhecíamos como nosso.

"Amor é graça, jamais imperativo." "Felicidade acontece como milagre", mesmo que você tenha de lutar por ela.

Haverá uma indústria do amor – o amor romântico sendo tomado pela lógica instrumental de mercado.

E também se manterá a ideia romântica "da incomensurabilidade da alma e seus afetos essenciais, substância pura da personalidade".

Haverá um "modo de evitar a escassez do amor" (que poderemos lamentar, mas não preenchê-la; nem produzir – a característica do amor é ser tudo de graça).

(E tudo que é graça se caracteriza por seu caráter contingencial, de sorte ou azar.)

Lidar com ela – a escassez do amor – faz acumular certa sabedoria...

Amor que chega, vai embora e volta

Amor *entra pela fresta da porta*; traz "desejo de *mais vida*".

... pessoas sentem quando amam que estão à beira de encontrar a melhor versão de si mesmas. Só um milagre faz da destruição uma forma de esperança.
... amor é uma 'arte' prática, conhecimento do qual não se faz teoria que chegue aos pés de sua realização prática.

E quanto "mais se pratica, melhor se pratica". Há frutos "doces e amargos".
Como na *Ética* de Aristóteles, há uma ciência prática: virtude, afeto, "só se dá a conhecer por quem 'os' sofre" – "por quem é levado por eles ao limite de sua natureza de paixão e luta contra si mesmo".

... busca do conhecimento prático como única forma de viver de fato o amor...

O amor permite demonstrar suas fraquezas a outra pessoa, sem medo de que ela as use contra você: "a revelação do amor" muitas vezes nos leva "às lágrimas" – como nas narrativas de amor místico.
Matam o amor: o casamento, o medo, a "morte"; a insegurança.

O amor leva consigo o sonho de que poderia ter uma versão mais livre de si mesmo.
O conflito entre amor e razão é um clássico.
... quem vence o amor é sempre alguma forma de medo.

"O medo é forte porque sempre tem razão": garante "a continuidade das coisas como sempre foram"...
Resta o hábito, que é "dos amigos mais fiéis na vida".
As vítimas sentem todos os sintomas do amor:

êxtase, melancolia, esperança, desespero, autoconfiança, vergonha, autorrealização e, finalmente, fracasso.
... projeções afetivas "primitivas" de insegurança ou de segurança não justificada.

Sujeita-se o mundo

... aos sentimentos que o amor determina, como em toda forma de mania ou obsessão. Enfraquece a alma e o desejo por qualquer outra coisa que não o próprio amor.

E a experiência de significado vira refém, "sem possibilidade de partilhar significado" (com coisas e pessoas à volta): a "vida fica irrespirável".
Já disseram que

... não há força maior para produzir confiança, generosidade, leveza, amor pelas coisas do dia a dia do que um amor realizado em vida.

O amor reveste o cotidiano de graça, dando-lhe o "tipo de utopia de uma vida plena com que todo mundo sonha".

O "pequeno pedaço de paz" (que todos procuram, mas poucos encontram); assim, ao contrário do que se pensa,

quanto maior o nível de maturidade de uma pessoa, maior o efeito dessa paixão sobre ela, porque só é capaz de *reconhecer esse pequeno pedaço de paz* quem já atravessou muitas guerras.

Foi assim o reencontro de Rafael e Domitila.

3

Apelo ao novo rei

Anúncio da marquesa a Pedro II – janeiro e fevereiro de 43

Como dissemos, depois de se casarem, em 1842, Domitila se dispunha a seguir o marido aonde ele fosse, nas festividades e percalços...

E assim foi. Quando de sua captura, no Sul, Rafael fora levado ao Rio. Domitila, que era a preferida do Rei nos tempos da Independência, logo se acostumara, nos primeiros anos (e dias) do Império, aos "faustos do Primeiro Reinado". E agora voltaria à Corte, mas "por um motivo bem menos glamoroso".

Por intermédio de alguém (que esquecemos o nome), solicitou a Pedro II, filho legítimo de seu "amante" (na verdade eles eram muito mais do que isso), "autorização para viver junto com Aguiar na prisão a fim de cuidar do marido doente".

Recomendação médica

Era com o atestado do dr. Bento da Rosa, e na companhia do procurador Francisco Garcia, que a marquesa se dirigia agora a Pedro II, neste 23 de janeiro de 1843:

Senhor, Com toda a submissão e respeito comparece perante V. M. I. a Marquesa de Santos implorando a graça de poder residir na prisão em que está ou estiver preso seu marido Rafael Tobias d'Aguiar (...)
O marido (...) *acha-se gravemente enfermo: dependendo, portanto, ... dos cuidados e zelo da* [suplicante]. (...) *embora indiciado por crimes,* (...) *ela, como sua esposa, tem dever restrito de prestar-lhe* (...).

Pela súplica, vai-se ver que primeiro lhe foi permitido residir com o marido naquela prisão, mas depois ela foi impedida. Com a doença agravada pela umidade da fortaleza, ele agora está sendo transferido para a de Villegagnon, neste dia 15 de fevereiro de 1843, nos termos do ten.-gen. Manoel Domingues:

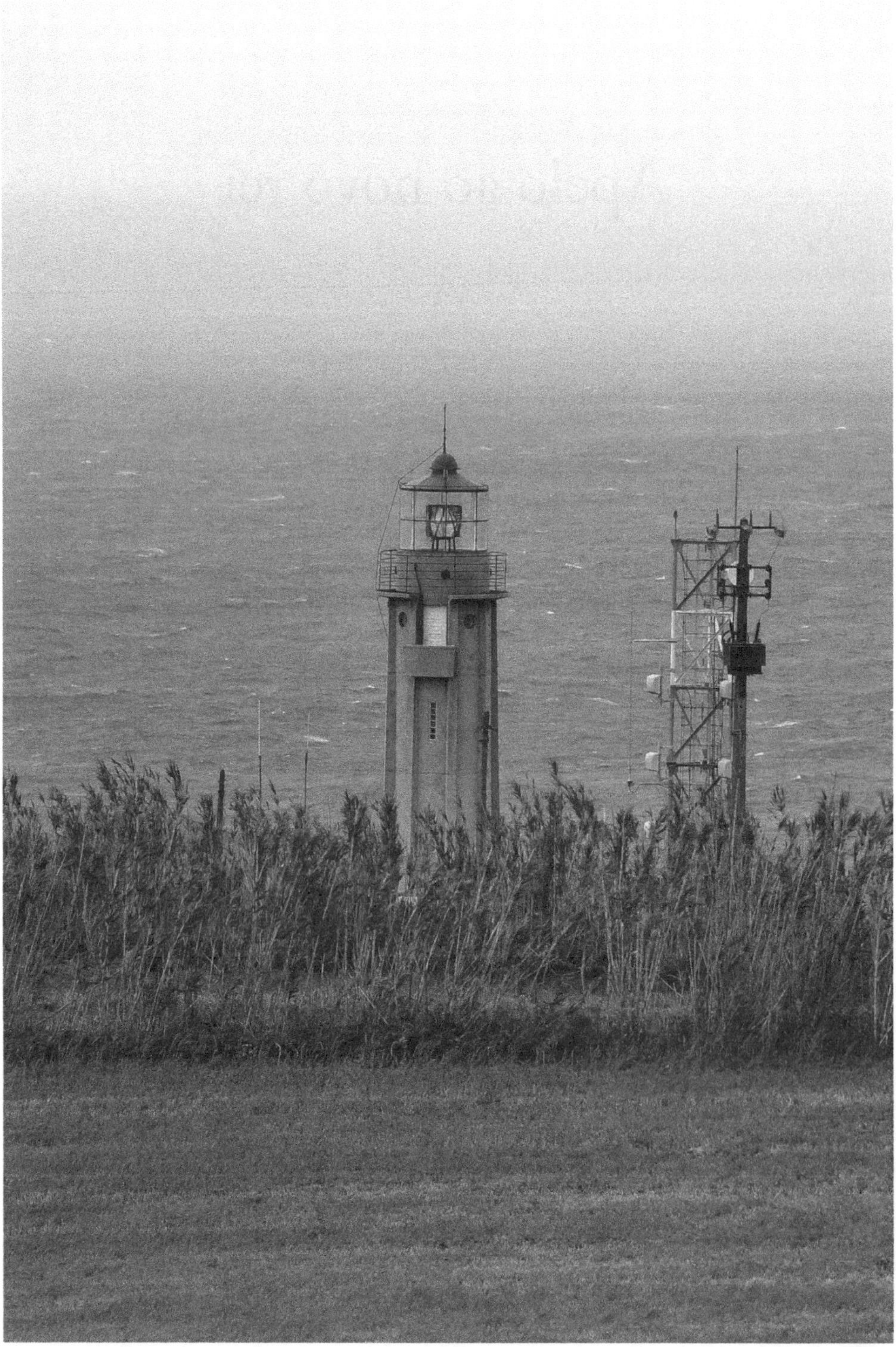

(...) *o comandante da Laje me comunicou pelo major* (...) *ter-lhe o governo permitido a companhia de sua família, a que entro em dúvida que se estenda a todos três destes indivíduos* (...).

E nesse mesmo dia 15 chega ao conhecimento do ministro da guerra, marechal-de-campo, o ofício que confirma a transferência do prisioneiro:

(...) *dirigiu-me nesta data o ten.-cel. comandante da fortaleza de Villegagnon, comunicando-me haver recebido* (...) *o cel. da extinta 2ª linha Rafael T. de Aguiar, que se achava na fortaleza da laje* (...).

Domitila e o segundo imperador

Vai se saber aos poucos que quando Domitila tratou de transferir o marido do forte da Laje para o de Villegagnon, pediu audiência para expor pessoalmente o que havia pleiteado por seu procurador. E mesmo sabendo que o rei não a receberia, enviou recado por pessoa amiga de ambos (que não vamos dizer quem, mas possivelmente um ministro), dizendo-lhe: "*Se V. Majestade não me receber, voltarei aqui com os seus irmãos*".

E assim o rei recebeu a marquesa. Haverá no futuro a ficção criada por um tal Adauto Fernandes Andrade, em seu livro *A marquesa de Santos na História do Brasil*, que assim relatará o encontro, mostrando um "*diálogo sensível aos corações de todos nós, e dentro da educação esmerada de ambos* (...)":

Pedro II – *já posso adivinhar o motivo de sua visita, senhora marquesa. Ninguém ignora que, durante o 1º império, foi a senhora uma privilegiada que tudo conseguia de meu pai ainda que contra os interesses do Estado. E agora tentará repetir tão discutíveis dons, diante do filho de Pedro I para conseguir o indulto de libertação de seu marido – acertei?*

Domitila – *Não seria do temperamento meu, nem dele, pedir tanto, majestade. Ele está doente. Gravemente doente, e só. Já intercedi junto ao intendente da fortaleza da Laje, mas disseram-me que um requerimento assim, tão incomum, só poderia ser analisado e deferido – se o fosse – pelo próprio imperador.*

Pedro II – *E o que quer, de tão incomum assim, a minha nobre marquesa?*

Domitila – *Que me seja permitido – em reconhecimento do que pude contribuir para a independência e o império – o direito de também ser aprisionada e ir prestar, com remédios e afeto, a assistência de que meu marido necessita.*

Pedro II – *Mas não posso mandar encarcerá-la sem motivo!*

Domitila – *Então permita que, embora livre, eu possa ir viver com meu marido na fortaleza da Laje.*

Pedro II – *Mas... é apenas isso que a senhora requer?*

Domitila – *Apenas, não. Tudo isso.*

Pedro II – *Senhora marquesa. Como é terrível a memória coletiva dos homens. A respeito da senhora, de meu pai, de todos, chegam aos meus ouvidos somente os ecos da inveja, da maldade, do não conformar-se por terem sido vitoriosos. Mas sempre senti embora não pudesse racionalizar o bastante que meu falecido pai foi incomensuravelmente grande: e agora compreendo porque,* **entre tantas mulheres do mundo, ele se rendeu a uma só:** *à senhora. Por favor, não me beije as mãos. Eu tive enorme honra em conhecê-la. Hoje mesmo informarei ao intendente da Laje que, em caráter mais do que excepcional, seu pedido é deferido. Adeus... marquesa de Santos!*

Anistia – por Pedro II

Estamos em 1844, e agora Rafael é anistiado... O casal volta para São Paulo, e os dois são recebidos com muita festa...

Explicaremos isso, e o importante papel da marquesa, mas o fato é que Rafael acaba de sair da prisão e, ao voltar, está sendo recebido próximo a Sampa "por uma grande massa popular" (e até poderíamos descrever melhor essa manifestação, mas vamos ganhar tempo).

(Há quem queira julgá-lo pela futura sigla ROTA, seja contra ou a favor, mas haveria aí uma incrível contradição, ou equívoco, que só se justificaria pela falta de inteligência. A ideia de homenageá-lo, por parte da PMSP – da qual virá a ser patrono – nada tem a ver com a ação dos "fora da lei" infiltrados no Estado. O nome de Rafael foi usado para batizar o primeiro batalhão de choque, mas porque...)

Líder popular

... Rafael terá sido o chefe mais popular do partido liberal paulista, e tido como (o que é relativo, claro, mas não custa dizer) um dos "vultos mais notáveis da história pátria".

Em virtude de sua administração, quando aplicou até mesmo seu salário em escolas, obras públicas e de caridade, recebeu o posto de *Brigadeiro Honorário* do império.

4

Volta à velha política

Os novos gabinetes (1844 a 47)

Na História do Brasil, é formado então o 3º gabinete (de 20 de janeiro a 2 de fevereiro de 1844), também conservador.

(Para quem se mostra interessado sobre isso, ou tenha curiosidade por sobrenomes animalescos, informamos que na Justiça ficou o ilustre Carneiro Leão – espécie de lobo em pele de cordeiro, claro.)

Discurso do rei

Na sua "Fala do Trono" (5a sessão), do dia em que anuncia o casamento com d. Teresa Cristina, o Imperador ainda se diz muito "magoado" pelas revoluções de Sorocaba e Barbacena...

Gabinete renovado

Vem então o 4º gabinete, este liberal (o de 2 de fevereiro a 26 de maio de 1845), disposto a atender os pedidos de anistia.

Com Almeida Torres (Império) e Manoel Branco (Justiça), foi apelidado de "o gabinete da anistia".

Aos 14 de março "brilhou" o decreto anistiando "*todos os crimes políticos cometidos no ano de 1842, nas duas províncias de São Paulo e Minas Gerais*", cessando-se os processos eventualmente instaurados...

E com isso, Rafael tratou de voltar a São Paulo.

Chegada a Sampa

Houve "formidável demonstração de apreço e amizade".
Escreverá Azevedo Marques que a 2 léguas da capital ele recebeu

numeroso e extraordinário concurso de amigos e partidaristas, concurso que foi engrossando até as partes da cidade, donde o levaram, como em triunfo à sua habitação.

Algum tempo depois, lembrando essa recepção e chegada à sua casa na rua do Carmo, dizia que "todos os sofrimentos físicos e morais que passara com a revolução e prisão foram compensados com a manifestação de sua volta à terra".

Em seu Manifesto, após a anistia, também contará sobre "o seu envolvimento na revolução e as peripécias de sua prisão no Rio Grande do Sul".

1846 – volta à atividade

E assim "refeito dos azares da luta e da prisão", como que purificado pelo sofrimento, Rafael voltou à política ainda mais prestigiado, elegendo-se na 6a legislatura (de 1846 a 47), "com maioria de votos"..

(A seu lado estão agora alguns velhos conhecidos como Souza Queiroz, Antônio Carlos, Álvares Melo, o amigo fiel Gabriel Rodrigues etc. E outros como suplentes, Carrão e Felício, seu enteado e companheiro de fuga.)

5

Visita do rei a São Paulo

O imperador vai a Sampa e Sorocaba – congraçamento e condecorações

Também neste ano de 1846 está havendo um grande *frenesi* em São Paulo, criado pela visita de "S. M.", após a anistia.

Sim, o país está agora pacificado, após a guerra fratricida de dez anos no Rio Grande do Sul, que ensanguentou a província.

Neste 6º gabinete, o Brasil tem Joaquim de Brito na pasta do Império, e Joaquim Torres na da Justiça (e por isso, nos botequins já se fala em um "gabinete dos Joaquins").

Para os ufanistas (e otimistas), o país finalmente respira a concórdia...

E temos moedas novas: *de ouro* (22 quilates) *e prata*.

Província liberal

Em São Paulo, a assembleia tem maioria de liberais dedicados à causa, como Rafael, Vergueiro, Antônio Carlos etc. Rafael é o presidente dela, enquanto a província é presidida por Lima e Silva, a quem coube anunciar esta visita do rei que acontecerá em breve, acompanhado da rainha.

Decidiu-se criar uma comissão de cinco deputados para "*saudar SS. MM. II., logo que houver notícia de terem chegado à cidade de Santos*", e acompanhá-los até Sampa.

Também se deliberou que a assembleia, corporativamente, receberá o rei e a rainha na entrada da cidade, "assistindo aos cortejos e solenidades que seriam prestados".

Homenagem

E uma calorosa moção, "encabeçada por Rafael Tobias", foi aprovada pela assembleia em fidelidade ao rei:

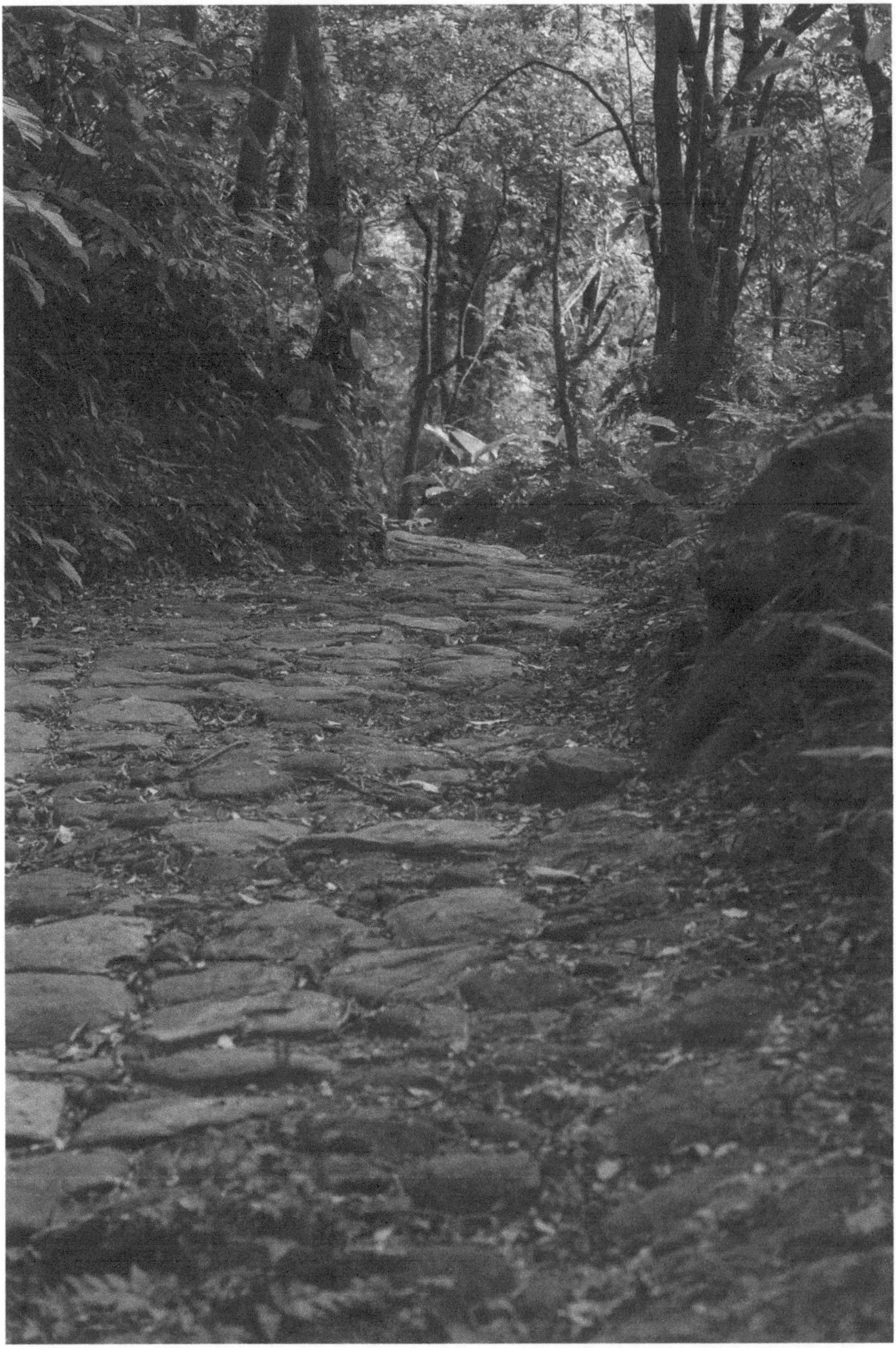

(...) *consagram a S. M. I. e dinastia do império* (...)
1 – (...) uma deputação de 7 membros (...) para a cidade de Santos saudar a S. M. I. e agradecer em nome da província a honrosa visita (...);
2 – que (...) receba S. M. I. na porta da Cidade, e acompanhe até o palácio (...);
3 – que no dia seguinte envie uma deputação de 7 membros (...) para pedir designação de dia e hora a S. M. I. para (...) exprimir os sentimentos de profunda estima e adesão (...) à dinastia brasileira;
4 – (...) que envie uma deputação de 12 membros (...) para fazer a felicitação indicada no artigo 3º. E que de tudo isto se comunique ao governo.

Na comissão indicada por Rafael estão os sete deputados que desceram agora para Santos, e acompanham rei e rainha na subida da serra. Estão todos a cavalo, *"trajeto mais cômodo do que se deveria esperar de sua extensão e altura"*, no dizer dos reis.

A imperatriz está grávida, e eles pernoitam no Ponto Alto da serra. Lá, chegam para cumprimentá-los os *"dois dos principais encabeçadores da Revolução de 1842"*, e que são de *"maior destaque no cenário político provincial e nacional"*: Rafael Tobias e o ex-regente Nicolau Vergueiro.

(O orador dessa comissão é Vergueiro, relembrando o 7 de setembro, "que franqueou às margens do Ipiranga o caminho da liberdade" aberto por Pedro I, e também o 18 de fevereiro, "que assegurava a liberdade como prova de amor a São Paulo etc. etc.")

Mais recepções

Foram eleitas três comissões de recepção: uma para a chegada em Santos (doze deputados), outra para a entrada em Sampa (sete) e outra para o nascimento de d. Afonso, príncipe imperial (de doze membros).

Os discursos de ambas as partes são os "mais efusivos". Tanto dos paulistas liberais (que, na revolução, repudiavam veementemente o gabinete de 23 de março) quanto do rei, "louvando a fidelidade dos paulistas ao trono".

Foi um grande "rasgar de sedas"...

O rei então, depois de cumprir o seu programa oficial em Sampa, sai em visita a Sorocaba, sem a rainha, cavalgando por São Roque e Inhaíba, onde "todos" eles almoçam (os "grandes" sorocabanos e são-roquenses).

O rei chega à tarde, e é recebido na entrada da cidade

com estrondosa manifestação, sobressaindo o carro alegórico, precedido de doze cavaleiros, organizado "a gosto antigo" pelo chefe conservador ten.-cel. José de Almeida Leme, apresentando crianças vestidas de anjo, com muita música e fanfarra.

Um verdadeiro e grande teatro...

O cortejo seguiu em direção ao sobrado do comerciante e rico tropeiro Manuel de Oliveira, onde ao rei é servido um farto lanche, com mel, queijos, e as "quitandas afamadas da terra de Rafael".

Depois o rei, sempre acompanhado de sua "luzidia" comitiva, vai à igreja da Matriz, para ver o *Te Deum* em sua honra, comandado pelo pe. Francisco de Almeida (filho do chefe conservador – e lembramos que, por estas épocas, cada filho varão segue uma profissão, sendo o quarto, normalmente, aquele dedicado à religião).

O rei visita então a cachoeira de Votorantim, o mosteiro de São Bento, o convento da *Santa Clara*, e distribui "esmolas aos pobres e a instituições de caridade".

Mais visitas

No dia seguinte, o rei visita a fábrica de Ipanema, onde dorme. E depois segue para Porto Feliz, Itu, Campinas e Jundiaí (haja músculos para cavalgar tanto assim...), onde se hospeda na casa do legalista Antônio de Teles, "futuro barão de Jundiaí".

E por toda esta visita à província "distribuiu títulos a granel" (a época já não é nem de "*barateamento*" da nobreza...), recebendo inclusive o seu hospedeiro de Sorocaba o de barão de Mogi-Mirim.

Quase todos os revoltosos de 1842 foram aquinhoados com honrarias.

Ao lado do presidente da província, Rafael faz elogios ao rei. Reafirma "*a firmeza de seus sentimentos de apego dinástico, congratulando-se com os colegas*".

Pela honrosa visita, que S. M. o Imperador se dignava fazer à província; (...) o Governo Monárquico Representativo, **único capaz de fazer a felicidade dos povos de tão vasto Império**.

O rei chegara a São Paulo aos 18 de fevereiro de 1846, e partia de volta aos 14 de abril, na fragata *Constituição*, acompanhada das corvetas *Sete de Abril* e *Euterpe*, do brigue-escuna **Fidelidade** e da corveta portuguesa *D. João I*.

(E aqui se poderia falar da boa sensação que tinha a cada vez que pisava no convés...)

Comparação entre as revoluções

Com todas essas manifestações de apoio, pode-se pensar, sobre os liberais, que "ontem combatia-se o governo; hoje enaltece-se" o rei. Por quê?

No futuro se dirá não haver semelhanças "entre o que ocorreu após a Revolução de 1842 e o acontecido após a de 1932":
– em 1842, "combatiam-se os homens conservadores que formavam o gabinete de 23 de março"; reverenciavam-se o rei e a dinastia;
– em 1932, os paulistas se levantarão "contra o homem que, simbolizando a ditadura, espezinhava São Paulo de maneira humilhante".

Assim, as homenagens ao rei não diminuíam o "brio paulista" ("as de 1934 consistente em reverências e salamaleques ao ditador, sim" – e "o ditador se encheu de orgulho por haver quebrado a crista de paulistas desfibrados")."

Pode-se é fazer um paralelo entre a revolução paulista (de Francisco Inácio) de 1822, e a de 1842:

Ambas foram revoltas contra a autoridade provincial constituída. Na de 1822 (...) faltou apoio [à autoridade] *e, por isso, houve sucesso na capital; a oposição refluiu para o interior, quando a Câmara de Sorocaba, Itu, P. Feliz e outras se opuseram aos bernardistas e apoiaram o príncipe; (...) na revolução de 1842, os representantes do imperador estavam fortemente entrincheirados na capital. A cidade não podia mostrar, naquelas semanas de atividade febril, sua própria vontade independente, como Sorocaba, pela sua câmara, ainda podia fazê-lo.*

A capital não podia fazer nada, pois estava amarrada ao governador "nomeado pela Coroa" e sua milícia. E assim no golpe que se planejou para começar lá deu tudo errado. Os rebeldes (e não os partidários de um regime deposto) foram para o interior.

Foi-se o tempo em que (e a revolução mostrou isso) *"as figuras políticas de importância na capital (...) eram os caciques regionais"*, que viviam orgulhosos e confortáveis em suas fazendas. Agora são os bacharéis, estadistas ou políticos, vindos do Rio ou do interior, que "com novas técnicas de domínio", fixam residência na cidade, "assenhorando-se de sua imprensa e de suas tribunas, fazendo entrosarem-se aos da Nação os interesses e destinos da cidade".

Nova digressão, sobre duas revoluções que ainda ocorrerão em São Paulo, lá por 1924 e 32

Sampa foi sempre reconhecida como *"centro estratégico"*, pelo seu *"prestígio, potencial econômico e posição geográfica"*. Tomá-la significava *"o domínio de todo o interior paulista"*:
– em 1924, os rebeldes dominarão a capital por algumas semanas, afastando o presidente do Estado;
– em 1932, o interventor e o povo se unirão, havendo inédita mobilização, e revivendo *"os toques de reunir"* das bandeiras; há de se transformar "o potencial industrial em produção de guerra";

– em 1842, os rebeldes apenas tentaram produzir artilharia em Ipanema, para três canhões inúteis.

Pedro II e Caxias – conservadores

A revolução de 1842 teve grande influência no país, porque o comandante do exército pacificador, depois de terminar seus trabalhos em São Paulo e Minas, seguiu para o Rio Grande do Sul, onde concluiu a tarefa de pacificação interna, estando "o imperador em plena maturidade".

6

Novas eleições

Já em 1847

Falece por agora Feliciano Pinheiro, visconde de São Leopoldo, até então senador por São Paulo. E poderia ser substituído por Rafael, pois os ventos sopram a favor dos liberais, estando na presidência do conselho o 2º visconde de Caravelas, Manuel Branco. E na Justiça, Vergueiro.

Nas eleições deste ano, Rafael obtém 547 votos, seguido por Francisco Queiroz (futuro barão de Souza Queiroz) com 428, e do barão de Suruí, Manoel Silva, com 350 (ex-presidente da província e irmão do antigo regente).

Portanto, foi uma vitória "estrondosa" de Rafael.

Organiza-se então a lista tríplice, dos três nomes que serão submetidos ao imperador, para escolha de senador.

Apesar de mais votado, Rafael está sendo preterido (o direito de escolha do rei não olha para o número de votos – trata-se do *"poder privativo"* do rei, a "conferir as dignidades do império" (senado, conselho e "nobílio"). Acaba de ser escolhido Souza Queiroz, genro de Nicolau Vergueiro, o ministro da Justiça do gabinete.

Francisco é liberal, como Rafael, mas tem "por si o sogro". E Rafael fora o chefe de uma rebelião, mesmo que depois anistiado. E por fim, Pedro II não gosta muito da esposa dele...

Significados e significantes

Vemos que, em sua volta à política, Rafael não consegue o senado (ou a *senatoria*, para os que gostam de falar difícil), e começa agora a entrar em declínio..

Bem, mas antes de suas pretensões ao senado (ou já com elas), ele elegeu-se várias vezes deputado. E foi assim nas 7ª, 9ª e 10ª legislaturas.

E pelo menos "duas honrarias" enfeitam seu peito:

– a comenda da ordem de Cristo, outorgada por Pedro I, pelo *"faustíssimo motivo da feliz chegada de sua majestade a imperatriz"*, em 18 de outubro de 1829;

– a insígnia da rosa, criada pelo mesmo Pedro I, para perpetuar a memória de seu *"faustíssimo consórcio com a princesa Amélia de Leuchtenberg e Eischtoed"*. Ordem em que foram "admitidos os beneméritos, tanto nacionais como estrangeiros, que se distinguiram por sua fidelidade" ao rei, "e serviços feitos ao império", sendo o próprio imperador o grão-mestre da ordem.

Enquanto isso na Corte – 1848

Amélia foi extremamente habilidosa, e eficiente, no encaminhamento não só de uma boa educação, como de um casamento à altura da nobreza de sua enteada, a duquesa de Goiás, filha de Pedro, o homem com quem ela se casara virgem – e foi "mulher de verdade", como chegamos a dizer...

Mas com a outra filha, condessa de Iguaçu, Amélia não teve a mesma competência. Chegou a pedir permissão a Domitila para que a menina fosse à Europa completar a formação (o pai manifestara em vida a vontade de que ela se educasse em Londres). Mas a marquesa, *gentilmente*, não aceitou a oferta, dizendo que Maria Isabel já estava matriculada no Colégio Hitchings, em Botafogo, especializado em instrução e educação de meninas...

Foi mais de uma vez que Domitila recusou ofertas de Amélia, mas aceitou que Maria Isabel II se casasse, agora em 1848, com o viúvo Pedro Caldeira Brandt, conde de Iguaçu, dezesseis anos mais velho do que ela.

(Ironicamente, o pai dele, marquês de Barbacena, fora quem teve a "árdua missão" de procurá-la para ser a segunda esposa de Pedro I, e um dos que mais defenderam a ideia de afastar Domitila da Corte. D. Amélia devia saber disso, e pode ter tramado o casamento – que não foi dos melhores para a moça. Por essas e outras, faz todo o sentido que Rafael não gostasse do futuro marido de Maria Isabel II.)

Maria Isabel, "de maior"

Aos dezoito anos, em 2 de setembro deste ano de 1848, Maria Isabel se casa então com o conde de Iguaçu, filho do marquês de Barbacena, Pedro Caldeira Brandt. Torna-se assim sua segunda esposa, e segunda condessa consorte de Iguaçu.

O casal terá sete filhos: Isabel, Luís (que se casará com Maria Luísa), Pedro, Deulinda, Maria Teresa (que se casará com Charles), Isabel Maria (que se casará com Antônio) e João Severino.

(E como última notícia familiar desta parte, não tão importante, por volta de 1850 falecerá o marido da irmã mais velha de Domitila, Maria Benedita, o sr. Boaventura Delfim Pereira, barão de Sorocaba.)

Parte XIV

Aonde se quer chegar

1

Escravidão

O mundo não é aqui

Em 1850, mais de 90% dos seres humanos são camponeses. Nos vilarejos, aldeias, casas à beira de rio, ninguém ainda ouviu falar em motores, em trens, ou no telégrafo. Mas o que acontece hoje em Manchester e Birmingham, por obra de um pequeno grupo de engenheiros, políticos e banqueiros, vai transformar a vida de todos nos próximos séculos (assim como há 10 mil anos, quando quase todos eram caçadores-coletores, um percentual mínimo de agricultores estava começando a modificar o futuro da espécie).

Chegados à metade deste século XIX, voltemos agora ao tema da escravidão, evento mais importante na formação deste lugar que já se diz país. Ela está presente na região desde o século XVI (e mais intensamente a partir do XVII), como se comentou em outra ocasião...

Tráfico

Vão se fazer pesquisas para dizer que à época de d. João VI, e até a Independência, o tráfico transatlântico cresceu (houve aumento de 40% nas importações, comparando-se à virada do século). Mas finalmente, a partir dos anos 1840, a "popularização" do escravismo já começa a ceder.

Somou-se à pressão inglesa a expansão do café no Vale do Paraíba do Rio, levando a uma subida forte no preço dos escravos. E em 1850 põe-se fim ao tráfico internacional, aumentando essa tendência. Os pequenos proprietários, do campo e cidade, não conseguem mais repor os seus escravos. E o mesmo se dá nas áreas de crise, como o Nordeste açucareiro.

Com a alta de preços, aumentará a tentação de vender esses escravos, fazendo surgir um "tráfico interno", em que o sistema escravista se concentra mais no Centro-Sul, dominado pela economia do café ou vinculada a ela (abastecimento dos territórios), como em Minas.

A barbárie e suas consequências

O tráfico fez aumentar a divisão política na África do Atlântico, tanto pela criação de colônias europeias quanto por "gerar rivalidades no interior das unidades políticas existentes".

Foram embarcados cerca de 640 mil cativos, dos quais algo como 557 mil sobreviveram à travessia (e na contramão das grande metrópoles que queriam o fim do tráfico, como a Inglaterra, "no Brasil ele aumentou").

Vozes contrárias

Só por esta época (1850) começam a surgir discursos contra a escravidão, e a desaprovação do sistema vai deixando de ser isolada para ter apoio de multidões, intelectuais e igrejas.

O movimento abolicionista, nascido na Inglaterra e na França, migrou para cá.

(Para alguns, a manutenção da escravidão tem a ver com o não esfacelamento do Brasil em pequenas repúblicas. "Ela daria unidade ao território." Por todo ele, a presença de senhores de escravos daria "hegemonia política na condução dos destinos do país", e na manutenção de uma ideologia comum à elite.)

Piora na África

Em paralelo à diminuição do tráfico atlântico, está havendo "expansão das antigas rotas escravistas" pelo Saara. No futuro, "especialistas da escravidão no mundo árabe" dirão que o século XIX foi o apogeu do tráfico pelo Saara.

Em fins do século XVIII e início do XIX houve queda no preço do escravo (com o fim do tráfico norte-americano e movimentos revolucionários como o do Haiti), fazendo com que de norte a sul, nos campos e cidades, "mais e mais pessoas, até mesmo libertos, ascendessem à condição senhorial".

(E nessa virada do XVIII para o XIX, os escravos por aqui já estavam entre um quarto e um terço da população, tendendo ao crescimento.)

"Povo" brasileiro

Censos da segunda metade do século XVIII dizem que, em algumas cidades, os negros e pardos cativos eram cerca de 40% da população. E em alguns casos, portanto, maioria.

Concentravam-se nas áreas de agro exportação: cana, tabaco, algodão. Ou em áreas agrícolas e agropecuárias de subsistência.

Nas áreas de fronteira eram poucos (em áreas afastadas, entre 70 e 80% das casas não tinham escravos).

A concentração em áreas urbanas, onde prestavam serviços "a ganho", não tem comparação com outros países americanos.

O filho de Pedro e Benedita (1851)

Corta agora o filme para Rodrigo Delfim, que teve uma formação mais europeia que brasileira. Foi educado na Inglaterra (ou França), e casa-se agora no Rio aos 14 de janeiro de 1851, com Carolina Maria Bregaro (filha do empresário Manuel Maria, que chegou a ser um dos donos do Real Teatro de São João – depois João Caetano).

Mas Rodrigo Delfim voltará para a Europa pouco depois do casamento, e será o pai de Carolina Maria de Castro Pereira (1854), de Manuel Rodrigo (1858, Paris) e de Maria Germana (nascida em Hamburgo).

2

Velhice de Rafael

Vida de Rafael após a anistia

Chegamos agora ao gabinete de conciliação, que funcionou de setembro de 1853 a 4 de maio 57, com Honório Leão na presidência do conselho – embora dele também fizesse parte o liberal Limpo de Abreu, mas que, sozinho, parecia um "*general sem soldados*". Rafael, estrategicamente, recolheu-se em silêncio... Mas não "no campo da política provincial".

De fato, ele já "não disputou cargo de deputado geral", mas sim para a Assembleia legislativa, desde a 8ª legislatura (1848-9), em que se elegera ao lado de Gabriel dos Santos, Gavião Peixoto, Pinto Jr., Martim Francisco e outros tantos companheiros de sua "guerreira" luta política, como Amaral Gurgel e o enteado Felício.

Na 9ª legislatura (1850-1) só conseguira a suplência, ao lado do mesmo Gabriel dos Santos, Gavião Peixoto, Pinto Jr., Souza Melo, Amaral Gurgel, etc. E em 15 de outubro 55 ele já não conseguiu se eleger.

"Aposentadoria"

Ao completar 61 anos, Rafa resolveu cuidar de suas fazendas em Paranapitanga e São Pedro de Itararé, "registrando-as na Matriz de Itapeva como tendo de 12 a 15 léguas de pastagens e outras benfeitorias".

Pouco depois, aos 24 de outubro daquele ano, deixou pronto o testamento. Sentia-se no ocaso. Tentara um ano atrás, pela última vez, eleger-se senador, em razão da morte do visconde de Uberaba. Mas não teve votos para chegar à lista tríplice.

Vão dizer os historiadores que ele ainda deixou três assinaturas no gabinete de leitura de Sorocaba, que seriam suas últimas "refregas políticas" (aos que se interessam por isso)...

Nas últimas cartas prevalecem preocupações políticas

Esses historiadores encontrarão uma carta datada de 12 de outubro de 56, que diz:

(...) *agradeço as felicitações pelo nosso triunfo em Itu* (...) *que me obriga a tomar ainda essa tarefa, quando julgava que era tempo de descansar. Fui informado do que ali se passou, o que mostra a união do partido, que faz toda sua força.* (...).
(...) *seu parente e amigo afetuosíssimo RTA*

E há de se reparar nas "frases escorreitas em que não há galicismos".
Rafael parece mostrar que, "apesar da conciliação", cada partido tinha como objetivo imediato o poder para si. E que em grande parte era ele, Rafael, "o distribuidor das cadeiras de deputados provinciais". E que "as desavenças dos chefes no centro correspondiam às dos soldados menores no interior".
O mesmo se nota por outra carta, de 8 de novembro:

(...) *depois das últimas notícias* (...) *do que ocorreu nas eleições, contava seguro com o nosso triunfo, mas* (...) *estava ansioso pela confirmação, porque aqui corriam boatos de* (...) *haver desordens, o que eu desmentia* (...). *Eu me cumprimento pois pelo triunfo e pela energia e prudência que demostraram tanto as autoridades como os nossos correligionários.*
(...) *resta que haja união e concentração de vistas sem o que não há partido forte.*
Soube que ganhamos em Tatuí, porém (...) *na ausência dos quatro juízes de paz foi presidida a mesa pelo quinto* (...) *e assim duvido que possam ser tomados em conta esses votos. Estou ansioso por saber o que ocorreu em Itapetininga, Tocos (Sarapuí) e Faxina (Itapeva).* (...) *Não tenho tempo para mais.*
(...) *estima e amizade seu parente e amigo afetuoso RTA.*

Diz-se que

O lugar a que foram *esbulhados* os liberais só podia ser a presidência da província, com seus consectários, uma vez que na Corte, aparentemente, havia a conciliação. Tobias estava correndo com a sua cota para as despesas. Era natural.

Em mais uma carta:

(...) *recomendava aos nossos amigos que não tomassem compromisso algum antes de chegarem a Itu, e combinarem com os nossos amigos para que os nossos adversários, que marcham unidos, se prevaleçam de qualquer divergência de nossa parte;* (...) *com a recepção de sua carta de 21 do corrente, devo-lhe falar muito francamente com o amor que merece-me* (...) *me obriga a não apresentar suplente...* *consta-me que ele* [dr. Brotero] *tem escrito apresentando-se como auxiliado pelo centro do partido, não é exato, porque mutualidade não é acordo...*

Teria ainda um ano de sua vida "laboriosa e útil à província e ao país", sentindo que estava a diminuir-lhe a saúde, e então "procurava as estações de água".

Presença na Câmara

Como deputado estadual fora assíduo...
Em 1830, de 5 de maio a 27 de setembro, comparecera às 21 sessões. Em 31 teve duas presenças (31 de agosto e 8 de outubro). Em 33 também duas (16 e 17 de abril), em 34, catorze (de 17 de junho a 16 de agosto), em 35 compareceu a 39 sessões (de 3 de janeiro a 9 de setembro).
Em 46 fora a quatro (de 4 de maio a 22 de agosto), em 47 a treze (de 5 de maio a 30 de agosto), em 48 a dezessete (de 5 de maio a 22 se setembro)...
(Há também registro de comparecimentos em 1857, aos 25 de abril – mas não se sabe se era outro, pois estava muito doente e era suplente –, e a 10 de outubro – possivelmente outro "Aguiar", pois falecera três dias antes. Vê-se que esses registros são meio confusos...)

Enfim...

A política foi ingrata com ele, e com muitos de seus companheiros.
Nas legislaturas 11ª (1854-5) e 12ª (1856-7) só conseguiu a suplência.
E já havia perdido o senado, como vimos...
Mas, como "documento de sensatez e hombridade", já havia feito seu testamento, na última estada em Lambari.

3

Manifesto

Junto ao testamento

Rafael imaginou o fim de seus tempos e redigiu o testamento em 1855.
Mas também, e bem mais importante (pelo menos ao que aqui nos interessa, que são os fatos históricos), é desta época o seu *Manifesto*...
Para botar as coisas em seus devidos lugares, Rafael quis se manifestar contra "*a mentira e a calúnia*" com que o atacaram "*(...) tão atroz e acerbamente, sem escutarem a voz da generosidade, que lhes gritava (...)*".
Quis expressar-se contra aqueles que não se importaram com "*as dores dos padecimentos físicos*" que sobre ele "*acarretavam uma prisão rigorosa e privações insuportáveis, acrescentando-lhe o mal moral de ver desconhecido e ultrajado o seu caráter (...)*"
Aguardava, sim, "*a ocasião de comparecer perante o júri*", mas sabia que

tinham sede do meu sangue, e temiam que o juízo do país me salvasse, fizeram-me, pois, militar com inversão do bom senso, com desprezo das leis, esperando achar na obediência passiva dos militares o preciso auxílio para conseguimento da sua vingança.

Isso como se houvesse um "*júri falseado*" à mercê de "*obter instrumentos azados para seus negros planos*", permanecendo ainda em Rafael "*a esperança de poder desmascarar a impostura*".

(...) mostrei sem nenhum peso no requerimento que fiz subir à presença de S. M. I., implorando do poder moderador remédio contra a invasão feita aos meus direitos.
(...)
Graças, porém ao ato da anistia, já posso apresentar-me ao Brasil, à minha província, tal qual fui, qual sou e qual sempre serei; quais minhas convicções, que decidiram a minha conduta, e qual na realidade foi ela; e este relatório não será embuçado, e menos arrebicado para obter nomeada que me não caiba, ou evitar censura que mereça.

Filosofia (trecho do relatório)

(Ele pensava em escrever um documento, um relatório em que mostrasse tudo o que de fato havia se passado: as injustiças e os conflitos políticos em que se envolvera... E foi assim redigindo alguns trechos...)

Eu tive a ventura de ter tido na alvorada da vida um mentor venerável, um mestre ilustrado e probo, um meu parente e amigo, o finado conselheiro sr. Martim Francisco Ribeiro de Andrada, dele recebi as primeiras ideias de **política e moral,** *que depois se arraigaram no meu espírito com a leitura e estudo próprio. Desde então aprendi que o homem tinha qualidades que o separavam inteiramente da bruta animalidade, que lhe constituíam uma natureza moral* **que não pertencia ao mundo animal** *puramente físico, que a espontaneidade e a consciência, que os* **outros animais** [nota-se claramente o seu conceito darwiniano] *não possuíam, lhe criavam* **direitos e deveres anteriores aos governos,** *que só foram inventados para segurar-lhes o gozo. Aprendi mais, e ainda agora creio como indubitável, que uma vez dado o direito, dado é também o meio de o conservar e recuperar, quando invadido; pois que* **a obediência cega é o antagonismo da espontaneidade,** *que constitui a essência do* **ente moral** [ou ético, de caráter] **chamado homem;** *e que isto se não modificava no estado social com a criação de um governo. Convenci-me mais que, conquanto as formas dos governos possam amoldar-se e variar segundo a civilização, e mesmo condições físicas do povo que as escolhe; todavia em geral a monarquia era preferível por casar mais facilmente a liberdade com a ordem, uma vez que fosse rodeada de instituições liberais. Foram estas convicções, que ainda agora estão inabaláveis no meu espírito, as que* **decidiram minha sorte;** *são elas a clave de toda a minha conduta, quando ela apresenta o que pode parecer ao olho menos atento flagrante inconsistência.*
Como **monarquista constitucional** *por* **convicção e amor,** *distingui-me nas minhas presidências de S. Paulo, que, por dizer de passagem, não foram por mim procuradas, e só me trouxeram sacrifícios e dispêndios.*
(...)
Inspirado pelo amor da monarquia não duvidei na minha segunda presidência de fazer empréstimo de minha fazenda para preparar a comarca de Curitiba e defender-se da ameaçada invasão dos dissidentes do Rio Grande.
Fiel às minhas crenças monárquicas não acompanhei, como talvez devesse, o ministério de julho na sua retirada (...).
(...) Mas, cedo desapareceu o burlado empenho que mostrava fazer pela minha conservação o gabinete de março, e novas cartas exigiram de mim que pedisse minha demissão, ao que não pude anuir por ter a minha palavra empenhada para com a província, e declarei categoricamente que obedeceria a demissão, quando se me desse, mas não a pediria em obediência a insinuações (...)
(...) Com este impolítico desprezo subiu ao auge a irritação dos ânimos, todos tomaram as armas, o rompimento era infalível, e a segurança da província, e mesmo da vida do presidente, a cujas intrigas e falsas informações atribuíam a afronta sofrida pela província, corria o maior risco. Mas **o meu amor da ordem e respeito à monarquia,** *preveniram então o escândalo, cuidei de amortecer a irri-*

tação e de acalmar as paixões, servindo-me para isto da estima que concediam os meus concidadãos e dos meios que estavam ao meu alcance (...).

(Sobre seu "amor da ordem e respeito à monarquia", tentamo-nos já a contar a história do marido de sua bisneta Elisa, futuro engenheiro que pulará do navio em que servia à Marinha, por se recusar a jurar à nova bandeira da República, a ser instaurada – como "golpe", no dizer dos monarquistas – em 1889.)

(...) *Seguro o visconde que os elementos de resistência se tinham dissipado, graças aos meus esforços, e tendo-me preparado com as poucas forças que pôde obter, e contando outras que do Rio lhe prometiam, largou a máscara, passou a demitir a torto e a direito a gente honesta, que ocupava os lugares da administração e polícia, e nomear para eles as mais detestadas e desacreditadas das povoações em que deviam funcionar.*
(...) *toda a província cria então que era tempo de se levantar em massa para salvar a liberdade adquirida pela Independência* (...).
(...) *Mil perdões do meu erro em assim obrar peço ao Brasil, peço à minha província, e ainda mais a SMI* (...)
(...) *Há mais tempo ter-lhe-ia caído a venda dos olhos, há mais tempo teria arredado dos seus conselhos os abomináveis mandantes da devastação de S. Paulo e Minas, e seu paternal coração não se veria cortado de dor com a relação dos tormentos dos seus fiéis e inocentes súditos das duas províncias* (...).

(O que talvez fosse um bom epitáfio às narrativas dessa guerra.)

Um movimento, posto que irregular, justo em sua natureza, se consertado fosse, faria chegar aos ouvidos de SMI as queixas do seu povo, que certo seriam escutadas.
(...) *e eu caminhei depois de ter-me ocultado por alguns dias, para minha fazenda de Paranapitanga, e chegando a Sorocaba já aí achei uma grande força armada e aquartelada* (...): *a governança da cidade, e todos os habitantes dela exigiam a minha coadjuvação, e finalmente, a câmara e o povo nomearam-me presidente interino da província* (...).
Lutei com minhas convicções e hábitos que pareciam chocar-se: por uma parte recuava de perturbar a paz pública, temia de comprometer involuntariamente a unidade monárquica (...); *por outra parte estava convencido da injustiça da resistência, ainda quando fosse questionável a sua conveniência, previa* [o que poderia ser colocado como pensamentos dele durante a guerra] *a irrupção da anarquia, se o movimento não tivesse à testa pessoas que o povo respeitasse, e que pudesse evitar os desatinos naturais em semelhantes ocasiões; enfim, parecia-me vergonhoso não partilhar perigos a que já se achavam expostos os meus amigos* [Feijó etc.] (...).
(...) *contra todas as regras da hermenêutica jurídica* (...) *quiseram erguer em rebelião um movimento que quando não fosse justificável, apenas poderia classificar-se como sedição? Como nessa mesma qualificação se mostraram divergentes?*

As causas do mau sucesso do movimento de Sorocaba não vêm aqui, apelo mencionar: todavia, o nímio amor da humanidade, o horror do derramamento de sangue parente, e a novidade de semelhante acontecimento numa província acostumada a longa paz, e dada em grande maioria à agricultura, comércio e artes da sua vida privada pode bem explicar (...)

Epílogo (do manifesto)

Resta fazer

*(...) um desmentido solene ao barão de Caxias, que imputando-me no seu ofício ao governo atenção de me unir aos **dissidentes do Rio Grande** quando eu **me dirigia para o Estado do Uruguai**.
Eu fui preso no lugar chamado Guarita e, para aí chegar, devia passar, como passei, pelo Mato Castelhano, o qual é muito mais perto da Cruz Alta, onde se achava o rebelde Portinho com uma grande força, do que a da Guarita onde fui preso: como, pois, não fui eu para a Cruz Alta a buscar Portinho, antes me arredei dele, seguindo o caminho da Guarita? O que digo reconhece o barão na ordem do dia que publicou quando cheguei preso a Porto Alegre. **O barão de Caxias, além de caluniador, é supinante ignorante na topografia da província do Rio Grande**. Seja-me aqui permitido agradecer-lhe a **bizarria cavalheiresca** com que me mandou tratar a bordo do brigue-barca, sem permitir que um meu escravo pudesse ir à terra e comprar alguma coisa de que eu precisava, e exigindo que as cartas que eu houvesse de escrever a qualquer pessoa passassem por suas mãos. Nem devo esquecer a delicadeza com que se serviu do conhecimento que confidencialmente lhe comuniquei a respeito à qualidade de meu enteado **Felício Pinto** de Mendonça e Castro, que **me acompanhava incógnito**, e como executou briosamente a palavra que me dera de o deixar a acompanhar-me livre, visto não ser ele complicado* [duplo sentido?]*, e não ter ele barão ordem de prendê-lo; **mandando-o reter preso em desprezo da promessa**. Tal é a força do hábito que quem principiou por esbirro, deve sempre sê-lo em qualquer situação em que se ache, por elevada que seja; **as ruins manhas quase nunca se perdem**. O que é para pasmar é que tantos serviços praticados na minha prisão lhe não tenham trazido acréscimo de título, quando a denúncia, que contra mim lhe dera alguém, bastou para a criação de um novo título em prêmio ao denunciante* [feio por parte da monarquia].
*Tenho completado as minhas confissões (...)
(...) demos que me enganasse, **do erro ao crime é grande a distância**, a consciência errônea sempre merece atenção; é sempre consciência. E não se me levará ao menos em conta o meu afinco à Constituição e ao elemento monárquico que ela consagra? Não se creia, porém, que destarte me queira furtar **à gratidão** que de mim deve exigir o ato magnânimo na **anistia**, embora eu me não possa crer criminoso, tendo obrado de boa fé; (...)
(...) o resultado dessa verdadeira ou errada opinião era para mim uma prisão rigorosa, privações duras da minha posição, era o abandono de meus interesses, a perda do meu futuro (...).
(...) Quando **no seio das afeições doces da vida privada*** [final feliz junto a ela?] *me lembrar da mão poderosa que me segurou à borda do abismo, não poderei deixar de dizer como o poeta – Deus nobis haec otia fecit* [citação ao poeta Virgílio, nas Éclogas, a I, 6: "Deus nos concedeu esses ócios"].
R. T. de A.

4

Despedindo-se da política

Perda de um amigo

Outra desilusão ocorreu já quase no fim da vida de Rafael: a morte de Cesário de Ribeiro, o visconde de Uberaba, aos 7 de março de 1856. E nas eleições para a lista tríplice, Rafael não teve votos suficientes.

(Foi consolado na eleição da décima legislatura pelo 5º distrito de Itu: eleito deputado, teve como suplente o sobrinho Antônio Aguiar de Barros, futuro marquês de Itu.)

Com piora da saúde, vai a Sampa (1857)

(Agora é como se ele já estivesse aposentado, ficando a relembrar os fatos passados, seus esforços e conquistas...)

Desde que ingressou na política, a vida de Rafael "não foi mais remansosa e plácida". Em 1821 ele escolhia, em Sampa, os deputados representantes de sua vila, ou cidade, para as Cortes de Lisboa.

Vimos que foi deputado geral nas sessões de 1830, 31, 33-4, 36-7, 1846-9, 1853 e 56 (suplente) e em algumas de 57 (quando virá a falecer), como as de 19 de junho, 1, 9 e 17 de julho...

Em 20 de julho, disse à Casa que "*por doente deixa de comparecer às sessões*", mas em 14 de agosto esteve presente e votou (sendo que o deslocamento de Sorocaba para a Corte era penoso, fosse por cavalo, diligência, ou navio).

Ao ingressar na vida política, teve dois domicílios, Sorocaba e São Paulo – *o casarão da rua Santa Efigênia fora adquirido em* 16 de abril de *1830*.

Elogios

Vão dizer seus partidários que ele nunca foi omisso: "votou, deu pareceres, elegeu-se para as comissões, fez declaração de voto, deu apartes, apresentou projetos de lei, emendas, aditamentos, intervenções etc.".

Esteve no governo em anos difíceis, principalmente os de 1831 e 32, quando intrigas e boatos tomaram conta do país, fomentados pelos restauradores. Chegou a escrever ao regente Costa Carvalho dizendo que "*aqui anda tudo tão custoso que se não fosse o amor de pátria era para descaroçoar*".

(Sim, e descaroçoar, descaroçoar de verdade, não seria nada fácil, ou agradável...)

Em outra carta, diz que "*apesar de tudo me acharei sempre no mesmo caminho com os amigos da liberdade*".

E como homem, bom filho, em meio à trabalheira, na véspera de Natal, lembrou-se da mãe:

acresce que não posso mais resistir à vontade de ir ver minha mãe que continua bem doente, aproveitando assim os dias santos (...) irei às carreiras.

Como filho amoroso, e bom homem...

(Está bem, não vamos partir para esse tipo de elogio, que é quase uma chantagem emocional.)

Antevendo o fim

Rafael – e já quantas vezes anunciamos como será o seu final – está agora nesta volta para o Rio de Janeiro... aos 7 de outubro de 1857, sofrendo com uma doença.

Vai falecer a bordo do vapor *Piratininga*, voltando de Santos para o Rio de Janeiro, a capital do Império, em busca de ajuda médica.

Últimos atos administrativos

Mesmo doente, ele comparecera à sessão de 19 de junho, assinando junto com outros o projeto que autorizava "*estender o benefício da navegação a vapor para o Norte do porto de Vitória (...) onde deverão* [atracar] *os paquetes da companhia na ida e na volta de suas viagens*".

E em 1º de julho assinara artigos que fixavam o efetivo das forças armadas, soldos e o orçamento de 1858-9.

Na sessão de 9 de julho, deixara registrado um aparte à fala do deputado Nébias. E por fim, aos 20 de julho a presidência da câmara (com o visconde de Baependi) recebeu ofício seu, comunicando que não participaria das outras sessões por motivo de doença.

Na de 14 de agosto ainda aparece uma assinatura sua (em projeto do governo sobre verba para importação de cavalos franceses e ingleses para cruzamento com brasileiros, e para montaria, trabalho em lavoura, premiação de criadores etc.).

Falecimento

Depois de 20 de julho, portanto, Rafael "quis ir para casa, em São Paulo", para cuidar da saúde. Ele e a família tomaram o navio costeiro *Piratininga*.

Chegando a Santos, o seu quadro já era desolador, sentindo "*dores terríveis e aflitivas*", e assim a família quis voltar ao Rio no mesmo barco, "à procura de *cura*". A viagem foi penosa, e Rafael sofria de "dores lancinantes".

Aos 7 de outubro, "o navio amanheceu no Rio". Faleceu passando em frente à fortaleza de pedra, ou "da Laje", onde tanto sofrera.

Teve fim a "*alma espartana*" que "*nunca recuara ante os golpes da fortuna*", "*defensor inabalável da causa liberal*" e "*um dos mais notáveis homens de seu tempo*" (para citar apenas algumas pérolas, entre as tantas homenagens que ainda virão).

Consta no "*arquivo da cura metropolitana de São Paulo*" que por "*retenção de urinas*" (o máximo que poderá dizer a medicina desta época).

Por desejo de sua *heroica mulher*, a marquesa, e amigos, teve o corpo embalsamado, para poder ser sepultado em São Paulo, terra que tanto amava.

E assim, após os trâmites burocráticos, o corpo partiu, "cercado da esposa, dos filhos e dos amigos", "sobre as ondas"...

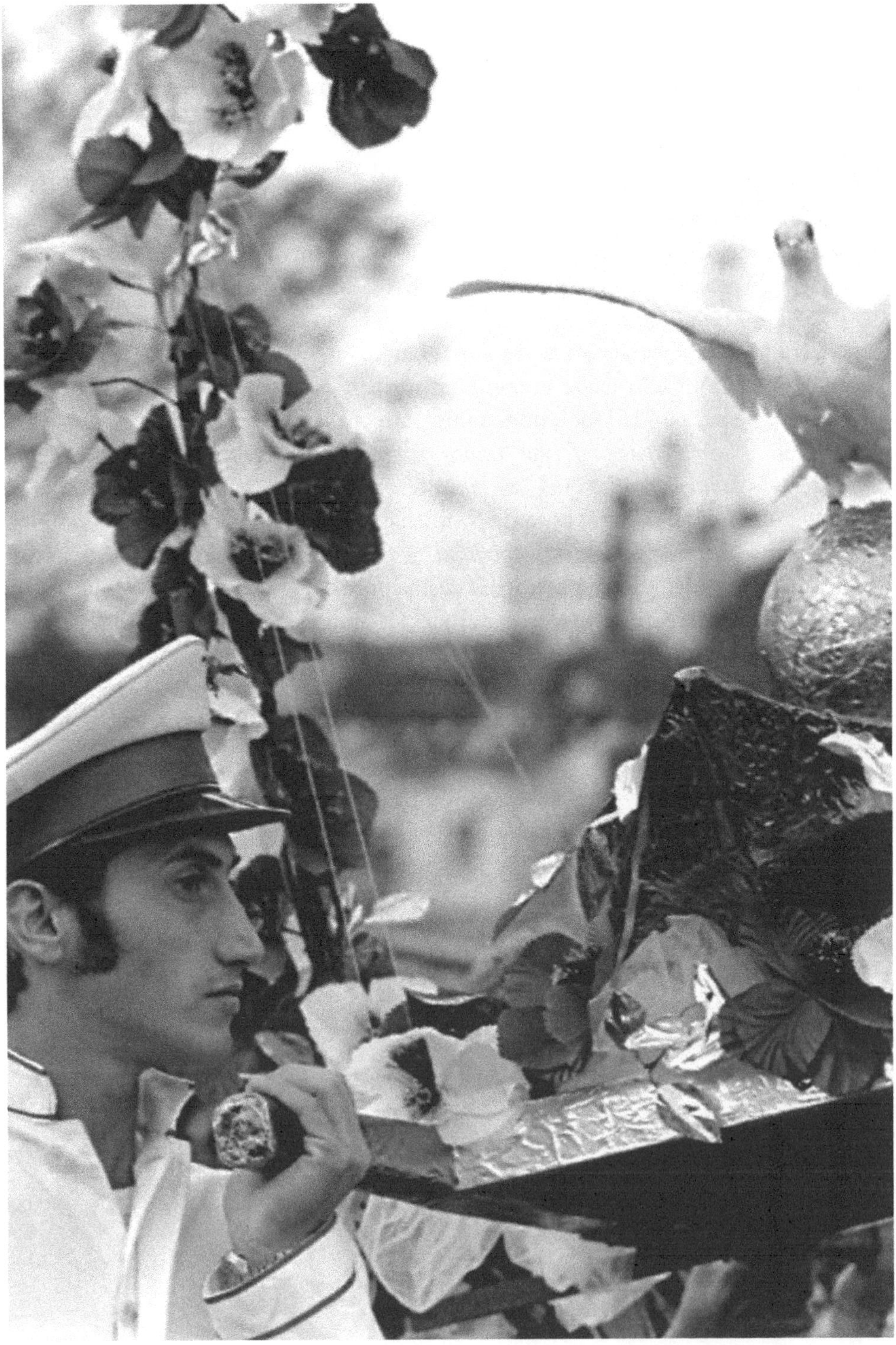

5

Orações – missa e funerais

11 de outubro – a notícia chega a Sampa

Segundo o *Correio Paulistano*, "*... a própria natureza parecia mostrar ressentimento, envolvendo o ar em densa obscuridade...*".

A missa de sétimo dia foi aos 14 de outubro, com "*profundo pesar de todos os paulistas*". Um grande número de pessoas vai trajar o luto por oito dias, e outras cidades também manifestaram seu pesar.

De novo

A notícia da morte, "*enlutando o coração dos paulistas*" (também segundo o *Correio Paulistano*), chegara no dia 11.

A missa de sétimo dia foi no Rio, na Ordem 3ª do Carmo, por iniciativa da marquesa e de amigos sinceros, como Rodrigues dos Santos, Machado do Oliveira, Floriano de Toledo, Joaquim Inácio Ramalho e Martim Francisco.

Em Sampa, aos 13 de outubro, "*carpido som de bronze sagrado anunciou a fúnebre solenidade que no dia imediato ia celebrar*", com a missa de sétimo dia.

Pois, no dia 14, às dez horas, a igreja da Ordem 3ª do Carmo já estava lotada, de muitos amigos e correligionários daquele que fora "irmão e ministro da ordem", e muitos não puderam assistir à solenidade conduzida pelo cônego Fidelis de Moraes.

Missa e cemitério

Fez o panegírico (...) o padre-mestre Mamede José Gomes da Silva. Orador primoroso, seguro, respeitado (...)

Falou-se (pelo padre Mamede) em

têmpera de ferro, caráter firme, coração filantrópico...

Orações

A oração do pe. Mamede, muito emotiva, foi presenciada pela marquesa e filhos à frente, vindo logo atrás os "companheiros e amigos de todas as horas". Estava "a dor em todos os corações e a tristeza em todos os semblantes".
Mesmo que tenha questionado em muitos pontos o *modus operandi* da Igreja, Rafael não era inimigo da religião.
E neste momento transparecem estima e consideração pelo brigadeiro, "proclamadas por todos os paulistas." Há "homens aquinhoados de bens terrenos, nem sempre julgados com justiça".

Por que os felizes do século não são ordinariamente os melhores amigos da humanidade?

Porque, em geral (conforme os ideais que se estabeleçam),

o ouro cega a razão e a avareza petrifica o coração. (...) entretanto há os ricos e felizes que nada mais são que fiéis depositários dos pobres e suas riquezas servem para fazer o bem.

No dizer de quem se vê comovido pelo momento, Rafael foi exemplo para outros: sua fortuna foi "legalmente adquirida", sem haver necessidade de "centuplicá-la pela agiotagem ou pela usura".

Sua riqueza prodigalizara benefícios aos desvalidos.

Tinha bons interesses e patriotismo nos cargos públicos: "não visava o lucro sórdido, muito menos a incúria, a inépcia, o desleixo".

(...) nunca esbanjou os dinheiros públicos, ou especulou com o suor do povo.

Cargos em vida

– Foi coronel do regimento de milícias, "fazendo do seu bolso todas as despesas necessárias ao brilho e disciplina do regimento";
– Nos movimentos que deram ao Brasil a Independência, ocupou cargos relevantes na Província;

– Participou de muitos conselhos, e em todos "a que foi guindado" cedeu o subsídio a que faria jus ao "seminário das educandas, promovendo até o casamento de muitas órfãs";

– Foi duas vezes presidente da província, em que fez *"repetidos empréstimos ao cofre geral (...) sem perceber um só real de prêmio"* (não cobrava juros);

– Fez empréstimo particular e financiou ("fora da administração") em grande quantia (e sem prêmio) a *fábrica de ferro de Ipanema*.

– Todo o subsídio do seu cargo de presidente foi dado às órfãs desvalidas (nenhum chegou "às suas mãos");

– Entre suas obras públicas, está a duradoura "serra da Maioridade";

– Sobre a revolução de 1842, diz o orador que "vacilava em levantar o véu que encobriu aquela época; pertencia ela ao domínio da história, e os vindouros que a julgassem". *"Foi erro? Talvez."*

Não era da sua prática adotar

... meios violentos e anormais para ocupar posição eminente na sociedade brasileira, e portanto, não era inimigo da pátria, veterano que fora da Independência, e armando a Constituição não podia querer o desmoronamento da Monarquia.

(E até aqui se pensa que a rebelião foi principalmente obra de Feijó que, em sendo religioso, achava que o lado em que estivesse seria o certo – como um padre a viajar de balões, sem medir direito as forças da natureza, por se sentir representante de Deus.)

É prova de sua boa conduta:

– foi eleito "para várias legislaturas", e *"várias vezes"* foi presidente da assembleia estadual.

Últimos dias

Quando fora ao Rio cumprir o mandato outorgado pelo círculo de Itu, *"uma enfermidade perigosa o assaltou, manifestando-se com sintomas aterradores"*.

Salvo pela "arte" com seus amigos esperando "vê-lo restituído ao solo natal", ao desembarcar em Santos (vindo para Sampa) foi afligido de outro mal, igualmente grave. Aconselhado a voltar à Corte, para melhores cuidados, houve a "desgraça". Faleceu *"momentos antes de chegar ao porto"*.

Mais rituais

A missa foi no dia 14, e já aos 18 (de outubro) "correu boato de que o corpo chegara a São Paulo", fazendo muitos correrem ao Convento da Ordem 3ª "para vê-lo e chorá-lo"...

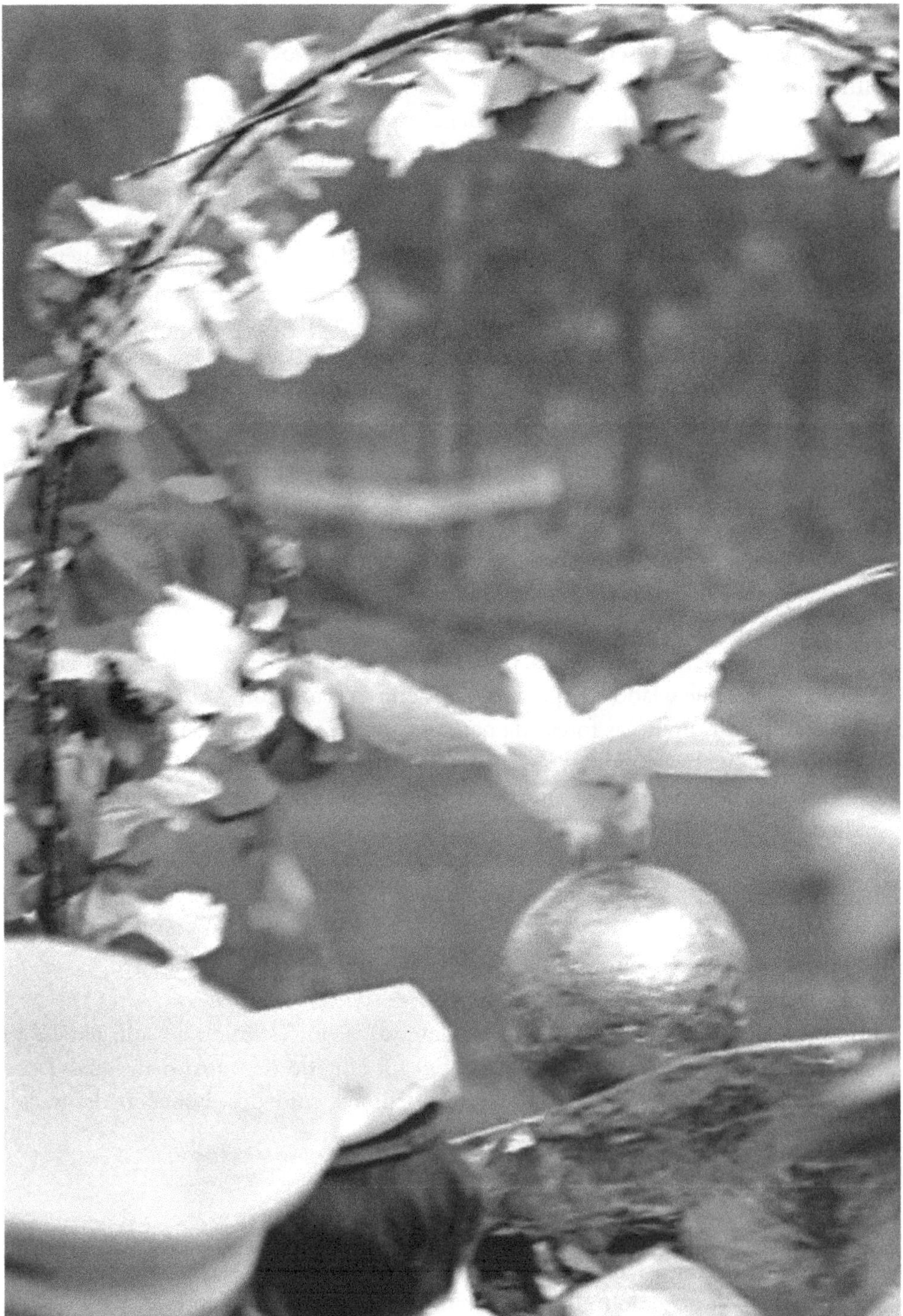

Era boato, e o corpo só chegou de Santos no dia 20, indo à Capela particular da igreja da Misericórdia, na rua Direita (capela "de grande prestígio", competindo em honra com a Sé).

A capela "*forrada de preto, atapetada*", tinha um mausoléu ao centro com a arca funerária (e perdoe-se à narrativa se o leitor achar essa imagem fúnebre e de horror, talvez dispensável...).

Do dia 20 ao 25 o altar foi iluminado, recebendo muitas visitas.

Todas as classes do povo ali concorriam (...)

Estavam todas "*possuídas de tristeza*", a "*chorar aquela perda*" (o que lembrará as grandes comoções populares que ainda ocorrerão ao longo do século XX, pela perda de pessoas que, mesmo originárias da elite, serão consideradas "heróis do povo").

Nova missa

"No dia 25, às três horas, o cura ou pároco da Sé, Joaquim de Paula, celebrou a missa." Prolongou-se até a noite para dar destaque às velas de cera distribuídas...

Nas cerimônias tristes ou alegres, a iluminação era o que mais se notava, nesta época sem eletricidade.

"Fora as tochas alugadas." Com o passar das horas, mais o largo da Misericórdia ia sendo tomado pelo povo. "Um piquete da cavalaria postou-se à frente da capela", enquanto o povo "se espraiava pelas ruas vizinhas", alguns escalando o chafariz, outros se debruçando nas sacadas e varandas dos casarões.

Presença da esposa

Um "coche" puxado por quatro animais chegou lá abrindo espaço entre as pessoas, e na saída era seguido pelo coche da marquesa, "com os cavalarianos atrás".

Com suas tochas acesas, seguiram-se outros carros e a massa humana, ouvindo-se apenas "o bater descompassado das ferraduras da tropa no chão duro das ruas apinhadas de gente da capital e do interior".

(Há de se comentar sobre o destaque que a isso se dá, quando para alguns não se deveriam valorizar tanto as coisas tristes, nem o sofrimento em si: mais o que é alegre, para assim favorecer a sustentação dos bons sentimentos, que fazem levar melhor o dia a dia, o querer ser gentil com os outros...)

O cortejo chegou à igreja franciscana, recebido por amigos e irmãos, que o conduziram ao templo.

Seguiu-se o "ofício fúnebre" de mais uma cerimônia demorada, podendo-se apenas notar "nos quatro cantos" do mausoléu os "quatro anjos com ramos de saudades nas mãos" a guardá-los.

Velas, tochas e brandões espancavam o negrume do templo forrado de panos pretos.

Atravessando a noite

Veio o dia seguinte. Apagaram-se as velas e "um sopro de ar puro penetrou portada adentro".
Houve nova missa.
Seis anjos estavam de guarda *"elegantemente preparados"*.
E também salva de artilharia "ecoando o estampido de canhões pelos vales paulistanos" (provocando susto e tensão: quem sabe ainda haverá sociedade em que o silêncio diga mais do que o barulho?)

6

Homenagem a Rafael – memória de um amigo

Discurso de Francisco

O professor Martim Francisco – o segundo da família, entre os formados na faculdade Direito – fora deputado, "amigos e companheiro dos ideais de Rafael".
(Rafa desenvolvera estudo de humanidades com o mestre, parente e amigo Martim Francisco Ribeiro de Andrada e Silva – família e lar do brigadeiro...)
Depois de lembrar que o pai de Rafa fora *"um dos mais abastados fazendeiros da província"*, disse que ele *"estudou todas as humanidades e teve a ventura de estudar algumas delas com o seu parente e amigo (...)"*

Contribuição na Independência

Em pleno regime colonial, Rafael "comandou o regimento de milícias de Sorocaba e, com apenas 26 anos, armou e municiou, a expensas suas, cento e tantos homens, enviando-os ao Rio de Janeiro a debelar as tropas de Avilez", as tais que *"pretendiam entorpecer os pródromos de nossa independência política"*. Também

Abriu mão de subsídios como conselheiro, em favor das educandas

Prestara *"notáveis serviços à província"*... cedera seus subsídios ao seminário da Educandas de Sampa.

Sobre a revolução liberal

A verdade histórica da revolução de 1842 requer que se examinem *"as causas que acarretaram os movimentos armados... das províncias de São Paulo e Minas Gerais..."*.

"*Suspeito de favorecer o movimento revolucionário*", Rafael retirou-se de Sampa avisado por um amigo de que ia ser preso, pretendendo recolher-se em "*asilo seguro até que serenassem tais suspeitas*" e "*lhe fosse feita justiça*".

Chegando a Sorocaba,

amigos sinceros, porém ardentes [como Feijó, não precisamos esconder], *haviam-se imprudentemente comprometido, e disseram-lhe que só com um movimento geral podiam ser salvos.*

Rafael não sabia que "*o movimento seria infalivelmente debelado*", mas pelos amigos arriscou a vida e a fortuna.
Foi talvez um erro, mas desses que "*só praticam os corações magnânimos, e que enchem de entusiasmo as almas nobres*".
(Só por isso ele teria entrado para a revolução, tornando-se chefe.)

Socorro financeiro ao Estado

... em suas duas presidências emprestou avultadas somas ao Estado, sem que exigisse juro algum dessas quantias.

Numa delas, não havia nos cofres nacionais como pagar os empregados públicos, "*que ficariam reduzidos a notáveis extorsões, se não à miséria*", não fosse a generosidade de Rafael, "*sincero amigo da província em que nascera*", que queria lhe dar "*um futuro próspero*", e "*um fim benéfico para o desenvolvimento da nossa indústria*"
(Quando um dia se olhar de uma larga estrada as suas várias fábricas ao redor, vai-se entender melhor esse passado visionário, de empreendimentos para a melhoria econômica...)

Socorro à fábrica de ferro e comenda de Cristo

"*... sem interesse algum emprestou avultada quantia para a manutenção da fábrica de ferro de Ipanema*", de administração desfalcada de meios, e por isso recebeu a Comenda de Cristo.

Filantropo

Nunca alguma miséria que lhe "*bateu à porta*" deixou de ter seu "*pranto de angústia*" transformado em "*lágrimas de pura alegria*".
E sem esperar que "*seus amigos lhe pedissem o que desejavam*", mais do que ajudá-los generosamente, "*adivinhava-lhe os desejos*".

Quando o velho (e respeitável mestre) André da Silva quase perdeu a casa, Rafael, sem aquela

ostentação que torna a esmola pesada àquele que a recebe, modesto como um ancião dos tempos primitivos, comprou a casa em que este residia e deu o usufruto ao mesmo tempo e, depois dele, à sua enteada.

Exemplo de político?

Era uma alma "*de antes quebrar que torcer*" (Sá de Miranda). "*O estandarte de suas crenças hasteara-o nos arraiais do Partido Liberal*", e como Leônidas, nas novas Termópilas, antes morreria que renunciaria às suas sinceras crenças do coração (e atenção, porque isso também vale para o amor: sobrevive-se à rejeição, em várias histórias, mas a questão parece não ser esta, e sim a de ser maior que o orgulho, pela coragem em renunciar) "*à causa nobre e santa*" que defendia, mal lhe despertara a inteligência.

... nesse coração magnânimo não havia ódio, nem rancor...

(E menos ainda em suas "*íntimas relações*".)

Amigo do orador, quase um pai

Tinha raro desapego, em tempos de muito egoísmo: "*era o sincero interesse, a mais íntima devoção pelos seus amigos*".

(Pouco antes de morrer ainda se preocupou com a carreira política do orador, procurando ajudá-lo...)

Eventos finais

O jornal de Azevedo Marques (publicado às terças e sextas-feiras à rua do Ouvidor, 46) deu a seguinte nota:

Deus abrigue sua alma (...) de dor e de saudades.
Assim seja.

Findaram-se então os rituais, retirando-se o corpo do centro da igreja de São Francisco (no largo de mesmo nome, em Sampa – entre os prédios da faculdade de Direito e o convento –, o "*centro da vida urbana, social, política*" do país) e levando-o ao jazigo "*adrede preparado ao irmão e ministro da Ordem*".

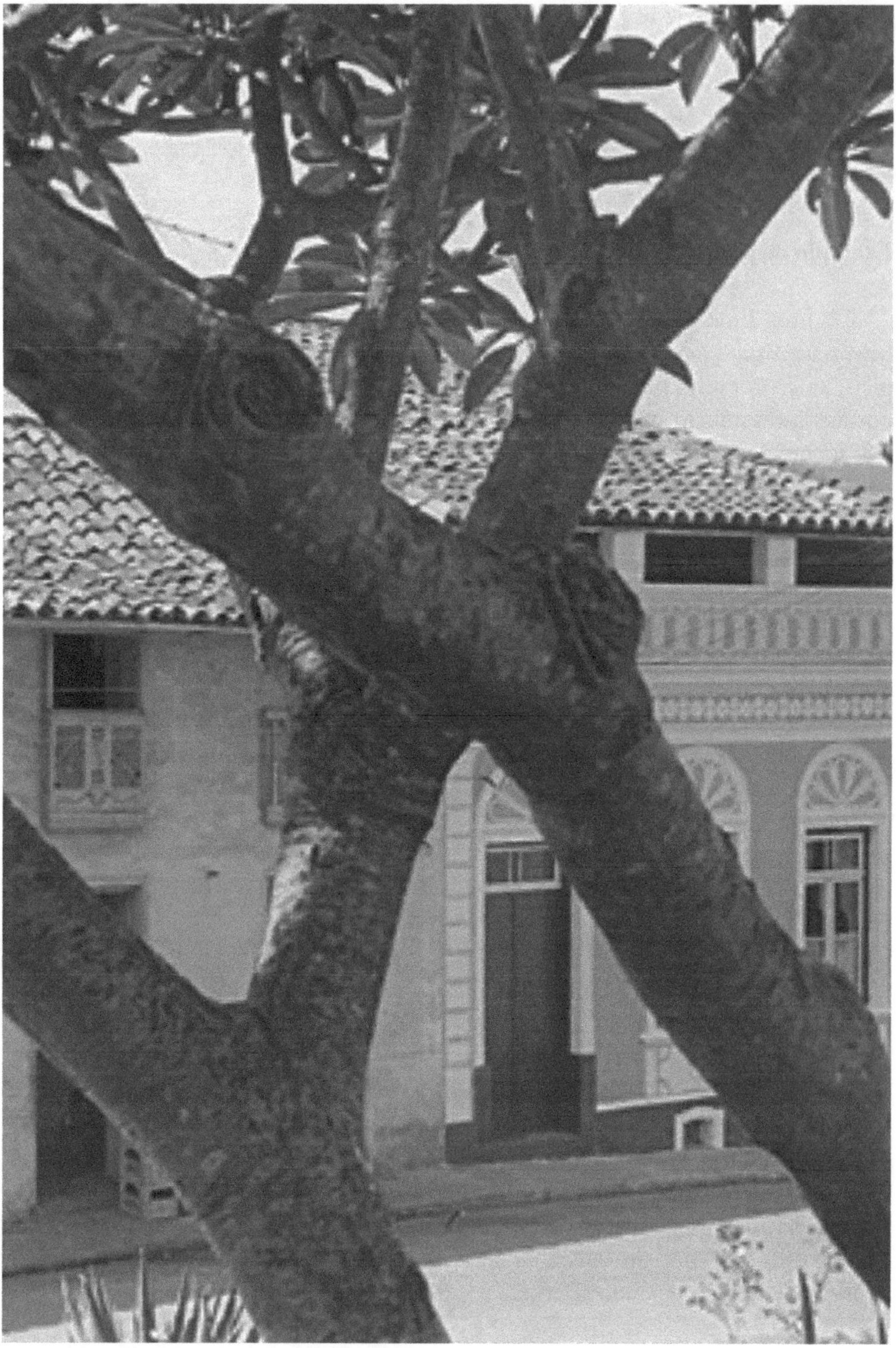

7

Fim de um ciclo

Marquesa

Quando morreu, Rafael estava acompanhado pela marquesa de Santos e um dos filhos do casal. O relacionamento entre Tobias e Domitila foi para ambos o que mais se estendeu, durando 24 anos, ao longo dos quais o casal teve seis filhos, sendo quatro os que conseguiram chegar à idade adulta: Rafael (nascido em 1834), João, Antônio Francisco e Brasílico.

Trâmites

Em 31 de outubro, a marquesa compareceu ao juízo de órfãos da imperial cidade de Sampa para abrir o inventário, e prestou as primeiras declarações. Assinou o termo de inventariante diante do juiz de órfãos Francisco da Costa Carvalho (sendo Januário Moreira o escrivão).

Os filhos Rafael e João eram os seus procuradores judiciais. O também procurador Joaquim Inácio Ramalho prestou as últimas declarações. Outros realizaram as funções de avaliadores dos bens em Paraibuna, Sorocaba e Itapetininga.

Descendência e patrimônio deixado

A inventariante, depois de descrever a filiação de Rafael, data e o local de seu falecimento (em viagem à Corte), seu estado civil, e a existência de testamento, "descreveu os filhos", todos domiciliados com a mãe:

– Rafael Tobias de Aguiar, solteiro, 23 anos;
– João de Aguiar e Castro, solteiro, 22 anos;
– Antônio Francisco de Aguiar e Castro, solteiro, 19 anos;
– Brasílico de Aguiar e Castro, solteiro, 17 anos.

Além dos bens móveis, "semoventes" e demais na capital, também eram parte da herança, nessas primeiras declarações:

– Fazendas e sítios em (a) ponte do Anastácio (metade do sítio), (b) Paraibuna (sítio Morro Branco), (c) prédios em Sorocaba, (d) fazenda Boa Vista, (e) fazenda Paranapitanga (subdividida em três), (f) fazenda Capão Bonito de Paranapanema (Itapetininga), (g) fazenda São Pedro (Faxina), (h) parte do sítio Passa-Três (Sorocaba) e (i) Fazenda Pouso Alto (Paraibuna, também dividida em três).

"Nas fazendas existiam escravos, plantações, benfeitorias"...

Valor das coisas

Já estavam à volta, como se disse, os curadores dos menores e avaliadores. Sobre o casarão, ou "casa solarenga" onde ele morava, havia de tudo, "incluindo objetos de prata e ouro e a biblioteca com *'uma porção de livros'*. E escravos". Muitos escravos.

A prata foi avaliada em 200 réis a oitava, e o ouro em 250.

Entre os móveis avaliados havia 24 "cadeiras envernizadas", 1 sofá de um assento, 1 mesa de abrir, 2 consolos, 1 canapé, 1 mesa comprida de sala com duas gavetas, 17 cadeiras de palhinha embutida de marfim, 2 espelhos de moldura dourada, 2 mesas apoiadoras desses espelhos, 1 cadeira grande de palhinha de canto, 1 secretária com gavetas, 1 biblioteca com duas estantes envernizadas e uma de tamanho menor, 1 relógio de mesa com manga de vidro. Total 433$000.

E objetos de prata (talheres, serpentinas, jarros, bacias, açucareiros, tigelas, bandejas, escrivaninha), no total de 2.523$000.

E objetos de ouro (esporas, 1 boceta de ouro, relógio, cordão, faca, 1 alfinete de brilhantes, com 11 pérolas miúdas e uma grande em forma de rosa, 1 alfinete que também serve de botão, uma pedra grande de brilhante, 1 boceta para rapé), no total de 1.206$660.

E *433 escravos* nas diversas fazendas e casas de cidade (incluindo Domingos, que estava na cadeia por ter assassinado a mulher, Maria Sorocaba).

Escravidões e escravizados

A mais bem avaliada, Teresa, filha de Ricardo e Leonor, atingiu 1:500$000. O pior avaliado foi Manoel Luís, "*muito velho*", a apenas 40$000, só competindo com um recém-nascido, filho de Benedito, avaliado em 30$000, como outro "*crioulinho*" (!), filho de Idalina.

Breve comentário

Será preciso reescrever a história para entender-se o significado monstruoso dos que foram tidos como heróis, mas eram proprietários de gente.

Não só os senhores feudais em seus sertões espalhados pelo continente, mas também a suposta nobreza, com seus reis, rainhas, barões, condes, e um único duque, que legitimavam essa escravidão. Legitimavam?

Vamos a alguns fatos, embora tudo possa ser distorcido.

(Ah, mas talvez já tenhamos falado nos anos 1452, 1470, etc. etc.)

E vamos assim culpar os nossos antepassados, mas também todos os habitantes vindouros dos séculos seguintes, pela poluição que se espalhará cada vez mais cruel, pelas devastações das florestas e crucificação dos índios, pela desigualdade social e consumo desenfreado que vai matar a vida no planeta. E porque esses habitantes dos séculos seguintes serão ainda mais narcisos, mimados e ressentidos, em consequência da acumulação geral de riqueza no mundo e no país, que os levará a isso...

Escravos

A idade do escravo variava de recém-nato até os setenta anos. Muitos eram considerados doentes: *"pé inchado"*, *"joelhos inchados"*, *"doentio"*, *"olho furado"*, *"pescoço inchado"*, *"ferida na perna"* etc.

Por esse testamento, foram reservados à marquesa: Querubim, Florêncio, Rufino e Gabriel. E em usufruto, por determinado tempo, Martinho (25 anos, obrigado a servir até os 35), Apolônia (24 anos, obrigada a servir por mais quatro) e Custódia (também por mais quatro anos).

Bens de raiz na capital

– Sobrado entre a ladeira de Santa Efigênia e a rua Alegre (depois Brig. R. Tobias de Aguiar – com medidas e divisas descritas) avaliada em 16:000$000;
– Casa à rua Esperança (depois Cap. Salomão) nº 8 (descrita e com medidas), a 1:600$000;
– Casa térrea à rua do Quartel 44 (demolida em 11 de agosto para se erguer o palácio da Justiça – devidamente descrita), 2:000$000;
– Térrea de um lanço, com área pequena ao fundo, em ruínas, de confrontações descritas à rua das Flores (depois Silveira Martins) 48, a 600$000;
– Outra de dois lanços, muito estragada, no Pátio da Cadeia nº 6, esquina com rua Esperança, a 2:000$000;
– Outra atrás da cadeira nº 26, com lanço de 3 janelas, e divisas referidas, a 2:000$000;
– Outra térrea, de lanço comum de uma janela, e outro de duas, à rua Alegre 1, a 600$000;
– Outra térrea de dois lanços (uma janela cada) no Pátio de Santa Efigênia 44, a 1:000$000;
– Outra térrea, dois lanços e duas janelas, no Tanque da Zunega (depois largo Paissandu), início da futura Visconde do Rio Branco (rua dos Bambus) – 1:800$000.
– Terreno murado entre o *"tanque do Zunega à rua dos Bambus e a travessa que comunica o dito tanque com a rua do Acre"* (antigo caminho do Açu) – depois rua do Rosário – 400$000;

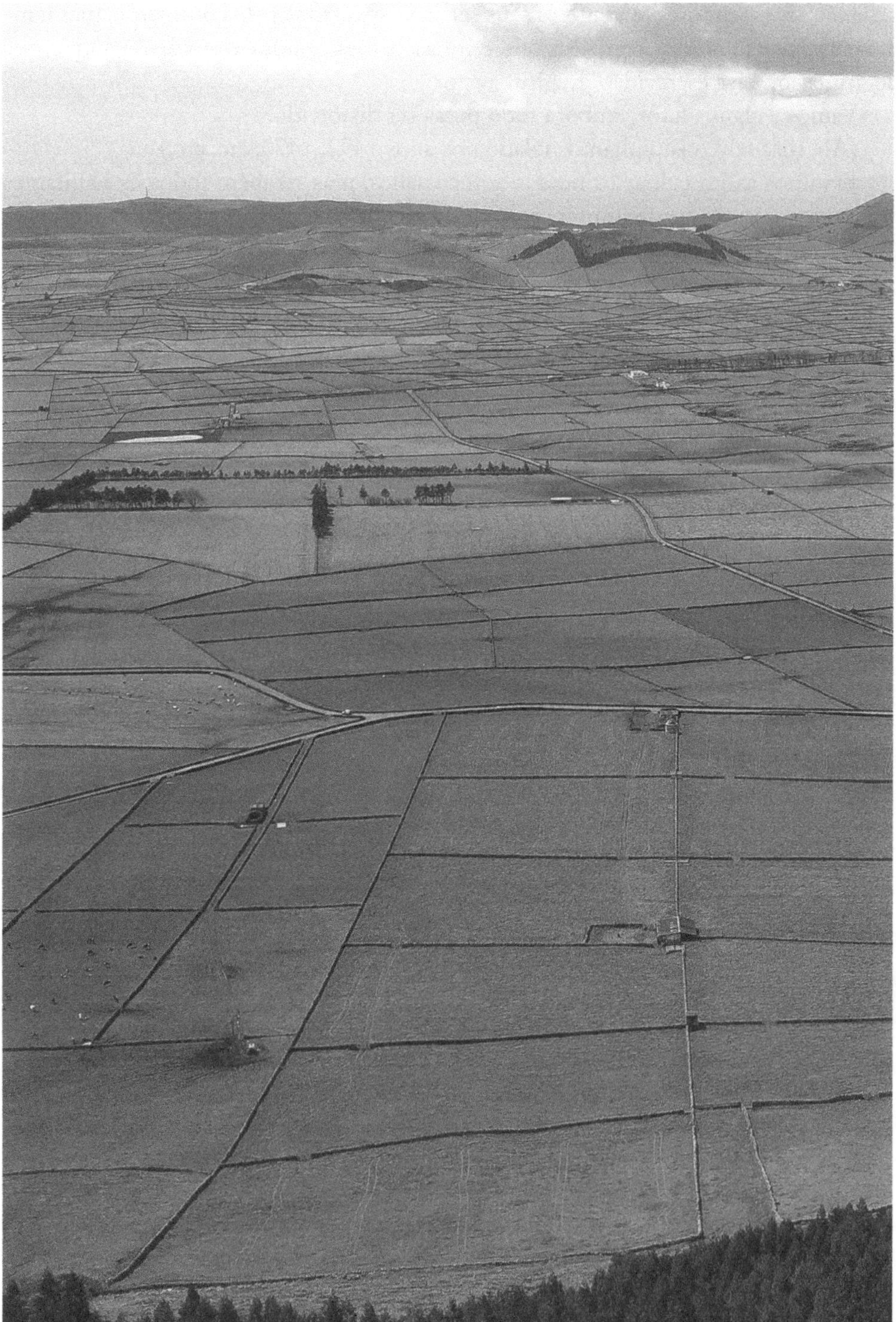

– Chácara que *"segue para o lado da estrada de Santos"*, no bairro da Moca, com benfeitorias, pastos, plantações (com referidas divisas) – 1:500$000.

(E nem que se despejassem caminhões e caminhões com notas e moedas descarregadas por pás, não se dimensionaria bem o tamanho dessa fortuna...)

– Sítio Anastácio, na freguesia do Ó, junto à ponte do Anastácio (fora do cel. Anastácio de Freitas Trancoso e adquirido por Rafael e Domitila por 16:000$), aqui avaliado a 8:000, por "descrição cuidadosa das terras" com casas, terras aradas, pastos, currais, potreiros, gramados e cercados (o antigo latifúndio à margem direita do Tietê *"deu origem ao atual bairro do Anastácio"*).
– Pequeno terreno junto à ponte do Anastácio, para o lado de Sampa, entre a estrada e o Tietê, e uns *"caraguatás"* etc. etc., casa velha *"de paredes de mão"*, teto de sapé e telha, "adquirido em arrematação pública por 400$000".

Nas proximidades

– Sítio Morro Branco em Pirapora, com pastos e casa simples – 1:000$000.

Em Paraibuna

– Fazenda Pouso Alto – terras de sesmaria avaliadas a 15 mil mais benfeitorias e casas a 500;
– Fazenda Favorita – casas, gramado e mais benfeitorias a 1,5 mil, mais ventilador de café a 100; animais (*"10 bestas novas em pelo, 8 arreadas, em boa estado, 16 arreadas mais velhas, 12 éguas e um cavalo preto, 24 cabeças de gado, 3 bois, 24 carneiros"*) a 3:438;
– Fazenda Bom Sucesso – com mil cafeeiros de um ano, 50 mil de seis anos, 2 mil de um ano – por 15 mil, 10 mil e 100; casas, máquina de café e milho + monjolos a 1:440;
– Terras (fazenda de lavoura) nos dois lados do rio Paraibuna a 5 mil.

Em Itapeva (Faxina – por avaliações de março de 1859)

– Fazenda São Pedro, com pastos, matas, casa, senzalas, engenho e mais benfeitorias; terras avaliadas em 51:000; animais: 1.335 vacas parideiras (a 10$000 cada), 403 bois e mais de três anos (a 16 cada), 546 bois terneiros de menos de dois anos (a 6), 24 bois carreiros (a 25 cada), 53 cavalos mansos (a 12), 14 potros de menos de dois anos (a 4), 6 potros (a 6), 4 cavalos pampas (a 20), 6 éguas pampas (a 20), 3 cavalos pastores (a 15), 68 éguas (a 5), 8 bestas de custeio (a 20), 84 carneiros (a 800 réis);
– Escravos: 36;
– Fazenda São Rafael, Paranapitanga e Fazenda de Baixo, com pastos, casa, matas, mais benfeitoras etc., avaliada a 50:000$000;
– Casa e benfeitorias na Paranapitanga (1:000);

– Na São Rafael, 1.511 vacas de ventre (a 20 cada), 547 terneiros de 2 anos (a 8), 112 de mais de três anos (a 8), 34 vacas leiteiras (a 16), 58 "vacas solteiras" (a 12), 6 bois (a 18), 144 bois (a 25), 28 vacas leiteiras (a 14), 38 cavalos de custeio (a 18), 11 bestas de custeio (a 20), 14 bestas velhas e aleijadas (a 25)...
... 3 cavalos brancos, de melhor andar, de custeio (a 25 cada), 53 éguas pampas (a 30)...
etc. etc.
– Escravos: 106.

Em Itapetininga

– Fazenda Capão Bonito de Paranapanema;
– Fazenda com pastos, "matas de cultura", casa de morada e benfeitorias – 50:000$000;

(Segue novo levantamento de "gado" – vacas, terneiros, bois, touros – e "animais cavalares" – bestas, poldras, éguas e pastores. E...)
– "*Muitos escravos*" – só assim era possível cuidar de tantos bens.
(A avaliação fora acompanhada por dr. João Tobias de Aguiar, "procurador da inventariante sua mãe", dos irmãos Brasílico – menor púbere –, de dr. Rafael Tobias de Aguiar com sua mulher Ana Cândida de Aguiar, e de Antônio Francisco e da mulher Placidina de Aguiar e Castro.)

Fazenda Boa Vista (que fica entre os rios Paranapanema, Itapetininga e Capivari)

– Pastagens, benfeitorias e uma casa coberta de telhas, avaliada em 18:000. A casa a 200;

(Vê-se que é da época em que se adentravam e registravam as conquistas, mencionando – ou estabelecendo – as divisas.)

– 950 bois de mais de 3 anos (a 16 cada), 11 de 2 anos para baixo (a 6);
– 8 cavalos de custeio (a 12);
– Muitos escravos.

Mogi-Mirim (bens de raiz – terras)

– Parte do sítio e terras do Passa-Três (herdada do pai), a 1:000;
– Terreno na estrada que vai para Sampa, a 1:000;
– Terreno na estrada dos Morros, a 100$000;
– Chácara com casa de morada e terras, a 4:000.

8

Bens e mais bens

Como está nos evangelhos

Diz João (21, 25) que enquanto esteve na Terra, *"Jesus fez ainda muitas outras coisas"*. E, independente de quantas riquezas materiais possa ter deixado, ele subiu aos céus.

Pois como diz Marcos (16, 19), *"depois de falar com os discípulos, o Senhor Jesus foi levado ao céu, e sentou-se à direita de Deus"*.

Ou na explicação de Lucas (24, 51), *"enquanto os abençoava, afastou-se deles, e foi levado ao céu"*.

Casas

– "morada de casas de dois lanços, com quintal competente na rua das Flores desta cidade" – 2:000;
– "morada de casas contíguas, de dois lanços pequenos, com área" – 1:500;
– "morada de casa de dois lanços pequenos" (idem), *"na mesma rua"* – 2:500;
– "morada de casas de um lanço, contigua à referida acima" (idem) – 1:000;
– "morada de casa de dois lanços" (idem), *"na mesma rua"* – 3:200;
– "morada de casas" (idem) *"contíguas às de cima"* – 3:200;
– "morada de casa de dois lanços, para o Largo da Capela de N. S. do Rosário, contíguas às acima descritas" (idem) – 3:200;
– "morada de casa de dois lanços e quintal, no mesmo Largo" – 3:200;
– "morada de casas de um lanço, com quintal, no Largo citado" (idem) – 1:500;
– "morada de casas grandes, no Largo do Rosário, contendo na frente quatro salas, com quintal" (idem) – 5:000;
– "morada de casas, no citado Largo, com dois lanços, com armação para loja e quintal" (idem), *"dividindo do lado esquerdo com as casas grandes acima descritas"* – 4:000;
– "morada de casas de dois lanços e quintal, na rua da Contagem, além da ponte..." – 1:800;

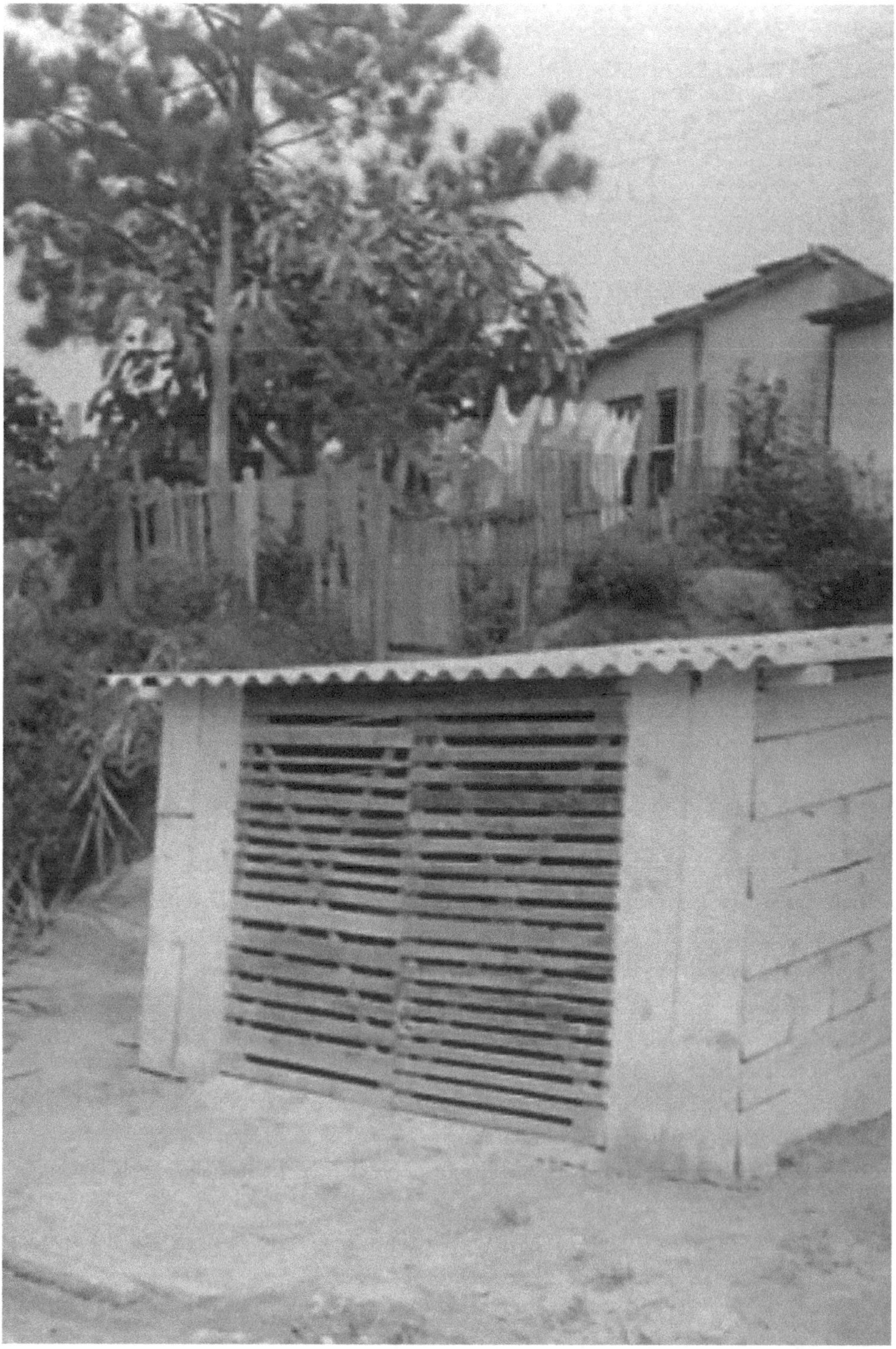

- "morada de casas, contíguas às acima, na mesma rua e quintal" – 1:500;
- "morada de casas; com dois lanços, e quintal, contíguas às '*acima descritas pelo lado de baixo*'.." – 1:500;
- "morada de casas de dois lanços, com quintal, contíguas às precedentes..." – 1:500;
- "morada de casas, de um lanço com quintal na rua da Boa Vista..." – 500;
- "morada de casas de um lanço e quintal '*na mesma rua e contígua*'..." – 500.

Documentos, créditos etc. (exibidos pela inventariante)

(Dir-se-ia à pessoa que preparou este levantamento que "a relação é grande". Atenta-se à "nótula 7".)

- Na revolução de 1842, Pedro Manoel de Oliveira contraiu dívida de 3:850;
- Dívidas do conde Iguaçu (uma, outra, outra...) – 3:752 + 3:700 + 5:247$295 + 5:247$595 (pois casar-se com a enteada parece ter sido um bom negócio...);
- Francisco Chagas – 2:604$800;
- Barão de Mogi Mirim (concunhado da inventariante) – 8:329$572;
- Antônio Clemente dos Santos – 26:690$690;
- Brig. Bernardo Peixoto – 1:800;
- Ten.-cel. Jerônimo de Andrade – 400;
- João Barbosa – 7.888.

Outros bens

Ao longo do inventário, a inventariante recebeu mais 15:166$500. E, de diversos devedores, 62:156$017.

- "*Em dívidas por hipotecas, letras e obrigações e contas-correntes que pareciam cobráveis*" – 408:019$741;
- 87 ações da Estrada de Ferro d. Pedro II – 9:935$400;
- "*Em 100 ações do Banco Comercial e Agrícola, primeira entrada*" – 2:000;
- "*Em dívidas não reconhecidas ou dependentes de liquidação*" – 115:637$453;
- Dívidas duvidosas ou incobráveis – 52:267$961;
- "Juros recebidos e debitados a diversos devedores, em contas liquidadas" durante a administração da inventariante, mais produtos das fazendas, aluguéis de casas (até 30 de junho de 1859), mais 8:136$624 em dinheiro (conforme autos) – total: 81:181$875;
- Dívidas passivas – total: 189:057$809.

Despesas

1 – da inventariante (conforme notas) – 15:921$970;
2 – Adiantamento de legítima aos filhos:
Rafael – 29:663$035
João – 34:568$698
Antônio – 29:763$715
Brasílico – 5:614$910
Total – 99:610$358;
3 – credores da herança – 48:154$419.

Concluindo

Findas as declarações, o juiz (Manoel de Azevedo) despachou em 25 de agosto de 1859, chamando os herdeiros à sua casa naquele dia às doze horas para as declarações finais e discussões de partilha...

Com a anuência de todos (e "expondo o desejo de cada um"), fizeram-se o processo e os pedidos de partilha.

A marquesa pediu que "lhe fossem adjudicados bens suficientes para pagamento do seu crédito", designando metade da fazenda Anastácio, "os móveis **e escravos** ali existentes", "*por ser o lugar do seu recreio*" (além de proprietária da outra metade). "Todos concordaram e assinaram."

João Tobias quis a fazenda Bom Sucesso e seus escravos, os escravos da São Pedro (nomeados por ele), as casas de Sorocaba, ¼ da Casa Grande, ¼ da fazenda Morro Branco, a família do escravo Ricardo, "uma parelha de machos pampas; um cavalo vermelho malacara; duzentos bois de dois anos para cima".

Rafael quis as fazendas Paranapitanga e Boa Vista, ou a chácara de Santa Efigênia; "a mobília e a prata existente em seu poder", a chácara na Moca, ¼ da casa grande, uma casa e escravos existentes em Sampa (nomeados), metade da avaliação do escravo Mateus, ¼ do gado vacum, cavalar e muar.

O inventário foi julgado aos 29 de setembro de 1859. Atendeu-se ao pedido dos interessados no "*que fosse de justiça*". Ficaram para a sobrepartilha as dívidas ativas que dependessem de avaliação. Pagar-se-iam em dinheiro à inventariante 40:000 de seu dote. O testamenteiro ficou com 5% (vintena) – 1:000 (seguindo-se uma grande prestação de contas dele).

(Não deve ser proposital, por esta época, o incômodo que se causa na leitura de seguidos bens, e os escravos no meio desta lista, como coisa de valor. O chamado "patrimônio humano".)

9

Testamento

De tantas formalidades (necessárias ou não)

– Fora escrito *"em nome da Santíssima Trindade, Padre, Filho e Espírito Santo"*...
– ... em um lugar *"de Águas Virtuosas"* [atual Lambari] para tratamento de doença (possível epidemia contraída no Rio de Janeiro).
– Declara-se *"católico romano, ainda que indigno"*, princípios que pretendia seguir, vivo ou morto, *"pela misericórdia Divina"*, esperando nela *"a remissão de muitas culpas"*.
– É natural de Sorocaba, filho legítimo do cel. Antônio Francisco de Aguiar e de dona Gertrudes Eufrosina Aires de Aguiar (já falecidos).
– *"... casado com dona Domitila de Castro Canto e Melo, Marquesa de Santos, por escritura de arras, pela qual me obriguei a dar-lhe o* **dote de oitenta contos de réis**, *sem que houvesse comunhão de bens, de cuja quantia deviam pertencer, quarenta contos de réis, por nosso falecimento,* **a dona Maria Isabel D'Alcântara Bourbon**, *cuja quantia já entreguei no ato do seu* **infeliz** *casamento com o conde d'Iguaçu"*.

(Pedro Brandt é um dos filhos do marquês de Barbacena, camarista do imperador. Diferente do pai, e sem qualidades, "era gastador, esbanjador mesmo".)
(Por pouco não acompanhamos a cena desse casamento, em que Rafael tanto se incomodava com o comportamento do marido da enteada.)
(Maria Isabel de Alcântara Brasileira esteve "homiziada" no convento com a mãe quando Caxias entrou em Sorocaba. "Casou-se com Caldeira Brant contra a vontade da mãe e do brigadeiro. Viveu vida conjugal tormentosa e infeliz como dissipador marido.")

– Fala-se dos quatro filhos que teve com a marquesa, *"aos quais muito recomendo que concluam suas educações, literária e religiosa, para serem bons cidadãos e honrarem o meu nome"*.
– A parte do dote que restava à mulher, mais a que já fora dada à condessa de Iguaçu *"devem ser tiradas do total dos meus bens"* [porque pelas escrituras é que foram reconhecidos os filhos, com direito às legítimas]...

– As dívidas que tinha com a mulher já estavam praticamente saldadas (faltando creditar oito apólices da dívida pública [visconde de Ipanema] – oito contos $320 réis, e algumas parcelas despendidas.
– "(...) *as apólices* (...) *e ações do Banco do Brasil* [em poder do dito visconde] (...) *pertencem mesmo à minha mulher*".
– Outros créditos e títulos *"pertencem à mesma minha mulher"*...
– Das casas "adjudicadas" dele em Sorocaba [que eram do falecido tenente Elesbão], também *"pertencem à mesma minha mulher, tantas quantas equivalham à conta que restava à mesma* (...) *com aquilo que houve na adjudicação* (...)".
– A fazenda Boa Vista, de escritura passada no nome do casal, pertencia na verdade só a ele (tanto que a conta de seu primo ele abonou *"porque nunca quis ter fazendas"*).
– Já *"a da Vacaria pertence à mesma minha mulher"*, embora a escritura estivesse em nome do casal, porque fora conveniente à época.

"Determino que no dia do meu falecimento se distribuam pelos pobres do lugar quatrocentos mil--réis, à razão de dez mil-réis por aqueles que aparecerem, e quando não chegue a referida quantia se elevará a seiscentos mil-réis."

– *"... que meu enterro seja **decente, mas sem pompa** e que se digam missas de corpo presente por todos os padres que houver no lugar* (...).
– Pede *"sete capelas de missas"* (1 capela = 30 missas), sendo três por sua alma, uma por seus pais e outra por suas *"manas"*, **outra por seus escravos**, e *"outra pelas pessoas com que tive transações e me ajudaram em meus negócios"*.
– E que o testamenteiro compre apólices da dívida pública (oito) e *"administre os bens de N. S. da Ponte, padroeira da mesma cidade* [Sorocaba], *para com o rendimento das mesmas coadjuvar a festa da mesma Senhora* (...)"; outras oito à Mesa da Santa Casa de Misericórdia, e aplique *"seu rendimento no sustento do hospital da mesma"*; outras oito *"à Madre Regente do Recolhimento de Santa Clara"* de Sorocaba, *"para empregar o seu rendimento a bem do mesmo Recolhimento, sendo obrigada aquela Mesa da Santa Casa a mandar dizer, uma missa anualmente no aniversário do meu falecimento"*, e o mesmo nas datas de falecimento de seu pai e sua mãe.
– Também doava (encomendava a compra para fazer doação) apólices da dívida pública para os filhos e filhas de um amigo (Antônio Gomide, e que dessem rendimentos mas não pudessem ser vendidas), *"ficando sua mãe usufrutuária enquanto não chegarem à maioridade"*, e confirmava doação a d. Corina (quatro apólices – no casamento –, uma escrava e uma morada de casas em Sampa, nas condições especificadas);
– Idem na doação a Angélica Taborda (escravos e morada de casas em Sampa).
– Idem às filhas de um amigo (João da Silva – dois contos de réis nas mãos de um tio, para despesas com prestação de contas anual *"até chegarem à emancipação"*).
– Fala na sociedade com o amigo Luiz Machado, a quem deu cinco contos não devolvidos, mas agora perdoados. Também Pedro de Almeida, de Itapetininga, por crédito à razão de

10% ao ano, será reduzido o juro anual para 6%, e se a situação estiver tão difícil *"que sua mulher fique sem nada"*, a 4%, também perdoados (e *"se empregarão em escravos"*), porque não quer que esse benefício seja dado a credores, e sim à mulher;
– Idem à comadre Guilhermina, viúva; o que devia deixa à *"sua filha minha afilhada"*, com *"obrigação de hipotecar, para segurança dessa dívida, a parte que tiver nas casas que possui em Sorocaba (...) e essa que tocar à dita minha afilhada não poderá vender, alienar e nem pagar dívidas"*.
– Da dívida do tenente-coronel José d'Andrade serão abatidos *"seiscentos mil-réis em sinal de lembrança"*.
– Do afilhado Rafael de Toledo não será cobrado o prêmio por três anos, *"continuando com abono de seu pai"* (um tal Joaquim).
– Ao primo Manoel de Aguirre, *"não se cobrará o prêmio de sua obrigação"*;
– O mesmo do primo Paulino de Aguirre, mais do que está registrado, conforme acerto de contas em visita. À prima Ana Aires, perdoa a quantia pedida em ajuda ao falecido genro.
– À dívida de Aleixo Rodrigues, administrado de Paranapitanga, abatem-se 800 mil réis, que deixa ao mesmo.
– Ao primo Estelita de Tolado...

(Descobre-se pelo testamento uma série de dívidas que tinha a receber de parentes – principalmente primos –, em muitos casos perdoadas, em outros abatidas com novas doações...)

... a parte que deve pelo prejuízo da boiada que levou ao Rio, e consta no livro de correntes, e deixa também ao filho dele, afilhado de Rafael, duzentos mil-réis.
– **Dá alforria aos escravos** Lourenço (seu pajem), Albina mulata, Agueda (ama de Rafael), Marcelina (dita de João e Bento Mina, pai de Lourenço).
– *"quartados"* (que pagavam alforria em prestações)...
... Francisca (filha de Albina, com obrigação de servir *"minha mana"* d. Gertrudes por seis anos)... deixa a essa *"mana"* a sua *"boceta d'ouro"* como lembrança.
.. Albino (filho de Albina, com obrigação de servir a *"minha mana"* d. Leonarda por seis anos)... e deixa a essa mana o *"alfinete de brilhante, que serve também de botão"* como lembrança.
... Martinho (sapateiro) com obrigação de servir *"à minha mulher"* até ter 35 anos de idade.
... Apolônia, com obrigação de servir por quatro anos *"à mesma minha mulher"*.

"As escravas que tiverem d'oito filhos para cima, vivos, um ano depois de meu falecimento ficarão forras."

– Apenas Custódia (que foi ama de Heitor), se tiver menos que oito, *"ficará quartada, servindo por quatro anos à minha sogra, a Senhora Viscondessa de Castro, e, na sua falta, à minha mulher."*

"Todos os escravos que deixo forros, ou quartados, perderão sua liberdade se derem-se à bebida habitualmente [e neste caso, com perdão do humor negro, estaria provado que a bebida escraviza],

ou cometerem furtos ou roubos por três vezes, e ficarão pertencentes àqueles dos herdeiros que os convencerem."

– Deixa ao filho Rafael o escravo Ângelo e a bandeja de prata (herdada da *"sempre lembrada mãe"*); ao filho João o escravo Emílio, *"as esporas d'oiro e minha biblioteca, esperando que conserve as esporas, por terem sido do meu avô"*; ao filho Antônio o escravo Jorge, *"e o relógio d'ouro que espero conserve"* por ter sido de seu tio, compadre e amigo (irmão de Domitila?); ao filho Brasílico, o escravo Bertoldo *"e a faca, cabo e bainha d'ouro, que espero conserve por ter sido de meu uso"*.
– À mulher, quatro escravos a sua escolha, *"e o alfinete de brilhante com a figura de rosa"*.
– À afilhada d. Escolástica Pinto de Castro, *"a rapariga que lhe dei e se acha na Fazenda de Bom Sucesso"*.
– À prima d. Perpétua Leocádia, a casa em que mora em Sorocaba...
– À prima *"d. Maria do Monte Aires, a **boceta d'ouro**, que tem as letras: J. C. C."*.
– À afilhada d. Antônia (mulher do sobrinho dr. Antônio Aguiar de Barros), *"o fio de pérolas, que foi de minha querida Tudinha"*.
– À afilhada Dometília (filha do sobrinho João Carlos) as casas da rua das Flores, que foram de seu tio Pedro.
– Ao compadre Joaquim de Toledo, *"a insígnia d'oficial da Rosa d'Ouro"* como lembrança.
– Ao amigo Inácio Rodrigues a casa de Sorocaba contígua à que deixa à prima d. Perpétua.
– À afilhada d. Ana Rosa...

(Dá-se ao leitor total licença para ir pulando alguns itens, a menos que se interesse em se deparar com coisas que possa já ter visto de perto... – e concorda-se em haver "excesso" na lista aqui reproduzida.)

... (filha do amigo Marciano) a casa na rua do Pinheiro em Sorocaba (que fora do Campolim)...
– Na sociedade com Joaquim (Rodrigues d'Oliveira) na fazenda Faxina não ajustaram as contas por dificuldades nas cobranças dele. Se os herdeiros aceitarem 2 contos de réis (ou *"o que for de direito"*), seu testamenteiro acertará. O mesmo em 250 mil-réis a Maricota, escrava de sua mulher, *"de parte de um bilhete de loteria que dei à mesma"*, e a Águeda, ama de Rafael, "por igual *dádiva*".
– À viúva e herdeiros de Antônio d'Almeida – 130$000 – suspeitando *"ter havido d'engano"* numa sociedade que teve com ela, e não pôde examinar.
– Aos seus escravos d'ofício 6$400 réis em roupas, aos de roça 3$200, *"entrando nesse número as escravas e os menores dois mil réis"*.
– Declara que suas dívidas ativas estão todas (registradas) no *"livro de contas-correntes"*, havendo raras dívidas não lançadas, como a do amigo Antônio dos Santos, a quem tem pedido, *"porém suas ocupações não têm permitido dar mais"*. Confia muito em sua probidade e assim acredita que não haverá dúvida.

– Dos prêmios em dívida (constados das cartas, no maço dos créditos, e também duma conta-corrente – havendo apontamentos que servem de esclarecimento...) "... *não podendo fazer outro tanto com o prêmio*" de 600$000 pedidos por ele em 1849, no Rio, constando na carta o respectivo recibo, "*por pertencer essa quantia a minha mulher*".
– Feitas essas disposições, "*o remanescente da minha terça, deixo em igual parte a meus filhos, esperando que se conservem na melhor inteligência e harmonia (...)*"

(...) *seguindo o meu exemplo, que não tive a menor dissensão com meus cunhados e irmãos, nas duas partilhas que tivemos; mas como os bons exemplos nem sempre são seguidos, ainda vindos de pais, se alguém ou alguns dos meus filhos propuser qualquer ação a seu irmão perderá a parte ou partes que tiverem (...)*

(E assim será distribuída a sua parte aos outros demandados...)
(O que inspirará pais não necessariamente zelosos, mas crentes na superioridade de seu próprio saber, a fazerem tentativas de manipulação das coisas mesmo depois da morte.)

(...) *meus herdeiros não poderão vender, alienar de qualquer maneira, ou pagar dívidas com os bens provenientes da terça.*

– Para obrigar a esta resolução, o testamenteiro fará o possível para que o remanescente de sua terça "*fique em bens de raiz, que admitam mais fácil divisão entre meus herdeiros*".

Se Rafael persistir em casar-se com dona Ana Cândida...

(Que era afilhada da marquesa, como estará em seu testamento... No decorrer do inventário do pai, Rafael filho já terá se casado com Ana Cândida dando procuração – assim como ela, a esposa – ao irmão João Tobias para acompanhar a avaliação de bens em Itapetininga, tendo iguais poderes.)
(O irmão subestabeleceu a procuração de Rafael e esposa, de Antônio Francisco e esposa, da mãe e de Brasílico – menor – "na pessoa do Ajudante Paulino A. de Aguirre".)

...filha de d. Maria Carlota (contra seus conselhos) também perderá sua parte da terça.

(Haja autoritarismo, e aqui também inspirará chantagens em seus descendentes, que o tenham como grande herói.)

– Nomeou seus testamenteiros, 1º o amigo Luiz Machado, 2º o filho João, 3º o amigo (ten.-cel.) Joaquim de Toledo, 4º o sobrinho e amigo dr. João Freire – pedindo ("*pela amizade que*

me tiveram, e amor filial que me deve") que deem conta do trabalho e resolvam tudo em três anos.
– Nomeou a marquesa tutora de seus filhos "*e lhe peço que queira aceitar este encargo, para fazer que concluam, e assim obtenham os frutos de nossos desvelos*"...

(E se por ilusão de óptica chegou-se a achar que eram "devaneios" – e não "desvelos" – é porque muito se associa os filhos a momentos íntimos de desfrutes, de bons sentimentos e prazeres, a dois...)

Águas Virtuosas, 24 de outubro de 1855 – R. T. de Aguiar.

10

Viuvez da marquesa

Anos seguintes

Em sua velhice, a marquesa de Santos tornou-se uma senhora devota e caridosa, procurando socorrer os desamparados, protegendo os miseráveis e famintos, cuidando de doentes e de estudantes da Faculdade de Direito do Largo de *São Francisco*, no centro da cidade de Sampa.

Sua casa tornou-se o local de encontro da sociedade paulistana, animada com bailes de máscaras e saraus literários.

1867 – fim

Exatos dez anos depois de Rafael, Domitila veio a falecer em 1867, "como uma grande dama da sociedade paulista".

(A morte se deu quando ela tinha 69 anos, aos 3 de novembro).

Diz-se que a marquesa de Santos (cidade onde nunca residiu) faleceu de enterocolite no seu palacete (que será a sede do *Museu da Cidade de São Paulo*) à rua do Carmo (que será Roberto Simonsen), próxima ao Pátio do Colégio, no dia que já dissemos, sendo sepultada no Cemitério da Consolação.

A capela original fora construída com uma doação feita por Domitila de 2:000$000 (dois contos de réis).

Romantismo

(Dizem que no futuro o túmulo de Domitila ainda receberá flores frescas, de tempos em tempos, de pessoas que continuarão a considerá-la uma santa popular. Entre as lendas haverá a de que protegerá as prostitutas da cidade e, pelo fato de ter conseguido um bom casamento, reestruturando sua vida dignamente após o relacionamento com Pedro I, servirá de inspiração às moças que querem recomeçar o casamento com outra pessoa, apesar das agruras sofridas.)

(Ao lado dela estarão sepultados o irmão mais novo, Francisco de Castro do Canto e Melo, seu filho Felício, fruto do primeiro casamento, e – o que haverá de ser descoberto nos anos 1980 – a condessa de Iguaçu. E, nesses anos 1980, esses túmulos haverão de ser cuidados por um devoto de Domitila, sanfoneiro italiano, de nome Mário Zan...)

Reflexões

Diz-se que Domitila de Castro Canto e Melo, a marquesa de Santos, faleceu às quatro e meia da tarde, pouco antes de completar setenta anos. Ela era a "protetora dos estudantes, santa perante a pobreza envergonhada, atenciosa e preocupada com seus escravos e parentes", estes que a rodearam nos últimos oito dias de sobrevivência.

Vão se passar séculos, e será ainda lembrada pelo

louco e devastador amor nutrido por um imperador que fez dela, uma simples divorciada, motivo de despachos diplomáticos e assunto mundano nas principais Cortes europeias.

De nada ela se arrependeu, pois ninguém "toma para si as rédeas da própria existência", rompe "padrões de conduta que se espera de mulheres" em seu meio social e econômico para depois se culpar.

Se houve arrependimento, foi por "não ter transgredido, vivido e amado mais".

Ela deixa para o mundo, além de "propriedades, joias, títulos e ações", as cartas recebidas de d. Pedro I, "ao longo de sete anos em que foram íntimos, no sentido mais amplo do termo".

E não precisava guardar todas, pois algumas já relembrariam o seu passado na Corte, de modo a reafirmar a "progenitura das filhas que teve com ele, reviver o amor e os ciúmes".

"Ninguém passa impunemente por uma grande paixão", e mesmo as recordações antigas nos fazem "lembrar do quanto fomos amados, desejados e importantes para alguém".

Por que guardou mais de duzentas cartas? Talvez porque quisesse que o "romance fosse eterno". Mesmo dispensada pelos parentes, "essa memória íntima estará ressurgindo em diversos locais, no Brasil e no exterior", nos séculos seguintes.

11

A história continua

As divagações em PE – Nabuco (1877)

Neste ano de 77 (43 após o falecimento de Pedro I, e doze antes de se proclamar a República), um grande abolicionista de Pernambuco – e até rima: Joaquim Nabuco – que dirão ser um dos brasileiros "ilustrados de seu tempo", nascido em 1849, se pergunta:

– *Deve ou não o povo participar da política? (...) pelas condições especiais em que nos achamos, de território, de população, de trabalho escravo e de distribuição de propriedade...*

Embora não sejam as mesmas palavras, a observação é igual à do "mineralogista" José Bonifácio de Andrada e Silva, que em 1812 (ele viveu de 1763 a 1838) falava sobre as chances do país em carta a d. Domingos de Sousa Coutinho, embaixador de Portugal na Inglaterra:

– *Amalgamação muito difícil será a liga de tanto metal heterogêneo, (...) em um corpo sólido e político.*

As incertezas de Nabuco e Bonifácio podem ser entendidas do seguinte modo: "dá para construir um país com essa matéria-prima?"
(E haverá quem diga ser esta pergunta ignorante e vaga. Precisariam todos os países seguir um modelo específico?)
A dúvida (por demais ociosa, é preciso dizer) era sobre a possibilidade de se construir "um Brasil homogêneo, coerente e funcional com tantos escravos, pobres e analfabetos, tanto latifúndio e tanta rivalidade interna".
(Entende-se que eram perguntas ociosas e nenhum dos dois poderia respondê-las – mas na prática, agir de acordo com a consciência já é um bom caminho, para que as coisas em geral tomem melhor rumo.)

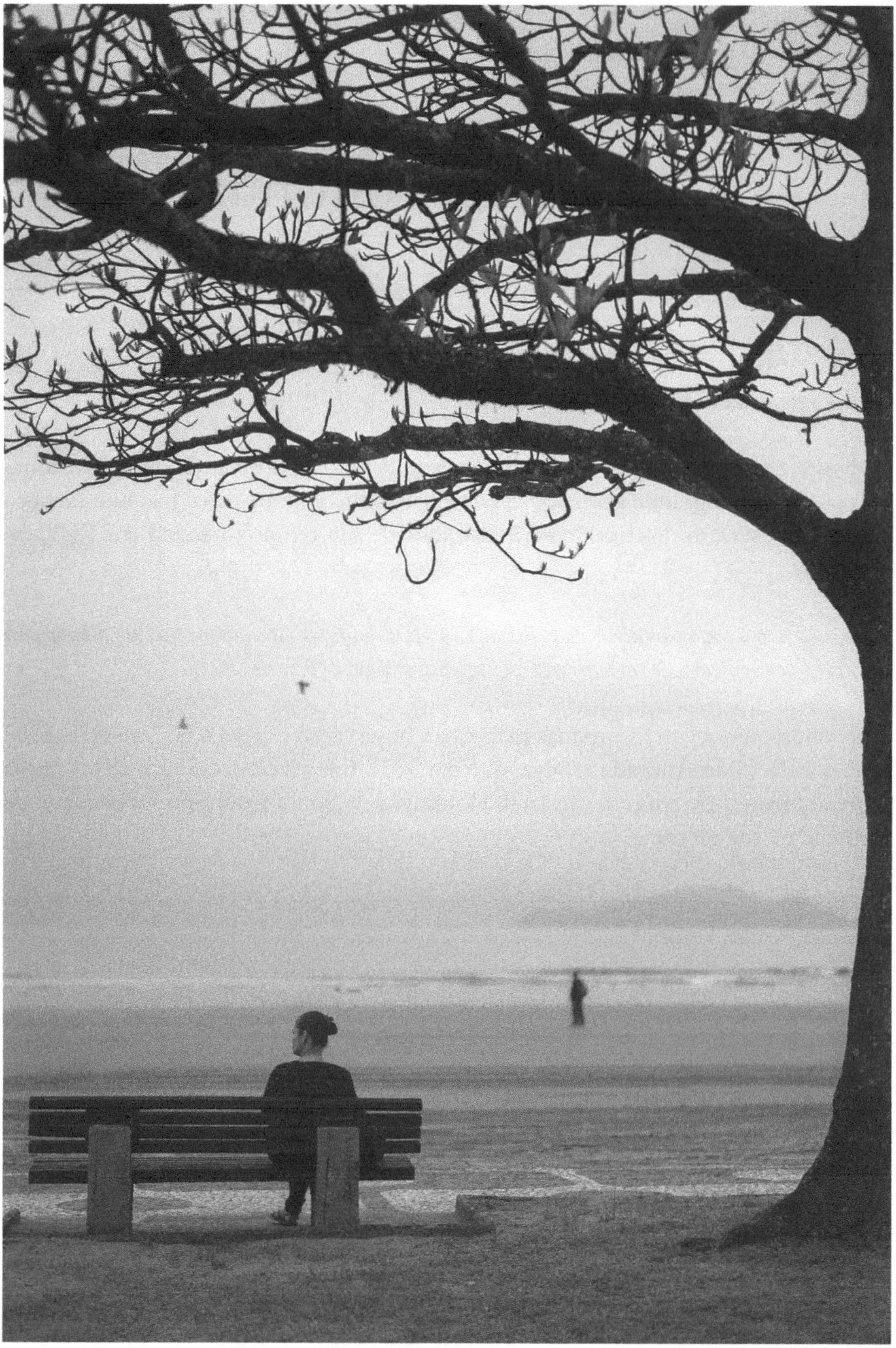

Bonifácio faleceu em 38, época de inúmeros conflitos regionais, como a Revolução Farroupilha no Rio Grande do Sul, que pareciam levar à divisão do território. Já Nabuco falecerá em 1910, quando a legião de escravos libertos apenas 22 anos antes não terá como se incorporar à sociedade produtiva brasileira do jeito que havia sonhado.

"Convicções e projetos grandiosos" (que até hoje fazem sentido na tentativa de se melhorar o país) não puderam ser colocados em prática nesses anos que sucederam o de 1822.

JB, "homem sábio e experiente" queria simplesmente o fim do tráfico,

(...) a abolição da escravatura, reforma agrária pela distribuição de terras improdutivas e o estímulo à agricultura familiar, tolerância política e religiosa, educação para todos, proteção das florestas e tratamento respeitoso aos índios.

... valores que no século XXI, pelo menos, a grande maioria das pessoas (que haverá de ser sensata) tratará de defender.

E também achava

(...) necessária a transferência da capital do Rio de Janeiro [tornada capital em 1763, ano de seu nascimento] para algum ponto da região Centro-Oeste, como forma de estimular a integração nacional.

Nem todos concordam com isso.

1889

Quando for a vez de se proclamar a República, haverá ilusão de que "os milhões de pessoas que até então viviam à margem do processo político" poderão enfim "participar da construção nacional".

Mas haverá novos obstáculos.

– O "passivo" de "pobreza, concentração da riqueza e analfabetismo" trazidos da época colonial ainda estará longe de ser superado.

– "Os escravos, libertos pela Lei Áurea de 1888, foram abandonados à própria sorte".

Ao contrário do que queria Joaquim Nabuco, "não receberam terra nem foram alfabetizados".

Em 1889, o analfabetismo ainda é de cerca de 82% da população.

A construção do país feita de cima para baixo parece perpetuar-se na República. E isso não é exceção: é como ocorre em quase todo o terceiro mundo...

Haverá processos erráticos de "tentativas, erros e acertos permeados por ditaduras e golpes militares".

(Talvez só no final do século XX comece a haver exercício continuado de democracia.)

1898

31 anos depois da mãe, morre a duquesa de Goiás, em Murnau am Staffelsee, na Baviera, também em um 3 de novembro, aos 74 anos (ela que nascera no Rio, aos 23 de maio de 1824).

Século XX

De 1958 a 1961, 10 a 50 milhões de pessoas morrerão de fome na China comunista.

Créditos das fotografias, publicações de referência, citações específicas, algumas genealogias e árvore

Créditos das fotografias

Edu Mello – pp. 16, 22, 62, 68, 94, 100, 126, 134, 154, 162, 172, 182, 196, 206, 214, 222, 240, 244, 258, 262, 268, 276, 284, 298, 302, 316, 326, 334, 340, 354, 386, 398, 404, 414, 448, 490, 496, 508, 512, 534 e 550.

Valderez Casella-Frota – pp. 40, 138, 234, 430, 436, 440, 470, 520, 524, 530 e 538.

Publicações de referência

Principais consultas

REZUTTI, Paulo. *Titília e o Demonão: cartas inéditas de d. Pedro I à Marquesa de Santos*. São Paulo: Geração Editorial, 2011.
IRMÃO, José Aleixo. *Rafael Tobias de Aguiar: o Homem, o Político*. Sorocaba: Fundação Ubaldino do Amaral, 1992.

Outros livros

HARARI, Yuval Noah. *Sapiens: uma breve história da humanidade*. Porto Alegre: L&PM, 2015 (26ª ed.)
PRIORE, Mary del. *Documentos históricos do Brasil: 1500-1992*. S. Paulo: Panda Books, 2016.
PONDÉ, Luiz Felipe. *Amor para corajosos*. S. Paulo: Planeta do Brasil, 2017.

Revistas, jornais, folder

PRIORE, Mary del. O fogo do 'Demonão'. In: *Revista de História da Biblioteca Nacional*. Ano 6/ nº 64 (janeiro de 2011), pp. 16-20.
VILAÇA, Fabiano. Bastardos gloriosos/ O jardim das delícias do imperador. In: *Revista de História da Biblioteca Nacional*. Ano 6/ nº 64 (janeiro de 2011), pp. 26-30 e 32-35.
BARREIRA, Wagner Gutierrez. Muita terra, pouca gente e tudo por fazer/ Um império improvável/ O homem do ano, 1822/ Talhada para ser rainha/ Cidades imperiais. In: *Aventuras na História Esp. 1822/ A independência do Brasil*. São Paulo: Abril (dezembro de 2010), pp. 6-17, 32-33, 44-45, 46-47 e 48-59.
CORDEIRO, Tiago. A infância de quem não deveria ser rei/ Farras e trambiques na juventude/ Um liberal com pendor autoritário/ Um imperador amado e odiado/ Rei e herói em dois continentes. In: *Aventuras na História Esp. 1822/ A independência do Brasil*. São Paulo: Abril (dezembro de 2010), pp. 34-35, 36-37, 38-39, 40-41 e 42-43.
GOMES, Laurentino. Uma revolução sem povo. In: *Aventuras na História Esp. 1822/ A independência do Brasil*. São Paulo: Abril (dezembro de 2010), pp. 76-82.

MARTINS, José de Souza. O combate do Butantã na revolução de 1842. In: *O Estado de S. Paulo*. Caderno 2/ C14 (11 de novembro de 2006).
PENNAFORT, Roberta. Amor e sexo no império. In: *O Estado de S. Paulo*. Caderno 2/ D6 (15 de abril de 2012).
PRIORE, Mary del. D. Pedro foi julgado pelo povo do Rio. In: *O Estado de S. Paulo*. Caderno 2/ D6

(15 de abril de 2012).
RICÚPERO, Rubens. Sobre José Bonifácio. *Folha de S. Paulo*. Caderno Mundo/A11 (11 de junho de 2016).

BARBUY, Heloísa (curadora). *A Marquesa de Santos: uma mulher, um tempo, um lugar*. São Paulo: Museu Paulista/USP (exposição inaugurada em 19 de novembro de 2011 – prefeitura de Gilberto Kassab).

Consultas de apoio na Internet

Wikipédia, verbetes: Domitila de Castro Canto e Melo/ Isabel Maria de Alcântara Brasileira/ Maria Isabel de Alcântara Bourbon/ Rafael Tobias de Aguiar
Youtube, vídeos: Sobre amar e ser livre (Sri Prem Baba)/ Marquesa de Santos (vários)/ José Bonifácio (vários)

Citações específicas

p. 18 – Intr.-1. **Sentido da vida**. HARARI, 2015: 391-2.
p. 21 – Intr.-2. **A solidão e suas escravidões**. PRIORE, 2016: 50.
pp. 21-3 – Intr.-2. **Trazidos d'África sob toda forma de preconceito**. PRIORE, 2016: 50/ Trechos da letra de *Chuck Berry Fields Forever*, música de Gilberto Gil/ Trecho da Bula *Romanus Pontifex* (papa Nicolau V, 1455 – disponível na internet).
pp. 24-5 – Intr.-2. **Psicologia do afeto e Filosofia de vida**. HARARI, 2015: 357-9.
p. 25 – Intr.-2. **Sexo, pecado e salvação**. HARARI, 2015: 416-8, 39-40 e 263.
p. 26 – Intr.-2. **Fidelidade amorosa**. HARARI, 2015: 51.
p. 32 – I-1. **Sopro de vento**. *Wikipédia*, verbete Domitila de Castro Canto e Melo.
pp. 33-4 – I-2. **A vila**. IRMÃO, 1992: 13.
p. 34 – I-2. **Localização**. IRMÃO, 1992: 14.
pp. 34-5 – I-2. **(Depoimentos futuros)**. Apud IRMÃO, 1992: 14-16/ IRMÃO, 1992: 14.
p. 35 – I-2. **Mercado livre**. Apud IRMÃO, 1992: 16.
p. 36 – I-2. **Seu passado a condena**. IRMÃO, 1992: 16-7/ Apud IRMÃO, 1992: 17.
pp. 36-7 - I-2. **Antônio Francisco**. IRMÃO, 1992: 17-8/ Apud IRMÃO, 1992: 14 (nota) e 18.
pp. 37-8 – I-2. **... Sorocaba: um casarão importante**. Apud IRMÃO, 1992: 18-9/ IRMÃO, 1992: 18-9.
p. 41 – I-3. **Santa Clara e os índios**. MEDRADO, Áurea M. *Arquitetura franciscana no Brasil*. S. Paulo: Fau-Usp/Fapesp (Trabalho de Iniciação Científica orientado por M. Marx), 1990, p. 11.
pp. 41-2 – I-3. **Nasce Rafael**. IRMÃO, 1992: 19
p. 42 – I-3. **Infância – já se tornando militar**. IRMÃO, 1992: 19/ Apud IRMÃO, 1992: 19-20.
p. 43 – I-3. **Berço cultural**. IRMÃO, 1992: 20/ Apud IRMÃO, 1992: 20-1.
pp. 43-4 – I-3. **Mais da infância**. Apud IRMÃO, 1992: 22/ IRMÃO, 1992: 22.
pp. 46-7 – I-4. **Infância de Domitila**. REZUTTI, 2011: 31.
p. 47 – I-4. **Ainda a infância de Rafael (aos 5 anos)**. IRMÃO, 1992: 23.
pp. 47-8 – I-4. **Rafa adolescendo**. IRMÃO, 1992: 23/ Apud IRMÃO, 1992: 23-4.
p. 48 – I-4. **(Novas referências futuras)**. Apud IRMÃO, 1992: 24/ IRMÃO, 1992: 24.
pp. 49-50 – I-5. **Infância**. CORDEIRO, 2010: 35.
p. 50 – I-5. **Mais de sua infância**. CORDEIRO, 2010: 35/ Apud CORDEIRO, 2010: 35.
p. 51 – I-6. **Compare-se à vida de um escravo (vindo a se casar na senzala)**. Apud PRIORE, 2016: 52/ PRIORE, 2016: 52.
p. 52 – I-6. **Formando um par**. PRIORE, 2016: 52-3/ Apud PRIORE, 2016: 53.
p. 52 – I-6. **"Crioulos" de origens diversas**. PRIORE, 2016: 53.

pp. 52-3 – I-6. **Cerimônia.** Apud PRIORE, 2016: 53.
p. 53 – I-6. **Virilidade e fertilidade.** PRIORE, 2016: 53/ Apud PRIORE, 2016: 53.
pp. 53-4 – I-6. **Escravos de escravos são ainda mais escravos.** PRIORE, 2016: 50.
p. 54 – I-6. **Biologia do sexo e relação familiar.** HARARI, 2015: 166.
p. 54 – I-6. **Sociedades matriarcais.** HARARI, 2015: 166-7.
p. 55 – I-7. **Nada muda.** PRIORE, 2016: 34.
p. 56 – I-7. **O povo lisboeta chora de dor e desolação, por ter o seu príncipe ido embora...** IRMÃO, 1992: 24.
p. 56 – I-7. **Chegada ao Rio.** PRIORE, 2016: 34-5/ Trechos da letra de *Clarice*, música de Caetano Veloso e José Carlos Capinam.
pp. 56-7 – I-7. **"Civilização" tropical.** PRIORE, 2016: 35/ *É proibido proibir* é também uma música de Caetano Veloso.
p. 57 – I-7. **"Civilização" tropical 2.** Trechos da letra de *Fado tropical*, música de Chico Buarque e Ruy Guerra/ Apud GOMES, 2010: 77/ GOMES, 2010: 77.
p. 58 – I-7. **Na caravana há uma criança (com o gênio da mãe e respeito pelo pai).** CORDEIRO, 2010: 35/ Trecho do *Regimento dado a Tomé de Sousa* – d. João III, 1848 – disponível na internet).
p. 58 – I-7. **Sexualidade à flor da pele.** PRIORE, 2011: 17-8/ Trecho da letra de *Não Existe Pecado ao Sul do Equador*, música de Chico Buarque e Ruy Guerra.
p. 59 – I-8. **Conhecimento através dos livros.** PRIORE, 2016: 35.
p. 59 – I-8. **Pequena história de proibições.** PRIORE, 2016: 35.
p. 61 – I-8. **Como ficou hoje.** PRIORE, 2016: 36/ Apud PRIORE, 2016: 36.
pp. 61-2 – I-8. **Para comprar um...** PRIORE, 2016: 36.
pp. 63-4 – I-9. **Tragédia anunciada.** REZUTTI, 2011: 31.
pp. 64-5 – I-9. **Narcisista e mimado.** PONDÉ, 2017: 47-8.
p. 65 – I-9. **Enquanto isso, Rafael.** Apud IRMÃO, 1992: 21.
pp. 65-6 – I-9. **Enquanto isso, Pedro: farras e trambiques na juventude.** CORDEIRO, 2010: 37.
p. 66 – I-9. **Refúgio dos foragidos.** CORDEIRO, 2010: 37/ Apud CORDEIRO, 2010: 37.
p. 69 – I-10. **Somos agora "elevados" (iguais a Portugal e Algarves).** PRIORE, 2016: 38
p. 70 – I-10. **Lá em Viena.** PRIORE, 2016: 38/ Apud PRIORE, 2016: 38-9.
p. 70 – I-10. **Decreto.** Apud PRIORE, 2016: 39/ PRIORE, 2016: 39.
pp. 73-4 – II-1. **Ponderações levadas a Domitila ou: o amor – como ser feliz?** HARARI, 2015: 233-4.
pp. 74-5 – II-1. **Doenças psicológicas (de volta à questão do narciso e mimado inconsciente).** PONDÉ, 2017: 45-9.
p. 75 – II-1. **O falso amor (quando de sua forçada organização no casamento).** PONDÉ, 2017: 50-3.
p. 75 – II-1. **Dura realidade de Domitila.** Apud REZUTTI, 2011: 34/ REZUTTI, 2011: 34.
p. 75 – II-1. **Alguns meses depois.** REZUTTI, 2011: 34
p. 76 – II-1. **Papel da mulher.** HARARI, 2015: 369-71.
p. 76 – II-1. **Poder que Estado, mercado impessoal e tradições exercem em nossas vidas.** HARARI, 2015: 371-2 e 378.
pp. 77-8 – II-2. **Pintando o quadro (pelo discurso solto de um narrador que ainda toma partido).** BARREIRA, 2010: 7.
p. 78 – II-2. **Visões de um futuro próximo.** BARREIRA, 2010: 7.
pp. 78-9 – II-2. **Os amores de Carlota.** PRIORE, 2011: 18/ Apud PRIORE, 2011: 18.
p. 79 – II-2. **Alguns casos de Pedro.** VILAÇA, 2011: 27.
pp. 79-80 – II-2. **Noiva europeia e, por fim, o casamento.** Apud CORDEIRO, 2010: 37/ PRIORE, 2011: 18.
pp. 80-1 – II-2. **Leopoldina com seu jeito de rainha.** BARREIRA, 2010: 47.
p. 81 – II-2. **Casamento como organização social.** PONDÉ, 2017: 71-4.
pp. 81-2 – II-2. **Casamento sem amor.** PONDÉ, 2017: 75-83.
p. 82 – II-2. **Domitila em separação.** Apud REZUTTI, 2011: 34.
pp. 84-5 – II-3. **De volta à vida privada (Domitila em 1818).** *Wikipédia*, v. Domitila de Castro Canto e Melo/ REZUTTI, 2011: 34.
p. 86 – II-3. **Esfaqueamento.** REZUTTI, 2011: 35.
p. 87 – II-4. **Pêssego, paz e sossego – que nada...** REZUTTI, 2011: 35.

pp. 87-8 – II-4. **Mas cá entre nós.** REZUTTI, 2011: 36.
p. 88 – II-4. **Relacionamentos de vários tipos.** *Youtube*, sobre amar e ser livre.
p. 89 – II-5. **Movimentações e agitos em Portugal.** GOMES, 2010: 77.
pp. 89-90 – II-5. **A insurreição do Porto pedindo "restauração".** PRIORE, 2016: 40.
p. 90 – II-5. **Reações por cá.** PRIORE, 2016: 40.
p. 90 – II-5. **E enquanto isso, a escravidão permanece.** PRIORE, 2016: 40.
pp. 90-1 – II-5. **Recapitulando certas coisas.** CORDEIRO, 2010: 39.
p. 91 – II-5. **Mais sobre a revolução do Porto.** Apud IRMÃO, 1992: 25.
p. 91 – II-5. **Repercussões.** IRMÃO, 1992: 25.
p. 92 – II-5. **Caldo.** Apud IRMÃO, 1992: 26/ PRIORE, 2016: 41/ IRMÃO, 1992: 26.
p. 92 – II-5. **Rei volta e príncipe fica: "volta, querido".** Trecho de *Mar português*, poema de Fernando Pessoa/ Apud PRIORE, 2016: 41.
p. 93 – II-6. **A volta – balanço geral da pobreza.** BARREIRA, 2010: 7/ IRMÃO, 1992: 26.
p. 95 – II-6. **Depois da ida de João VI para a terrinha.** IRMÃO, 1992: 40.
p. 95 – II-6. **Um novo príncipe (de tendência autoritária) no poder-liberal.** CORDEIRO, 2010: 39.
pp. 95-6 – II-6. **Enfim, *Liberdade*.** PRIORE, 2016: 37/ Apud PRIORE, 2016: 37.
pp. 97-8 – II-7. **Início vitorioso na vida púbica.** IRMÃO, 1992: 35-6.
p. 98 – II-7. **Manifesto do príncipe regente (quase uma ficção).** REZUTTI, 2011: 25.
pp. 98-9 – II-7. **As excelências do Sul, e suas excrescências.** IRMÃO, 1992: 39.
p. 99 – II-7. **Rotina das Cortes.** Apud IRMÃO, 1992: 38.
pp. 99-101 - II-7. **"Edson Paulo? É, de São Paulo..."** IRMÃO, 1992: 40.
p. 101 – II-7. **Vejo o Rio de Janeiro.** BARREIRA, 2010: 54-7/ Trecho da letra de *Sampa*, música de Caetano Veloso/ Apud BARREIRA, 2010: 57.
p. 102 – II-7. **Instruções de Bonifácio aos deputados que vão a Lisboa: projeto de país e Constituição.** IRMÃO, 1992: 36/ Apud IRMÃO, 1992: 36.
p. 103 – II-8. **O "visionário".** IRMÃO, 1992: 37/ Apud IRMÃO, 1992: 37.
p. 103 – II-8. **Bonifácio *versus* Feijó, nas Cortes de Lisboa.** Apud IRMÃO, 1992: 37/ IRMÃO, 1992: 37.
p. 104 – II-8. **O desfecho de ano para Peu.** PRIORE, 2016: 41. Apud PRIORE, 2016: 41.
p. 104 – II-8. **Carta de Bonifácio a Pedro.** Apud BARREIRA, 2010: 45/ BARREIRA, 2010: 45.
pp. 104-5 – II-8. **A baixaria das Cortes.** IRMÃO, 1992: 52/ Apud IRMÃO, 1992: 52.
pp. 105-6 – II-8. **E Rafael, o que tem a ver com isso?** IRMÃO, 1992: 52/ Apud IRMÃO, 1992: 52.
p. 107 – II-9. **Por que "fico"?** PRIORE, 2016: 41.
pp. 107-8 – II-9. **Faz-se a História.** CORDEIRO, 2010: 39.
p. 108 – II-9. **Mais detalhes.** PRIORE, 2016: 41.
pp. 108-9 – II-9. **Viagem a Minas – um amor que atravessa gerações.** VILAÇA, 2011: 33.
p. 109 – II-9. **Amores de amantes amadas.** VILAÇA, 2011: 33.
p. 110 – II-9. **Bonifácio vai à Corte.** BARREIRA, 2010: 45/ Apud BARREIRA, 2010: 45.
p. 111 – II-10. **Já estamos em abril.** Apud IRMÃO, 1992: 27.
p. 111 – II-10. **Início dos tumultos.** Apud IRMÃO, 1992: 42.
p. 112 – II-10. **Sampa – a habilidade de JB.** BARREIRA, 2010: 53.
p. 112 – II-10. **A Bernarda – maio de 1822.** REZUTTI, 2011: 29/ Apud IRMÃO, 1992: 44.
p. 113 – II-10. **Mais rebelião, agora em junho.** Apud IRMÃO, 1992: 43.
p. 113 – II-10. **Eventos dramáticos.** Apud IRMÃO, 1992: 43/ IRMÃO, 1992: 46.
p. 114 – II-10. **Enquanto isso, Rafael...** IRMÃO, 1922: 46-50/ Apud IRMÃO, 1992: 49-50.
p. 117 – III-1. **Quase dia em que o Príncipe sairá da Corte, a caminho de Sampa...** IRMÃO, 1992: 50-1/ Apud IRMÃO, 1992: 50.
p. 119 – III-2. **Vinda de Pedro.** IRMÃO, 1992: 53/ Apud IRMÃO, 1992: 53.
p. 121 – III-2. **Já soube de Domitila?** Apud REZUTTI, 2011: 30/ REZUTTI, 2011: 30.
pp. 121-2 – III-2. **Dia 29: o da primeira "relação" de Pedro com Domitila.** BARREIRA, 2010: 53/ IRMÃO, 1992: 53/ Apud IRMÃO, 1992: 53.
p. 123 – III-3. **4... 3... 2... 1...** PRIORE, 2011: 19/ Apud PRIORE, 2011: 19.
pp. 123-4 – III-3. **Peu e Dômi.** *Wikipédia*, v. Domitila de Castro C. e Melo.
p. 124 – III-3. **Força da atração.** PONDÉ, 2017: 19-20, 27-8 e 55/ Trechos da letra de *Revelação*, mú-

sica de Fagner.
pp. 124-5 – III-3. **Amor como doença.** PONDÉ, 2017: 21-5 e 154-5.
p. 125 – III-3. **Curar-se do amor.** PONDÉ, 2017: 29-31.
p. 127 – III-4. **Ida a Santos.** IRMÃO, 1992: 53/ Apud IRMÃO, 1992: 53.
p. 128 – III-4. **Segundo encontro.** REZUTTI, 2011: 36-8.
p. 129 – III-4. **Visões do futuro.** REZUTTI, 2011: 38/ Apud REZUTTI, 2011: 38.
pp. 129-30 – III-4. **"Elucubrações".** SOUSA, Gabriel S. de. *Tratado descritivo do Brasil em 1587*. S. Paulo: Edusp, 1971, pp. 308-9/ NÓBREGA, Manoel da. *Cartas do Brasil*. S. Paulo/B. H.: Edusp/Itatiaia, 1988, p. 93.
p. 130 – III-4. **Nova visão dos estrangeiros.** REZUTTI, 2011: 39-41.
p. 131 – III-5. **Subida vindo de Santos.** BARREIRA, 2010: 15.
p. 131 – III-5. **7/9.** BARREIRA, 2010: 47.
p. 132 – III-5. *Alea jacta est?* BARREIRA, 2010: 17/ Apud BARREIRA, 2010: 17.
pp. 132-3 – III-5. **Recuperação intestinal e a cidade de Sampa.** Apud BARREIRA, 2010: 52/ Apud BARREIRA, 2010: 52.
p. 133 – III-5. **Assistindo a d. Juan no "teatrinho".** Apud IRMÃO, 1992: 53 (corpo e nota)/ Apud BARREIRA, 2010: 50.
p. 135 – III-6. **Pendências da não dependência.** HARARI, 2015: 374-8.
pp. 135-6 – III-6. **Seres humanos.** HARARI, 2015: 52 e 129.
p. 136 – III-6. **Exploração do trabalho e religião.** HARARI, 2015: 109-11.
p. 136 – III-6. **Importância da religião e do dinheiro ("parece que o narrador perdeu o foco").** HARARI, 2015: 218.
p. 137 – III-7. **Descoberta importante.** HARARI, 2015: 393-6.
pp. 137-9 – III-7. **Estar no mundo.** HARARI, 2015: 122-30.
p. 139 – III-7. **Fêmeas férteis.** HARARI, 2015: 398.
pp. 139-40 – III-7. **Budismo.** HARARI, 2015: 405-7.
p. 140 – III-7. **Amor e liberdade.** *Youtube*, vídeo Sobre amar e ser livre.
pp. 143-4 – IV-1. **Veni vidi vici, mas sem golpe.** BARREIRA, 2010: 33/ Apud BARREIRA, 2010: 33.
p. 144 – IV-1. **MDCCCXXII.** BARREIRA, 2010: 33.
pp. 144-5 – IV-1. **Sangue latino.** BARREIRA, 2010: 33.
pp. 145-6 – IV-1. **Dia da Independência.** GOMES, 2010: 76/ Apud GOMES, 2010: 76-7.
p. 146 – IV-1. **História social.** GOMES, 2010: 78.
pp. 146-7 – IV-1. **Pobreza, malandragem e ladroagem.** GOMES, 2010: 78.
p. 147 – IV-1. **Dando o que pensar.** GOMES, 2010: 78.
p. 148 – IV-1. **Vaca fria.** GOMES, 2010: 78-9/ Apud GOMES, 2010: 79/ PRIORE, 2016: 37.
p. 149 – IV-2. **Voltando para o Rio.** Apud IRMÃO, 1992: 54
p. 149 – IV-2. **Leopoldina.** BARREIRA, 2010: 47.
p. 151 – IV-3. **Especial JB.** RICÚPERO, 2016.
pp. 151-2 – IV-3. **Discurso monarquista.** RICÚPERO, 2016.
p. 152 – IV-3. **Sonho à frente do tempo?** RICÚPERO, 2016/ Apud RICÚPERO, 2016.
pp. 152-3 – IV-3. **Estrela de Zé Bôni.** Apud BARREIRA, 2010: 45.
p. 153 – IV-3. **Em um Brasil brasileiro.** BARREIRA, 2010: 45.
p. 153 – IV-3. **Relembrando...** BARREIRA, 2010: 45.
p. 155 – IV-4. **Coroação.** CORDEIRO, 2010): 39.
pp. 155-6 – IV-4. **Coração.** BARREIRA, 2010: 58.
p. 157 – IV-5. **Sistema.** GOMES, 2010: 81.
pp. 157-8 – IV-5. **Sorriso de janeiro.** BARREIRA, 2010: 58.
p. 158 – IV-5. **Respeito à Constituição?** IRMÃO, 1992: 56-7/ Apud IRMÃO, 1992: 56 (corpo e nota).
p. 161 – V-1. **Garanhão signo de cavalo.** REZUTTI, 2011: 41.
pp. 161-3 – V-1. **E é assim também com os amores.** REZUTTI, 2011: 41/ Apud REZUTTI, 2011: 41.
p. 163 – V-1. **Mergulhando na intimidade.** Apud REZUTTI, 2011: 42.
p. 164 – V-1. **Dômi chega à Corte.** Apud REZUTTI, 2011: 42.
p. 164 – V-1. **Estamos em fevereiro?** Trechos da letra de *Estácio, Holly Estácio*, música de Luiz Melodia.

pp. 167-8 – V-2. **Todas elas.** Apud PENNAFORT, 2012.
p. 168 – V-2. **O que elas dizem.** PENNAFORT, 2012.
pp. 168-9 – V-2. **As cartas falam de coisas** *"que nos interessam: amor, paixão, sexo, solidão, abandono"*. Apud PENNAFORT, 2012.
pp. 169-70 – V-2. **O amor** *visceral*. PONDÉ, 2017: 112-21.
p. 171 – V-3. **Inépcia dos políticos.** REZUTTI, 2011: 43/ LIMA, Jorge da C. Réquiem para Jimmy Hendrix, in *Véspera de Aquarius*. Rio de Janeiro: Paz e Terra, 1977, p. 132.
p. 171 – V-3. **Ainda a primeira carta.** REZUTTI, 2011: 43.
p. 173 – V-3. **O que ela diz.** REZUTTI, 2011: 43.
p. 173 – V-3. **"Qualquer novidade despertava nele a lembrança de Domitila".** REZUTTI, 2011: 44.
pp. 173-4 – V-3. **As cartas em geral: vocativos e assinaturas.** REZUTTI, 2011: 81-2.
p. 174 – V-3. **Fechamento da maçonaria – julho de 23.** REZUTTI, 2011: 89.
pp. 174-5 – V-3 **... e mais fofocas.** REZUTTI, 2011: 90/ Apud REZUTTI, 2011: 90.
pp. --, V-3. **Na interpretação da dama de companhia – relação com a bernarda.** Apud REZUTTI, 2011: 91/ REZUTTI, 2011: 91.
pp. 175-6 – V-3. **Uma segunda carta.** Apud REZUTTI, 2011: 92/ REZUTTI, 2011: 93-4.
p. 177 – V-4. **Governo da província e Assembleia Constituinte.** BARREIRA, 2010: 53.
pp. 177-8 – V-4. **Constituição.** Apud PRIORE, 2016: 43/ PRIORE, 2016: 43.
pp. 178-9 – V-4. **Andradas contra Feijó.** Apud IRMÃO, 1992: 37-8.
p. 179 – V-4. **Nascimento de Rodrigo.** VILAÇA, 2011: 27.
p. 179 – V-4. **Dissolução da Constituinte e ainda os Andradas** *versus* Feijó. IRMÃO, 1992: 38.
p. 179 – V-4. **Constituinte em novembro.** CORDEIRO, 2010: 41/ Apud CORDEIRO, 2010: 41.
p. 179 – V-4. **Deportação de Bonifácio.** BARREIRA, 2010: 45.
p. 180 – V-4. **Atuação de Rafael na Câmara sorocabana – em manobras da pré-Constituinte.** Apud IRMÃO, 1992: 57/ IRMÃO, 1992: 57.
p. 180 – V-4. **Nomeação de novo presidente em São Paulo.** Apud IRMÃO, 1992: 57.
p. 181 – V-5. **A imprensa é livre?** Apud PRIORE, 2016: 37/ PRIORE, 2016: 37.
pp. 181-3 – V-5. **Projeto de Constituição monárquica: de cima a baixo.** PRIORE, 2016: 42-3/ Apud PRIORE, 2016: 43.
p. 183 – V-5. **Poderes do governo.** PRIORE, 2016: 43/ Apud PRIORE, 2016: 43.
pp. 183-4 – V-5. **Comparações futuras.** CORDEIRO, 2010: 41/ TELLES, Maria L. M. da. *Ser tão antigo: fragmentos de uma história de família*. Rio de Janeiro: GF Design, 2003.
p. 184 – V-5. **História.** GOMES, 2010: 80.
p. 185 – V-6. **Começo do divórcio – primeira sentença.** REZUTTI, 2011: 44.
pp. 185-6 – V-6. **Batismo.** REZUTTI, 2011: 44.
p. 187 – V-7. **Romantismo.** Apud REZUTTI, 2011: 105.
p. 188 – V-7. **Cartas, cartas, cartas...** Apud REZUTTI, 2011: 97-101/ REZUTTI, 2011: 97.
p. 189 – V-7. **Mais cartas.** Apud REZUTTI, 2011: 107-8.
p. 189 – V-7. **Escândalo no teatro – vexame público.** REZUTTI, 2011: 45/ Apud REZUTTI, 2011: 109.
p. 190 – V-7. **Mais cartas de 1824.** Apud REZUTTI, 2011: 111-6.
pp. 191-2 – V-8. **Conselho.** IRMÃO, 1992: 59/ Apud IRMÃO, 1992: 60.
p. 192 – V-8. **A atuação de Rafael nesse Conselho – 2ª sessão, em outubro de 24.** Apud IRMÃO, 1992: 129-30.
p. 193 – V-8. **A favor do ensino público.** Apud IRMÃO, 1992: 131.
pp. 193-4 – V-8. **3ª sessão – estradas e pedido de doação aos políticos.** Apud IRMÃO, 1992: 131-2/ IRMÃO, 1992: 132.
p. 194 – V-8. **Responsabilidade fiscal.** Apud IRMÃO, 1992: 132.
pp. 195-7 – V-9. **4ª sessão: assentamento para fiscalização de tropas – novembro de 1824.** Apud IRMÃO, 1992: 132-4/ IRMÃO, 1992: 133.
pp. 197-8 – V-9. **5ª sessão.** Apud IRMÃO, 1992: 135-6/ IRMÃO, 1992: 136.
p. 198 – V-9. **6ª ou 7ª sessão – incentivo à mineração (de exploração de diamantes).** IRMÃO, 1992: 137/ Apud IRMÃO, 1992: 137.
pp. 198-9 – V-9. **Ensino público e USP.** IRMÃO, 1992: 138/ Apud IRMÃO, 1992: 138-9.

pp. 199-200 – V-9. **Sobre envenenamento de escravos, saúde pública, arrecadação de impostos e corrupção.** IRMÃO, 1992: 139-41/ Apud IRMÃO, 1992: 139-41.
p. 203 – VI-1. **Uma interpretação de má-fé.** REZUTTI, 2011: 50.
pp. 203-4 – VI-1. **Rainha educada.** REZUTTI, 2011: 50.
p. 204 – VI-1. **Mais notícias deste ano de 1825: o sobrinho também é filho do rei.** REZUTTI, 2011: 44/ Apud REZUTTI, 2011: 44.
p. 205 – VI-2. **Cartas em 1825.** Apud REZUTTI, 2011: 119-22/ REZUTTI, 2011: 119.
pp. 205-7 – VI-2. **Cadeirinhas de madame.** Apud REZUTTI, 2011: 123/ REZUTTI, 2011: 123.
p. 207 – VI-2. **Humor.** Apud REZUTTI, 2011: 125/ REZUTTI, 2011: 125.
p. 207 – VI-2. **Outra carta.** Apud REZUTTI, 2011: 128.
p. 208 – VI-2. **Breve explicação – antes que se entenda mal esse *Depósito*...** REZUTTI, 2011: 128.
p. 208 – VI-2. **Outras e mais outras, todas de amor.** Apud REZUTTI, 2011: 129-31/ REZUTTI, 2011: 129.
pp. 209-10 – VI-3. **Escândalo na Páscoa – Domitila é destratada na Capela Imperial.** REZUTTI, 2011: 135/ Apud REZUTTI, 2011: 45 e 216.
p. 210 – VI-3. **Comentário.** REZUTTI, 2011: 134.
p. 211 – VI-3. **Carta sobre a nomeação de Domitila como dama.** Apud REZUTTI, 2011: 285/ REZUTTI, 2011: 285.
pp. 211-2 – VI-3. **Para que serve?** Apud REZUTTI, 2011: 133-40. Trecho de letra das *Cantigas* de João de Barro Braguinha (para Chapeuzinho, Lobo Mau e Caçadores).
p. 213 –VI-4. **Amor, meu grande amor.** Apud REZUTTI, 2011: 143.
pp. 213-5 – VI-4. **Impondo-se como rei.** Apud REZUTTI, 2011: 145.
p. 215 – VI-4. **Muitas cartas.** Apud REZUTTI, 2011: 147-8.
p. 217 – VI-5. **Mais um degrau.** Apud REZUTTI, 2011: 140/ REZUTTI, 2011: 48.
p. 218 – VI-5. **Provocação a Bonifácio.** Apud REZUTTI, 2011: 48-9.
pp. 219-20 – VI-6. **Mais e mais.** Apud REZUTTI, 2011: 150-4.
pp. 220-1 – VI-6. **Outras cartas.** Apud REZUTTI, 2011: 155-6/ REZUTTI, 2011: 157.
pp. 221-3 – VI-6. **Sobre Rodrigo Boaventura (nascido em novembro de 1823).** Apud REZUTTI, 2011: 158/ REZUTTI, 2011: 159.
pp. 223-4 – VI-6. **Deixando isso pra lá.** Apud REZUTTI, 2011: 160-6.
p. 224 – VI-6. **Sobre as *guarnições de flores de penas da Bahia*.** Apud REZUTTI, 2011: 166-8/ REZUTTI, 2011: 167.
pp. 225 – VI-7. **Retomando.** REZUTTI, 2011: 49/ Apud REZUTTI, 2011: 49.
pp. 225-6 – VI-7. **Guerra com os vizinhos.** REZUTTI, 2011: 49-50.
p. 226 – VI-7. **Cenas dos próximos capítulos.** REZUTTI, 2011: 50.
p. 229 – VII-1. **Voltando à Assembleia de São Paulo.** Apud IRMÃO, 1992: 142-4/ IRMÃO, 1992: 142-4.
pp. 229-30 – VII-1. **Direitos humanos.** IRMÃO, 1992: 144/ Apud IRMÃO, 1992: 144.
p. 230 – VII-1. **Sol (dados) em Ipanema.** Apud IRMÃO, 1992: 145.
pp. 230-1 – VII-1. **Correio – uma importante sessão na Câmara, aos 27 de outubro de 1825.** Apud IRMÃO, 1992: 145-6.
p. 231 – VII-1. **Educação.** Apud IRMÃO, 1992: 146-7.
pp. 231-2 – VII-1. **Provisões de casamento.** IRMÃO, 1992: 146/ Apud IRMÃO, 1992: 146-7.
p. 232 – VII-1. **Sessão de 31 de outubro.** IRMÃO, 1992: 147-8/ Apud IRMÃO, 1992: 148.
p. 232 – VII-1. **Vinhas em Curitiba.** Apud IRMÃO, 1992: 149.
pp. 233-5 – VII-2. **Ouvidores, salteadores e loteria.** Apud IRMÃO, 1992: 155/ IRMÃO, 1992: 155.
p. 235 – VII-2. **Sessão de 28 de novembro – pela melhoria das finanças públicas.** IRMÃO, 1992: 156-7/ Apud IRMÃO, 1992: 156-7.
pp. 235-6 – VII-2. **Resultado.** Apud IRMÃO, 1992: 158-9.
p. 236 – VII-2. **Atuação em 1826 – Educação (e menos "juridiquês").** Apud IRMÃO, 1992: 160.
p. 237 – VII-3. **Domitila vai como dama da imperatriz.** REZUTTI, 2011: 51/ Trecho de "Do Brasil e suas singularidades..." (in: *Viagem de Francisco Pyrard, de Laval* – disponível na internet)/ Trecho da letra de *Magrelinha*, música de Luiz Melodia/ Trecho da letra de *Baby*, música de Caetano Veloso.
p. 238 – VII-3. **De mal a pior, para Leopoldina.** REZUTTI, 2011: 51/ PRIORE, 2011: 20/ Apud

PRIORE, 2011: 20.
p. 239 – VII-3. **Tristeza de Leopoldina**. REZUTTI, 2011: 55.
p. 241 – VII-4. **Carta**. Apud REZUTTI, 2011: 186/ REZUTTI, 2011: 186.
pp. 241-2 – VII-4. **O ciúme**. REZUTTI, 2011: 187.
p. 242 – VII-4. **Sobre possessão**. *Youtube,* video Sobre amar e ser livre.
pp. 242-3 – VII-4. **Sobre Maria Durocher**. REZUTTI, 2011: 187.
p. 243 – VII-4. **Mais adivinhações sobre o futuro**. REZUTTI, 2011: 187.
pp. 243-5 – VII-4. **Aproximação das casas**. REZUTTI, 2011: 51/ *Wikipédia,* v. Domitila de Castro C. e Melo.
p. 245 – VII-4. **Dia a dia**. REZUTTI, 2011: 321 e 51.
pp. 245-6 – VII-4. **Reconhecimento de Isabel Maria (e uma curiosidade histórica...)** REZUTTI, 2011: 54.
p. 247 – VII-5. **Novo tratamento**. VILAÇA, 2011: 28/ REZUTTI, 2011: 54.
pp. 247-8 – VII-5. **Isabel Maria de Alcântara Brasileira**. Apud *Wikipédia,* v. Isabel Maria de A. Brasileira.
p. 249 – VII-5. **Em outubro, Domitila tem o título elevado a marquesa**. *Wikipédia,* v. Domitila de Castro C. e Melo/ PRIORE, 2011: 19.
pp. 249-50 – VII-5. **Amantes e tomados de *paixão***. Apud PRIORE, 2011: 19
p. 250 – VII-5. **Falecimento do pai**. REZUTTI, 2011: 54-5.
p. 251 – VII-6. **Pedro embarca para o Rio Grande do Sul**. REZUTTI, 2011: 55.
p. 251 – VII-6. **Morre Leopoldina – dezembro de 1826**. REZUTTI, 2011: 57.
pp. 251-2 – VII-6. **Fofocas sobre o triste evento**. Apud REZUTTI, 2011: 57/ REZUTTI, 2011: 57.
pp. 252-3 – VII-6. **Ainda as fofocas**. REZUTTI, 2011: 58-9/ Apud REZUTTI, 2011: 58-9.
p. 253 – VII-6. **Após a morte da rainha**. Apud REZUTTI, 2011: 59.
pp. 253-4 – VII-6. **Culpa de Domitila?** PRIORE, 2011: 20/ Apud REZUTTI, 2011: 59/ Apud PRIORE, 2011: 20/ PENNAFORT, 2012/ Apud PENNAFORT, 2012
p. 255 – VII-7. **As amantes não tão amadas**. Apud PRIORE, 2011: 18.
pp. 255-6 – VII-7. **Não chegue na hora marcada**. PRIORE, 2011: 19.
p. 256 – VII-7. **Enigma sedutor**. Apud BARREIRA, 2010: 47.
pp. 256-7 – VII-7. **Comprometendo a imagem**. PENNAFORT, 2012/ PRIORE, 2012.
p. 257 – VII-7. **Legado de Leopoldina e troca de papéis**. PRIORE, 2012.
p. 257 – VII-7. **Futuro próximo**. PRIORE, 2012.
pp. 259-60 – VII-8. **Uma a uma**. Apud REZUTTI, 2011: 171-3.
p. 260 – VII-8. **Um homem verdadeiramente apaixonado**. Apud REZUTTI, 2011: 175-8.
p. 261 – VII-8. **Carta**. Apud REZUTTI, 2011: 184.
pp. 261-3 – VII-8. **Amor – meu grande amor**. Apud REZUTTI, 2011: 190-4.
pp. 263-4 – VII-8. **Carta de Domitila**. Apud REZUTTI, 2011: 197-8.
p. 264 – VII-8. **Resposta de Pedro**. Apud REZUTTI, 2011: 197.
p. 267 – VIII-1. **Janeiro de um novo ano**. REZUTTI, 2011: 61.
pp. 267-9 – VIII-1. **Foi de fato uma tragédia**. REZUTTI, 2011: 61/ ZANETTINI, Germana. *Eletrocardiodrama*. São Paulo: Laranja Original, 2016, p. 37/ Apud REZUTTI, 2011: 61.
pp. 269-70 – VIII-1. **Domitila é nomeada dama da Real Ordem de Santa Isabel de Portugal**. Trecho da letra de *Domingo no parque*, música de Gilberto Gil.
p. 270 – VIII-1. **Tantas honrarias, em nome de tantas ordens, e...** PRIORE, 2011: 20/ Apud PRIORE, 2011: 20.
p. 271 – VIII-2. **Tratativas para um novo casamento**. REZUTTI, 2011: 62.
pp. 271-2 – VIII-2. **Nascimento de Maria Isabel – segunda filha de Pedro e Domitila**. REZUTTI, 2011: 62 e 69.
p. 272 – VIII-2. **Mês agitado (agosto de 27) – o marquês de Barbacena parte para a Europa**. REZUTTI, 2011: 62-5.
p. 273 – VIII-2. **Dia 26 – Domitila recebe ordem de embarcar para a Europa**. REZUTTI, 2011: 65.
p. 273 – VIII-2. **Extra – Três documentos sobre a primeira tentativa de banimento de Domitila e irmãos da Corte, no pós-atentando à baronesa de Sorocaba**. REZUTTI, 2011: 288/ Apud REZUTTI, 2011: 287.

pp. 273-4 – VIII-2. **(Conspiração)**. Apud REZUTTI, 2011: 289.
p. 274 – VIII-2. **(Continua)**. REZUTTI, 2011: 65-6.
p. 274 – VIII-2. **Setembro de 1827**. REZUTTI, 2011: 66.
pp. 275-7 – VIII-3. **A paixão em setembro de 27**. Apud REZUTTI, 2011: 214-5/ Trecho da letra de *It's a Long Way*, música de Caetano Veloso.
pp. 277-8 – VIII-3. **Mantendo-se firmes no amor**. Trecho da letra de *Dores de amores*, música de Luiz Melodia/ REZUTTI, 2011: 216/ Apud REZUTTI, 2011: 216.
p. 278 – VIII-3. **Explicação geral sobre a carta que lemos**. REZUTTI, 2011: 217.
pp. 278-9 – VIII-3. **Outubro de 1827**. LAU, Theodora. *Manual do horóscopo chinês*. São Paulo: Pensamento, 1979, pp. 285, 295 e 299/ REZUTTI, 2011: 216.
pp. 279-80 – VIII-3. **Segue-se esta carta, de 14 de outubro**. Apud REZUTTI, 2011: 209/ REZUTTI, 2011: 210.
p. 280 – VIII-3. **Novembro de 1827**. REZUTTI, 2011: 67.
pp. 280-1 – VIII-3. **Carta do dia 17**. Apud REZUTTI, 2011: 237/ REZUTTI, 2011: 239.
p. 281 – VIII-3. **Dezembro de 1827**. REZUTTI, 2011: 66-7.
p. 282 – VIII-3. **As cartas simples desta época, sobre vacinação**. Apud REZUTTI, 2011: 253.
p. 282 – VIII-3. **De tipo *bis* da anterior, em 26 de dezembro (véspera do aniversário dela)**. Apud REZUTTI, 2011: 255.
p. 282 – VIII-3. **(Novo *bis*)**. Apud REZUTTI, 2011: 256.
p. 283 – VIII-4. **"Sigo digno, digo: signo..."**. LAU, Theodora. Op. cit., p. 284.
pp. 285-7 – VIII-5. **Palavras de amor**. Apud REZUTTI, 2011: 201-8 e 218/ REZUTTI, 2011: 205.
pp. 287-8 – VIII-5. *No news, good news*. Apud REZUTTI, 2011: 218-21.
pp. 288-9 – VIII-5. **Alteração hormonal...** Apud REZUTTI, 2011: 221-2/ REZUTTI, 2011: 222/ MOREAU, Filipe. *Outras paragens*. Jaboticabal: Sempiterno, 2016, p. 125.
p. 289 – VIII-5. **Perdendo a hora**. REZUTTI, 2011: 223/ Apud REZUTTI, 2011: 223.
pp. 289-92 – VIII-5. **Alternâncias**. Apud REZUTTI, 2011: 224-32/ REZUTTI, 2011: 224-32.
pp. 293-6 – VIII-6. **Essa maldita dor de ouvido**. Apud REZUTTI, 2011: 233-52/ REZUTTI, 2011: 234, 242 e 248/ Trecho da letra de *Garotos II*, música de Leoni.
p. 296 – VIII-6. **Voltando...** Apud REZUTTI, 2011: 251-2.
p. 299 – VIII-7. **1/12 (ainda o final o de 27)**. Apud REZUTTI, 2011: 259.
p. 299 – VIII-7. **14/1**. Apud REZUTTI, 2011: 261.
p. 300 – VIII-7. **15/1**. Apud REZUTTI, 2011: 262.
p. 300 – VIII-7. **17/1**. Apud REZUTTI, 2011: 263.
p. 300 – VIII-7. **25/1**. Apud REZUTTI, 2011: 264.
p. 300 – VIII-7. **28/1/28**. Apud REZUTTI, 2011: 265.
p. 301 – VIII-7. **18/2**. Apud REZUTTI, 2011: 266.
p. 301 – VIII-7. **26/2**. Apud REZUTTI, 2011: 267-8.
p. 302 – VIII-7. **7/3**. Apud REZUTTI, 2011: 270.
p. 302 – VIII-7. **28/3/28**. Apud REZUTTI, 2011: 271.
p. 302 – VIII-7. **17/4**. Apud REZUTTI, 2011: 272.
p. 302 – VIII-7. **24/4 (de final é *idêntico* à de 17/4)**. Apud REZUTTI, 2011: 273.
p. 303 – VIII-7. **16/5 (com a mesma frieza das anteriores)**. Apud REZUTTI, 2011: 274.
p. 307 – IX-1. **Expulsão da Corte**. REZUTTI, 2011: 67.
pp. 308-9 – IX-1. **Maio de 1828 – cartas de Domitila, em resposta a Pedro**. Apud REZUTTI, 2011: 290-3.
pp. 309-10 – IX-1. **Nova carta de Pedro e resposta da marquesa**. Apud REZUTTI, 2011: 294-5/ REZUTTI, 2011: 296.
p. 311 – IX-2. **Irritação justa**. REZUTTI, 2011: 68.
pp. 311-2 – IX-2. **Carta importante**. Apud REZUTTI, 2011: 275.
p. 312 – IX-2. **Chegada às terras paulistanas**. Apud REZUTTI, 2011: 68.
p. 313 – IX-2. **Pensamento sobre o amor – romantismo e ponderação racional**. PONDÉ, 2017: 58-61.
p. 314 – IX-2. **Ainda em setembro**. REZUTTI, 2011: 69.
p. 315 – IX-3. **Falece Maria Isabel (I)**. REZUTTI, 2011: 69.

p. 317 – IX-4. **Inimigo político.** Apud IRMÃO, 1992: 160.
p. 317 – IX-4. **Eleições e educação.** IRMÃO, 1992: 162.
p. 318 – IX-4. **Sessões de 16 e 29 de outubro.** IRMÃO, 1992: 166.
pp. 318-9 – IX-4. **Índios.** IRMÃO, 1992: 166-8/ Apud IRMÃO, 1992: 167-8.
p. 319 – IX-4. **Conceitos Gerais.** IRMÃO, 1992: 168.
p. 319 – IX-4. **Ensino.** IRMÃO, 1992: 168/ Apud IRMÃO, 1992: 168.
pp. 319-20 – IX-4. **Revelação.** Apud IRMÃO, 1992: 170.
p. 320 – IX-4. **Altruísmo.** Apud IRMÃO, 1992: 170.
p. 321 – IX-5. **Dezembro de 1828 – Barbacena na Europa.** REZUTTI, 2011: 70.
pp. 321-2 – IX-5. **Discussão entre os dois, sobre a volta dela à Corte.** Apud REZUTTI, 2011: 69 e 297/ REZUTTI, 2011: 69.
pp. 322-3 – IX-5. **Resposta da mãe de Domitila.** Apud REZUTTI, 2011: 299.
p. 323 – IX-5. **Nova carta da marquesa.** Apud REZUTTI, 2011: 300.
pp. 323-4 – IX-5. **Carta de Pedro aos 21/12.** Apud REZUTTI, 2011: 277-8/ REZUTTI, 2011: 278.
p. 325 – IX-5. **Mundo das aparências.** REZUTTI, 2011: 70. Trechos das letras de *Se você pensa*, música de Erasmo e Roberto Carlos, *Só Vou Gostar de Quem Gosta de* Mim, música de Rossini Pinto, *Dores de Amores* e *Pérola Negra*, músicas de Luiz Melodia, e *Queixa*, música de Caetano Veloso.
pp. 327-9 – IX-6. **Cartas anônimas para d. Pedro, no pós-retorno da marquesa à Corte – março de 1829.** Apud REZUTTI, 2011: 301-3/ REZUTTI, 2011: 304.
p. 329 – IX-6. **Mais esta.** Apud REZUTTI, 2011: 305.
pp. 329-30 – IX-6. **Sexo.** PONDÉ, 2017: 83, 87-90, 94-6 e 100-2.
p. 330 – IX-6. **29 de abril – Volta de Domitila ao Rio (e notícia do novo casamento).** REZUTTI, 2011: 71.
p. 330 – IX-6. **Comemoram juntos o aniversário da duquesa de Goiás, aos 24 de maio.** REZUTTI, 2011: 71.
p. 331 – IX-7. **Pedro e Domitila, *Peu* e *Tília*.** PONDÉ, 2017: 54-63.
pp. 331-2 – IX-7. **Pedro e Amélia – *o porquê de preferir as jovens*.** PONDÉ, 2017: 66-70.
pp. 332-3 – IX-7. **Cartas de Domitila a d. Pedro sobre precisar sair definitivamente da Corte – julho de 1829.** Apud REZUTTI, 2011: 307-8.
p. 333 – IX-7. **Resistência.** REZUTTI, 2011: 71.
pp. 333-5 – IX-7. **Como tudo aconteceu rápido.** REZUTTI, 2011: 71 e 309.
p. 335 – IX-7. **Uma luta de gigantes.** REZUTTI, 2011: 75.
pp. 335-6 – IX-7. **Carta de despedida, de Domitila a Pedro.** Apud REZUTTI, 2011: 311.
p. 337 – IX-8. **Casam-se, por procuração, d. Pedro e Amélia – a mulher de verdade?** VILAÇA, 2011: 28.
pp. 337-8 – IX-8. **Sobre a partida definitiva de Dômi para Sampa (aos 27 de agosto).** REZUTTI, 2011: 75/ Apud *Wikipédia*, v. Domitila de Castro C. e Melo.
p. 339 – IX-9. **Amélia desembarca no Rio.** Apud BARREIRA, 2010: 47/ BARREIRA, 2010: 47.
p. 341 – IX-9. **Ainda o desembarque.** REZUTTI, 2011: 7/ Apud REZUTTI, 2011: 75.
pp. 341-2 – IX-9. **Negócio de Estado.** PRIORE, 2011: 20 (trecho assinado por Rodrigo Elias).
p. 342 – IX-9. **"Orgulho bastardo".** Apud VILAÇA, 2011: 26-7.
p. 345 – X-1. **Estudos na Europa.** Apud *Wikipédia*, v. Isabel Maria de A. Brasileira/ Apud REZUTTI, 2011: 75/ REZUTTI, 2011: 75.
p. 346 – X-1. **Pedro introspetivo.** VILAÇA, 2011: 29.
p. 347 – X-1. **Uma minuta de Pedro, em que aborda a questão dos filhos "naturais".** Apud REZUTTI, 2011: 313-7/ REZUTTI, 2011: 317.
p. 349 – X-2. **Os marquesistas.** REZUTTI, 2011: 78.
p. 350 – X-2. **Batismo da menina.** REZUTTI, 2011: 76-7.
pp. 351-2 – X-2. **Rafael e a marquesa: não há regra sobre relacionamentos felizes.** *Youtube*, video Sobre amar e ser livre.
p. 353 – X-3. **Sua atuação legislativa (de 1829 a 33).** Apud IRMÃO, 1992: 171/ IRMÃO, 1992: 171-2.
pp. 353-5 – X-3. **Sessões e mais sessões.** Apud IRMÃO, 1992: 172-3.
pp. 355-6 – X-3. **"Mansuetude".** Apud IRMÃO, 1992: 173.
p. 356 – X-3. **As muitas estradas da vida.** Apud IRMÃO, 1992: 173/ IRMÃO, 1992: 174-5.

p. 357 – X-4. **Embarque do imperador**. IRMÃO, 1992: 175.
pp. 357-8 – X-4. **Voltando a...** Apud IRMÃO, 1992: 176.
p. 358 – X-4. **Período de conturbações**. IRMÃO, 1992: 176.
p. 358 – X-4. **Rafael e Feijó**. IRMÃO, 1992: 176/ Apud IRMÃO, 1992: 176.
pp. 358-9 – X-4. **As novas guardas**. Apud IRMÃO, 1992: 177.
pp. 359-60 – X-4. **Vila de Sampa e interior**. Apud IRMÃO, 1992: 178.
p. 360 – X-4. **Mais sobre as polícias**. IRMÃO, 1992: 179.
p. 361 – X-5. **Sinais de alerta**. Apud IRMÃO, 1992: 180.
p. 361 – X-5. **Preocupação com os negros**. Apud IRMÃO, 1992: 180.
p. 362 – X-5. **Relatório**. IRMÃO, 1992: 181-2/ Apud IRMÃO, 1992: 181.
p. 362 – X-5. **Correi-os**. Apud IRMÃO, 1992: 182/ IRMÃO, 1992: 182.
pp. 362-3 – X-5. **Mais discursos**. Apud IRMÃO, 1992: 182-4 (corpo e nota).
pp. 363-4 – X-5. **Discursos...** IRMÃO, 1992: 184-5/ Apud IRMÃO, 1992: 184-5/ Trecho da letra de *As Curvas da Estrada de Santos*, música de Roberto Carlos.
p. 364 – X-5. **Conclusão?** Apud IRMÃO, 1992: 185-6/ IRMÃO, 1992: 186.
p. 365 – X-5. **Sessões e sessões – e triste notícia de Pedro**. Apud IRMÃO, 1992: 187/ IRMÃO, 1992: 187 (corpo e nota).
p. 365-6 – X-5. **Elogios a Rafael**. Apud IRMÃO, 1992: 187-8/ IRMÃO, 1992: 188.
p. 366 – X-5. **Além de tudo...** Apud IRMÃO, 1992: 188.
p. 367 – X-6. **Rafa**. IRMÃO, 1992: 223/ Apud IRMÃO, 1992: 223.
p. 368 – X-6. **Em 1831, o rei abrira mão do trono e fora a Portugal (e sendo assim, "perdeu o lugar", que fora herdado por Pedro II, aos cinco anos)**. VILAÇA, 2011: 29
p. 368 – X-6. **Volta de Bonifácio**. BARREIRA, 2010: 45.
p. 369 – X-7. **Por que não falar também da amante de Napoleão III?** VILAÇA, 2011: 32-5.
p. 370 – X-7. **D. Pedro e mais filhos**. Apud PRIORE, 2016: 44/ PRIORE, 2016: 44.
pp. 370-1 – X-7. **Pai de família**. PRIORE, 2016: 44-5.
p. 371 – X-7. **Exemplo de homem**. PRIORE, 2016: 45/ Apud PRIORE, 2016: 45.
pp. 371-2 – X-7. **Pai carinhoso e preocupado**. PRIORE, 2016: 45/ Apud PRIORE, 2016: 45.
p. 375 – XI-1. **A marquesa (segundo marido)**. Trecho da letra de *O Trem Azul*, música de Lô Borges e Ronaldo Bastos, e de *Um Girassol da Cor do Seu Cabelo*, de Lô Borges e Márcio Borges.
p. 377 – XI-1. **Sobre Domitila:** "uma mulher, um tempo, um lugar". BARBUY, 2011.
p. 377 – XI-1. **Sobre Pedro:** "*a man, a plan, but he's dead*". CORDEIRO, 2010: 43.
pp. 377-8 – XI-1. **Guerra entre os irmãos herdeiros**. VILAÇA, 2011: 29.
p. 378 – XI-1. **Encantamento amoroso: nascimento do primeiro filho**. PONDÉ, 2017: 107-8.
p. 379 – XI-2. **Morte de d. Pedro e a mais nova, Maria Isabel (II)**. Apud REZUTTI, 2011: 78/ REZUTTI, 2011: 78.
pp. 380-2 – XI-2. **Morte de Pedro e exploração política da tragédia de Leopoldina**. Apud REZUTTI, 2011: 59/ REZUTTI, 2011: 60.
pp. 383-4 – XI-3. **Mais das sessões legislativas (Sampa)**. IRMÃO, 1992: 226.
pp. 384-5 – XI-3. **A arquitetura do Paço e...** MOREAU, Filipe. *A flor lilás: poesia*. São Paulo: Neotrópica, 2014, p. 153/ Apud IRMÃO, 1992: 227/ IRMÃO, 1992: 227.
p. 385 – XI-3 **... o urbanismo de Sampa**. IRMÃO, 1992: 228/ Apud IRMÃO, 1992: 228.
pp. 387-8 – XI-4. **Por que deixar a presidência?** Apud IRMÃO, 1992: 241-2/ IRMÃO, 1992: 242.
p. 388 – XI-4. **Está dando para entender?** Apud IRMÃO, 1992: 242.
pp. 388-9 – XI-4. **Evento da possível transferência da presidência**. IRMÃO, 1992: 228.
p. 389 – XI-4. **Início do discurso**. Apud IRMÃO, 1992: 229-30/ IRMÃO, 1992: 229.
pp. 389-90 – XI-4. **Estradas?** Apud IRMÃO, 1992: 230.
p. 390 – XI-4. **Encerramento**. Apud IRMÃO, 1992: 231.
pp. 391-2 – XI-5. **Outras leis**. Apud IRMÃO, 1992: 231-2/ IRMÃO, 1992: 231-2.
p. 392 – XI-5. **Inovações**. IRMÃO, 1992: 232/ Apud IRMÃO, 1992: 232.
p. 392 – XI-5. **Último dos interesses**. Apud IRMÃO, 1992: 234.
p. 393 – XI-5. **Mais sobre educação**. IRMÃO, 1992: 235.
p. 393 – XI-5. **Estradas**. Apud IRMÃO, 1992: 235/ IRMÃO, 1992: 235.
pp. 393-4 – XI-5. **"Para seu governo" – ainda um balanço**. IRMÃO, 1992: 236.

p. 395 – XI-6. **Eleições de 1838.** Apud IRMÃO, 1992: 237.
p. 396 – XI-6. **Comentário (disfarçado).** PONDÉ, 2017: 129.
pp. 396-7 – XI-6. **Pedro II e o golpe da maioridade.** PRIORE, 2016: 48.
p. 399 – XI-7. **Educação de Isabel Maria.** VILAÇA, 2011: 29-30.
pp. 399-400 – XI-7. **Isabel Maria de Alcântara Brasileira – duquesa de Goiás.** REZUTTI, 2011: 76.
p. 400 – XI-7. **Maria Isabel com Rafael e Domitila em um navio.** IRMÃO, 1992: 243/ Apud IRMÃO, 1992: 243.
p. 401 – XI-8. **Ainda o Clube da Maioridade.** PRIORE, 2016: 49.
p. 401 – XI-8. **Proposta de antecipação.** PRIORE, 2016: 49.
pp. 401-2 – XI-8. **Golpe.** Apud PRIORE, 2016: 49.
pp. 402-3 – XI-8. **Eleições de 1840: antecedentes.** IRMÃO, 1992: 243/ Apud IRMÃO, 1992: 237-8.
p. 403 – XI-8. **Passo a passo.** Apud IRMÃO, 1992: 238/ IRMÃO, 1992: 263.
p. 405 – XI-9. **A rebelião provocada pela volta dos conservadores ao poder (3º gabinete).** IRMÃO, 1992: 263.
p. 405 – XI-9. **Rafael na presidência de SP.** Cantiga popular, de autoria desconhecida.
p. 405 – XI-9. **Juramento e rivais políticos.** IRMÃO, 1992: 263.
pp. 405-6 – XI-9. **Rivais.** Apud IRMÃO, 1992: 263-4.
p. 406 – XI-9. **Apoio.** Apud IRMÃO, 1992: 266.
p. 407 – XI-9. **Posse.** IRMÃO, 1992: 266/ Apud IRMÃO, 1992: 266-7.
p. 407 – XI-9. **Tranquilidade.** IRMÃO, 1992: 267.
p. 408 – XI-9. **Justiça (e sua administração).** IRMÃO, 1992: 267-8.
p. 408 – XI-9. **Catedral da Sé.** IRMÃO, 1992: 268.
pp. 408-9 – XI-9. **Ensino – a instrução pública.** IRMÃO, 1992: 268.
p. 409 – XI-9. **Saúde – diretório de vacinas.** IRMÃO, 1992: 269.
p. 409 – XI-9. **Iluminação.** IRMÃO, 1992: 269.
p. 410 – XI-9. **Força pública – segurança.** IRMÃO, 1992: 269-70.
p. 410 – XI-9. **Casas de educação.** IRMÃO, 1992: 270.
p. 411 – XI-10. **Novos descobrimentos.** Apud IRMÃO, 1992: 270-1.
p. 412 – XI-10. **Comentário inadiável.** Apud MOREAU, Filipe. Op. cit. (*Outras paragens*), p. 103/ MOREAU, Filipe. Op. cit. (*Outras paragens*), p. 19.
p. 412 – XI-10. **Catequese e civilização dos índios.** IRMÃO, 1992: 271.
p. 412 – XI-10. **Rendas das províncias.** IRMÃO, 1992: 271.
pp. 413-5 – XI-10. **Obras públicas, estradas e pontes.** IRMÃO, 1992: 272-3/ Apud IRMÃO, 1992: 272-3 (corpo e nota).
p. 415 – XI-10. **Igrejas e matrizes.** IRMÃO, 1992: 274.
pp. 415-6 – XI-10. **Leis, leis e mais leis.** Apud IRMÃO, 1992: 274-7/ IRMÃO, 1992: 274-7.
p. 417 – XI-11. **Esfera federal.** Apud IRMÃO, 1992: 239 e 277/ IRMÃO, 1992: 277.
p. 417 – XI-11. **Isabel Maria.** Apud *Wikipédia*, v. Isabel Maria de A. Brasileira
p. 418 – XI-11. **2º gabinete – conservador (o 1º era liberal).** IRMÃO, 1992: 239-40 (corpo e nota)/ Apud IRMÃO, 1992: 239-40 (corpo e nota).
pp. 418-9 – XI-11. **Boatos, pressões sobre Rafael, no Rio e em Sampa.** Apud IRMÃO, 1992: 280-2 (corpo e nota)/ IRMÃO, 1992: 281 (corpo e nota).
pp. 419-20 – XI-11. **Por fim a demissão.** Apud IRMÃO, 1992: 282-3.
pp. 420-1 – XI-11. **Substituição na presidência – julho de 41.** IRMÃO, 1992: 284/ Apud IRMÃO, 1992: 284.
pp. 421-2 – XI-11. **Novos elogios a Rafael.** Apud IRMÃO, 1992: 284-6/ IRMÃO, 1992: 285.
p. 422 – XI-11. **Renúncia e substituição.** IRMÃO, 1992: 286/ Apud IRMÃO, 1992: 286.
p. 425 – XII-1. **Janeiro: início de uma rebelião (concebida por Feijó).** Apud IRMÃO, 1992: 278/ IRMÃO, 1992: 278.
pp. 425-6 – XII-1. **Espécie de delírio.** Apud IRMÃO, 1992: 278 e 288/ IRMÃO, 1992: 288.
p. 426 – XII-1. **Frigir dos acontecimentos.** Apud IRMÃO, 1992: 288-9.
p. 427 – XII-1. **A representação chega ao rei.** Apud IRMÃO, 1992: 289-90.
pp. 427-8 – XII-1. **Por que nomearam Costa Carvalho?** Apud IRMÃO, 1992: 290-1.

pp. 428-9 – XII-1. **Descendência e irmã.** REZUTTI, 2011: 78.
p. 431 – XII-2. **Antecedentes.** Apud IRMÃO, 1992: 331-2.
p. 432 – XII-2. **Começando por Sorocaba...** IRMÃO, 1992: 332/ Apud IRMÃO, 1992: 332.
p. 432 – XII-2. **Boato.** IRMÃO, 1992: 332.
pp. 432-3 – XII-2. **Atuação de um jornal.** IRMÃO, 1992: 333/ Apud IRMÃO, 1992: 333.
p. 433 – XII-2. **O ferino *Tibiriçá*.** Apud IRMÃO, 1992: 291 (corpo e notas).
p. 434 – XII-2. **Rebelião e tentativa de Costa Carvalho (o barão de M. A., novo presidente da província) de sufocá-la.** IRMÃO, 1992: 333-4/ Apud IRMÃO, 1992: 333-4.
p. 435 – XII-2. **Ordem de prisão para Rafael.** IRMÃO, 1992: 336/ Apud IRMÃO, 1992: 336.
p. 437 – XII-3. **De Sorocaba a Itu.** Trecho da letra de *Não Chores Mais*, tradução de Gilberto Gil da música *No Woman No Cry*, de Bob Marley/ IRMÃO, 1992: 337/ Apud IRMÃO, 1992: 337.
pp. 437-8 – XII-3. **Visita.** Apud IRMÃO, 1992: 337-8 (corpo e nota)/ IRMÃO, 1992: 338.
p. 438 – XII-3. **Marcha.** Apud IRMÃO, 1992: 337-8/ IRMÃO, 1992: 338-9.
p. 439 – XII-3. **Decisões partidárias.** IRMÃO, 1992: 339/ Apud IRMÃO, 1992: 339.
p. 439 – XII-3. **Sessão histórica da Câmara de Sorocaba: ele é proclamado o presidente interino.** IRMÃO, 1992: 339-40.
p. 441 – XII-3. **Proclamação aos paulistas.** Citação à cantiga popular, de autoria desconhecida/ Apud IRMÃO, 1992: 340-1 (corpo e nota)/ IRMÃO, 1992: 41 (nota).
pp. 441-2 – **Valeria mesmo a pena?** Apud IRMÃO, 1992: 341 (nota).
p. 443 – XII-4. **Maio de 1842.** *Wikipédia*, v. Rafael Tobias de Aguiar.
pp. 443-4 – XII-4. **Retomando.** IRMÃO, 1992: 341-2/ Apud IRMÃO, 1992: 341-2.
pp. 444-5 – XII-4. **Mobilização.** Apud IRMÃO, 1992: 342-3/ IRMÃO, 1992: 344.
p. 445 – XII-4. **Tudo levado a sério.** IRMÃO, 1992: 344/ Apud IRMÃO, 1992: 344.
p. 446 – XII-4. **Solidão e coragem.** IRMÃO, 1992: 344.
p. 446 – XII-4. **Novo jornal.** IRMÃO, 1992: 345/ Apud IRMÃO, 1992: 345.
p. 447 - XII-4. **"Vai indo..."**. IRMÃO, 1992: 345.
p. 450 – XII-5. **Espécie de Bhagavad Gita** (epígrafe: PIGNATARI, Décio. *Poesia pois é poesia*. Cotia/ Campinas: Ateliê Editorial/Unicamp, 2004, p. 100). Apud IRMÃO, 1992: 345-6 (corpo e nota).
pp. 450-1 – XII-5. **Os barões de Caxias e M. A. – contra Rafael.** Apud IRMÃO, 1992: 346-8 (corpo e legenda).
p. 451 – XII-5. **Final da luta em Sorocaba: recuo da Coluna, perseguições e derrubada.** IRMÃO, 1992: 348/ Apud IRMÃO, 1992: 348.
p. 451 – XII-5. **Tristeza no Butantã.** MARTINS, 2006.
pp. 451-2 – XII-5. **Ficção: sobre esta Guerra.** Trecho da letra de *Um Índio*, música de Gilberto Gil.
p. 453 – XII-6. **Explicações sobre M. A.** MARTINS, 2006.
pp. 453-4 – XII-6. **Deposição e governo paralelo.** MARTINS, 2006.
pp. 454-5 – XII-6. **Ai, ai.** MARTINS, 2006/ Trecho da letra de *Revolution*, música de John Lennon e Paul McCartney/ Trecho da letra de *Sampa*, música de Caetano Veloso.
p. 455 – XII-6. **Ui.** Apud IRMÃO, 1992: 348-9/ IRMÃO, 1992: 348.
pp. 455-6 – XII-6. **1. A situação bélica na região.** IRMÃO, 1992: 349/ Apud IRMÃO, 1992: 349 (nota).
p. 456 – XII-6. **2. O convênio mineiro-paulista que levou à revolta contra o gabinete de 23 de março.** IRMÃO, 1992: 350/ Apud IRMÃO, 1992: 350.
p. 457 – XII-7. **Continuidade no Vale do Paraíba e Minas até... – fim de papo.** IRMÃO, 1992: 350.
pp. 457-8 – XII-7. **Combate em Santa Luzia.** IRMÃO, 1992: 351.
p. 458 – XII-7. **Moral da história.** Apud IRMÃO, 1992: 351.
pp. 458-9 – XII-7. **Mais sobre Campinas.** Apud IRMÃO, 1992: 352.
p. 459 – XII-7. **A guerra em Sampa.** Apud IRMÃO, 1992: 352-3/ IRMÃO, 1992: 353.
pp. 459-60 – XII-7. **Como relatou Caxias.** Apud IRMÃO, 1992: 353.
p. 460 – XII-7. **Fim para Rafael (e preocupação seguinte).** IRMÃO, 1992: 353.
pp. 461-2 – XII-8. **Casamento oficial.** IRMÃO, 1992: 354.
p. 462 – XII-8. **A *Certidão de Casamento* (que une, oficialmente, Rafael e Domitila)** Apud IRMÃO, 1992: 397-8.
pp. 462-3 – XII-8. **Comentário elogioso de um historiador que se ufana.** Apud IRMÃO,

1992: 354 (nota).
p. 463 – XII-8. **Os filhos anteriores da marquesa.** IRMÃO, 1992: 354 (nota).
p. 463 – XII-8. **Novo comentário.** REZUTTI, 2011: 79.
pp. 463-4 – XII-8. **Fidelidade.** REZUTTI, 2011: 79/ IRMÃO, 1992: 356
p. 465 – XII-9. **O algoz.** IRMÃO, 1992: 356/ Apud IRMÃO, 1992: 356-7.
pp. 466-8 – XII-9. **O audaz – término da Coluna.** Apud IRMÃO, 1992: 357-61 (corpo e nota)/ IRMÃO, 1992: 357-61.
pp. 468-9 – XII-9. **Consequências.** Apud IRMÃO, 1992: 361/ IRMÃO, 1992: 361.
p. 471 – XII-10. **Porta forçada.** Apud IRMÃO, 1992: 361-2.
pp. 471-2 – XII-10. **Método.** Apud IRMÃO, 1992: 362 e 398/ IRMÃO, 1992: 362.
p. 472 – XII-10. **Sequestro dos bens de Rafael.** IRMÃO, 1992: 398-400 (notas)/ Apud IRMÃO, 1992: 398-400 (notas).
p. 473 – XII-10. **Ainda o fim da revolta em Sorocaba, e sua continuidade no Vale do Paraíba.** IRMÃO, 1992: 364.
p. 473 – XII-10. **12 de julho – combate de Silveiras.** IRMÃO, 1992: 364.
p. 473 – XII-10. **Balanço.** IRMÃO, 1992: 364.
p. 474 – XII-10. **Desfecho.** IRMÃO, 1992: 365-8/ Apud IRMÃO, 1992: 365.
p. 474 – XII-10. **Aparte.** IRMÃO, 1992: 368-9/ Apud IRMÃO, 1992: 368-9.
p. 475 – XII-11. **O chefe da revolta corre para o Sul, após o casamento.** Apud IRMÃO, 1992: 369 (corpo e nota)/ IRMÃO, 1992: 369.
pp. 475-6 – XII-11. **Deserção dos curitibanos à causa liberal – razões para isso).** IRMÃO, 1992: 369 (corpo e nota)/ Apud IRMÃO, 1992: 370.
p. 476 – XII-11. **Separação entre São Paulo e Paraná.** Apud IRMÃO, 1992: 370/ IRMÃO, 1992: 370.
pp. 476-7 – XII-11. **Rafa (esqueceu?)** IRMÃO, 1992: 370-1.
p. 477 – XII-11. **Pela visão do algoz.** IRMÃO, 1992: 371/ Artigo "A ação de Caxias na Guerra do Paraguai", disponível na internet (site MultiRio, da Secretaria de Educação do Rio de Janeiro)/ Apud IRMÃO, 1992: 371-2.
pp. 481-2 – XIII-1. **Detenção em Gorita, seguindo-se à Fortaleza da Laje.** Apud IRMÃO, 1992: 371-3.
pp. 482-3 – XIII-1. **Episódio em que Rafael foi aprisionado, após a revolução liberal, na Fortaleza da Laje, com a marquesa de Santos obtendo audiência com Pedro II e conseguindo dele autorização para lá ser recolhida, juntamente com o marido, então bastante doente.** Letra de *Paisagem da Janela*, música de Lô Borges e Fernando Brant. pp. 483-4 – XIII-1. **Viagem de navio.** IRMÃO, 1992: 373 (corpo e nota)/ Trecho da letra de *Super-Homem, A Canção*, música de Gilberto Gil.
p. 484 – XIII-1. **Adiantando sobre Domitila e o "enteado".** IRMÃO, 1992: 374/ Trecho da letra de *Extra*, música de Gilberto Gil/ Apud IRMÃO, 1992: 374.
p. 485 – XIII-2. **Momento mais difícil.** Apud IRMÃO, 1992: 374 e 400 (notas).
p. 485 – XIII-2. **Amor familiar.** PONDÉ, 2017: 157-8.
p. 486 – XIII-2. **Amor pela vida.** PONDÉ, 2017: 164.
p. 486 – XIII-2. **Amor livre.** PONDÉ, 2017: 168-78.
pp. 486-8 – XIII-2. **Amor que chega, vai embora e volta.** PONDÉ, 2017: 178-88.
p. 489 – XIII-3. **Anúncio da marquesa a Pedro II – janeiro e fevereiro de 43.** REZUTTI, 2011: 79.
pp. 489-91 – XIII-3. **Recomendação médica.** Apud IRMÃO, 1992: 401 (notas).
pp. 491-2 – XIII-3. **Domitila e o segundo imperador.** Apud IRMÃO, 1992: 402-4 (notas).
p. 492 – XIII-3. **Anistia – por Pedro II.** *Wikipédia*, v. Rafael Tobias de Aguiar.
p. 492 – XIII-3. **Líder popular.** *Wikipédia*, v. Rafael Tobias de Aguiar.
p. 493 – XIII-4. **Discurso do rei.** IRMÃO, 1992: 375.
p. 493 – XIII-4. **Gabinete renovado.** IRMÃO, 1992: 375/ Apud IRMÃO, 1992: 375.
pp. 493-4 – XIII-4. **Chegada a Sampa.** IRMÃO, 1992: 375.
p. 494 – XIII-4. **1846 – volta à atividade.** IRMÃO, 1992: 375.
p. 495 – XIII-5. **Província liberal.** Apud IRMÃO, 1992: 378/ IRMÃO, 1992: 378.
pp. 495-7 – XIII-5. **Homenagem.** IRMÃO, 1992: 379 (corpo e nota/ Apud IRMÃO, 1992: 379 (corpo e nota).

p. 497 – XIII-5. **Mais recepções.** IRMÃO, 1992: 380.
p. 498 – XIII-5. **Um verdadeiro e grande teatro...** IRMÃO, 1992: 380.
p. 498 – XIII-5. **Mais visitas.** IRMÃO, 1992: 380/ Apud TELLES, op. cit., p. 116/ Apud IRMÃO, 1992: 381.
pp. 498-9 – XIII-5. **Comparação entre as revoluções.** IRMÃO, 1992: 381-2/ Apud IRMÃO, 1992: 382.
p. 499 – XIII-5. **Nova digressão, sobre duas revoluções que ainda ocorrerão em São Paulo, lá por 1924 e 32.** Apud IRMÃO, 1992: 382/ IRMÃO, 1992: 382.
p. 500 – XIII-5. **Pedro II e Caxias – conservadores.** IRMÃO, 1992: 383.
p. 501 – XIII-6. **Já em 1847.** IRMÃO, 1992: 376/ Apud IRMÃO, 1992: 376.
pp. 501-2 – XIII-6. **Significados e significantes.** Apud IRMÃO, 1992: 378/ IRMÃO, 1992: 378.
p. 502 – XIII-6. **Enquanto isso na Corte – 1848.** VILAÇA, 2011: 30.
p. 505 – XIV-1. **Tráfico.** PRIORE, 2016: 51.
p. 506 – XIV-1. **A barbárie e suas consequências.** PRIORE, 2016: 51-2.
p. 506 – XIV-1. **Vozes contrárias.** PRIORE, 2016: 52.
p. 506 – XIV-1. **Piora na África.** PRIORE, 2016: 50-2.
pp. 506-7 – XIV-1. **"Povo" brasileiro.** PRIORE, 2016: 50.
p. 509 – XIV-2. **Vida de Rafael após a anistia.** Apud IRMÃO, 1992: 383/ IRMÃO, 1992: 383.
p. 509 – XIV-2. **"Aposentadoria".** IRMÃO, 1992: 383.
p. 510 – XIV-2. **Nas últimas cartas prevalecem preocupações políticas.** Apud IRMÃO, 1992: 384-5/ IRMÃO, 1992: 384-5.
p. 511 – XIV-2. **Enfim...** IRMÃO, 1992: 386.
p. 513 – XIV-3. **Junto ao testamento.** Apud IRMÃO, 1992: 404-5 (nota).
pp. 514-6 – XIV-3. **Filosofia (trecho do relatório).** Apud IRMÃO, 1992: 405-8 (nota).
p. 516 – XIV-3. *Epílogo* **(do manifesto).** Apud IRMÃO, 1992: 408-9 (nota).
p. 517 – XIV-4. **Com piora da saúde, vai a Sampa (1857).** IRMÃO, 1992: 223/ Apud IRMÃO, 1992: 223.
p. 518 – XIV-4. **Elogios.** IRMÃO, 1992: 224/ Apud IRMÃO, 1992: 224.
p. 518 – XIV-4. **Antevendo o fim**
pp. 518-9 – XIV-4. **Últimos atos administrativos.** Apud IRMÃO, 1992: 415.
p. 519 – XIV-4. **Falecimento.** IRMÃO, 1992: 416/ Apud IRMÃO, 1992: 416.
p. 521 – XIV-5. **11 de outubro – a notícia chega a Sampa.** Apud IRMÃO, 1992: 416-7.
p. 521 – XIV-5. **De novo.** Apud IRMÃO, 1992: 416-8/ IRMÃO, 1992: 418.
pp. 521-2 – XIV-5. **Missa e cemitério.** IRMÃO, 1992: 418/ Apud IRMÃO, 1992: 418.
p. 522 – XIV-5. **Orações.** IRMÃO, 1992: 418-20.
pp. 522-3 – XIV-5. **Cargos em vida.** IRMÃO, 1992: 420-2/ Apud IRMÃO, 1992: 420-2.
p. 523 – XIV-5. **Últimos dias.** Apud IRMÃO, 1992: 422/ IRMÃO, 1992: 422.
pp. 523-5 – XIV-5. **Mais rituais.** IRMÃO, 1992: 423 (corpo e nota)/ Apud IRMÃO, 1992: 424.
p. 525 – XIV-5. **Nova missa.** IRMÃO, 1992: 425/ Apud IRMÃO, 1992: 425.
pp. 525-6 – XIV-5. **Presença da esposa.** IRMÃO, 1992: 426.
p. 526 – XIV-5. **Atravessando a noite.** IRMÃO, 1992: 427/ Apud IRMÃO, 1992: 427.
p. 527 – XIV-6. **Discurso de Francisco.** IRMÃO, 1992: 427/ Apud IRMÃO, 1992: 428.
p. 527 – XIV-6. **Contribuição na Independência.** IRMÃO, 1992: 428/ Apud IRMÃO, 1992: 428.
p. 527 – XIV-6. **Abriu mão de subsídios como conselheiro, em favor das educandas.** Apud IRMÃO, 1992: 428.
pp. 527-8 – XIV-6. **Sobre a revolução liberal.** Apud IRMÃO, 1992: 428-9.
p. 528 – XIV-6. **Socorro financeiro ao Estado.** Apud IRMÃO, 1992: 429.
p. 528 – XIV-6. **Socorro à fábrica de ferro e comenda de Cristo.** Apud IRMÃO, 1992: 429.
pp. 528-9 – XIV-6. **Filantropo.** Apud IRMÃO, 1992: 430.
p. 529 – XIV-6. **Exemplo de político?** Apud IRMÃO, 1992: 430.
p. 529 – XIV-6. **Amigo do orador, quase um pai.** Apud IRMÃO, 1992: 430-2.
p. 529 – XIV-6. **Eventos finais.** Apud IRMÃO, 1992: 432-3/ IRMÃO, 1992: 432.
pp. 531-2 – XIV-7. **Descendência e patrimônio deixado.** IRMÃO, 1992: 433-4.

p. 532 – XIV-7. **Valor das coisas.** IRMÃO, 1992: 434/ Apud IRMÃO, 1992: 434.

p. 532 – XIV-7. **Escravidões e escravizados.** Apud IRMÃO, 1992: 435.

p. 533 – XIV-7. **Escravos.** Apud IRMÃO, 1992: 435.

pp. 533-6 – XIV-7. **Bens de raiz na capital/ Nas proximidades/ Em Paraibuna/ Em Itapeva (Faxina – por avaliações de março de 1859)/ Em Itapetininga/ Fazenda Boa Vista (que fica entre os rios Paranapanema, Itapetininga e Capivari)/ Mogi-Mirim (bens de raiz – terras).** IRMÃO e apud IRMÃO, 1992: 435-40.

p. 537 – XIV-8. **Como está nos evangelhos.** *Bíblia sagrada: edição pastoral.* São Paulo: Paulus, 1995 (4ª impressão), pp. 1307, 1351 e 1387.

pp. 537-40 – XIV-8. **Casas/ Documentos, créditos etc. (exibidos pela inventariante)/ Outros bens/ Herança da inventariante.** IRMÃO e apud IRMÃO, 1992: 440-3.

p. 540 – XIV-8. **Concluindo.** IRMÃO, 1992: 444-5/ Apud IRMÃO, 1992: 444-6.

pp. 541-6 – XIV-9. **De tantas formalidades (necessárias ou não).** Apud IRMÃO, 1992: 448-57/ IRMÃO, 1992: 449 e 456 (notas).

p. 547 – XIV-10. **1867 – fim.** BARREIRA, 2010: 47.

p. 548 – XIV-10. **Reflexões.** REZUTTI, 2011: 23-4.

pp. 549-51 – XIV-11. **As divagações em PE – Nabuco (1877).** GOMES, 2010: 79-80/ Apud GOMES, 2010: 79.

pp. 151-2 – XIV-11. **1889.** GOMES, 2010: 81/ Apud GOMES, 2010: 79.

Algumas genealogias

As famílias de Domitila de Castro Canto e Melo e de José Bonifácio de Andrada e Silva acabaram por se misturar e gerar descendentes comuns depois que Elisa Tobias de Aguiar (c. 1880-c. 1955), bisneta de Domitila, casou-se com Eduardo Aguiar de Andrada (1870-1964), sobrinho-bisneto de JB, o "patriarca da Independência".

Eduardo era filho de Francisco Xavier da Costa Aguiar de Andrada (1822-1892), o "primeiro e único *Barão de Aguiar de Andrada*" (*Wikipédia*, verbete Francisco X. da C. A. de Andrada), "magistrado e diplomata brasileiro" que exerceu por diversas vezes os cargos de ministro *plenipotenciário* (o que significa estar investido de plenos poderes para representar o país em determinadas missões, em época anterior ao telégrafo...) e de embaixador.

A mãe de Eduardo, Jesuína da Costa Aguiar de Andrada, teve o mesmo título honorífico do marido Francisco, e era prima do diplomata. Já os avós paternos dele eram Francisco Xavier da Costa Aguiar de Andrada (nome idêntico ao de seu pai, mas nascido por volta de 1800) e *Maria Zelinda de Andrada*, que era irmã da baronesa de Penedo. Essa Maria Zelinda era *sobrinha* de José Bonifácio e ainda voltaremos a falar dela.

Outras informações sobre o barão de Aguiar de Andrada registradas na *Wikipédia* são de que o título imperial lhe fora conferido em 1876 (aos 3 de maio) e de que fora agraciado também com as grã-cruzes da *Imperial Ordem da Rosa*, da *Ordem Militar de Cristo*, da *Ordem da Coroa de Ferro* e da *Ordem de Medjidié*, "além de ter sido conselheiro imperial".

Segundo outro site (*Geni*), ele "morreu durante uma missão diplomática em Washington, a qual tratava da Questão das Missões" (Palmas). Talvez tenha sido essa, realmente, sua mais importante atuação: a arbitragem de divisas para o acordo de paz entre argentinos, brasileiros e paraguaios, ao término da *Guerra do Paraguai* (1864-70).

O barão-diplomata morava no Chile por ocasião do nascimento de seus quatro filhos, Eduardo e as irmãs Maria, Matilde e Carlota Emília. Assim, a primeira língua dessa geração foi o espanhol. Estavam todos no Chile quando estourou a *Guerra do Pacífico*, em que o Chile atacou a Bolívia e o

Peru, tomando o porto boliviano de *Antofagasta*, para depois tomar o porto de *Iquique* e o morro de *Arica*, no Peru.[1]

Durante a guerra havia muitos bolivianos residindo em Santiago, e o barão de Aguiar de Andrada foi designado a representar os interesses deles e localizar quem estivesse perdido ou precisando de ajuda na documentação.

Ainda na infância, Eduardo e as irmãs moraram em Roma, de onde saíam para passar férias em Sorrento, cidade próxima a Nápoles (isso tudo acontecia por acompanharem a carreira diplomática do pai, que entre outras coisas arbitrou na Suíça as questões de divisa da Guiana Francesa; com tantas viagens, as irmãs de Eduardo conheceram pessoas de muitos lugares e acabaram se casando, as três, em Portugal, onde geraram descendência).

Quando veio ao Brasil, Eduardo entrou para a *Escola Naval*, realizando curso de oficial da Marinha na Ilha de Villegagnon (cf. verbete da *Wikipédia*). Era cadete em 1889, quando houve a proclamação da República. Ouviu-se, no navio:

– Amanhã cedo, todos os cadetes, em traje de gala, prestarão juramento à bandeira da República...

Eduardo, filho de barão e adepto da Monarquia (embora a carreira diplomática de seu pai viesse a seguir exatamente da mesma forma ao longo do novo regime), escolheu pular do navio e nadar em direção a um cargueiro americano que estava de passagem pela Guanabara, fazendo transporte de gado do Texas para a Califórnia (lembrando que o canal do Panamá, iniciado em 1880, só foi concluído em 1914 – cf. *Wikipédia*).

O navio seguiu em direção ao Sul, para atravessar a Terra do Fogo pela ilha de Hornos (= do fogo), caminho mais utilizado e seguro para contornar a ponta do continente. Com a forte corrente e os balanços no navio, o gado, não muito bem amarrado, começou por cair na água gelada, e depois disso o navio naufragou.

Eduardo, por trabalhar na lavagem do convés (e não do fundo do navio, já que como exilado político esse seria o seu cargo), foi um dos que puderam se salvar (nem todos conseguiram). Por meio de um bote salva-vidas, junto com outros, conseguiu escapar da água gelada, até que se desse a passagem de outro navio.

Em terra firme, Eduardo conseguiu carona até Valparaíso, de onde seguiu para Santiago. Lá, pôde tirar nova certidão de batismo (correspondente à de nascimento) na igreja de São Francisco, e dali seguiu para a América Central, onde foi trabalhar como operário da construção civil. Um

---

1. Há também na *Wikipédia* verbetes sobre esses três assuntos. O conflito entre Chile, Bolívia e Peru ocorreu de 1879 a 1883, e ao final o Chile "anexou ricas áreas em recursos naturais de ambos os países derrotados". O Peru perdeu a província de Tarapacá, e a Bolívia a de Antofagasta, ficando "sem saída soberana para o mar" – hoje, a recuperação do acesso ao Pacífico consta como "objetivo nacional" na Constituição boliviana. Durante a guerra, também foi capturado o navio Huáscar, comprado da Inglaterra pelo Peru, hoje transformado em museu no porto de Concepción, cidade ao sul de Santiago, que é a segunda maior do Chile.

Como curiosidade ligada à História do Brasil e da América do Sul, a Marinha chilena venceu a guerra sob direção do contra-almirante Juan Williams, "com seus poderosos navios Almirante Cochrane e Blanco Encalada...". Thomas Cochrane foi um oficial inglês que, após ser expulso da Marinha (por denunciar maus tratos a marinheiros, como chicotadas e má-alimentação), tornou-se um poderoso corsário (dono de esquadra de navios próprios, tripulados por mercenários) nas Américas. Em 1818, foi convidado a organizar a Marinha chilena, acabando por conquistar a cidade de Valdivia (1820) e ajudar San Martin nas guerras de independência de Chile e Argentina. No período pós-Independência do Brasil (entre 7 de setembro de 1882 e 2 de julho de 23), d. Pedro escreveu para ele uma carta em francês pedindo ajuda na organização de nossa Marinha, na qual pilotaria o navio Pedro I, aprisionado dos portugueses. Ao chegar, assumiu a patente de primeiro-almirante (caso único em que o cargo foi exercido por um estrangeiro) e acabou lutando nas independências da Bahia e terras maranhenses, em 1823 (recebendo o título de marquês do Maranhão). Prestou ainda serviços ao império até 1825, combatendo também a Confederação do Equador em Pernambuco. Depois foi lutar na independência da Grécia, enfrentando navios do Império Otomano, em 1827-8. Voltou à Inglaterra em 1830, tornando-se conde em 31 e sendo readmitido na Marinha Real Britânica em 32.

dia, estando doente, o "capataz" procurou na mochila alguma documentação sua, vindo a saber que era filho de embaixador – o primeiro embaixador brasileiro em Washington (até então só havia o cargo de ministro).[2]

O embaixador deu um ultimato ao filho, que até então era um "desertor" e estava sujeito à prisão. Exigiu que ele se dirigisse à Bélgica para realizar estudos de Engenharia, e ele assim fez, formando-se engenheiro eletricista. Voltou da Bélgica em 1896, passando primeiro pelo Chile, até ser anistiado (em sua volta ao Brasil, deixou um belo diário escrito todo em francês, em que registra sua travessia pelos Andes e a passagem por Mendoza).[3]

Chegando a São Paulo, foi trabalhar na Estrada de Ferro Santos-Jundiaí, da *SP Railway* (na *Wikipédia* há verbetes relacionados, falando em projetos do Barão de Mauá de 1859 que ligavam o planalto ao litoral etc.). Foi quem instalou a sinalização elétrica em substituição à de alavanca e construiu nas proximidades da Estação da Luz a *Vila Inglesa*, em época que a rua Florêncio de Abreu era considerada das mais chiques.

O "aventureiro" Eduardo, uma vez estabelecido em Sampa e dedicado à vida familiar após o casamento com Elisa Tobias de Aguiar (do qual vieram as três filhas, Antonieta, Matilde [1906-1981] e Helena), esteve também ligado à vida cultural da cidade, e figura em livro sobre Assis Chateaubriand como produtor da peça *Contratador dos Diamantes*, montada e exibida apenas uma noite no Teatro Municipal. O elenco era formado só por amadores, fazendo parte dele algumas moças "da mais alta sociedade paulistana" (depois da peça, o jovem jornalista "Chatô" teria ido à casa de Yolanda Prado pedir a mão dela em casamento – o que lhe foi negado, como consta em livro –; ele teria vindo do Rio em vagão leito do trem noturno, especialmente alugado para os convidados da peça: um grupo de moços abastados do Rio).

Também dizem de Eduardo que do seu círculo de amizade faziam parte alguns dos artistas que se apresentaram na *Semana de Arte Moderna* de 1922, à qual ele teria assistido.

Sem deixar de lado a sua personalidade de "aventureiro", fez ainda viagens pela China (no início da Revolução, levando a mulher e duas filhas) Hong-Kong, Japão, São Francisco (EUA), Panamá, e revisitou Valparaíso, Santiago, Buenos Aires e o interior da Argentina.

Dissemos de Eduardo que, através do barão de Aguiar de Andrada, era sobrinho-bisneto de JB de Andrada e Silva, e agora vamos explicar o parentesco. O barão era neto de Patrício Manuel de Andrada e Silva (1760-1847), irmão mais velho de José Bonifácio (ambos, e mais oito irmãos,

---

2. O Barão de Aguiar de Andrada acabara por assumir a presidência dos tribunais arbitrais, estabelecidos após a Guerra do Pacífico, entre Chile, Inglaterra, Itália, França e Alemanha, já tendo sido embaixador no Uruguai (primeiramente funcionário do cônsul em Montevidéu, em 1863, e depois em Bogotá). Trabalhou em diversos lugares, como Santiago, Buenos Aires, Vaticano, Lisboa (onde as filhas vieram a se casar), Viena, Berna e Berlim.

Isso por ter ocupado ao longo do tempo os cargos de "Encarregado dos negócios" (1852-63 – EUA, Inglaterra e outros), "Ministro residente" (1866-73 – Chile e Uruguai), "Ministro plenipotenciário" (1878-92 – Uruguai, Áustria-Hungria, Vaticano e Portugal – entre 1888-90, quando casaram-se as filhas) e "Chefe da missão diplomática brasileira nos EUA" (primeiro embaixador, na questão das Missões, em 1892).

Como monarquistas e defensores do Brasil, os barões de Aguiar de Andrada e de Rio Branco se entendiam bem, sendo igualmente bem aceitos pela República, especialistas que eram nas questões internacionais como a das Missões, de que tratava o barão de A. de A. quando veio a falecer em Washington (diz-se que foi parar nos EUA por sugestão do barão do R. B. – também um barão, é importante observar –, pois, mesmo fazendo o papel de "escudeiro" dele, ou "braço direito", no início da República, também havia uma certa disputa de prestígio e protagonismo, em alguns casos da diplomacia brasileira).

3. A anistia de sua deserção foi conseguida ainda em 1896 pelo pai, que estava no ministério (como primeiro embaixador nos EUA). Eduardo esperou por ela em Buenos Aires, depois de voltar da Bélgica e passar pelo Chile (cabe lembrar que no Brasil existe ainda pena de morte – em épocas de guerra – para dois casos: deserção e espionagem).

eram filhos de Bonifácio José Ribeiro de Andrada [1726-89] e Maria Bárbara da Silva [1740-1821]).[4]

Patrício Manuel, ao contrário dos irmãos políticos, José Bonifácio, Antônio Carlos e Martim Francisco, fora obrigado a ficar em Santos para fazer carreira de padre e não pôde realizar estudos em Portugal. Ao mesmo tempo, não era bem visto pelo bispo local, por ser abastado, poderoso e, afinal, filho de um rico comerciante (pior: estaria também envolvido na política, e metido com vereadores). Assim, recebeu ordem do bispo para se ausentar por algum tempo (em espécie de "retiro", ou exílio, que se supõe ter sido de dois anos) em viagem pelo interior de São Paulo, na região do Paranapanema.

Acontece que, no começo da viagem, ao passar por Sampa, envolveu-se com uma prima e nove meses depois nasceu Delphina (Henriqueta) Ribeiro de Andrada, uma de suas "filhas legitimadas pela Mesa do Desembargo do Paço" (sabe-se que o nascimento dela foi em Sampa, e que acabou falecendo solteira). Não contente com isso, na volta de seu "exílio", o padre Fabrício Manuel passou de novo por Sampa e engravidou mais uma vez a prima, e assim nasceu Maria Zelinda de Andrada, a outra filha legitimada.

E *Maria Zelinda de Andrada*, agora explicamos, é que foi a esposa de Francisco Xavier da Costa Aguiar de Andrada, o pai do único barão de Aguiar de Andrada, e avô de Eduardo.

O padre Patrício, irmão mais velho de José Bonifácio, por ter sido religioso e engravidado duas vezes a mesma mulher, sua prima, deixou poucos registros (e vestígios) na História.

Pelo lado de Elisa, dissemos ser ela bisneta da marquesa de Santos. Era neta do segundo filho de Rafael com Domitila, João Tobias de Aguiar e Castro (1835-1901) que, assim como o pai, destacou-se na vida pública como fazendeiro e político.

Por informações do site *Geni*, sabemos que João formou-se em Direito em 1858, mesmo ano em que se casou com a prima Ana Barros de Aguiar, que era filha dos "barões de Itu", cap.-mor Bento Paes de Barros e Leonarda de Aguiar (1794-1857 – irmã do brig. Rafael Tobias). Ana tinha também uma irmã (sobrinha de Rafael, portanto), de nome Gertrudes de Aguiar Barros.

João Tobias e Ana tiveram sete filhos: Domitilia, João (Filho), Sophia, Adelina, Heitor, Silvano e Paulo (todos Tobias de Aguiar). Em março de 1882, a família se mudou para Piracicaba e, no ano seguinte, "alugou o prédio construído para o hospital da Santa Casa local" (site *Geni*).

Em Rio das Pedras, tiveram a fazenda Java, "que pertenceu depois a Massud Coury e, por fim, a Raul Coury e outros". A fazenda "foi formada por volta de 1860 e surgiu de terras pertencentes à marquesa de Santos".

"Em fins de 1883, João Tobias de Aguiar recebeu 94 colonos açorianos em sua gleba, para substituir o braço escravo." Vinham da Ilha São Miguel, sendo "37 homens, 17 mulheres e 40 menores" candidatos a realizar trabalho braçal na fazenda. "Na história de Rio das Pedras, conta-se que foram os primeiros colonos portugueses da cidade."

Em abril de 1887, juntamente com o dr. Estêvão Ribeiro de Rezende, primo de sua mulher Ana, João "assumiu a responsabilidade pelo Engenho Central, que entrara em concordata". Ainda em 87 (aos 30 de maio), esteve na comissão permanente encarregada de redigir o manifesto do Congresso Republicano (SP – vide *Geni* e *Wikipédia*), ao lado de Prudente de Moraes, representante de São Pedro, Manoel de Moraes Barros, representante de Santa Bárbara, e outros (o evento também ficou conhecido como "Convenção republicana de Itu", dando-se por ocasião da chegada da estrada de ferro à região).

Também se sabe (por documentos da Câmara Municipal de Piracicaba, de 1889-90) que João Tobias, Paulo Pinto de Almeida e Luiz Vicente de Souza Queiroz (outro primo de Ana, sua mulher) foram nomeados os "*suplentes de juiz municipal e dos órfãos de Piracicaba*".

Sobre *João Tobias Filho*, nascido em 1860, sabe-se pouco: foi casado com Maria Eufrosina Galvão Bueno (filha do bacharel em Direito Carlos Mariano Galvão Bueno e de Maria Garcia Ferreira), com quem teve dois filhos: Elisa Tobias de Aguiar (que como sabemos, casou-se em 1900, em Sampa, com Eduardo de Aguiar de Andrada, engenheiro que era filho dos "barões de Aguiar de Andrada" Francisco e Jesuína) e Carlos Galvão de Aguiar, nascido em Piracicaba, em 1887.

---

4. Pela ordem de nascimento, os irmãos eram: Patrício Manuel, José Bonifácio, Bárbara Joaquina, Ana Marcelina, Bonifácio José, Antônio Carlos, Martim Francisco, Úrsula, Francisco Eugênio, Maria Flora e ainda Adelindes Urcezina – esta filha de Bonifácio com outra mulher, Luciana Josefa (informações extraídas do site www.geni.com).

Árvore

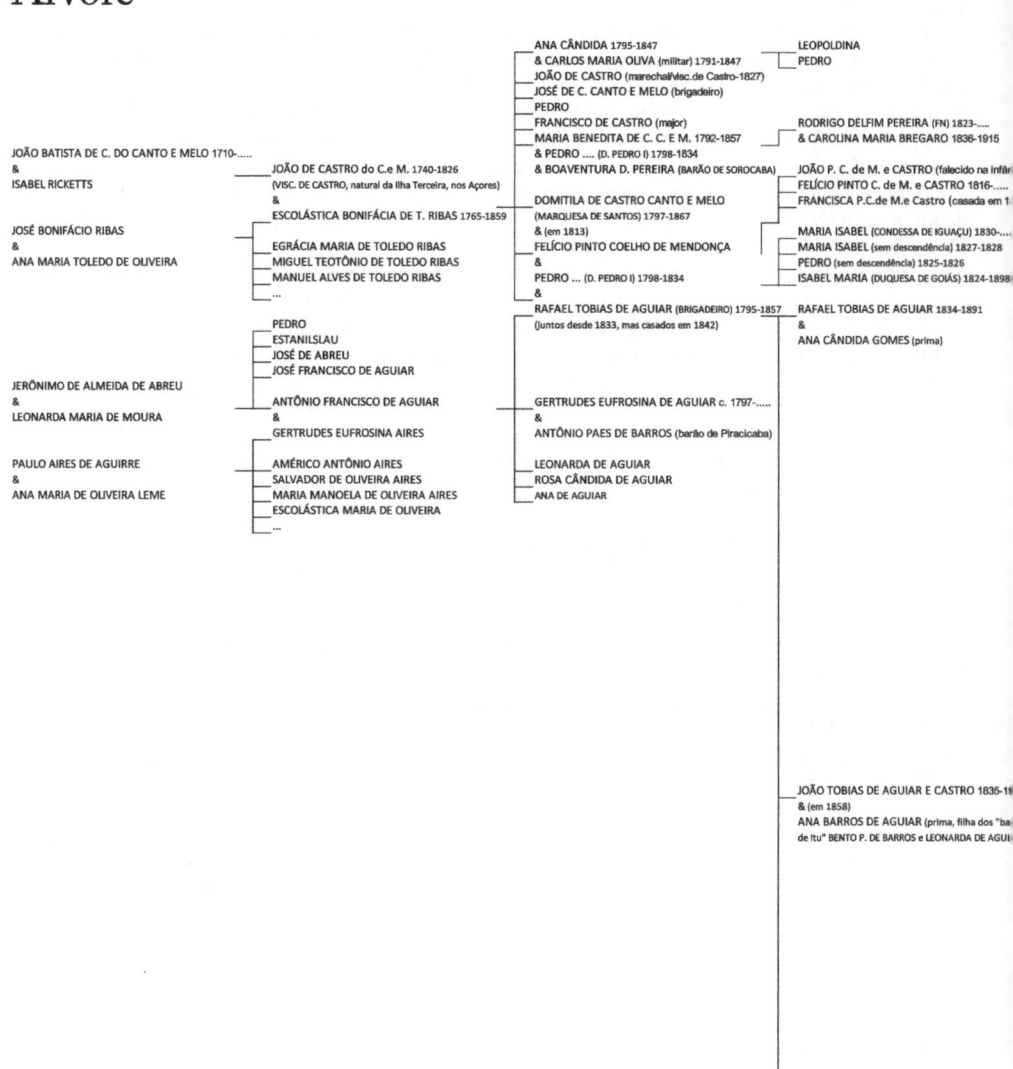

JOÃO BATISTA DE C. DO CANTO E MELO 1710-.....
&
ISABEL RICKETTS

- JOÃO DE CASTRO do C.e M. 1740-1826 (VISC. DE CASTRO, natural da Ilha Terceira, nos Açores)
  &
  ESCOLÁSTICA BONIFÁCIA DE T. RIBAS 1765-1859
  - ANA CÂNDIDA 1795-1847
    & CARLOS MARIA OLIVA (militar) 1791-1847
    - LEOPOLDINA
    - PEDRO
  - JOÃO DE CASTRO (marechal/visc.de Castro-1827)
  - JOSÉ DE C. CANTO E MELO (brigadeiro)
  - PEDRO
  - FRANCISCO DE CASTRO (major)
  - MARIA BENEDITA DE C. C. E M. 1792-1857
    & PEDRO .... (D. PEDRO I) 1798-1834
    & BOAVENTURA D. PEREIRA (BARÃO DE SOROCABA)
    - RODRIGO DELFIM PEREIRA (FN) 1823-.....
      & CAROLINA MARIA BREGARO 1836-1915
  - DOMITILA DE CASTRO CANTO E MELO (MARQUESA DE SANTOS) 1797-1867
    & (em 1813)
    FELÍCIO PINTO COELHO DE MENDONÇA
    &
    PEDRO ... (D. PEDRO I) 1798-1834
    &
    RAFAEL TOBIAS DE AGUIAR (BRIGADEIRO) 1795-1857
    (juntos desde 1833, mas casados em 1842)
    - JOÃO P. C. de M. e CASTRO (falecido na infâr
    - FELÍCIO PINTO C. de M. e CASTRO 1816-.....
    - FRANCISCA P.C.de M.e Castro (casada com 1
    - MARIA ISABEL (CONDESSA DE IGUAÇU) 1830-...
    - MARIA ISABEL (sem descendência) 1827-1828
    - PEDRO (sem descendência) 1825-1826
    - ISABEL MARIA (DUQUESA DE GOIÁS) 1824-1898
    - RAFAEL TOBIAS DE AGUIAR 1834-1891
      &
      ANA CÂNDIDA GOMES (prima)

JOSÉ BONIFÁCIO RIBAS
&
ANA MARIA TOLEDO DE OLIVEIRA

- EGRÁCIA MARIA DE TOLEDO RIBAS
- MIGUEL TEOTÔNIO DE TOLEDO RIBAS
- MANUEL ALVES DE TOLEDO RIBAS
- ...

JERÔNIMO DE ALMEIDA DE ABREU
&
LEONARDA MARIA DE MOURA

- PEDRO
- ESTANILSLAU
- JOSÉ DE ABREU
- JOSÉ FRANCISCO DE AGUIAR
- ANTÔNIO FRANCISCO DE AGUIAR
  &
  GERTRUDES EUFROSINA AIRES
  - GERTRUDES EUFROSINA DE AGUIAR c. 1797-.....
    &
    ANTÔNIO PAES DE BARROS (barão de Piracicaba)
    - LEONARDA DE AGUIAR
    - ROSA CÂNDIDA DE AGUIAR
    - ANA DE AGUIAR

PAULO AIRES DE AGUIRRE
&
ANA MARIA DE OLIVEIRA LEME

- AMÉRICO ANTÔNIO AIRES
- SALVADOR DE OLIVEIRA AIRES
- MARIA MANOELA DE OLIVEIRA AIRES
- ESCOLÁSTICA MARIA DE OLIVEIRA
- ...

JOÃO TOBIAS DE AGUIAR E CASTRO 1835-19
& (em 1858)
ANA BARROS DE AGUIAR (prima, filha dos "ba
de Itu" BENTO P. DE BARROS e LEONARDA DE AGUI

ANTÔNIO FRANCISCO DE A. E CASTRO 1838
& (em 1858)
PLACIDINA ADÉLIA DE BRITO

BRASÍLICO DE AGUIAR E CASTRO
& JÚLIA TAVARES
& MARIA DE CASTRO (prima)

MARIA GERMANA
MANUEL RODRIGO 1858-1921
CAROLINA M. DE CASTRO PEREIRA 1854-.....

JOÃO SEVERINO DE A. C. BRANDT
ISABEL MARIA DOS SANTOS
MARIA TERESA CALDEIRA BRANDT
DEULINDA DOS SANTOS — FERDINANDO
PEDRO DE A. CALDEIRA BRANDT — HENRIQUETA
LUÍS DE ALCÂNTARA C. BRANDT — ISABELA
ISABEL DOS SANTOS — HUMBERTO
— LUÍS
FRANCSICO X. F. VON TREUBERG 1855-1933 — ERNESTO
AUGUSTA M. F. VON TREUBERG 1846-.....
FERNANDO FISCHLER (3ºconde de T.) 1845-1897   CÁSSIO TOBIAS DE AGUIAR FILHO
MARIA AMÉLIA F. VON TREUBERG 1844-1919   ARACY ALCÂNTARA DE AGUIAR 1904-   & CLÁUDIA PAULA LEITAND
                                          RAFAEL TOBIAS DE AGUIAR 1957-.....
                                          CÁSSIO TOBIAS DE AGUIAR   ANDRÉA TOBIAS DE AGUIAR 1980-.....
DOMITILA TOBIAS DE AGUIAR 1860-1949 (solteira)   & (em 1952)   MARINA TOBIAS DE AGUIAR 1984-.....
                                          TEREZINHA DA SILVA BARROS
                                                                   ADRIANA 1964-.....
ADELINA 1869-..... (solteira)   NOÊMIA .....-1900 (solt.)   PAULO SÉRGIO 1965-.....   MARIANA 1967-.....
PAULO TOBIAS 1888-..... (solteiro)   RENATA 1986-.....   LUÍS RENATO 1964-.....
                                          PAULO TOBIAS DE AGUIAR   PAULO DA SILVA AGUIAR 1936-.....   RENATA 1984-.....
HEITOR TOBIAS DE AGUIAR 1872-1935   & (em 1935) DEJANIRA PEREIRA DA SILVA   & SULAMITA VIANA   HELOÍSA
& M. ANTONIETA DE A. ALCÂNTARA .....-1906   & CLEONICE RIBEIRO
(irmãs)   MARIA LUIZA 1977-.....
& URBANA DE ANDRADE ALCÂNTARA   MÁRIO ALCÂNTARA TOBIAS DE AGUIAR   MARÍLIA TOBIAS DE AGUIAR   TEREZA BEATIZ 1979-.....
                                          & (em 1934) BENVINDA OLIVEIRA BROCHADO   & RENATO FREDERICO DEREZA   LÍGIA HELENA
                                                                                                      ARTUR DE CASTRO AGUIAR
                                          ARTUR ALCÂNTARA DE AGUIAR   HEITOR FRANCISCO DE CASTRO AGUIAR
                                          & ANTONINA DE FRANÇA CASTRO & MANOELA MARIA MARTINEZ
                                                                                                      BEATRIZ 1978-.....
                                                                       ANA LÚCIA   CRISTIANO 1976-.....
                                          JOSÉ TOBIAS DE AGUIAR 1922-.....   & ARLEY VIANA   LUCIANA 1974-.....
                                          & (em 1948) INGE APFEIL   MARIA INÊS   CLÁUDIA 1980-.....
                                                                       & CARLOS VIANA   RODRIGO 1977-.....
                                                                       REGINA MARIA   ALEXANDRE 1980-.....
                                          CARLOS TOBIAS DE AGUIAR   & AZIA ANTÔNIO BUNDUKI   DANIEL 1978-.....
                                          & NAIR TEIXEIRA BRANCO   ANA MARIA   RAFAEL 1980-.....
                                                                       & CÂNDIDO FERNANDO GIRARDI   RICARDO 1983-.....
                                                                                                      CAROLINA 1986-.....
                                                                                                      EDUARDO
                                          MARIA ANTONIETA DE AGUIAR POLIDORO   CECÍLIA
                                          & ALCEBÍADES BRITO POLIDORO & RENATO MAMERI   LUCIANA 1970-.....
                                                                       HEITOR AGUIAR POLIDORO   DANIEL 1972-.....
                                          SÍLVIO MAIA   & SÔNIA MARIA FERNANDES   FERNANDA 1973-.....
                                          MÁRIO DE AGUIAR MAIA   INÊS AGUIAR POLIDORO   PATRÍCIA MARIA 1974-.....
                                          & MARIA DE SOUZA   & FERNANDO FERNANDES   ... LUÍS 1982-.....
                                          ELPÍDIO MAIA   MARTA 1957-.....   RENATA 1979-.....
                                          ZAIRA MAIA   FELIPE 1981-.....
                                          & WALDEMAR ARAGÃO DA SILVEIRA   SOFIA LOIDA DE VASCONCELOS
SOFIA TOBIAS DE AGUIAR 1875-.....   ODILA AGUIAR MAIA   & ALOÍSIO RINALDI SOBRAL
& (em Piracicaba)   & IVAN MAIA de VASCOCENLOS   ANA MARIA
SÍLVIO DE AZAMBUJA OLIVA   CARLOS DE AGUIAR MAIA   JOSÉ CARLOS DE SOUZA MAIA
                                          & MARIA JOSÉ DE PAES BARROS & STELA CONCEIÇÃO DE CAMARGO VIANA   MARIA TEREZA LEME FLEURY
                                          FÁBIO DE AGUIAR MAIA   MARIA CRISTINA
                                          & JÚLIA DE SOUZA (irmã de Maria de Souza)   LUÍS GONZAGA (solt.)   MARIA ISABEL LEME DE MATTOS
                                                                       RUY AGUIAR DA SILVA LEME   MARIA CAROLINA DA SILVA LEME
                                                                       & MARIA ALICE VANZOLINI   JOSÉ HILDEBRANDO DA SILVA LEME
                                                                       BEATRIZ DA SILVA LEME TALIBERTI   CARMEM SÍLVIA TALIBERTI DA COSTA
                                          SÍLVIA AGUIAR DA SILVA LEME .....-1988   & JOSÉ TALIBERTI   JOSÉ LUÍS DA SILVA LEME TALIBERTI
                                          & JOSÉ HILDEBRANDO DA SILVA LEME .....-1951   PLÍNIO AGUIAR DA SILVA LEME   ROBERTO TOLEDO DA SILVA LEME
                                                                       & GLADYS TOLEDO DA SILVA LEME   EDUARDO TOLEDO DA SILVA LEME
                                                                                                      RUY TOLEDO DA SILVA LEME
SILVANO TOBIAS DE AGUIAR 1875-.....   CELINA 1965-.....   SUZANA TOLEDO DA SILVA LEME
&   MARILZA TOBIAS DE AGUIAR   EDUARDO 1961-.....
ANA FRANCO AGUIAR   & OSCARLINO MUELLER   CRISTIANA 1973-.....
                                                                       CECÍLIA
                                                                       CLARICE 1977-.....

                                          MÁRIO BROCHADO TOBIAS DE AGUIAR   MIRIAM 1970-.....
                                          & MILADY BORTOLINO   MARIA 1973-.....
                                                                       MARCELO   MARIA ANTONIETA ANDRADA DO AMARAL
                                          JOSÉ BROCHADO TOBIAS DE AGUIAR   MARIA ELISA DO AMARAL
                                          & VALÉRIA DE SOUZA   JOSÉ GUILHERME 1967-.....   ISABEL FRANCISCA ANDRADA DO AMARAL
JOÃO TOBIAS DE AGUIAR FILHO 1860-.....   MARIA SÍLVIA 1970-.....   MARIA CECÍLIA ANDRADA DO AMARAL
&   ELISA TOBIAS DE AGUIAR   MARIA HELENA ANDRADA DO AMARAL
MARIA EUFROSINA BUENO GALVÃO   & EDUARDO AGUIAR DE ANDRADA 1870-1964   ANTONIETA DE AGUIAR DE ANDRADA   BEATRIZ ANDRADA DO AMARAL
                                                                       & FRANCISCO DE BARROS AMARAL
RAFAEL   CARLOS GALVÃO DE AGUIAR 1887-.....   MATILDE DE AGUIAR DE ANDRADA   ALAIN CHARLES EDOUARD MOREAU 1930-.....
RAFAEL TOBIAS   & PIERRE JULIEN ACHILE MOREAU   FRANÇOIS AGUIAR DE ANDRADA MOREAU
PAULA DE AGUIAR   HELENA AGUIAR DE ANDRADA
& PEDRO A. C. LESSA   ABELARDO   & EVARISTO DE ALMEIDA   VERA AGUIAR D'ANDRADA DE ALMEIDA
                                          PLACIDINA   ANTÔNIO EDUARDO D'ANDRADA DE ALMEIDA
MARIA DOMITILA DE AGUIAR   TOBIAS AGUIAR   FERNANDO D'ANDRADA DE ALMEIDA
(talvez & SATURNINO DA FONSECA)   & EUGÊNIA ALMEIDA LIMA   LAURINDO

Formato	15,8 x 23 cm
Mancha	13 x 19 cm
Tipologia	Carslon 11,5/13
Papel	Pólen 80 gr/m2 (miolo)
	Cartão 250 gr/m2 (capa)
Páginas	576